THE BOYS
DAS WIRD SEHR WEH TUN!

STORY
GARTH ENNIS

ZEICHNUNGEN
DARICK ROBERTSON

TUSCHE
DARICK ROBERTSON
RODNEY RAMOS
PETER SNEJBJERG

FARBEN
TONY AVIÑA

ÜBERSETZUNG
BERND KRONSBEIN

LETTERING
GIORGIO BARONI
STUDIO RAM

THE BOYS wurde erdacht von **GARTH ENNIS** und **DARICK ROBERTSON**

INHALT

THE BOYS erscheint bei **PANINI COMICS**, Schloßstraße 76, D-70176 Stuttgart. Druck: LEGO PRINT S.p.A. Pressevertrieb: Stella Distribution GmbH, D-22297 Hamburg. Direkt-Abos auf **www.paninicomics.de**. Geschäftsführer **Hermann Paul**, Publishing Director Europe **Marco M. Lupoi**, Finanzen/Logistik **Felix Bauer**, Marketing Director **Holger Wiest**, Marketing **Dr. Rebecca Haar**, Vertrieb **Alexander Bubenheimer**, PR/Presse **Steffen Volkmer**, Publishing Manager **Lisa Pancaldi**, Redaktion **Marlene Eggertsberger**, **Stephanie Jakob**, **Antonio Solinas**, **Nicola Soressi**, **Daniela Uhlmann**, Übersetzung **Bernd Kronsbein**, Proofreading **Marlene Eggertsberger**, Lettering **Giorgio Baroni, Studio RAM**, grafische Gestaltung **Marco Paroli** (coordinator), **Cinzia Morando**, Art Director **Alessandro Gucciardo**, Prepress **Cristina Bedini**, **Daniela Guidetti**, **Andrea Lusoli**, Repro/Packager **Alessandro Nalli** (coordinator), **Anna Boselli**, **Mario Da Rin Zanco**, **Valentina Esposito**, **Luca Ficarelli**, **Linda Leporati**. Published under license from Dynamite Entertainment. Originally published in single magazine form as The Boys #1–14.

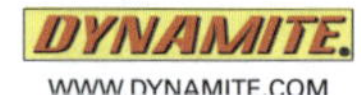

WWW.DYNAMITE.COM

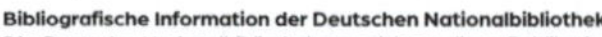

Bibliografische Information der Deutschen Nationalbibliothek
Die Deutsche Nationalbibliothek verzeichnet diese Publikation in der Deutschen Nationalbibliografie; detaillierte bibliografische Daten sind im Internet über dnb.d-nb.de abrufbar.

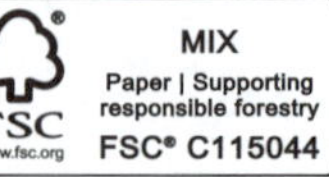

ES IST KEIN KINDERSPIEL

Wenn es schlecht beginnt, endet es oft noch schlimmer. Aber zum Glück ist *The Boys* eine nette Ausnahme von der Regel. Tatsächlich ist es der Serie gelungen, ein Hindernis zu überwinden, das tödlich hätte sein können: Die Veröffentlichung bei WildStorm, einem DC-Sublabel, wurde nach Kapitel 6 abrupt eingestellt (der Legende nach war einer der Redakteure von DC von der Geschichte entsetzt). Das Skript von **Garth Ennis**, einem Autor, der dafür bekannt ist, nicht gerade freundlich zu amerikanischen Superhelden zu sein, war extremer denn je. In der Welt von *The Boys* sind Übermenschen ebenso verstörend wie gefährlich, und der irische Autor war überglücklich, sie in ihrem dunkelsten und erniedrigendsten Profil illustrieren zu können. (Das ist es, was Ennis seit dem sehr beliebten *Preacher* berühmt gemacht hat.) Es war kein wirklich innovativer Ansatz, denn in den frühen 2000er-Jahren stellten viele Comics das Superheldentum als eine Spektakelindustrie dar, in der die Helden hinter ihrem Auftritt als Popstars eine sehr dunkle Seite verbargen. Allerdings ging Ennis – getreu seinem Erzählrezept, das Ekel, Humor, einen Hauch von Lyrik und Reflexionen über den Sinn des Lebens vermischt – einen eindringlicheren und in gewisser Weise riskanteren Weg. Vielleicht sogar zu riskant. Glücklicherweise gab DC die Rechte an die Macher (also Ennis und den Zeichner **Darick Robertson**) zurück, die beschlossen, bei Dynamite anzuklopfen. Fünf Monate nach der Veröffentlichung von Kapitel 6 erschien endlich Nummer 7 und der Titel erfreute sich wachsender Beliebtheit. Seit der Veröffentlichung der davon inspirierten Fernsehserie *The Boys* hat sich die Serie zu einem wahren Medienphänomen entwickelt und Dynamite Millionen von Dollar eingebracht. Was erwartet euch also auf den folgenden Seiten? Eine Welt voller Superhelden, die durch ihren Ruhm korrumpiert sind, die sich moralisch verwerflich verhalten und ohne nachzudenken so handeln, dass sie die Sicherheit anderer aufs Spiel setzen. Und wer ist da, der sie zur Ordnung ruft? Ein geheimes CIA-Team, die berühmten „**Boys**", bestehend aus fünf Mitgliedern. Sie sind diejenigen, die die Superhelden-Gemeinschaft überwachen und sie mit allen Mitteln wieder auf den richtigen Weg bringen müssen. Das einzige Problem ist, dass sie die **Seven**, die prestigeträchtigste – und korrupteste – Superheldengruppe der Welt, verärgert haben …

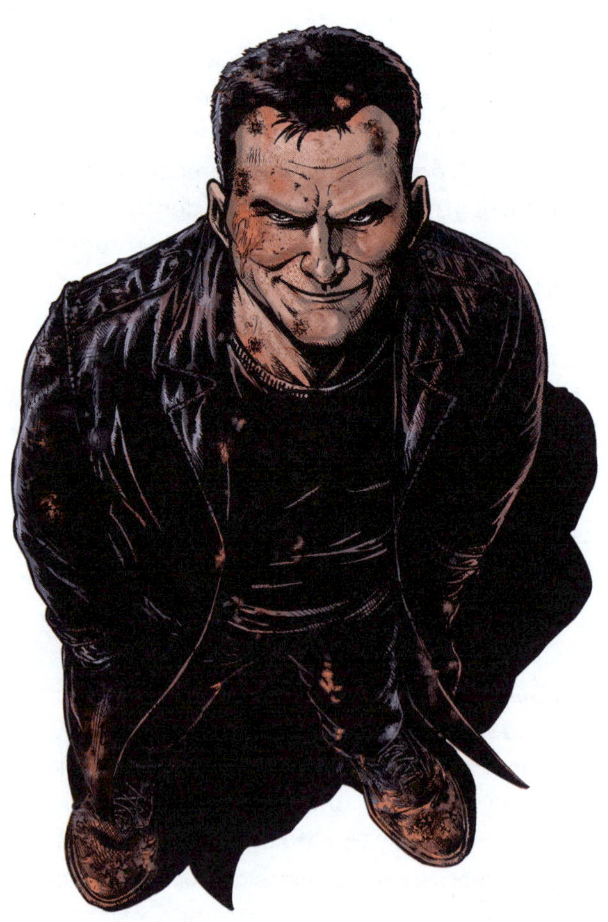

SPIELVERDERBER, TEIL 1

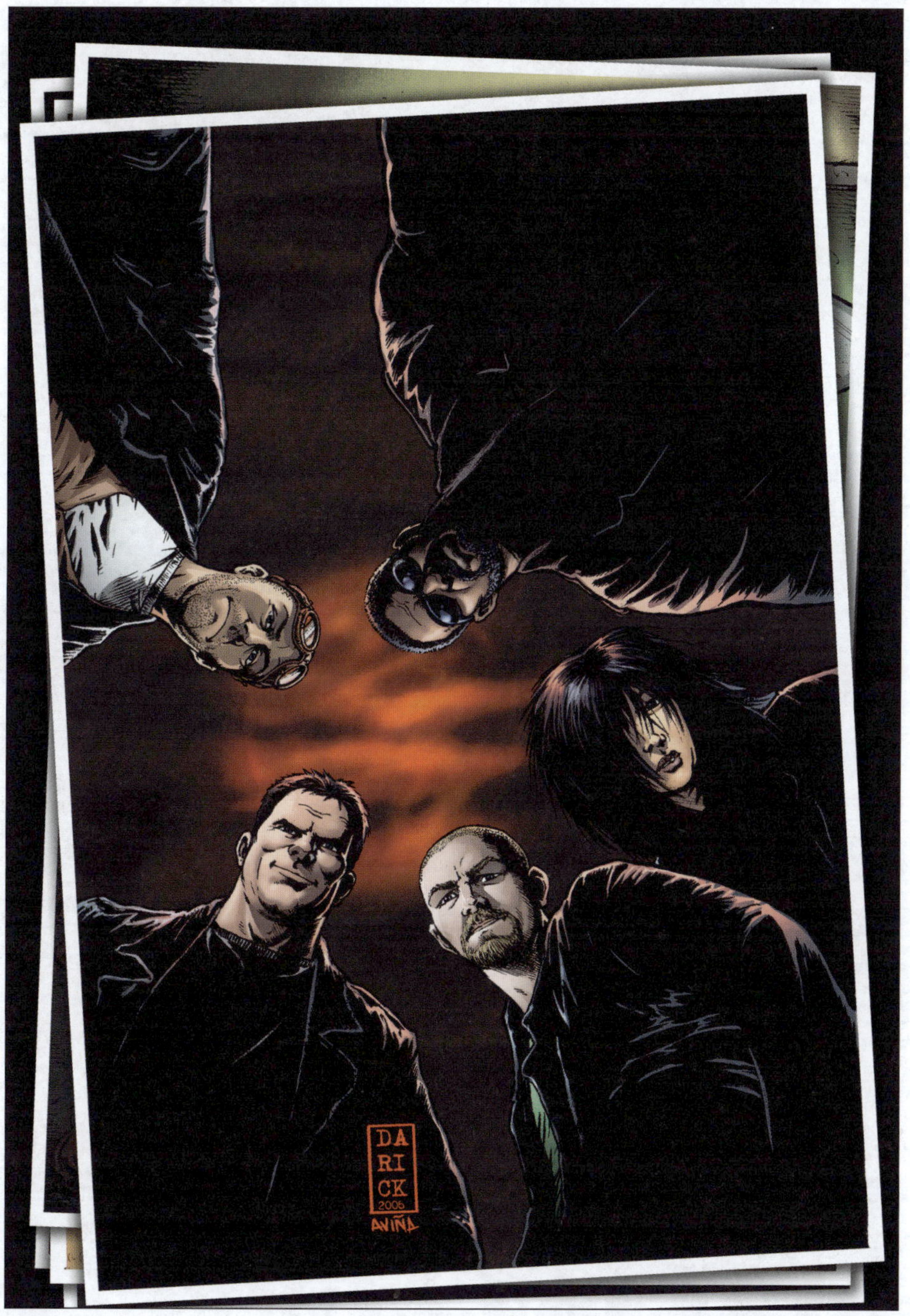

The Boys (2006) 1
Cover von **DARICK ROBERTSON**

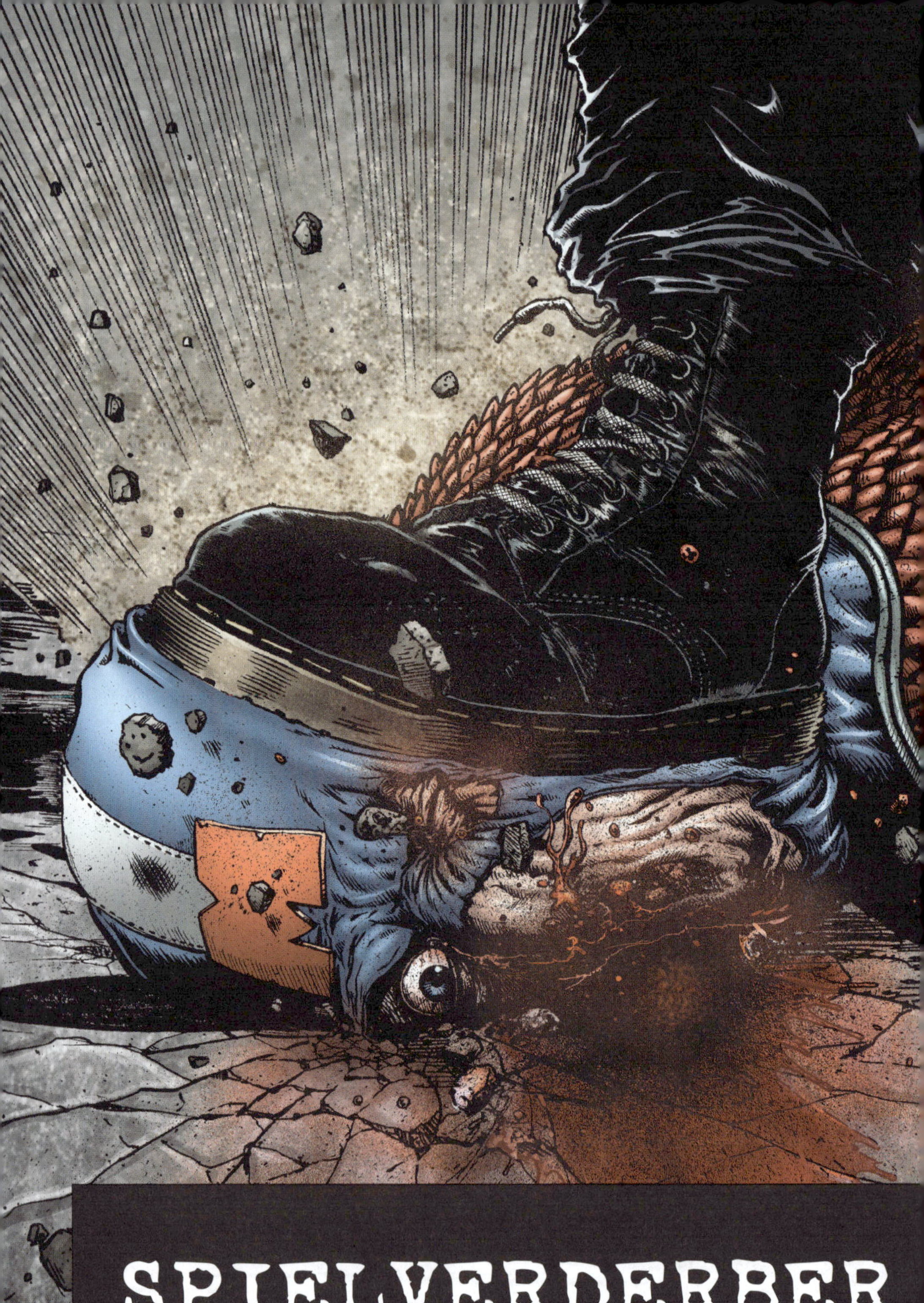

SPIELVERDERBER

TEIL 1

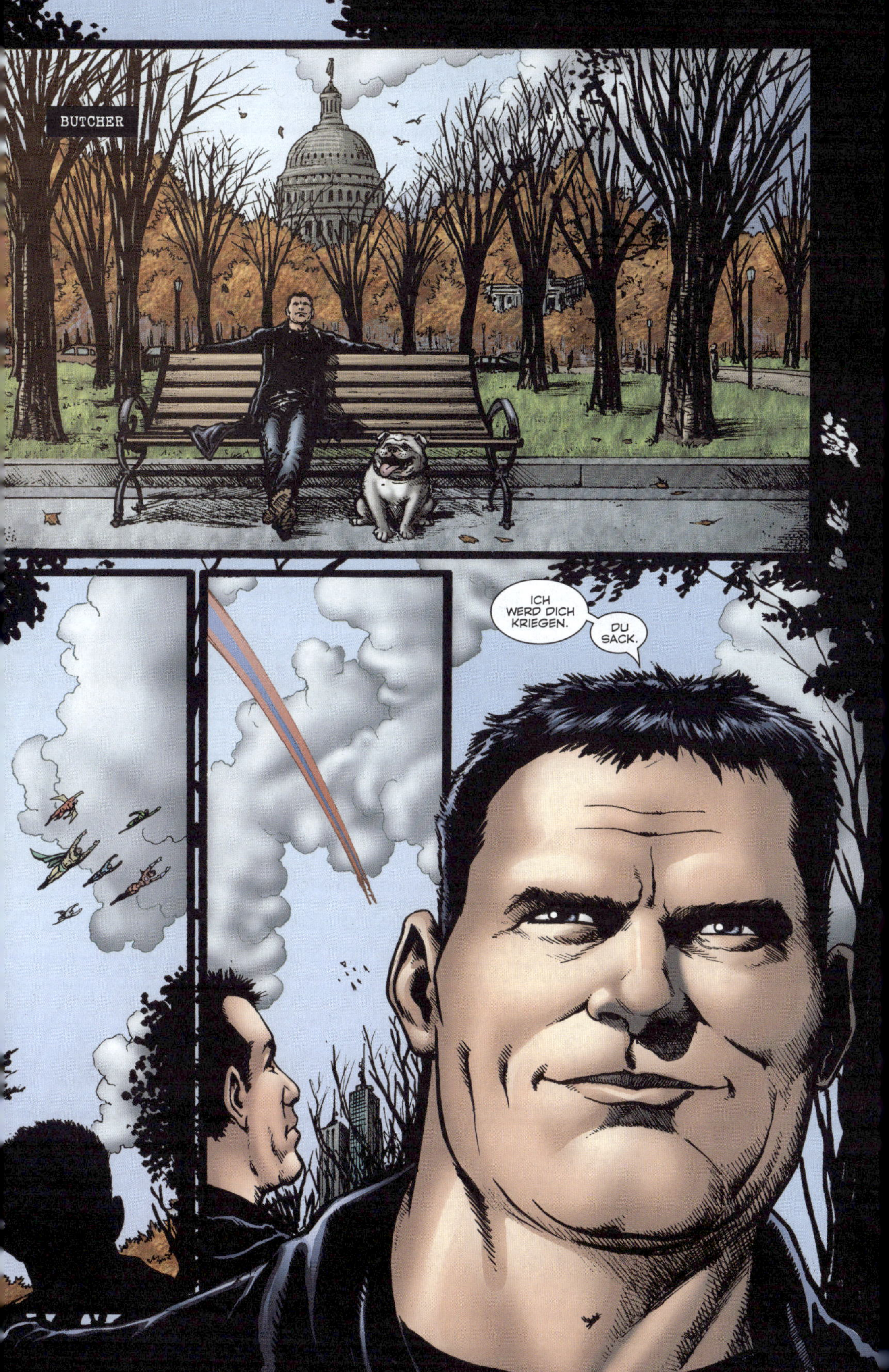
BUTCHER
ICH WERD DICH KRIEGEN.
DU SACK.

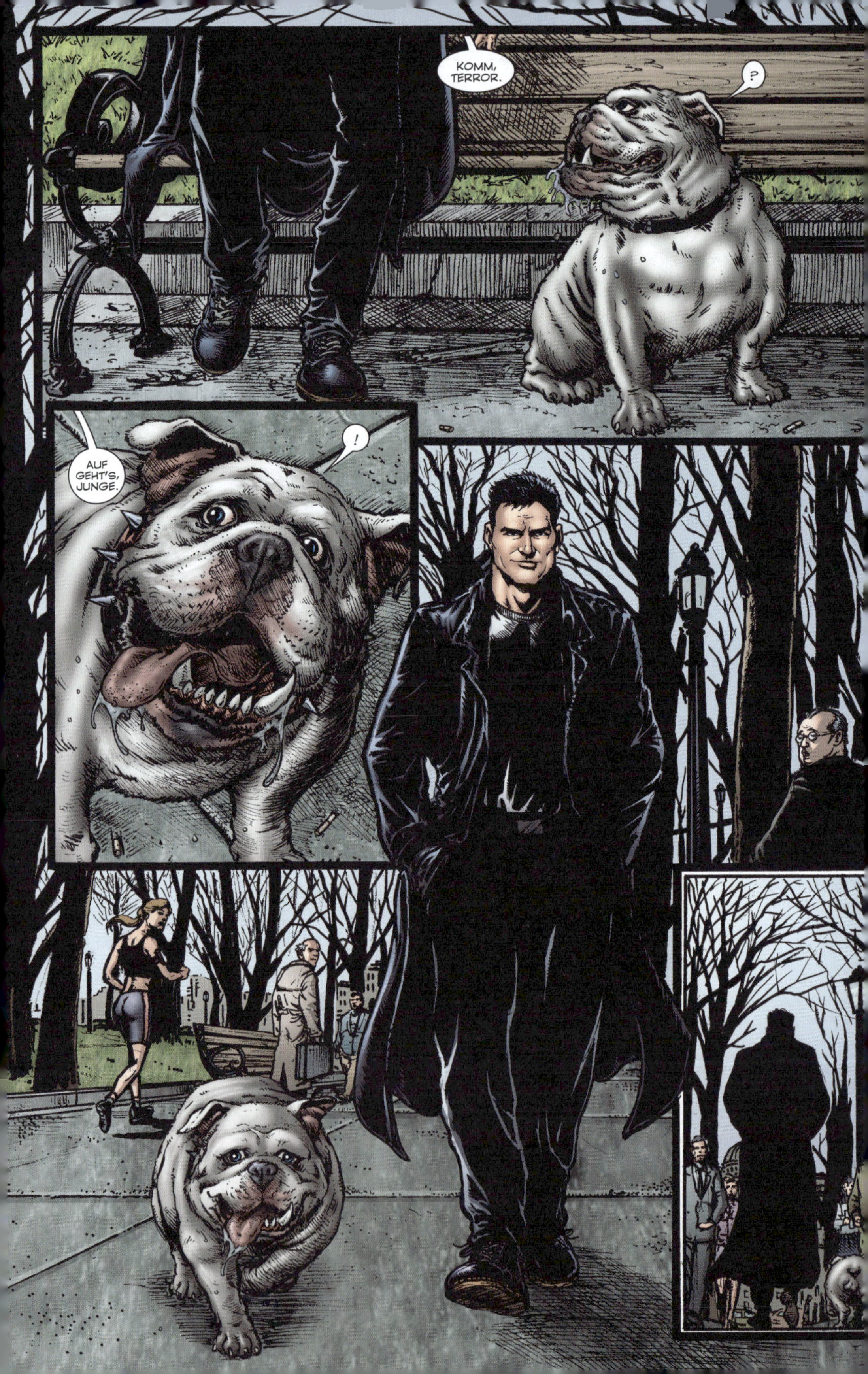
KOMM, TERROR.
?
AUF GEHT'S, JUNGE.
!

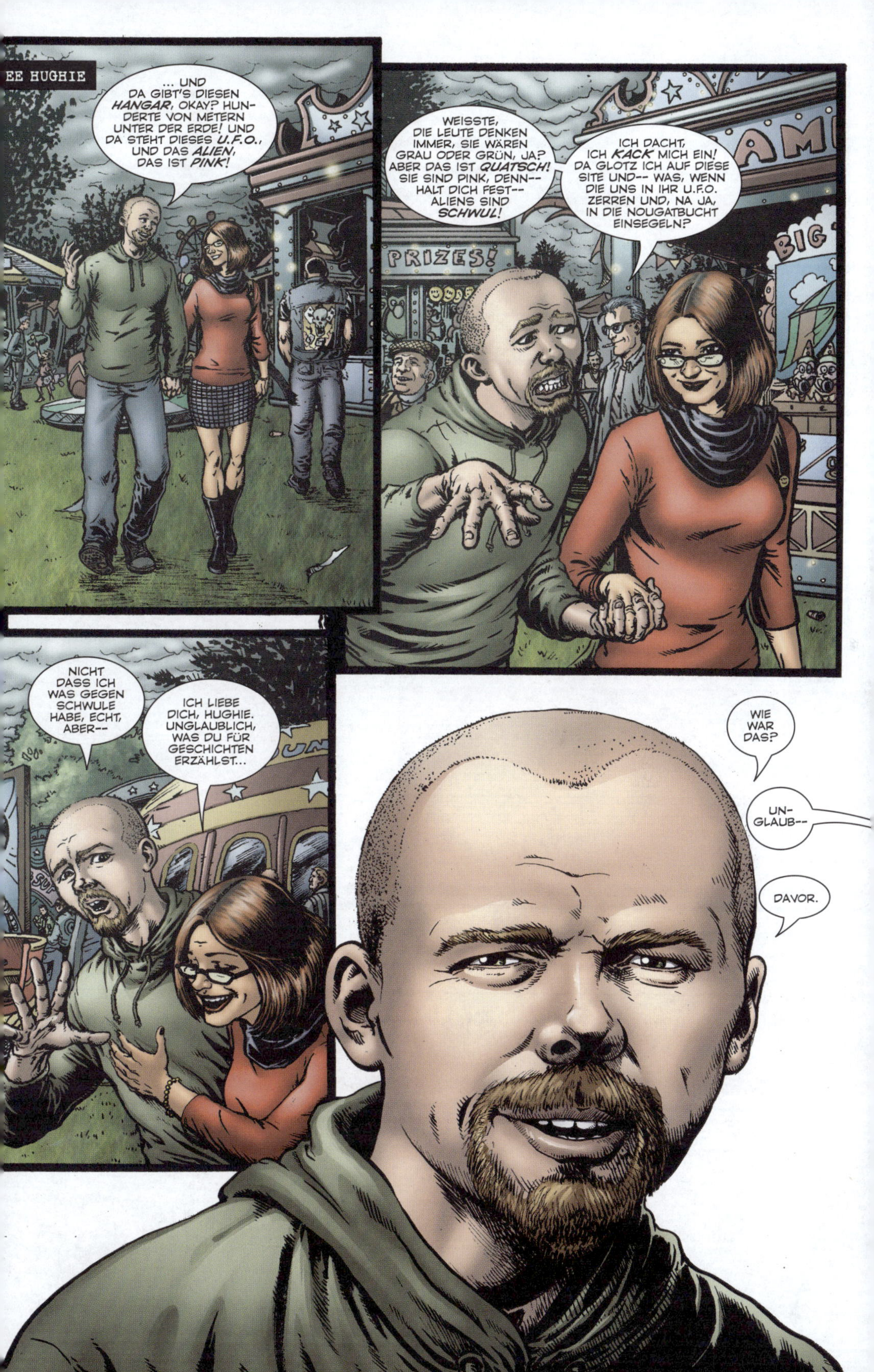
EE HUGHIE
... UND DA GIBT'S DIESEN HANGAR, OKAY? HUNDERTE VON METERN UNTER DER ERDE! UND DA STEHT DIESES U.F.O., UND DAS ALIEN, DAS IST PINK!
WEISSTE, DIE LEUTE DENKEN IMMER, SIE WÄREN GRAU ODER GRÜN, JA? ABER DAS IST QUATSCH! SIE SIND PINK, DENN-- HALT DICH FEST-- ALIENS SIND SCHWUL!
ICH DACHT, ICH KACK MICH EIN! DA GLOTZ ICH AUF DIESE SITE UND-- WAS, WENN DIE UNS IN IHR U.F.O. ZERREN UND, NA JA, IN DIE NOUGATBUCHT EINSEGELN?
PRIZES!
BIG
NICHT DASS ICH WAS GEGEN SCHWULE HABE, ECHT, ABER--
ICH LIEBE DICH, HUGHIE. UNGLAUBLICH, WAS DU FÜR GESCHICHTEN ERZÄHLST...
WIE WAR DAS?
UN-GLAUB--
DAVOR.

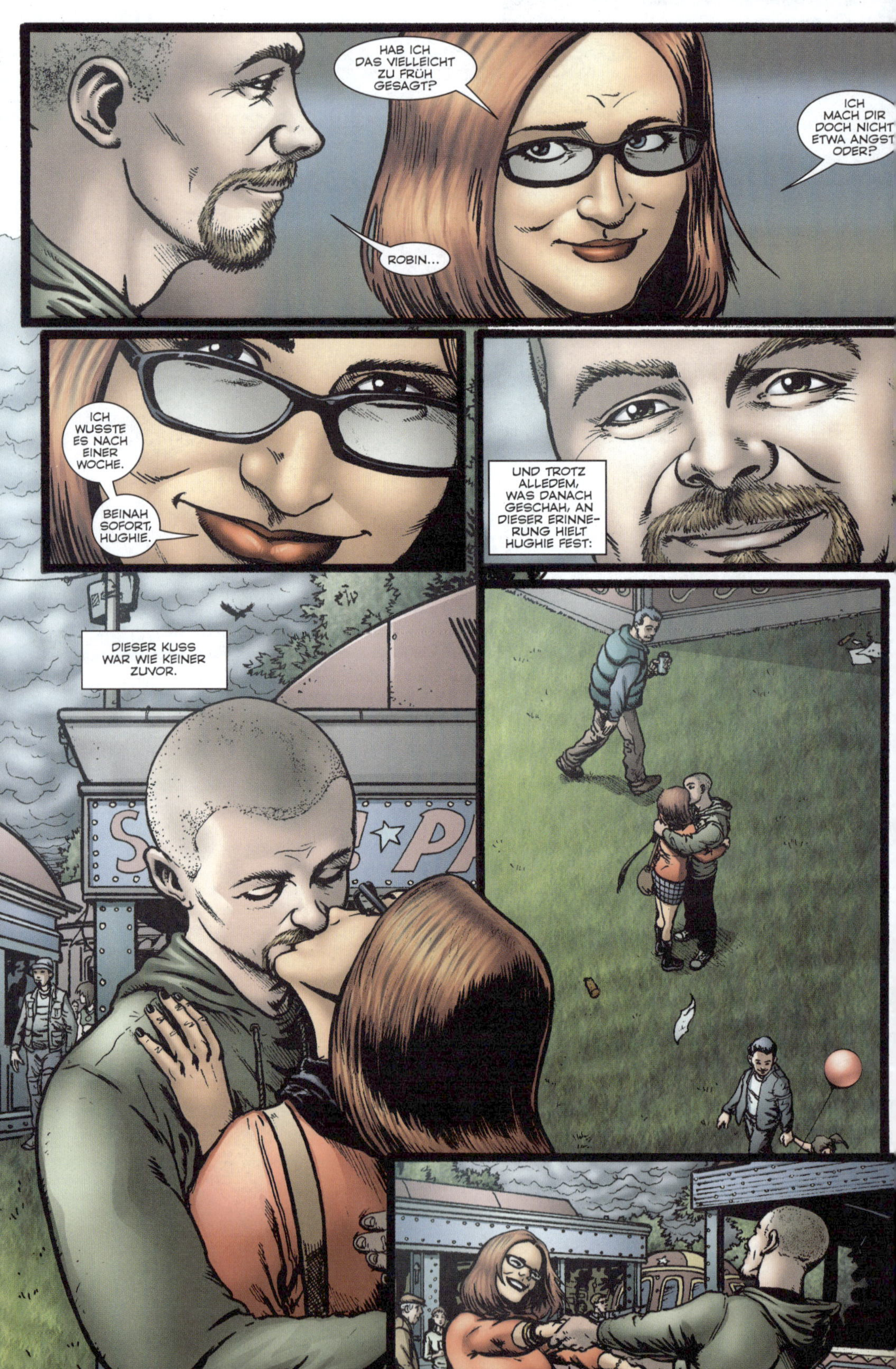
HAB ICH DAS VIELLEICHT ZU FRÜH GESAGT?
ROBIN...
ICH MACH DIR DOCH NICHT ETWA ANGST ODER?
ICH WUSSTE ES NACH EINER WOCHE.
BEINAH SOFORT, HUGHIE.
UND TROTZ ALLEDEM, WAS DANACH GESCHAH, AN DIESER ERINNERUNG HIELT HUGHIE FEST:
DIESER KUSS WAR WIE KEINER ZUVOR.

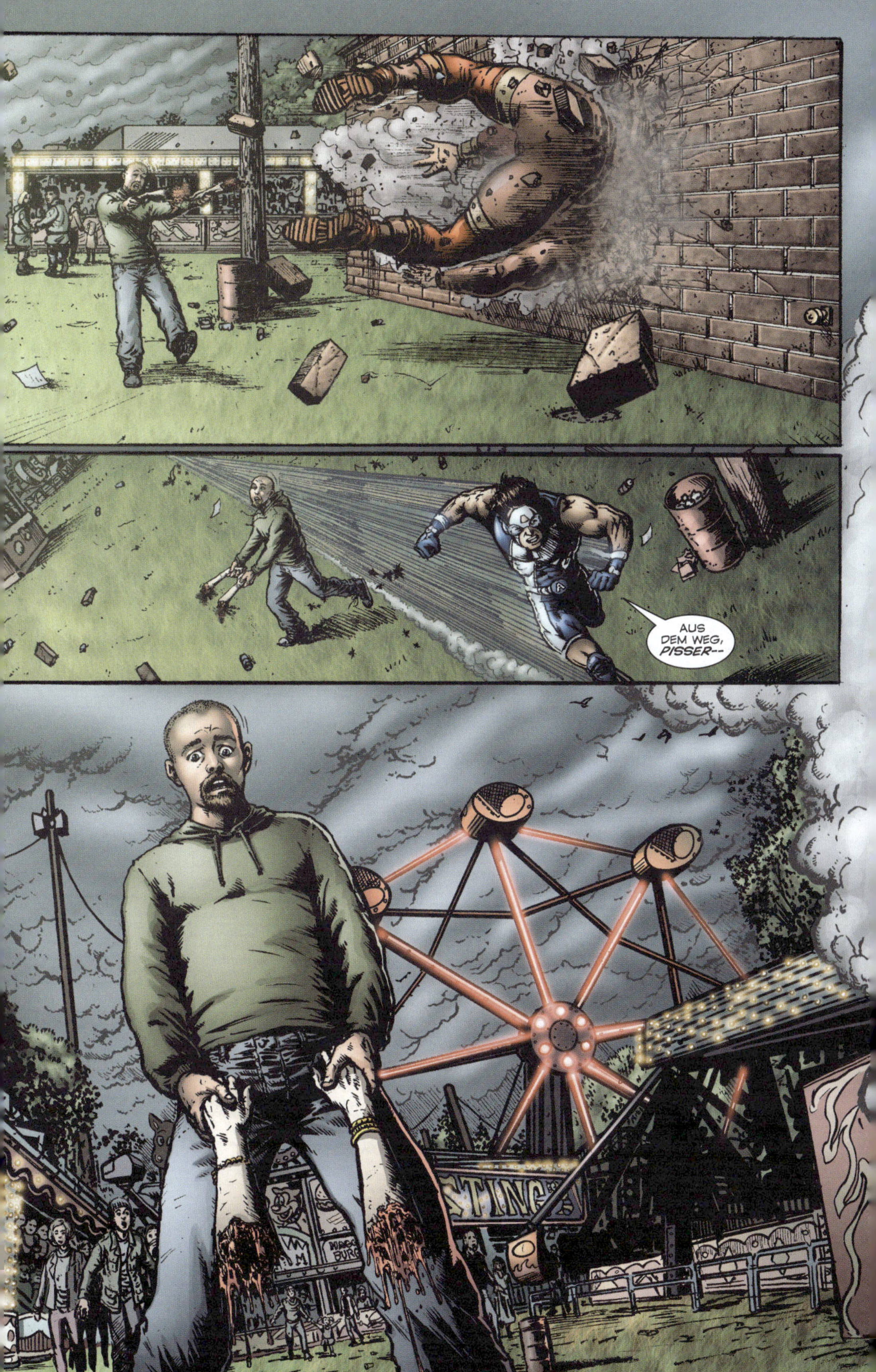
AUS DEM WEG, *PISSER--*
STING

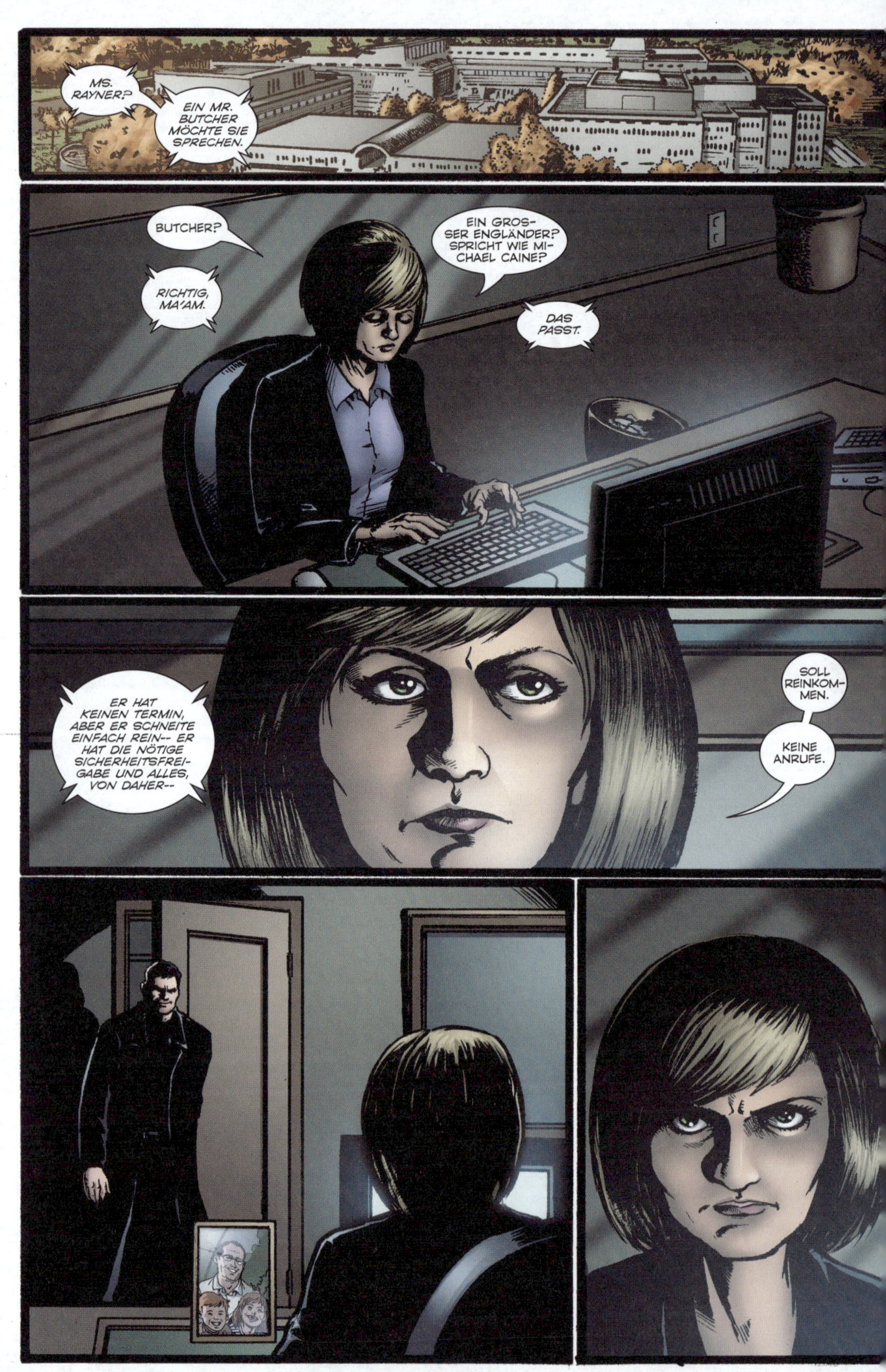
MS. RAYNER?
EIN MR. BUTCHER MÖCHTE SIE SPRECHEN.
BUTCHER?
RICHTIG, MA'AM.
EIN GROSSER ENGLÄNDER? SPRICHT WIE MICHAEL CAINE?
DAS PASST.
ER HAT KEINEN TERMIN, ABER ER SCHNEITE EINFACH REIN-- ER HAT DIE NÖTIGE SICHERHEITSFREIGABE UND ALLES, VON DAHER--
SOLL REINKOMMEN.
KEINE ANRUFE.

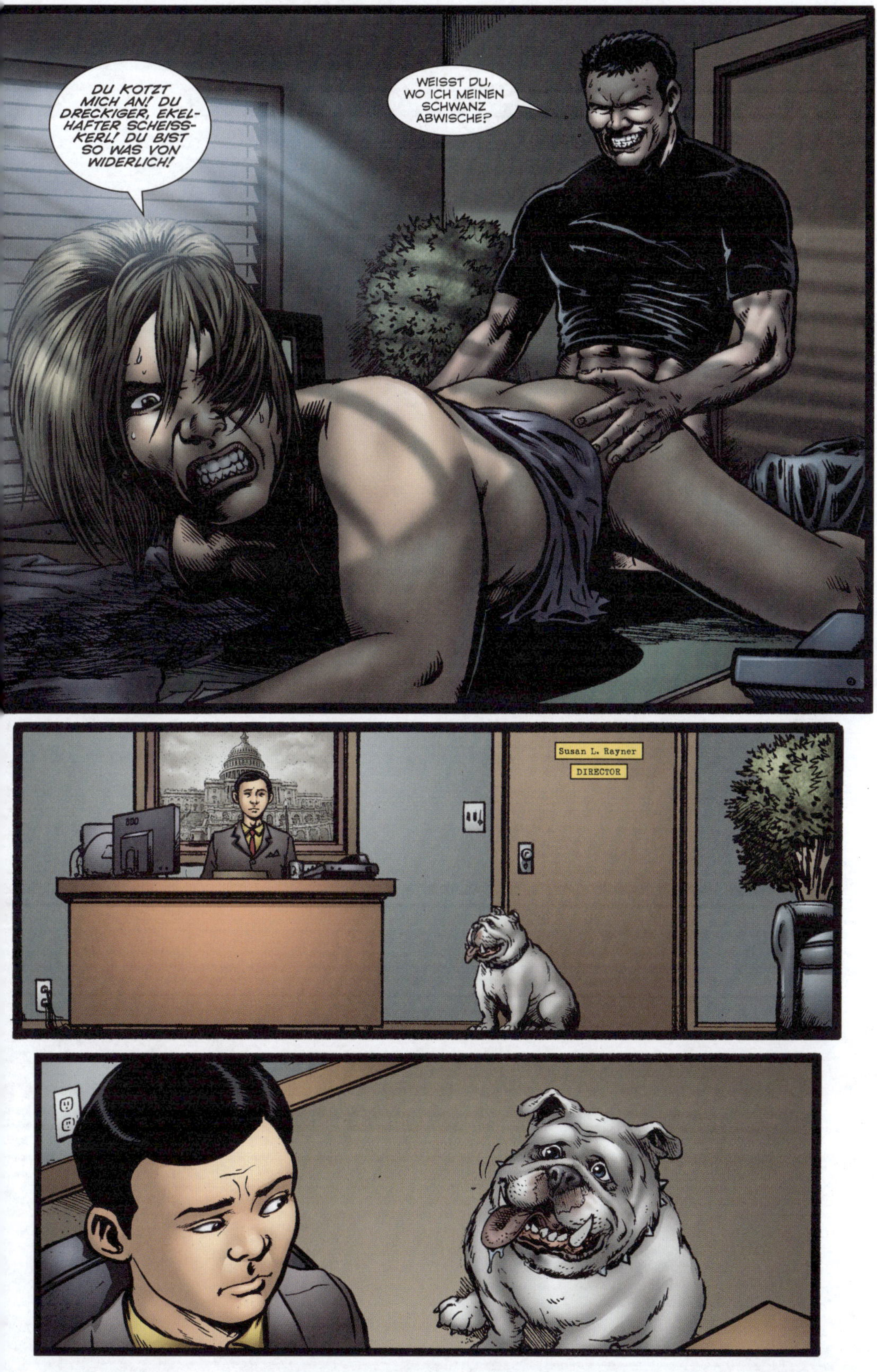

DU KOTZT MICH AN! DU DRECKIGER, EKELHAFTER SCHEISSKERL! DU BIST SO WAS VON WIDERLICH!
WEISST DU, WO ICH MEINEN SCHWANZ ABWISCHE?

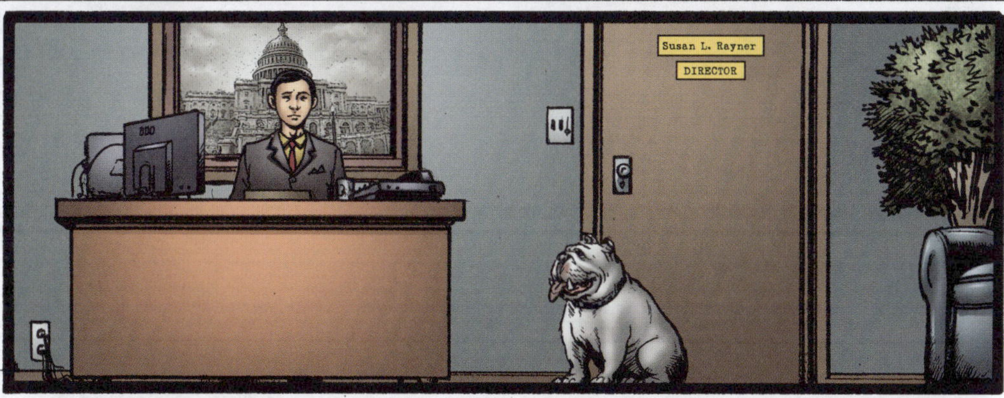
Susan L. Rayner
DIRECTOR

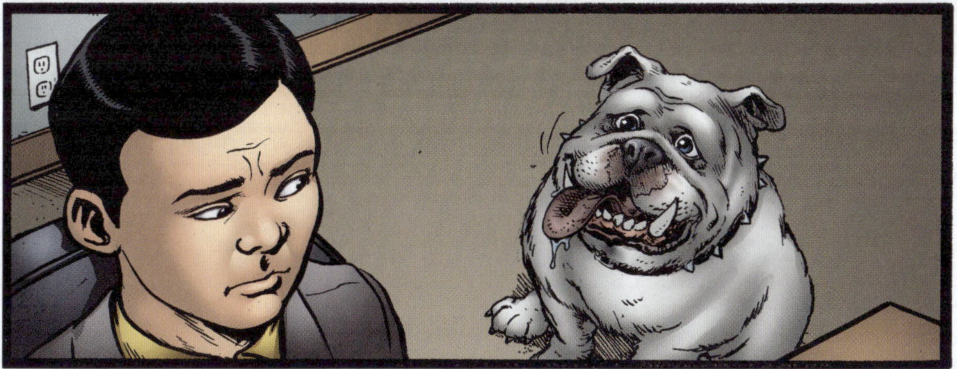

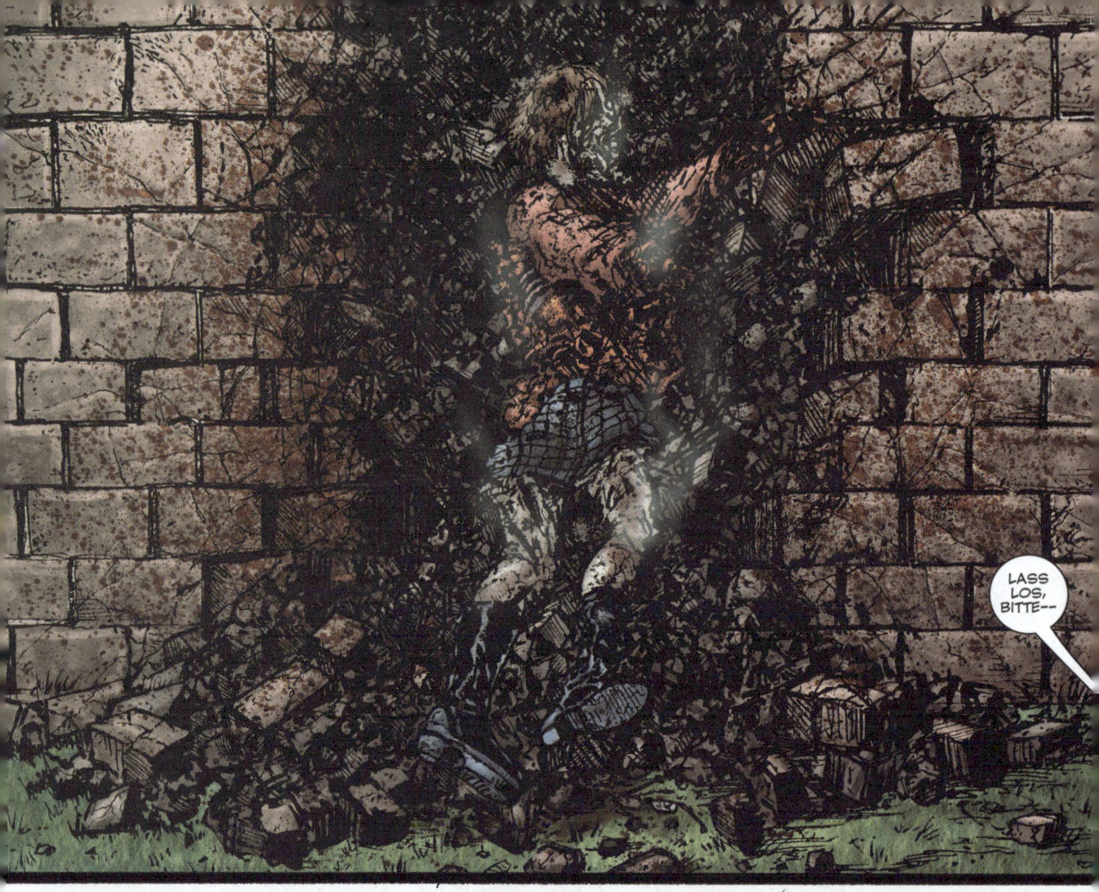

LASS LOS, BITTE--
BITTE, JUNGE, LASS LOS-- DU *MUSST* LOSLASSEN-- 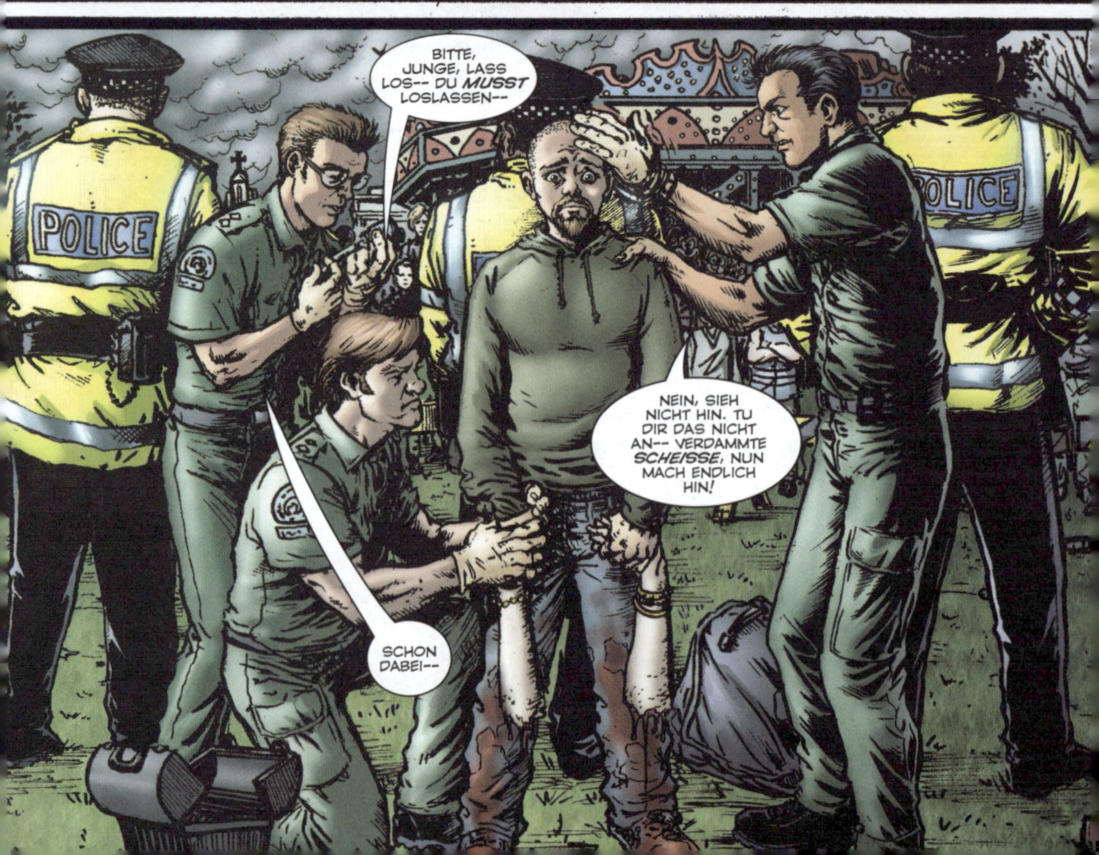
NEIN, SIEH NICHT HIN. TU DIR DAS NICHT AN-- VERDAMMTE *SCHEISSE*, NUN MACH ENDLICH HIN!
SCHON DABEI--

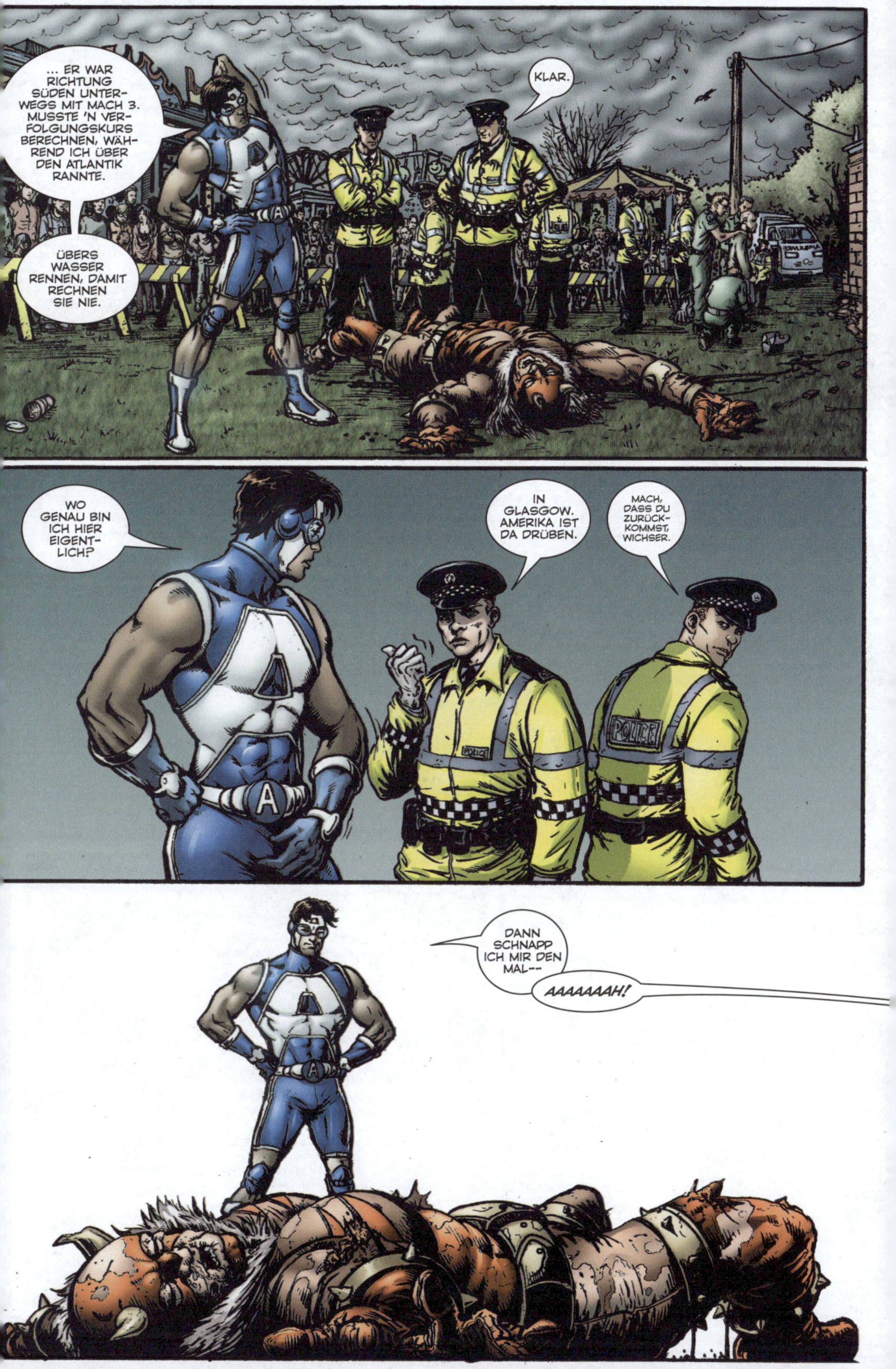

... ER WAR RICHTUNG SÜDEN UNTER-WEGS MIT MACH 3. MUSSTE 'N VER-FOLGUNGSKURS BERECHNEN, WÄH-REND ICH ÜBER DEN ATLANTIK RANNTE.

KLAR.

ÜBERS WASSER RENNEN, DAMIT RECHNEN SIE NIE.

WO GENAU BIN ICH HIER EIGENT-LICH?

IN GLASGOW. AMERIKA IST DA DRÜBEN.

MACH, DASS DU ZURÜCK-KOMMST, WICHSER.

DANN SCHNAPP ICH MIR DEN MAL--

AAAAAAAH!

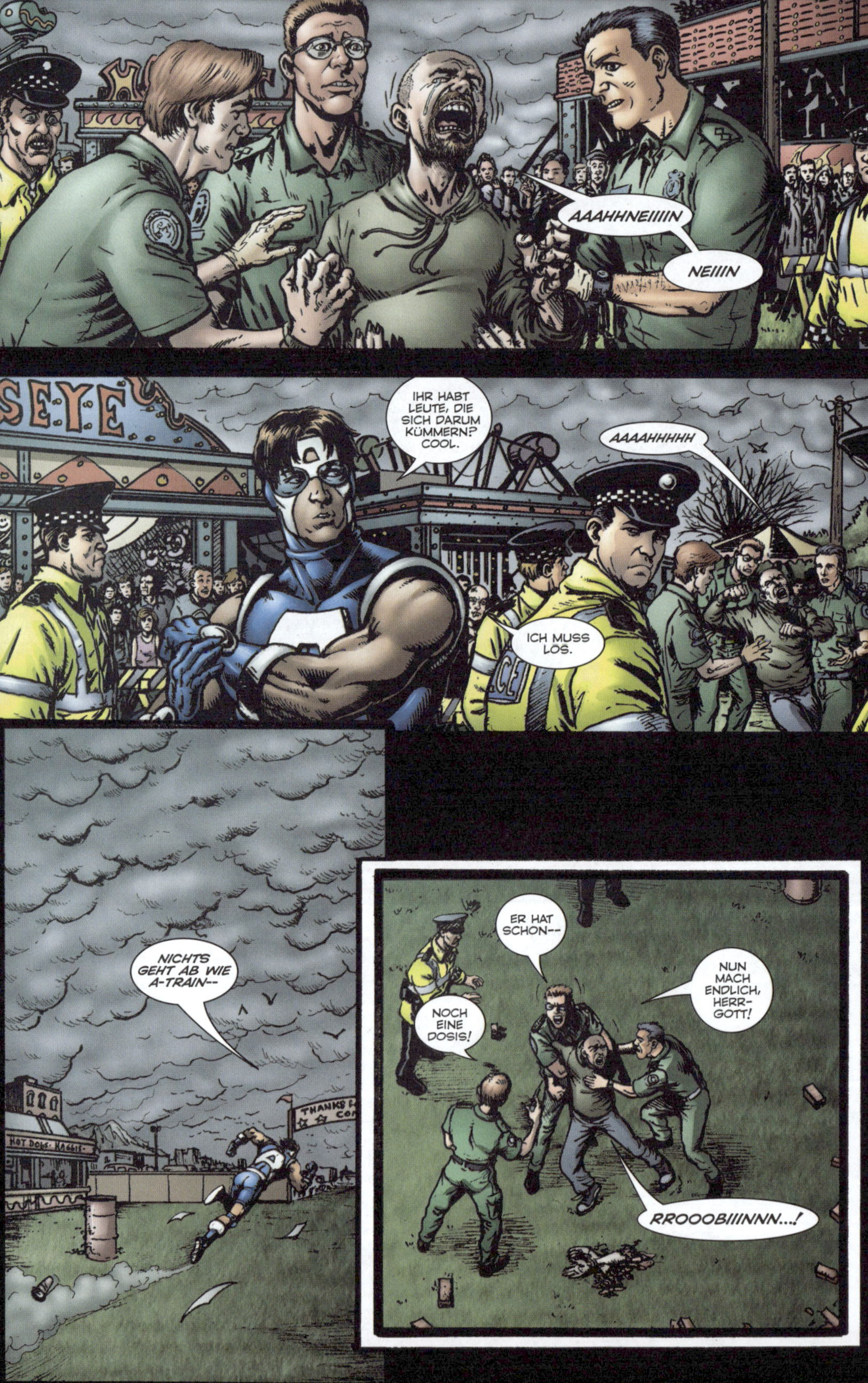
AAAHHNEIIIIN
NEIIIN
IHR HABT LEUTE, DIE SICH DARUM KÜMMERN? COOL.
AAAAHHHHH
ICH MUSS LOS.
NICHTS GEHT AB WIE A-TRAIN--
HOT DOGS
ER HAT SCHON--
NUN MACH ENDLICH, HERRGOTT!
NOCH EINE DOSIS!
RROOOBIIINNN...!

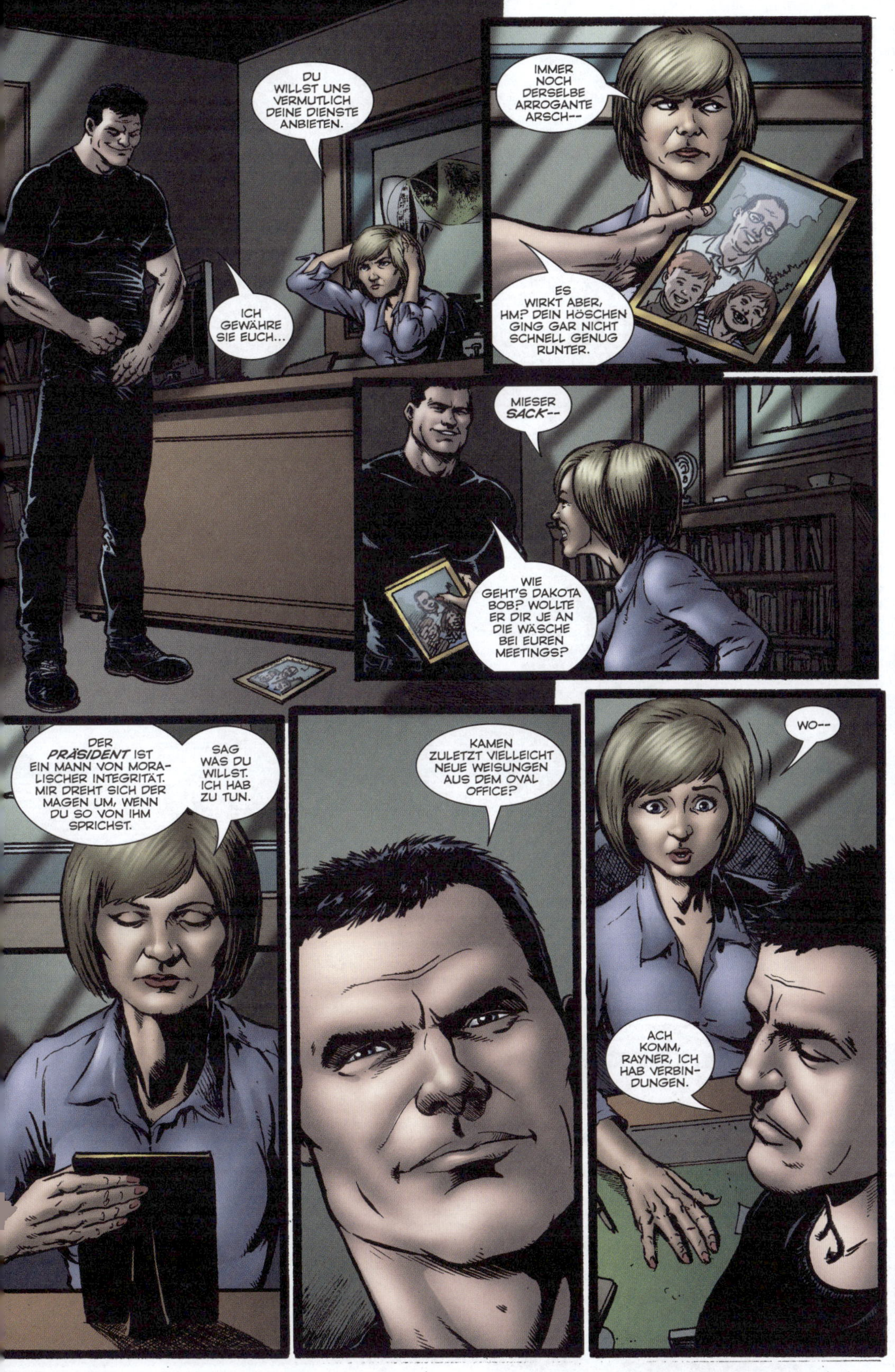
DU WILLST UNS VERMUTLICH DEINE DIENSTE ANBIETEN.
ICH GEWÄHRE SIE EUCH...
IMMER NOCH DERSELBE ARROGANTE ARSCH--
ES WIRKT ABER, HM? DEIN HÖSCHEN GING GAR NICHT SCHNELL GENUG RUNTER.
MIESER SACK--
WIE GEHT'S DAKOTA BOB? WOLLTE ER DIR JE AN DIE WÄSCHE BEI EUREN MEETINGS?
DER PRÄSIDENT IST EIN MANN VON MORALISCHER INTEGRITÄT. MIR DREHT SICH DER MAGEN UM, WENN DU SO VON IHM SPRICHST.
SAG WAS DU WILLST. ICH HAB ZU TUN.
KAMEN ZULETZT VIELLEICHT NEUE WEISUNGEN AUS DEM OVAL OFFICE?
WO--
ACH KOMM, RAYNER, ICH HAB VERBINDUNGEN.

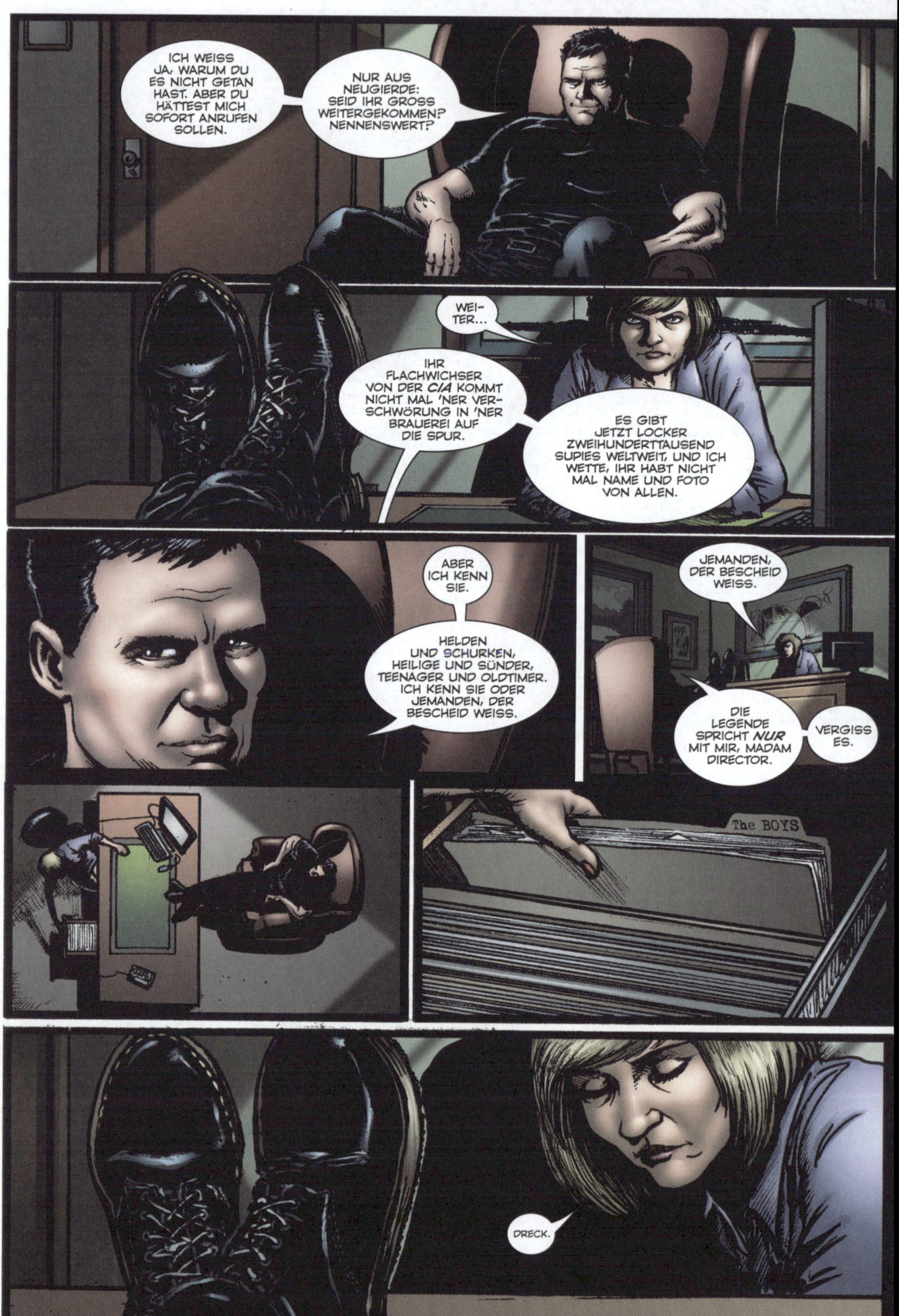
ICH WEISS JA, WARUM DU ES NICHT GETAN HAST. ABER DU HÄTTEST MICH SOFORT ANRUFEN SOLLEN.
NUR AUS NEUGIERDE: SEID IHR GROSS WEITERGEKOMMEN? NENNENSWERT?
WEI- TER...
IHR FLACHWICHSER VON DER CIA KOMMT NICHT MAL 'NER VER- SCHWÖRUNG IN 'NER BRAUEREI AUF DIE SPUR.
ES GIBT JETZT LOCKER ZWEIHUNDERTTAUSEND SUPIES WELTWEIT, UND ICH WETTE, IHR HABT NICHT MAL NAME UND FOTO VON ALLEN.
ABER ICH KENN SIE.
HELDEN UND SCHURKEN, HEILIGE UND SÜNDER, TEENAGER UND OLDTIMER. ICH KENN SIE ODER JEMANDEN, DER BESCHEID WEISS.
JEMANDEN, DER BESCHEID WEISS.
DIE LEGENDE SPRICHT NUR MIT MIR, MADAM DIRECTOR.
VERGISS ES.
The BOYS
DRECK.

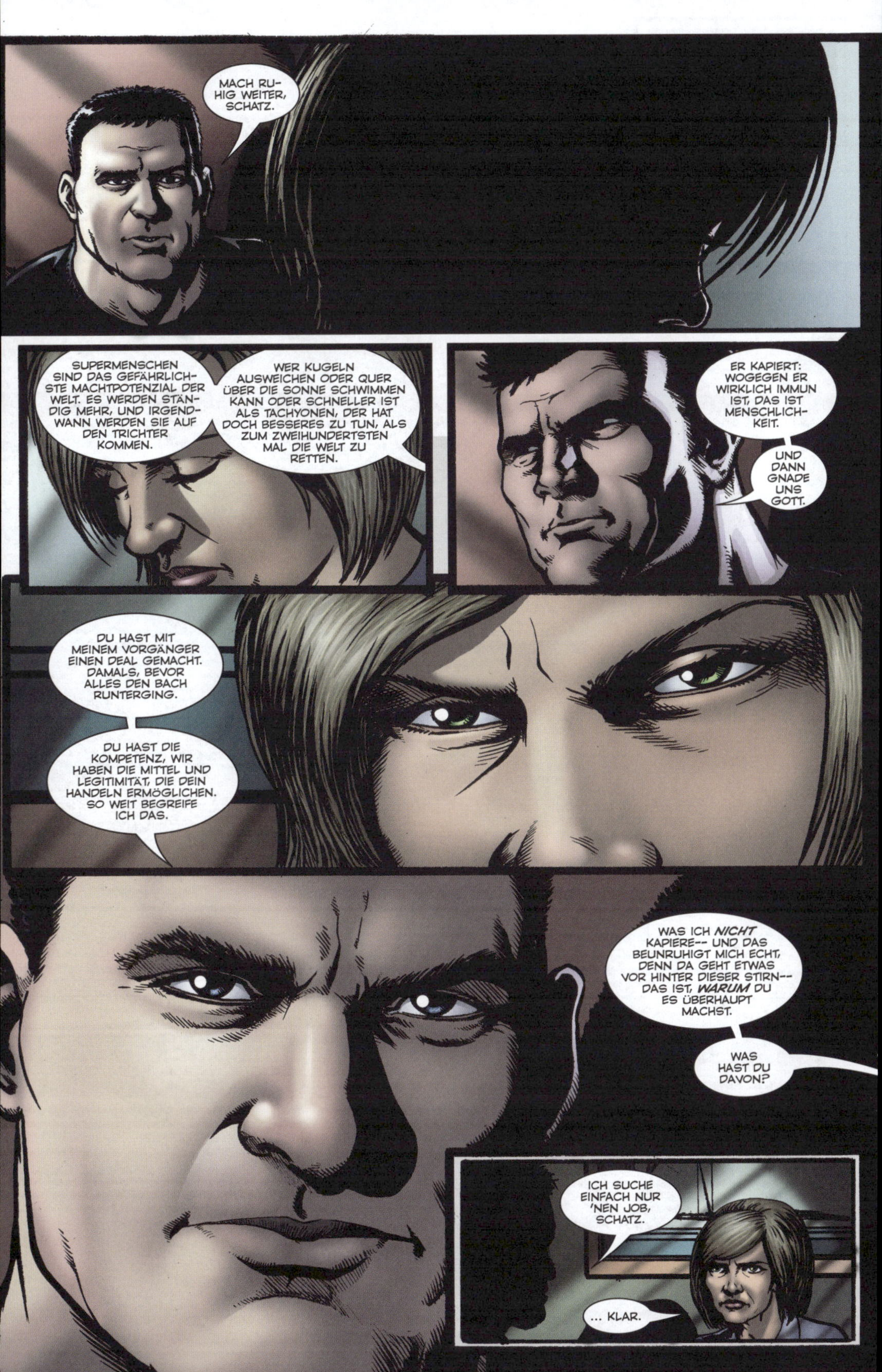
MACH RUHIG WEITER, SCHATZ.
SUPERMENSCHEN SIND DAS GEFÄHRLICHSTE MACHTPOTENZIAL DER WELT. ES WERDEN STÄNDIG MEHR, UND IRGENDWANN WERDEN SIE AUF DEN TRICHTER KOMMEN.
WER KUGELN AUSWEICHEN ODER QUER ÜBER DIE SONNE SCHWIMMEN KANN ODER SCHNELLER IST ALS TACHYONEN, DER HAT DOCH BESSERES ZU TUN, ALS ZUM ZWEIHUNDERTSTEN MAL DIE WELT ZU RETTEN.
ER KAPIERT: WOGEGEN ER WIRKLICH IMMUN IST, DAS IST MENSCHLICHKEIT.
UND DANN GNADE UNS GOTT.
DU HAST MIT MEINEM VORGÄNGER EINEN DEAL GEMACHT. DAMALS, BEVOR ALLES DEN BACH RUNTERGING.
DU HAST DIE KOMPETENZ, WIR HABEN DIE MITTEL UND LEGITIMITÄT, DIE DEIN HANDELN ERMÖGLICHEN. SO WEIT BEGREIFE ICH DAS.
WAS ICH *NICHT* KAPIERE-- UND DAS BEUNRUHIGT MICH ECHT, DENN DA GEHT ETWAS VOR HINTER DIESER STIRN-- DAS IST, *WARUM* DU ES ÜBERHAUPT MACHST.
WAS HAST DU DAVON?
ICH SUCHE EINFACH NUR 'NEN JOB, SCHATZ.
... KLAR.

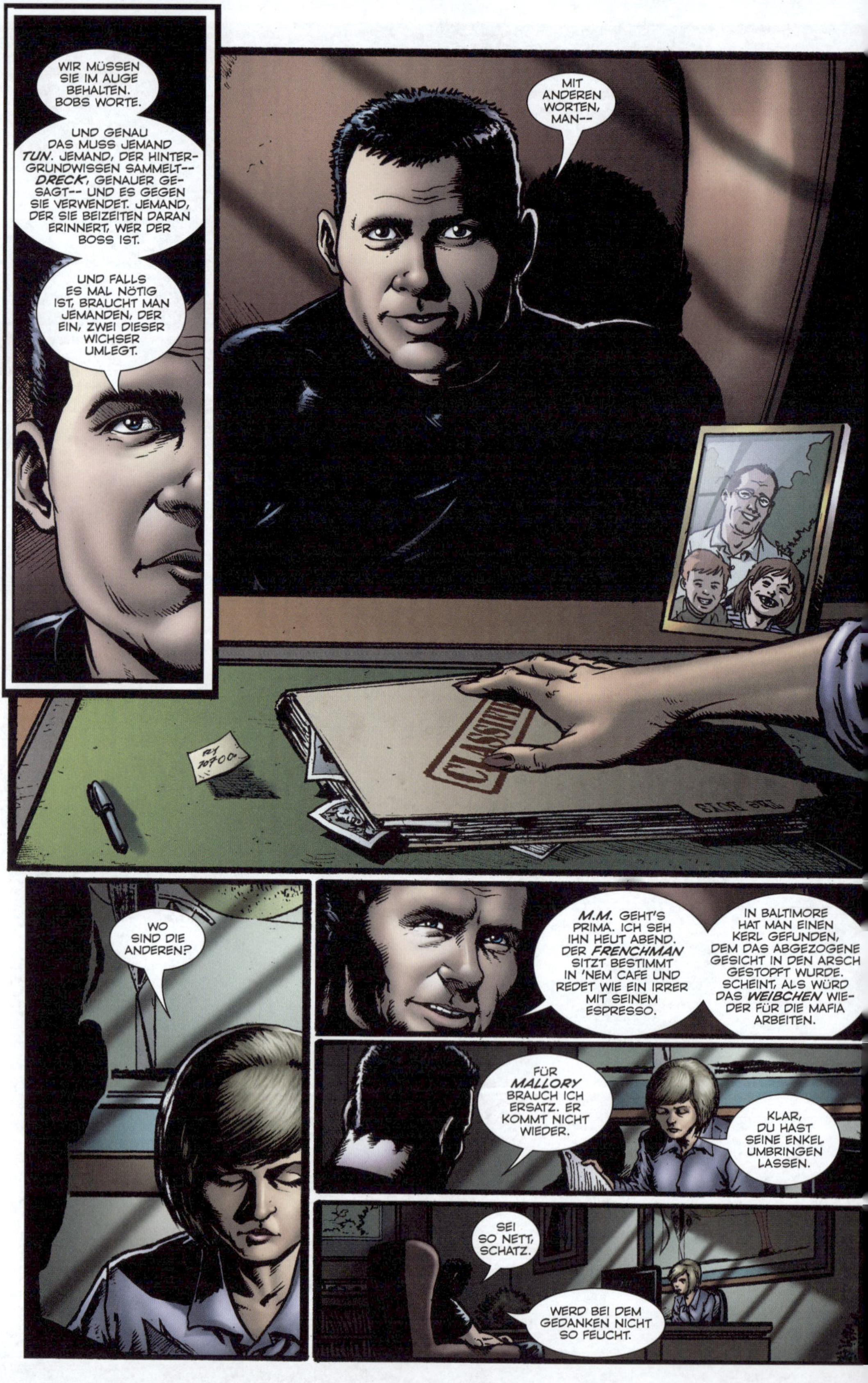

WIR MÜSSEN SIE IM AUGE BEHALTEN. BOBS WORTE.
UND GENAU DAS MUSS JEMAND *TUN*. JEMAND, DER HINTERGRUNDWISSEN SAMMELT-- *DRECK*, GENAUER GESAGT-- UND ES GEGEN SIE VERWENDET. JEMAND, DER SIE BEIZEITEN DARAN ERINNERT, WER DER BOSS IST.
UND FALLS ES MAL NÖTIG IST, BRAUCHT MAN JEMANDEN, DER EIN, ZWEI DIESER WICHSER UMLEGT.
MIT ANDEREN WORTEN, MAN--

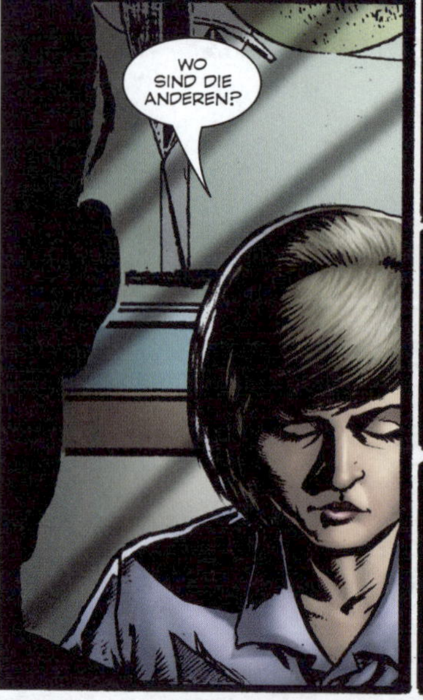

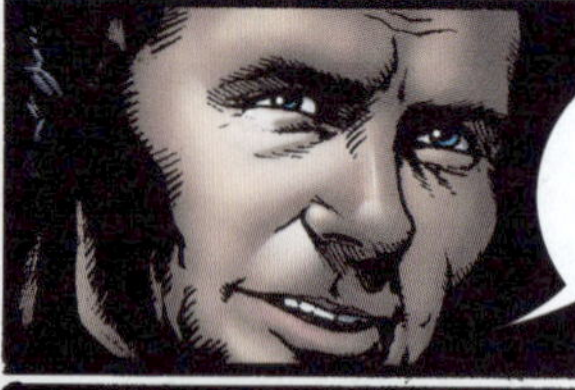

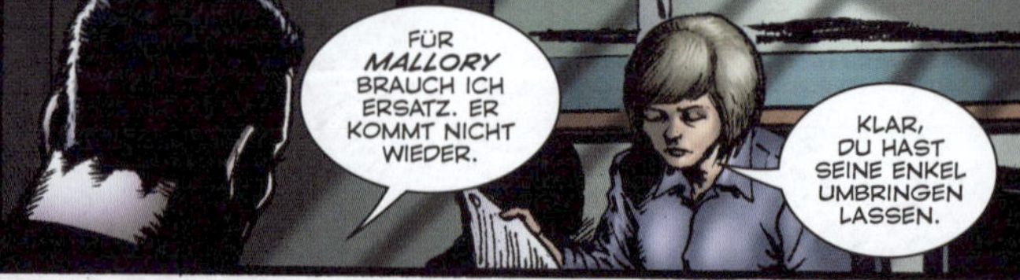

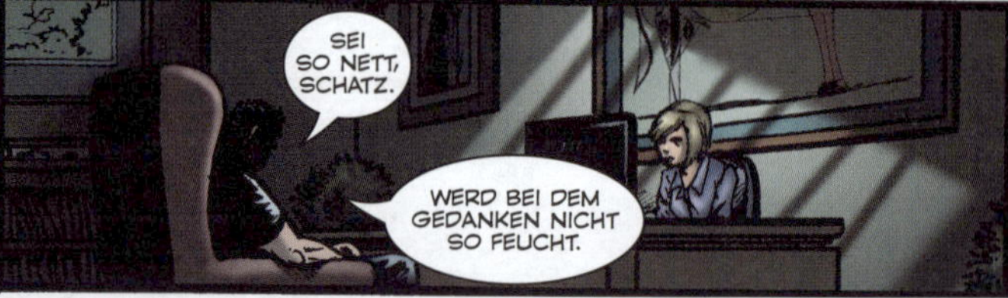

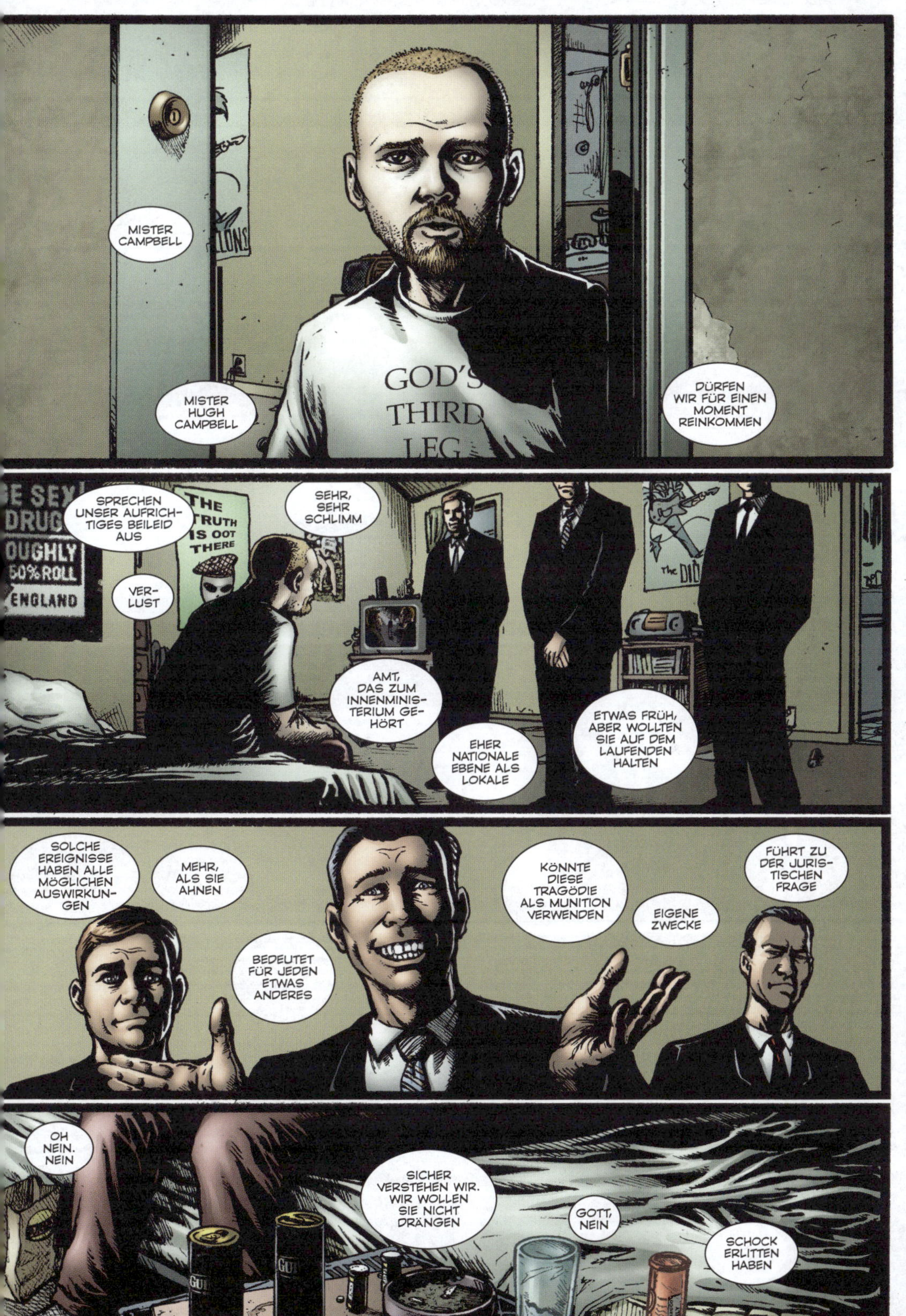
MISTER CAMPBELL
GOD'S THIRD LEG
MISTER HUGH CAMPBELL
DÜRFEN WIR FÜR EINEN MOMENT REINKOMMEN
SPRECHEN UNSER AUFRICHTIGES BEILEID AUS
VERLUST
THE TRUTH IS OOT THERE
ENGLAND
SEHR, SEHR SCHLIMM
AMT, DAS ZUM INNENMINISTERIUM GEHÖRT
EHER NATIONALE EBENE ALS LOKALE
ETWAS FRÜH, ABER WOLLTEN SIE AUF DEM LAUFENDEN HALTEN
SOLCHE EREIGNISSE HABEN ALLE MÖGLICHEN AUSWIRKUNGEN
MEHR, ALS SIE AHNEN
BEDEUTET FÜR JEDEN ETWAS ANDERES
KÖNNTE DIESE TRAGÖDIE ALS MUNITION VERWENDEN
EIGENE ZWECKE
FÜHRT ZU DER JURISTISCHEN FRAGE
OH NEIN. NEIN
SICHER VERSTEHEN WIR. WIR WOLLEN SIE NICHT DRÄNGEN
GOTT, NEIN
SCHOCK ERLITTEN HABEN

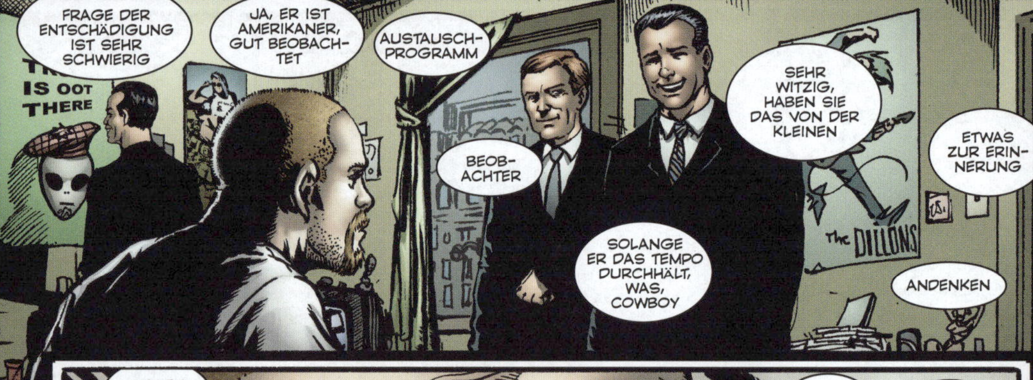

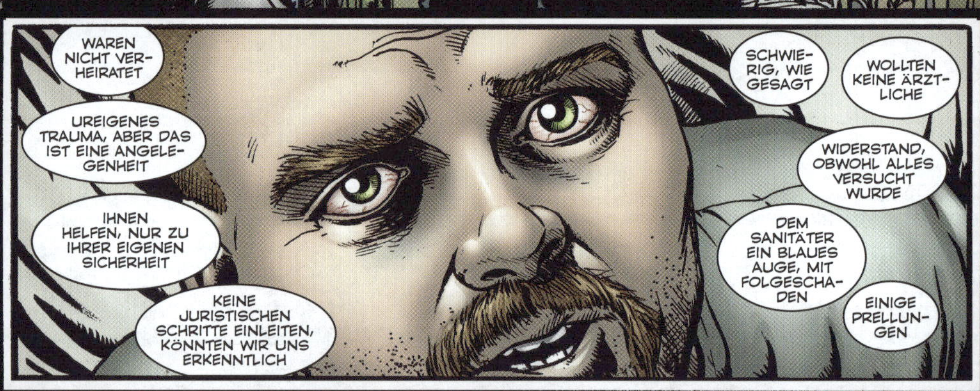

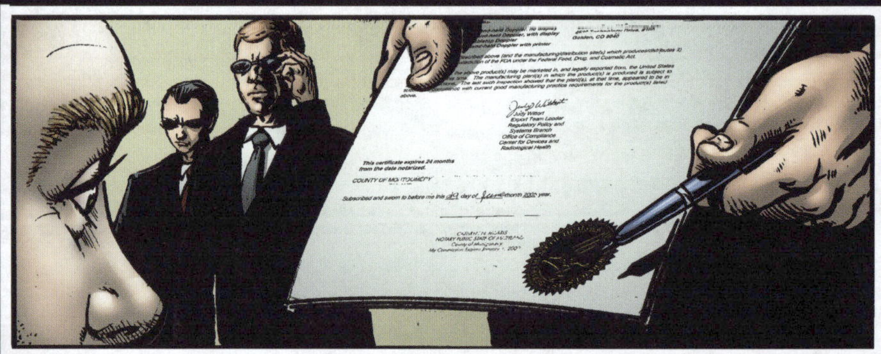

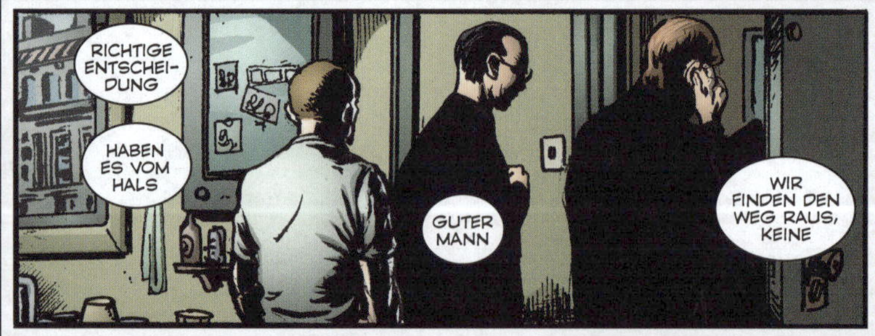

ICH WILL KEINE SCHEISS ENTSCHÄDI-GUNG.

ICH WILL SIE ZURÜCK.

MEHR NICHT.

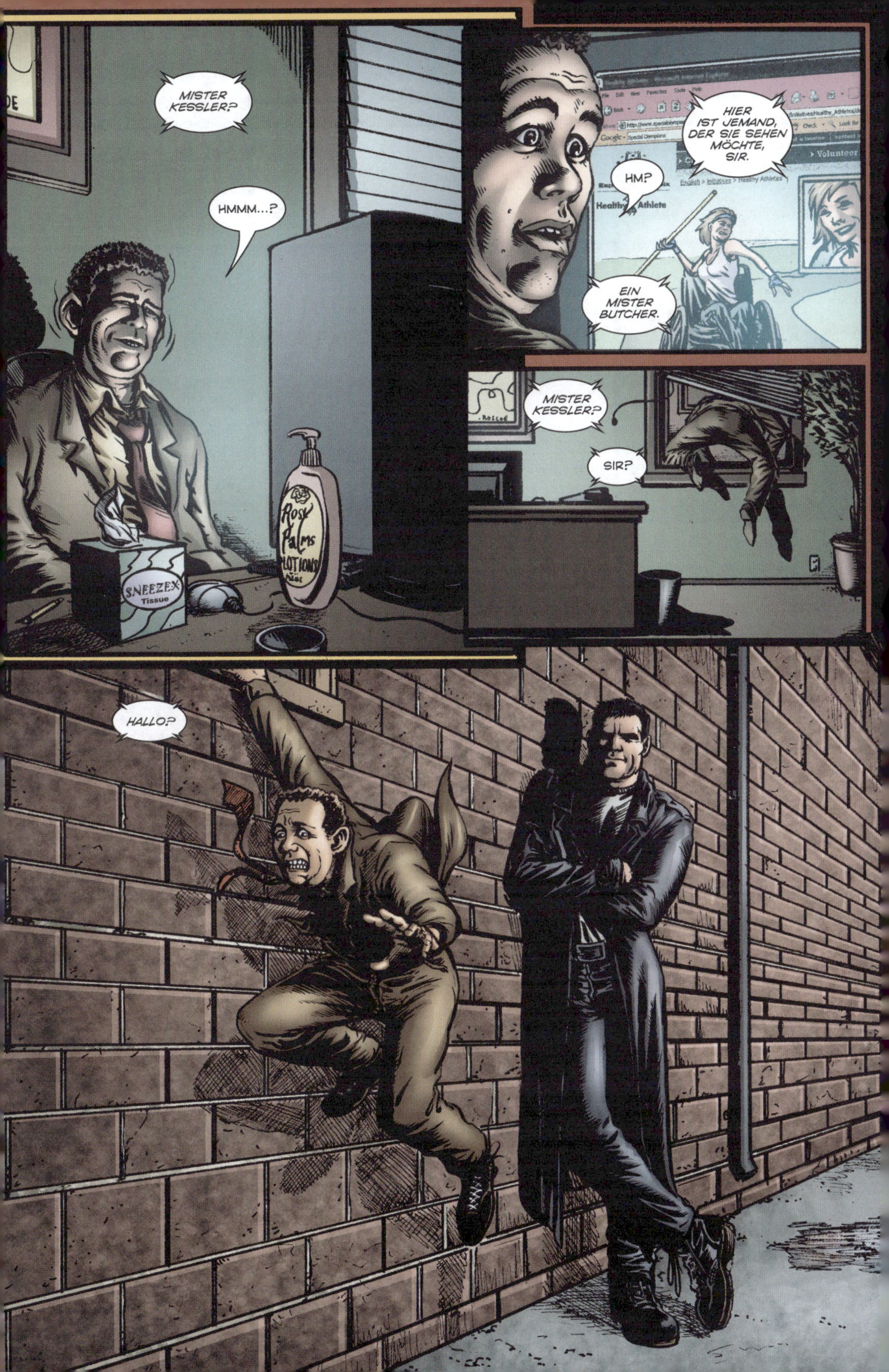
MISTER KESSLER?
HMMM...?
HIER IST JEMAND, DER SIE SEHEN MÖCHTE, SIR.
HM?
EIN MISTER BUTCHER.
MISTER KESSLER?
SIR?
HALLO?

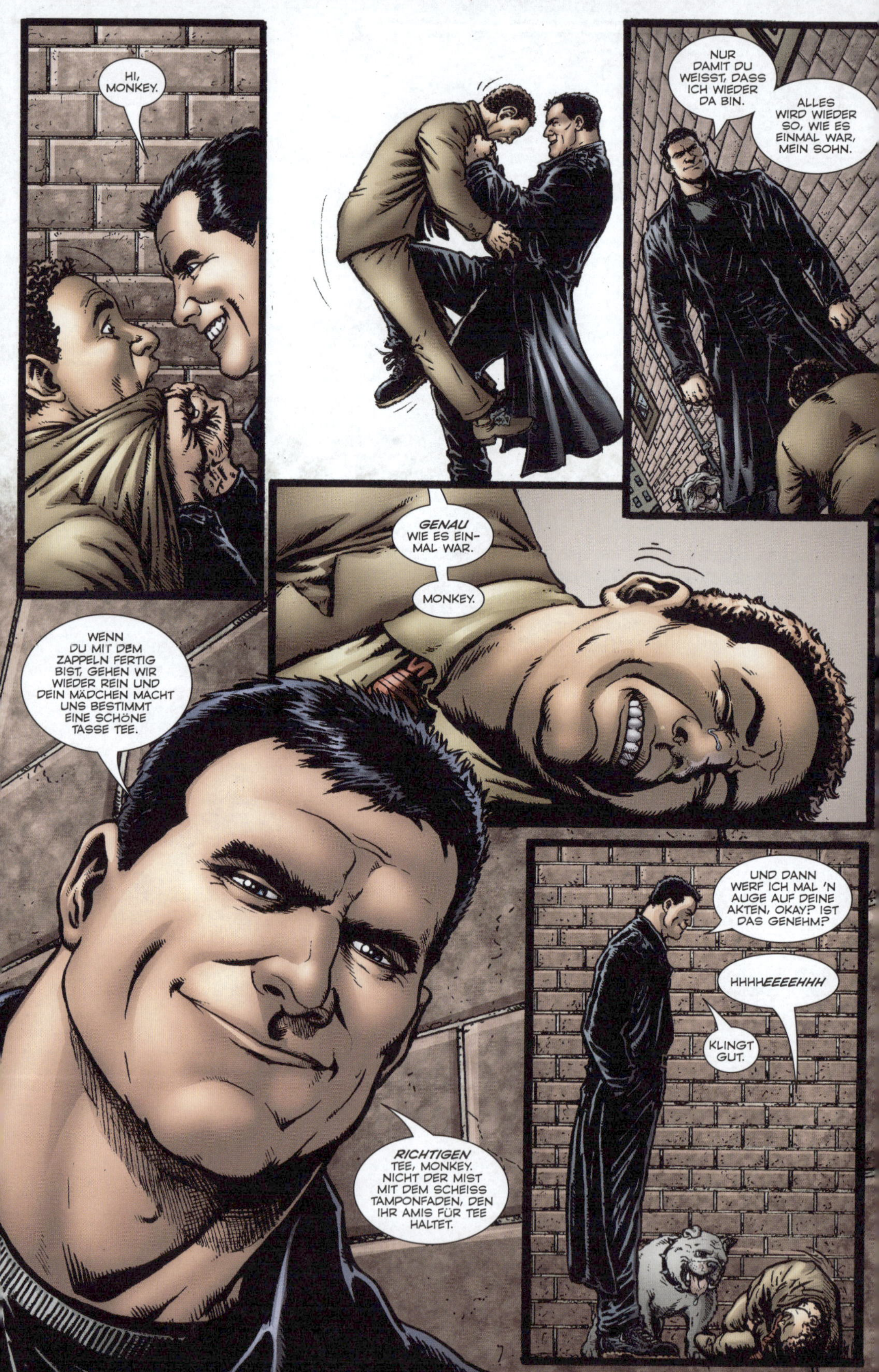
HI, MONKEY.
NUR DAMIT DU WEISST, DASS ICH WIEDER DA BIN.
ALLES WIRD WIEDER SO, WIE ES EINMAL WAR, MEIN SOHN.
GENAU WIE ES EIN-MAL WAR.
MONKEY.
WENN DU MIT DEM ZAPPELN FERTIG BIST, GEHEN WIR WIEDER REIN UND DEIN MÄDCHEN MACHT UNS BESTIMMT EINE SCHÖNE TASSE TEE.
RICHTIGEN TEE, MONKEY. NICHT DER MIST MIT DEM SCHEISS TAMPONFADEN, DEN IHR AMIS FÜR TEE HALTET.
UND DANN WERF ICH MAL 'N AUGE AUF DEINE AKTEN, OKAY? IST DAS GENEHM?
HHHHEEEEHHH
KLINGT GUT.

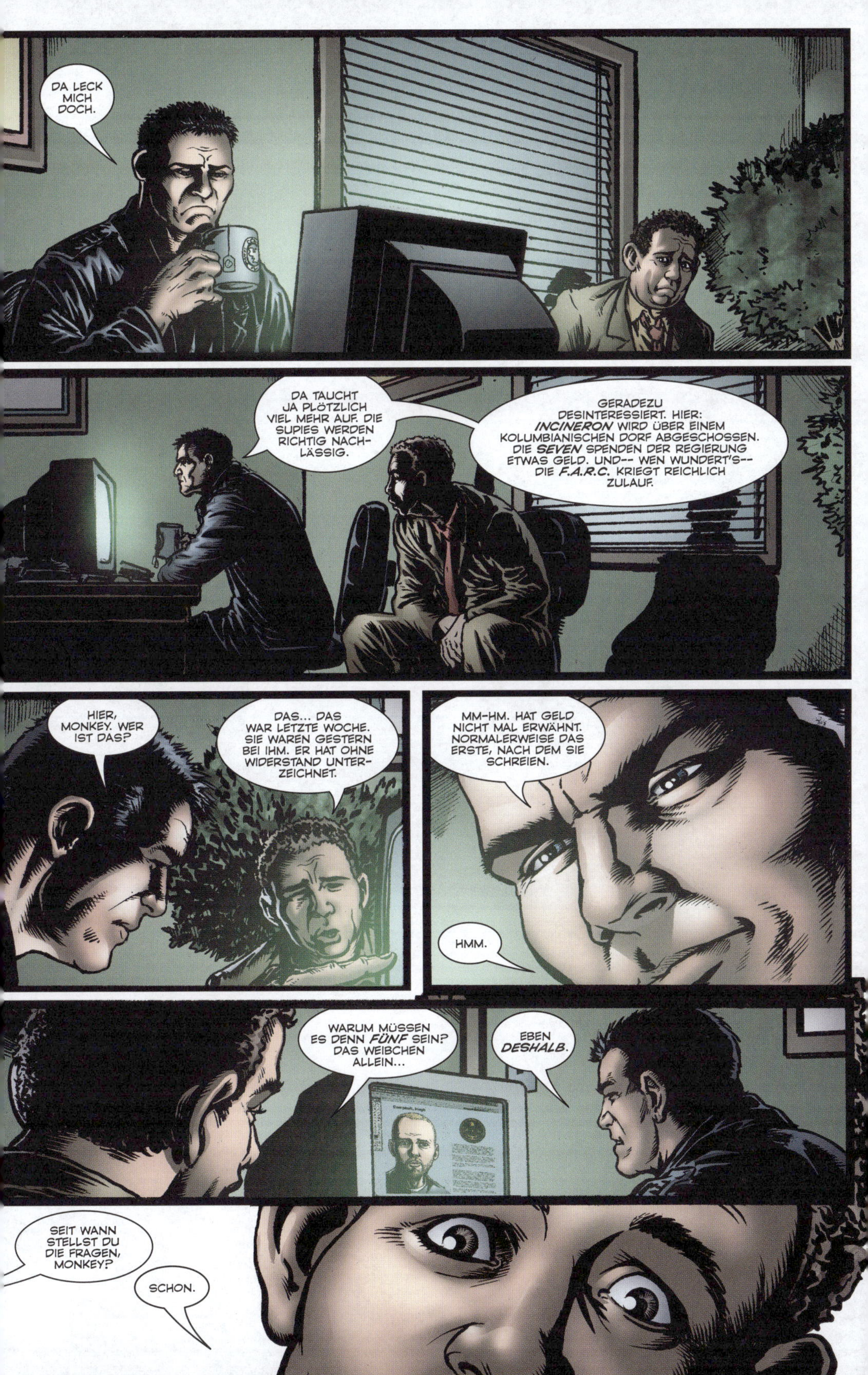
DA LECK MICH DOCH.
DA TAUCHT JA PLÖTZLICH VIEL MEHR AUF. DIE SUPIES WERDEN RICHTIG NACHLÄSSIG.
GERADEZU DESINTERESSIERT. HIER: INCINERON WIRD ÜBER EINEM KOLUMBIANISCHEN DORF ABGESCHOSSEN. DIE SEVEN SPENDEN DER REGIERUNG ETWAS GELD. UND-- WEN WUNDERT'S-- DIE F.A.R.C. KRIEGT REICHLICH ZULAUF.
HIER, MONKEY. WER IST DAS?
DAS... DAS WAR LETZTE WOCHE. SIE WAREN GESTERN BEI IHM. ER HAT OHNE WIDERSTAND UNTERZEICHNET.
MM-HM. HAT GELD NICHT MAL ERWÄHNT. NORMALERWEISE DAS ERSTE, NACH DEM SIE SCHREIEN.
HMM.
WARUM MÜSSEN ES DENN FÜNF SEIN? DAS WEIBCHEN ALLEIN...
EBEN DESHALB.
SEIT WANN STELLST DU DIE FRAGEN, MONKEY?
SCHON.

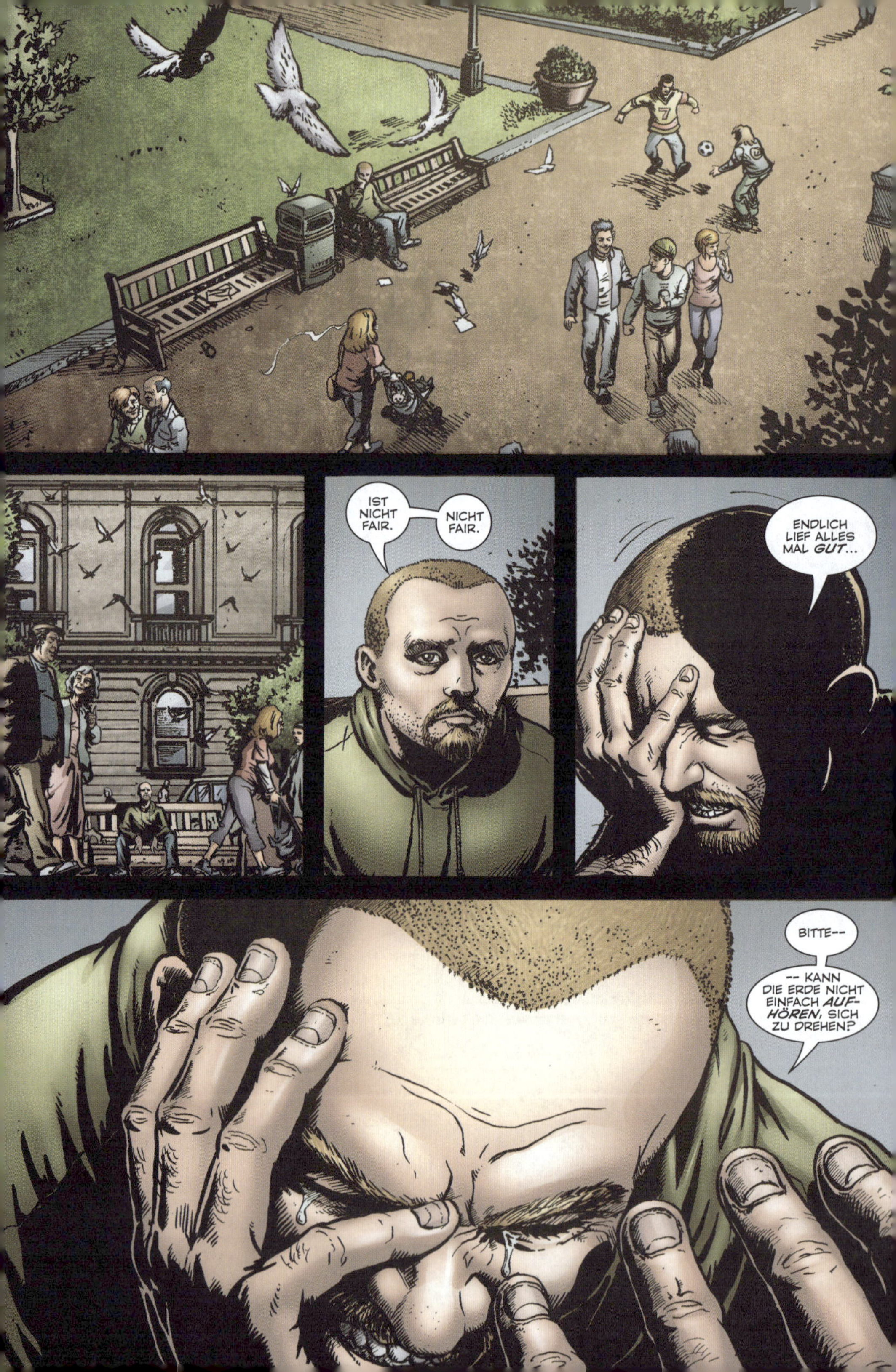

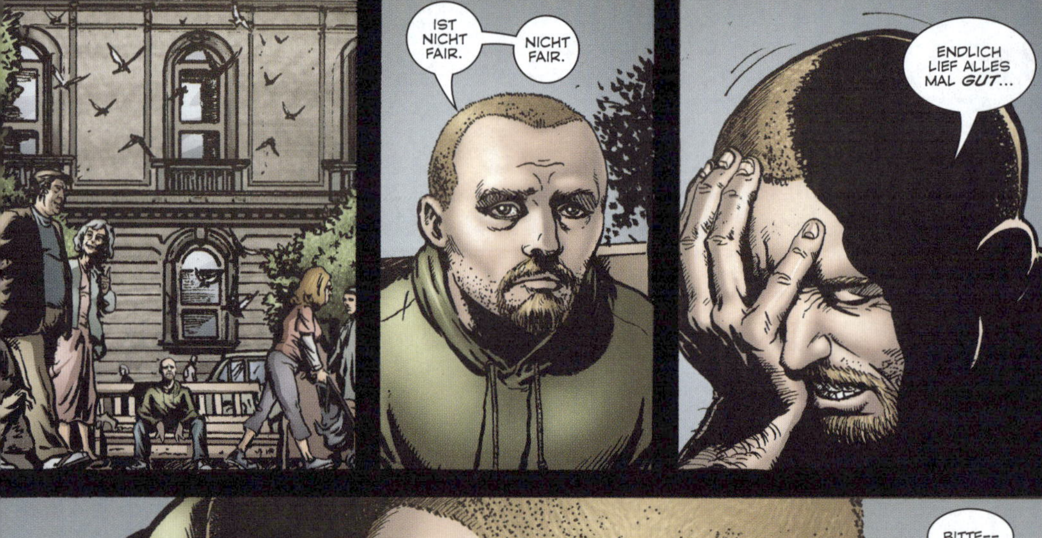

IST NICHT FAIR.
NICHT FAIR.
ENDLICH LIEF ALLES MAL *GUT*...

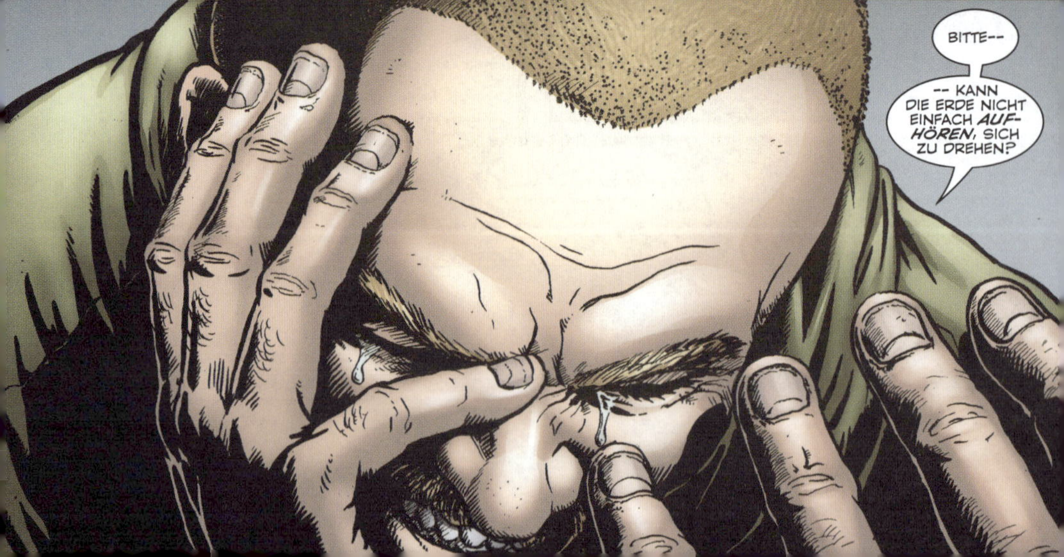

BITTE--
-- KANN DIE ERDE NICHT EINFACH *AUF-HÖREN*, SICH ZU DREHEN?

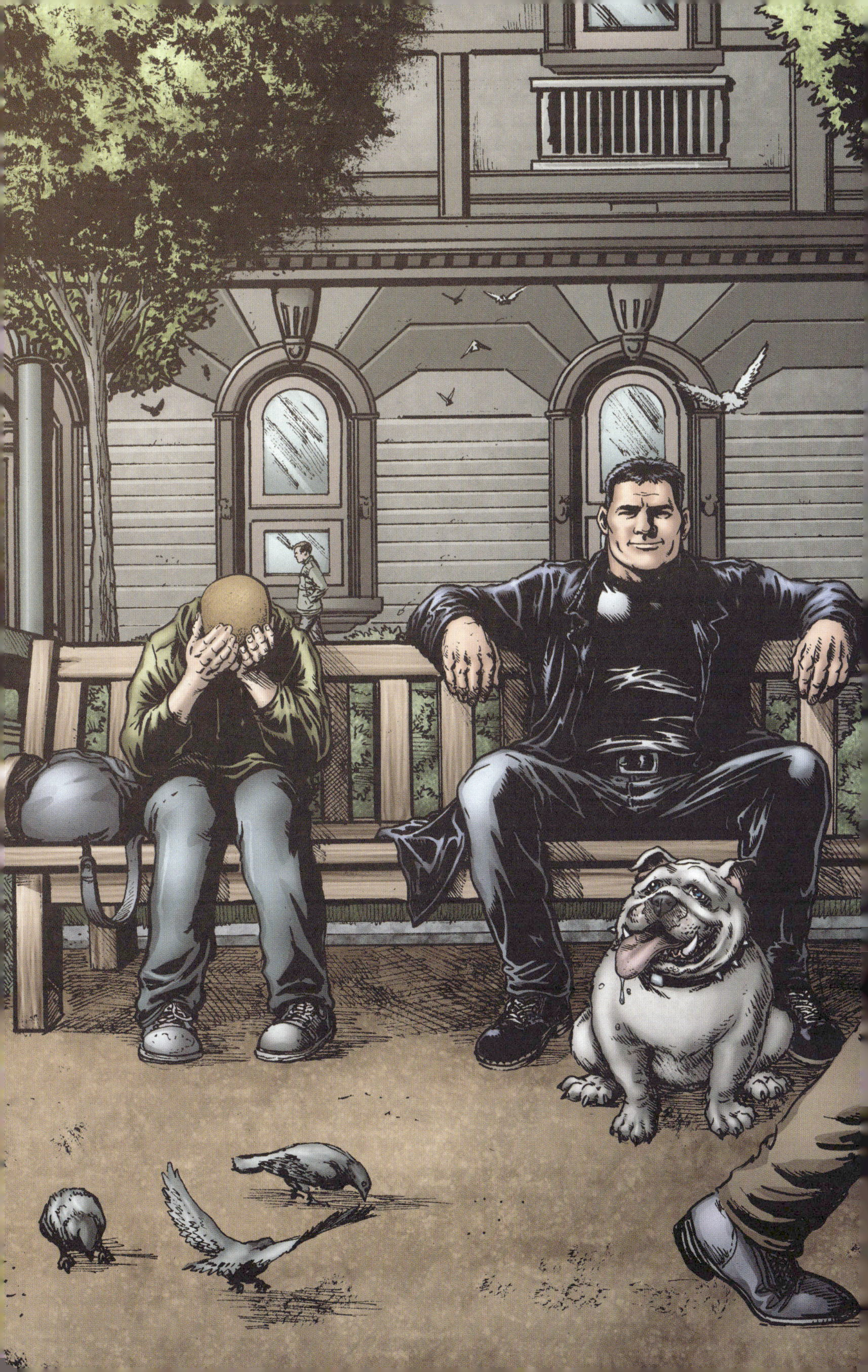

SPIELVERDERBER, TEIL 2

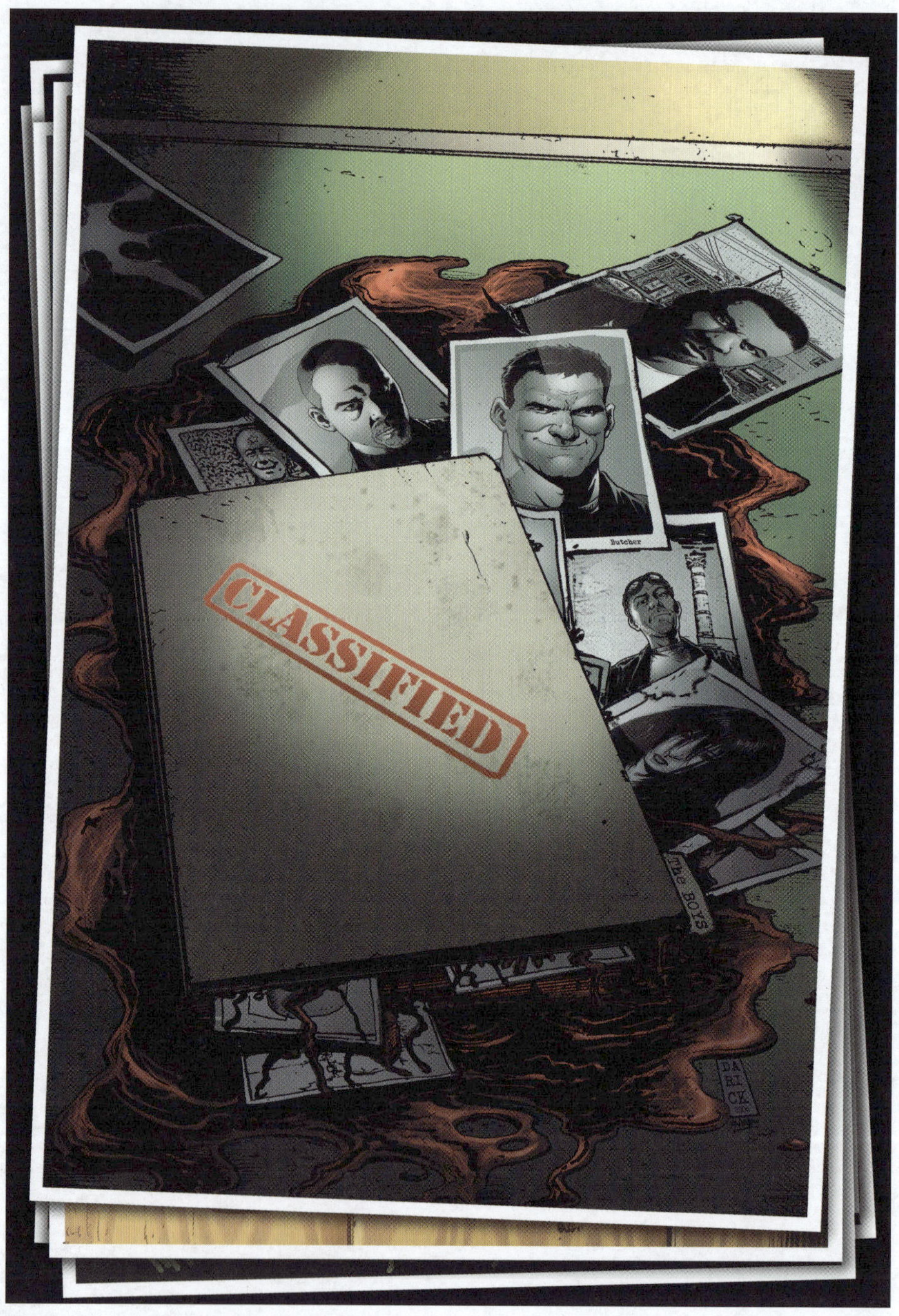

The Boys (2006) 2
Cover von **DARICK ROBERTSON**

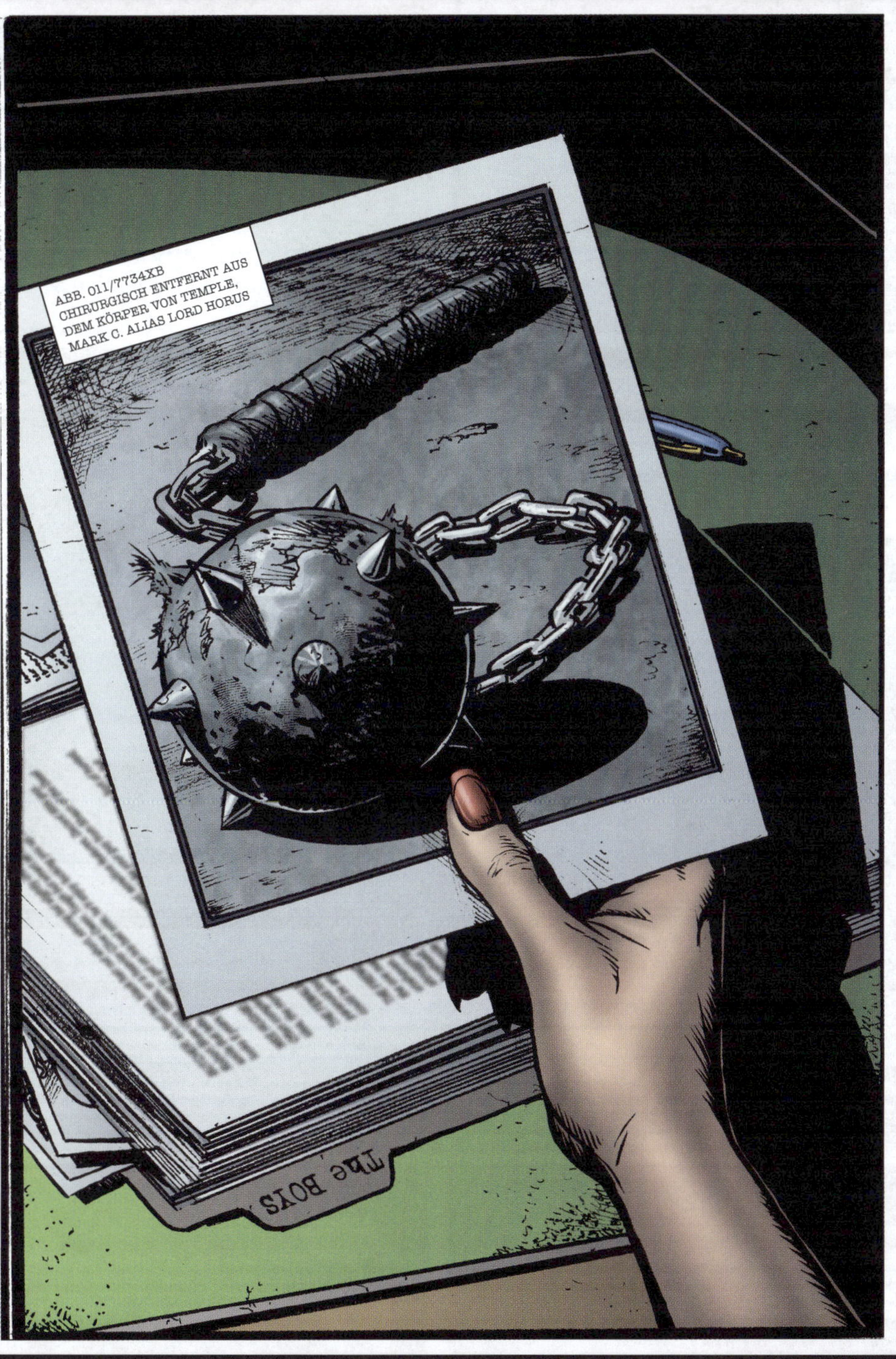

SPIELVERDERBER

TEIL 2

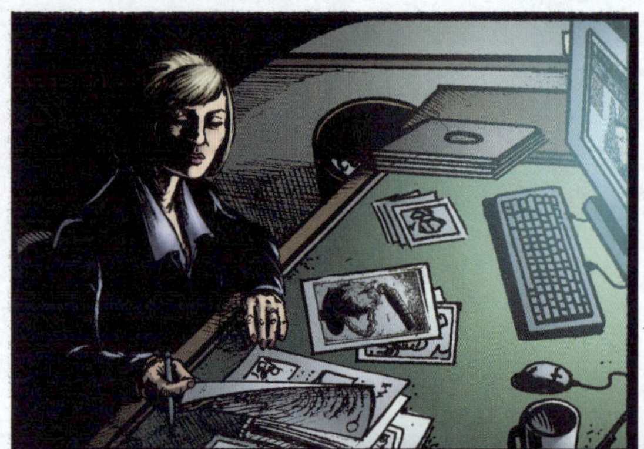

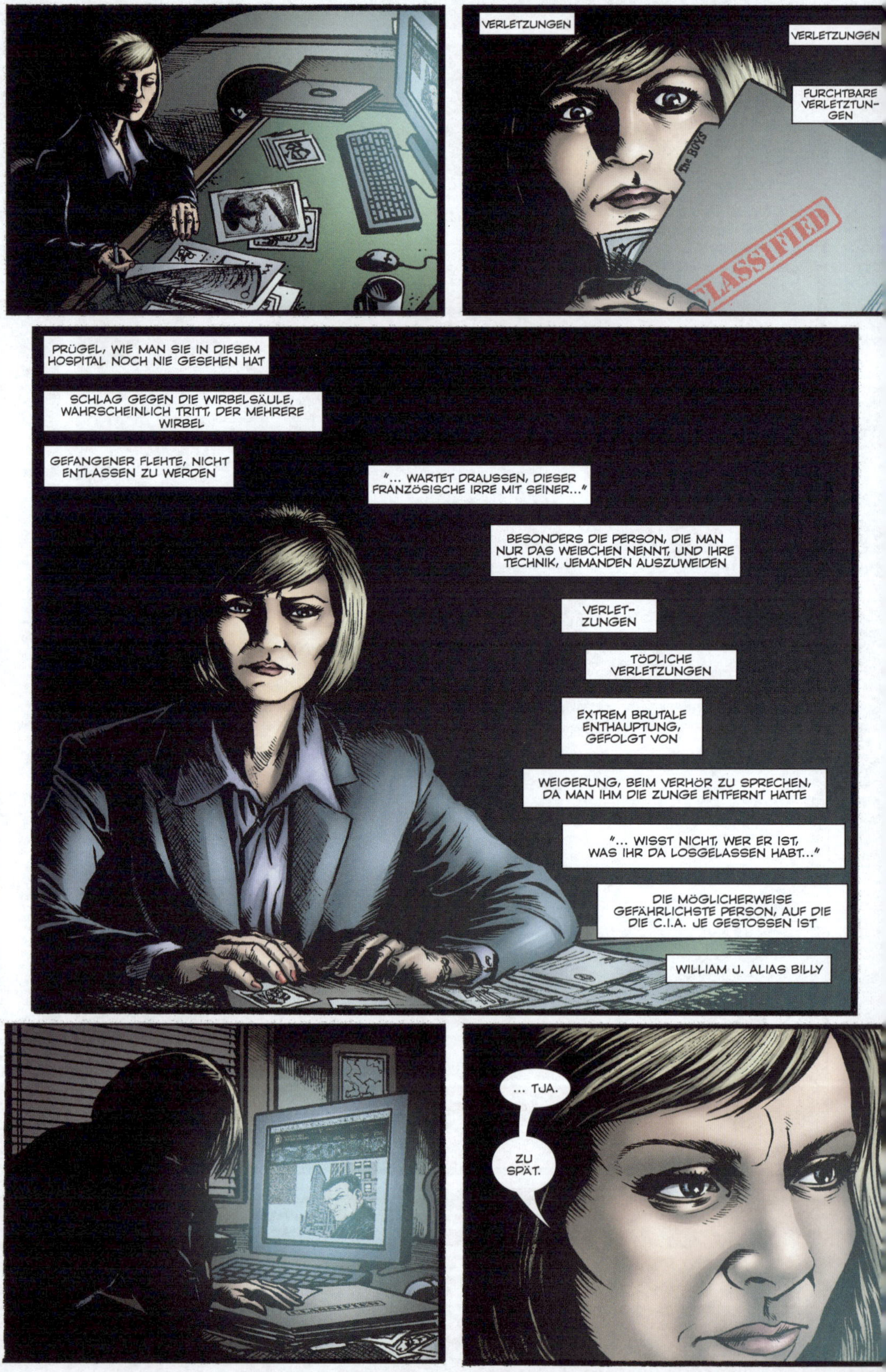

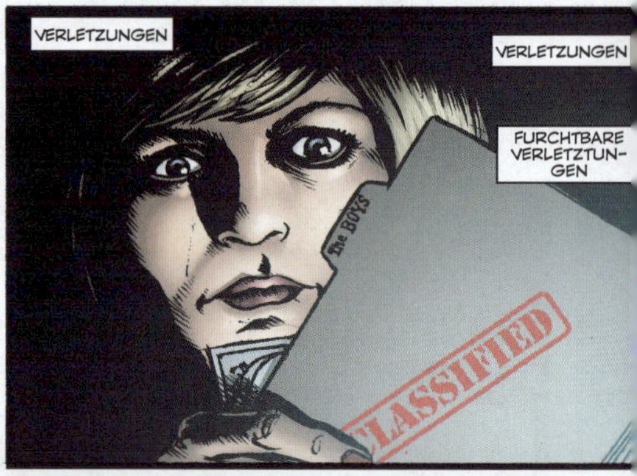

PRÜGEL, WIE MAN SIE IN DIESEM HOSPITAL NOCH NIE GESEHEN HAT

SCHLAG GEGEN DIE WIRBELSÄULE, WAHRSCHEINLICH TRITT, DER MEHRERE WIRBEL

GEFANGENER FLEHTE, NICHT ENTLASSEN ZU WERDEN

"... WARTET DRAUSSEN, DIESER FRANZÖSISCHE IRRE MIT SEINER..."

BESONDERS DIE PERSON, DIE MAN NUR DAS WEIBCHEN NENNT, UND IHRE TECHNIK, JEMANDEN AUSZUWEIDEN

VERLETZUNGEN

TÖDLICHE VERLETZUNGEN

EXTREM BRUTALE ENTHAUPTUNG, GEFOLGT VON

WEIGERUNG, BEIM VERHÖR ZU SPRECHEN, DA MAN IHM DIE ZUNGE ENTFERNT HATTE

"... WISST NICHT, WER ER IST, WAS IHR DA LOSGELASSEN HABT..."

DIE MÖGLICHERWEISE GEFÄHRLICHSTE PERSON, AUF DIE DIE C.I.A. JE GESTOSSEN IST

WILLIAM J. ALIAS BILLY

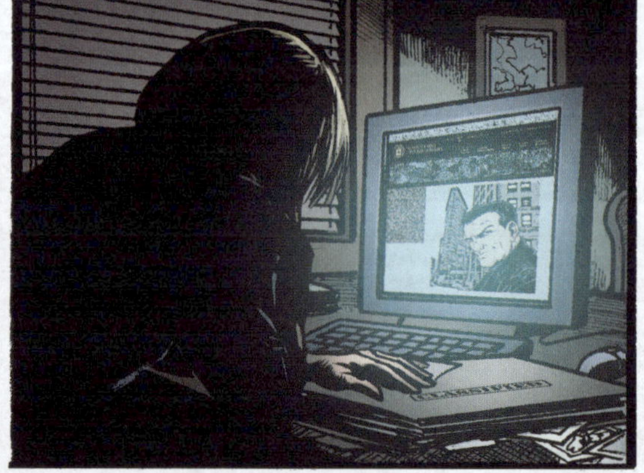

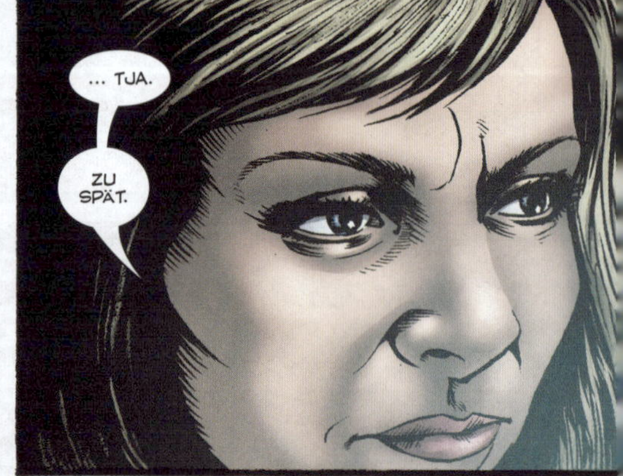

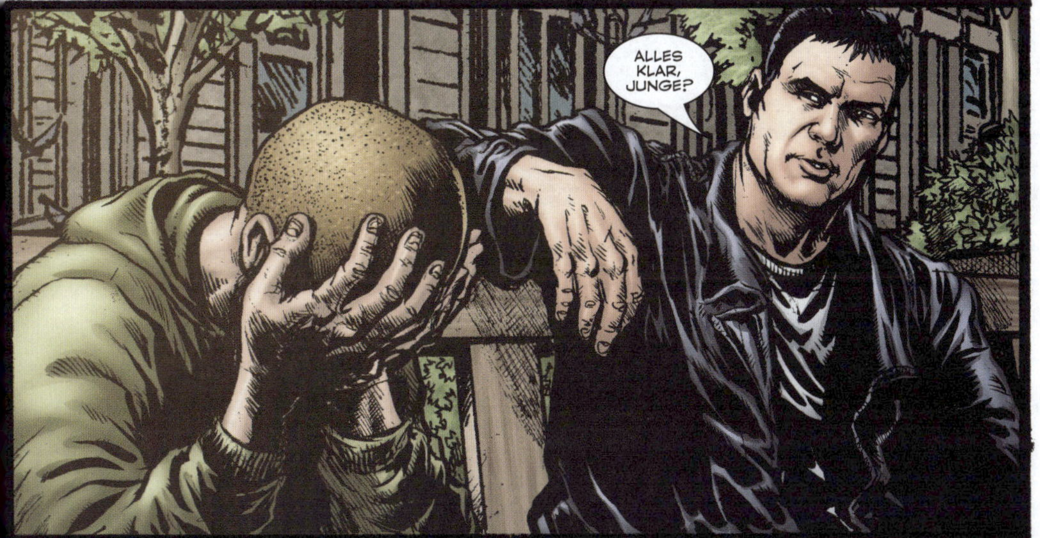
ALLES KLAR, JUNGE?

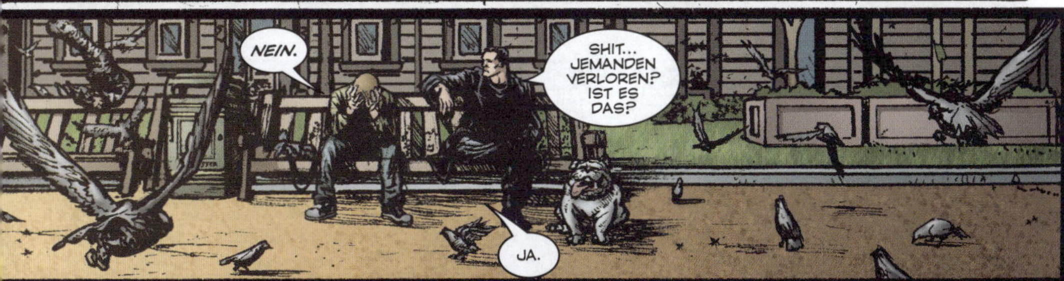
SHIT... JEMANDEN VERLOREN? IST ES DAS?
NEIN.
JA.

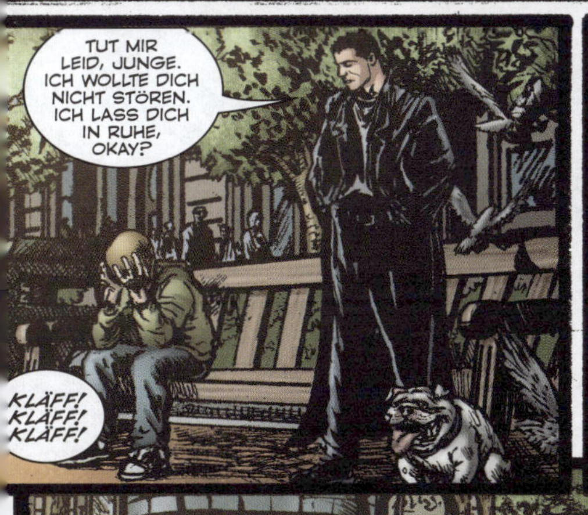
TUT MIR LEID, JUNGE. ICH WOLLTE DICH NICHT STÖREN. ICH LASS DICH IN RUHE, OKAY?
KLÄFF! KLÄFF! KLÄFF!

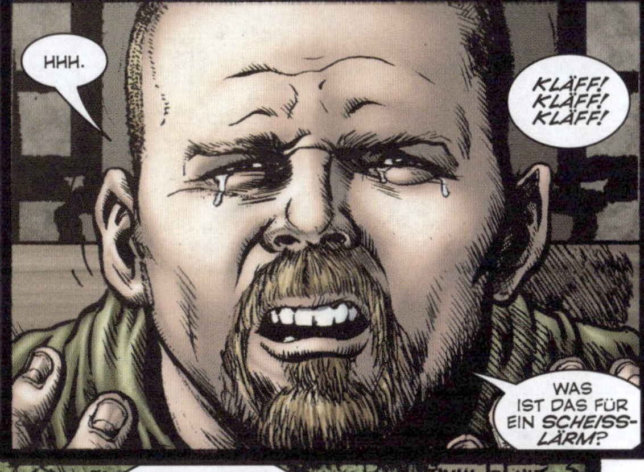
HHH.
KLÄFF! KLÄFF! KLÄFF!
WAS IST DAS FÜR EIN SCHEISS-LÄRM?

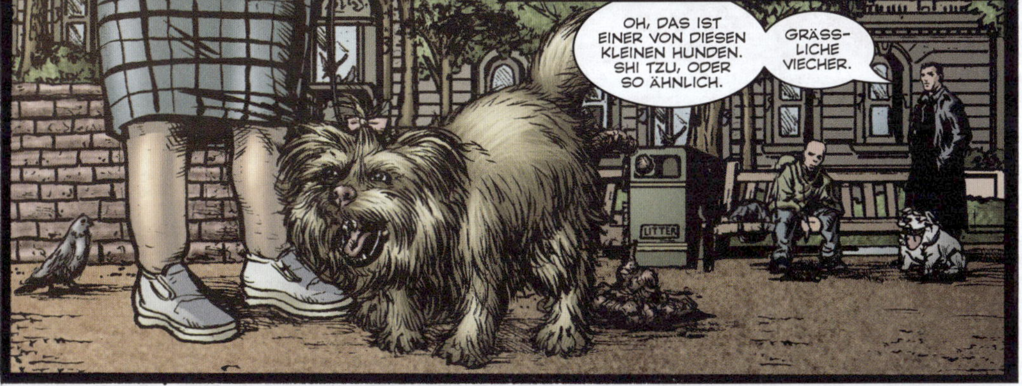
OH, DAS IST EINER VON DIESEN KLEINEN HUNDEN. SHI TZU, ODER SO ÄHNLICH.
GRÄSS-LICHE VIECHER.
LITTER

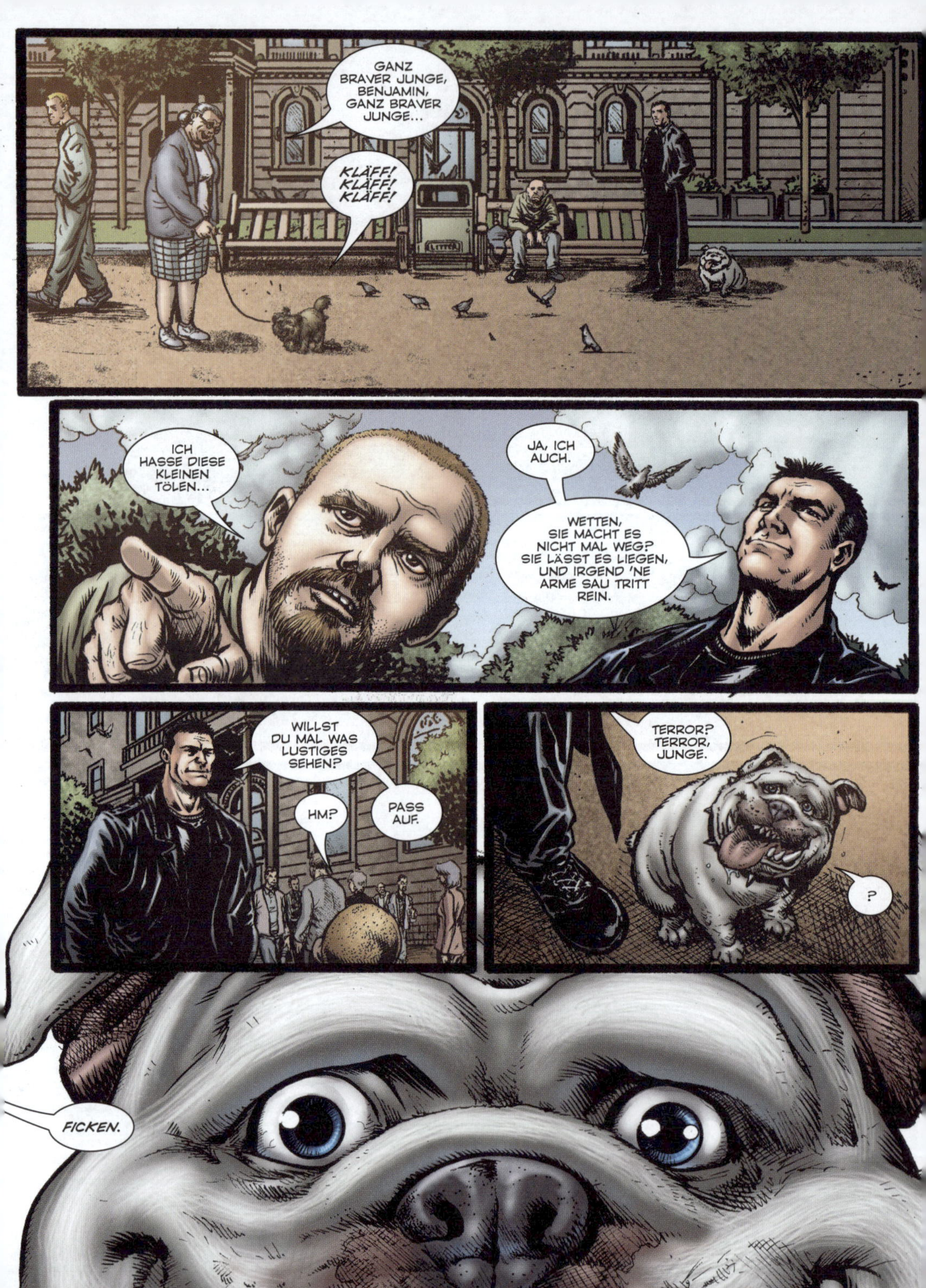
GANZ BRAVER JUNGE, BENJAMIN, GANZ BRAVER JUNGE...
KLÄFF! KLÄFF! KLÄFF!
ICH HASSE DIESE KLEINEN TÖLEN...
JA, ICH AUCH.
WETTEN, SIE MACHT ES NICHT MAL WEG? SIE LÄSST ES LIEGEN, UND IRGEND 'NE ARME SAU TRITT REIN.
WILLST DU MAL WAS LUSTIGES SEHEN?
HM?
PASS AUF.
TERROR? TERROR, JUNGE.
?
FICKEN.

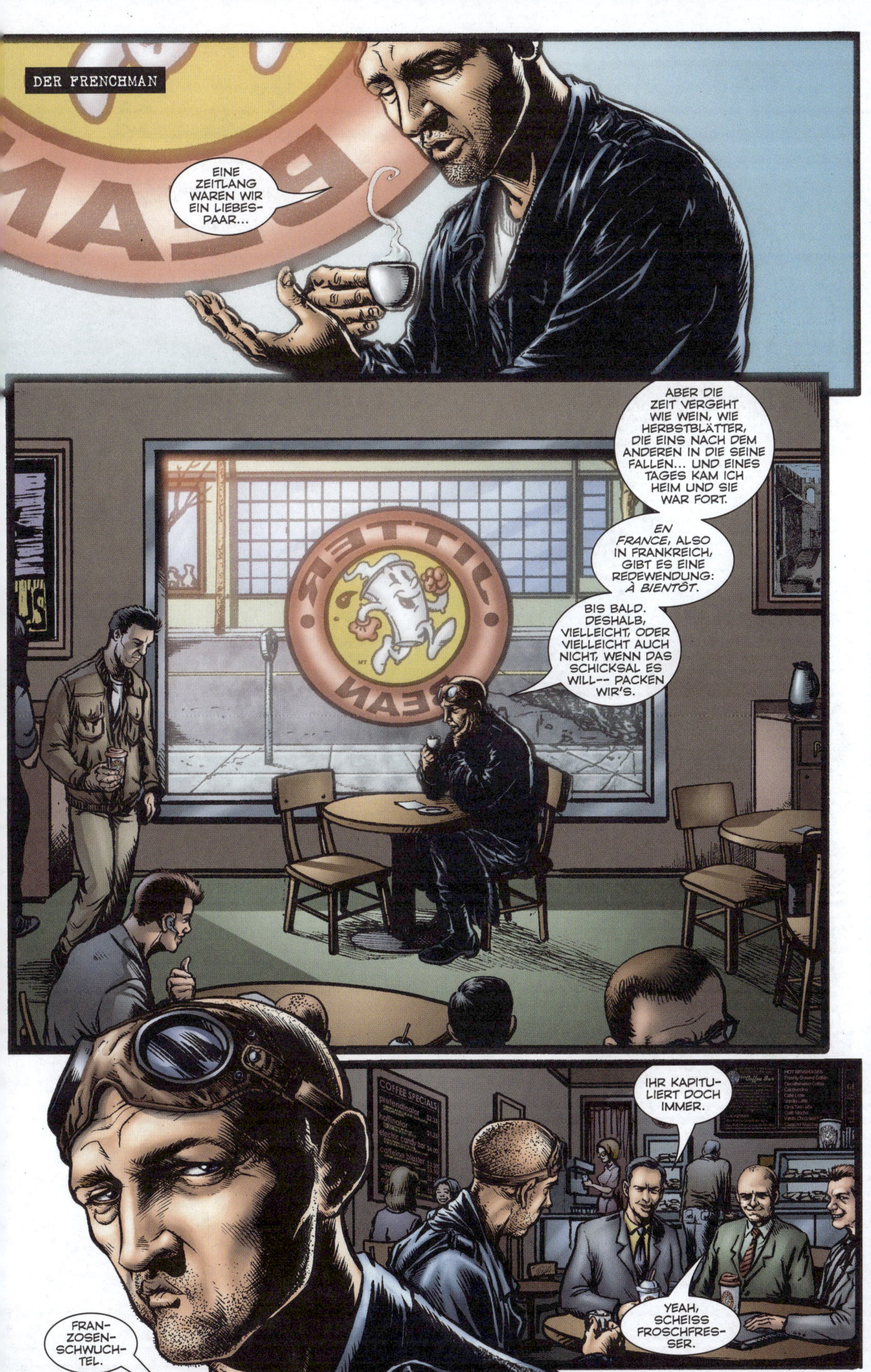
DER FRENCHMAN
EINE ZEITLANG WAREN WIR EIN LIEBESPAAR...
ABER DIE ZEIT VERGEHT WIE WEIN, WIE HERBSTBLÄTTER, DIE EINS NACH DEM ANDEREN IN DIE SEINE FALLEN... UND EINES TAGES KAM ICH HEIM UND SIE WAR FORT.
EN FRANCE, ALSO IN FRANKREICH, GIBT ES EINE REDEWENDUNG: À BIENTÔT.
BIS BALD. DESHALB, VIELLEICHT, ODER VIELLEICHT AUCH NICHT, WENN DAS SCHICKSAL ES WILL-- PACKEN WIR'S.
JITTER BEAN
IHR KAPITULIERT DOCH IMMER.
YEAH, SCHEISS FROSCHFRESSER.
FRANZOSENSCHWUCHTEL.
COFFEE SPECIALS

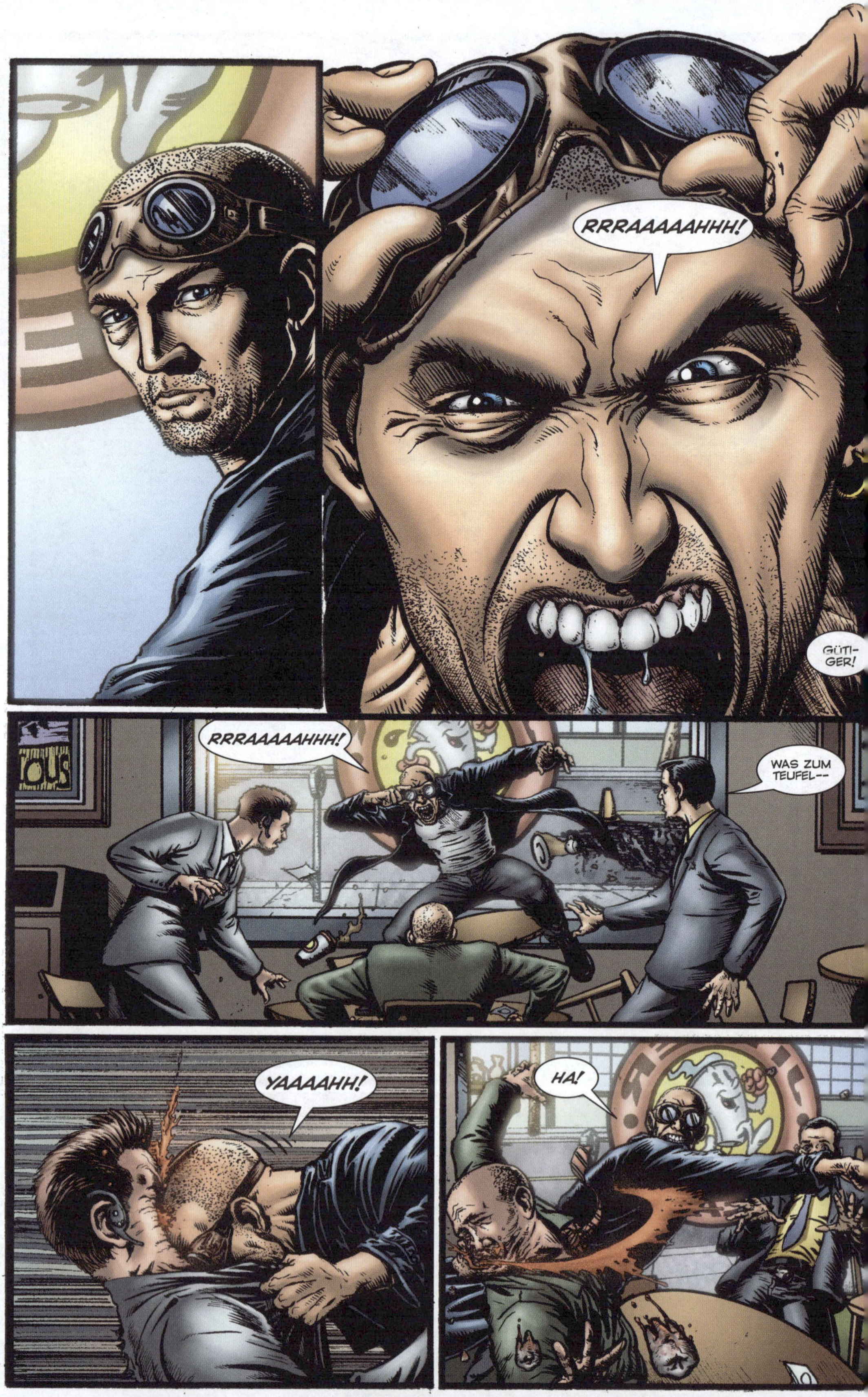

RRRAAAAAHHH!
GÜTI-GER!

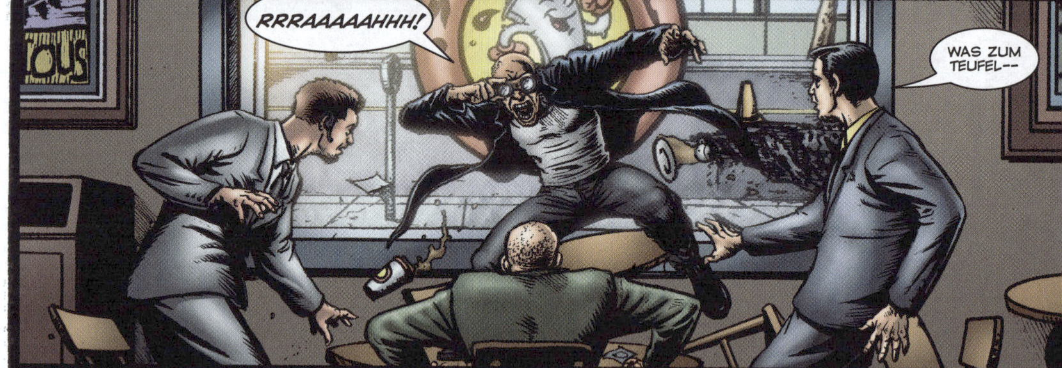

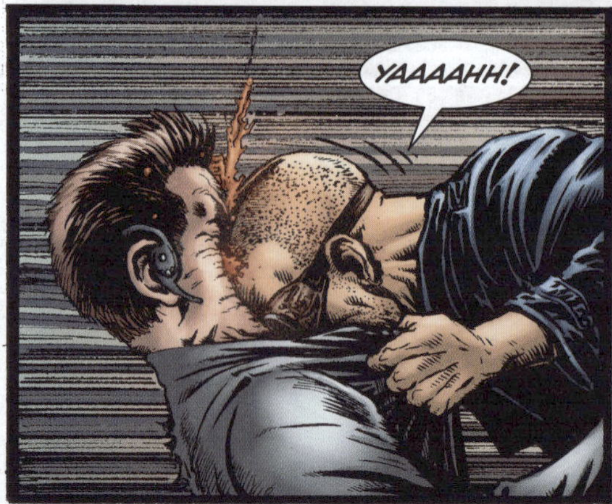

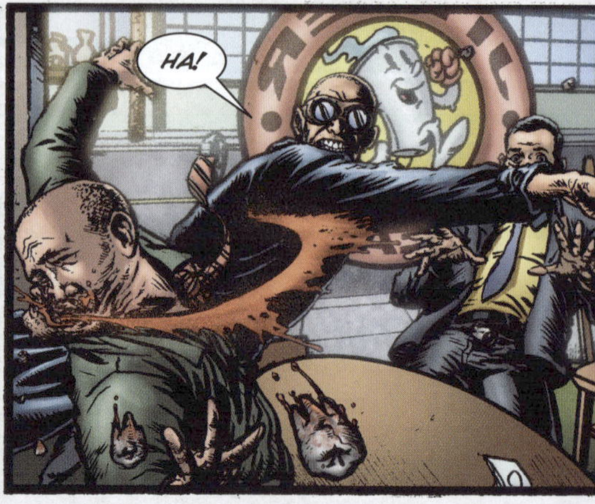

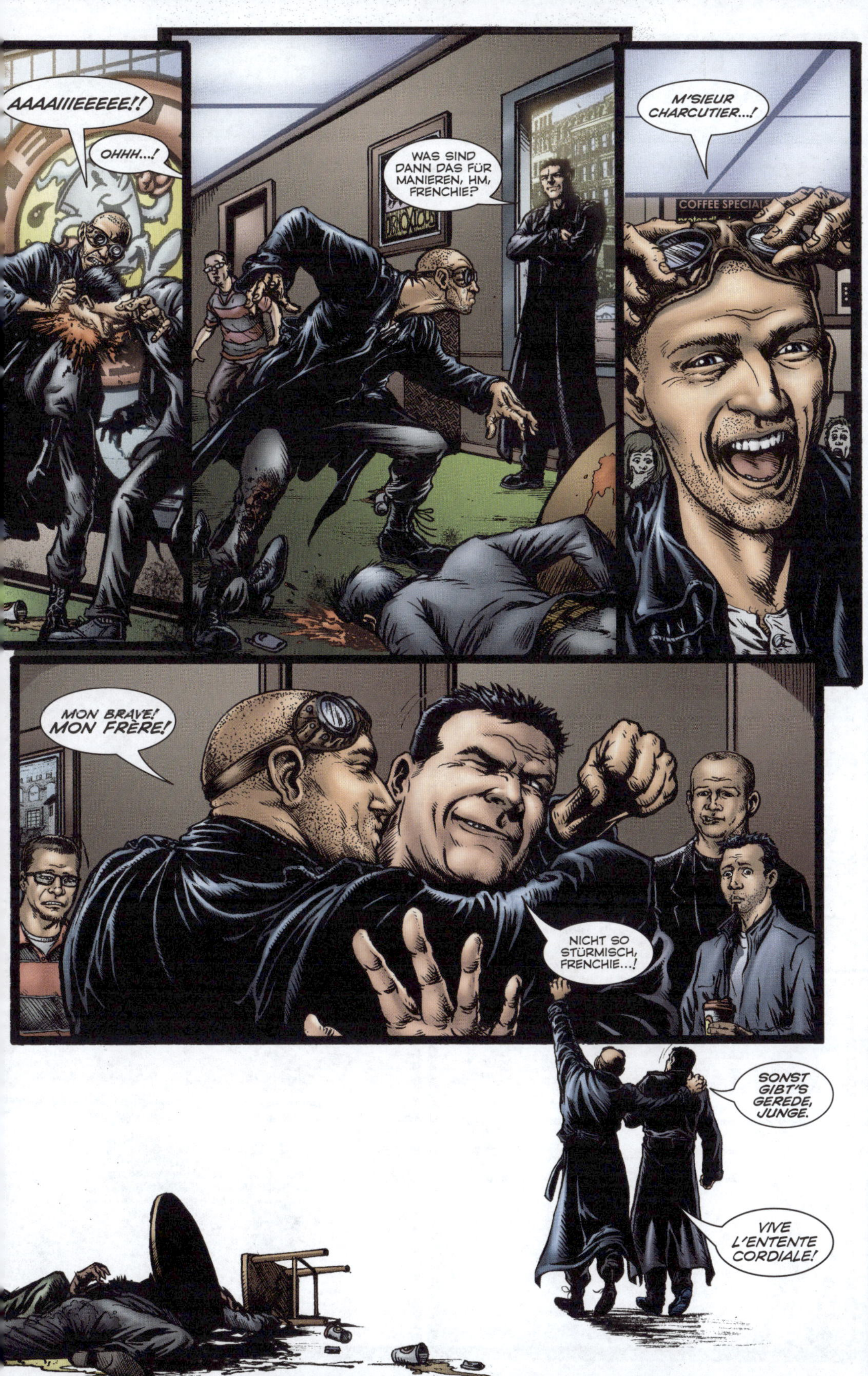

AAAAIIIEEEEE!!
OHHH...!
WAS SIND DANN DAS FÜR MANIEREN, HM, FRENCHIE?
COFFEE SPECIAL
M'SIEUR CHARCUTIER...!
MON BRAVE! MON FRÈRE!
NICHT SO STÜRMISCH, FRENCHIE...!
SONST GIBT'S GEREDE, JUNGE.
VIVE L'ENTENTE CORDIALE!

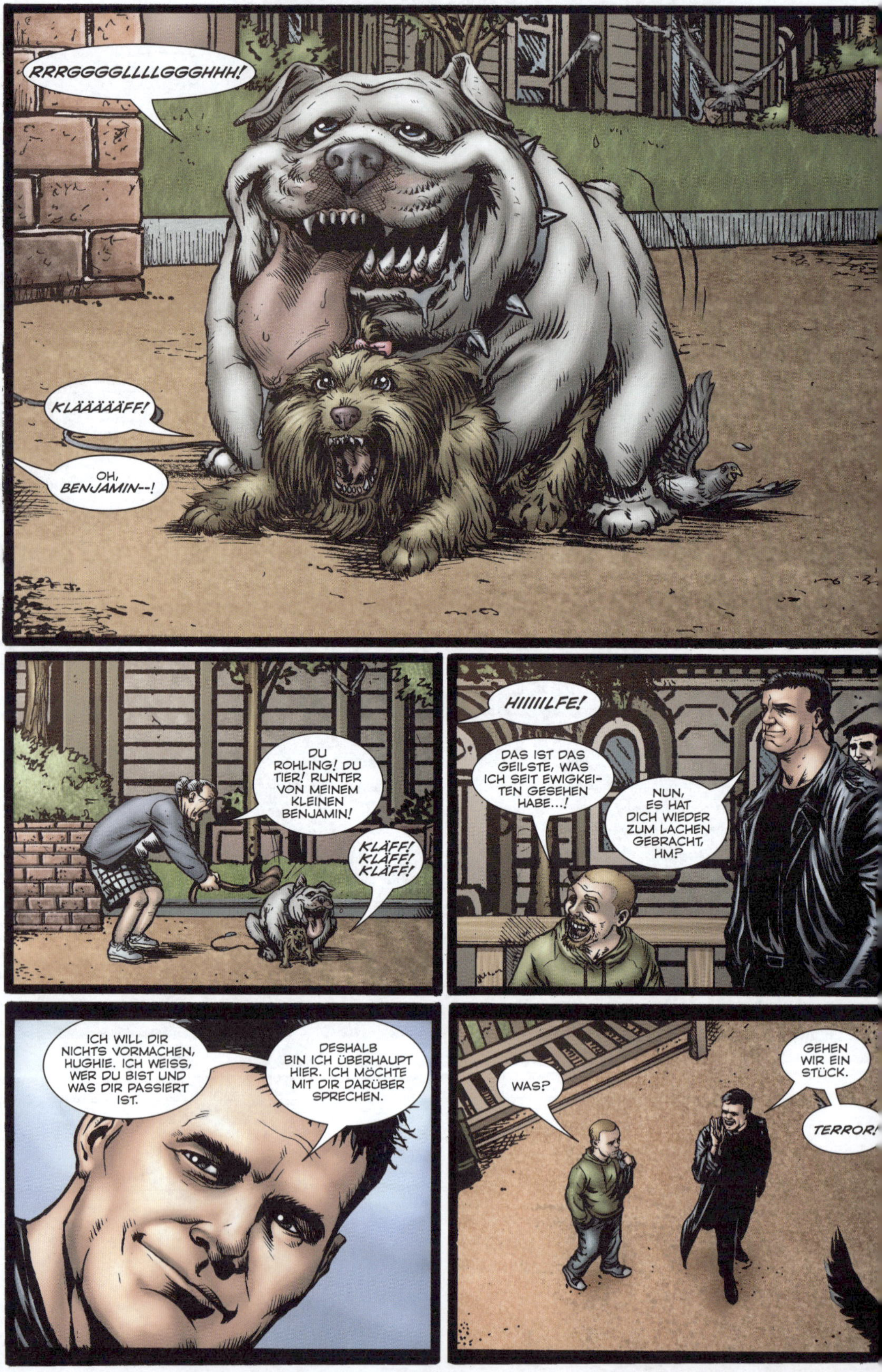

RRRGGGGLLLLGGGHHH!
KLÄÄÄÄÄFF!
OH, BENJAMIN--!

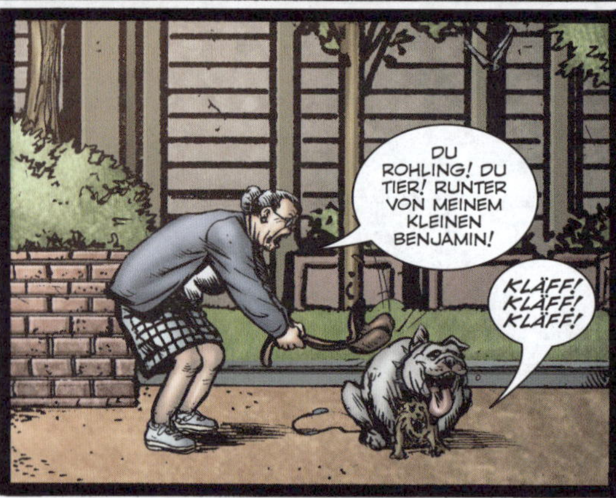
DU ROHLING! DU TIER! RUNTER VON MEINEM KLEINEN BENJAMIN!
KLÄFF! KLÄFF! KLÄFF!

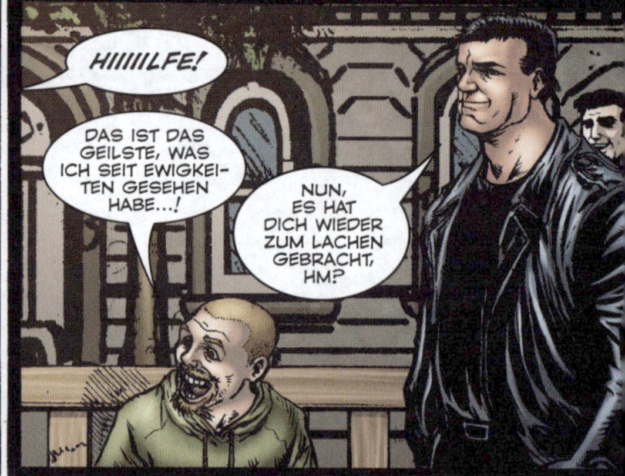
HIIIIILFE!
DAS IST DAS GEILSTE, WAS ICH SEIT EWIGKEI-TEN GESEHEN HABE...!
NUN, ES HAT DICH WIEDER ZUM LACHEN GEBRACHT, HM?

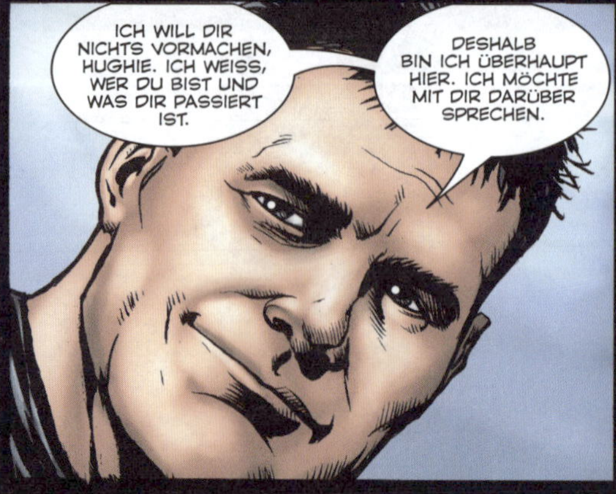
ICH WILL DIR NICHTS VORMACHEN, HUGHIE. ICH WEISS, WER DU BIST UND WAS DIR PASSIERT IST.
DESHALB BIN ICH ÜBERHAUPT HIER. ICH MÖCHTE MIT DIR DARÜBER SPRECHEN.

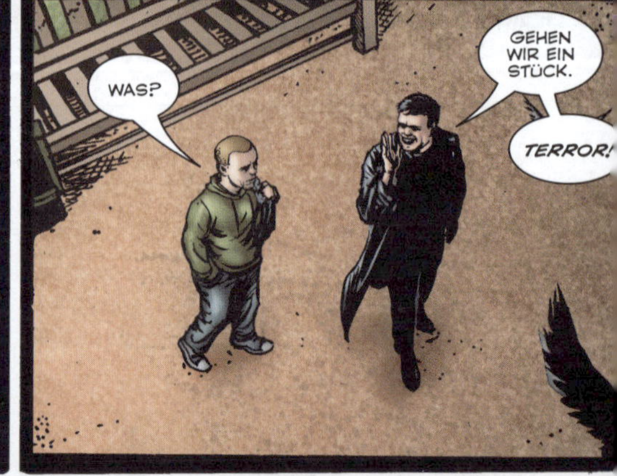
WAS?
GEHEN WIR EIN STÜCK.
TERROR!

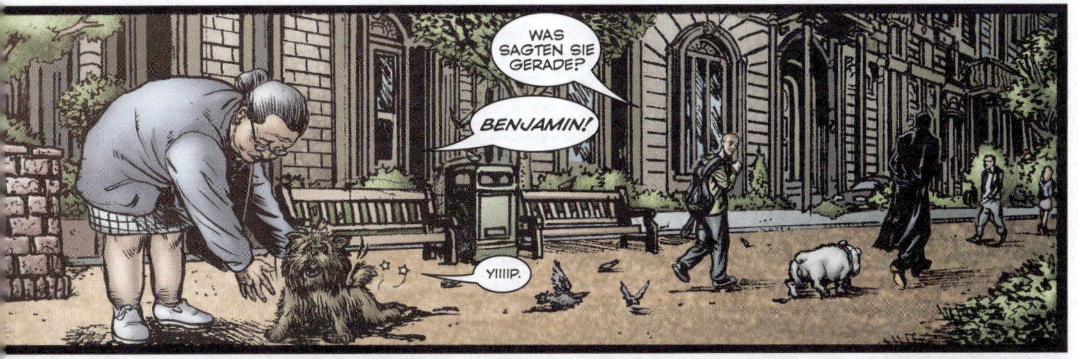
WAS SAGTEN SIE GERADE?
BENJAMIN!
YIIIIP.

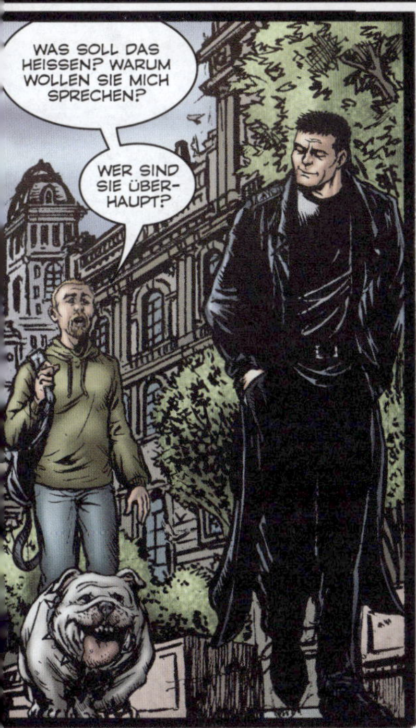
WAS SOLL DAS HEISSEN? WARUM WOLLEN SIE MICH SPRECHEN?
WER SIND SIE ÜBERHAUPT?

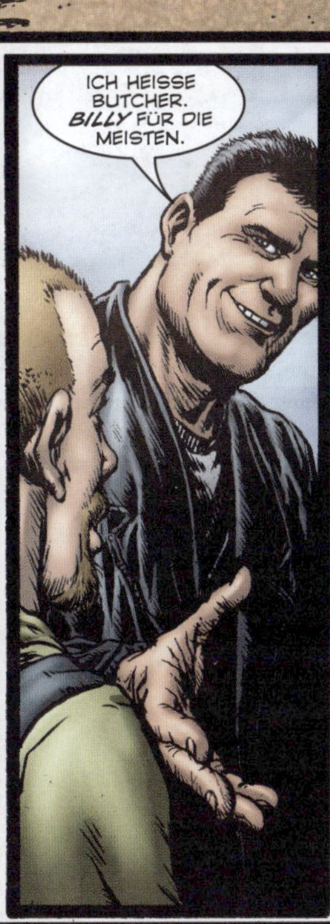
ICH HEISSE BUTCHER. BILLY FÜR DIE MEISTEN.

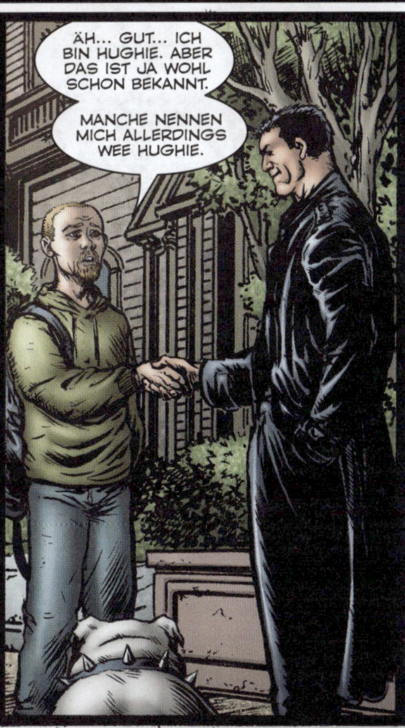
ÄH... GUT... ICH BIN HUGHIE. ABER DAS IST JA WOHL SCHON BEKANNT.
MANCHE NENNEN MICH ALLERDINGS WEE HUGHIE.

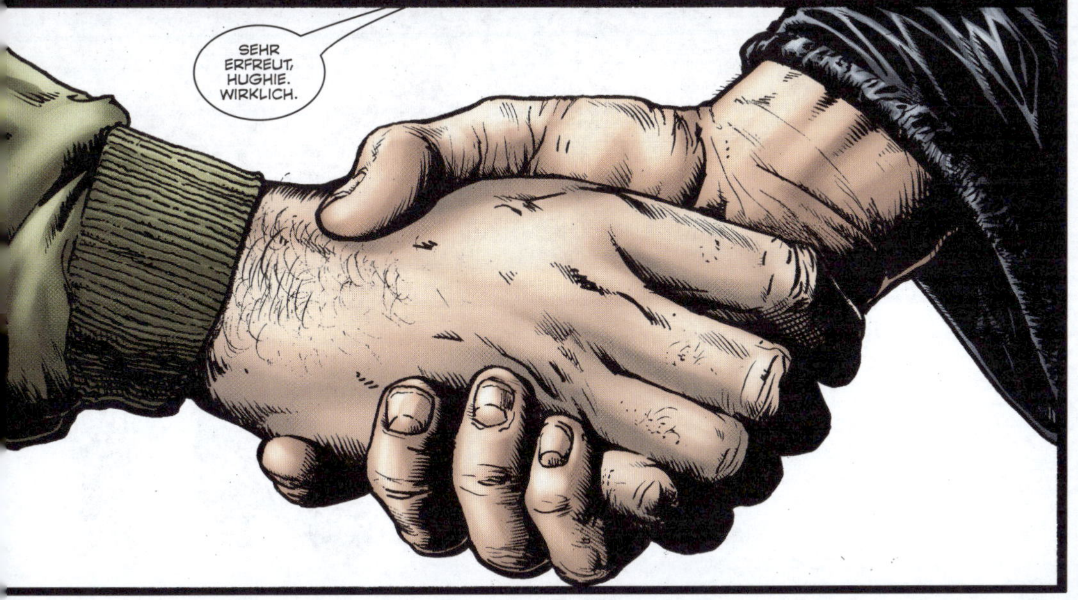
SEHR ERFREUT, HUGHIE. WIRKLICH.

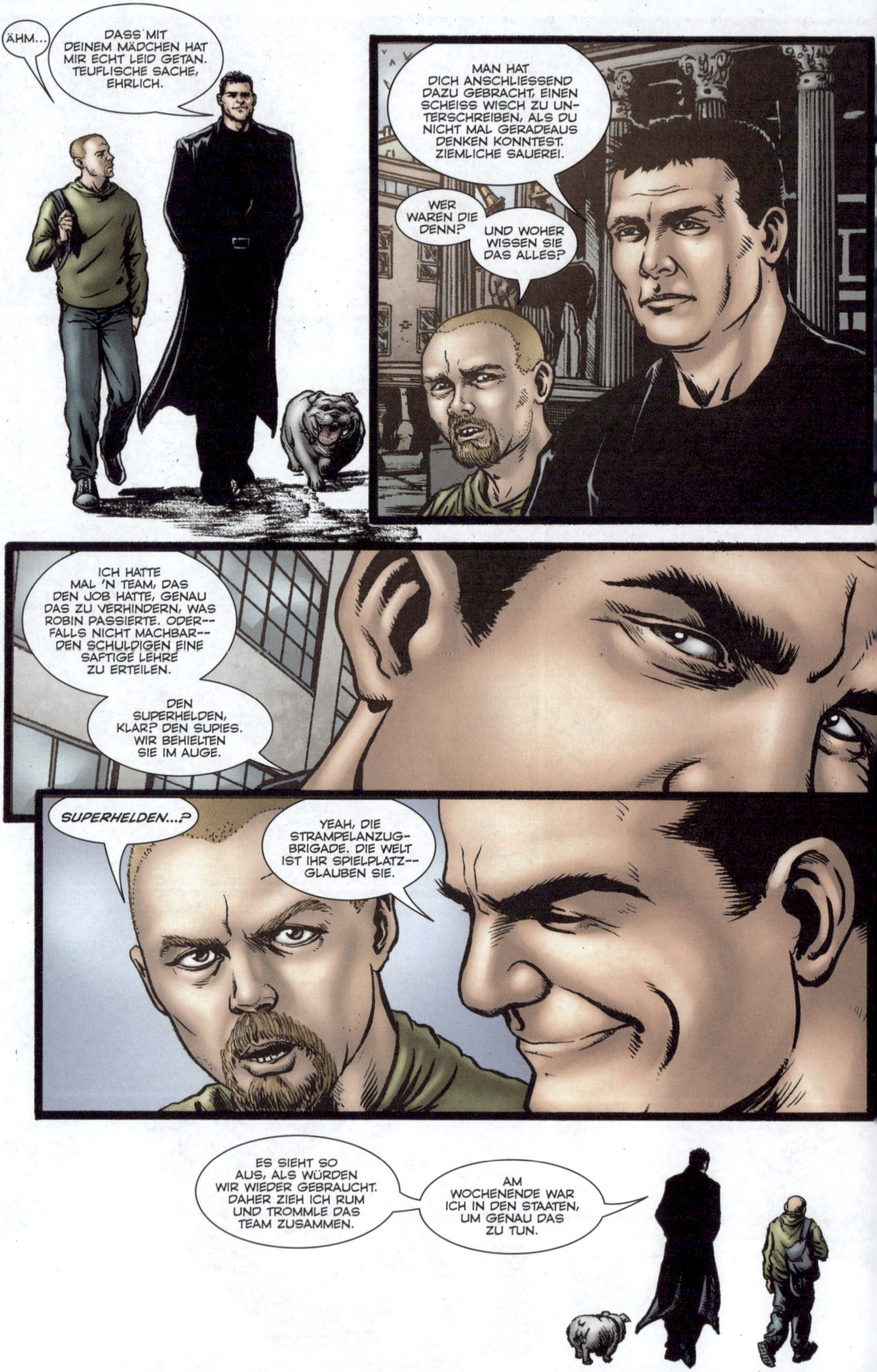

ÄHM...

DASS MIT DEINEM MÄDCHEN HAT MIR ECHT LEID GETAN. TEUFLISCHE SACHE, EHRLICH.

MAN HAT DICH ANSCHLIESSEND DAZU GEBRACHT, EINEN SCHEISS WISCH ZU UNTERSCHREIBEN, ALS DU NICHT MAL GERADEAUS DENKEN KONNTEST. ZIEMLICHE SAUEREI.

WER WAREN DIE DENN?

UND WOHER WISSEN SIE DAS ALLES?

ICH HATTE MAL 'N TEAM, DAS DEN JOB HATTE, GENAU DAS ZU VERHINDERN, WAS ROBIN PASSIERTE. ODER-- FALLS NICHT MACHBAR-- DEN SCHULDIGEN EINE SAFTIGE LEHRE ZU ERTEILEN.

DEN SUPERHELDEN, KLAR? DEN SUPIES. WIR BEHIELTEN SIE IM AUGE.

SUPERHELDEN...?

YEAH, DIE STRAMPELANZUG-BRIGADE. DIE WELT IST IHR SPIELPLATZ-- GLAUBEN SIE.

ES SIEHT SO AUS, ALS WÜRDEN WIR WIEDER GEBRAUCHT. DAHER ZIEH ICH RUM UND TROMMLE DAS TEAM ZUSAMMEN.

AM WOCHENENDE WAR ICH IN DEN STAATEN, UM GENAU DAS ZU TUN.

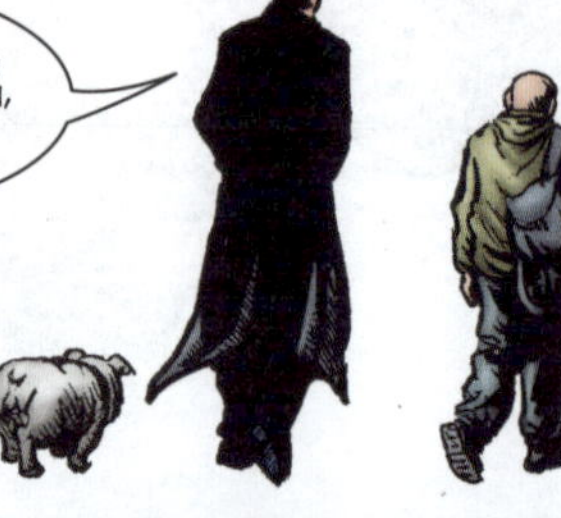

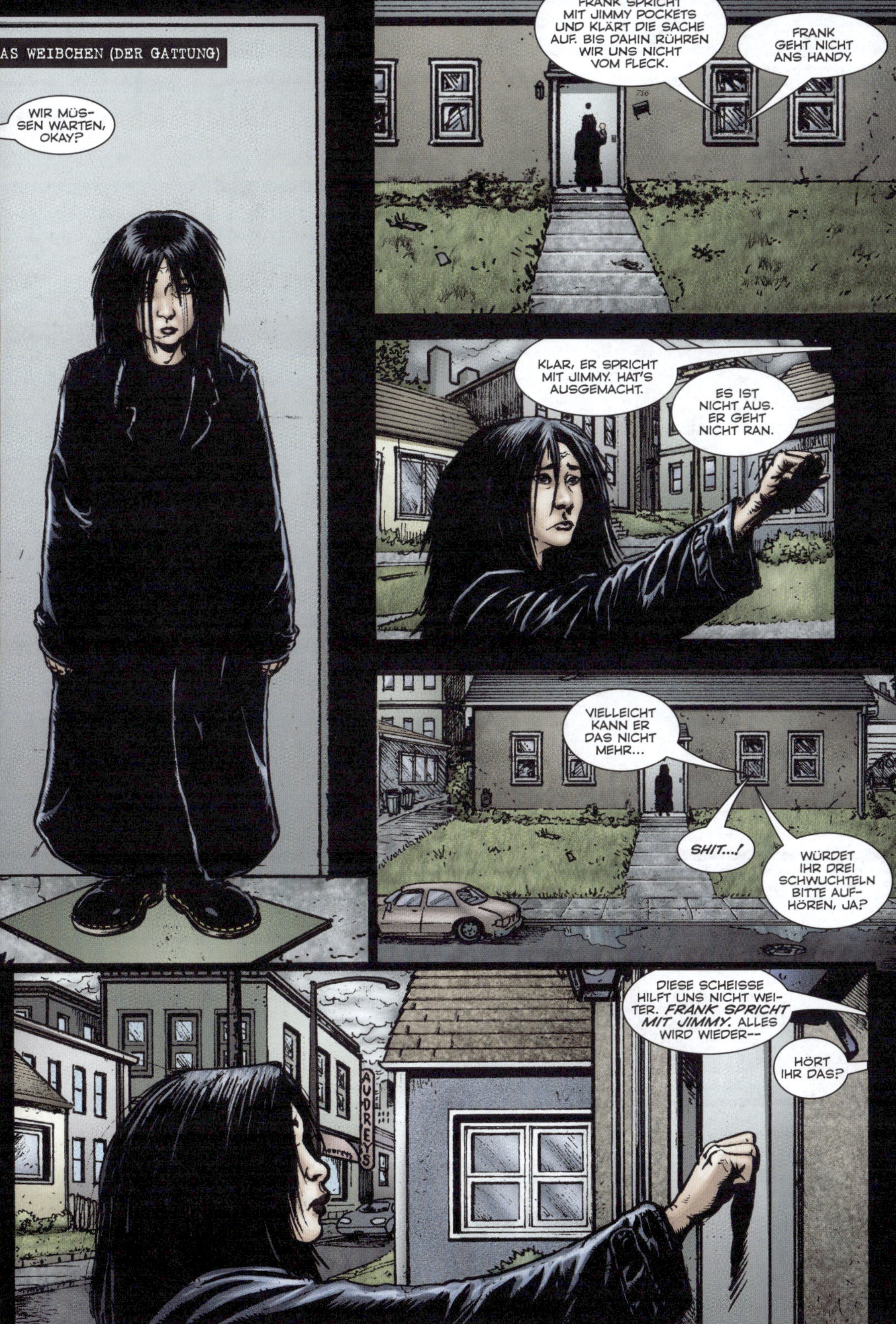
AS WEIBCHEN (DER GATTUNG)
WIR MÜS-SEN WARTEN, OKAY?
FRANK SPRICHT MIT JIMMY POCKETS UND KLÄRT DIE SACHE AUF. BIS DAHIN RÜHREN WIR UNS NICHT VOM FLECK.
FRANK GEHT NICHT ANS HANDY.
KLAR, ER SPRICHT MIT JIMMY. HAT'S AUSGEMACHT.
ES IST NICHT AUS. ER GEHT NICHT RAN.
VIELLEICHT KANN ER DAS NICHT MEHR...
SHIT...!
WÜRDET IHR DREI SCHWUCHTELN BITTE AUF-HÖREN, JA?
DIESE SCHEISSE HILFT UNS NICHT WEI-TER. FRANK SPRICHT MIT JIMMY. ALLES WIRD WIEDER--
HÖRT IHR DAS?
AUDREYS

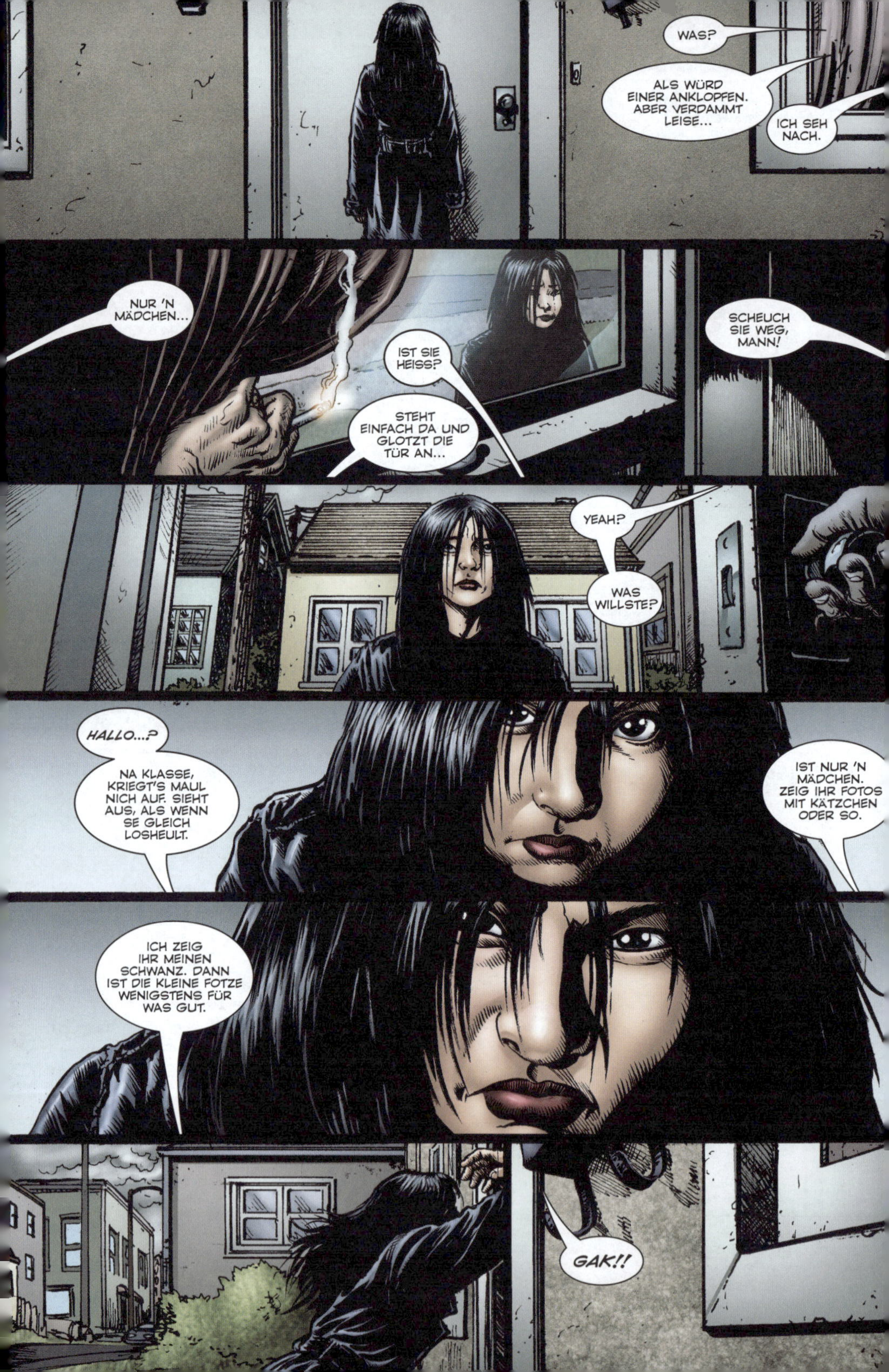

WAS?
ALS WÜRD EINER ANKLOPFEN. ABER VERDAMMT LEISE...
ICH SEH NACH.
NUR 'N MÄDCHEN...
IST SIE HEISS?
STEHT EINFACH DA UND GLOTZT DIE TÜR AN...
SCHEUCH SIE WEG, MANN!
YEAH?
WAS WILLSTE?
HALLO...?
NA KLASSE, KRIEGT'S MAUL NICH AUF. SIEHT AUS, ALS WENN SE GLEICH LOSHEULT.
IST NUR 'N MÄDCHEN. ZEIG IHR FOTOS MIT KÄTZCHEN ODER SO.
ICH ZEIG IHR MEINEN SCHWANZ. DANN IST DIE KLEINE FOTZE WENIGSTENS FÜR WAS GUT.
GAK!!

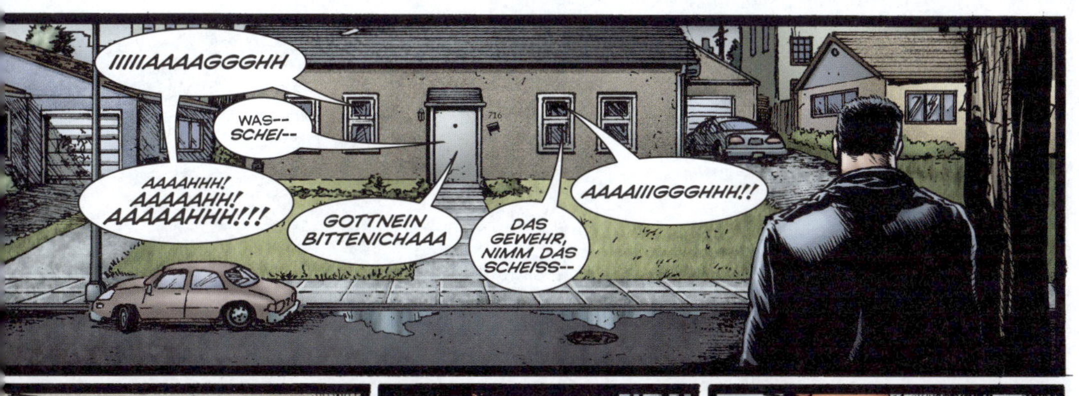
IIIIIAAAAAGGGHH
WAS--
SCHEI--
AAAAHHH!
AAAAAHH!
AAAAAHHH!!!
GOTTNEIN
BITTENICHAAA
DAS
GEWEHR,
NIMM DAS
SCHEISS--
AAAAIIIGGGHHH!!
716

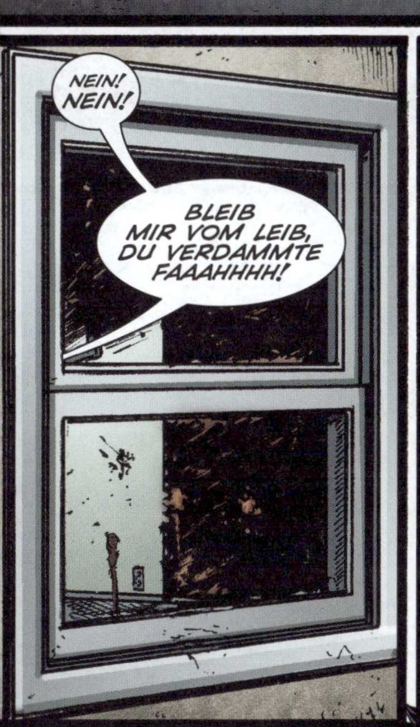
NEIN!
NEIN!
BLEIB
MIR VOM LEIB,
DU VERDAMMTE
FAAAHHHH!

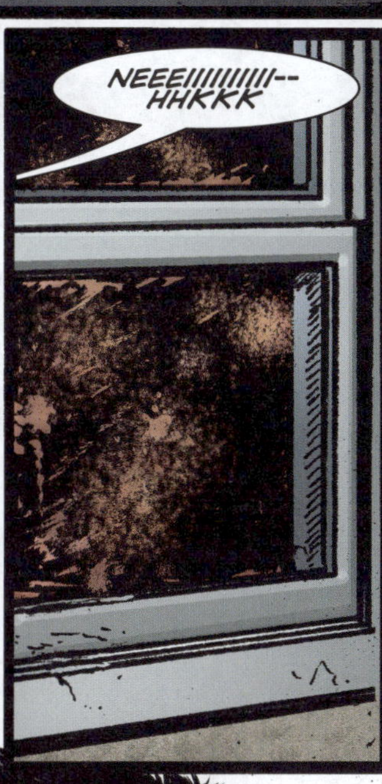
NEEEIIIIIIIIII--
HHKKK

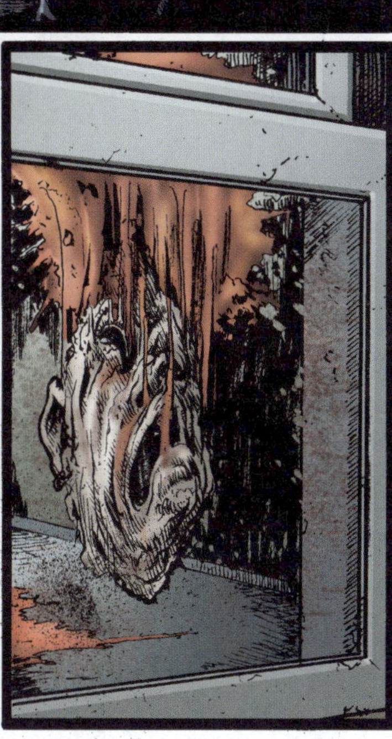

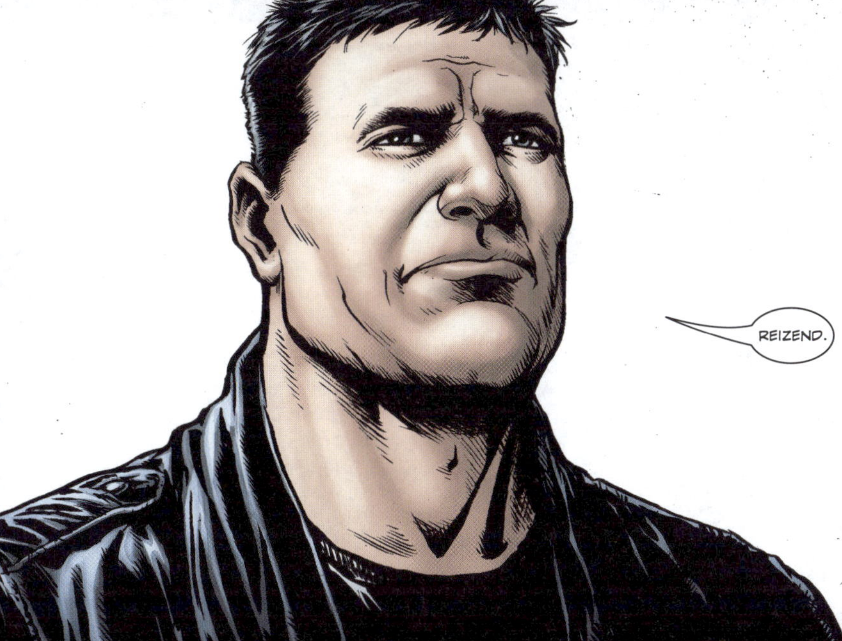
REIZEND.

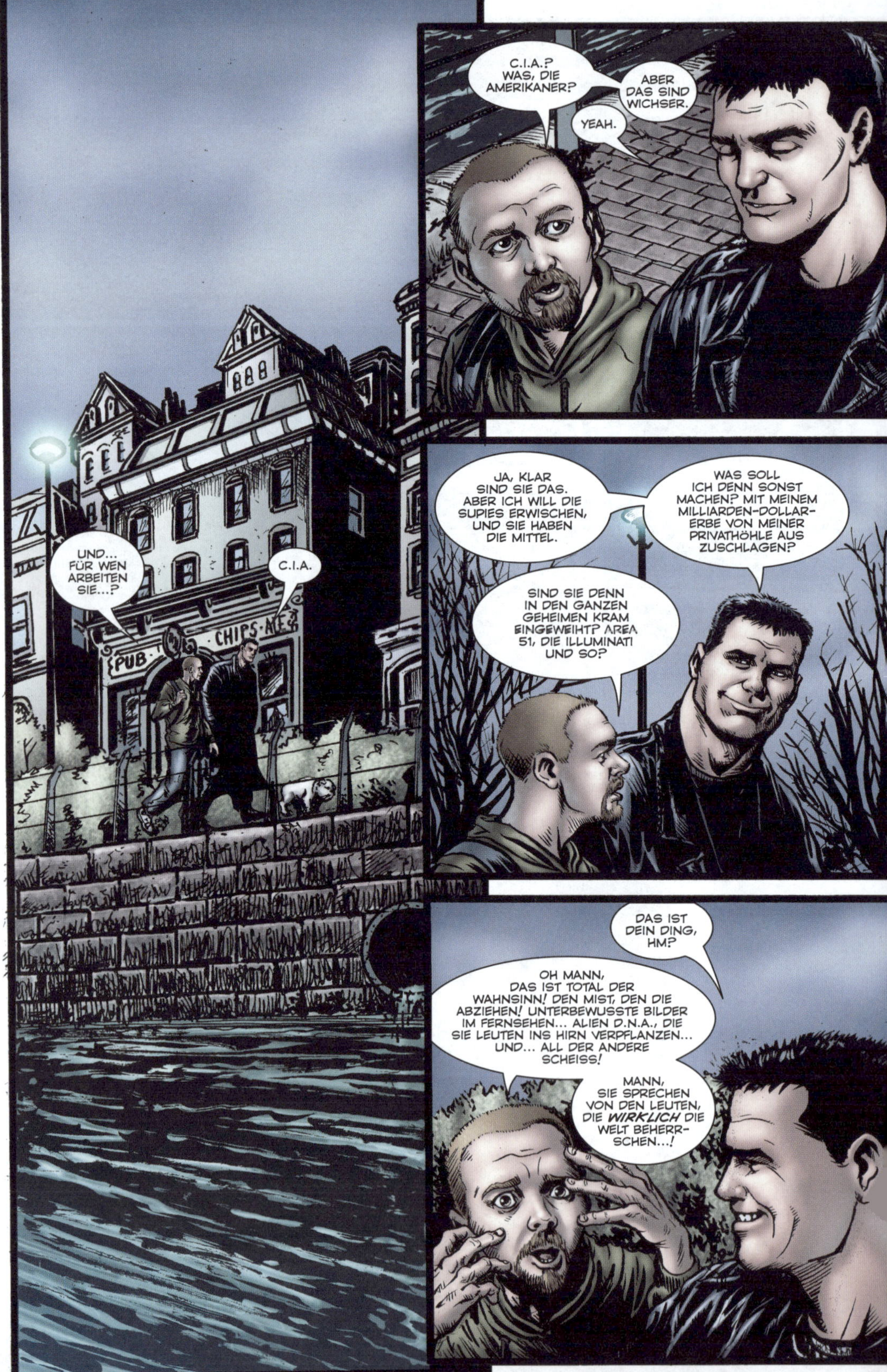
UND... FÜR WEN ARBEITEN SIE...?
C.I.A.
PUB
CHIPS·ALE
C.I.A.? WAS, DIE AMERIKANER?
ABER DAS SIND WICHSER.
YEAH.
JA, KLAR SIND SIE DAS. ABER ICH WILL DIE SUPIES ERWISCHEN, UND SIE HABEN DIE MITTEL.
WAS SOLL ICH DENN SONST MACHEN? MIT MEINEM MILLIARDEN-DOLLAR-ERBE VON MEINER PRIVATHÖHLE AUS ZUSCHLAGEN?
SIND SIE DENN IN DEN GANZEN GEHEIMEN KRAM EINGEWEIHT? AREA 51, DIE ILLUMINATI UND SO?
DAS IST DEIN DING, HM?
OH MANN, DAS IST TOTAL DER WAHNSINN! DEN MIST, DEN DIE ABZIEHEN! UNTERBEWUSSTE BILDER IM FERNSEHEN... ALIEN D.N.A., DIE SIE LEUTEN INS HIRN VERPFLANZEN... UND... ALL DER ANDERE SCHEISS!
MANN, SIE SPRECHEN VON DEN LEUTEN, DIE *WIRKLICH* DIE WELT BEHERR-SCHEN...!

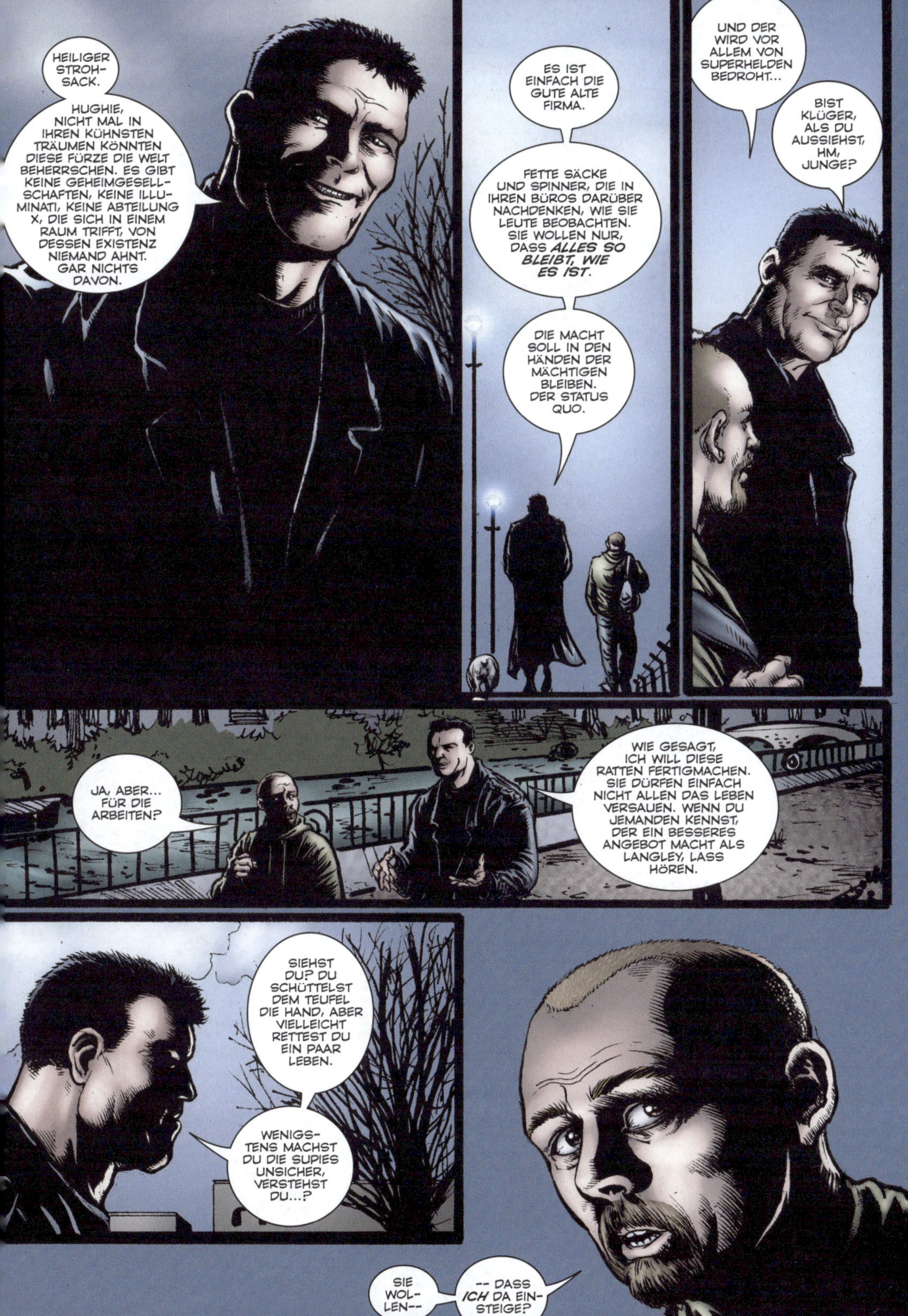
HEILIGER STROH-SACK.
HUGHIE, NICHT MAL IN IHREN KÜHNSTEN TRÄUMEN KÖNNTEN DIESE FÜRZE DIE WELT BEHERRSCHEN. ES GIBT KEINE GEHEIMGESELL-SCHAFTEN, KEINE ILLU-MINATI, KEINE ABTEILUNG X, DIE SICH IN EINEM RAUM TRIFFT, VON DESSEN EXISTENZ NIEMAND AHNT. GAR NICHTS DAVON.
ES IST EINFACH DIE GUTE ALTE FIRMA.
FETTE SÄCKE UND SPINNER, DIE IN IHREN BÜROS DARÜBER NACHDENKEN, WIE SIE LEUTE BEOBACHTEN. SIE WOLLEN NUR, DASS *ALLES SO BLEIBT, WIE ES IST*.
DIE MACHT SOLL IN DEN HÄNDEN DER MÄCHTIGEN BLEIBEN. DER STATUS QUO.
UND DER WIRD VOR ALLEM VON SUPERHELDEN BEDROHT...
BIST KLÜGER, ALS DU AUSSIEHST, HM, JUNGE?
JA, ABER... FÜR DIE ARBEITEN?
WIE GESAGT, ICH WILL DIESE RATTEN FERTIGMACHEN. SIE DÜRFEN EINFACH NICHT ALLEN DAS LEBEN VERSAUEN. WENN DU JEMANDEN KENNST, DER EIN BESSERES ANGEBOT MACHT ALS LANGLEY, LASS HÖREN.
SIEHST DU? DU SCHÜTTELST DEM TEUFEL DIE HAND, ABER VIELLEICHT RETTEST DU EIN PAAR LEBEN.
WENIGS-TENS MACHST DU DIE SUPIES UNSICHER, VERSTEHST DU...?
SIE WOL-LEN--
-- DASS *ICH* DA EIN-STEIGE?

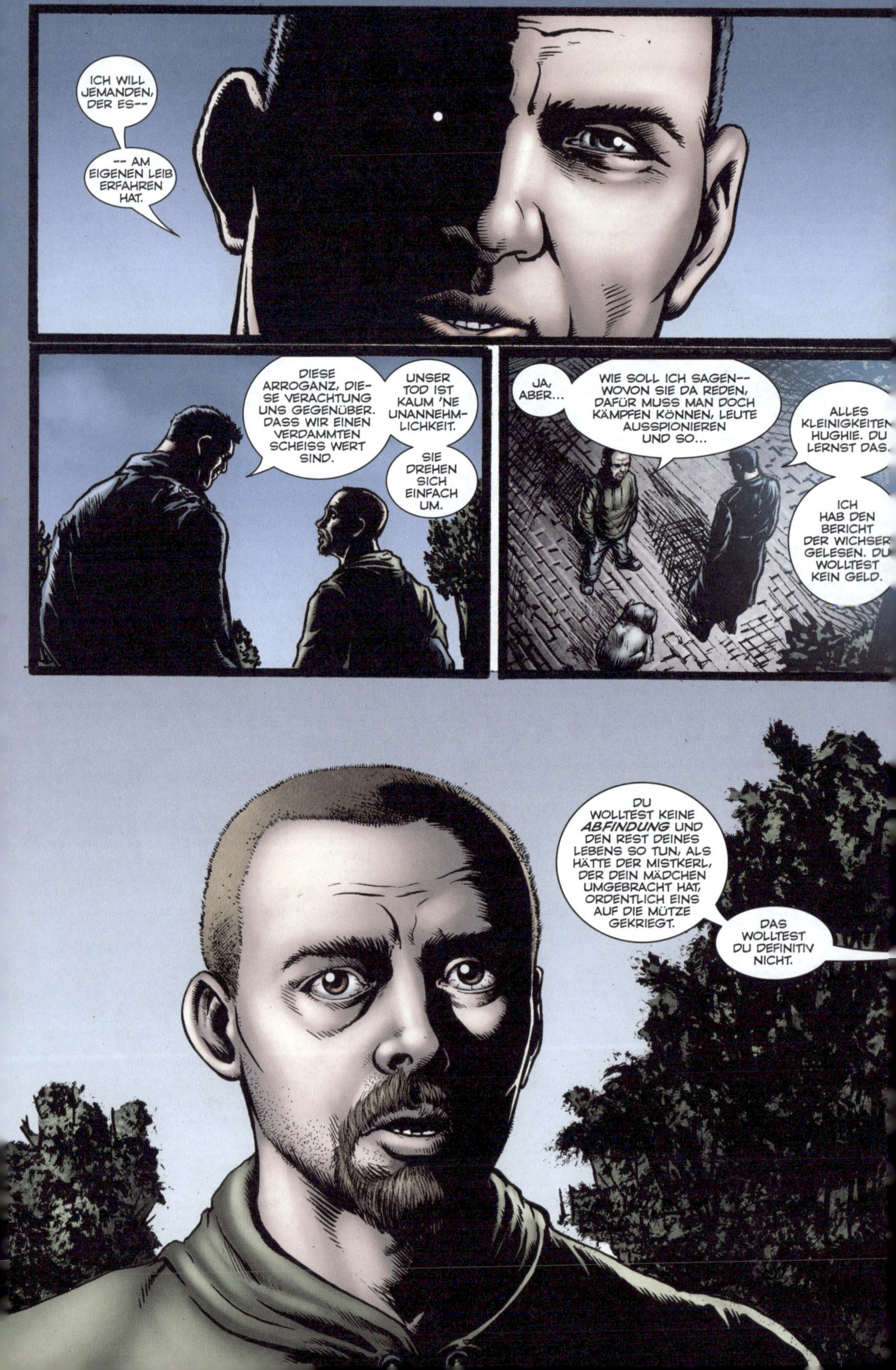

ICH WILL JEMANDEN, DER ES--
-- AM EIGENEN LEIB ERFAHREN HAT.
DIESE ARROGANZ, DIESE VERACHTUNG UNS GEGENÜBER. DASS WIR EINEN VERDAMMTEN SCHEISS WERT SIND.
UNSER TOD IST KAUM 'NE UNANNEHMLICHKEIT.
SIE DREHEN SICH EINFACH UM.
JA, ABER...
WIE SOLL ICH SAGEN-- WOVON SIE DA REDEN, DAFÜR MUSS MAN DOCH KÄMPFEN KÖNNEN, LEUTE AUSSPIONIEREN UND SO...
ALLES KLEINIGKEITEN HUGHIE. DU LERNST DAS.
ICH HAB DEN BERICHT DER WICHSER GELESEN. DU WOLLTEST KEIN GELD.
DU WOLLTEST KEINE *ABFINDUNG* UND DEN REST DEINES LEBENS SO TUN, ALS HÄTTE DER MISTKERL, DER DEIN MÄDCHEN UMGEBRACHT HAT, ORDENTLICH EINS AUF DIE MÜTZE GEKRIEGT.
DAS WOLLTEST DU DEFINITIV NICHT.

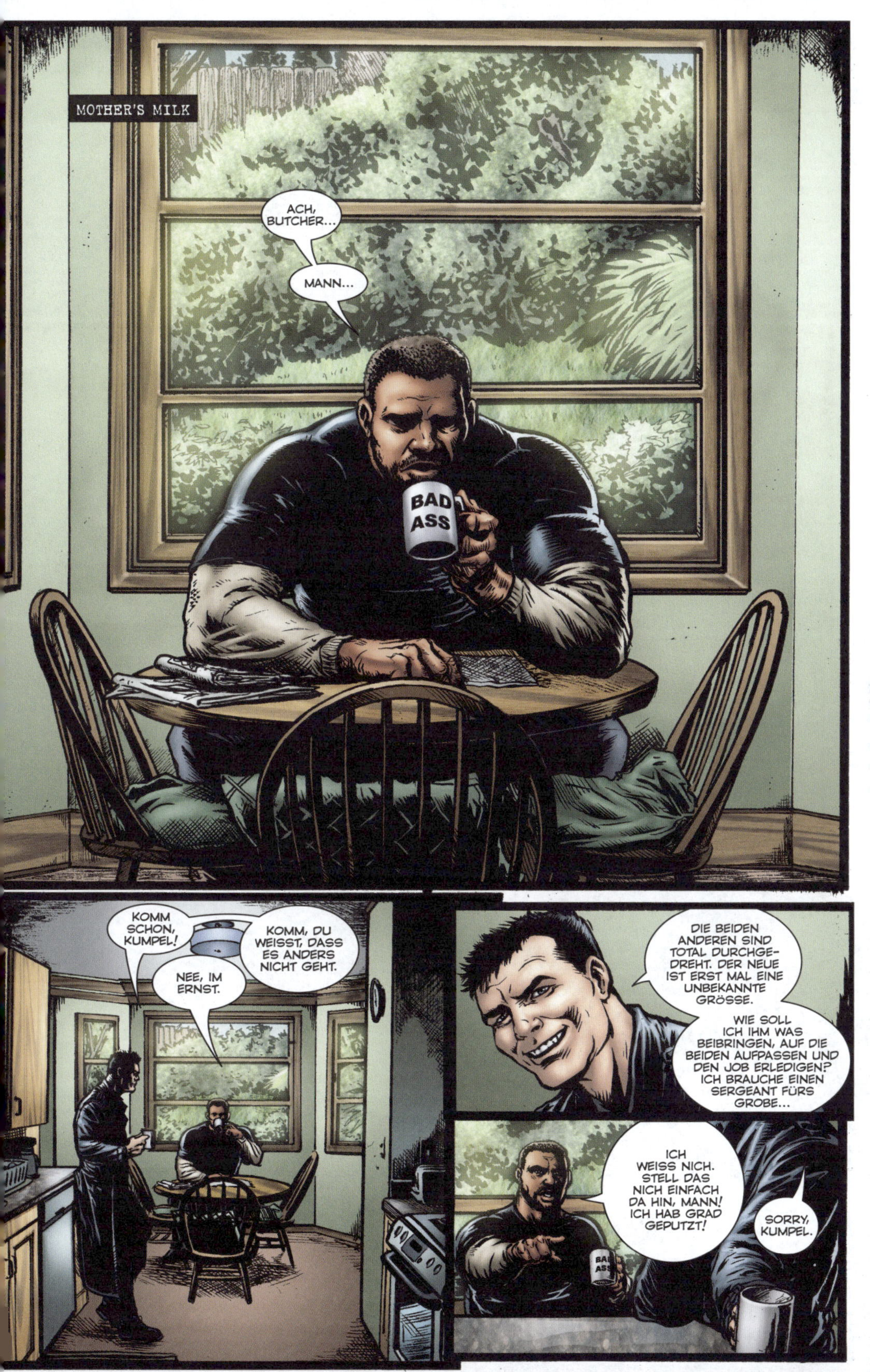
MOTHER'S MILK
ACH, BUTCHER...
MANN...
BAD ASS
KOMM SCHON, KUMPEL!
KOMM, DU WEISST, DASS ES ANDERS NICHT GEHT.
NEE, IM ERNST.
DIE BEIDEN ANDEREN SIND TOTAL DURCHGEDREHT. DER NEUE IST ERST MAL EINE UNBEKANNTE GRÖSSE.
WIE SOLL ICH IHM WAS BEIBRINGEN, AUF DIE BEIDEN AUFPASSEN UND DEN JOB ERLEDIGEN? ICH BRAUCHE EINEN SERGEANT FÜRS GROBE...
ICH WEISS NICH. STELL DAS NICH EINFACH DA HIN, MANN! ICH HAB GRAD GEPUTZT!
SORRY, KUMPEL.

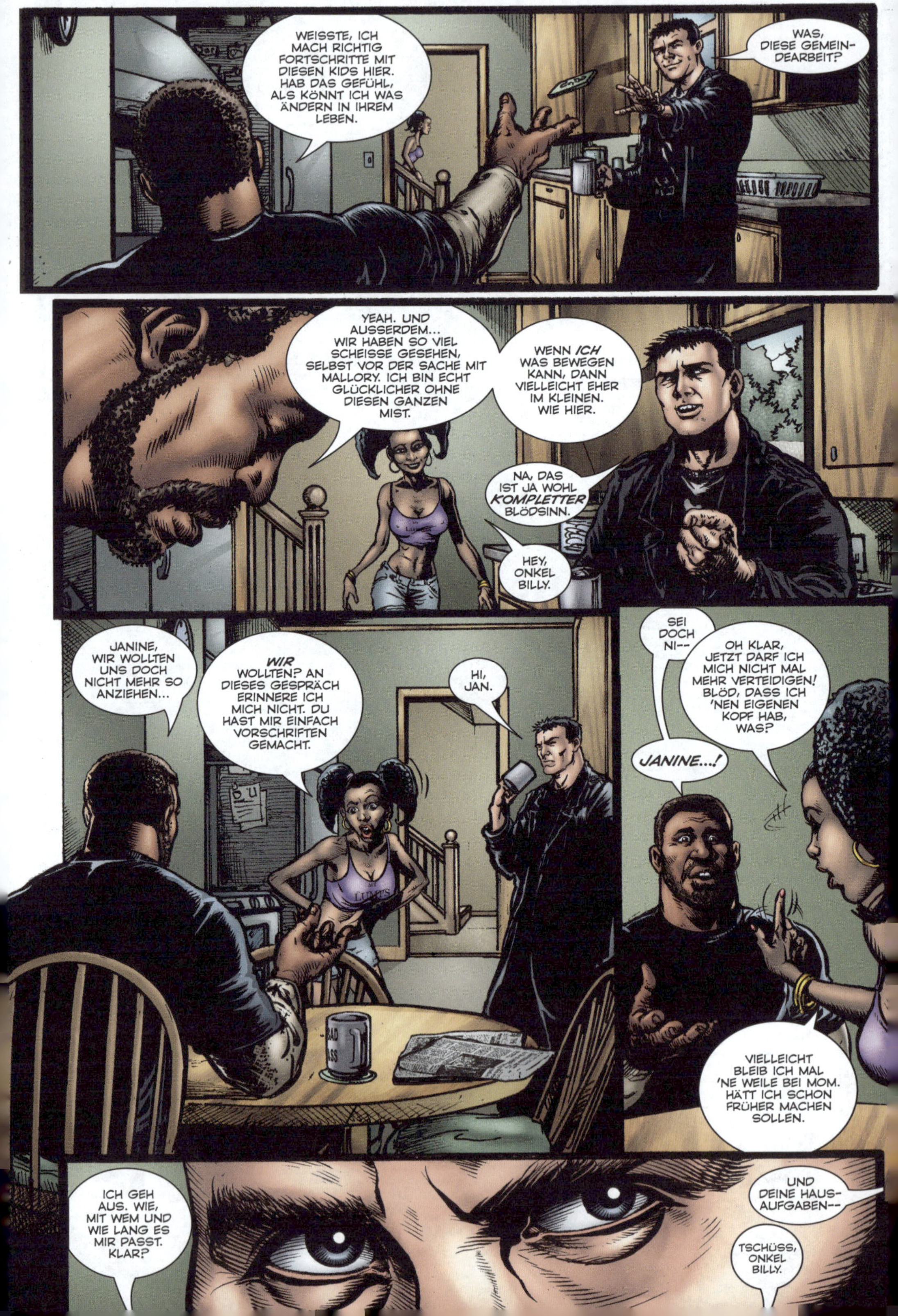

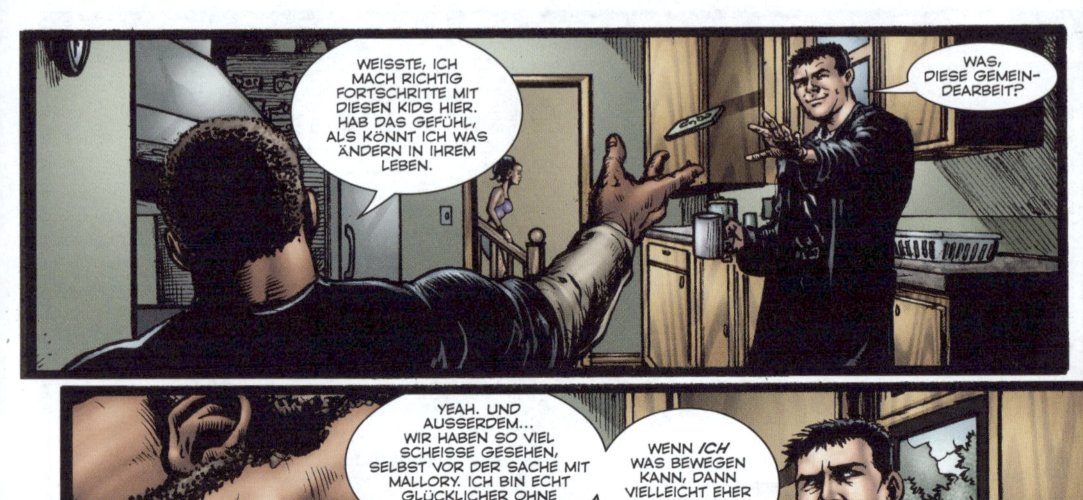
WEISSTE, ICH MACH RICHTIG FORTSCHRITTE MIT DIESEN KIDS HIER. HAB DAS GEFÜHL, ALS KÖNNT ICH WAS ÄNDERN IN IHREM LEBEN.
WAS, DIESE GEMEIN-DEARBEIT?
YEAH. UND AUSSERDEM... WIR HABEN SO VIEL SCHEISSE GESEHEN, SELBST VOR DER SACHE MIT MALLORY. ICH BIN ECHT GLÜCKLICHER OHNE DIESEN GANZEN MIST.
WENN *ICH* WAS BEWEGEN KANN, DANN VIELLEICHT EHER IM KLEINEN. WIE HIER.
NA, DAS IST JA WOHL ***KOMPLETTER*** BLÖDSINN.
HEY, ONKEL BILLY.
JANINE, WIR WOLLTEN UNS DOCH NICHT MEHR SO ANZIEHEN...
WIR WOLLTEN? AN DIESES GESPRÄCH ERINNERE ICH MICH NICHT. DU HAST MIR EINFACH VORSCHRIFTEN GEMACHT.
HI, JAN.
SEI DOCH NI--
OH KLAR, JETZT DARF ICH MICH NICHT MAL MEHR VERTEIDIGEN! BLÖD, DASS ICH 'NEN EIGENEN KOPF HAB, WAS?
JANINE...!
VIELLEICHT BLEIB ICH MAL 'NE WEILE BEI MOM. HÄTT ICH SCHON FRÜHER MACHEN SOLLEN.
ICH GEH AUS. WIE, MIT WEM UND WIE LANG ES MIR PASST. KLAR?
UND DEINE HAUS-AUFGABEN--
TSCHÜSS, ONKEL BILLY.

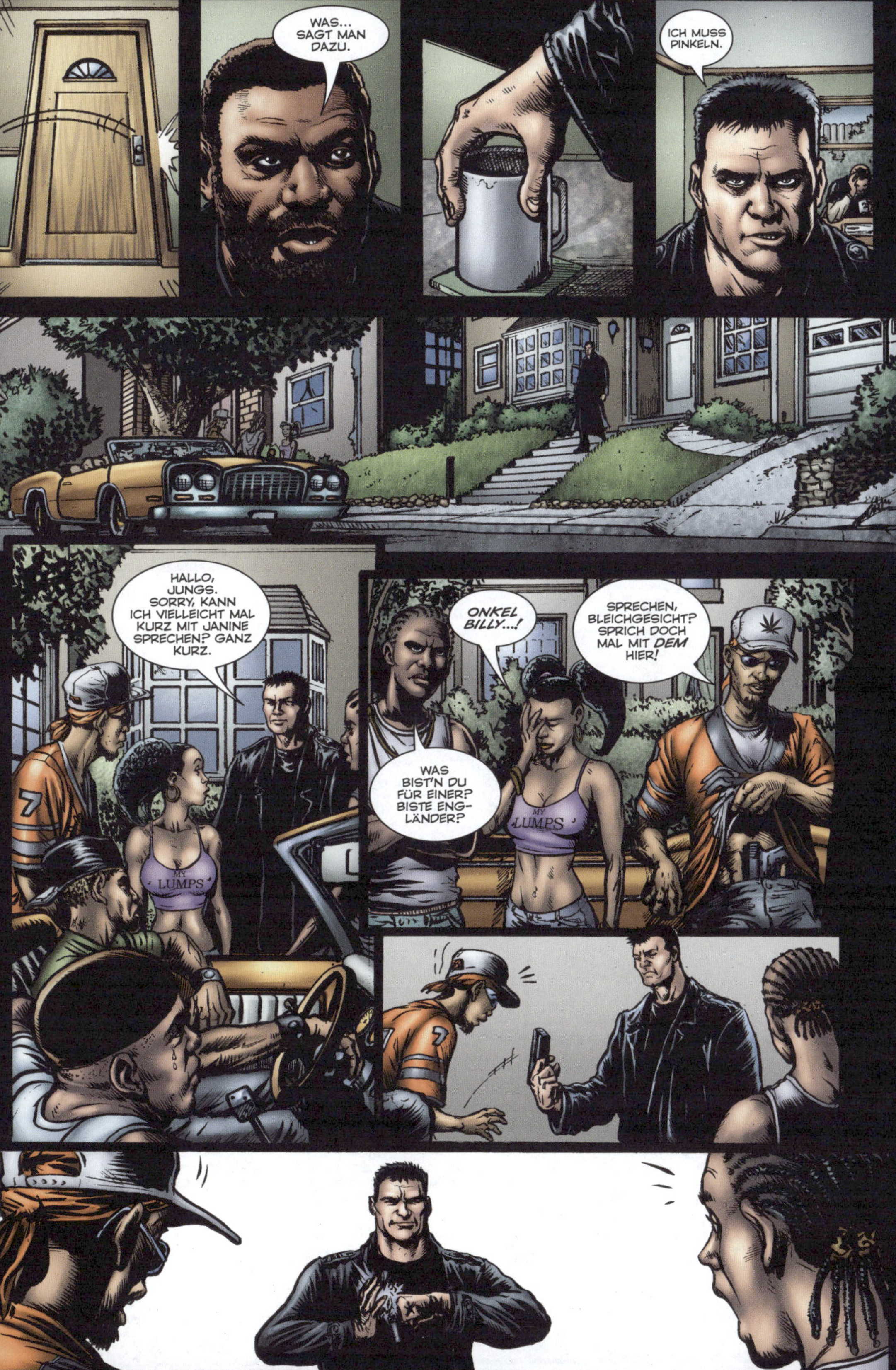
WAS... SAGT MAN DAZU.
ICH MUSS PINKELN.
HALLO, JUNGS. SORRY, KANN ICH VIELLEICHT MAL KURZ MIT JANINE SPRECHEN? GANZ KURZ.
ONKEL BILLY...!
SPRECHEN, BLEICHGESICHT? SPRICH DOCH MAL MIT DEM HIER!
WAS BIST'N DU FÜR EINER? BISTE ENGLÄNDER?
MY LUMPS

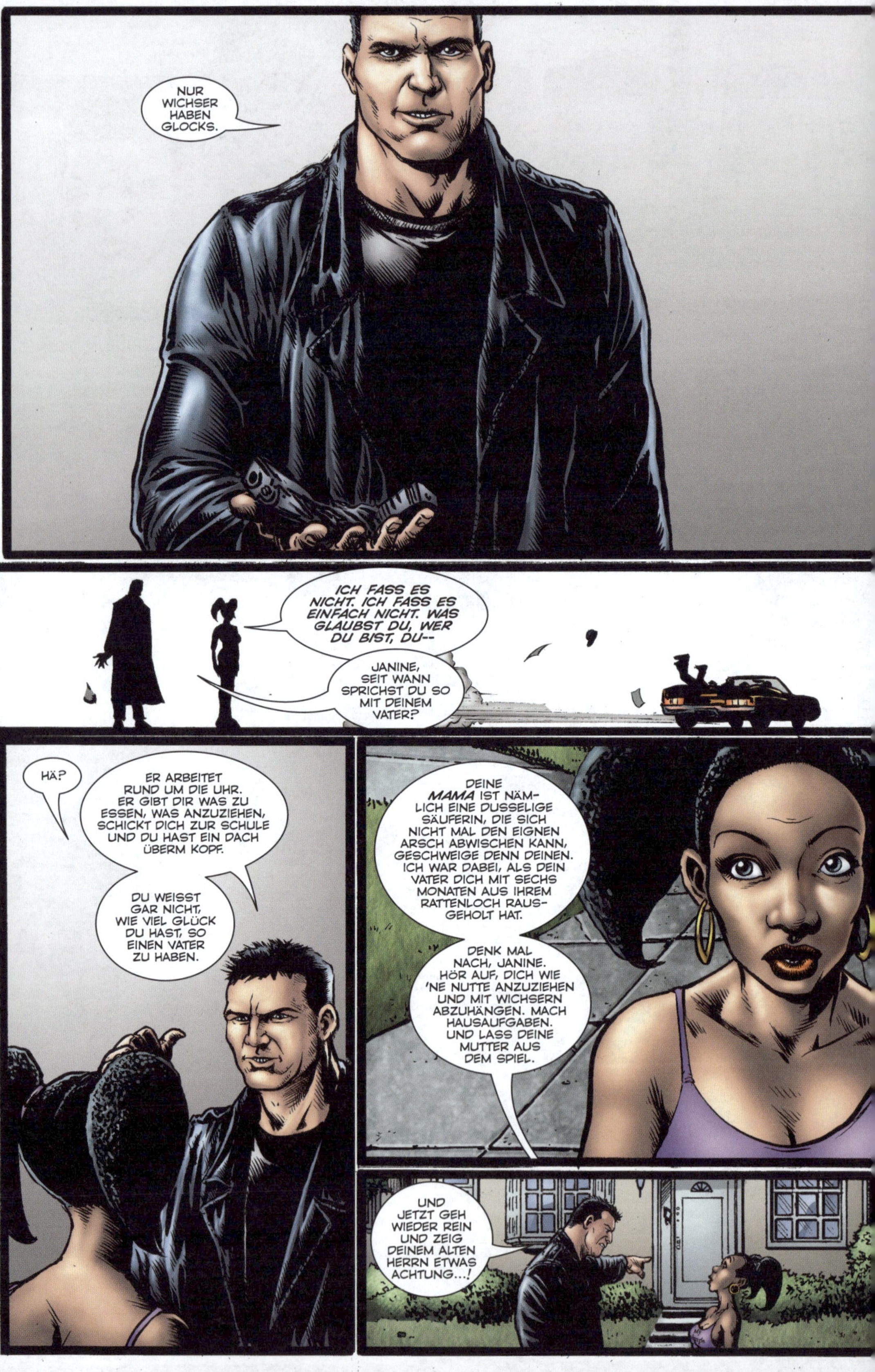

NUR WICHSER HABEN GLOCKS.

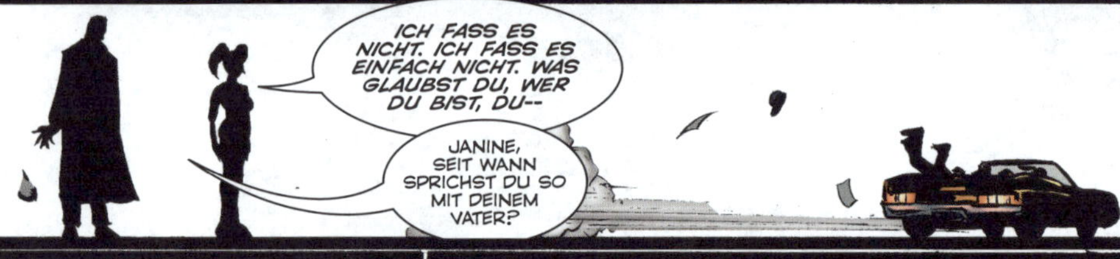
ICH FASS ES NICHT. ICH FASS ES EINFACH NICHT. WAS GLAUBST DU, WER DU BIST, DU--
JANINE, SEIT WANN SPRICHST DU SO MIT DEINEM VATER?

HÄ?
ER ARBEITET RUND UM DIE UHR. ER GIBT DIR WAS ZU ESSEN, WAS ANZUZIEHEN, SCHICKT DICH ZUR SCHULE UND DU HAST EIN DACH ÜBERM KOPF.
DU WEISST GAR NICHT, WIE VIEL GLÜCK DU HAST, SO EINEN VATER ZU HABEN.
DEINE *MAMA* IST NÄMLICH EINE DUSSELIGE SÄUFERIN, DIE SICH NICHT MAL DEN EIGNEN ARSCH ABWISCHEN KANN, GESCHWEIGE DENN DEINEN. ICH WAR DABEI, ALS DEIN VATER DICH MIT SECHS MONATEN AUS IHREM RATTENLOCH RAUSGEHOLT HAT.
DENK MAL NACH, JANINE. HÖR AUF, DICH WIE 'NE NUTTE ANZUZIEHEN UND MIT WICHSERN ABZUHÄNGEN. MACH HAUSAUFGABEN. UND LASS DEINE MUTTER AUS DEM SPIEL.
UND JETZT GEH WIEDER REIN UND ZEIG DEINEM ALTEN HERRN ETWAS ACHTUNG...!

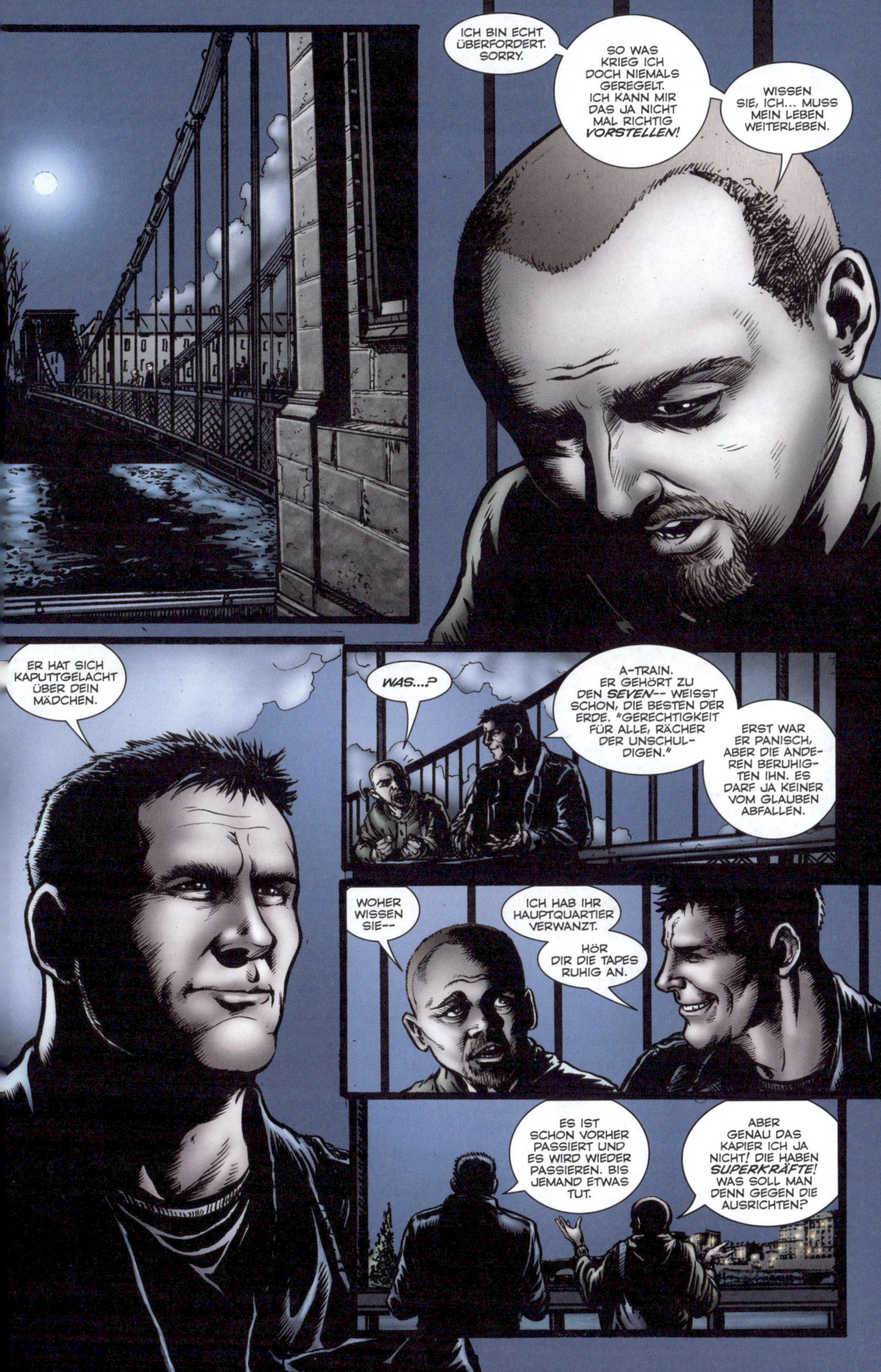
ICH BIN ECHT ÜBERFORDERT. SORRY.
SO WAS KRIEG ICH DOCH NIEMALS GEREGELT. ICH KANN MIR DAS JA NICHT MAL RICHTIG *VORSTELLEN*!
WISSEN SIE, ICH... MUSS MEIN LEBEN WEITERLEBEN.
ER HAT SICH KAPUTTGELACHT ÜBER DEIN MÄDCHEN.
WAS...?
A-TRAIN. ER GEHÖRT ZU DEN *SEVEN*-- WEISST SCHON, DIE BESTEN DER ERDE. "GERECHTIGKEIT FÜR ALLE, RÄCHER DER UNSCHULDIGEN."
ERST WAR ER PANISCH, ABER DIE ANDEREN BERUHIGTEN IHN. ES DARF JA KEINER VOM GLAUBEN ABFALLEN.
WOHER WISSEN SIE--
ICH HAB IHR HAUPTQUARTIER VERWANZT.
HÖR DIR DIE TAPES RUHIG AN.
ES IST SCHON VORHER PASSIERT UND ES WIRD WIEDER PASSIEREN. BIS JEMAND ETWAS TUT.
ABER GENAU DAS KAPIER ICH JA NICHT! DIE HABEN *SUPERKRÄFTE!* WAS SOLL MAN DENN GEGEN DIE AUSRICHTEN?

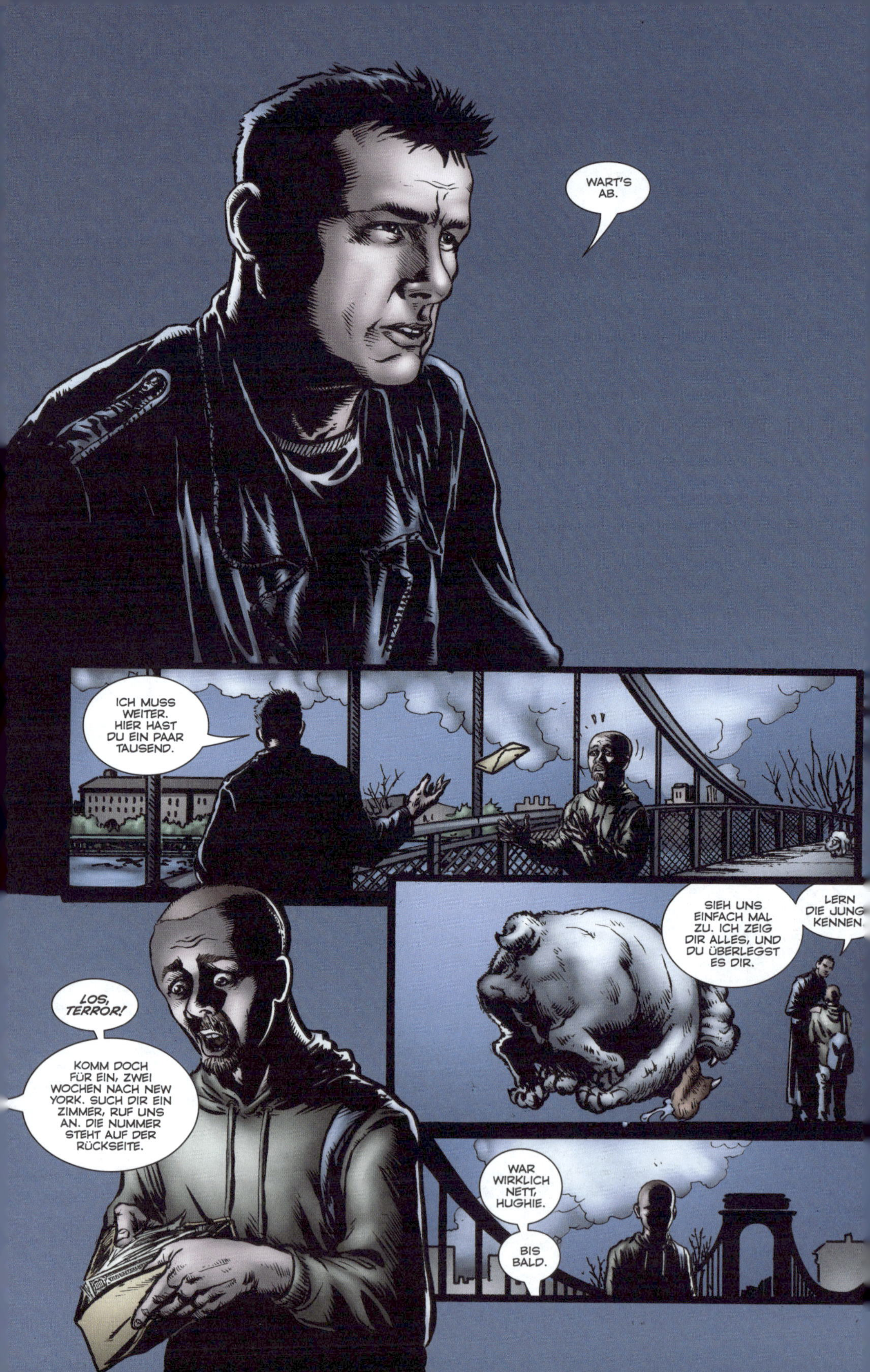
WART'S AB.
ICH MUSS WEITER. HIER HAST DU EIN PAAR TAUSEND.
SIEH UNS EINFACH MAL ZU. ICH ZEIG DIR ALLES, UND DU ÜBERLEGST ES DIR.
LERN DIE JUNG KENNEN.
LOS, TERROR!
KOMM DOCH FÜR EIN, ZWEI WOCHEN NACH NEW YORK. SUCH DIR EIN ZIMMER, RUF UNS AN. DIE NUMMER STEHT AUF DER RÜCKSEITE.
WAR WIRKLICH NETT, HUGHIE.
BIS BALD.

EINE JUNGFRAU KOMMT SELTEN ALLEIN, TEIL 1

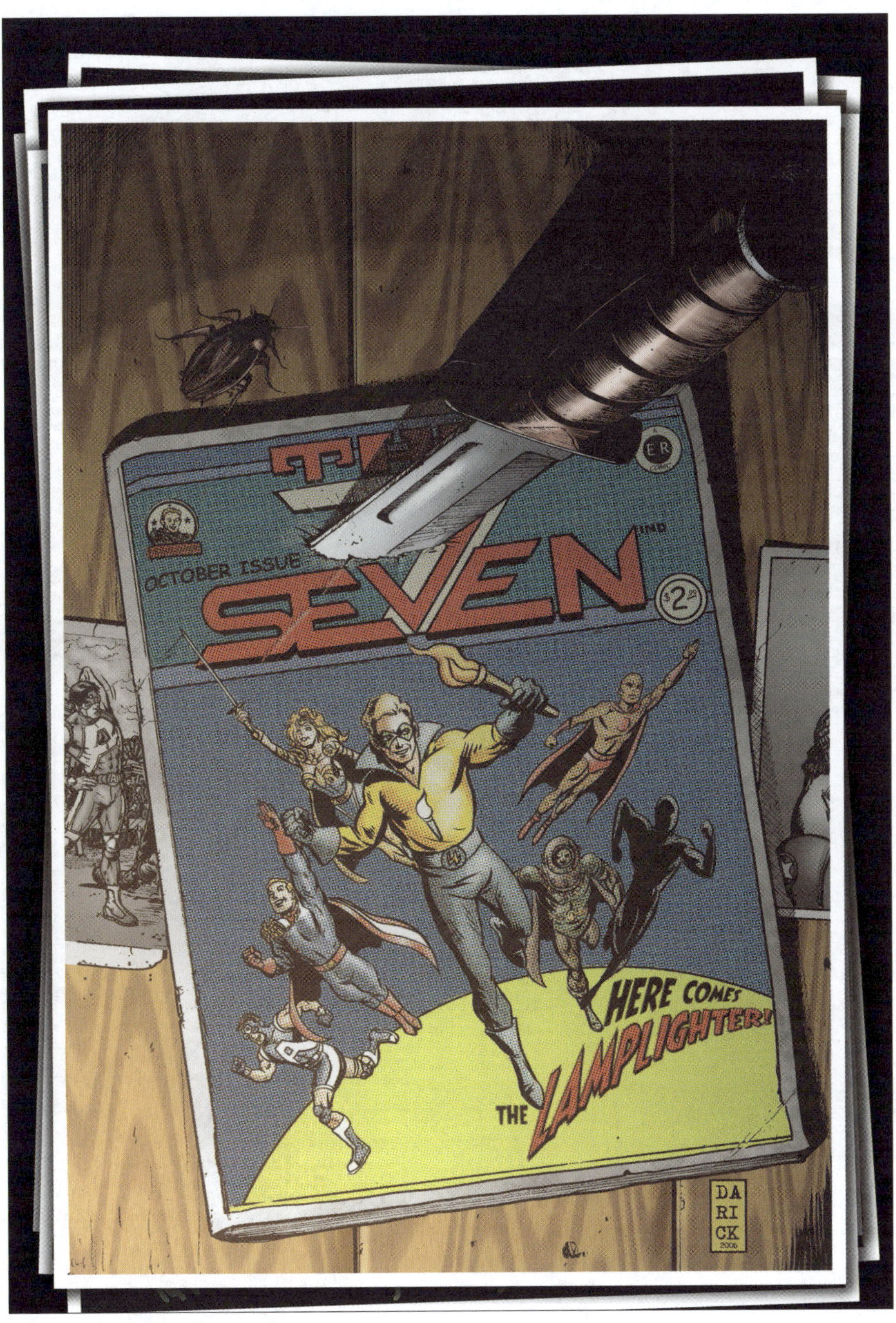

The Boys (2006) 3
Cover von **DARICK ROBERTSON**

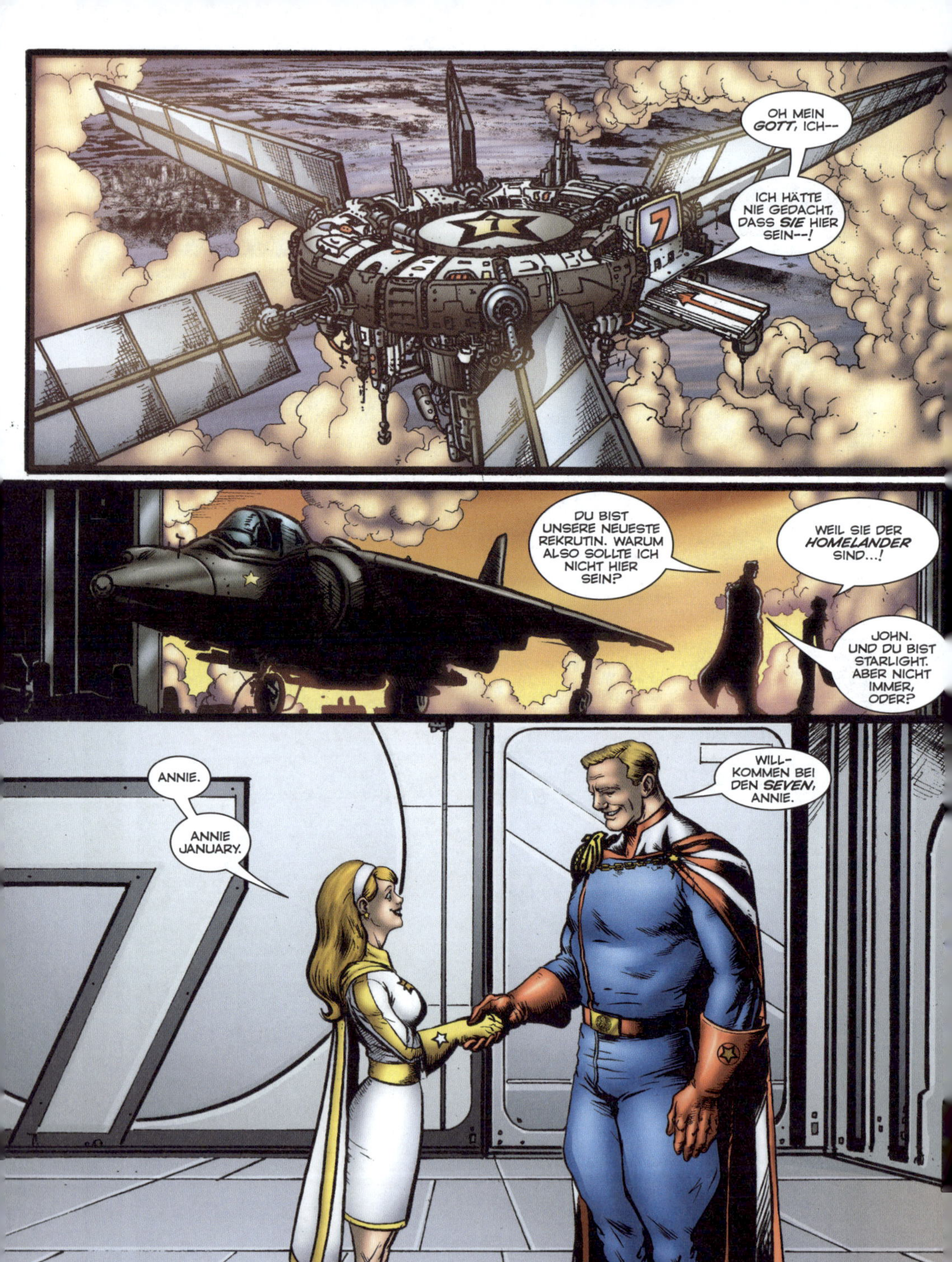
OH MEIN GOTT, ICH--
ICH HÄTTE NIE GEDACHT, DASS SIE HIER SEIN--!
DU BIST UNSERE NEUESTE REKRUTIN. WARUM ALSO SOLLTE ICH NICHT HIER SEIN?
WEIL SIE DER HOMELANDER SIND...!
JOHN. UND DU BIST STARLIGHT. ABER NICHT IMMER, ODER?
ANNIE.
ANNIE JANUARY.
WILL-KOMMEN BEI DEN SEVEN, ANNIE.

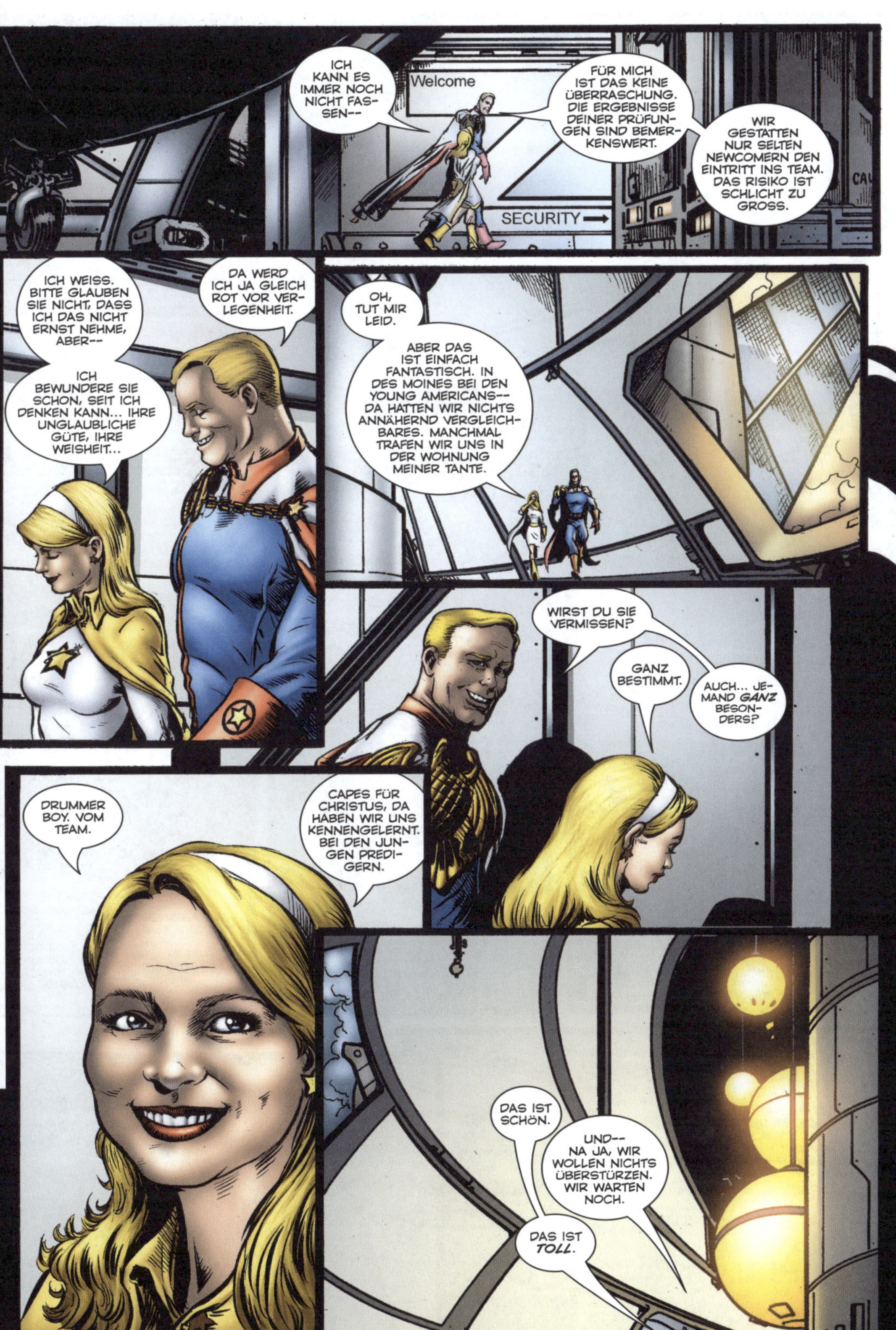

ICH KANN ES IMMER NOCH NICHT FASSEN--
Welcome
FÜR MICH IST DAS KEINE ÜBERRASCHUNG. DIE ERGEBNISSE DEINER PRÜFUNGEN SIND BEMERKENSWERT.
WIR GESTATTEN NUR SELTEN NEWCOMERN DEN EINTRITT INS TEAM. DAS RISIKO IST SCHLICHT ZU GROSS.
SECURITY
ICH WEISS. BITTE GLAUBEN SIE NICHT, DASS ICH DAS NICHT ERNST NEHME, ABER--
ICH BEWUNDERE SIE SCHON, SEIT ICH DENKEN KANN... IHRE UNGLAUBLICHE GÜTE, IHRE WEISHEIT...
DA WERD ICH JA GLEICH ROT VOR VERLEGENHEIT.
OH, TUT MIR LEID.
ABER DAS IST EINFACH FANTASTISCH. IN DES MOINES BEI DEN YOUNG AMERICANS-- DA HATTEN WIR NICHTS ANNÄHERND VERGLEICHBARES. MANCHMAL TRAFEN WIR UNS IN DER WOHNUNG MEINER TANTE.
WIRST DU SIE VERMISSEN?
GANZ BESTIMMT.
AUCH... JEMAND *GANZ* BESONDERS?
DRUMMER BOY. VOM TEAM.
CAPES FÜR CHRISTUS, DA HABEN WIR UNS KENNENGELERNT. BEI DEN JUNGEN PREDIGERN.
DAS IST SCHÖN.
UND-- NA JA, WIR WOLLEN NICHTS ÜBERSTÜRZEN. WIR WARTEN NOCH.
DAS IST *TOLL*.

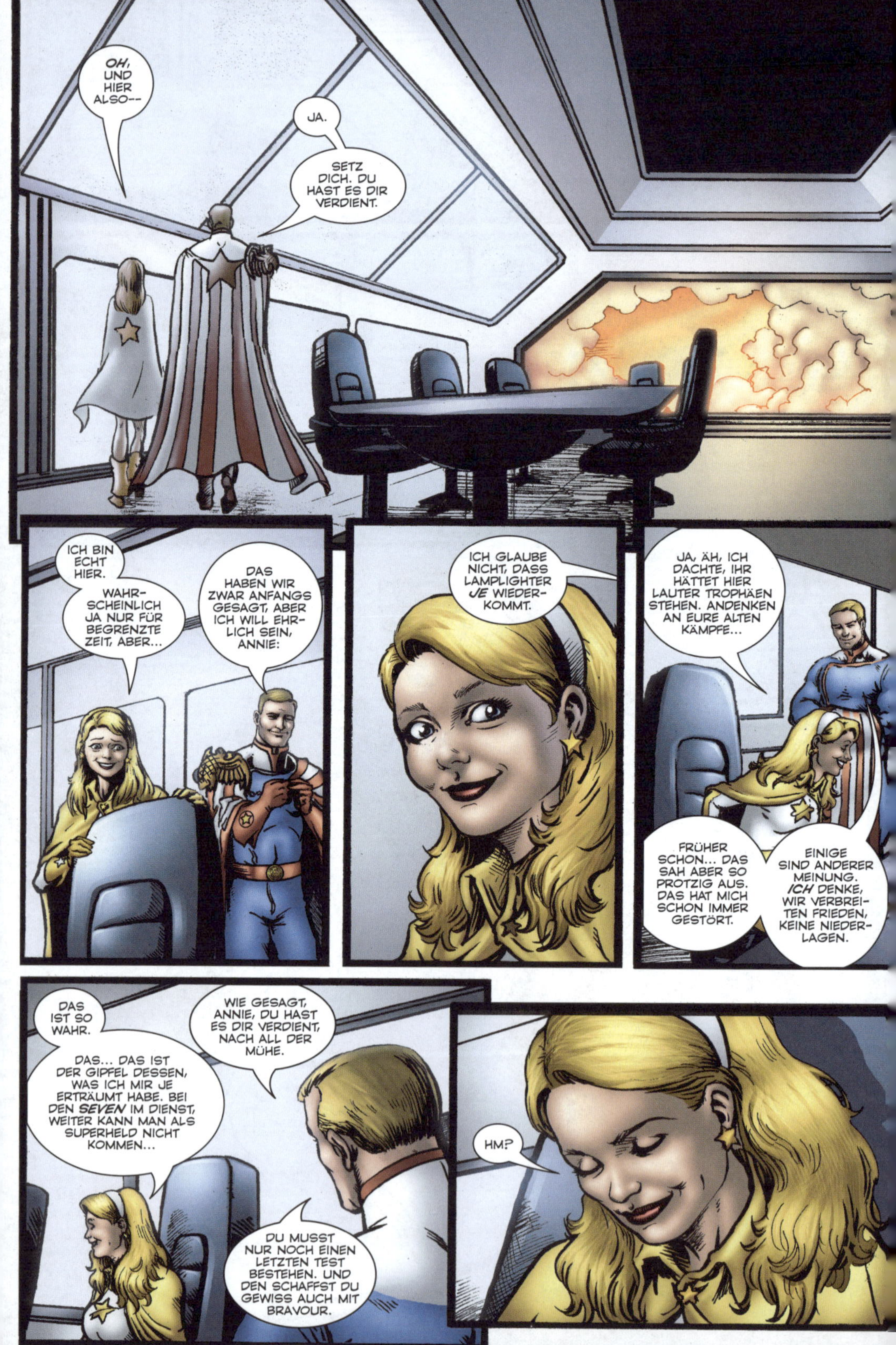
OH, UND HIER ALSO--
JA.
SETZ DICH. DU HAST ES DIR VERDIENT.
ICH BIN ECHT HIER.
WAHRSCHEINLICH JA NUR FÜR BEGRENZTE ZEIT, ABER...
DAS HABEN WIR ZWAR ANFANGS GESAGT, ABER ICH WILL EHRLICH SEIN, ANNIE:
ICH GLAUBE NICHT, DASS LAMPLIGHTER JE WIEDERKOMMT.
JA, ÄH, ICH DACHTE, IHR HÄTTET HIER LAUTER TROPHÄEN STEHEN. ANDENKEN AN EURE ALTEN KÄMPFE...
FRÜHER SCHON... DAS SAH ABER SO PROTZIG AUS. DAS HAT MICH SCHON IMMER GESTÖRT.
EINIGE SIND ANDERER MEINUNG. ICH DENKE, WIR VERBREITEN FRIEDEN, KEINE NIEDERLAGEN.
DAS IST SO WAHR.
DAS... DAS IST DER GIPFEL DESSEN, WAS ICH MIR JE ERTRÄUMT HABE. BEI DEN SEVEN IM DIENST, WEITER KANN MAN ALS SUPERHELD NICHT KOMMEN...
WIE GESAGT, ANNIE, DU HAST ES DIR VERDIENT, NACH ALL DER MÜHE.
DU MUSST NUR NOCH EINEN LETZTEN TEST BESTEHEN. UND DEN SCHAFFST DU GEWISS AUCH MIT BRAVOUR.
HM?

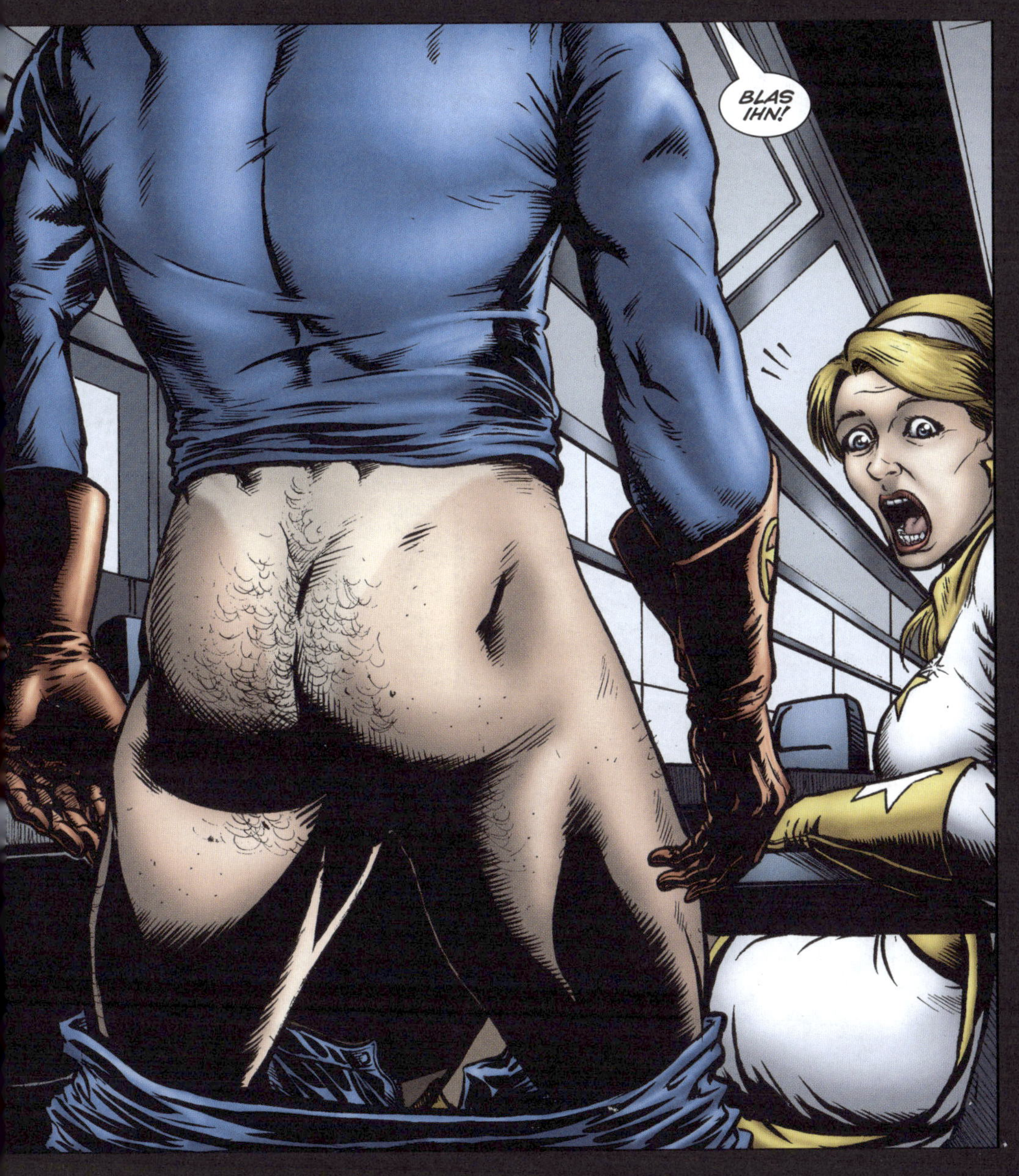

EINE JUNGFRAU KOMMT SELTEN ALLEIN

TEIL 1

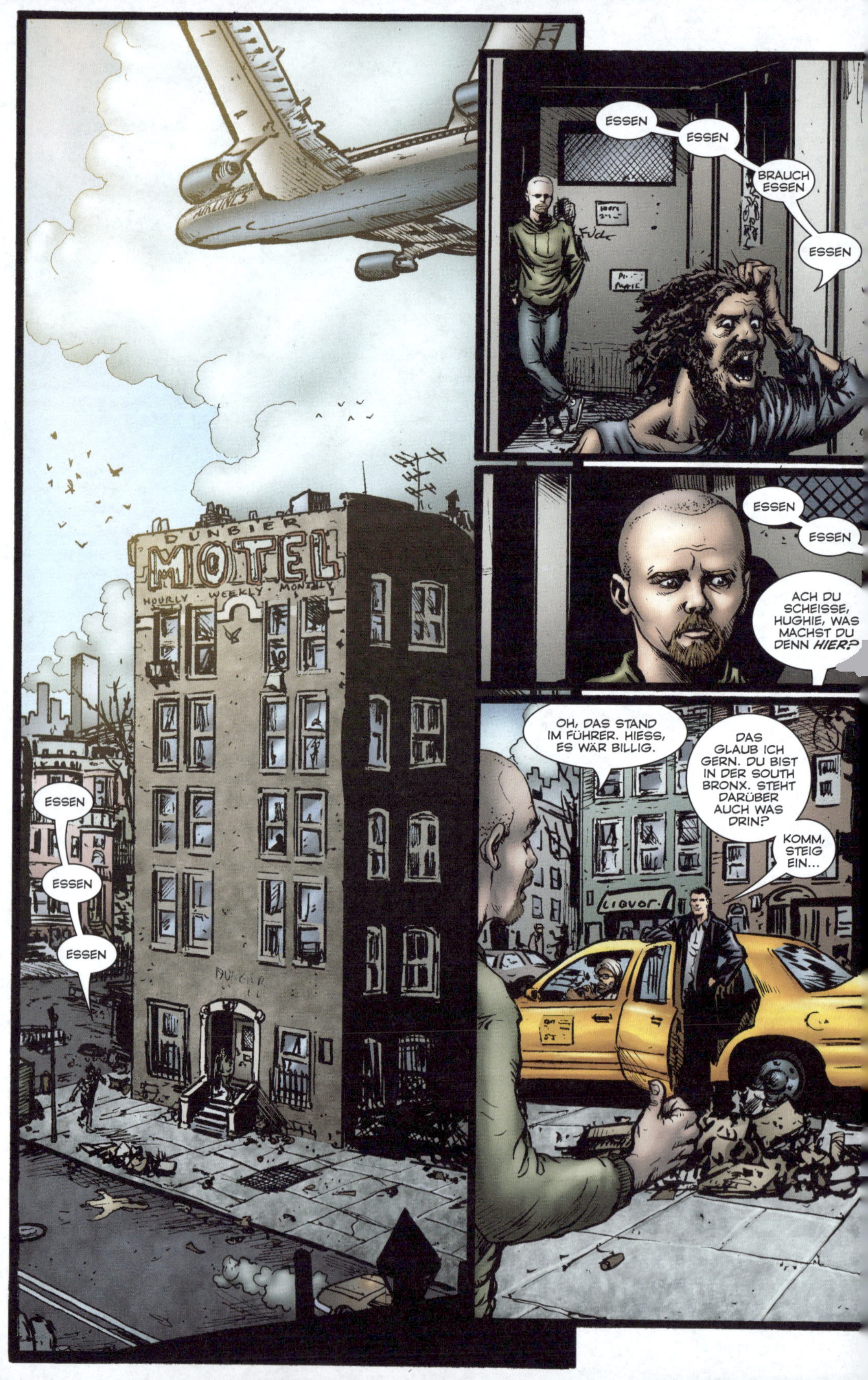
DUNBIER
MOTEL
HOURLY · WEEKLY · MONTHLY
ESSEN
ESSEN
ESSEN
ESSEN
ESSEN
BRAUCH ESSEN
ESSEN
ESSEN
ESSEN
ACH DU SCHEISSE, HUGHIE, WAS MACHST DU DENN *HIER?*
OH, DAS STAND IM FÜHRER. HIESS, ES WÄR BILLIG.
DAS GLAUB ICH GERN. DU BIST IN DER SOUTH BRONX. STEHT DARÜBER AUCH WAS DRIN?
KOMM, STEIG EIN...
LIQUOR

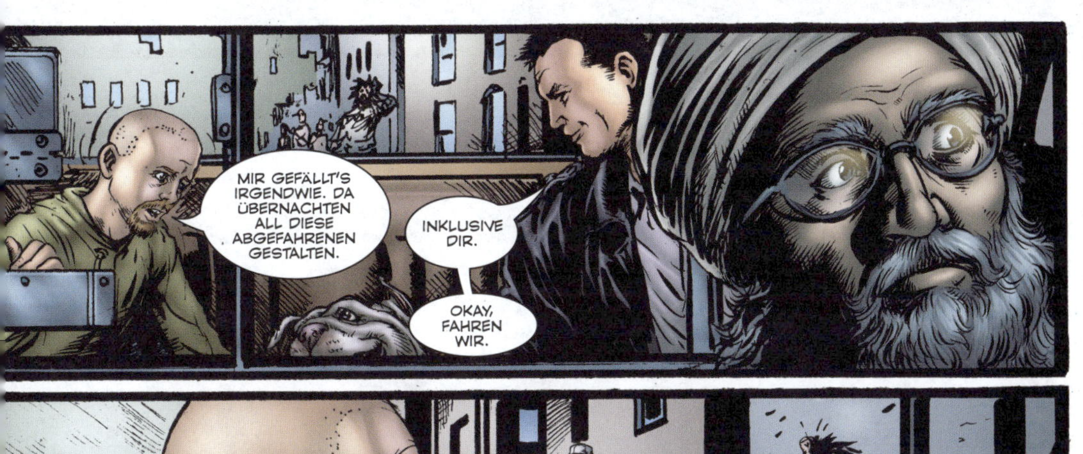
MIR GEFÄLLT'S IRGENDWIE. DA ÜBERNACHTEN ALL DIESE ABGEFAHRENEN GESTALTEN.
INKLUSIVE DIR.
OKAY, FAHREN WIR.

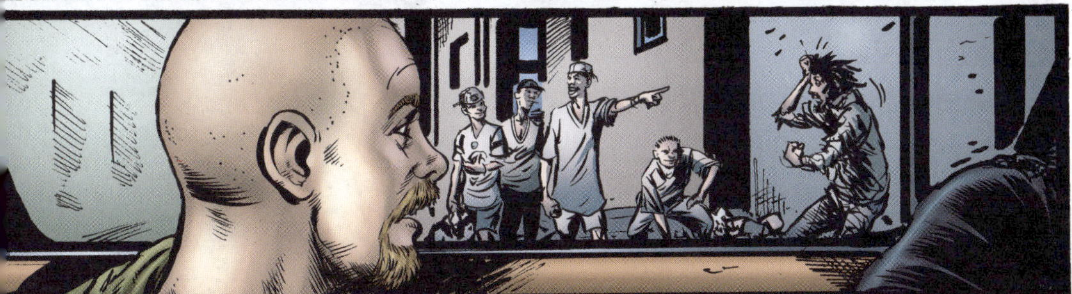

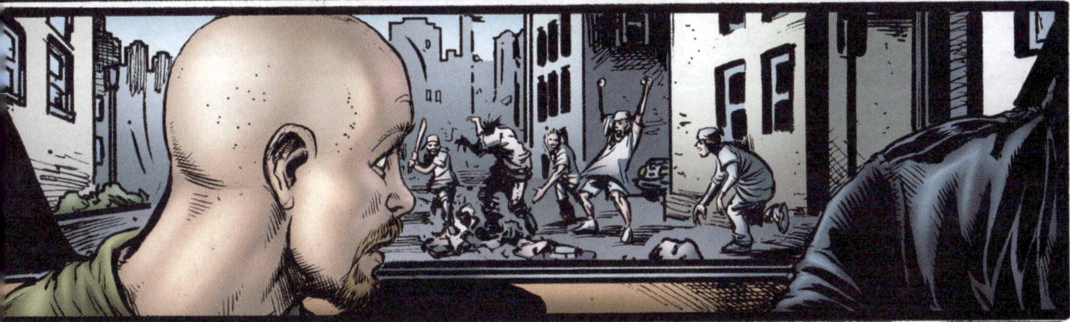

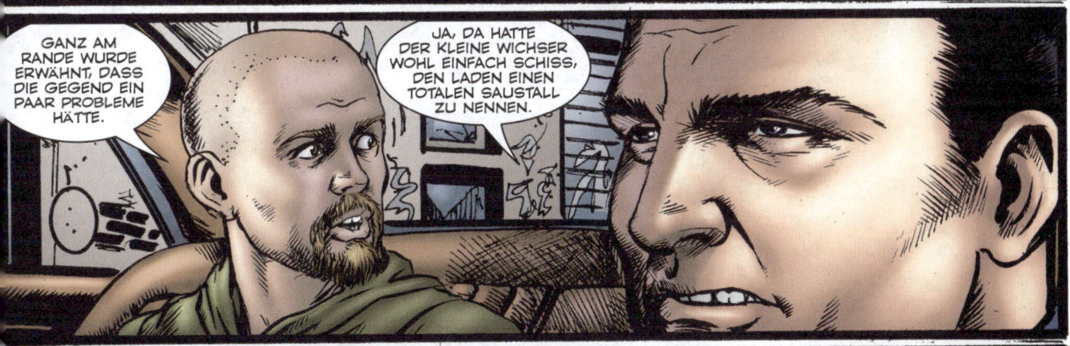
GANZ AM RANDE WURDE ERWÄHNT, DASS DIE GEGEND EIN PAAR PROBLEME HÄTTE.
JA, DA HATTE DER KLEINE WICHSER WOHL EINFACH SCHISS, DEN LADEN EINEN TOTALEN SAUSTALL ZU NENNEN.

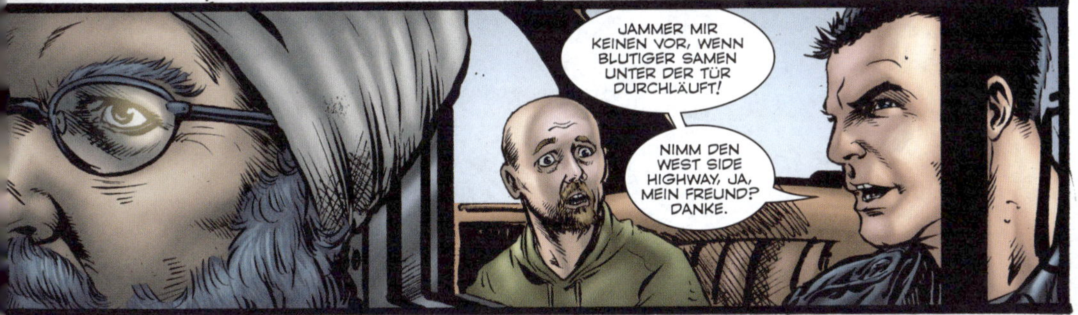
JAMMER MIR KEINEN VOR, WENN BLUTIGER SAMEN UNTER DER TÜR DURCHLÄUFT!
NIMM DEN WEST SIDE HIGHWAY, JA, MEIN FREUND? DANKE.

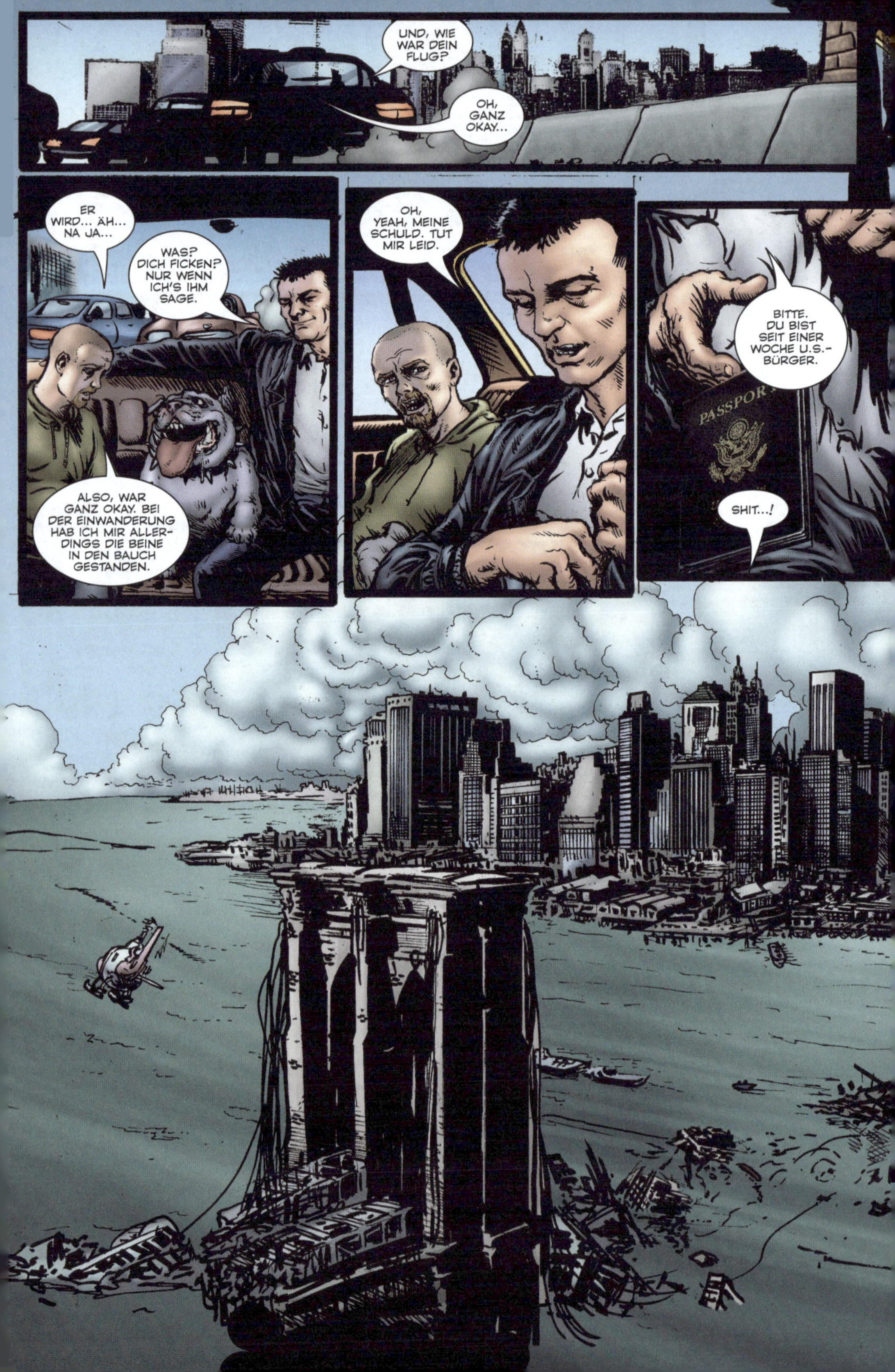
UND, WIE WAR DEIN FLUG?
OH, GANZ OKAY...
ER WIRD... ÄH... NA JA...
WAS? DICH FICKEN? NUR WENN ICH'S IHM SAGE.
ALSO, WAR GANZ OKAY. BEI DER EINWANDERUNG HAB ICH MIR ALLERDINGS DIE BEINE IN DEN BAUCH GESTANDEN.
OH, YEAH, MEINE SCHULD. TUT MIR LEID.
BITTE. DU BIST SEIT EINER WOCHE U.S.-BÜRGER.
PASSPORT
SHIT...!

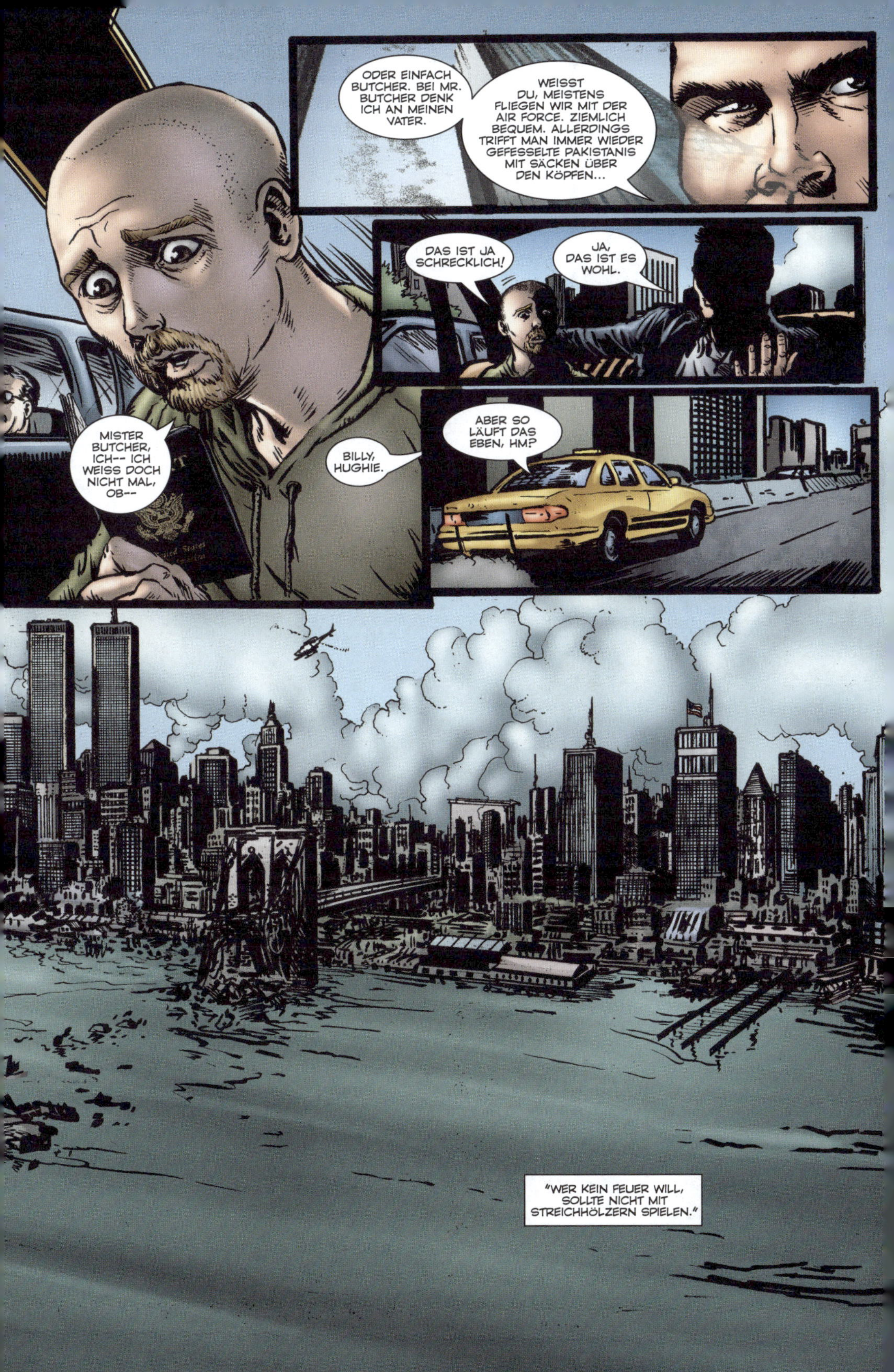
ODER EINFACH BUTCHER. BEI MR. BUTCHER DENK ICH AN MEINEN VATER.
WEISST DU, MEISTENS FLIEGEN WIR MIT DER AIR FORCE. ZIEMLICH BEQUEM. ALLERDINGS TRIFFT MAN IMMER WIEDER GEFESSELTE PAKISTANIS MIT SÄCKEN ÜBER DEN KÖPFEN...
DAS IST JA SCHRECKLICH!
JA, DAS IST ES WOHL.
MISTER BUTCHER, ICH-- ICH WEISS DOCH NICHT MAL, OB--
BILLY, HUGHIE.
ABER SO LÄUFT DAS EBEN, HM?
"WER KEIN FEUER WILL, SOLLTE NICHT MIT STREICHHÖLZERN SPIELEN."

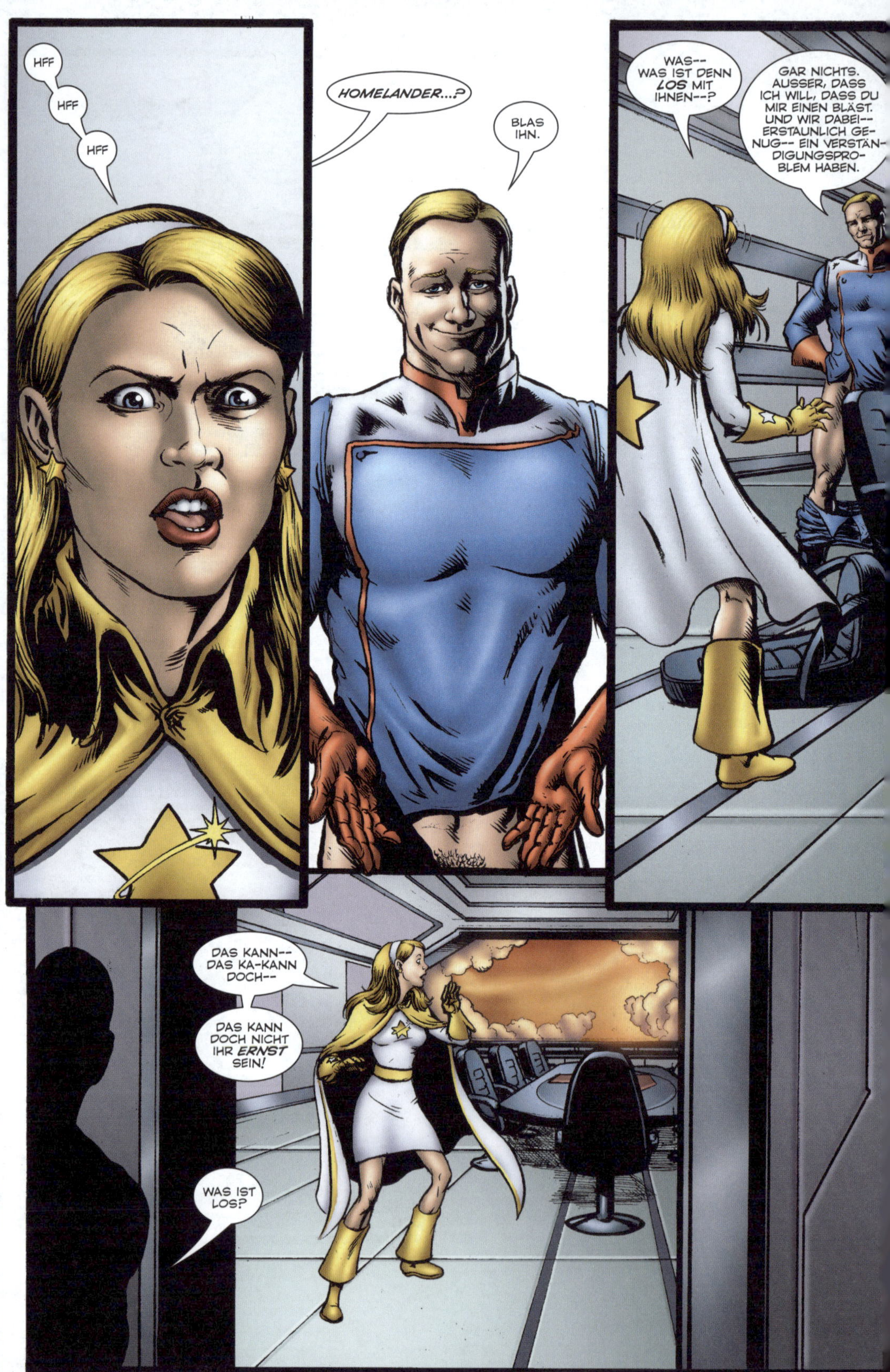
HFF
HFF
HFF
HOMELANDER...?
BLAS IHN.
WAS-- WAS IST DENN LOS MIT IHNEN--?
GAR NICHTS. AUSSER, DASS ICH WILL, DASS DU MIR EINEN BLÄST. UND WIR DABEI-- ERSTAUNLICH GENUG-- EIN VERSTÄNDIGUNGSPROBLEM HABEN.
DAS KANN-- DAS KA-KANN DOCH--
DAS KANN DOCH NICHT IHR ERNST SEIN!
WAS IST LOS?

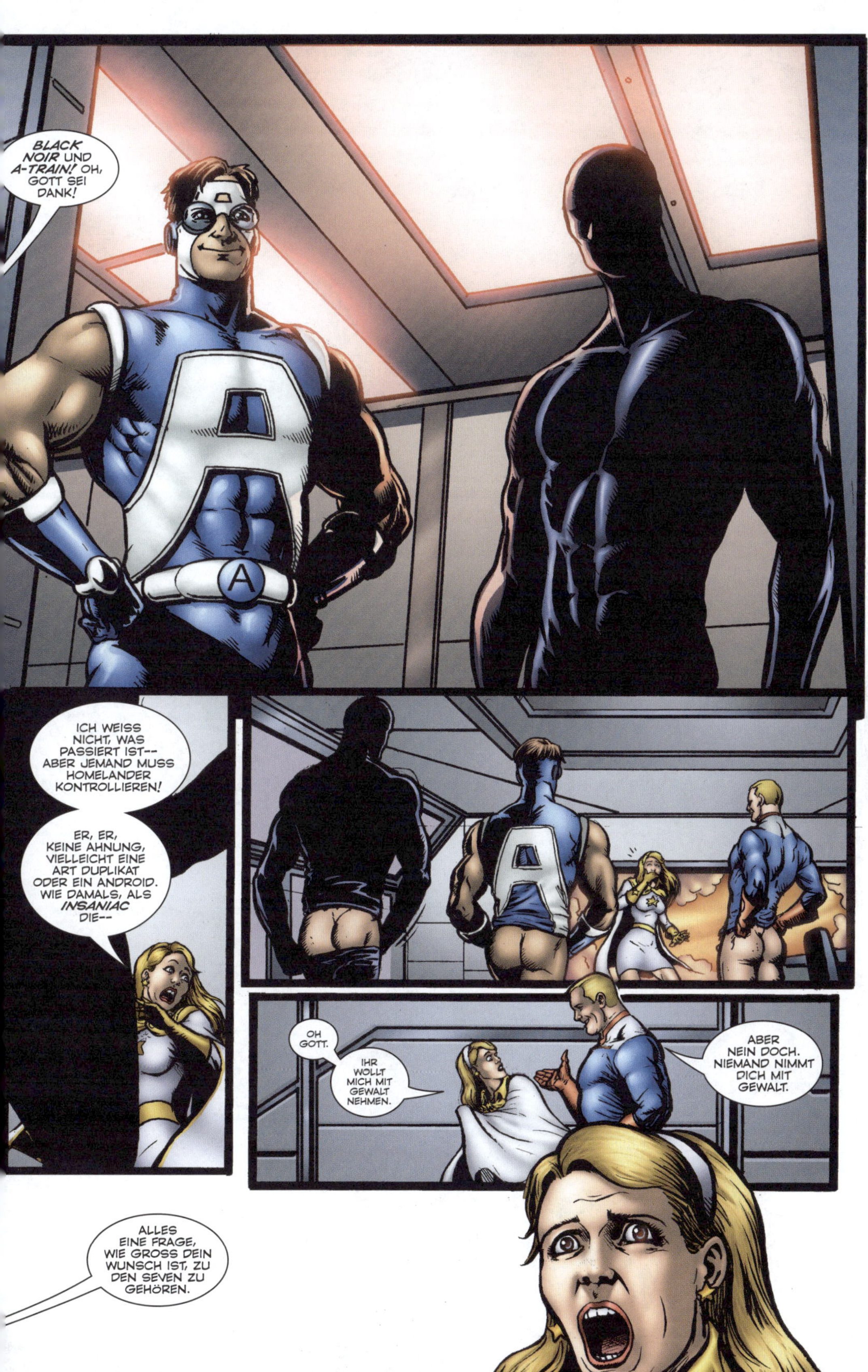
BLACK NOIR UND A-TRAIN! OH, GOTT SEI DANK!
ICH WEISS NICHT, WAS PASSIERT IST-- ABER JEMAND MUSS HOMELANDER KONTROLLIEREN!
ER, ER, KEINE AHNUNG, VIELLEICHT EINE ART DUPLIKAT ODER EIN ANDROID. WIE DAMALS, ALS INSANIAC DIE--
OH GOTT.
IHR WOLLT MICH MIT GEWALT NEHMEN.
ABER NEIN DOCH. NIEMAND NIMMT DICH MIT GEWALT.
ALLES EINE FRAGE, WIE GROSS DEIN WUNSCH IST, ZU DEN SEVEN ZU GEHÖREN.

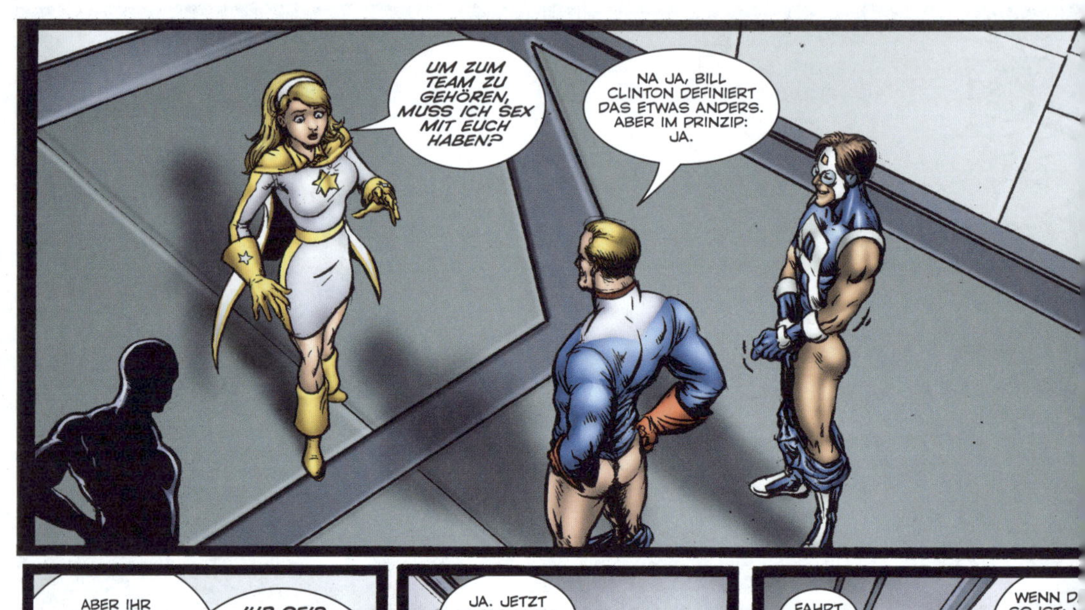
UM ZUM TEAM ZU GEHÖREN, MUSS ICH SEX MIT EUCH HABEN?
NA JA, BILL CLINTON DEFINIERT DAS ETWAS ANDERS. ABER IM PRINZIP: JA.

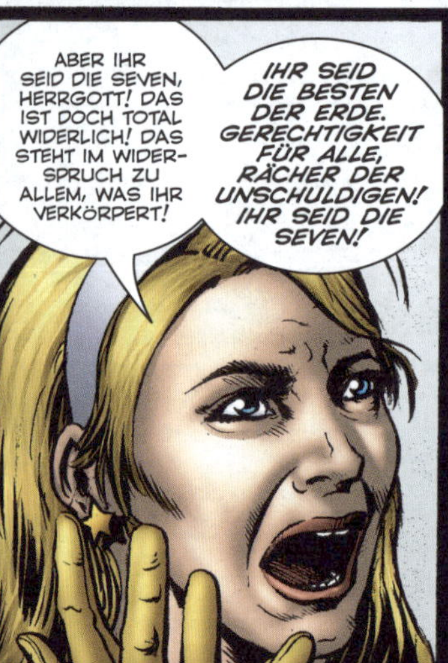
ABER IHR SEID DIE SEVEN, HERRGOTT! DAS IST DOCH TOTAL WIDERLICH! DAS STEHT IM WIDERSPRUCH ZU ALLEM, WAS IHR VERKÖRPERT!
IHR SEID DIE BESTEN DER ERDE. GERECHTIGKEIT FÜR ALLE, RÄCHER DER UNSCHULDIGEN! IHR SEID DIE SEVEN!

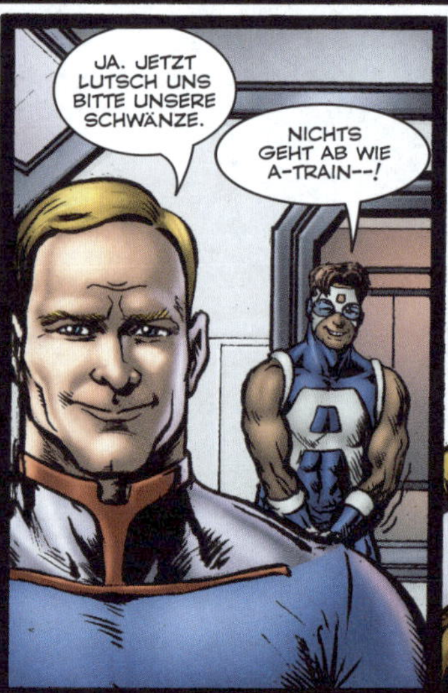
JA. JETZT LUTSCH UNS BITTE UNSERE SCHWÄNZE.
NICHTS GEHT AB WIE A-TRAIN--!

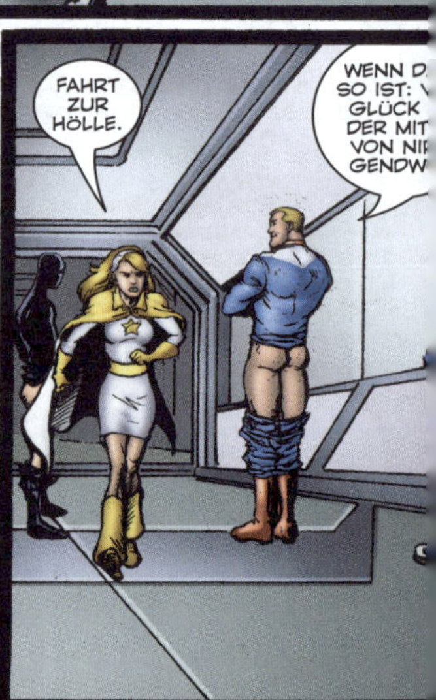
FAHRT ZUR HÖLLE.
WENN D
SO IST:
GLÜCK
DER MIT
VON NI
GENDW

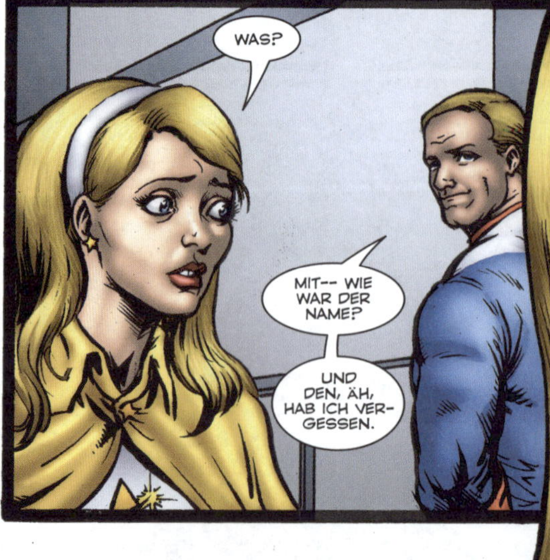
WAS?
MIT-- WIE WAR DER NAME?
UND DEN, ÄH, HAB ICH VERGESSEN.

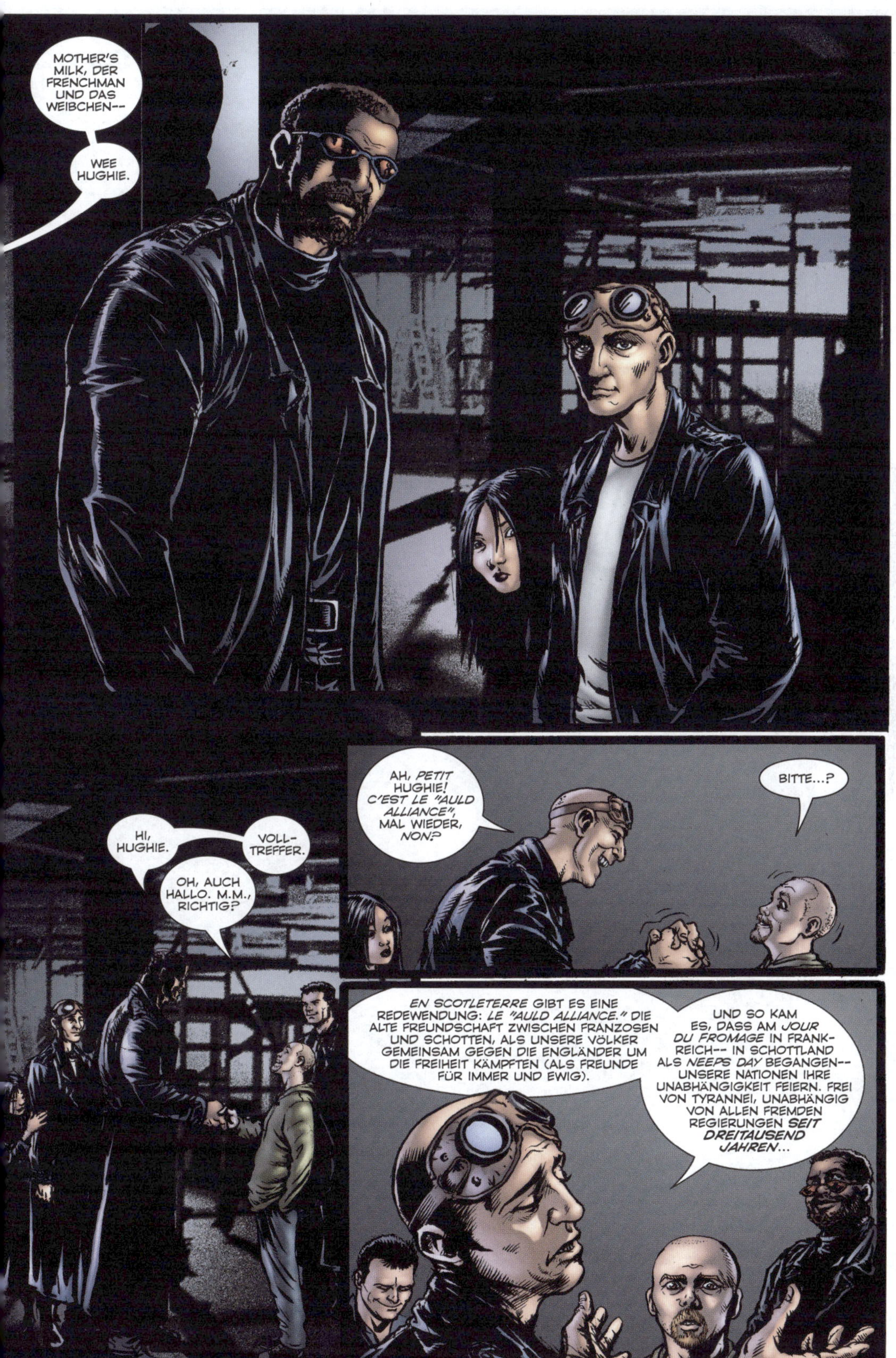
MOTHER'S MILK, DER FRENCHMAN UND DAS WEIBCHEN--
WEE HUGHIE.
HI, HUGHIE.
VOLL-TREFFER.
OH, AUCH HALLO. M.M., RICHTIG?
AH, *PETIT HUGHIE! C'EST LE "AULD ALLIANCE"*, MAL WIEDER, *NON?*
BITTE...?
EN SCOTLETERRE GIBT ES EINE REDEWENDUNG: *LE "AULD ALLIANCE."* DIE ALTE FREUNDSCHAFT ZWISCHEN FRANZOSEN UND SCHOTTEN, ALS UNSERE VÖLKER GEMEINSAM GEGEN DIE ENGLÄNDER UM DIE FREIHEIT KÄMPFTEN (ALS FREUNDE FÜR IMMER UND EWIG).
UND SO KAM ES, DASS AM *JOUR DU FROMAGE* IN FRANK-REICH-- IN SCHOTTLAND ALS *NEEPS DAY* BEGANGEN-- UNSERE NATIONEN IHRE UNABHÄNGIGKEIT FEIERN. FREI VON TYRANNEI, UNABHÄNGIG VON ALLEN FREMDEN REGIERUNGEN ***SEIT DREITAUSEND JAHREN***...

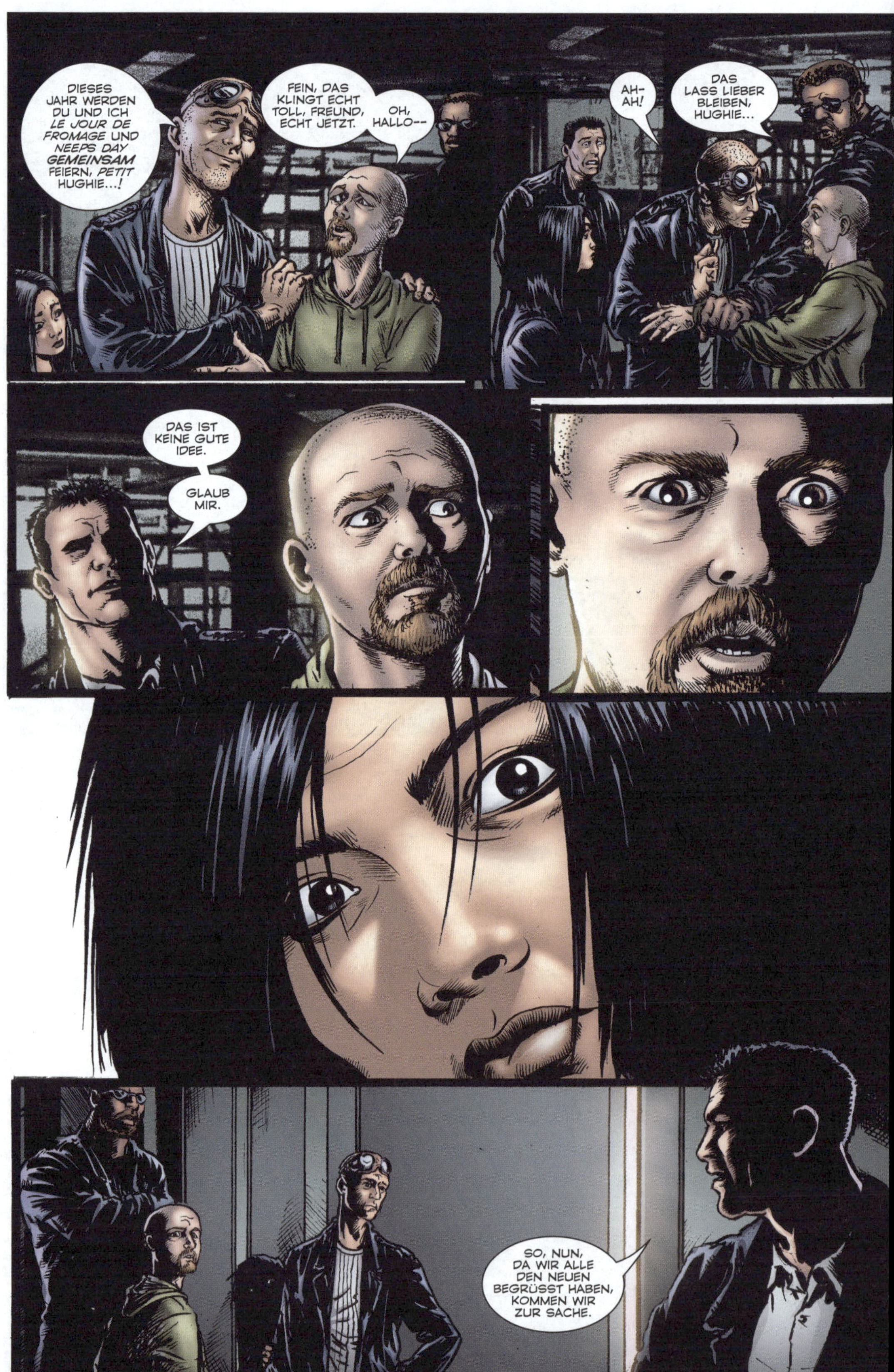
DIESES JAHR WERDEN DU UND ICH *LE JOUR DE FROMAGE* UND *NEEPS DAY* **GEMEINSAM** FEIERN, *PETIT* HUGHIE...!
FEIN, DAS KLINGT ECHT TOLL, FREUND, ECHT JETZT.
OH, HALLO--
AH-AH!
DAS LASS LIEBER BLEIBEN, HUGHIE...
DAS IST KEINE GUTE IDEE.
GLAUB MIR.
SO, NUN, DA WIR ALLE DEN NEUEN BEGRÜSST HABEN, KOMMEN WIR ZUR SACHE.

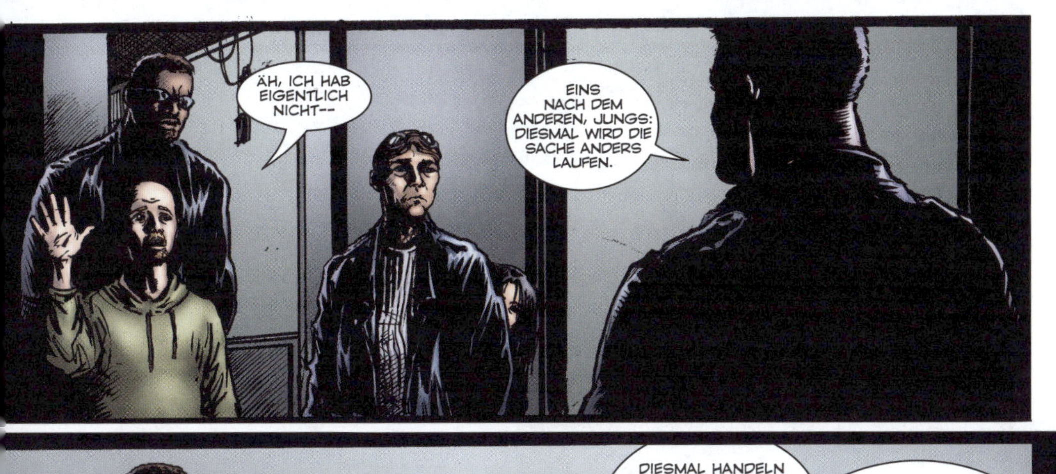
ÄH, ICH HAB EIGENTLICH NICHT--
EINS NACH DEM ANDEREN, JUNGS: DIESMAL WIRD DIE SACHE ANDERS LAUFEN.

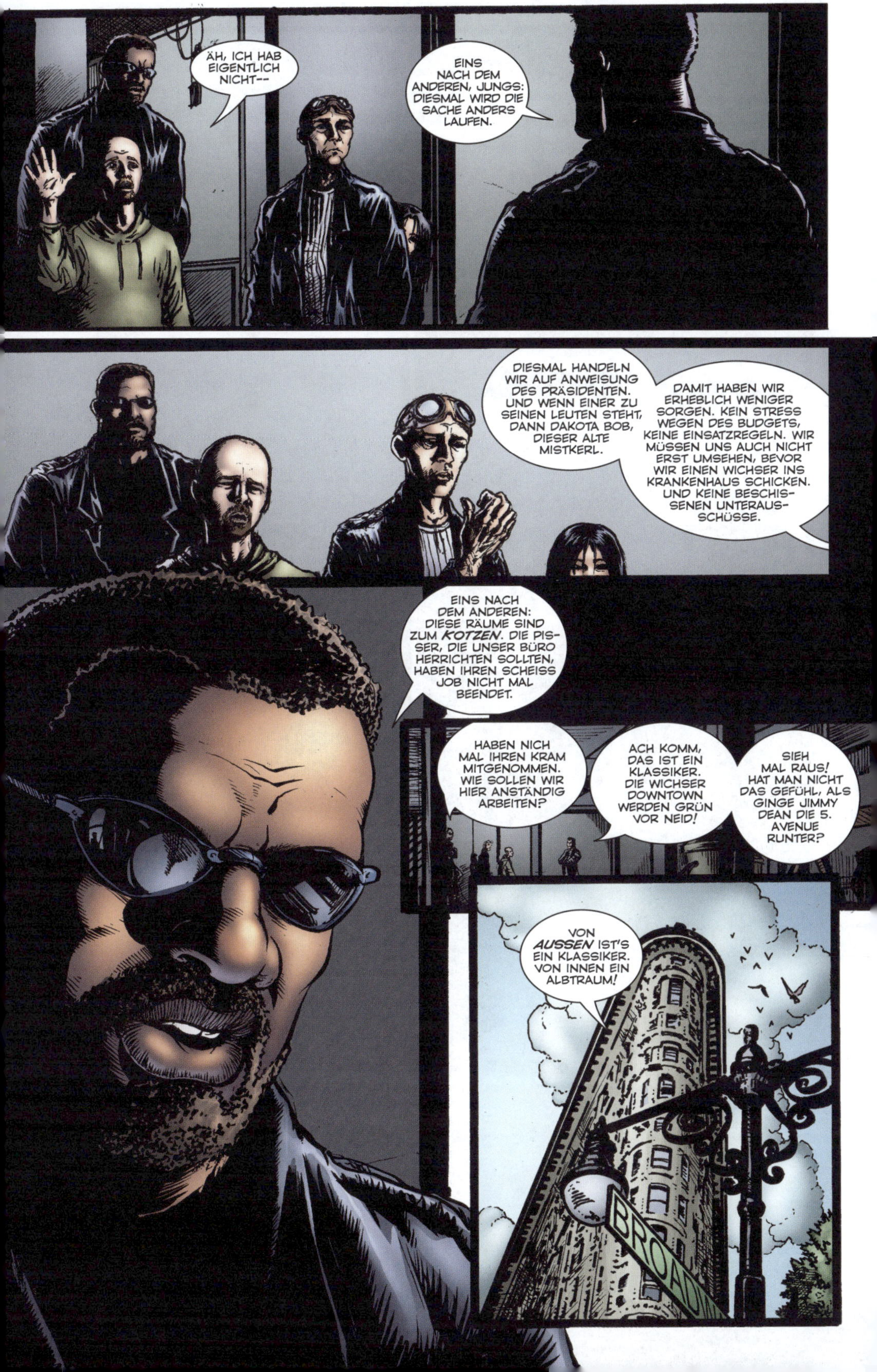

DIESMAL HANDELN WIR AUF ANWEISUNG DES PRÄSIDENTEN. UND WENN EINER ZU SEINEN LEUTEN STEHT, DANN DAKOTA BOB, DIESER ALTE MISTKERL.
DAMIT HABEN WIR ERHEBLICH WENIGER SORGEN. KEIN STRESS WEGEN DES BUDGETS, KEINE EINSATZREGELN. WIR MÜSSEN UNS AUCH NICHT ERST UMSEHEN, BEVOR WIR EINEN WICHSER INS KRANKENHAUS SCHICKEN. UND KEINE BESCHISSENEN UNTERAUSSCHÜSSE.
EINS NACH DEM ANDEREN: DIESE RÄUME SIND ZUM *KOTZEN*. DIE PISSER, DIE UNSER BÜRO HERRICHTEN SOLLTEN, HABEN IHREN SCHEISS JOB NICHT MAL BEENDET.
HABEN NICH MAL IHREN KRAM MITGENOMMEN. WIE SOLLEN WIR HIER ANSTÄNDIG ARBEITEN?
ACH KOMM, DAS IST EIN KLASSIKER. DIE WICHSER DOWNTOWN WERDEN GRÜN VOR NEID!
SIEH MAL RAUS! HAT MAN NICHT DAS GEFÜHL, ALS GINGE JIMMY DEAN DIE 5. AVENUE RUNTER?
VON *AUSSEN* IST'S EIN KLASSIKER. VON INNEN EIN ALBTRAUM!
BROADWAY

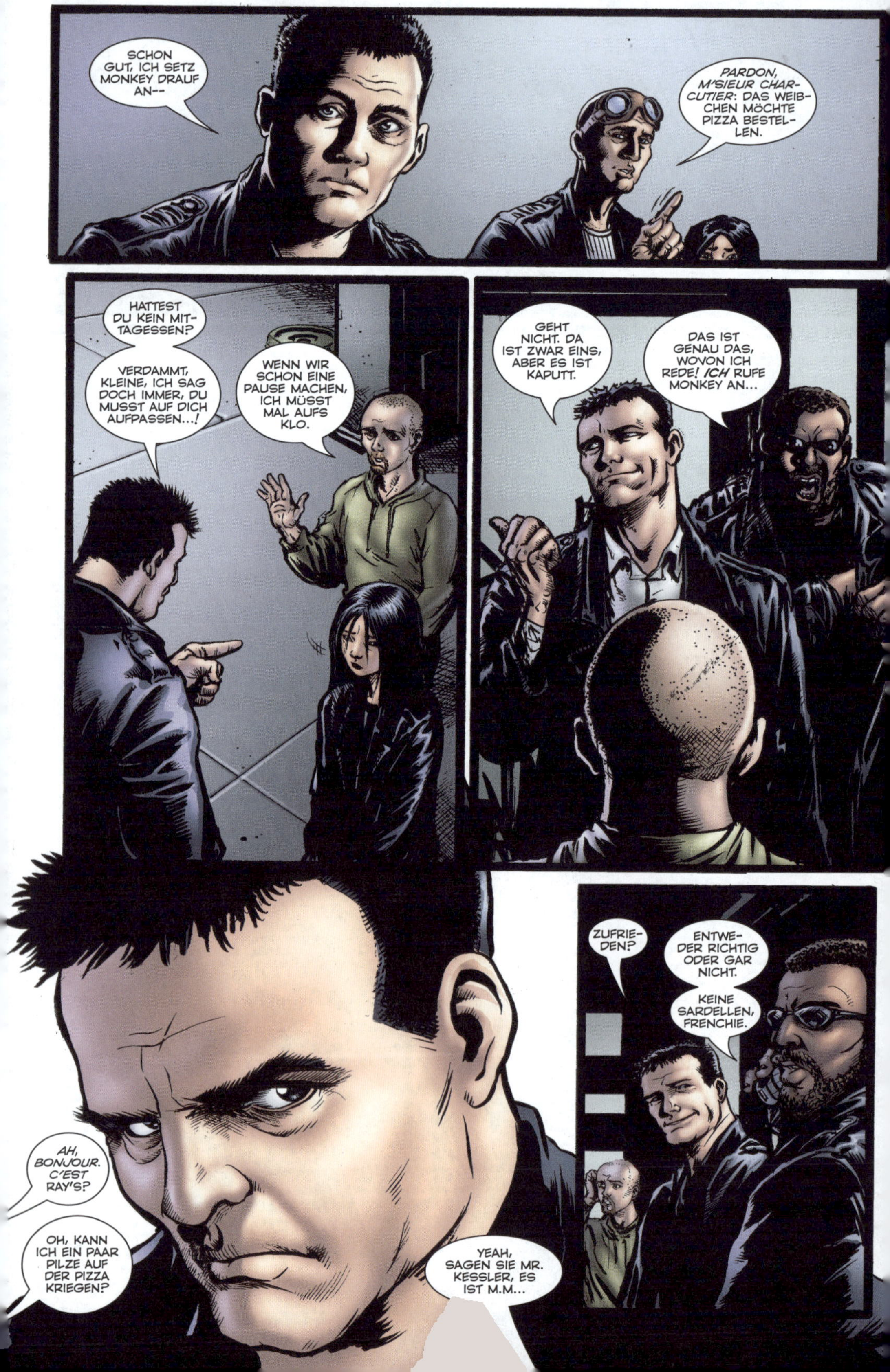

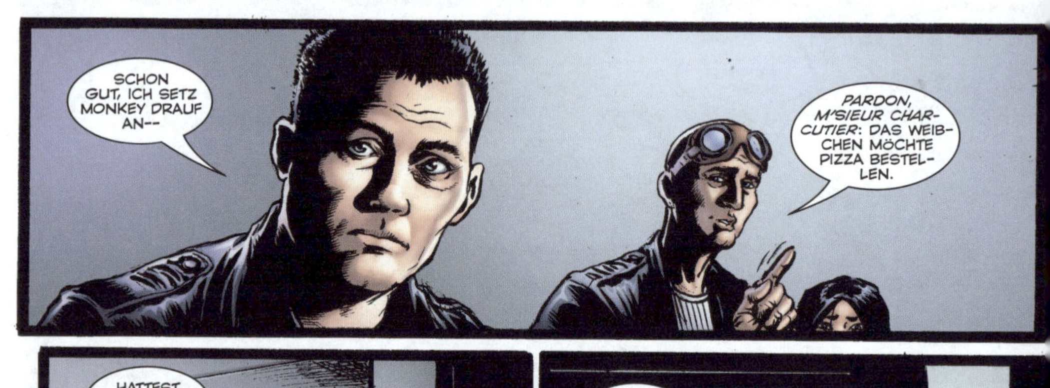
SCHON GUT, ICH SETZ MONKEY DRAUF AN--
PARDON, M'SIEUR CHARCUTIER: DAS WEIBCHEN MÖCHTE PIZZA BESTELLEN.
HATTEST DU KEIN MITTAGESSEN?
VERDAMMT, KLEINE, ICH SAG DOCH IMMER, DU MUSST AUF DICH AUFPASSEN...!
WENN WIR SCHON EINE PAUSE MACHEN, ICH MÜSST MAL AUFS KLO.
GEHT NICHT. DA IST ZWAR EINS, ABER ES IST KAPUTT.
DAS IST GENAU DAS, WOVON ICH REDE! ICH RUFE MONKEY AN...
ZUFRIEDEN?
ENTWEDER RICHTIG ODER GAR NICHT.
KEINE SARDELLEN, FRENCHIE.
AH, BONJOUR. C'EST RAY'S?
OH, KANN ICH EIN PAAR PILZE AUF DER PIZZA KRIEGEN?
YEAH, SAGEN SIE MR. KESSLER, ES IST M.M...

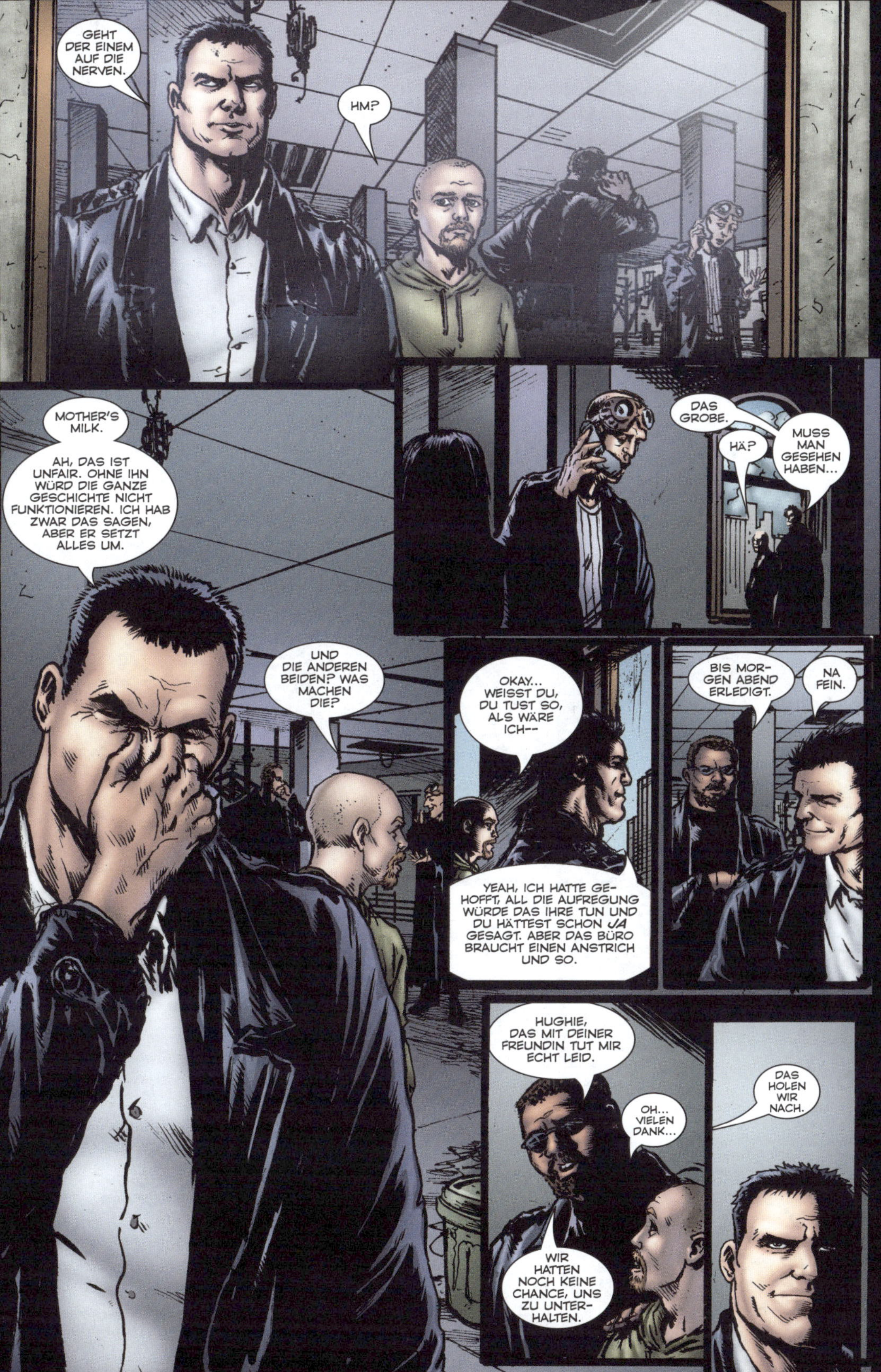
GEHT DER EINEM AUF DIE NERVEN.
HM?
MOTHER'S MILK.
AH, DAS IST UNFAIR. OHNE IHN WÜRD DIE GANZE GESCHICHTE NICHT FUNKTIONIEREN. ICH HAB ZWAR DAS SAGEN, ABER ER SETZT ALLES UM.
DAS GROBE.
HÄ?
MUSS MAN GESEHEN HABEN...
UND DIE ANDEREN BEIDEN? WAS MACHEN DIE?
OKAY... WEISST DU, DU TUST SO, ALS WÄRE ICH--
YEAH, ICH HATTE GEHOFFT, ALL DIE AUFREGUNG WÜRDE DAS IHRE TUN UND DU HÄTTEST SCHON JA GESAGT. ABER DAS BÜRO BRAUCHT EINEN ANSTRICH UND SO.
BIS MORGEN ABEND ERLEDIGT.
NA FEIN.
HUGHIE, DAS MIT DEINER FREUNDIN TUT MIR ECHT LEID.
OH... VIELEN DANK...
WIR HATTEN NOCH KEINE CHANCE, UNS ZU UNTERHALTEN.
DAS HOLEN WIR NACH.

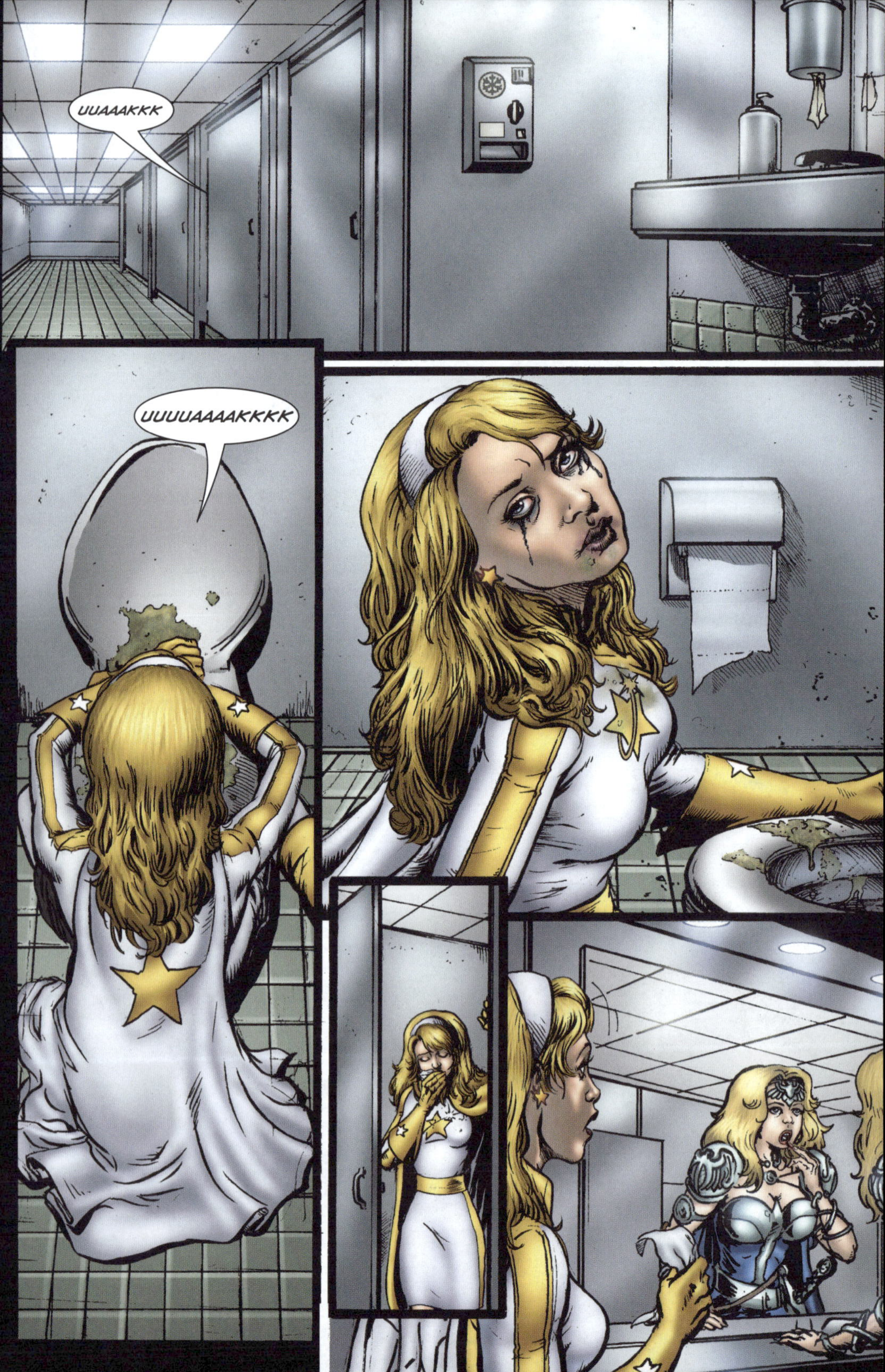
UUAAAKKK
UUUUAAAAKKKK

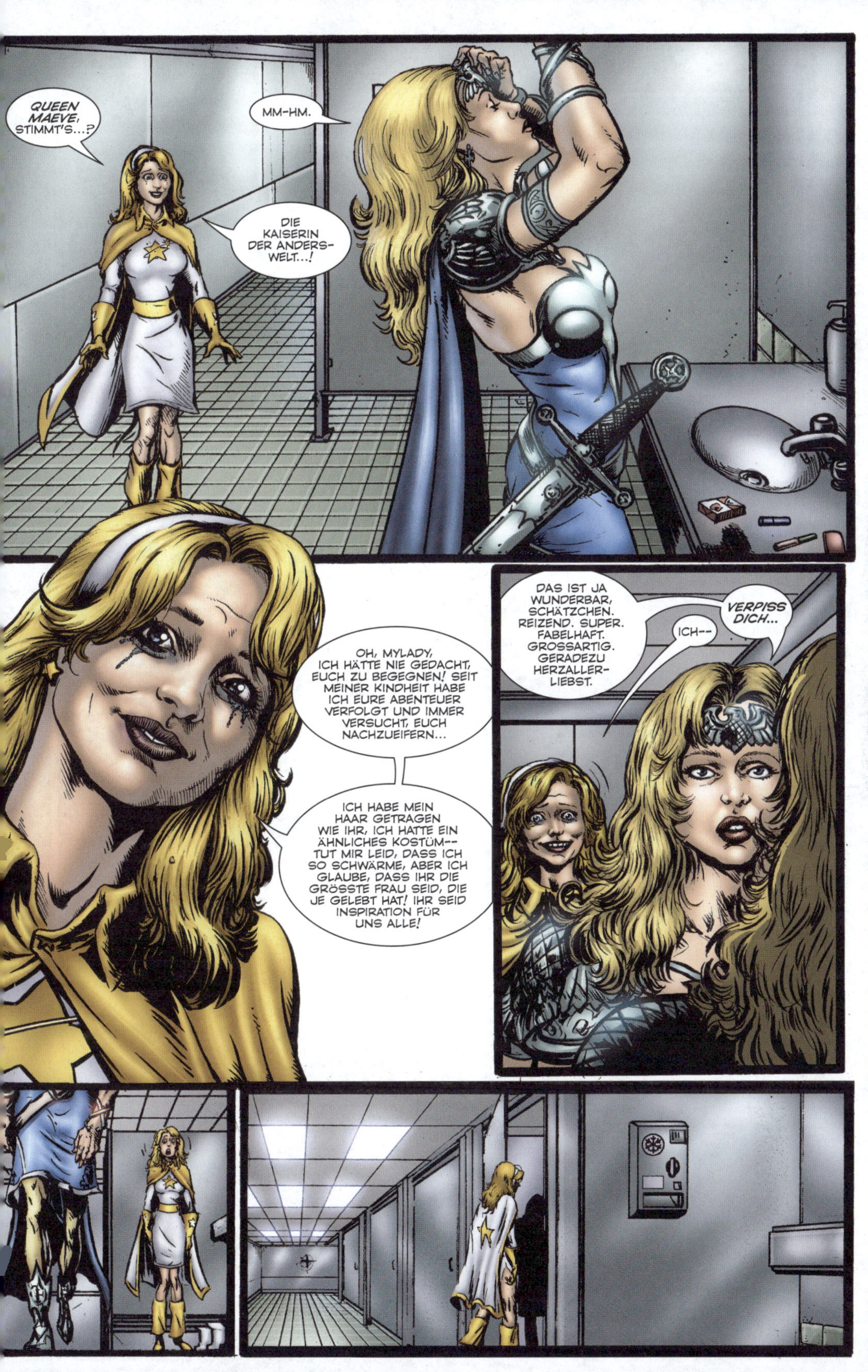
QUEEN MAEVE, STIMMT'S...?
MM-HM.
DIE KAISERIN DER ANDERS-WELT...!
OH, MYLADY, ICH HÄTTE NIE GEDACHT, EUCH ZU BEGEGNEN! SEIT MEINER KINDHEIT HABE ICH EURE ABENTEUER VERFOLGT UND IMMER VERSUCHT, EUCH NACHZUEIFERN...
ICH HABE MEIN HAAR GETRAGEN WIE IHR, ICH HATTE EIN ÄHNLICHES KOSTÜM-- TUT MIR LEID, DASS ICH SO SCHWÄRME, ABER ICH GLAUBE, DASS IHR DIE GRÖSSTE FRAU SEID, DIE JE GELEBT HAT! IHR SEID INSPIRATION FÜR UNS ALLE!
DAS IST JA WUNDERBAR, SCHÄTZCHEN. REIZEND. SUPER. FABELHAFT. GROSSARTIG. GERADEZU HERZALLER-LIEBST.
ICH--
VERPISS DICH...

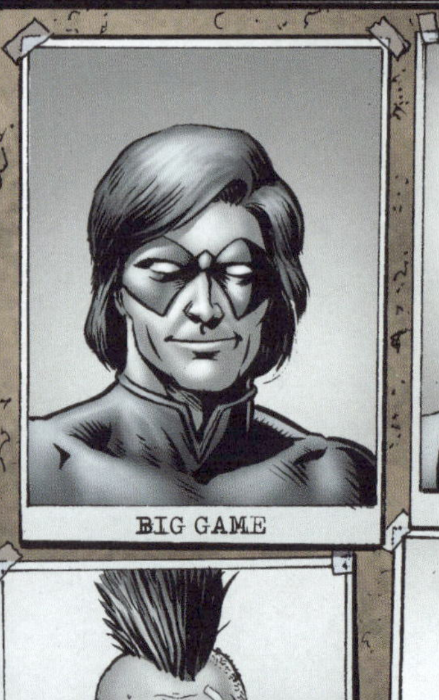
BIG GAME
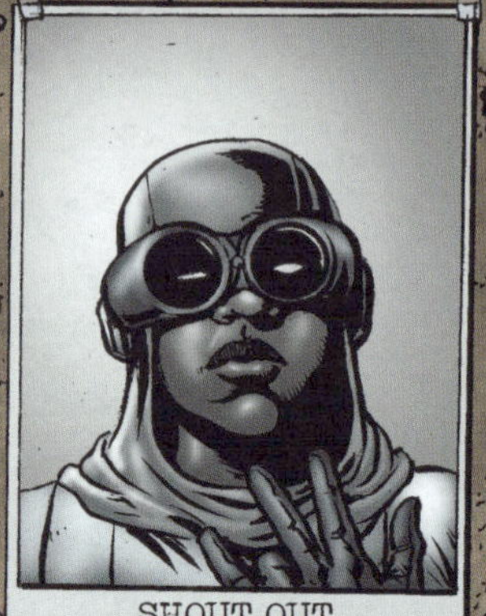
SHOUT OUT
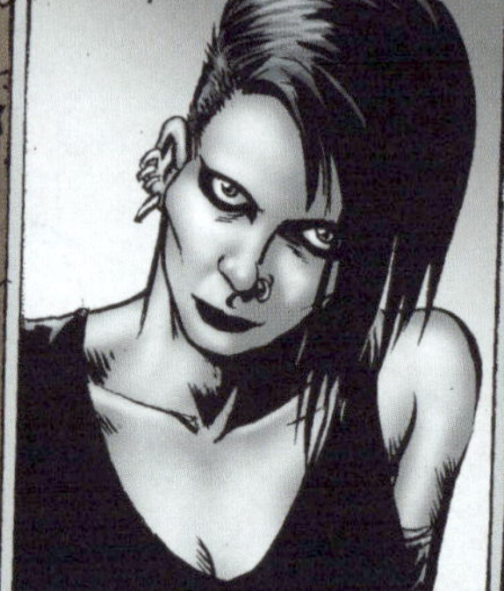
POPCLAW
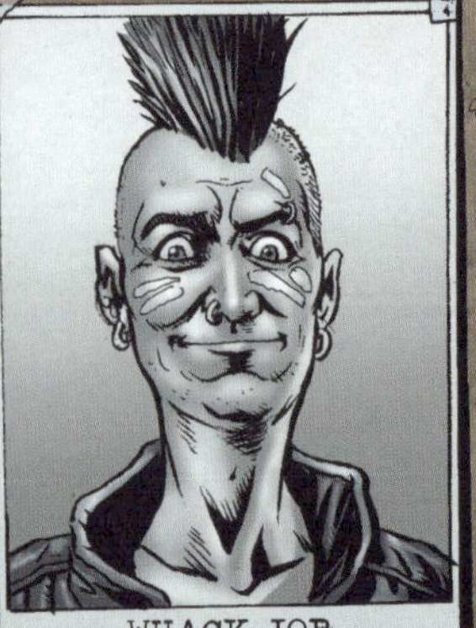
WHACK JOB
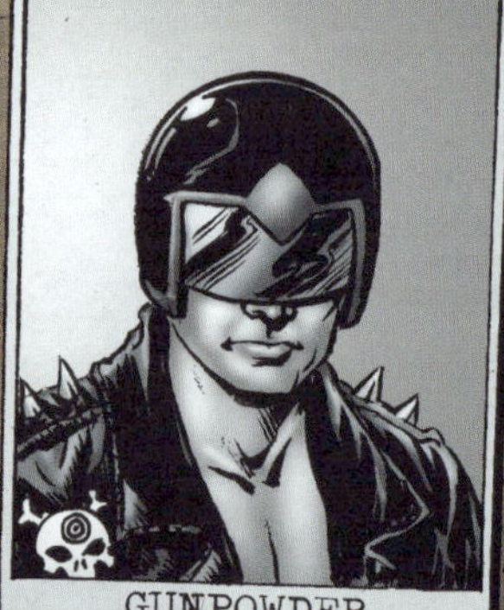
GUNPOWDER
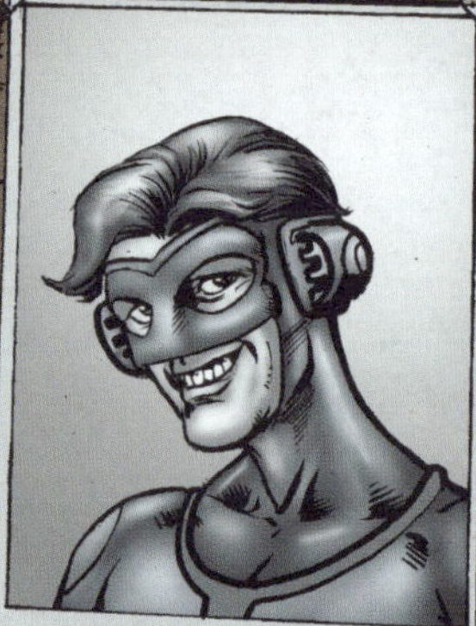
JETSTREAK
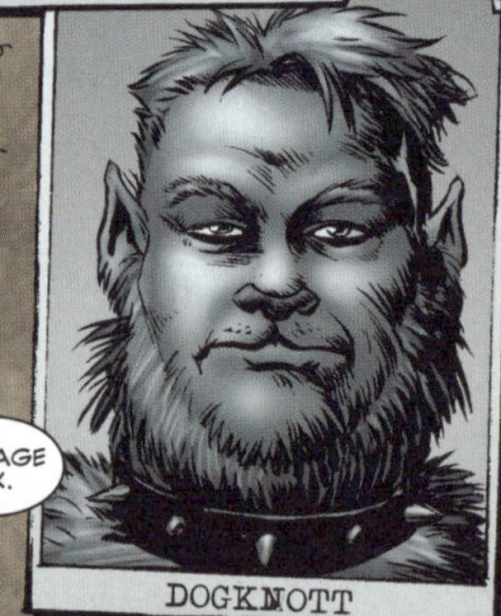
TEENAGE KIX.
DOGKNOTT
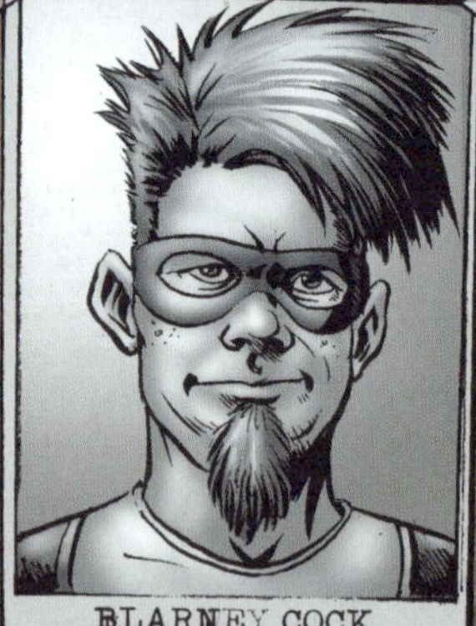
BLARNEY COCK
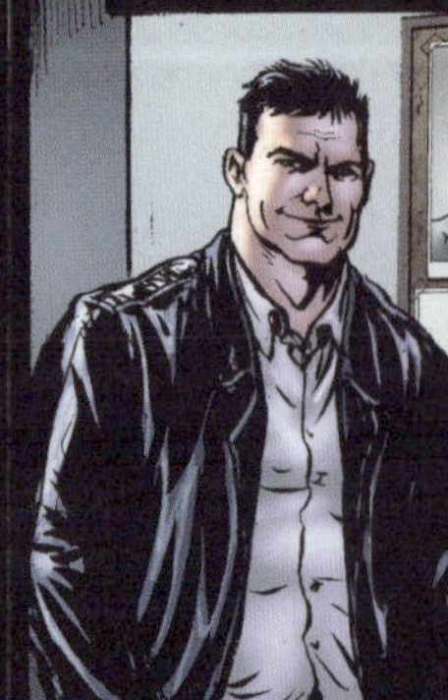
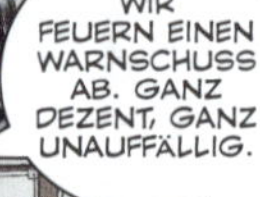
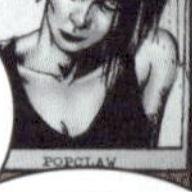
WIR FEUERN EINEN WARNSCHUSS AB. GANZ DEZENT, GANZ UNAUFFÄLLIG.
NUR DAMIT DIE SUPIES MERKEN, WIR SIND WIEDER DA.
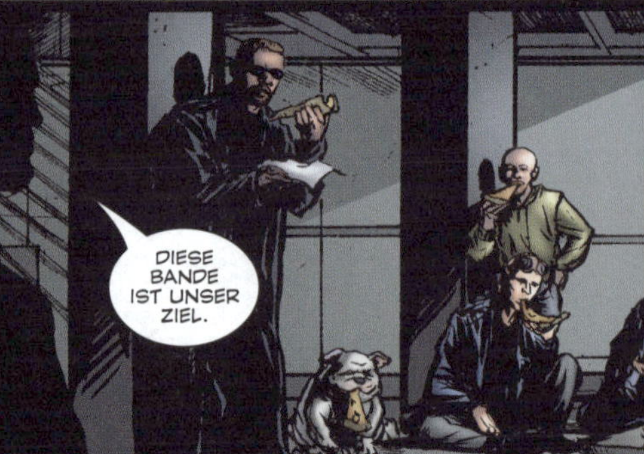
DIESE BANDE IST UNSER ZIEL.

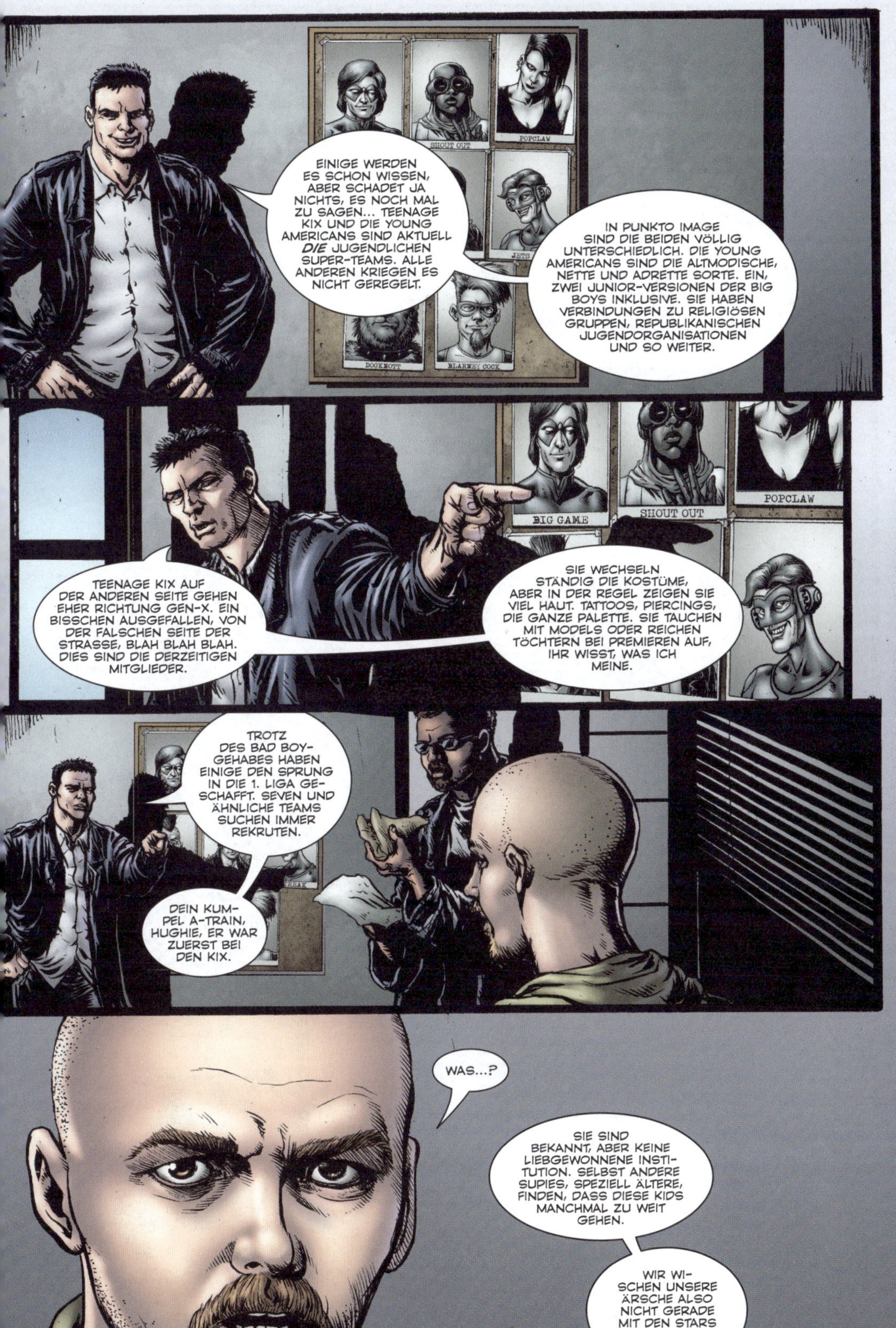
EINIGE WERDEN ES SCHON WISSEN, ABER SCHADET JA NICHTS, ES NOCH MAL ZU SAGEN... TEENAGE KIX UND DIE YOUNG AMERICANS SIND AKTUELL *DIE* JUGENDLICHEN SUPER-TEAMS. ALLE ANDEREN KRIEGEN ES NICHT GEREGELT.
IN PUNKTO IMAGE SIND DIE BEIDEN VÖLLIG UNTERSCHIEDLICH. DIE YOUNG AMERICANS SIND DIE ALTMODISCHE, NETTE UND ADRETTE SORTE. EIN, ZWEI JUNIOR-VERSIONEN DER BIG BOYS INKLUSIVE. SIE HABEN VERBINDUNGEN ZU RELIGIÖSEN GRUPPEN, REPUBLIKANISCHEN JUGENDORGANISATIONEN UND SO WEITER.
BIG GAME
SHOUT OUT
POPCLAW
TEENAGE KIX AUF DER ANDEREN SEITE GEHEN EHER RICHTUNG GEN-X. EIN BISSCHEN AUSGEFALLEN, VON DER FALSCHEN SEITE DER STRASSE, BLAH BLAH BLAH. DIES SIND DIE DERZEITIGEN MITGLIEDER.
SIE WECHSELN STÄNDIG DIE KOSTÜME, ABER IN DER REGEL ZEIGEN SIE VIEL HAUT. TATTOOS, PIERCINGS, DIE GANZE PALETTE. SIE TAUCHEN MIT MODELS ODER REICHEN TÖCHTERN BEI PREMIEREN AUF, IHR WISST, WAS ICH MEINE.
TROTZ DES BAD BOY-GEHABES HABEN EINIGE DEN SPRUNG IN DIE 1. LIGA GESCHAFFT. SEVEN UND ÄHNLICHE TEAMS SUCHEN IMMER REKRUTEN.
DEIN KUMPEL A-TRAIN, HUGHIE, ER WAR ZUERST BEI DEN KIX.
WAS...?
SIE SIND BEKANNT, ABER KEINE LIEBGEWONNENE INSTITUTION. SELBST ANDERE SUPIES, SPEZIELL ÄLTERE, FINDEN, DASS DIESE KIDS MANCHMAL ZU WEIT GEHEN.
WIR WISCHEN UNSERE ÄRSCHE ALSO NICHT GERADE MIT DEN STARS AN' STRIPES AB, KLAR?

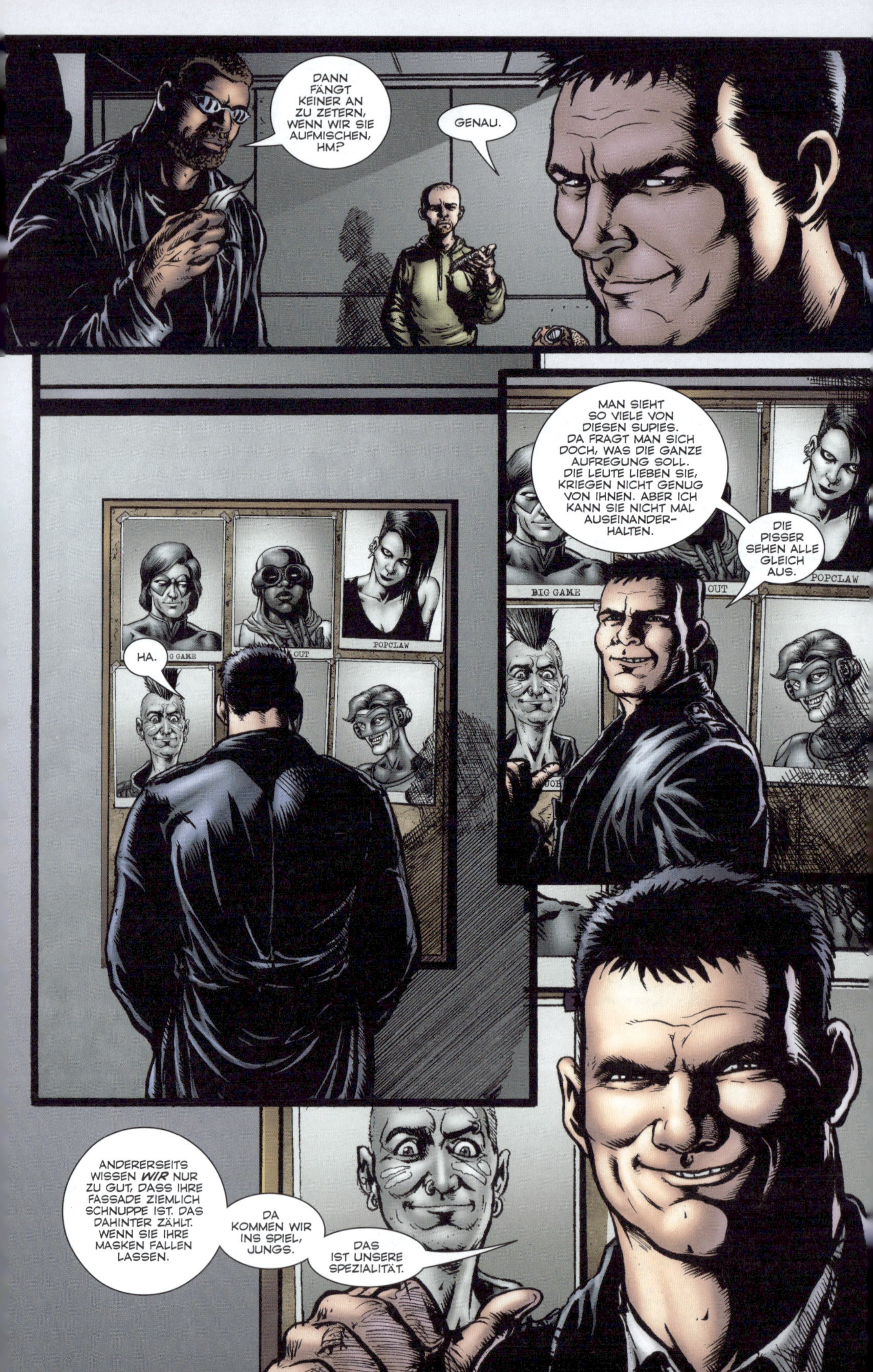
DANN FÄNGT KEINER AN ZU ZETERN, WENN WIR SIE AUFMISCHEN, HM?
GENAU.
HA.
MAN SIEHT SO VIELE VON DIESEN SUPIES. DA FRAGT MAN SICH DOCH, WAS DIE GANZE AUFREGUNG SOLL. DIE LEUTE LIEBEN SIE, KRIEGEN NICHT GENUG VON IHNEN. ABER ICH KANN SIE NICHT MAL AUSEINANDER-HALTEN.
DIE PISSER SEHEN ALLE GLEICH AUS.
BIG GAME
OUT
POPCLAW
ANDERERSEITS WISSEN *WIR* NUR ZU GUT, DASS IHRE FASSADE ZIEMLICH SCHNUPPE IST. DAS DAHINTER ZÄHLT. WENN SIE IHRE MASKEN FALLEN LASSEN.
DA KOMMEN WIR INS SPIEL, JUNGS.
DAS IST UNSERE SPEZIALITÄT.

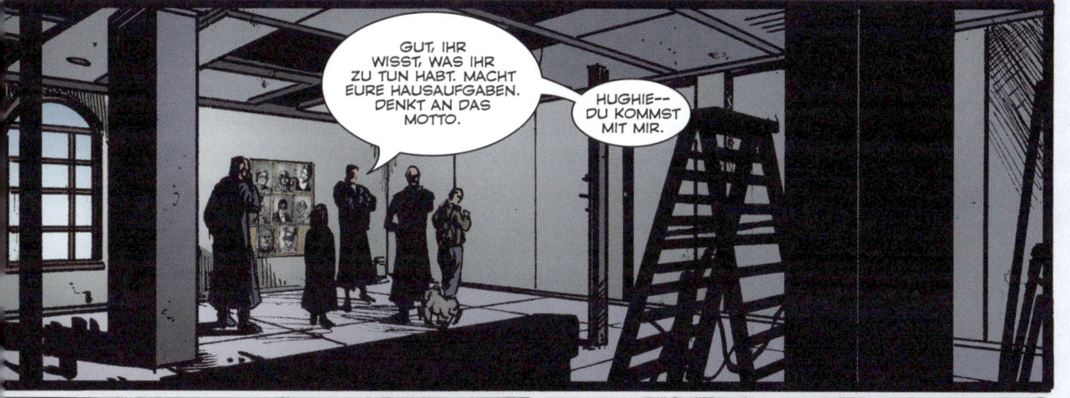

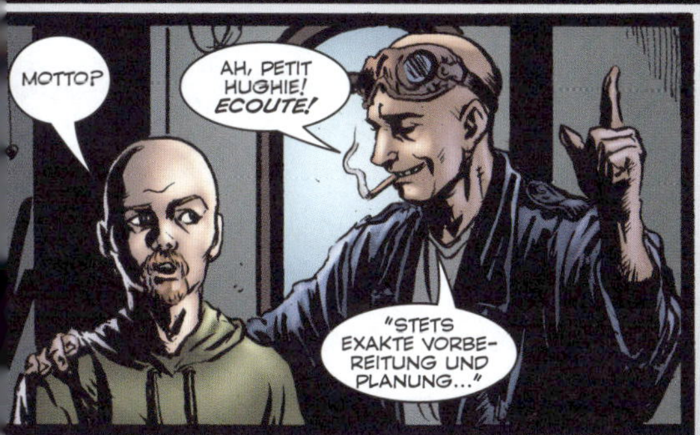

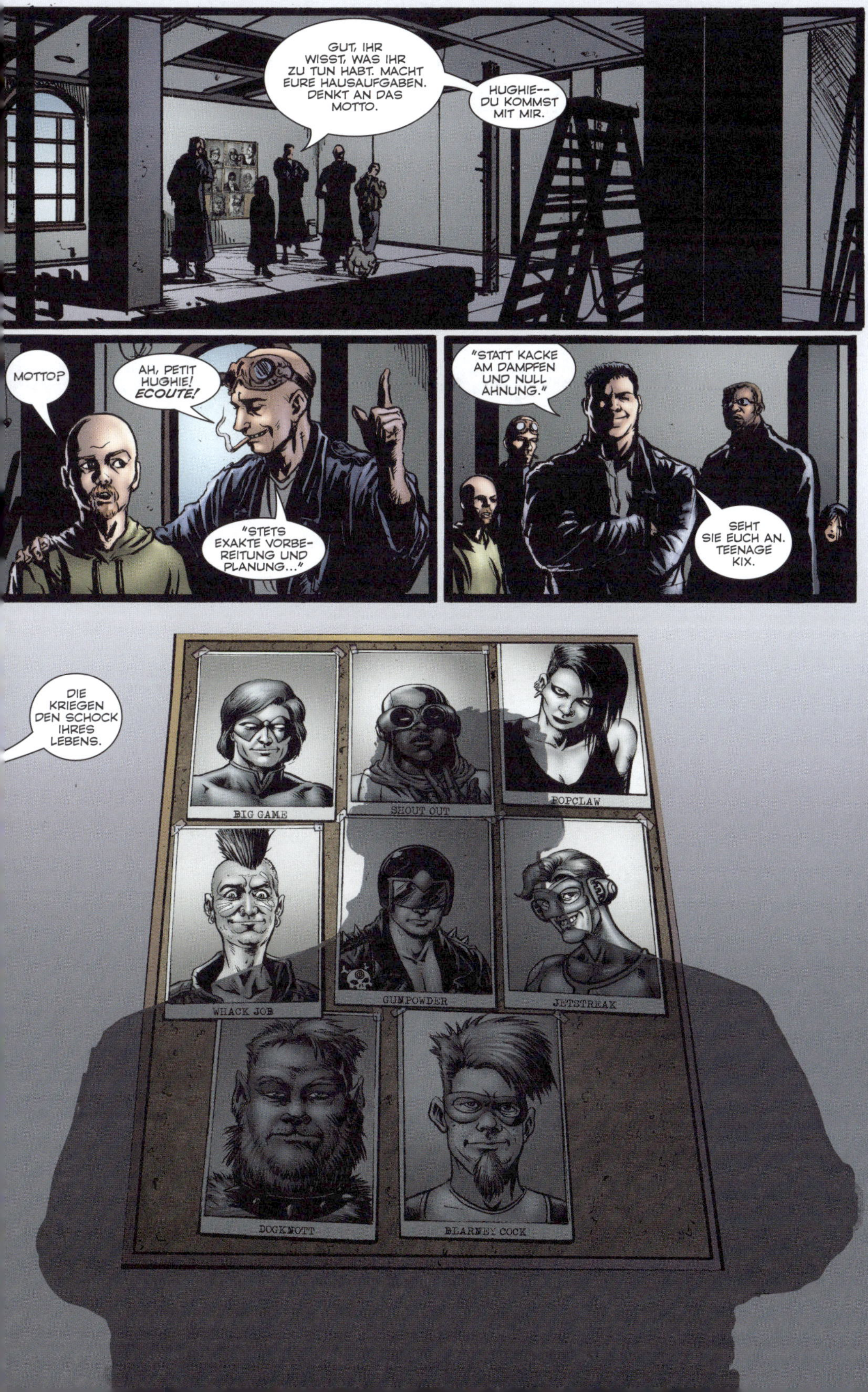

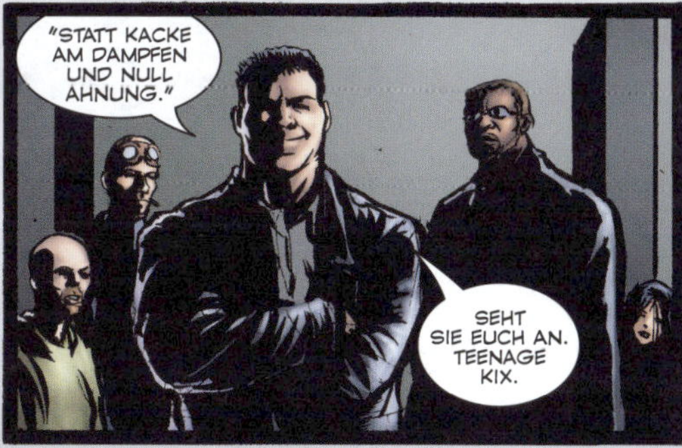

DIE KRIEGEN DEN SCHOCK IHRES LEBENS.

BIG GAME
SHOUT OUT
POPCLAW
WHACK JOB
GUNPOWDER
JETSTREAK
DOGKNOTT
BLARNEY COCK

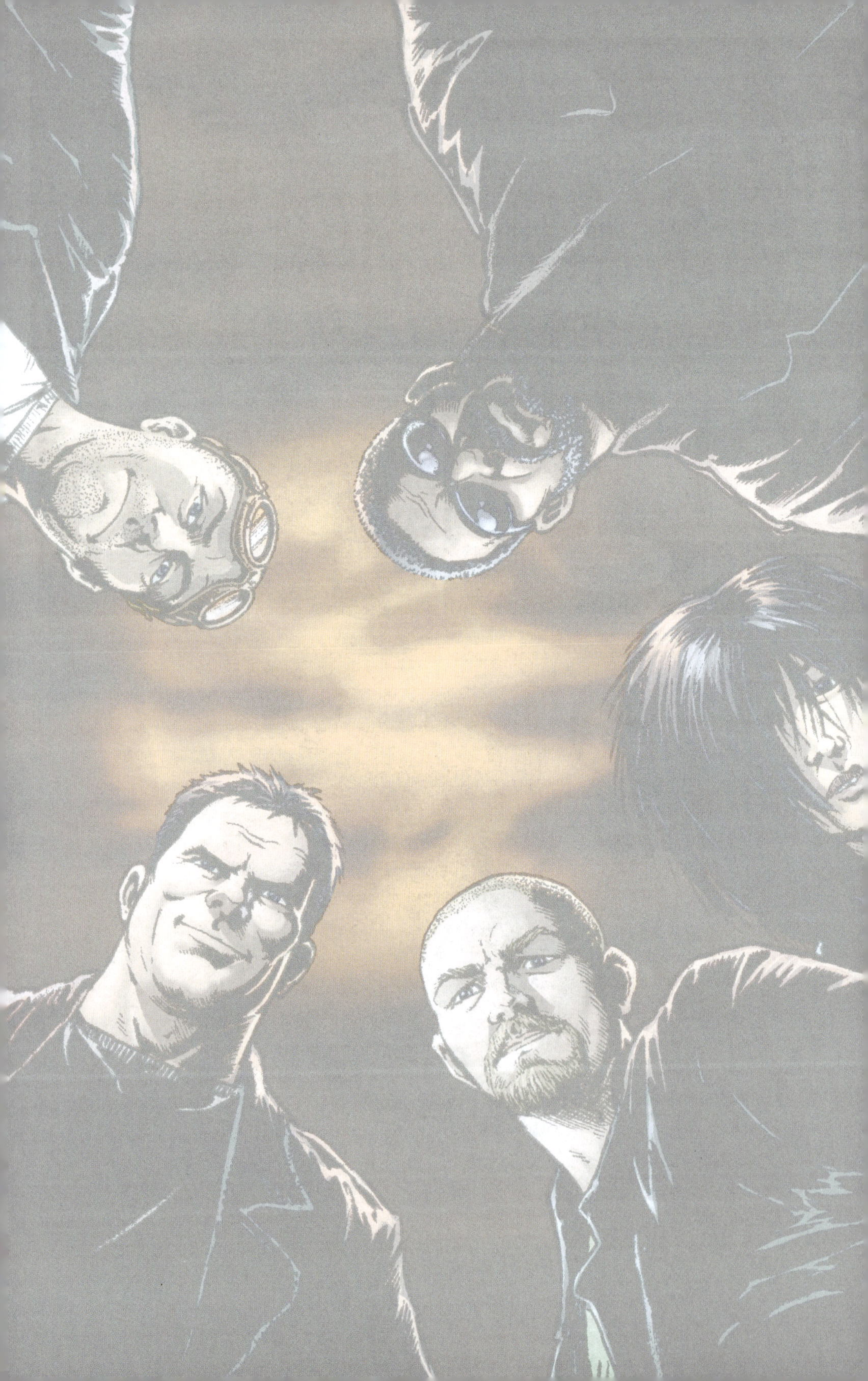

EINE JUNGFRAU KOMMT SELTEN ALLEIN, TEIL 2

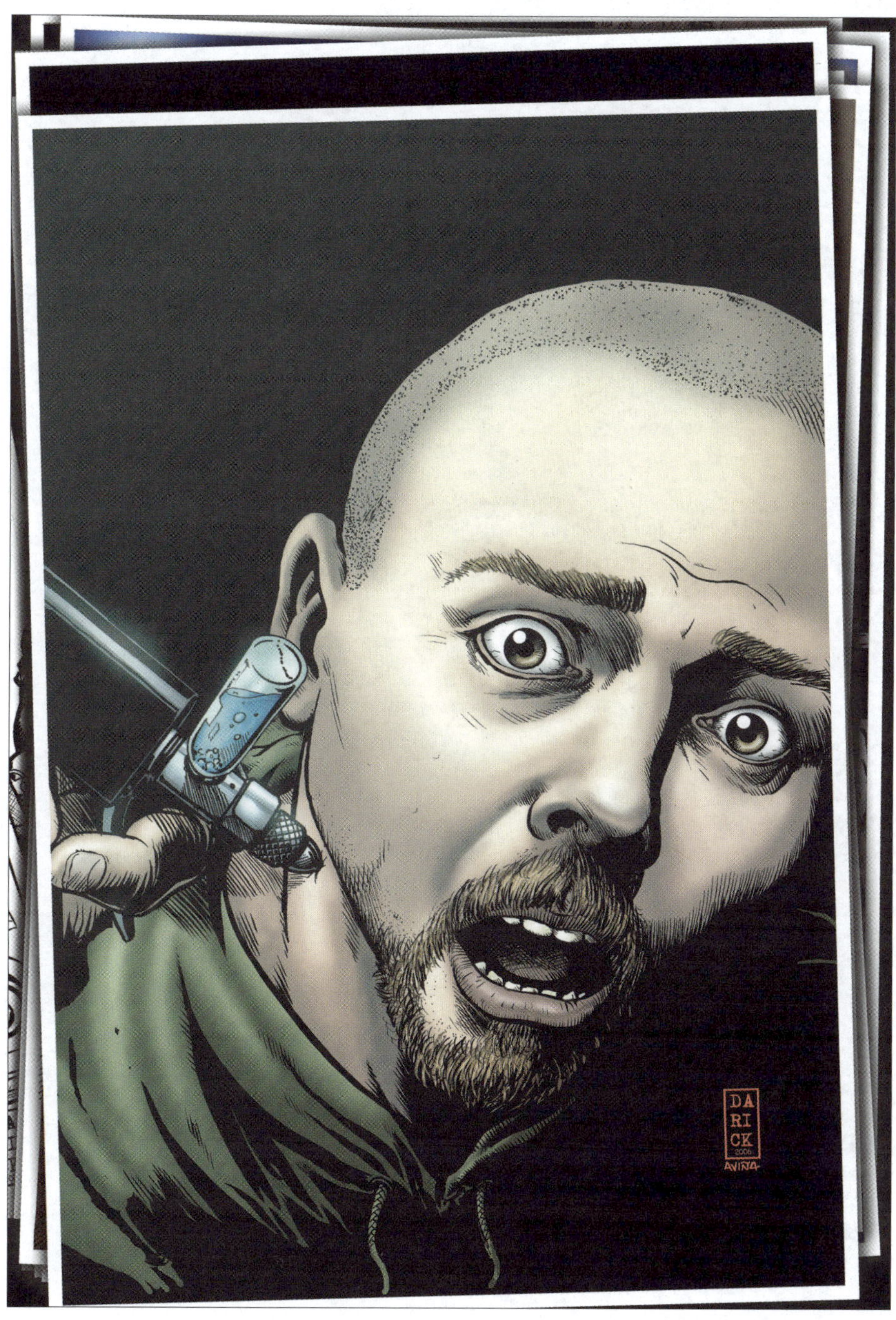

The Boys (2006) 4
Cover von **DARICK ROBERTSON**

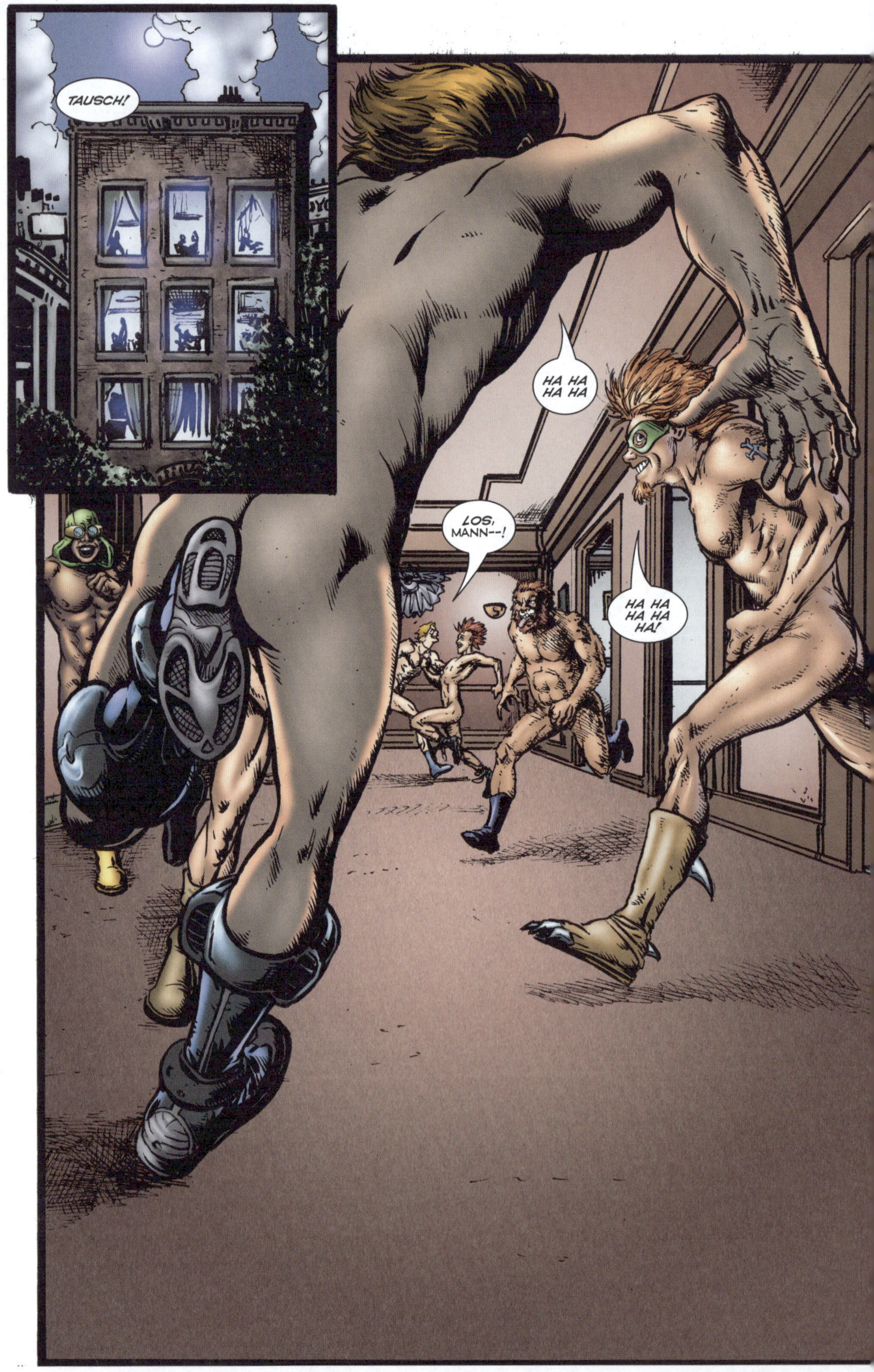
TAUSCH!
HA HA
HA HA
LOS,
MANN--!
HA HA
HA HA
HA!

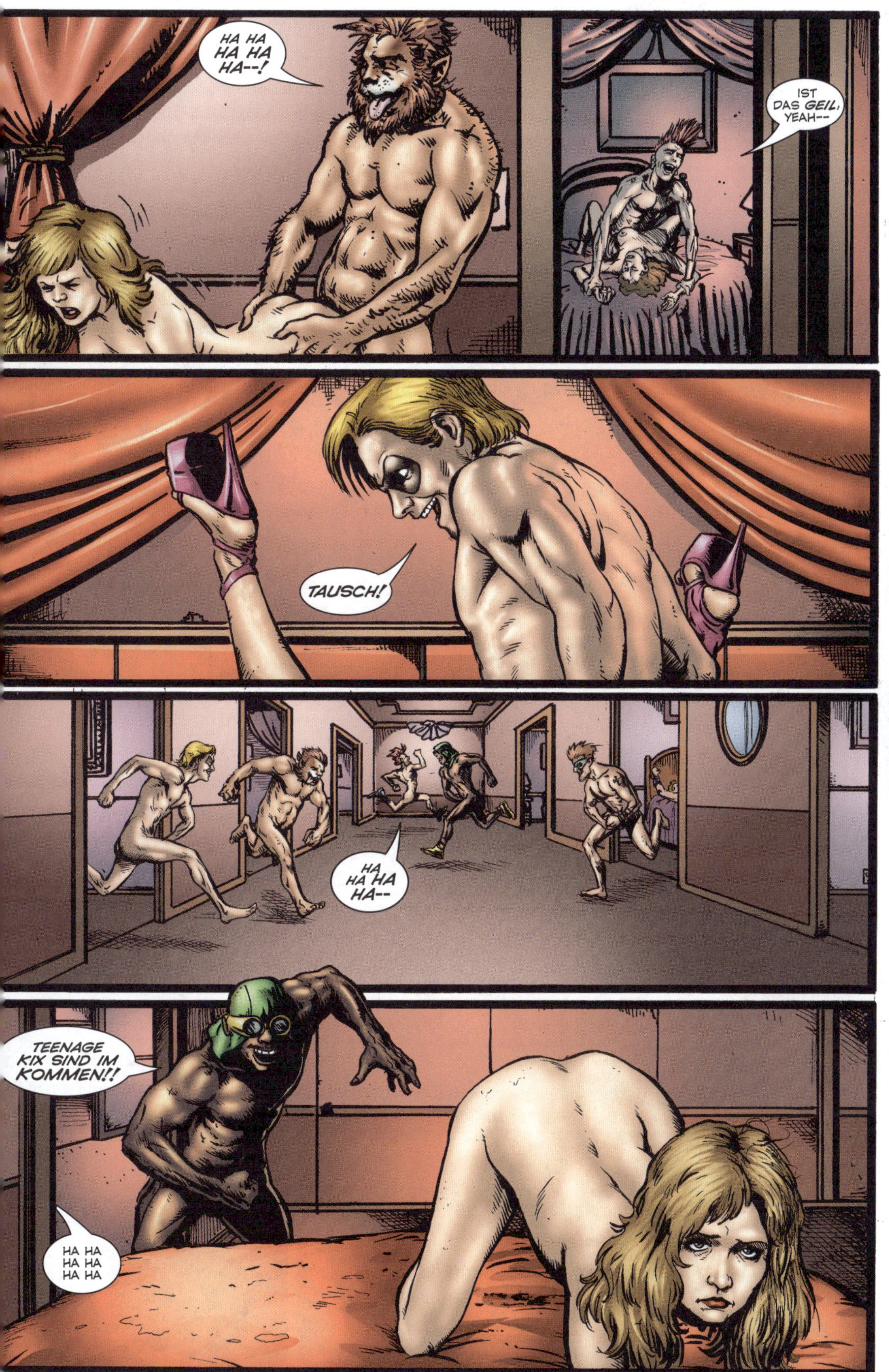
HA HA
HA HA
HA--!
IST
DAS GEIL,
YEAH--
TAUSCH!
HA
HA HA
HA--
TEENAGE
KIX SIND IM
KOMMEN!!
HA HA
HA HA
HA HA

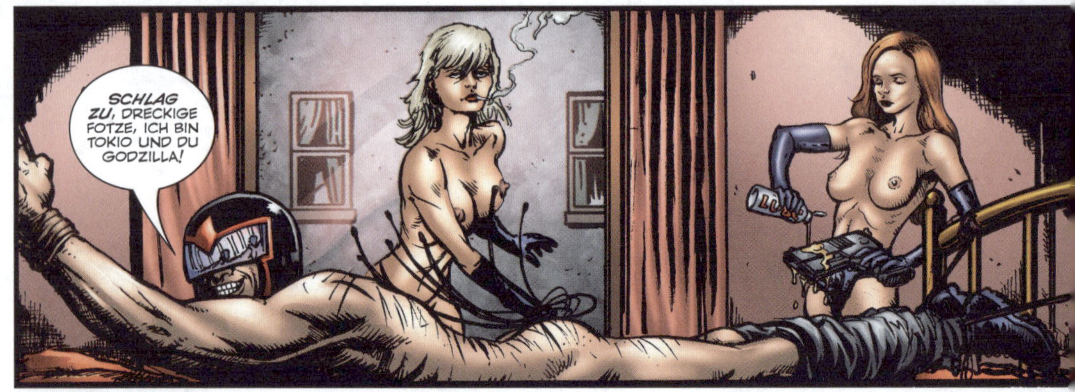
SCHLAG ZU, DRECKIGE FOTZE, ICH BIN TOKIO UND DU GODZILLA!

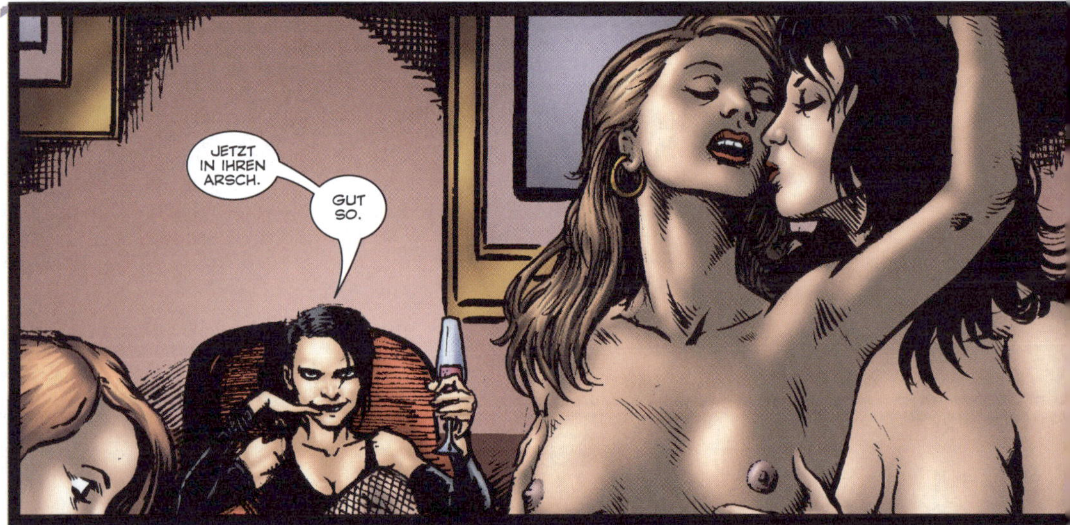
JETZT IN IHREN ARSCH.
GUT SO.

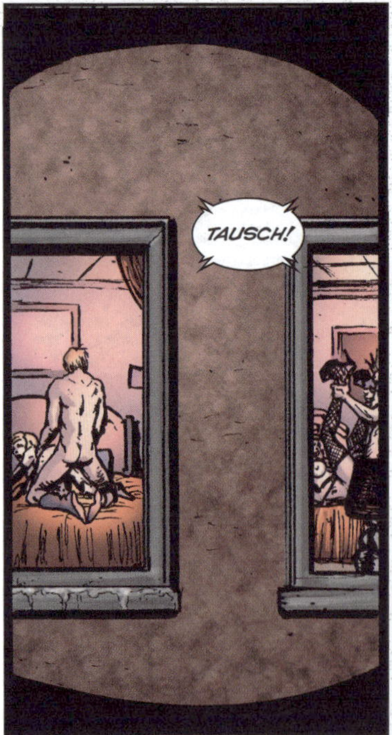
TAUSCH!

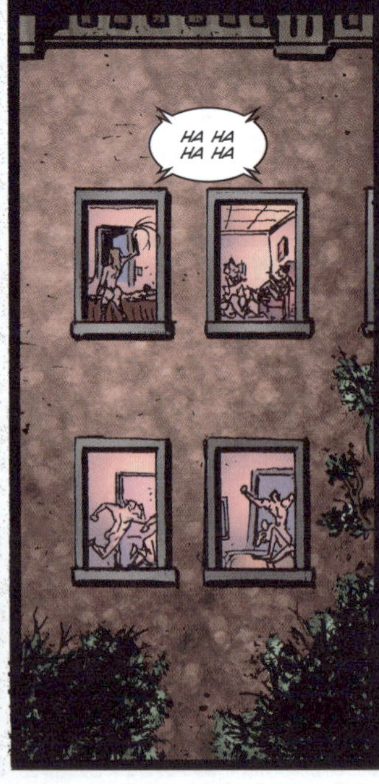
HA HA HA HA

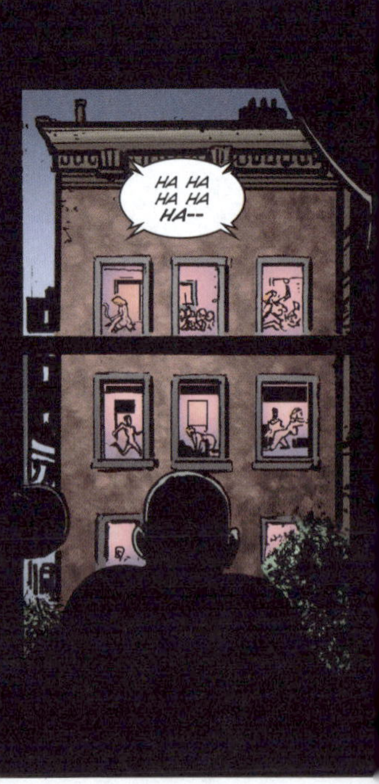
HA HA HA HA HA--

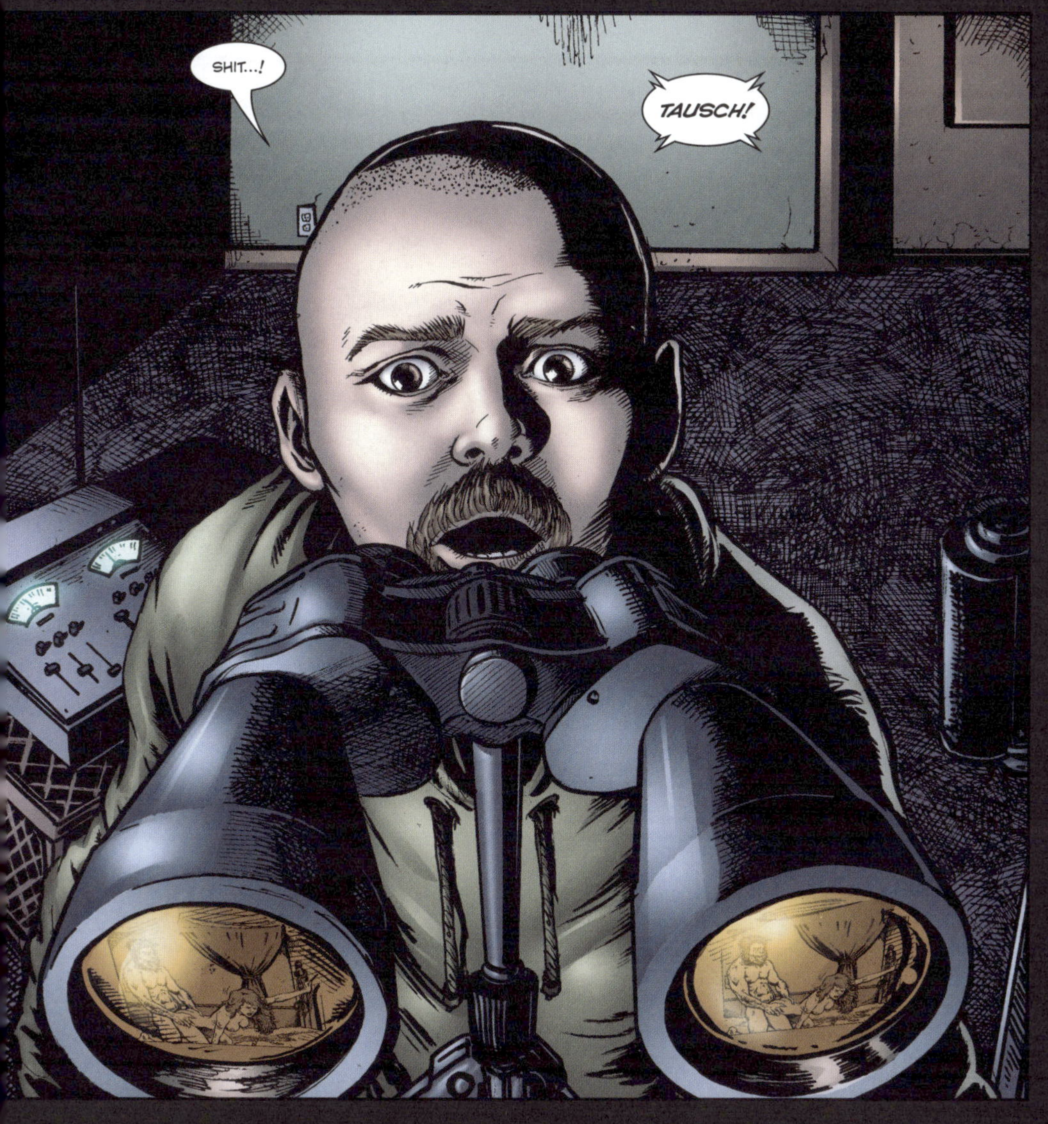

EINE JUNGFRAU KOMMT SELTEN ALLEIN

TEIL 2

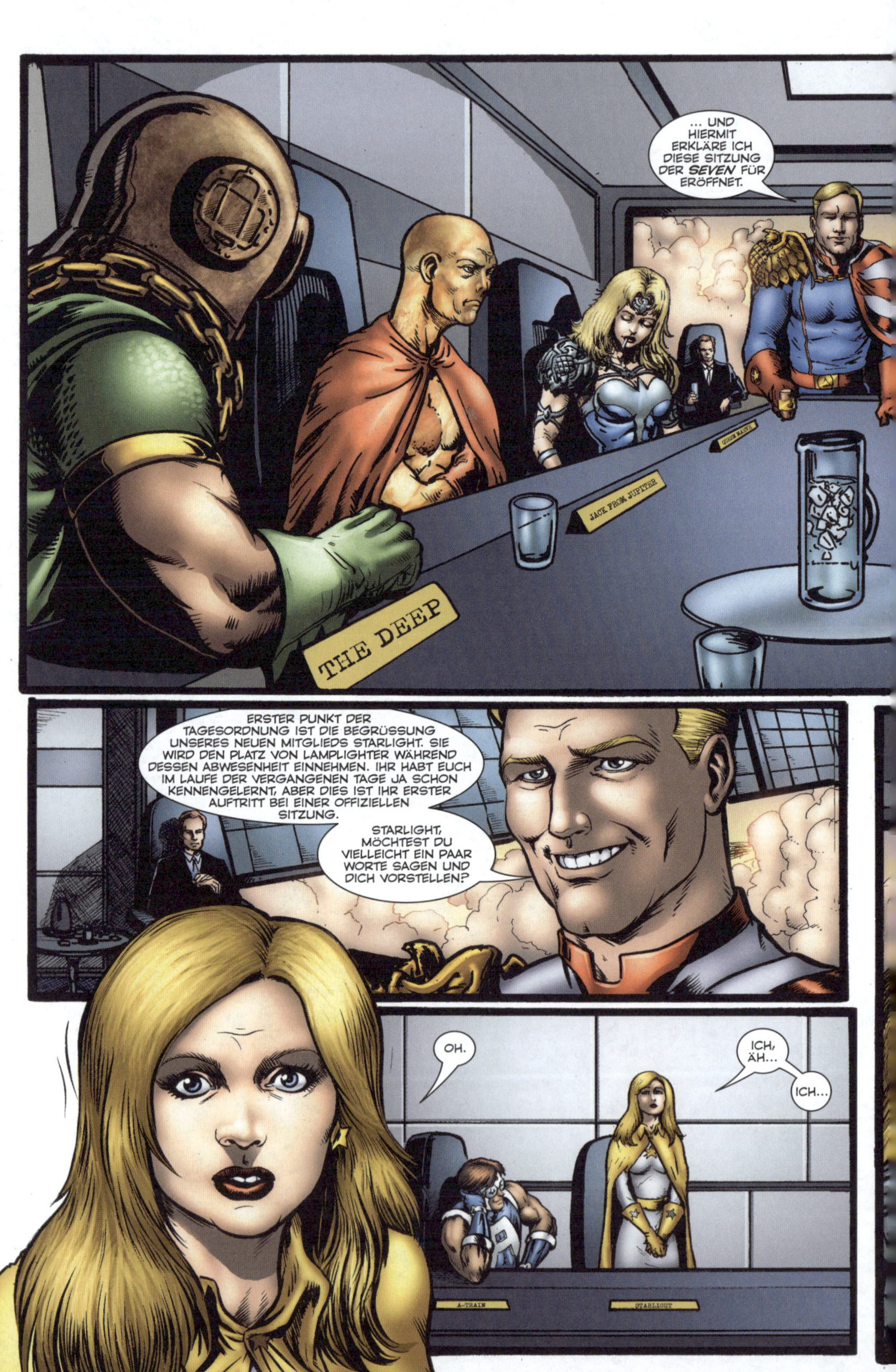
... UND HIERMIT ERKLÄRE ICH DIESE SITZUNG DER *SEVEN* FÜR ERÖFFNET.
JACK FROM JUPITER
THE DEEP
ERSTER PUNKT DER TAGESORDNUNG IST DIE BEGRÜSSUNG UNSERES NEUEN MITGLIEDS STARLIGHT. SIE WIRD DEN PLATZ VON LAMPLIGHTER WÄHREND DESSEN ABWESENHEIT EINNEHMEN. IHR HABT EUCH IM LAUFE DER VERGANGENEN TAGE JA SCHON KENNENGELERNT, ABER DIES IST IHR ERSTER AUFTRITT BEI EINER OFFIZIELLEN SITZUNG.
STARLIGHT, MÖCHTEST DU VIELLEICHT EIN PAAR WORTE SAGEN UND DICH VORSTELLEN?
OH.
ICH, ÄH...
ICH...
A-TRAIN
STARLIGHT

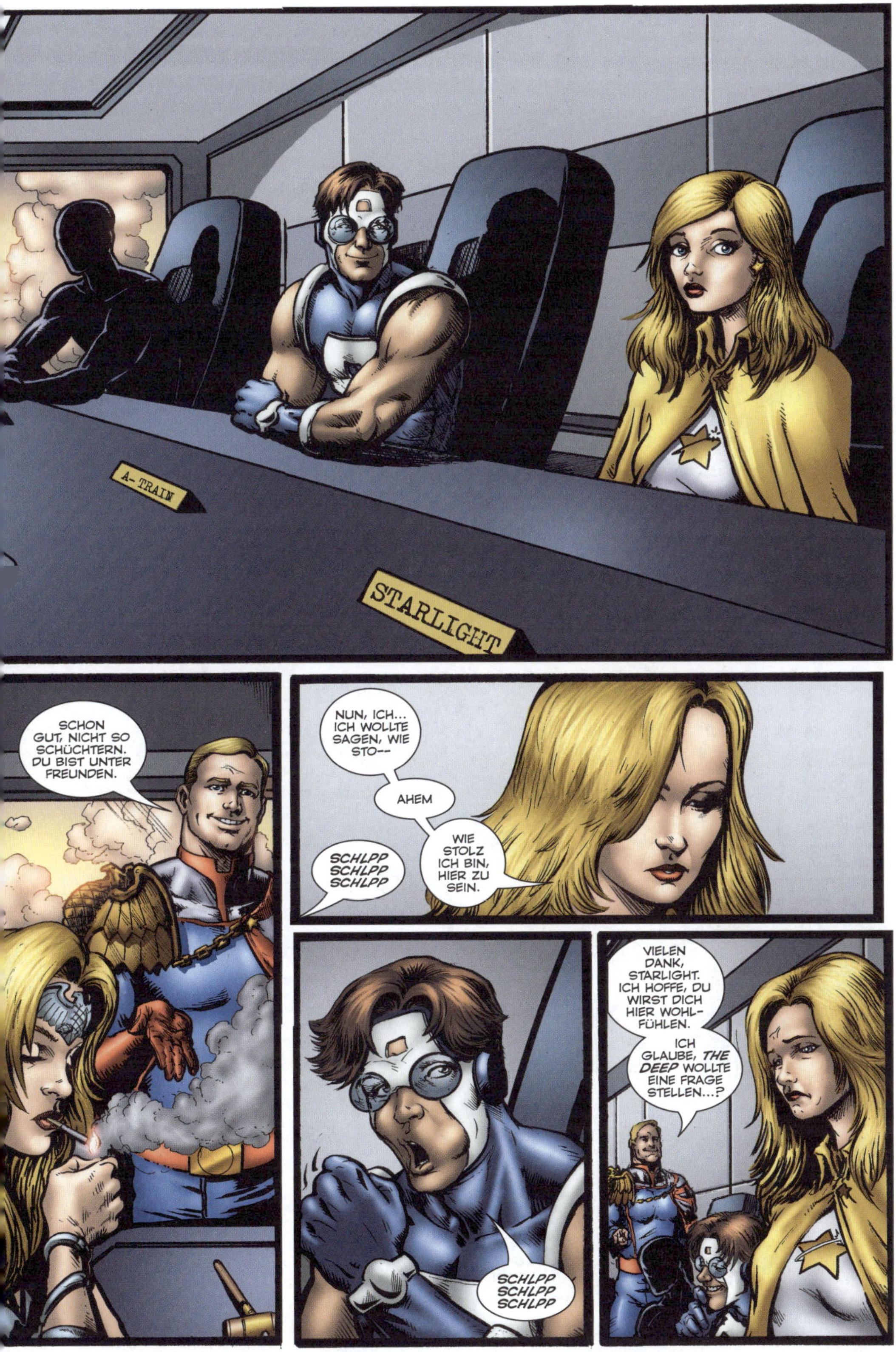

A-TRAIN

STARLIGHT

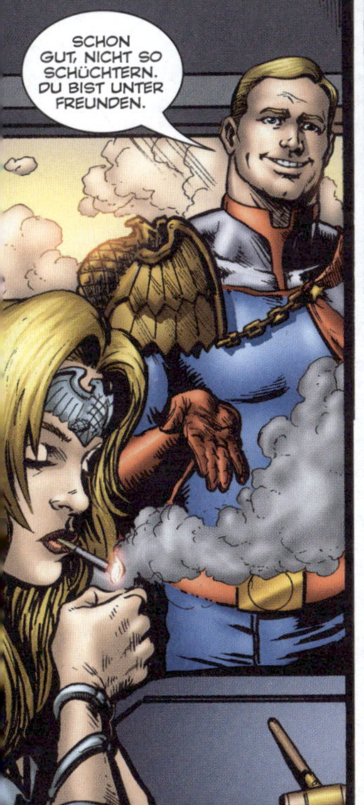

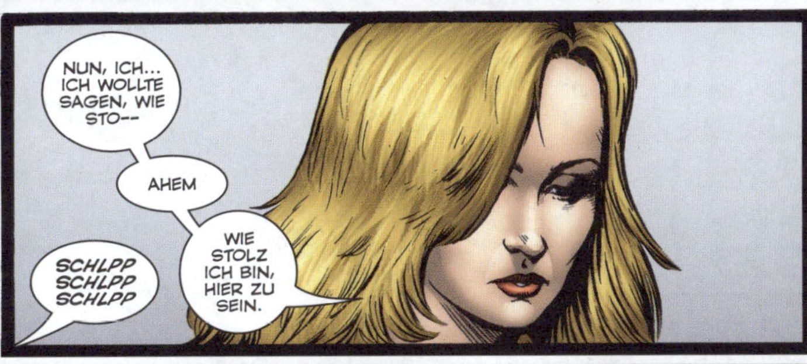

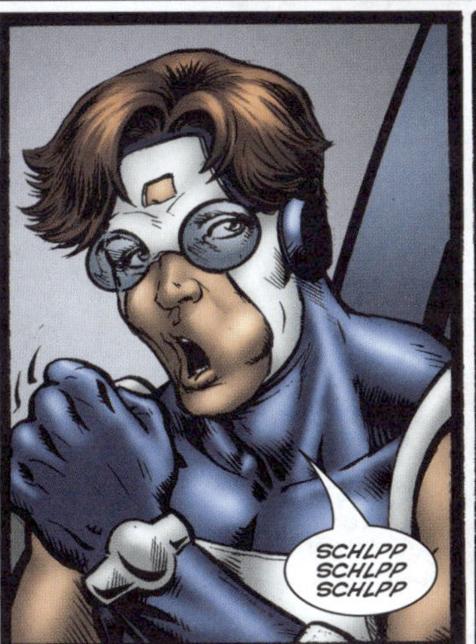

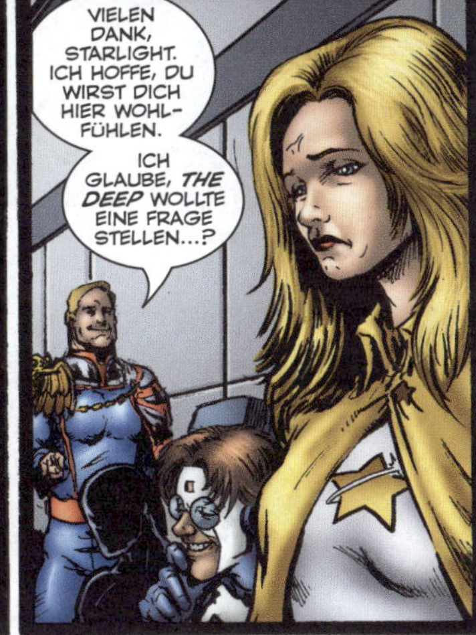

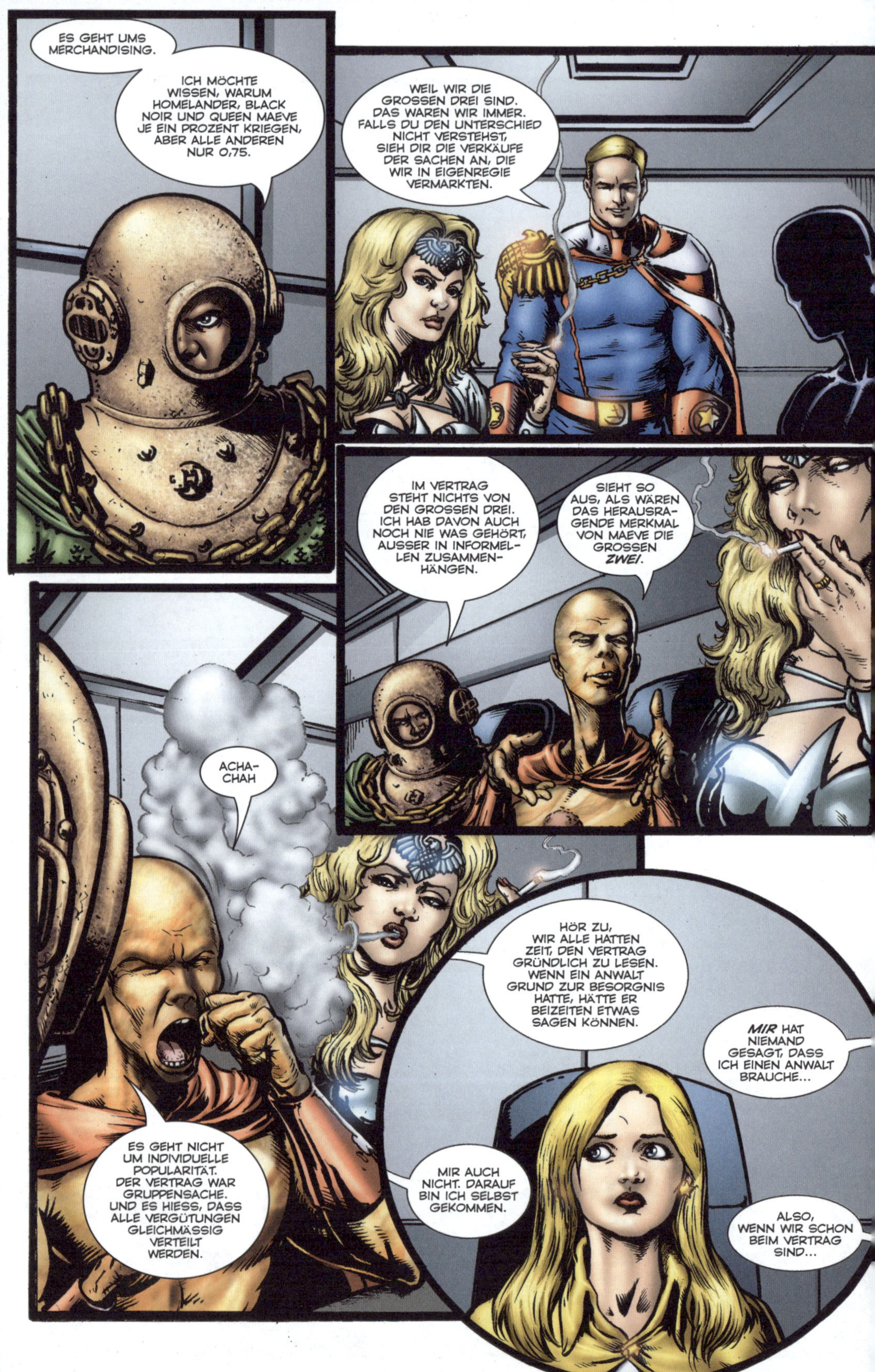
ES GEHT UMS MERCHANDISING.
ICH MÖCHTE WISSEN, WARUM HOMELANDER, BLACK NOIR UND QUEEN MAEVE JE EIN PROZENT KRIEGEN, ABER ALLE ANDEREN NUR 0,75.
WEIL WIR DIE GROSSEN DREI SIND. DAS WAREN WIR IMMER. FALLS DU DEN UNTERSCHIED NICHT VERSTEHST, SIEH DIR DIE VERKÄUFE DER SACHEN AN, DIE WIR IN EIGENREGIE VERMARKTEN.
IM VERTRAG STEHT NICHTS VON DEN GROSSEN DREI. ICH HAB DAVON AUCH NOCH NIE WAS GEHÖRT, AUSSER IN INFORMELLEN ZUSAMMENHÄNGEN.
SIEHT SO AUS, ALS WÄREN DAS HERAUSRAGENDE MERKMAL VON MAEVE DIE GROSSEN *ZWEI*.
ACHA-CHAH
ES GEHT NICHT UM INDIVIDUELLE POPULARITÄT. DER VERTRAG WAR GRUPPENSACHE. UND ES HIESS, DASS ALLE VERGÜTUNGEN GLEICHMÄSSIG VERTEILT WERDEN.
HÖR ZU, WIR ALLE HATTEN ZEIT, DEN VERTRAG GRÜNDLICH ZU LESEN. WENN EIN ANWALT GRUND ZUR BESORGNIS HATTE, HÄTTE ER BEIZEITEN ETWAS SAGEN KÖNNEN.
MIR HAT NIEMAND GESAGT, DASS ICH EINEN ANWALT BRAUCHE...
MIR AUCH NICHT. DARAUF BIN ICH SELBST GEKOMMEN.
ALSO, WENN WIR SCHON BEIM VERTRAG SIND...

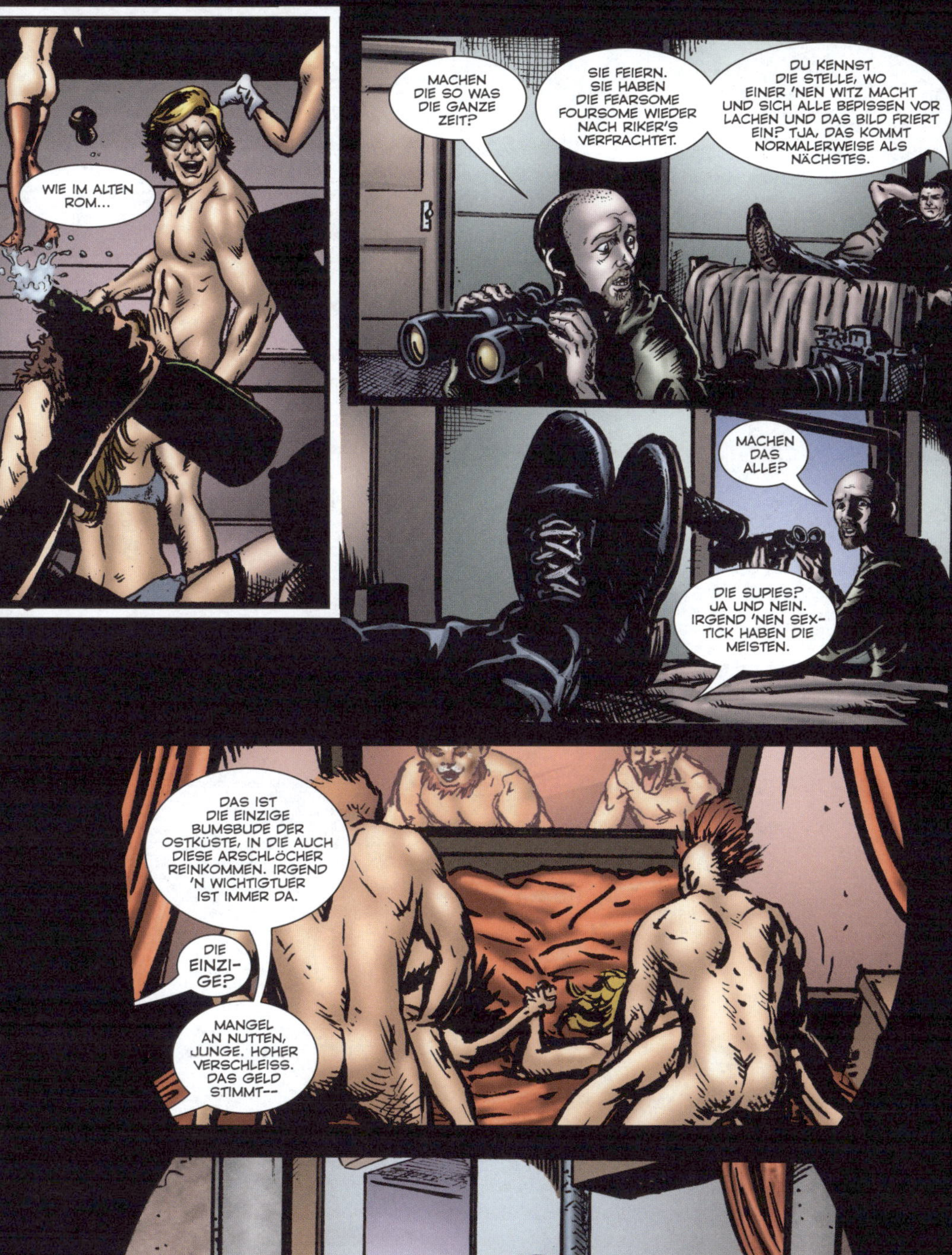
WIE IM ALTEN ROM...
MACHEN DIE SO WAS DIE GANZE ZEIT?
SIE FEIERN. SIE HABEN DIE FEARSOME FOURSOME WIEDER NACH RIKER'S VERFRACHTET.
DU KENNST DIE STELLE, WO EINER 'NEN WITZ MACHT UND SICH ALLE BEPISSEN VOR LACHEN UND DAS BILD FRIERT EIN? TJA, DAS KOMMT NORMALERWEISE ALS NÄCHSTES.
MACHEN DAS ALLE?
DIE SUPIES? JA UND NEIN. IRGEND 'NEN SEX-TICK HABEN DIE MEISTEN.
DAS IST DIE EINZIGE BUMSBUDE DER OSTKÜSTE, IN DIE AUCH DIESE ARSCHLÖCHER REINKOMMEN. IRGEND 'N WICHTIGTUER IST IMMER DA.
DIE EINZI-GE?
MANGEL AN NUTTEN, JUNGE. HOHER VERSCHLEISS. DAS GELD STIMMT--
ABER ES IST NICHT LUSTIG, VON 'NEM SUPIE GENAGELT ZU WER-DEN.

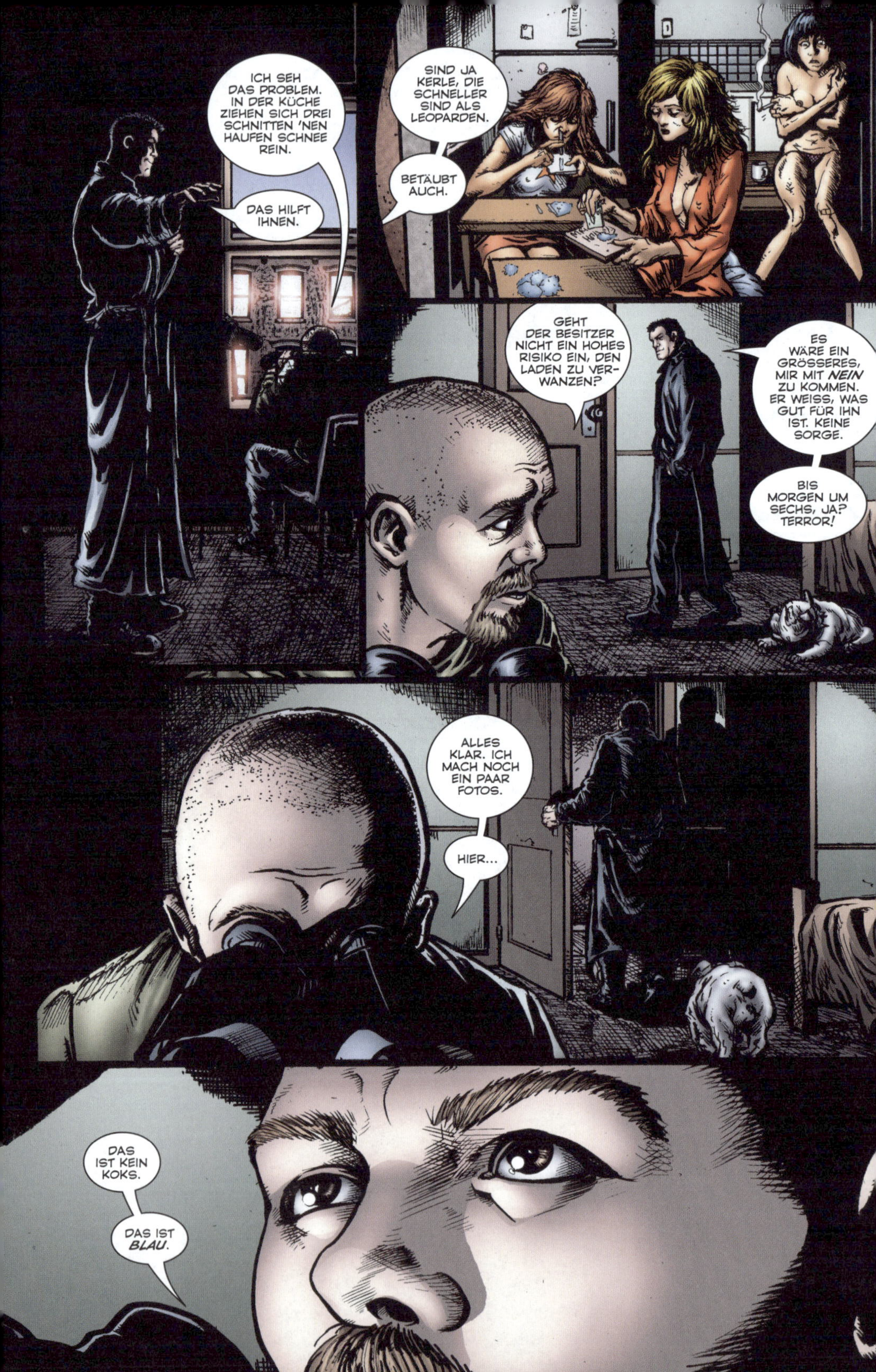
ICH SEH DAS PROBLEM. IN DER KÜCHE ZIEHEN SICH DREI SCHNITTEN 'NEN HAUFEN SCHNEE REIN.
DAS HILFT IHNEN.
SIND JA KERLE, DIE SCHNELLER SIND ALS LEOPARDEN.
BETÄUBT AUCH.
GEHT DER BESITZER NICHT EIN HOHES RISIKO EIN, DEN LADEN ZU VERWANZEN?
ES WÄRE EIN GRÖSSERES, MIR MIT NEIN ZU KOMMEN. ER WEISS, WAS GUT FÜR IHN IST. KEINE SORGE.
BIS MORGEN UM SECHS, JA? TERROR!
ALLES KLAR. ICH MACH NOCH EIN PAAR FOTOS.
HIER...
DAS IST KEIN KOKS.
DAS IST BLAU.

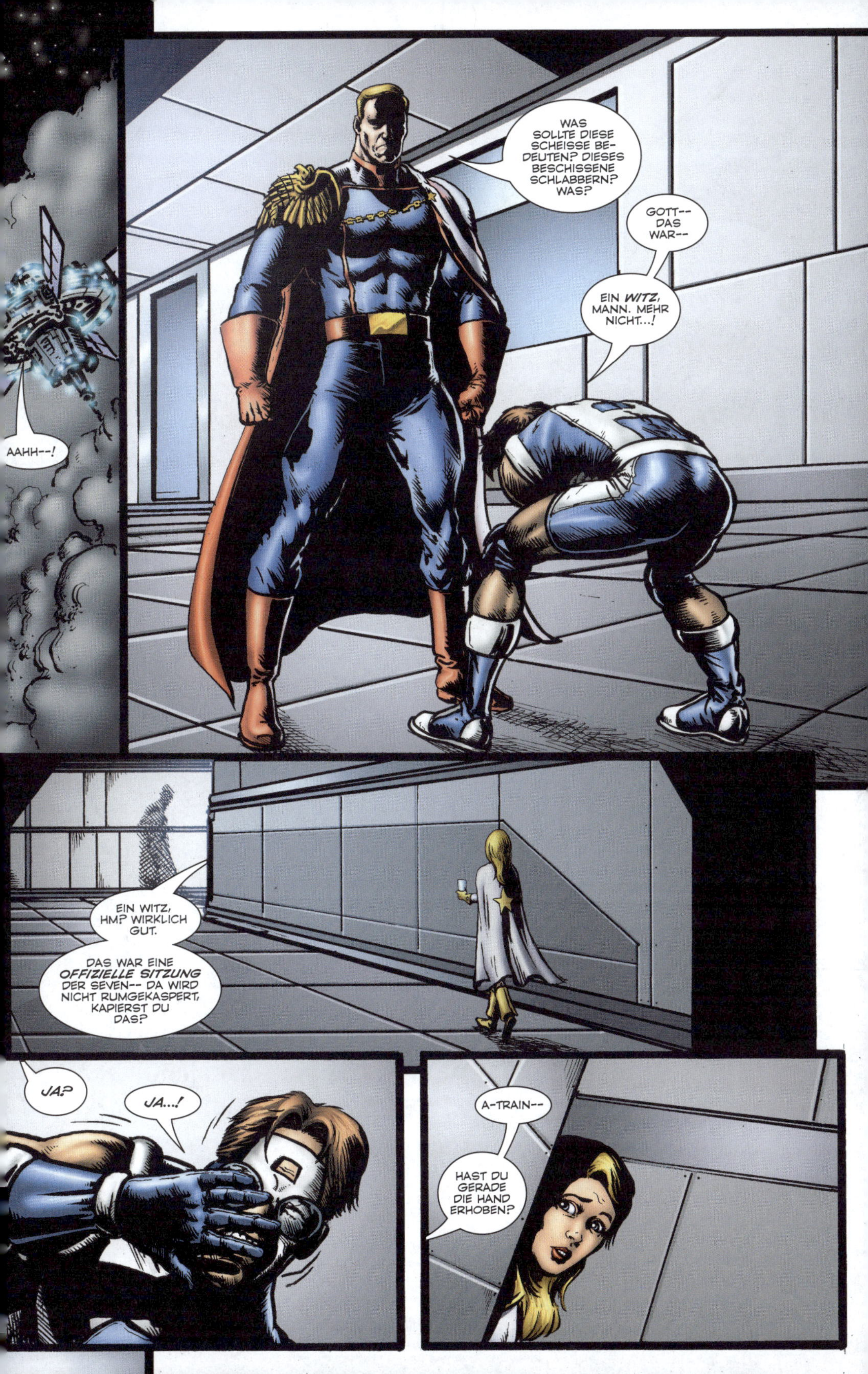
AAHH--!
WAS SOLLTE DIESE SCHEISSE BEDEUTEN? DIESES BESCHISSENE SCHLABBERN? WAS?
GOTT-- DAS WAR--
EIN *WITZ*, MANN. MEHR NICHT...!
EIN WITZ, HM? WIRKLICH GUT.
DAS WAR EINE *OFFIZIELLE SITZUNG* DER SEVEN-- DA WIRD NICHT RUMGEKASPERT, KAPIERST DU DAS?
JA?
JA...!
A-TRAIN--
HAST DU GERADE DIE HAND ERHOBEN?

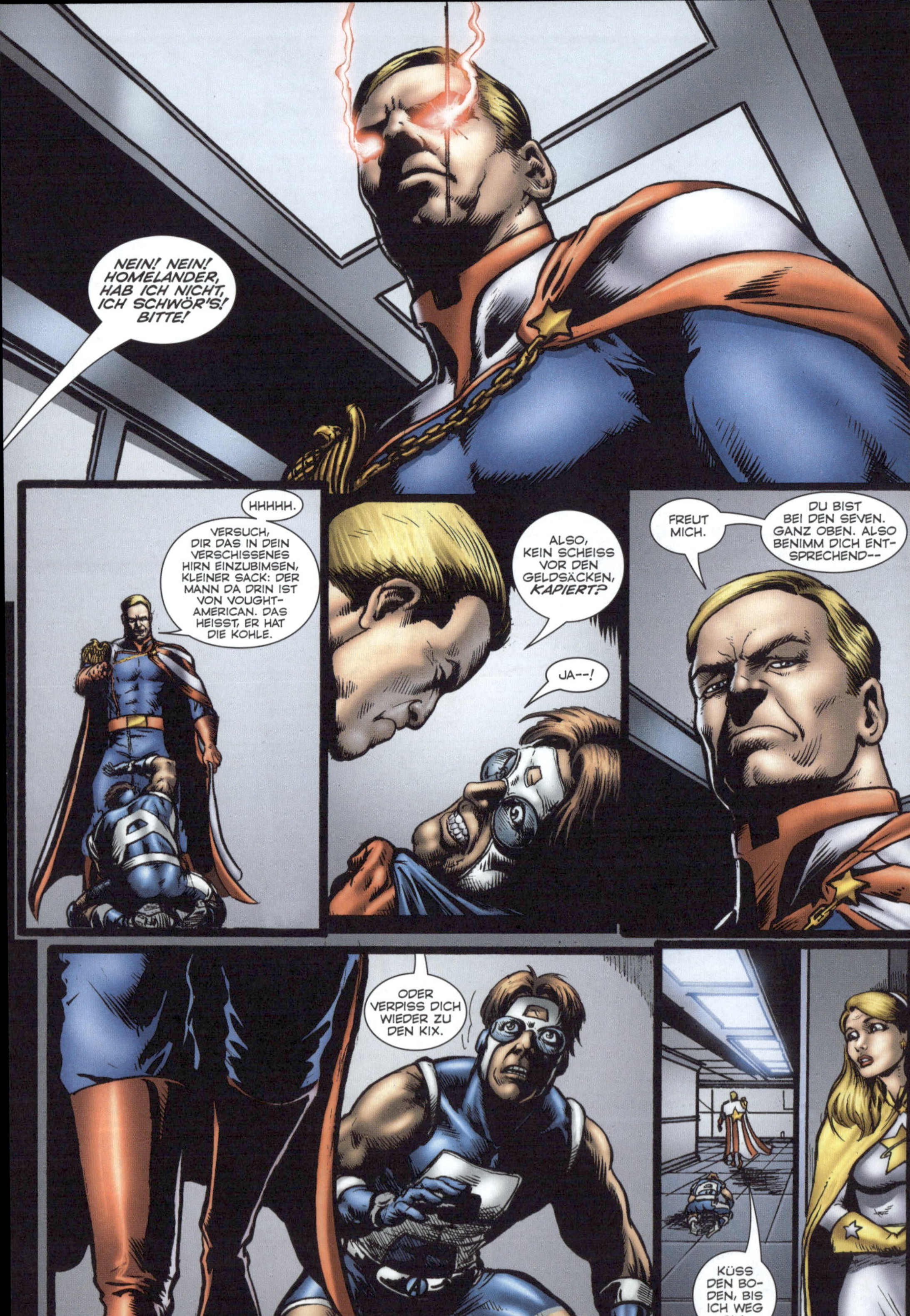
NEIN! NEIN! HOMELANDER, HAB ICH NICHT, ICH SCHWÖR'S! BITTE!
HHHHH.
VERSUCH, DIR DAS IN DEIN VERSCHISSENES HIRN EINZUBIMSEN, KLEINER SACK: DER MANN DA DRIN IST VON VOUGHT-AMERICAN. DAS HEISST, ER HAT DIE KOHLE.
ALSO, KEIN SCHEISS VOR DEN GELDSÄCKEN, *KAPIERT?*
JA--!
DU BIST BEI DEN SEVEN. GANZ OBEN. ALSO BENIMM DICH ENT-SPRECHEND--
FREUT MICH.
ODER VERPISS DICH WIEDER ZU DEN KIX.
KÜSS DEN BO-DEN, BIS ICH WEG BIN.

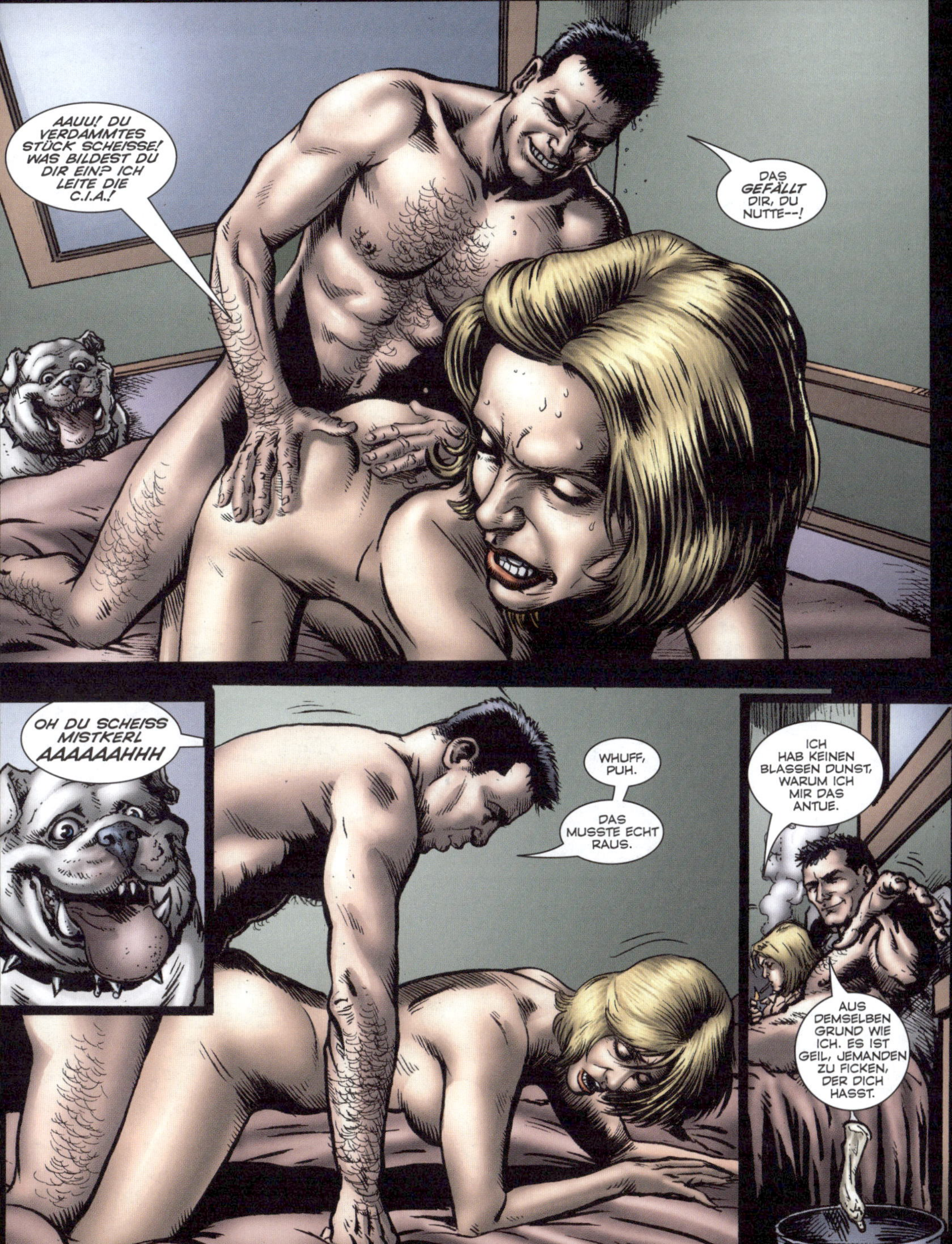
AAUU! DU VERDAMMTES STÜCK SCHEISSE! WAS BILDEST DU DIR EIN? ICH LEITE DIE C.I.A.!
DAS GEFÄLLT DIR, DU NUTTE--!
OH DU SCHEISS MISTKERL AAAAAAHHH
WHUFF, PUH.
DAS MUSSTE ECHT RAUS.
ICH HAB KEINEN BLASSEN DUNST, WARUM ICH MIR DAS ANTUE.
AUS DEMSELBEN GRUND WIE ICH. ES IST GEIL, JEMANDEN ZU FICKEN, DER DICH HASST.

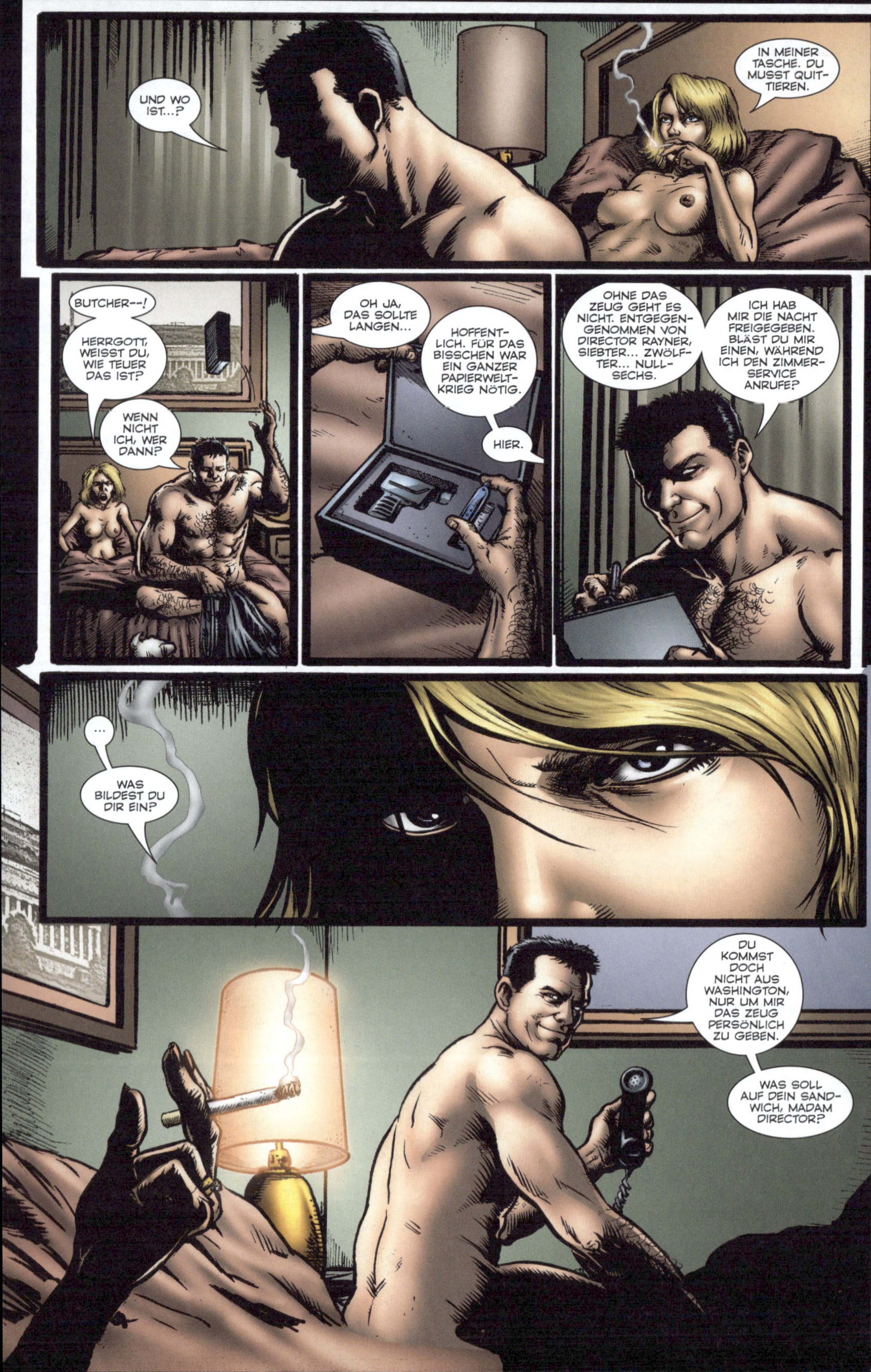

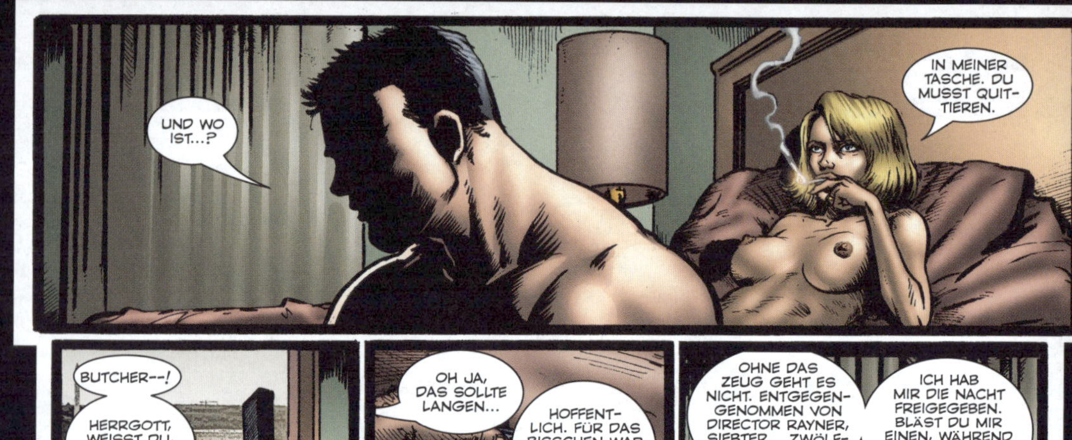
UND WO IST...?
IN MEINER TASCHE. DU MUSST QUITTIEREN.

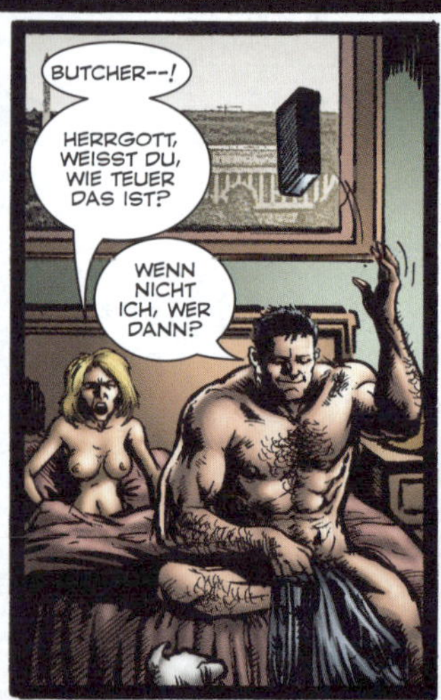
BUTCHER--!
HERRGOTT, WEISST DU, WIE TEUER DAS IST?
WENN NICHT ICH, WER DANN?

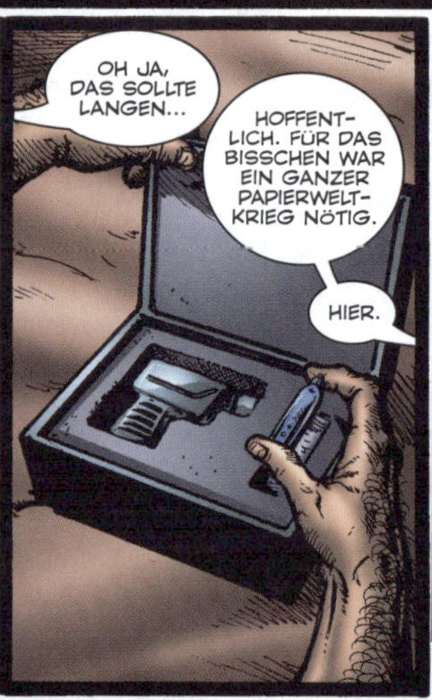
OH JA, DAS SOLLTE LANGEN...
HOFFENTLICH. FÜR DAS BISSCHEN WAR EIN GANZER PAPIERWELTKRIEG NÖTIG.
HIER.

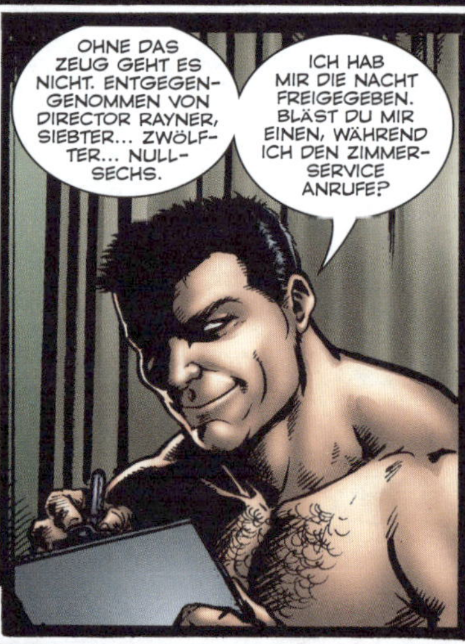
OHNE DAS ZEUG GEHT ES NICHT. ENTGEGENGENOMMEN VON DIRECTOR RAYNER, SIEBTER... ZWÖLFTER... NULL-SECHS.
ICH HAB MIR DIE NACHT FREIGEGEBEN. BLÄST DU MIR EINEN, WÄHREND ICH DEN ZIMMERSERVICE ANRUFE?

...
WAS BILDEST DU DIR EIN?
DU KOMMST DOCH NICHT AUS WASHINGTON, NUR UM MIR DAS ZEUG PERSÖNLICH ZU GEBEN.
WAS SOLL AUF DEIN SANDWICH, MADAM DIRECTOR?

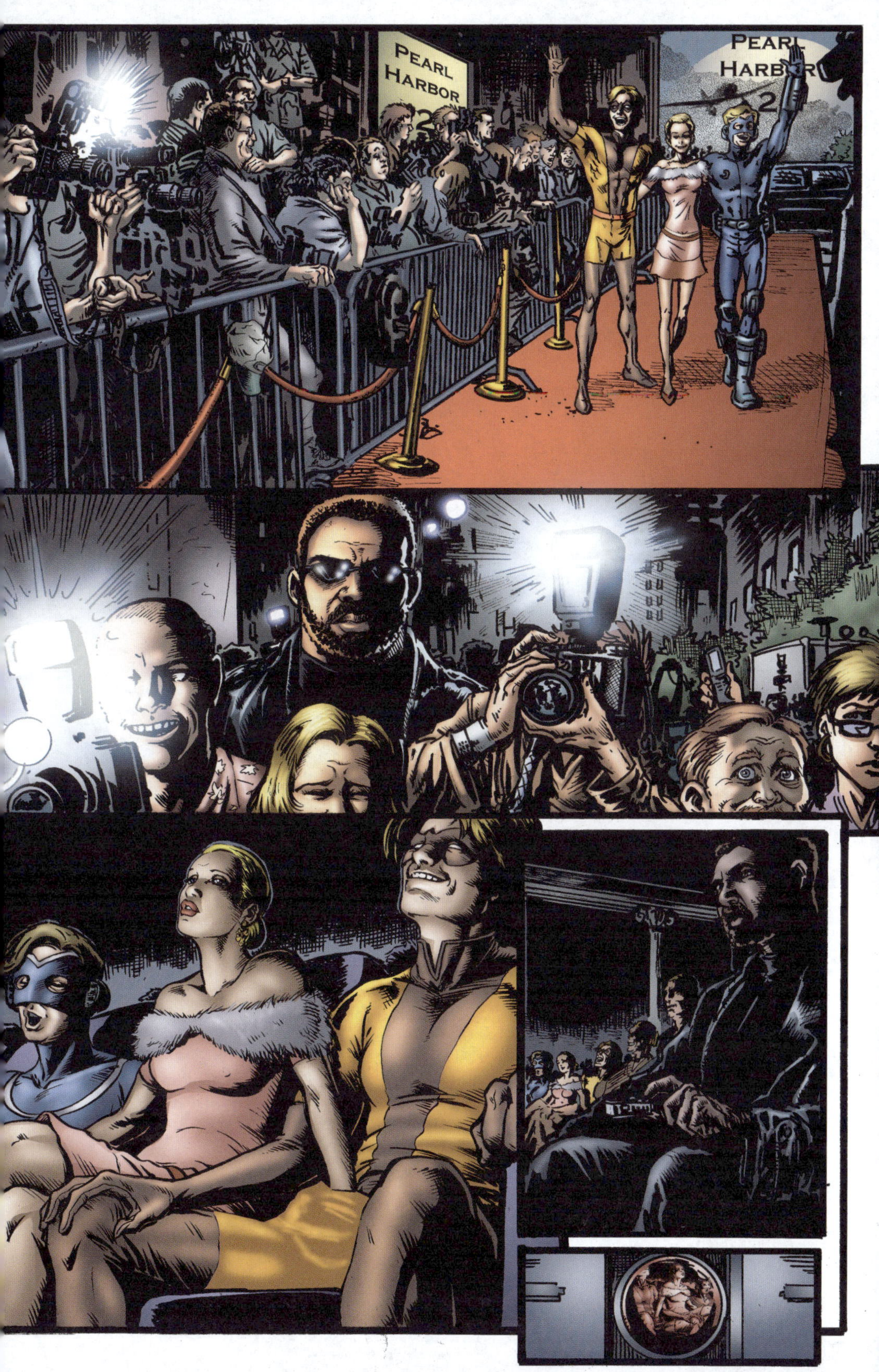
PEARL HARBOR 2
PEARL HARBOR 2

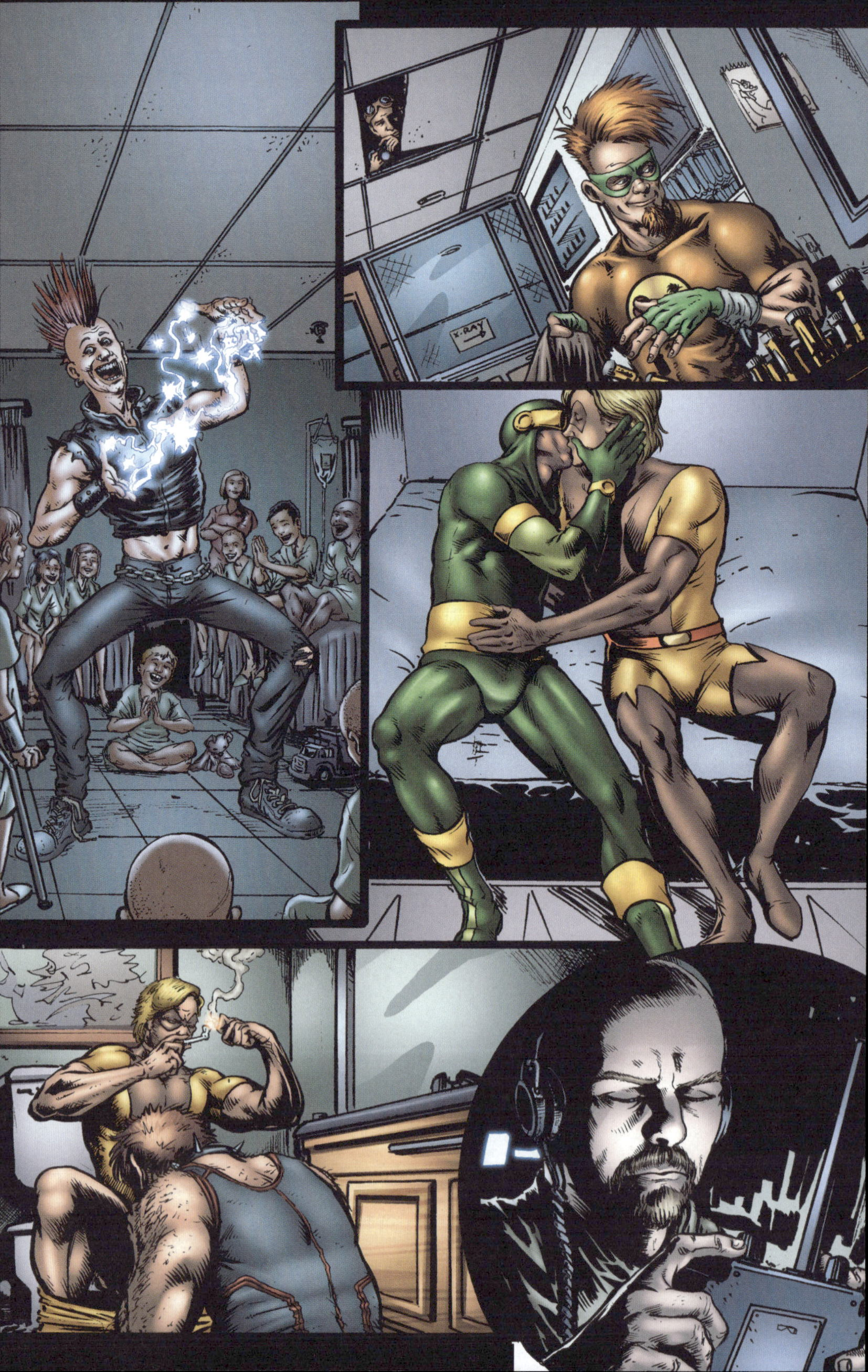
X-RAY

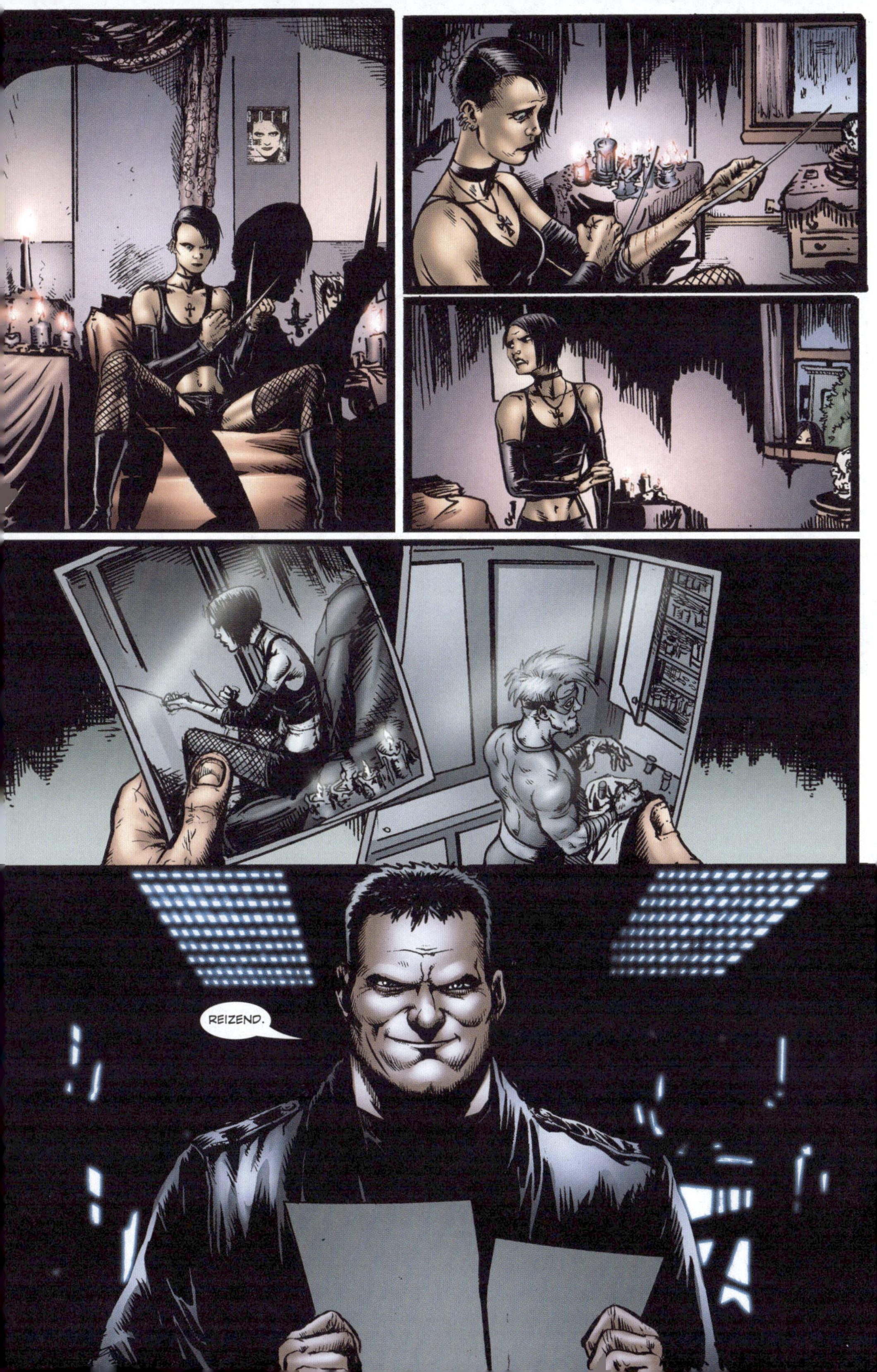
REIZEND.

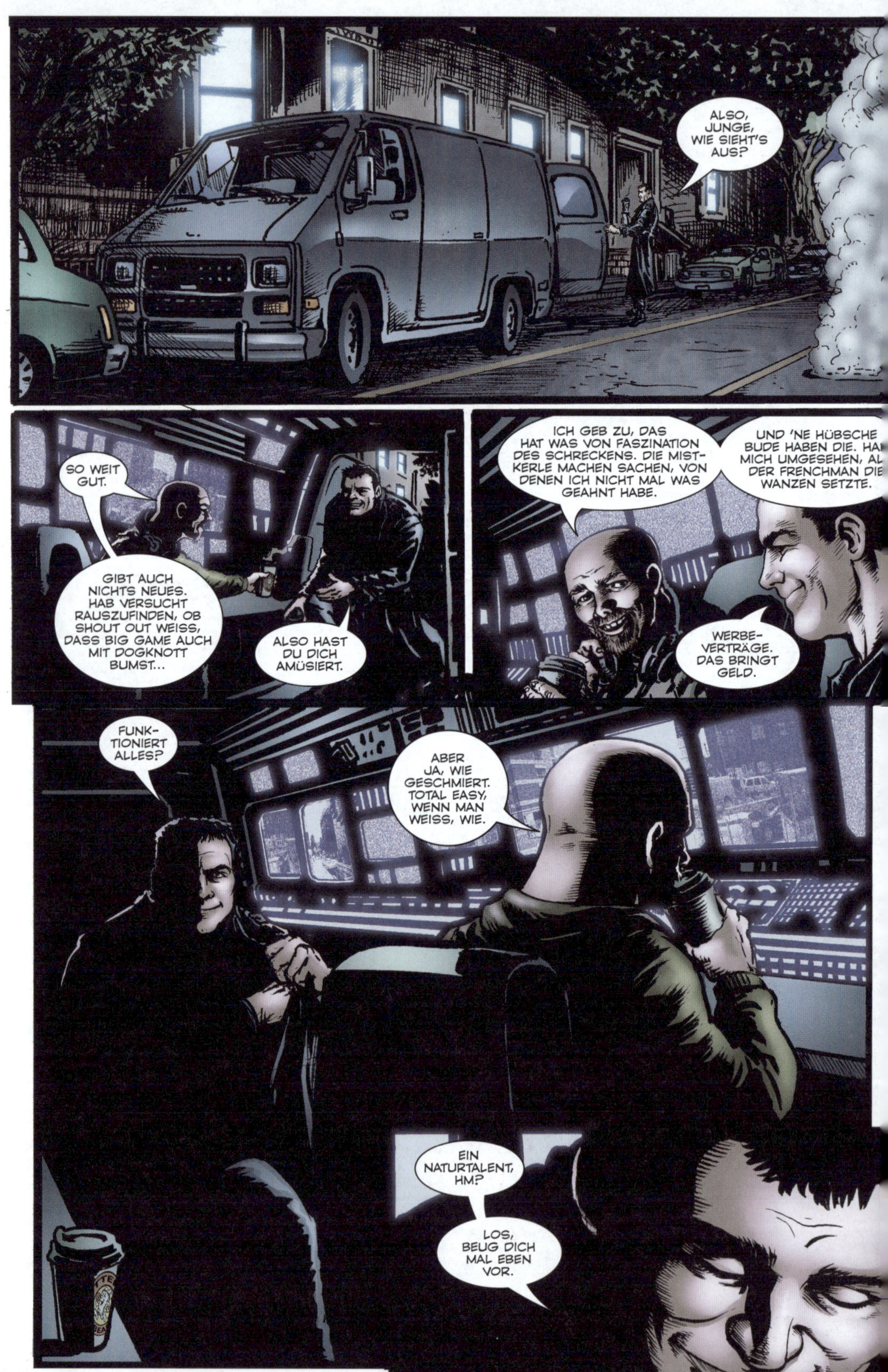
ALSO, JUNGE, WIE SIEHT'S AUS?
SO WEIT GUT.
GIBT AUCH NICHTS NEUES. HAB VERSUCHT RAUSZUFINDEN, OB SHOUT OUT WEISS, DASS BIG GAME AUCH MIT DOGKNOTT BUMST...
ALSO HAST DU DICH AMÜSIERT.
ICH GEB ZU, DAS HAT WAS VON FASZINATION DES SCHRECKENS. DIE MIST-KERLE MACHEN SACHEN, VON DENEN ICH NICHT MAL WAS GEAHNT HABE.
UND 'NE HÜBSCHE BUDE HABEN DIE. HA MICH UMGESEHEN, AL DER FRENCHMAN DIE WANZEN SETZTE.
WERBE-VERTRÄGE. DAS BRINGT GELD.
FUNK-TIONIERT ALLES?
ABER JA, WIE GESCHMIERT. TOTAL EASY, WENN MAN WEISS, WIE.
EIN NATURTALENT, HM?
LOS, BEUG DICH MAL EBEN VOR.

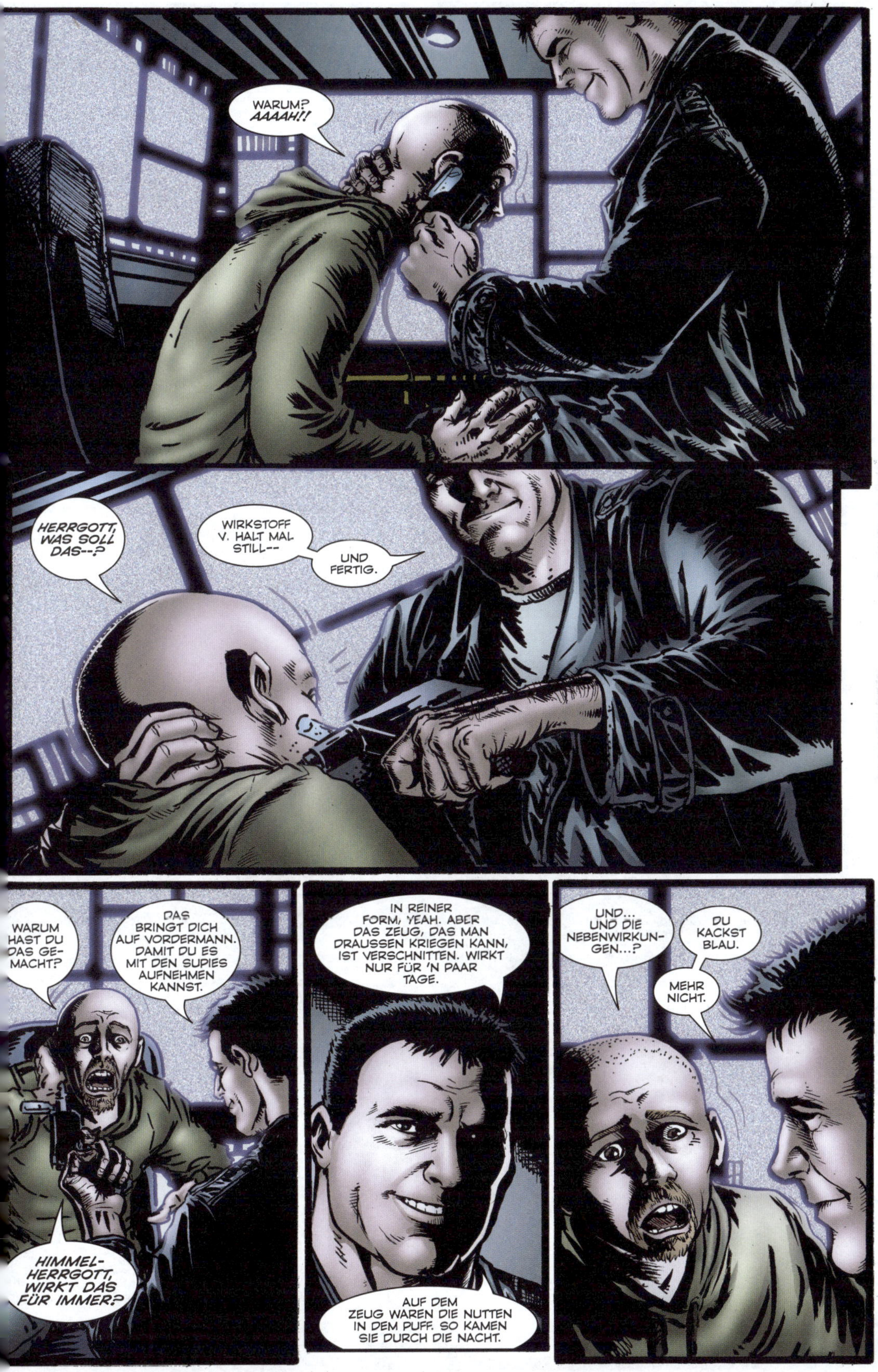

WARUM?
AAAAH!!
HERRGOTT, WAS SOLL DAS--?
WIRKSTOFF V. HALT MAL STILL--
UND FERTIG.

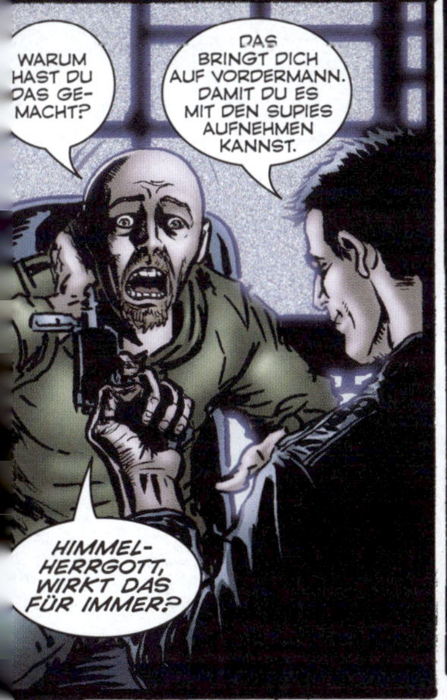
WARUM HAST DU DAS GE-MACHT?
DAS BRINGT DICH AUF VORDERMANN. DAMIT DU ES MIT DEN SUPIES AUFNEHMEN KANNST.
HIMMEL-HERRGOTT, WIRKT DAS FÜR IMMER?

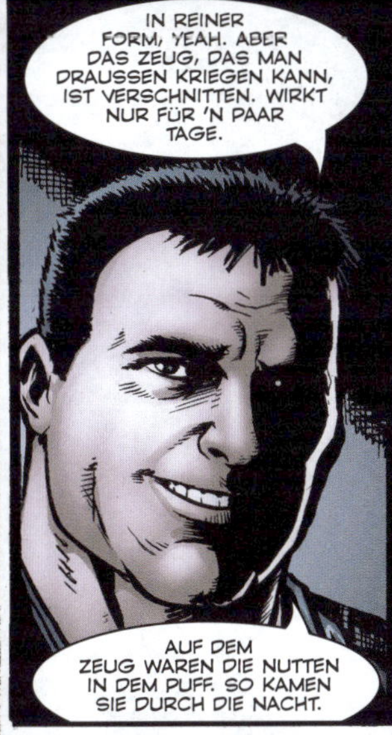
IN REINER FORM, YEAH. ABER DAS ZEUG, DAS MAN DRAUSSEN KRIEGEN KANN, IST VERSCHNITTEN. WIRKT NUR FÜR 'N PAAR TAGE.
AUF DEM ZEUG WAREN DIE NUTTEN IN DEM PUFF. SO KAMEN SIE DURCH DIE NACHT.

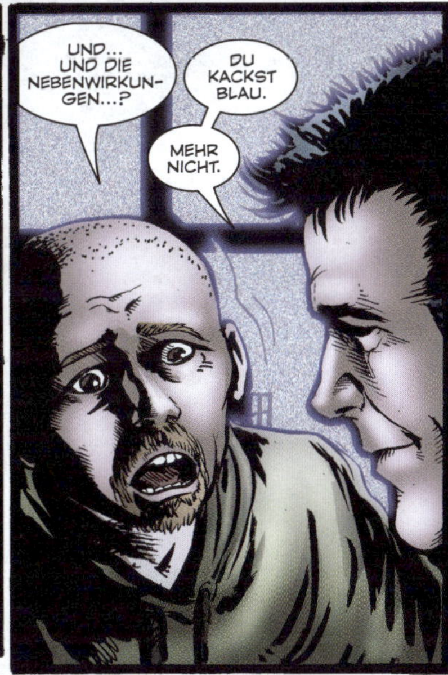
UND... UND DIE NEBENWIRKUN-GEN...?
DU KACKST BLAU.
MEHR NICHT.

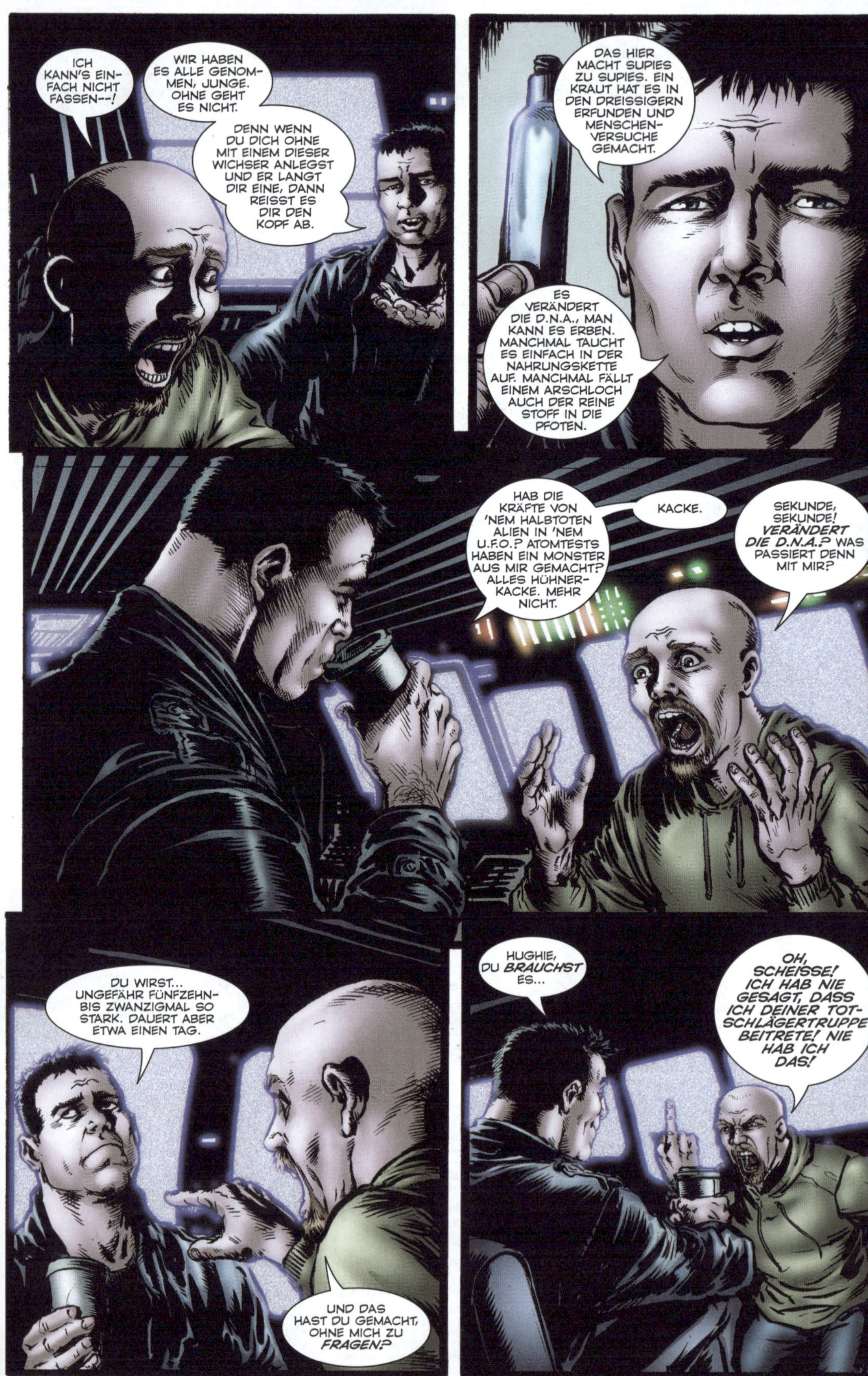
ICH KANN'S EINFACH NICHT FASSEN--!
WIR HABEN ES ALLE GENOMMEN, JUNGE. OHNE GEHT ES NICHT.
DENN WENN DU DICH OHNE MIT EINEM DIESER WICHSER ANLEGST UND ER LANGT DIR EINE, DANN REISST ES DIR DEN KOPF AB.
DAS HIER MACHT SUPIES ZU SUPIES. EIN KRAUT HAT ES IN DEN DREISSIGERN ERFUNDEN UND MENSCHENVERSUCHE GEMACHT.
ES VERÄNDERT DIE D.N.A., MAN KANN ES ERBEN. MANCHMAL TAUCHT ES EINFACH IN DER NAHRUNGSKETTE AUF. MANCHMAL FÄLLT EINEM ARSCHLOCH AUCH DER REINE STOFF IN DIE PFOTEN.
HAB DIE KRÄFTE VON 'NEM HALBTOTEN ALIEN IN 'NEM U.F.O.? ATOMTESTS HABEN EIN MONSTER AUS MIR GEMACHT? ALLES HÜHNERKACKE. MEHR NICHT.
KACKE.
SEKUNDE, SEKUNDE! VERÄNDERT DIE D.N.A.? WAS PASSIERT DENN MIT MIR?
DU WIRST... UNGEFÄHR FÜNFZEHN- BIS ZWANZIGMAL SO STARK. DAUERT ABER ETWA EINEN TAG.
UND DAS HAST DU GEMACHT, OHNE MICH ZU FRAGEN?
HUGHIE, DU BRAUCHST ES...
OH, SCHEISSE! ICH HAB NIE GESAGT, DASS ICH DEINER TOTSCHLÄGERTRUPPE BEITRETE! NIE HAB ICH DAS!

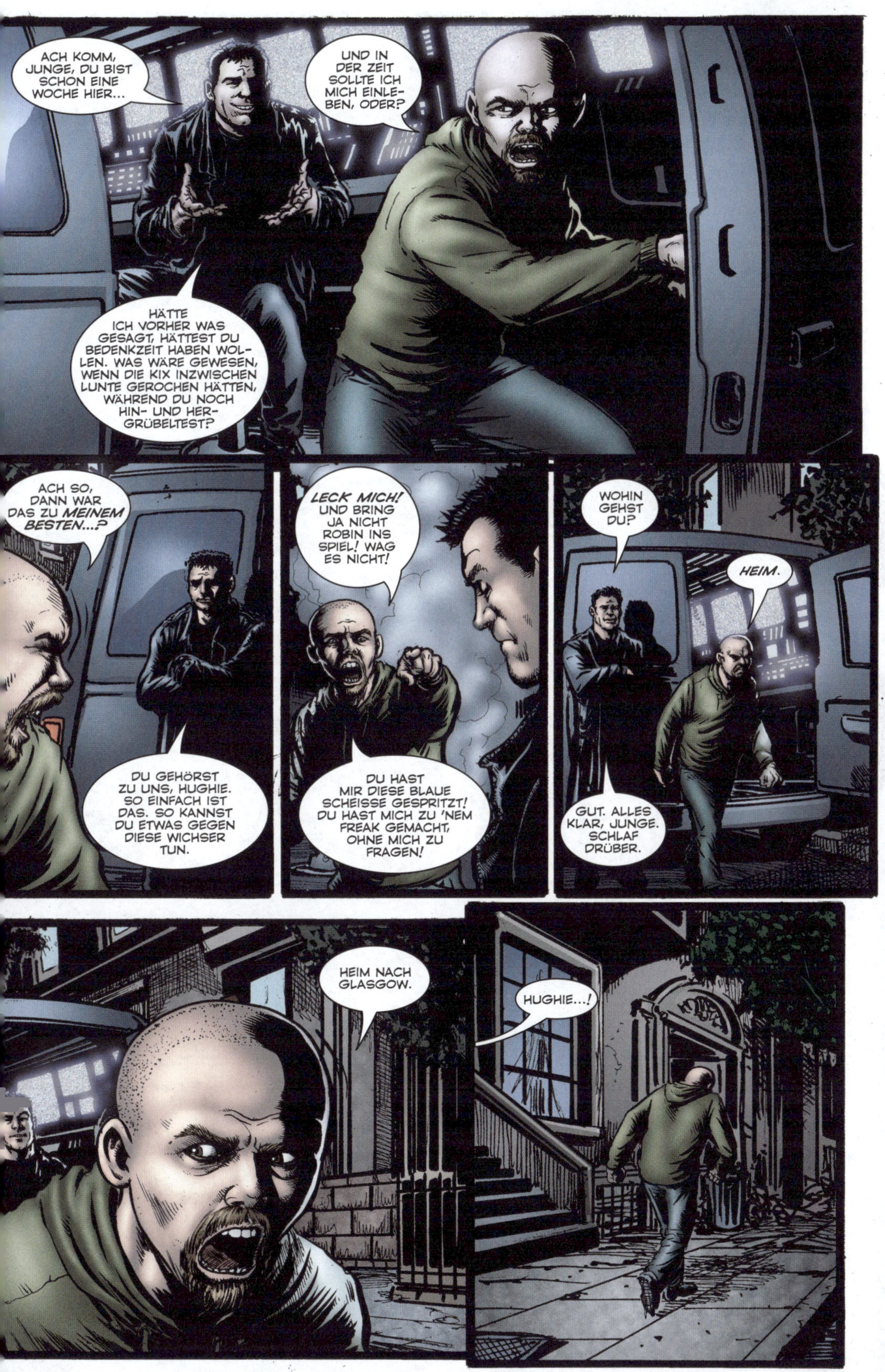

ACH KOMM, JUNGE, DU BIST SCHON EINE WOCHE HIER...

UND IN DER ZEIT SOLLTE ICH MICH EINLEBEN, ODER?

HÄTTE ICH VORHER WAS GESAGT, HÄTTEST DU BEDENKZEIT HABEN WOLLEN. WAS WÄRE GEWESEN, WENN DIE KIX INZWISCHEN LUNTE GEROCHEN HÄTTEN, WÄHREND DU NOCH HIN- UND HERGRÜBELTEST?

ACH SO, DANN WAR DAS ZU *MEINEM BESTEN*...?

DU GEHÖRST ZU UNS, HUGHIE. SO EINFACH IST DAS. SO KANNST DU ETWAS GEGEN DIESE WICHSER TUN.

LECK MICH! UND BRING JA NICHT ROBIN INS SPIEL! WAG ES NICHT!

DU HAST MIR DIESE BLAUE SCHEISSE GESPRITZT! DU HAST MICH ZU 'NEM FREAK GEMACHT, OHNE MICH ZU FRAGEN!

WOHIN GEHST DU?

HEIM.

GUT. ALLES KLAR, JUNGE. SCHLAF DRÜBER.

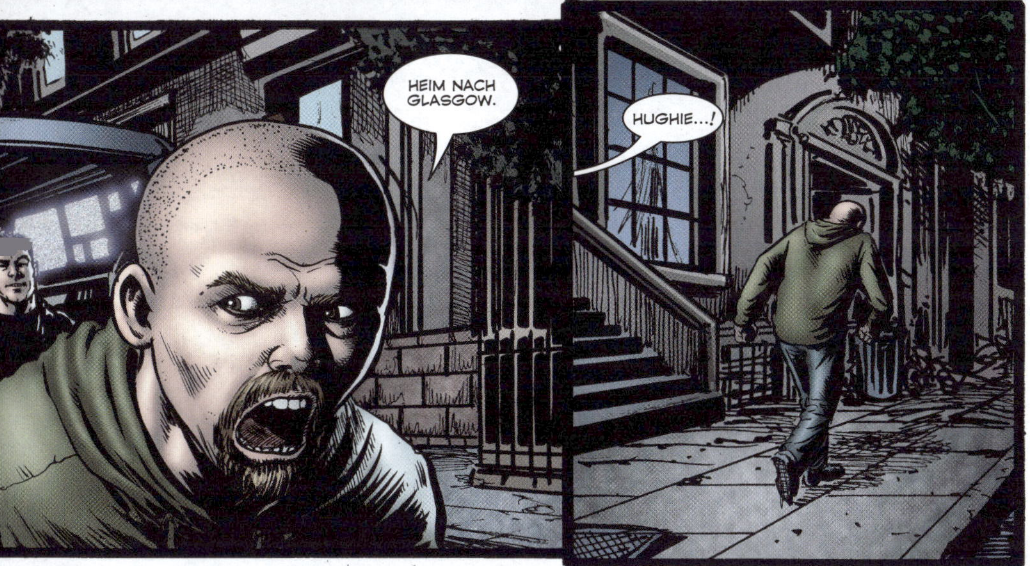

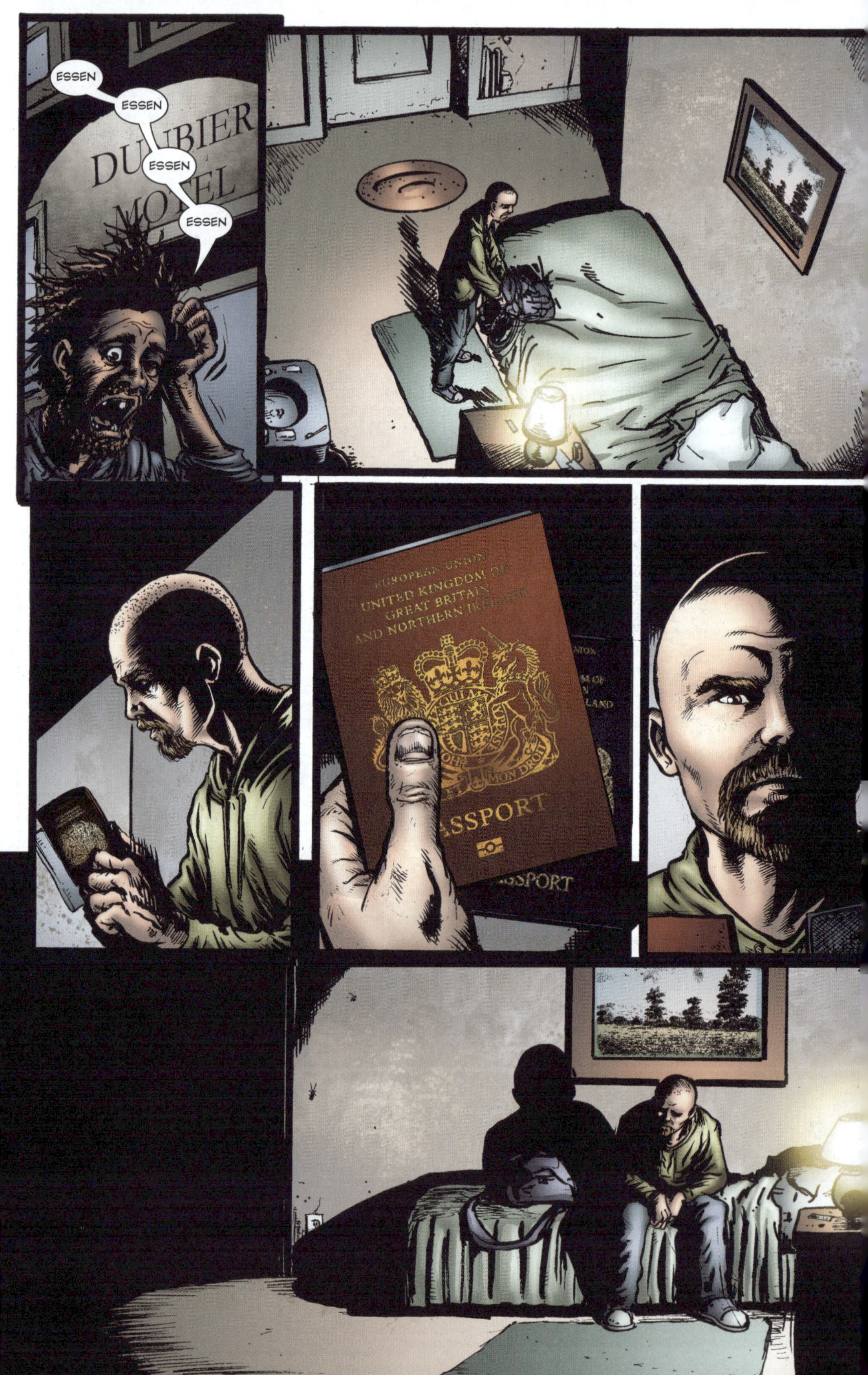
ESSEN
ESSEN
ESSEN
ESSEN
EUROPEAN UNION
UNITED KINGDOM OF
GREAT BRITAIN
AND NORTHERN IRELAND

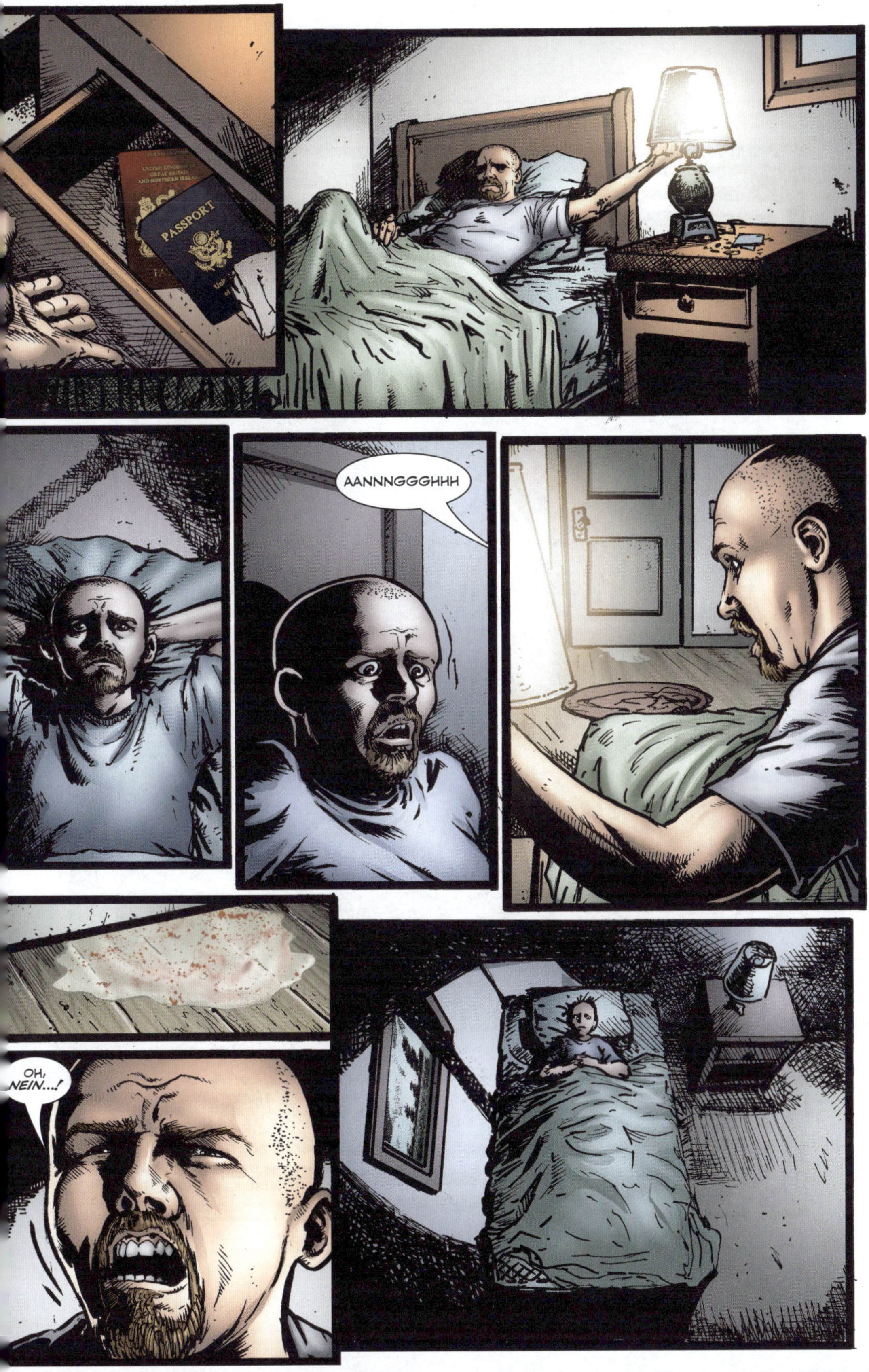

PASSPORT

AANNNGGGHHH

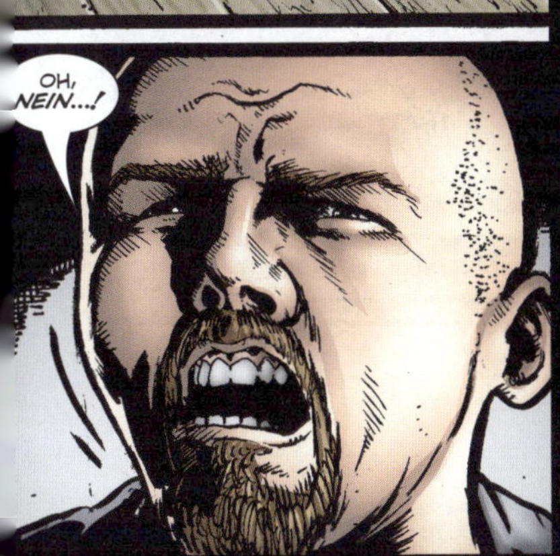

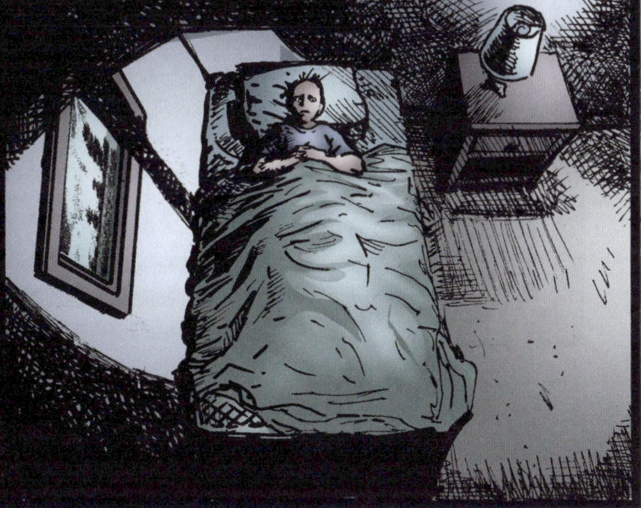

EINE JUNGFRAU KOMMT SELTEN ALLEIN, TEIL 3

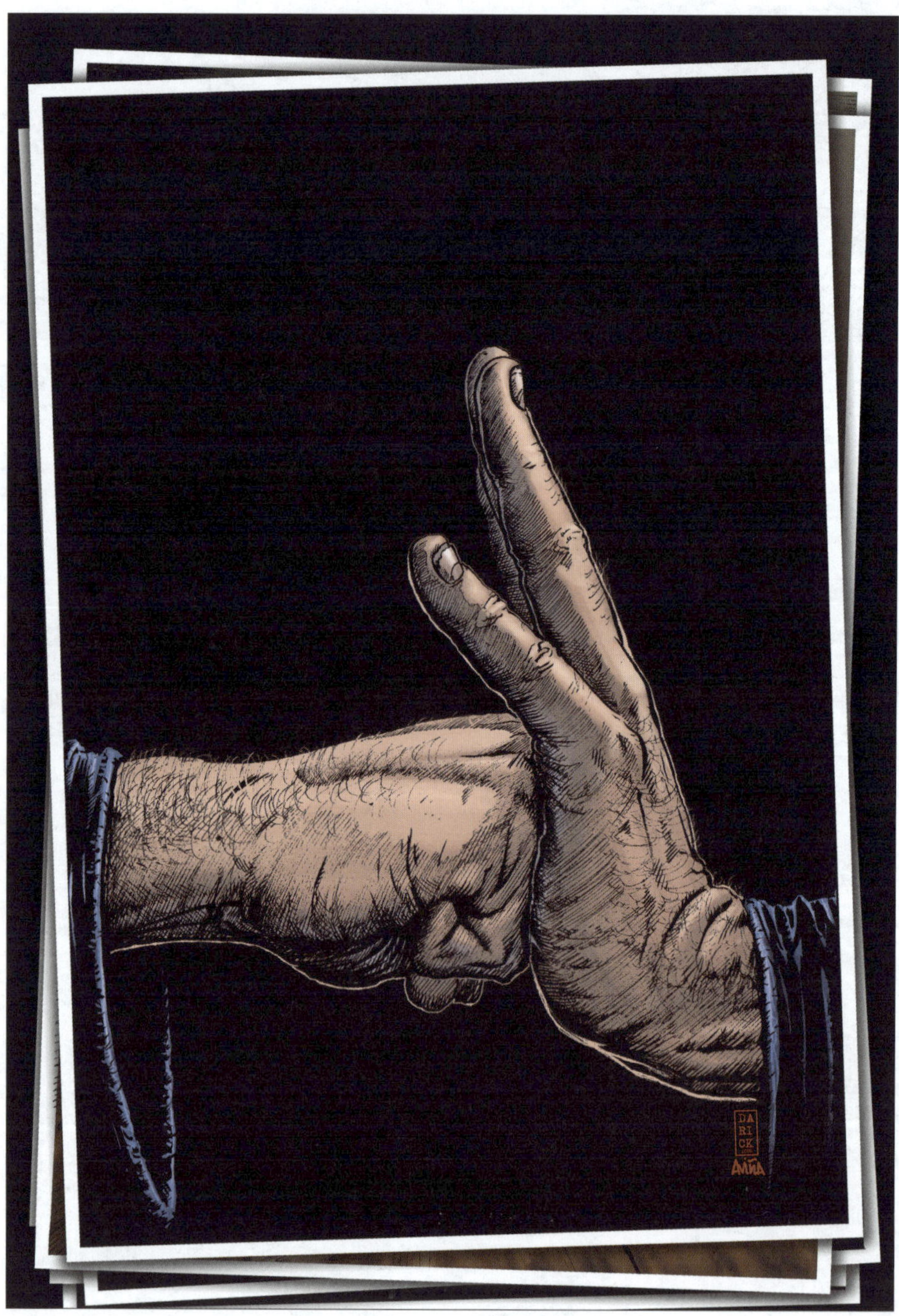

The Boys (2006) 5
Cover von **DARICK ROBERTSON**

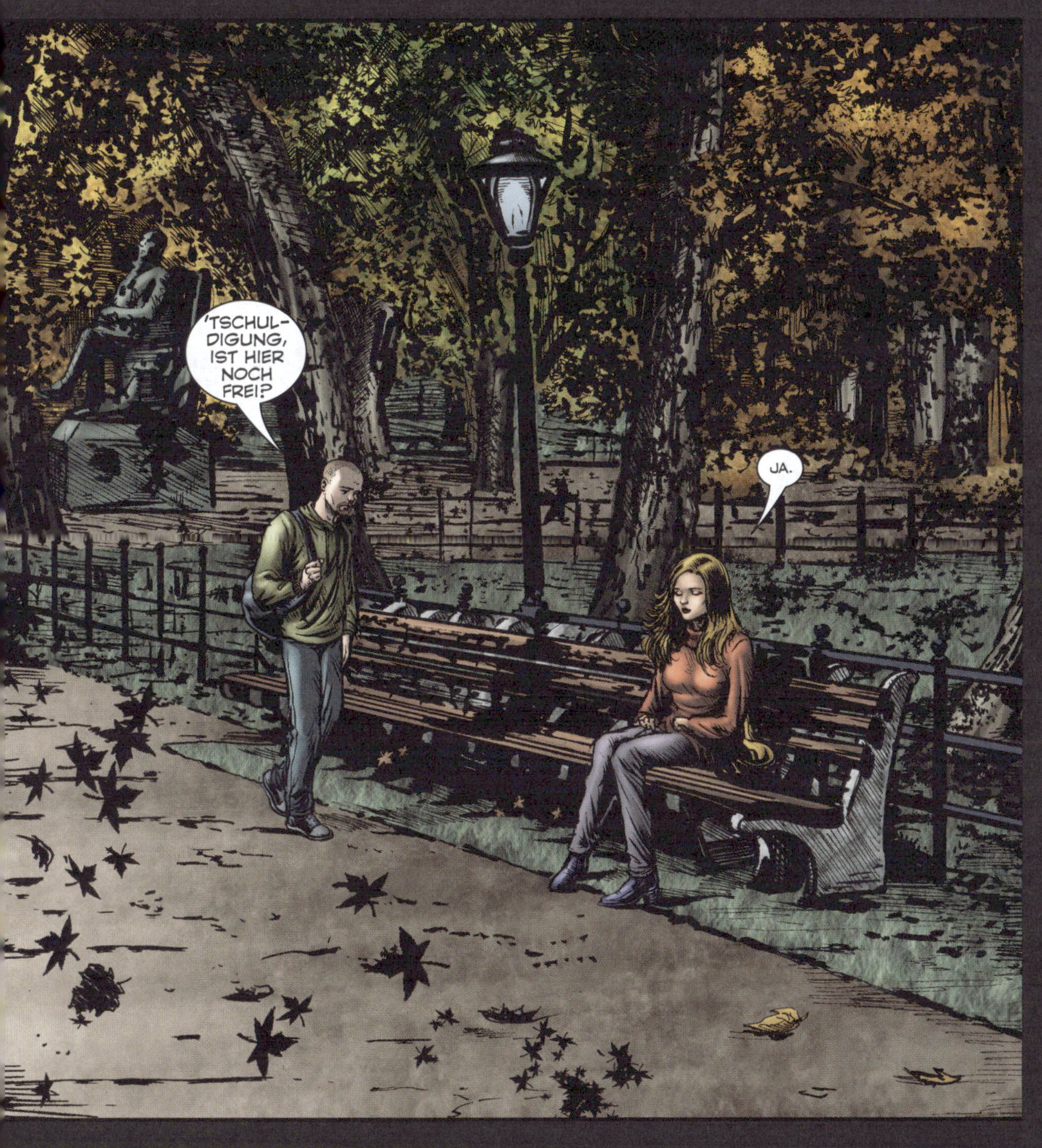

EINE JUNGFRAU KOMMT SELTEN ALLEIN

TEIL 3

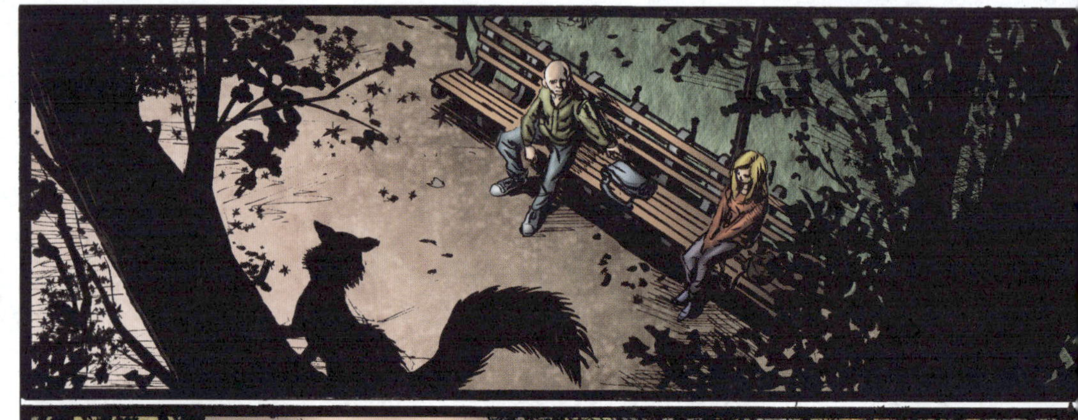
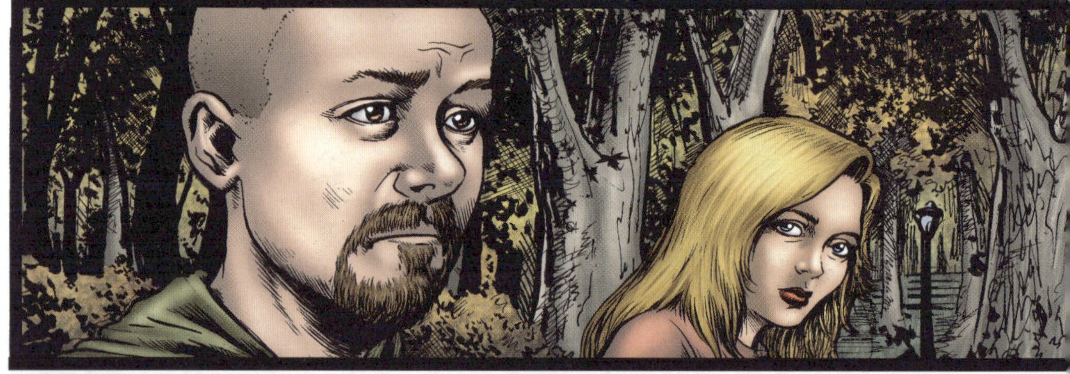
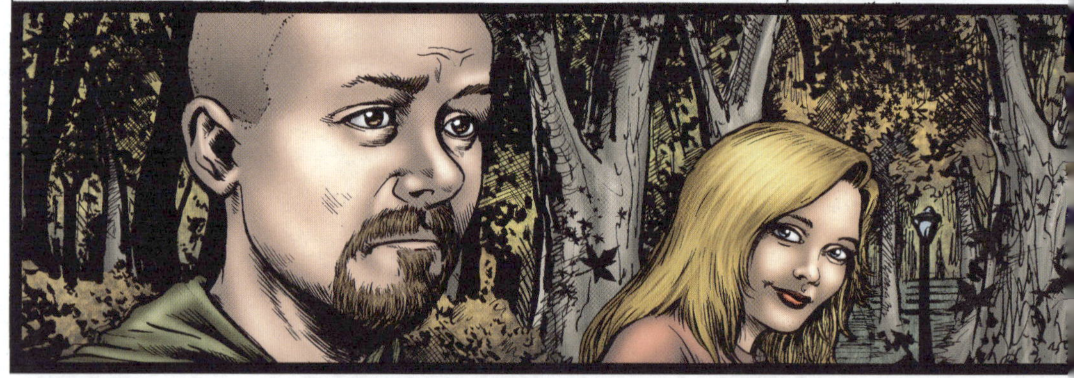
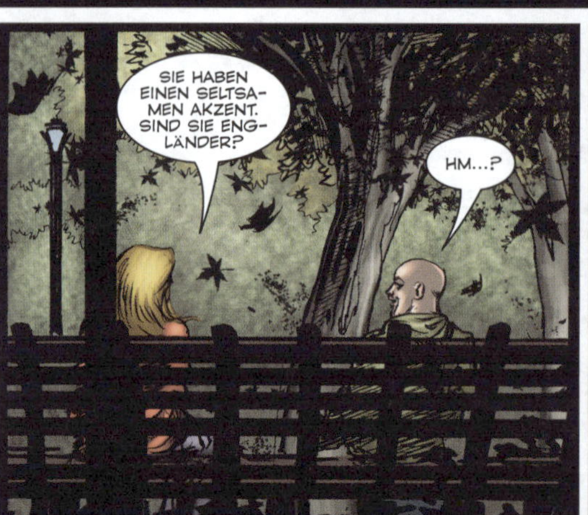
SIE HABEN EINEN SELTSAMEN AKZENT. SIND SIE ENGLÄNDER?
HM...?
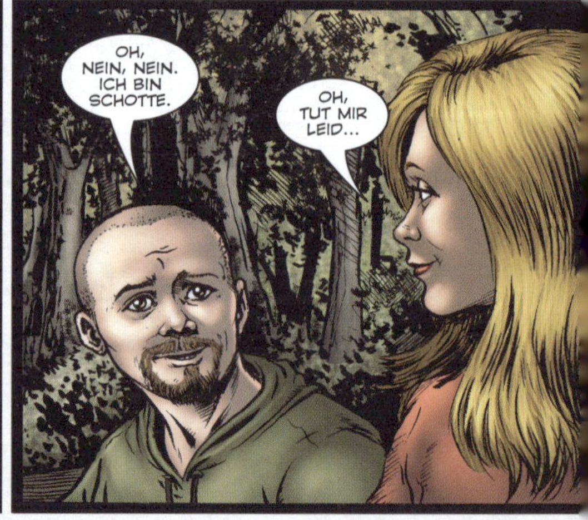
OH, NEIN, NEIN. ICH BIN SCHOTTE.
OH, TUT MIR LEID...

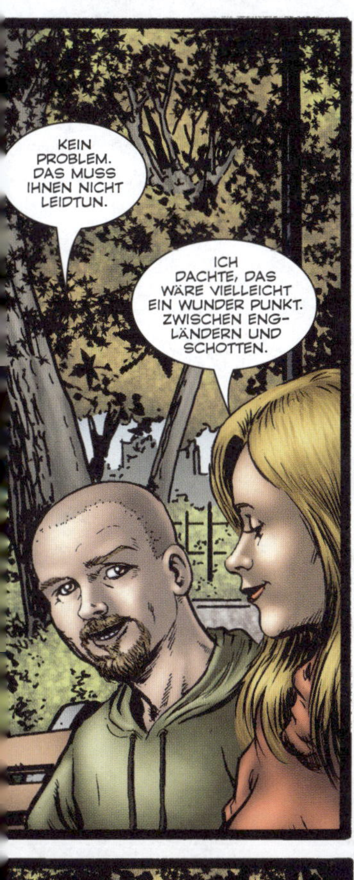
KEIN PROBLEM. DAS MUSS IHNEN NICHT LEIDTUN.
ICH DACHTE, DAS WÄRE VIELLEICHT EIN WUNDER PUNKT. ZWISCHEN ENG-LÄNDERN UND SCHOTTEN.
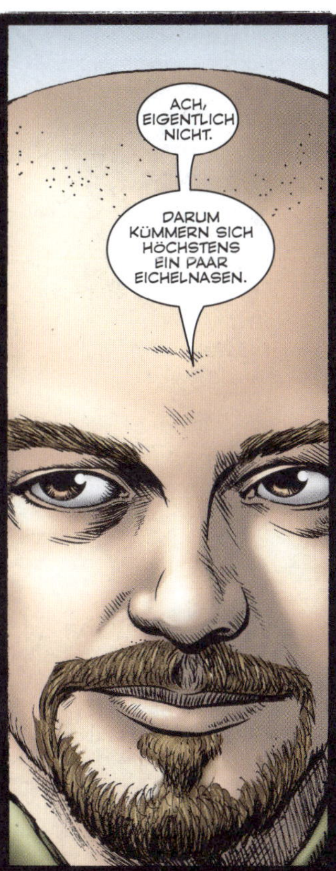
ACH, EIGENTLICH NICHT.
DARUM KÜMMERN SICH HÖCHSTENS EIN PAAR EICHELNASEN.
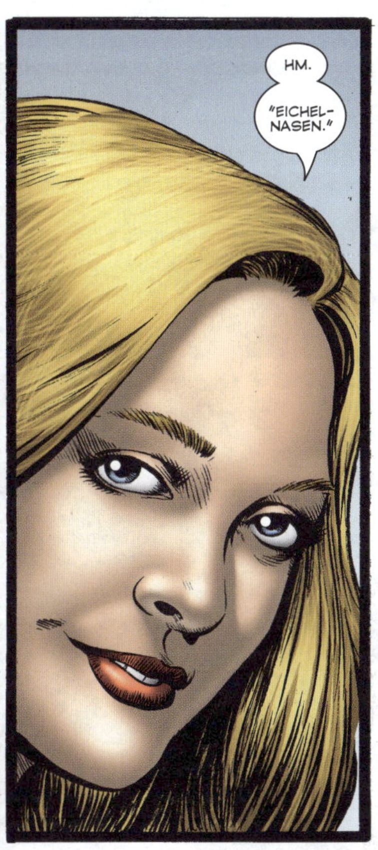
HM.
"EICHEL-NASEN."
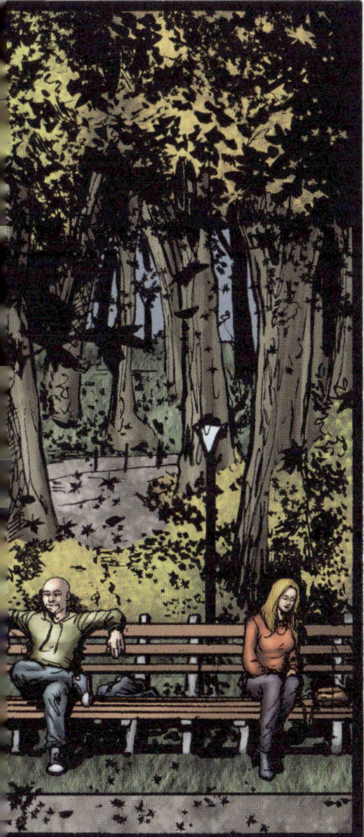
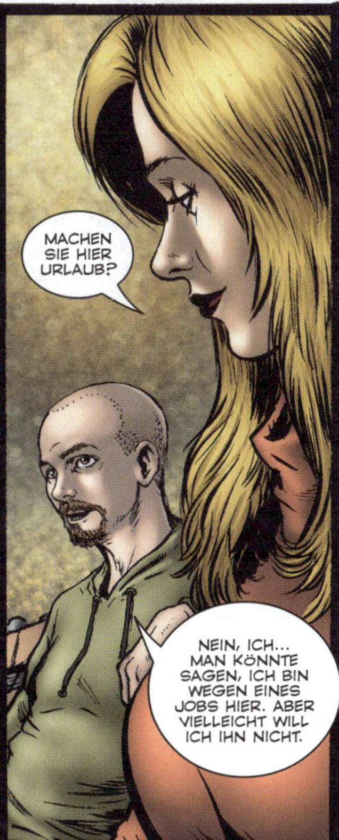
MACHEN SIE HIER URLAUB?
NEIN, ICH... MAN KÖNNTE SAGEN, ICH BIN WEGEN EINES JOBS HIER. ABER VIELLEICHT WILL ICH IHN NICHT.
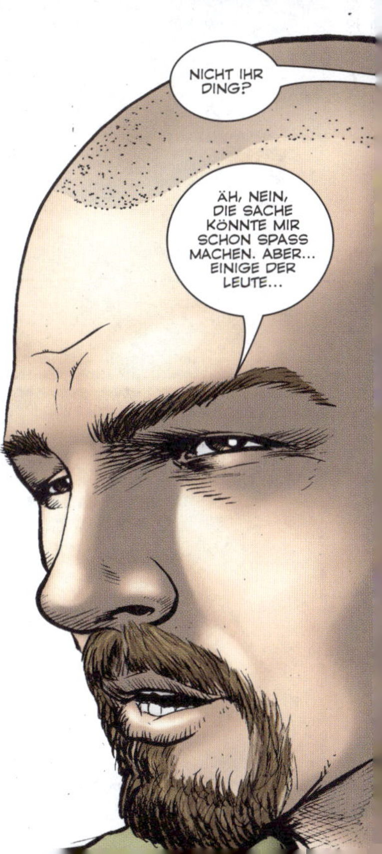
NICHT IHR DING?
ÄH, NEIN, DIE SACHE KÖNNTE MIR SCHON SPASS MACHEN. ABER... EINIGE DER LEUTE...

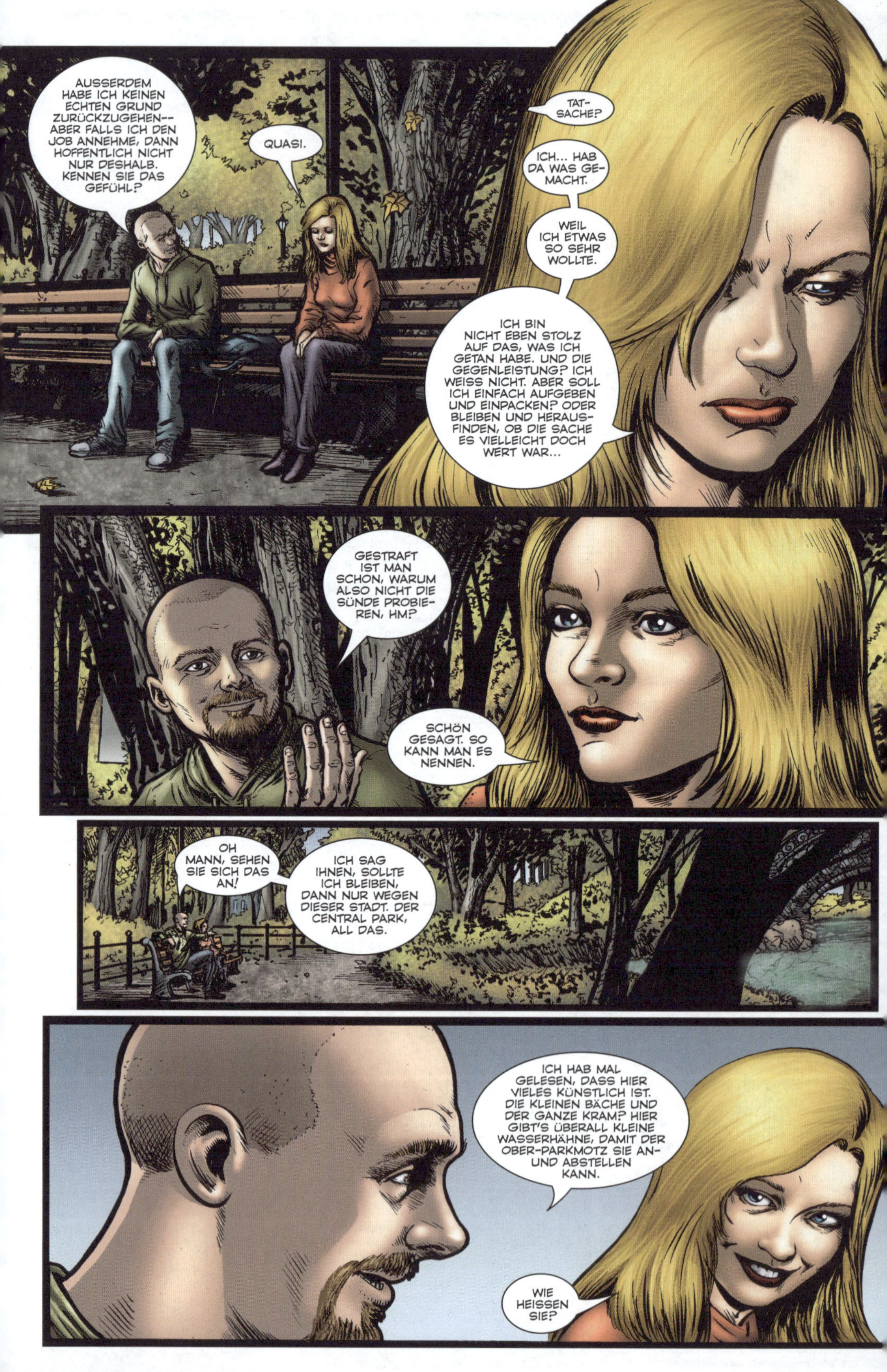
AUSSERDEM HABE ICH KEINEN ECHTEN GRUND ZURÜCKZUGEHEN-- ABER FALLS ICH DEN JOB ANNEHME, DANN HOFFENTLICH NICHT NUR DESHALB. KENNEN SIE DAS GEFÜHL?
QUASI.
TAT-SACHE?
ICH... HAB DA WAS GE-MACHT.
WEIL ICH ETWAS SO SEHR WOLLTE.
ICH BIN NICHT EBEN STOLZ AUF DAS, WAS ICH GETAN HABE. UND DIE GEGENLEISTUNG? ICH WEISS NICHT. ABER SOLL ICH EINFACH AUFGEBEN UND EINPACKEN? ODER BLEIBEN UND HERAUS-FINDEN, OB DIE SACHE ES VIELLEICHT DOCH WERT WAR...
GESTRAFT IST MAN SCHON, WARUM ALSO NICHT DIE SÜNDE PROBIE-REN, HM?
SCHÖN GESAGT. SO KANN MAN ES NENNEN.
OH MANN, SEHEN SIE SICH DAS AN!
ICH SAG IHNEN, SOLLTE ICH BLEIBEN, DANN NUR WEGEN DIESER STADT. DER CENTRAL PARK, ALL DAS.
ICH HAB MAL GELESEN, DASS HIER VIELES KÜNSTLICH IST. DIE KLEINEN BÄCHE UND DER GANZE KRAM? HIER GIBT'S ÜBERALL KLEINE WASSERHÄHNE, DAMIT DER OBER-PARKMOTZ SIE AN- UND ABSTELLEN KANN.
WIE HEISSEN SIE?

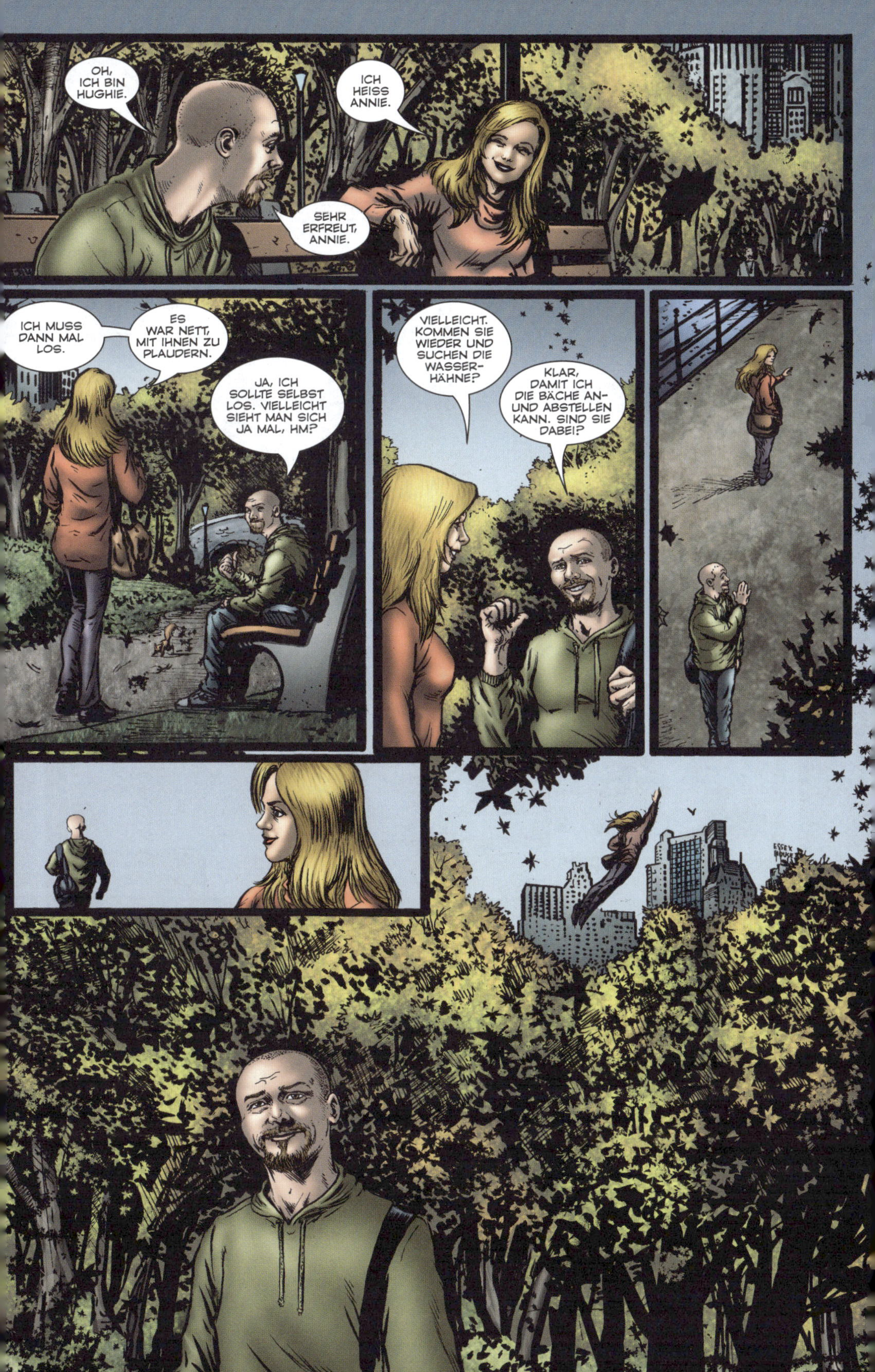
OH, ICH BIN HUGHIE.
ICH HEISS ANNIE.
SEHR ERFREUT, ANNIE.
ICH MUSS DANN MAL LOS.
ES WAR NETT, MIT IHNEN ZU PLAUDERN.
JA, ICH SOLLTE SELBST LOS. VIELLEICHT SIEHT MAN SICH JA MAL, HM?
VIELLEICHT. KOMMEN SIE WIEDER UND SUCHEN DIE WASSER-HÄHNE?
KLAR, DAMIT ICH DIE BÄCHE AN- UND ABSTELLEN KANN. SIND SIE DABEI?

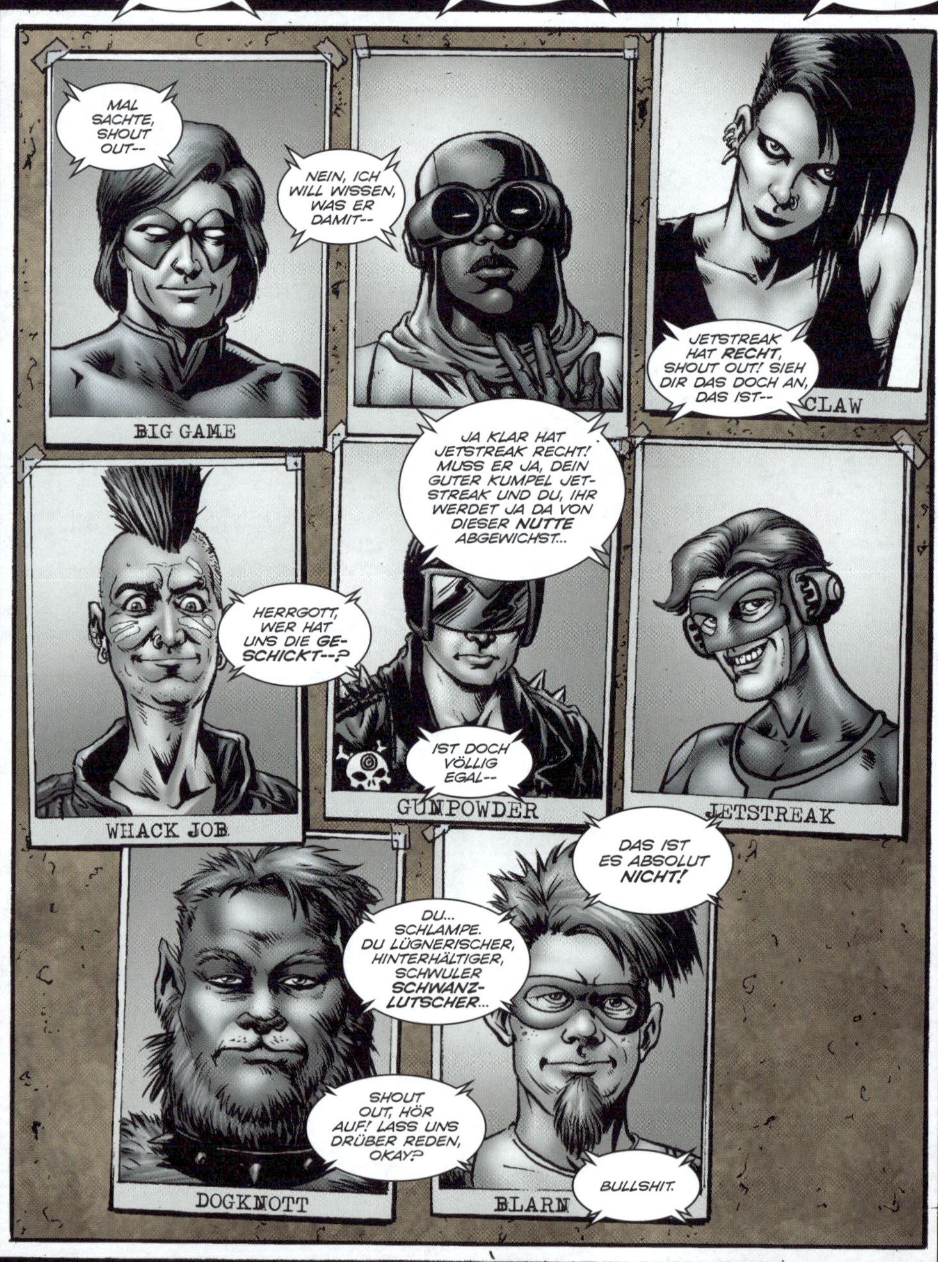

WAS SEHT IHR EUCH DA AN?
HALLO? HAT'S EUCH DIE SPRACHE VERSCHLAGEN? WAS HABT IHR DA?
OH, SCHEIS-SE--!
DAS SEHEN WIR UNS AN! BIG GAME, DU DRECKSACK! WIE LANG LUTSCHT DIR DIESER SCHEISSKERL SCHON DEN SCHWANZ?
HEY, PASS AUF, DENZEL...
WAS BEDEUTET DAS, HM? LASS HÖREN, DOGKNOTT! KANNST DU MIR SAGEN, WAS DAS BEDEUTEN SOLL?
MAL SACHTE, SHOUT OUT--
NEIN, ICH WILL WISSEN, WAS ER DAMIT--
JETSTREAK HAT RECHT, SHOUT OUT! SIEH DIR DAS DOCH AN, DAS IST--
BIG GAME
CLAW
JA KLAR HAT JETSTREAK RECHT! MUSS ER JA, DEIN GUTER KUMPEL JET-STREAK UND DU, IHR WERDET JA DA VON DIESER NUTTE ABGEWICHST...
HERRGOTT, WER HAT UNS DIE GE-SCHICKT--?
IST DOCH VÖLLIG EGAL--
WHACK JOB
GUNPOWDER
JETSTREAK
DAS IST ES ABSOLUT NICHT!
DU... SCHLAMPE. DU LÜGNERISCHER, HINTERHÄLTIGER, SCHWULER SCHWANZ-LUTSCHER...
SHOUT OUT, HÖR AUF! LASS UNS DRÜBER REDEN, OKAY?
BULLSHIT.
DOGKNOTT
BLARN
JETZT ZIEH KEINE FRESSE...
SCHÖN, DASS IHR JUNGS ZUM REDEN AUFGELEGT SEID. WIE WÄR'S HIERMIT? KÖNNEN WIR DARÜBER REDEN?
MEIN GOTT!!

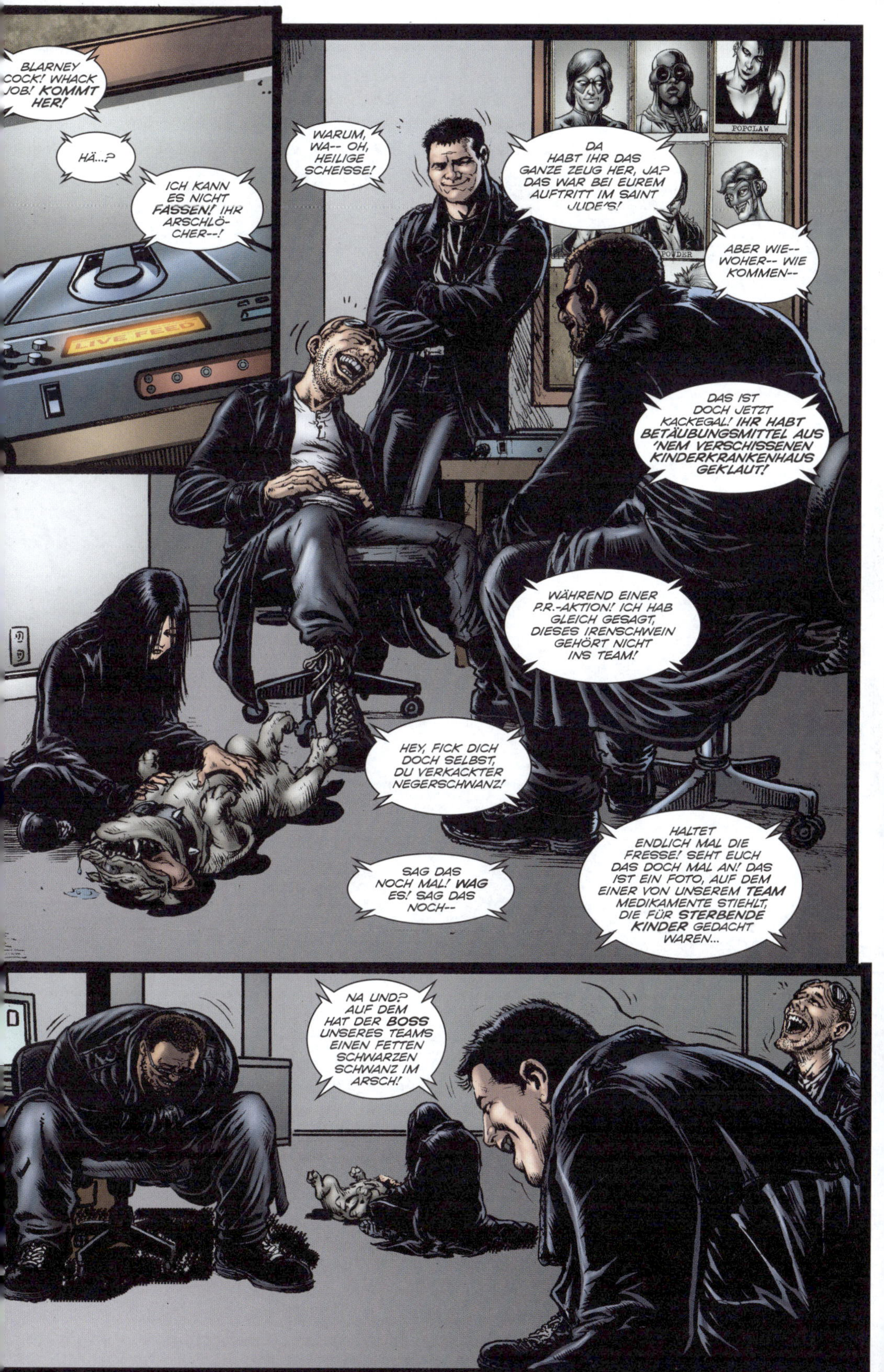
BLARNEY COCK! WHACK JOB! KOMMT HER!
HÄ...?
ICH KANN ES NICHT FASSEN! IHR ARSCHLÖ-CHER--!
LIVE FEED
WARUM, WA-- OH, HEILIGE SCHEISSE!
DA HABT IHR DAS GANZE ZEUG HER, JA? DAS WAR BEI EUREM AUFTRITT IM SAINT JUDE'S!
POPCLAW
POWDER
ABER WIE-- WOHER-- WIE KOMMEN--
DAS IST DOCH JETZT KACKEGAL! IHR HABT BETÄUBUNGSMITTEL AUS 'NEM VERSCHISSENEN KINDERKRANKENHAUS GEKLAUT!
WÄHREND EINER P.R.-AKTION! ICH HAB GLEICH GESAGT, DIESES IRENSCHWEIN GEHÖRT NICHT INS TEAM!
HEY, FICK DICH DOCH SELBST, DU VERKACKTER NEGERSCHWANZ!
SAG DAS NOCH MAL! WAG ES! SAG DAS NOCH--
HALTET ENDLICH MAL DIE FRESSE! SEHT EUCH DAS DOCH MAL AN! DAS IST EIN FOTO, AUF DEM EINER VON UNSEREM TEAM MEDIKAMENTE STIEHLT, DIE FÜR STERBENDE KINDER GEDACHT WAREN...
NA UND? AUF DEM HAT DER BOSS UNSERES TEAMS EINEN FETTEN SCHWARZEN SCHWANZ IM ARSCH!

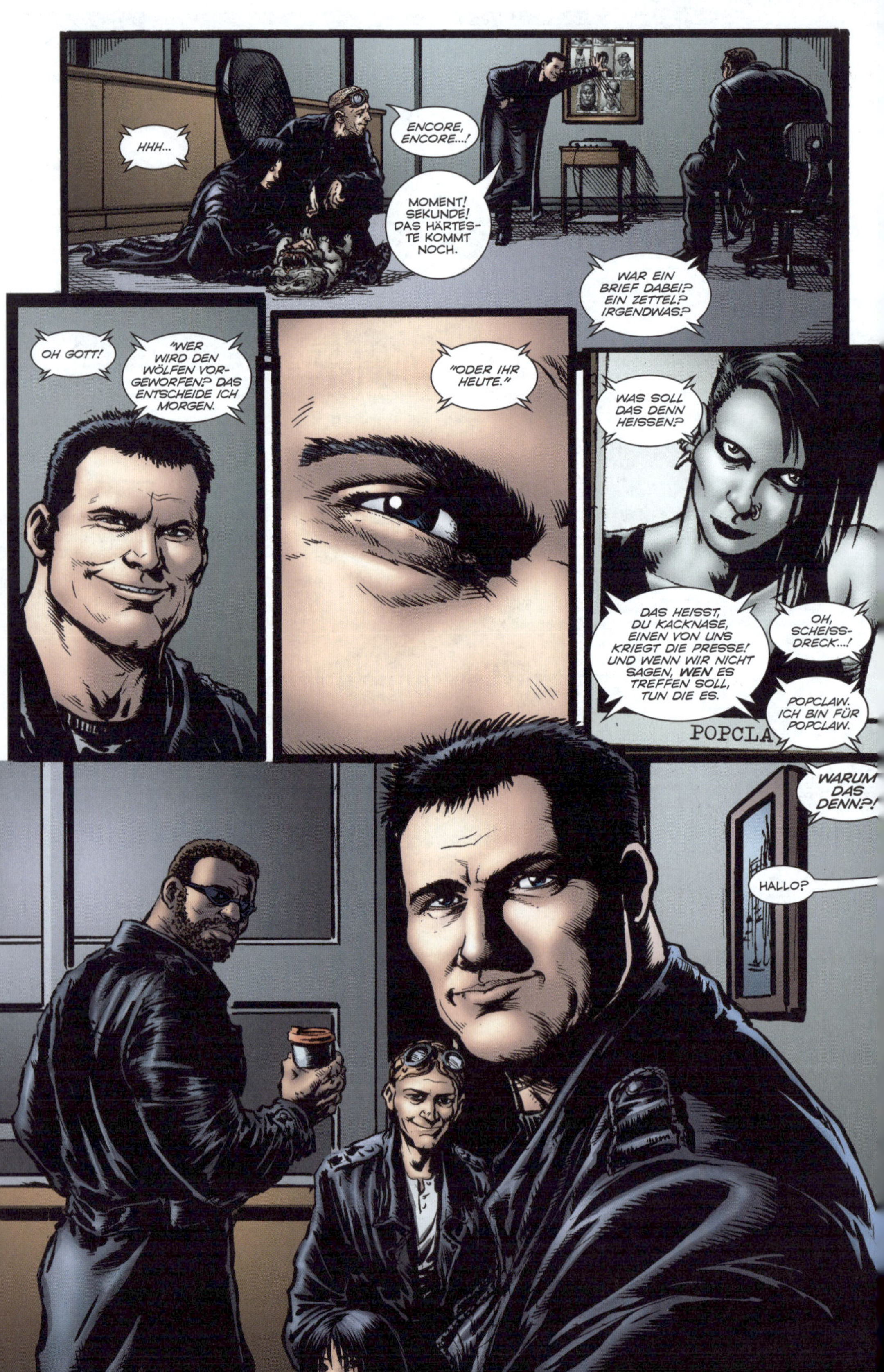
HHH...
ENCORE, ENCORE...!
MOMENT! SEKUNDE! DAS HÄRTESTE KOMMT NOCH.
WAR EIN BRIEF DABEI? EIN ZETTEL? IRGENDWAS?
OH GOTT!
"WER WIRD DEN WÖLFEN VORGEWORFEN? DAS ENTSCHEIDE ICH MORGEN.
"ODER IHR HEUTE."
WAS SOLL DAS DENN HEISSEN?
DAS HEISST, DU KACKNASE, EINEN VON UNS KRIEGT DIE PRESSE! UND WENN WIR NICHT SAGEN, WEN ES TREFFEN SOLL, TUN DIE ES.
OH, SCHEISSDRECK...!
POPCLA
POPCLAW. ICH BIN FÜR POPCLAW.
WARUM DAS DENN?!
HALLO?

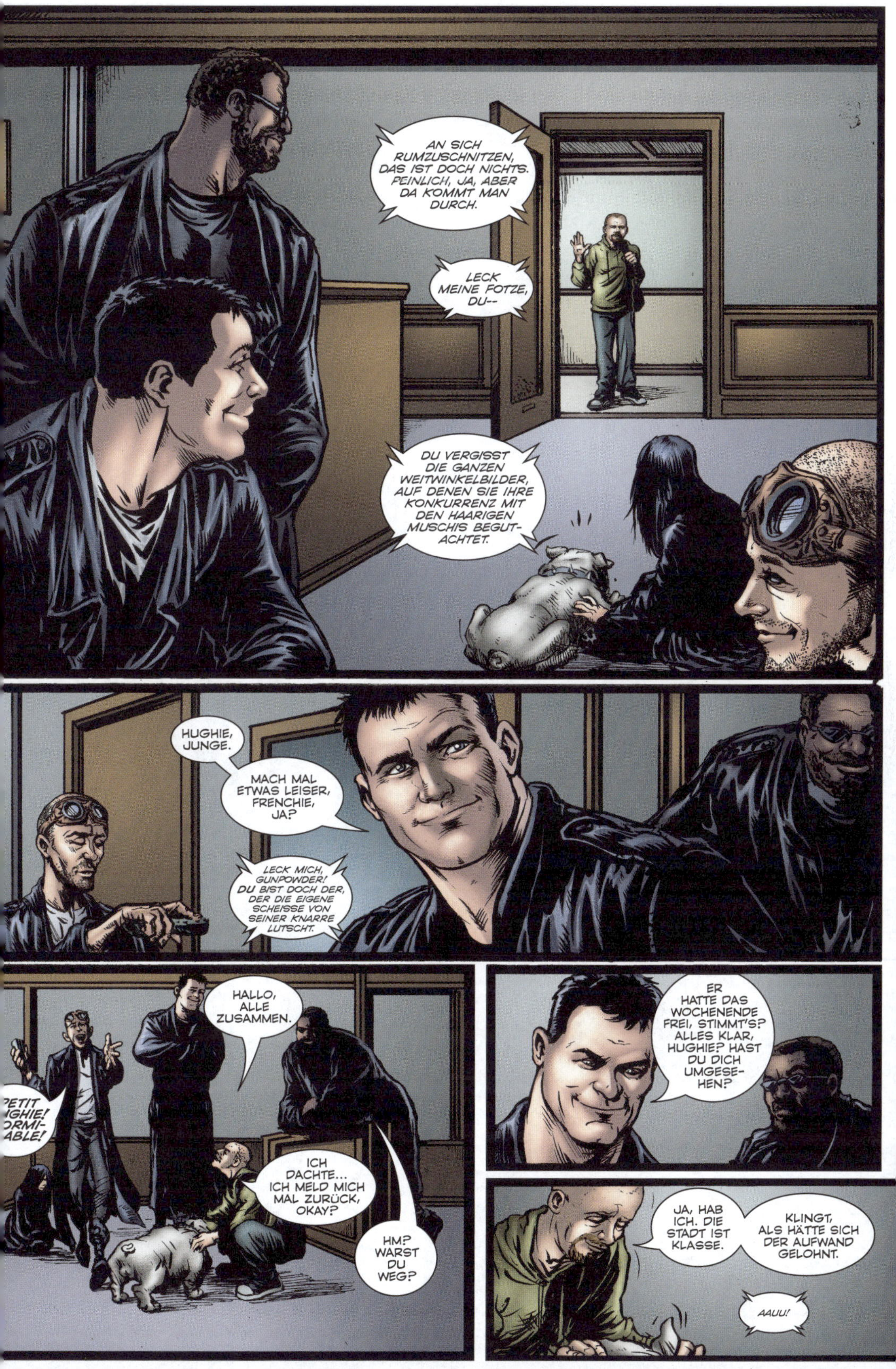

AN SICH RUMZUSCHNITZEN, DAS IST DOCH NICHTS. PEINLICH, JA, ABER DA KOMMT MAN DURCH.

LECK MEINE FOTZE, DU--

DU VERGISST DIE GANZEN WEITWINKELBILDER, AUF DENEN SIE IHRE KONKURRENZ MIT DEN HAARIGEN MUSCHIS BEGUTACHTET.

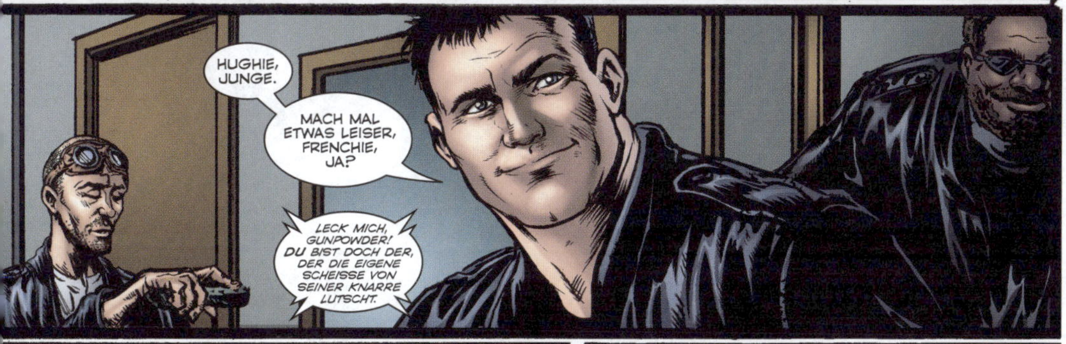

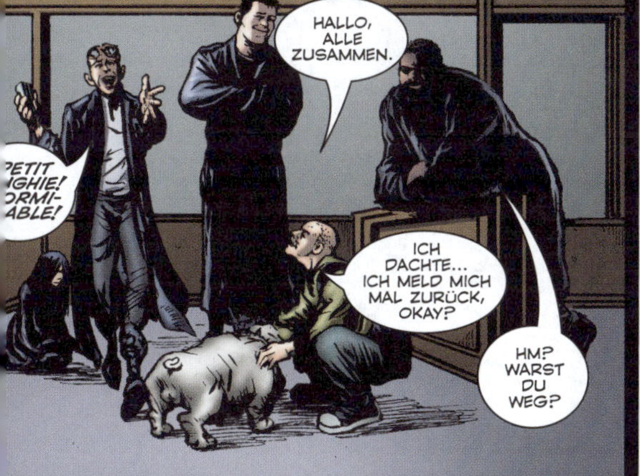

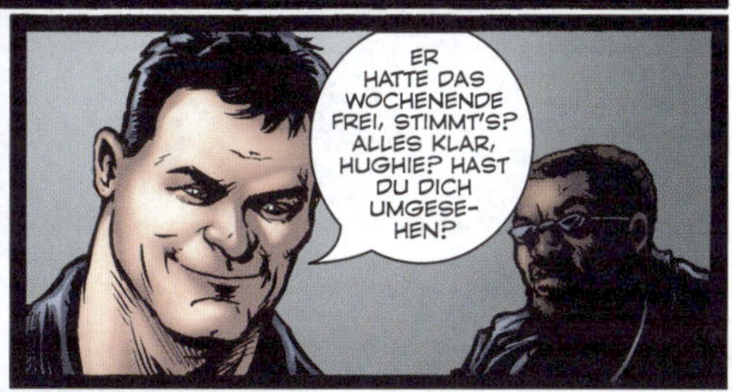

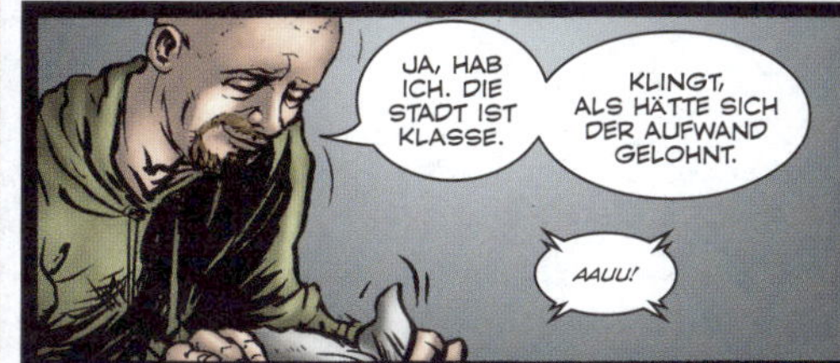

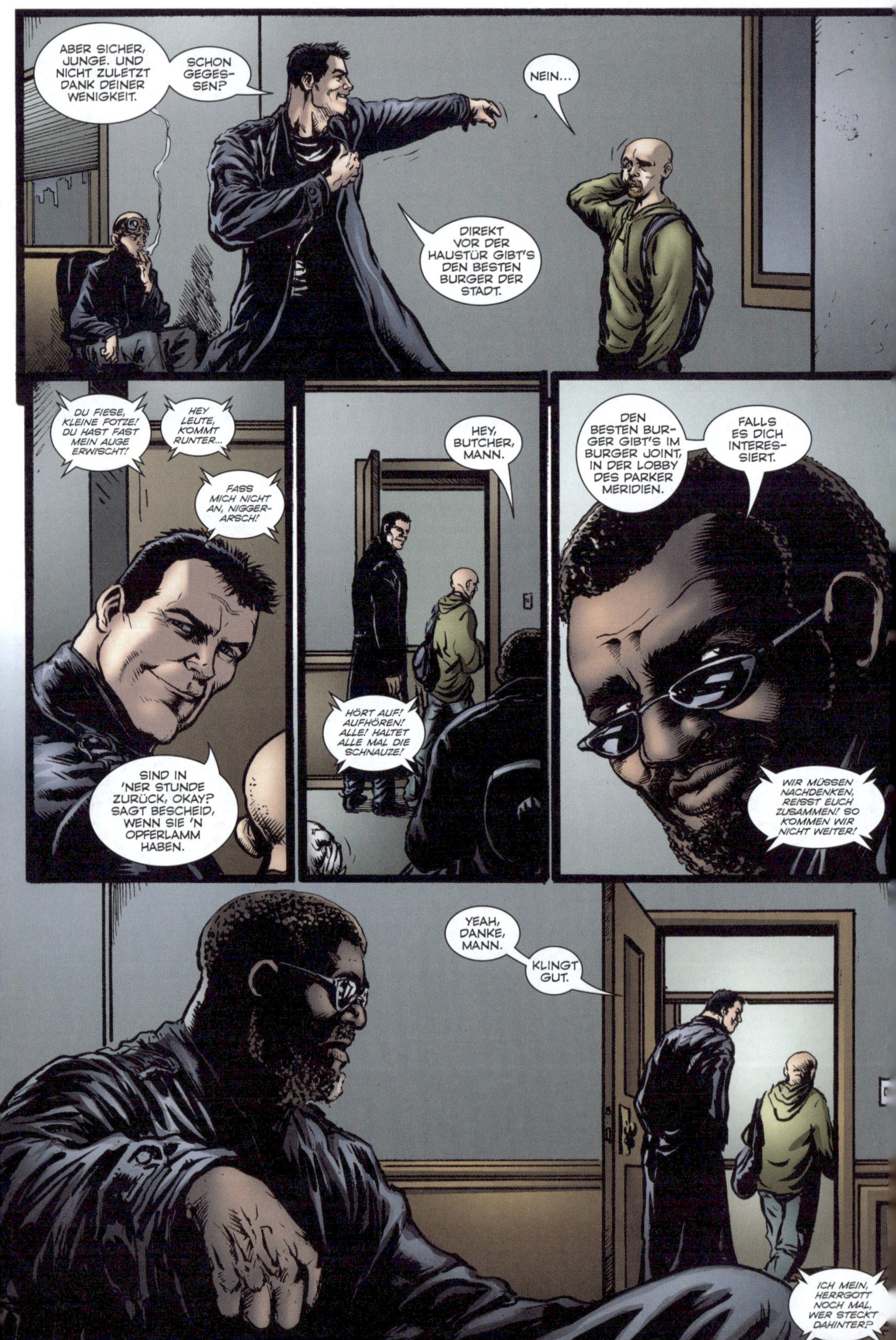
ABER SICHER, JUNGE. UND NICHT ZULETZT DANK DEINER WENIGKEIT.
SCHON GEGES-SEN?
NEIN...
DIREKT VOR DER HAUSTÜR GIBT'S DEN BESTEN BURGER DER STADT.
DU FIESE, KLEINE FOTZE! DU HAST FAST MEIN AUGE ERWISCHT!
HEY LEUTE, KOMMT RUNTER...
FASS MICH NICHT AN, NIGGER-ARSCH!
SIND IN 'NER STUNDE ZURÜCK, OKAY? SAGT BESCHEID, WENN SIE 'N OPFERLAMM HABEN.
HEY, BUTCHER, MANN.
HÖRT AUF! AUFHÖREN! ALLE! HALTET ALLE MAL DIE SCHNAUZE!
DEN BESTEN BUR-GER GIBT'S IM BURGER JOINT, IN DER LOBBY DES PARKER MERIDIEN.
FALLS ES DICH INTERES-SIERT.
WIR MÜSSEN NACHDENKEN, REISST EUCH ZUSAMMEN! SO KOMMEN WIR NICHT WEITER!
YEAH, DANKE, MANN.
KLINGT GUT.
ICH MEIN, HERRGOTT NOCH MAL, WER STECKT DAHINTER?

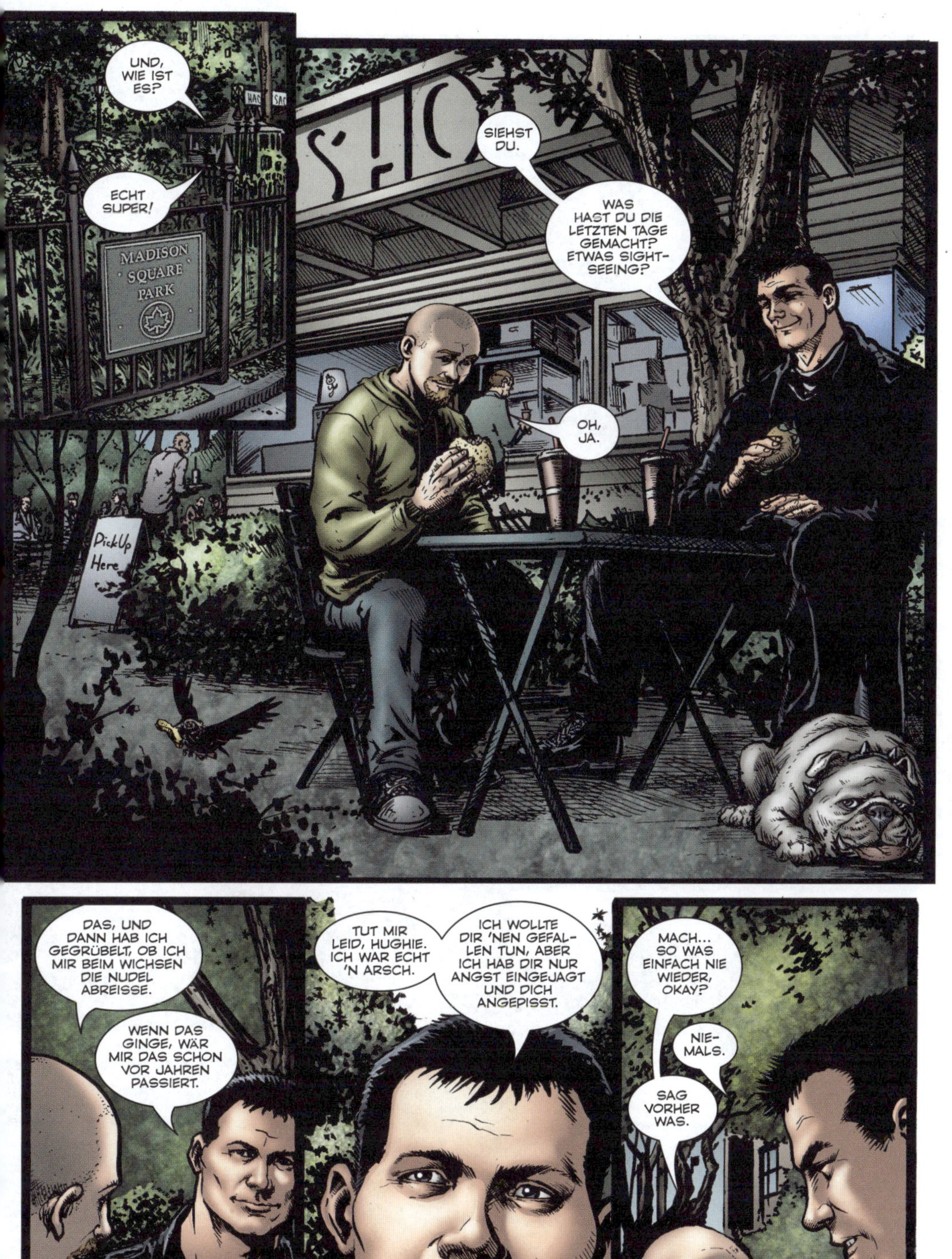
UND, WIE IST ES?
ECHT SUPER!
MADISON SQUARE PARK
SIEHST DU.
WAS HAST DU DIE LETZTEN TAGE GEMACHT? ETWAS SIGHT-SEEING?
OH, JA.
PickUp Here
DAS, UND DANN HAB ICH GEGRÜBELT, OB ICH MIR BEIM WICHSEN DIE NUDEL ABREISSE.
WENN DAS GINGE, WÄR MIR DAS SCHON VOR JAHREN PASSIERT.
TUT MIR LEID, HUGHIE. ICH WAR ECHT 'N ARSCH.
ICH WOLLTE DIR 'NEN GEFALLEN TUN, ABER ICH HAB DIR NUR ANGST EINGEJAGT UND DICH ANGEPISST.
MACH... SO WAS EINFACH NIE WIEDER, OKAY?
NIE-MALS.
SAG VORHER WAS.
KLAR.

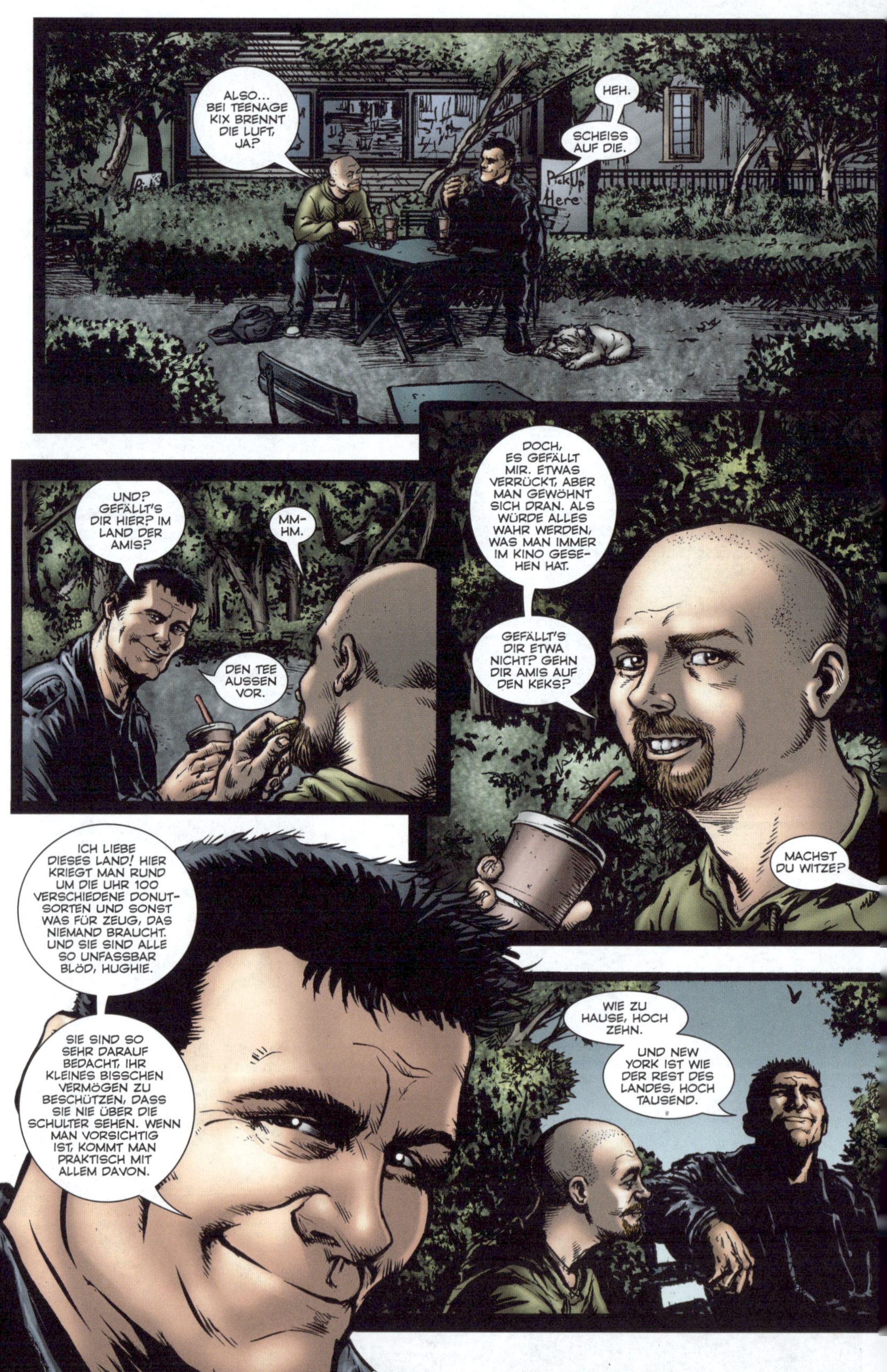
ALSO... BEI TEENAGE KIX BRENNT DIE LUFT, JA?
HEH.
SCHEISS AUF DIE.
Pick Up Here
UND? GEFÄLLT'S DIR HIER? IM LAND DER AMIS?
MM-HM.
DEN TEE AUSSEN VOR.
DOCH, ES GEFÄLLT MIR. ETWAS VERRÜCKT, ABER MAN GEWÖHNT SICH DRAN. ALS WÜRDE ALLES WAHR WERDEN, WAS MAN IMMER IM KINO GESEHEN HAT.
GEFÄLLT'S DIR ETWA NICHT? GEHN DIR AMIS AUF DEN KEKS?
MACHST DU WITZE?
ICH LIEBE DIESES LAND! HIER KRIEGT MAN RUND UM DIE UHR 100 VERSCHIEDENE DONUTSORTEN UND SONST WAS FÜR ZEUG, DAS NIEMAND BRAUCHT. UND SIE SIND ALLE SO UNFASSBAR BLÖD, HUGHIE.
SIE SIND SO SEHR DARAUF BEDACHT, IHR KLEINES BISSCHEN VERMÖGEN ZU BESCHÜTZEN, DASS SIE NIE ÜBER DIE SCHULTER SEHEN. WENN MAN VORSICHTIG IST, KOMMT MAN PRAKTISCH MIT ALLEM DAVON.
WIE ZU HAUSE, HOCH ZEHN.
UND NEW YORK IST WIE DER REST DES LANDES, HOCH TAUSEND.

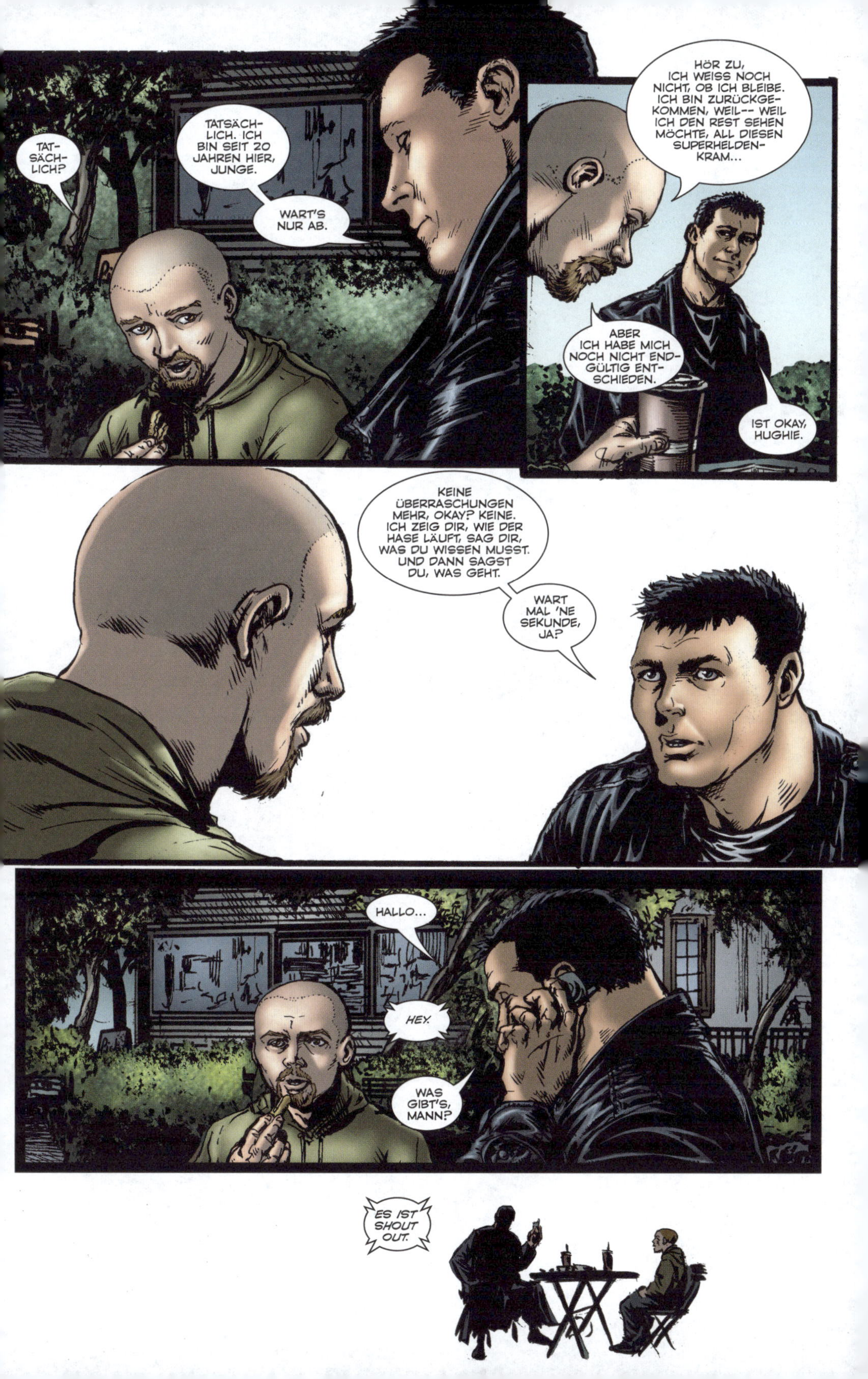

TATSÄCHLICH?

TATSÄCHLICH. ICH BIN SEIT 20 JAHREN HIER, JUNGE.

WART'S NUR AB.

HÖR ZU, ICH WEISS NOCH NICHT, OB ICH BLEIBE. ICH BIN ZURÜCKGEKOMMEN, WEIL-- WEIL ICH DEN REST SEHEN MÖCHTE, ALL DIESEN SUPERHELDENKRAM...

ABER ICH HABE MICH NOCH NICHT ENDGÜLTIG ENTSCHIEDEN.

IST OKAY, HUGHIE.

KEINE ÜBERRASCHUNGEN MEHR, OKAY? KEINE. ICH ZEIG DIR, WIE DER HASE LÄUFT, SAG DIR, WAS DU WISSEN MUSST. UND DANN SAGST DU, WAS GEHT.

WART MAL 'NE SEKUNDE, JA?

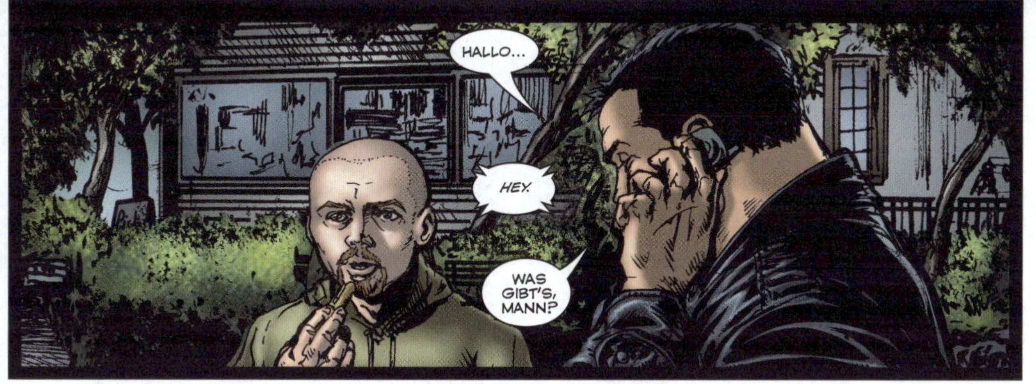

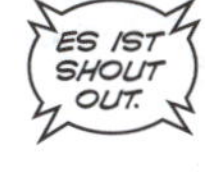

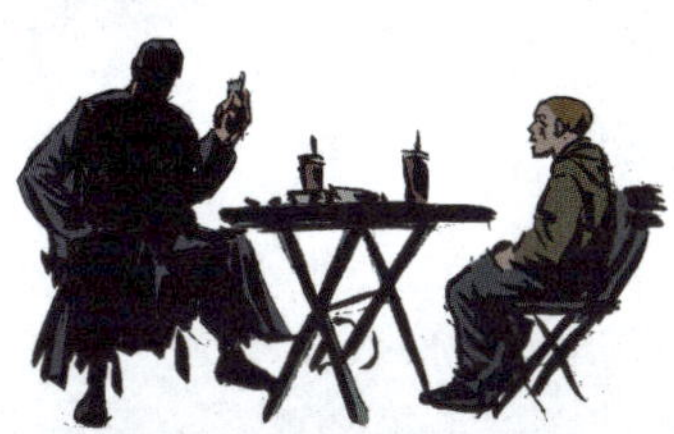

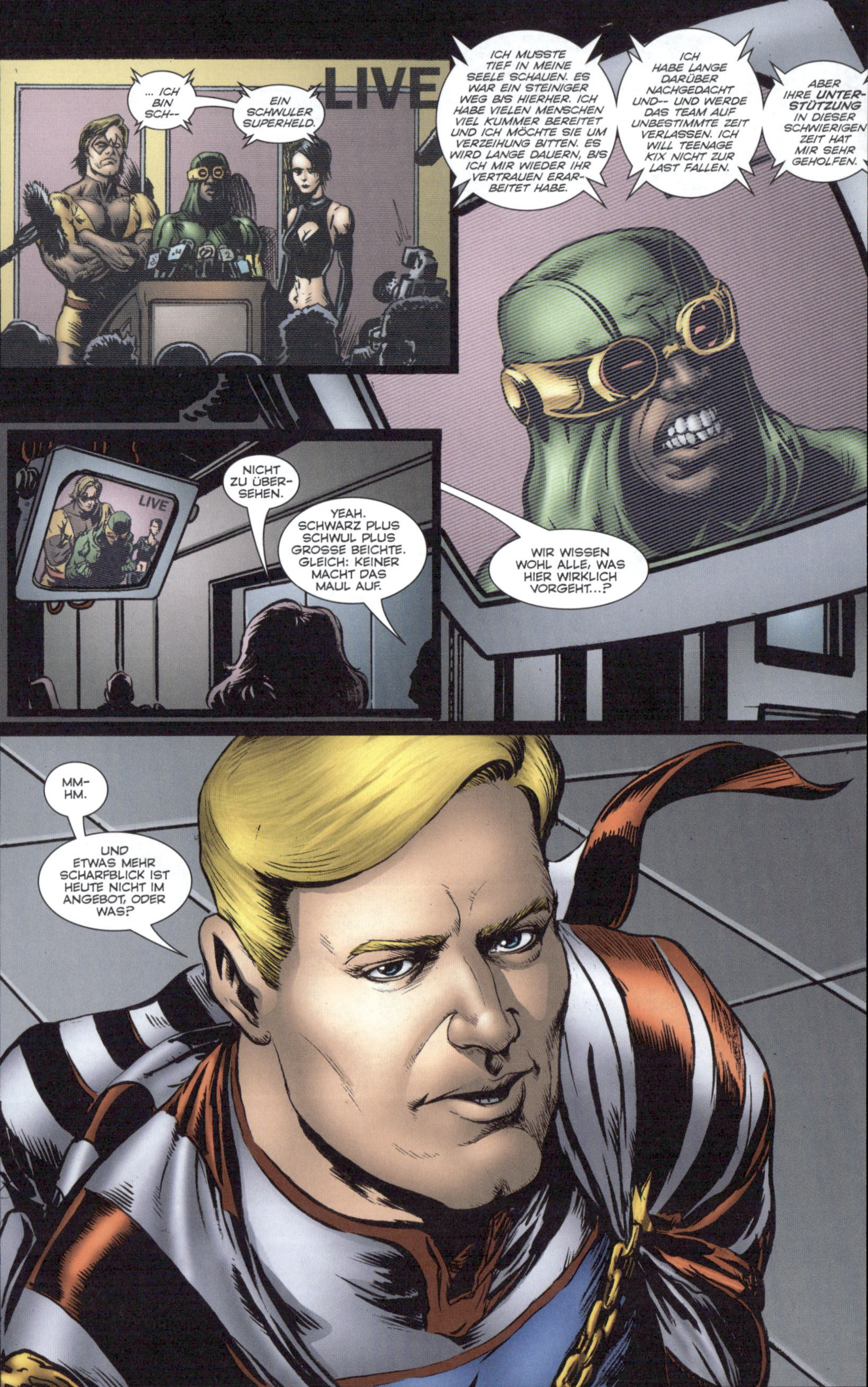
... ICH BIN SCH--
EIN SCHWULER SUPERHELD.
LIVE
ICH MUSSTE TIEF IN MEINE SEELE SCHAUEN. ES WAR EIN STEINIGER WEG BIS HIERHER. ICH HABE VIELEN MENSCHEN VIEL KUMMER BEREITET UND ICH MÖCHTE SIE UM VERZEIHUNG BITTEN. ES WIRD LANGE DAUERN, BIS ICH MIR WIEDER IHR VERTRAUEN ERARBEITET HABE.
ICH HABE LANGE DARÜBER NACHGEDACHT UND-- UND WERDE DAS TEAM AUF UNBESTIMMTE ZEIT VERLASSEN. ICH WILL TEENAGE KIX NICHT ZUR LAST FALLEN.
ABER IHRE **UNTERSTÜTZUNG** IN DIESER SCHWIERIGEN ZEIT HAT MIR SEHR GEHOLFEN.
LIVE
NICHT ZU ÜBERSEHEN.
YEAH. SCHWARZ PLUS SCHWUL PLUS GROSSE BEICHTE. GLEICH: KEINER MACHT DAS MAUL AUF.
WIR WISSEN WOHL ALLE, WAS HIER WIRKLICH VORGEHT...?
MM-HM.
UND ETWAS MEHR SCHARFBLICK IST HEUTE NICHT IM ANGEBOT, ODER WAS?

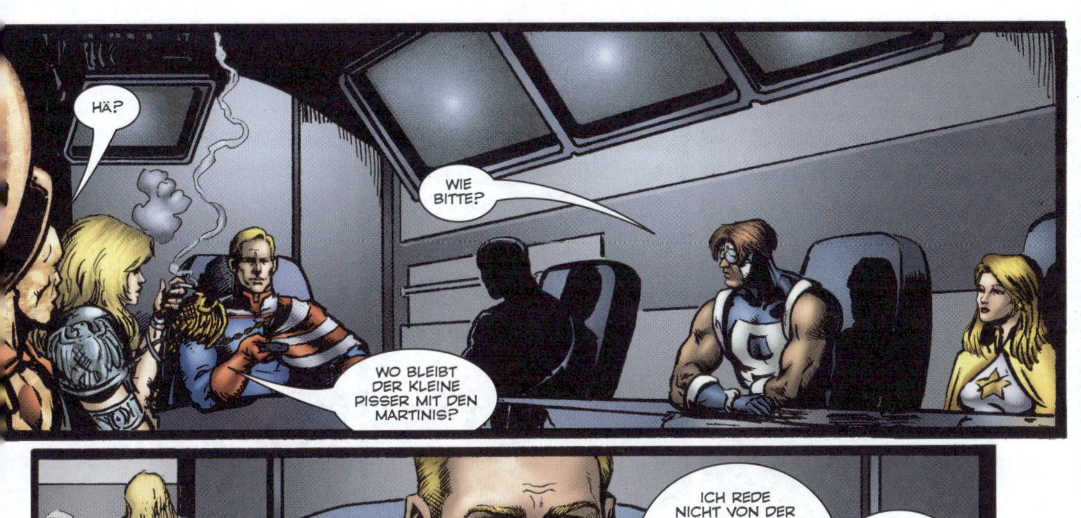
HÄ?
WIE BITTE?
WO BLEIBT DER KLEINE PISSER MIT DEN MARTINIS?

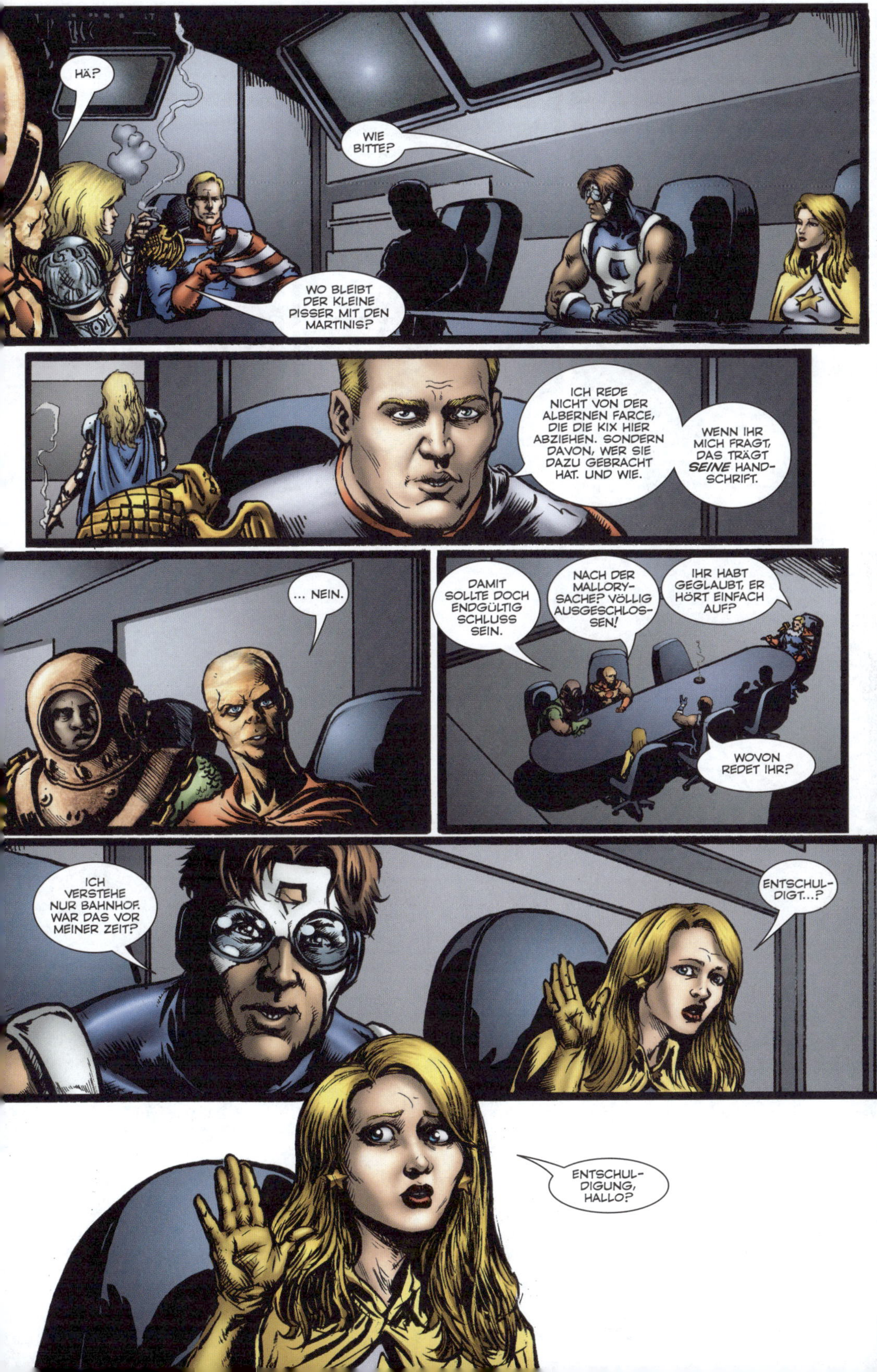

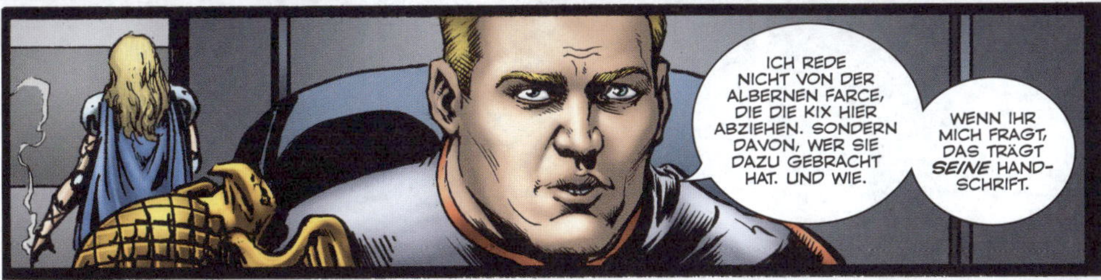
ICH REDE NICHT VON DER ALBERNEN FARCE, DIE DIE KIX HIER ABZIEHEN. SONDERN DAVON, WER SIE DAZU GEBRACHT HAT. UND WIE.
WENN IHR MICH FRAGT, DAS TRÄGT *SEINE* HANDSCHRIFT.

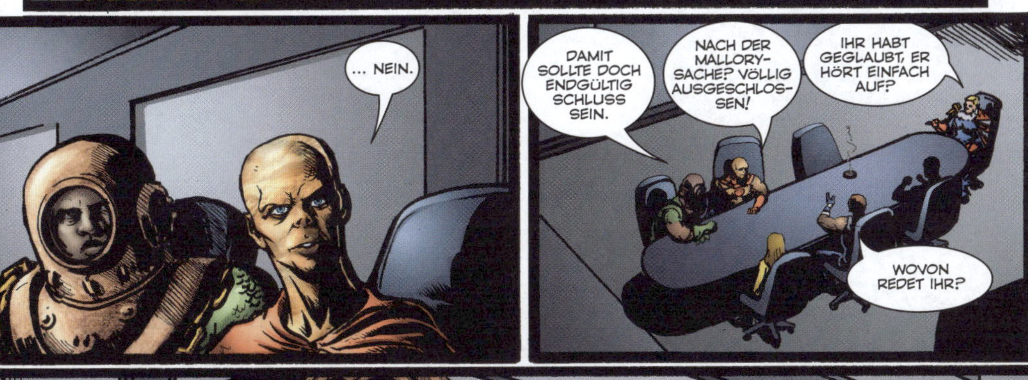
... NEIN.
DAMIT SOLLTE DOCH ENDGÜLTIG SCHLUSS SEIN.
NACH DER MALLORY-SACHE? VÖLLIG AUSGESCHLOSSEN!
IHR HABT GEGLAUBT, ER HÖRT EINFACH AUF?
WOVON REDET IHR?

ICH VERSTEHE NUR BAHNHOF. WAR DAS VOR MEINER ZEIT?
ENTSCHULDIGT...?
ENTSCHULDIGUNG, HALLO?

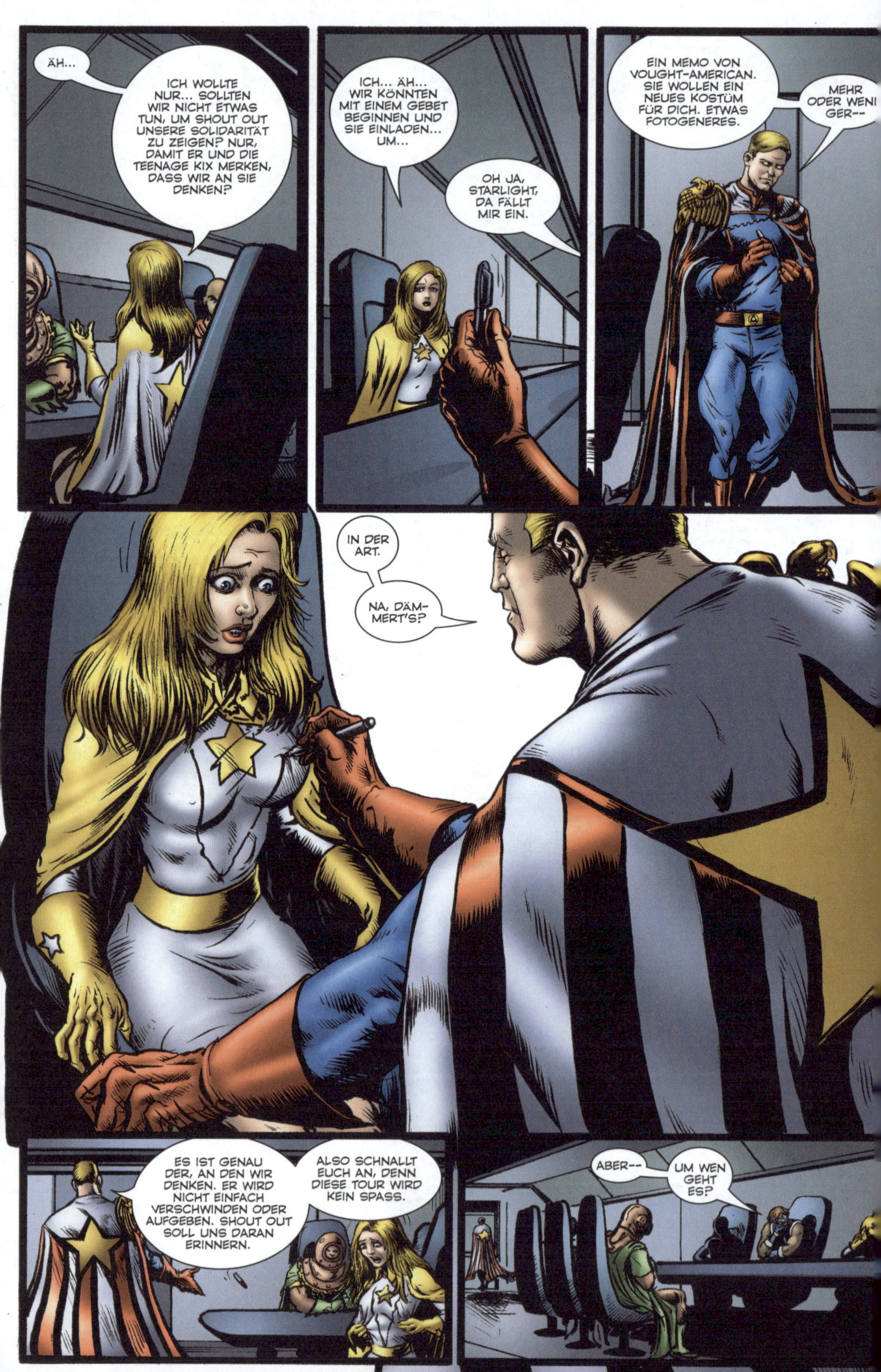
ÄH...
ICH WOLLTE NUR... SOLLTEN WIR NICHT ETWAS TUN, UM SHOUT OUT UNSERE SOLIDARITÄT ZU ZEIGEN? NUR, DAMIT ER UND DIE TEENAGE KIX MERKEN, DASS WIR AN SIE DENKEN?
ICH... ÄH... WIR KÖNNTEN MIT EINEM GEBET BEGINNEN UND SIE EINLADEN... UM...
OH JA, STARLIGHT, DA FÄLLT MIR EIN.
EIN MEMO VON VOUGHT-AMERICAN. SIE WOLLEN EIN NEUES KOSTÜM FÜR DICH. ETWAS FOTOGENERES.
MEHR ODER WENI GER--
IN DER ART.
NA, DÄM-MERT'S?
ES IST GENAU DER, AN DEN WIR DENKEN. ER WIRD NICHT EINFACH VERSCHWINDEN ODER AUFGEBEN. SHOUT OUT SOLL UNS DARAN ERINNERN.
ALSO SCHNALLT EUCH AN, DENN DIESE TOUR WIRD KEIN SPASS.
ABER--
UM WEN GEHT ES?

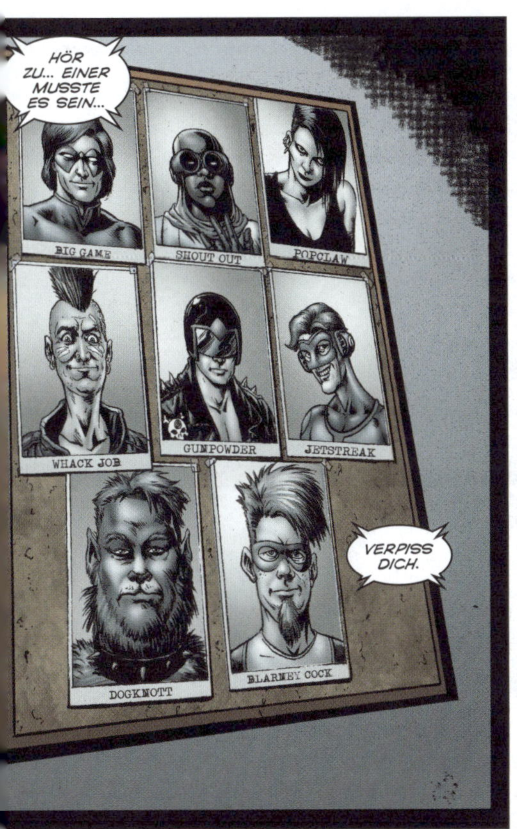
HÖR ZU... EINER MUSSTE ES SEIN...
BIG GAME
SHOUT OUT
POPCLAW
WHACK JOB
GUNPOWDER
JETSTREAK
DOGKNOTT
BLARNEY COCK
VERPISS DICH.

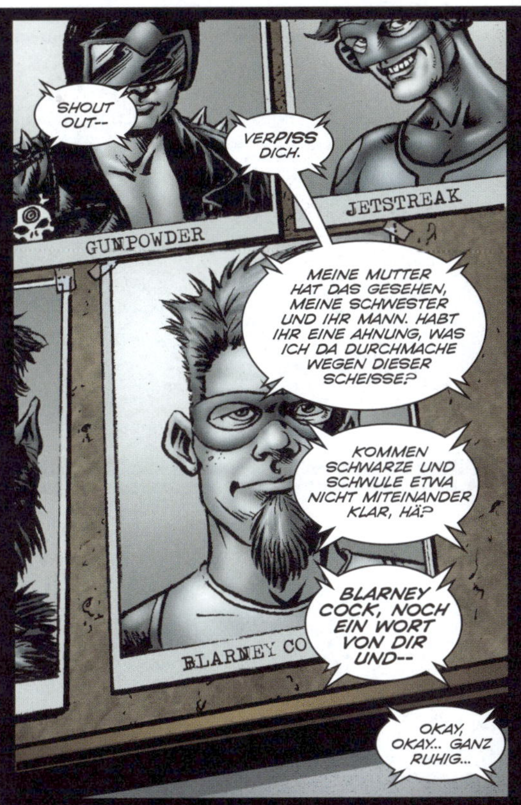
SHOUT OUT--
VERPISS DICH.
GUNPOWDER
JETSTREAK
MEINE MUTTER HAT DAS GESEHEN, MEINE SCHWESTER UND IHR MANN. HABT IHR EINE AHNUNG, WAS ICH DA DURCHMACHE WEGEN DIESER SCHEISSE?
KOMMEN SCHWARZE UND SCHWULE ETWA NICHT MITEINANDER KLAR, HÄ?
BLARNEY CO
BLARNEY COCK, NOCH EIN WORT VON DIR UND--
OKAY, OKAY... GANZ RUHIG...

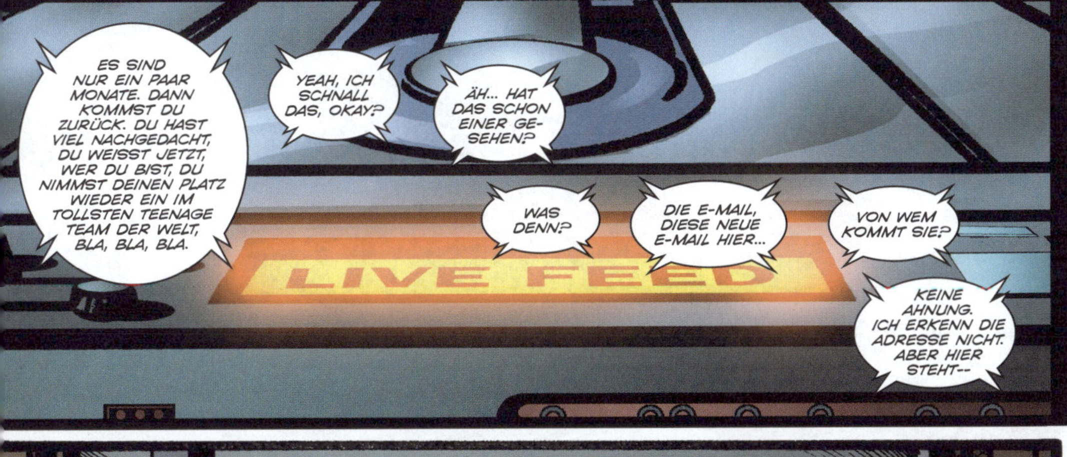
ES SIND NUR EIN PAAR MONATE. DANN KOMMST DU ZURÜCK. DU HAST VIEL NACHGEDACHT, DU WEISST JETZT, WER DU BIST, DU NIMMST DEINEN PLATZ WIEDER EIN IM TOLLSTEN TEENAGE TEAM DER WELT, BLA, BLA, BLA.
YEAH, ICH SCHNALL DAS, OKAY?
ÄH... HAT DAS SCHON EINER GESEHEN?
WAS DENN?
DIE E-MAIL, DIESE NEUE E-MAIL HIER...
VON WEM KOMMT SIE?
KEINE AHNUNG. ICH ERKENN DIE ADRESSE NICHT. ABER HIER STEHT--
LIVE FEED

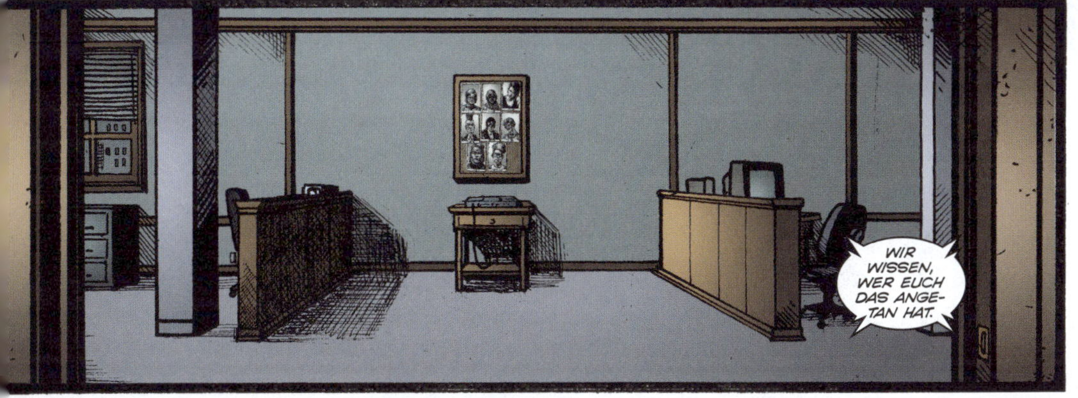
WIR WISSEN, WER EUCH DAS ANGETAN HAT.

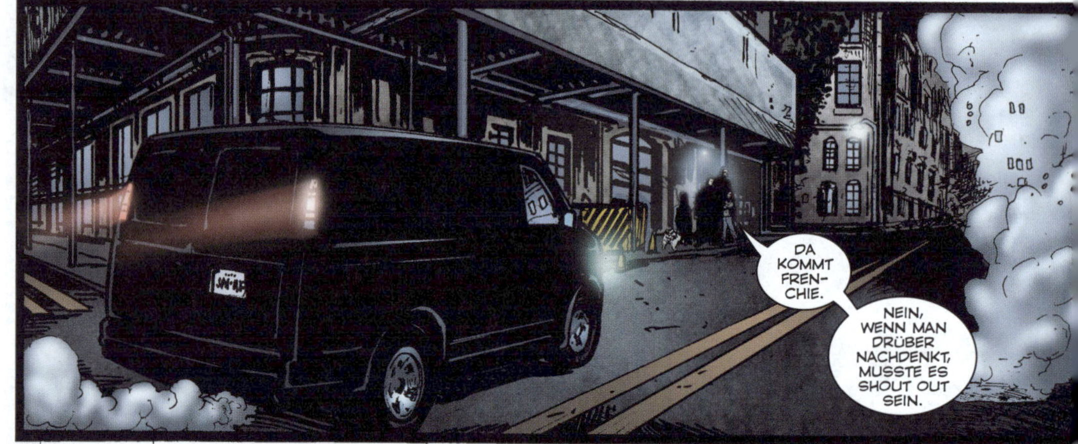
DA KOMMT FRENCHIE.
NEIN, WENN MAN DRÜBER NACHDENKT, MUSSTE ES SHOUT OUT SEIN.

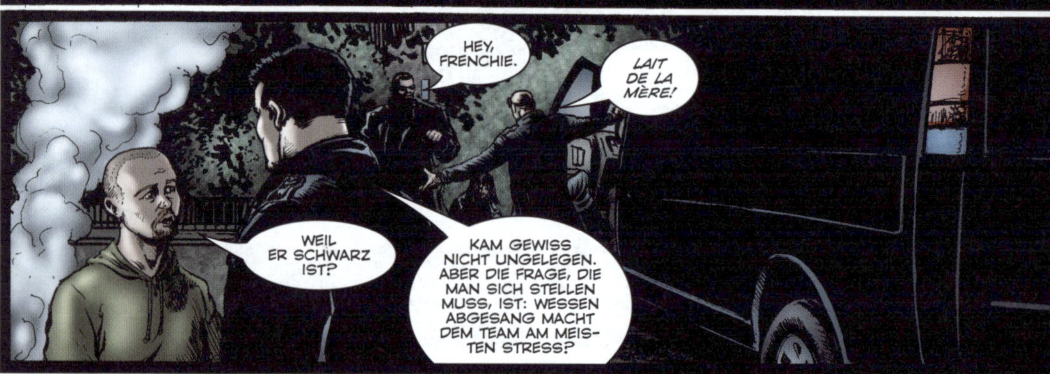
HEY, FRENCHIE.
LAIT DE LA MÈRE!
WEIL ER SCHWARZ IST?
KAM GEWISS NICHT UNGELEGEN. ABER DIE FRAGE, DIE MAN SICH STELLEN MUSS, IST: WESSEN ABGESANG MACHT DEM TEAM AM MEISTEN STRESS?

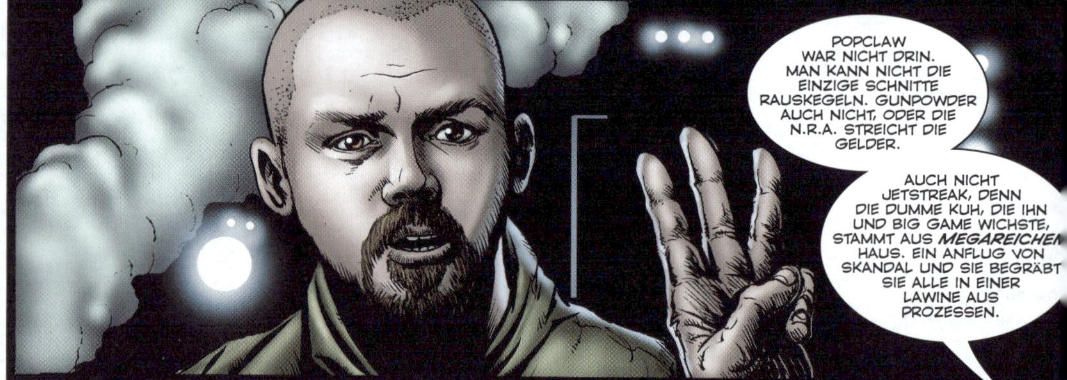
POPCLAW WAR NICHT DRIN. MAN KANN NICHT DIE EINZIGE SCHNITTE RAUSKEGELN. GUNPOWDER AUCH NICHT, ODER DIE N.R.A. STREICHT DIE GELDER.
AUCH NICHT JETSTREAK, DENN DIE DUMME KUH, DIE IHN UND BIG GAME WICHSTE, STAMMT AUS *MEGAREICHEM* HAUS. EIN ANFLUG VON SKANDAL UND SIE BEGRÄBT SIE ALLE IN EINER LAWINE AUS PROZESSEN.

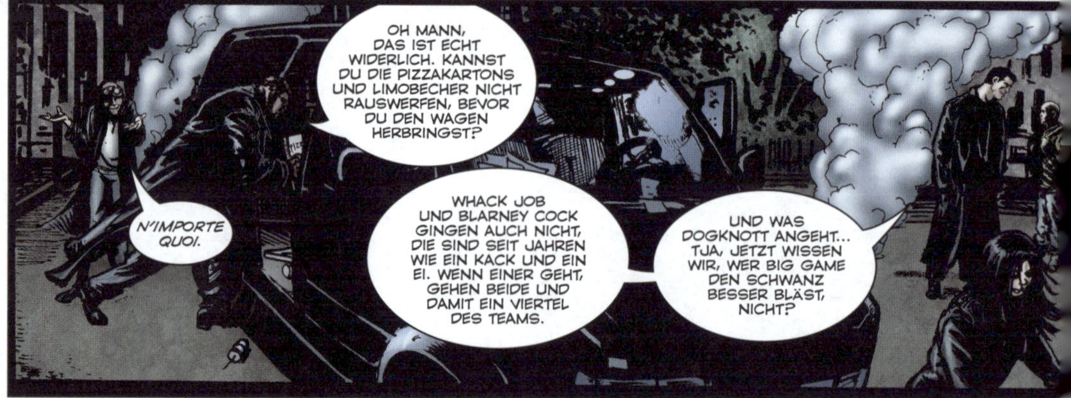
OH MANN, DAS IST ECHT WIDERLICH. KANNST DU DIE PIZZAKARTONS UND LIMOBECHER NICHT RAUSWERFEN, BEVOR DU DEN WAGEN HERBRINGST?
N'IMPORTE QUOI.
WHACK JOB UND BLARNEY COCK GINGEN AUCH NICHT, DIE SIND SEIT JAHREN WIE EIN KACK UND EIN EI. WENN EINER GEHT, GEHEN BEIDE UND DAMIT EIN VIERTEL DES TEAMS.
UND WAS DOGKNOTT ANGEHT... TJA, JETZT WISSEN WIR, WER BIG GAME DEN SCHWANZ BESSER BLÄST, NICHT?

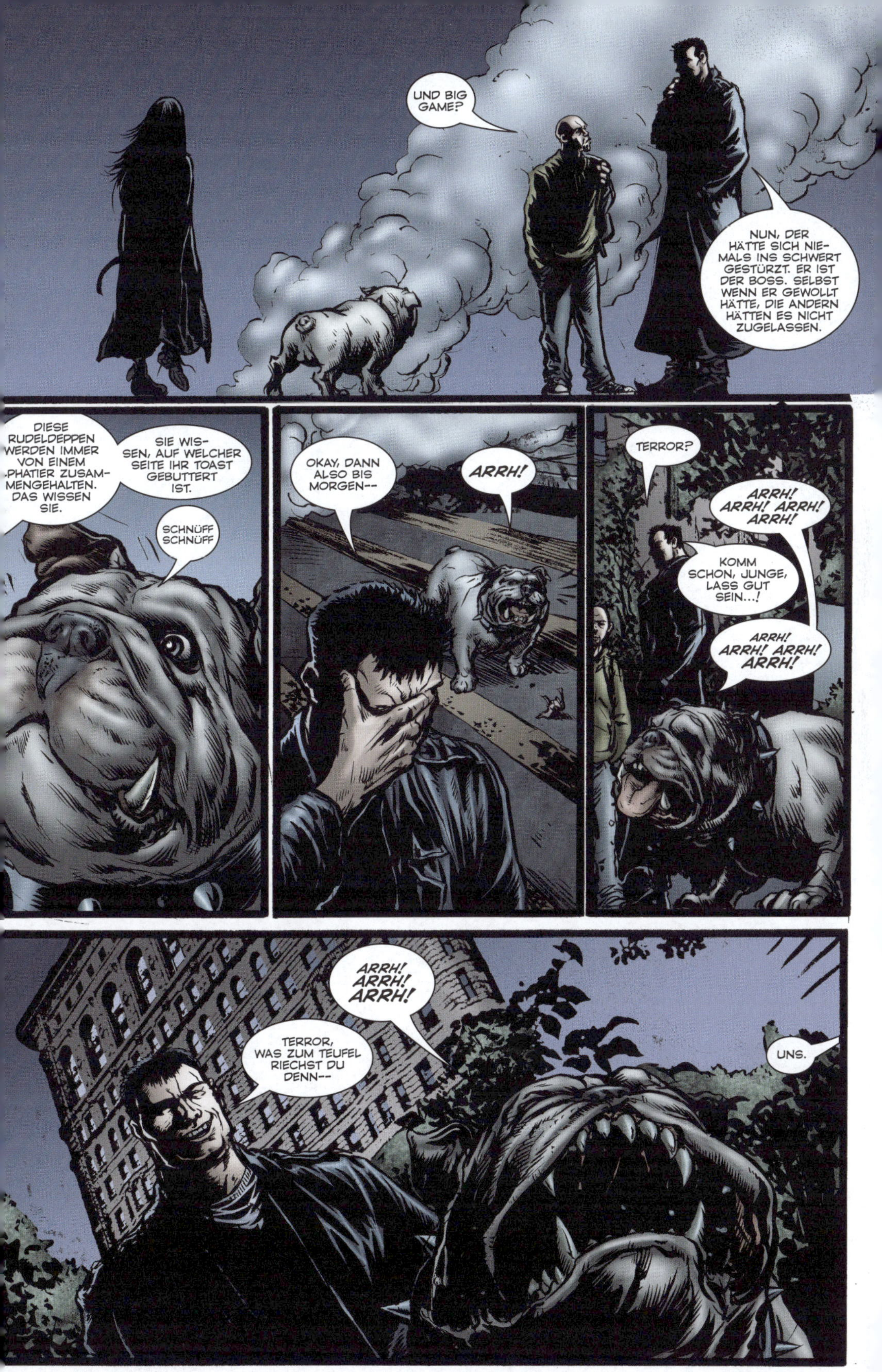

UND BIG GAME?
NUN, DER HÄTTE SICH NIEMALS INS SCHWERT GESTÜRZT. ER IST DER BOSS. SELBST WENN ER GEWOLLT HÄTTE, DIE ANDERN HÄTTEN ES NICHT ZUGELASSEN.

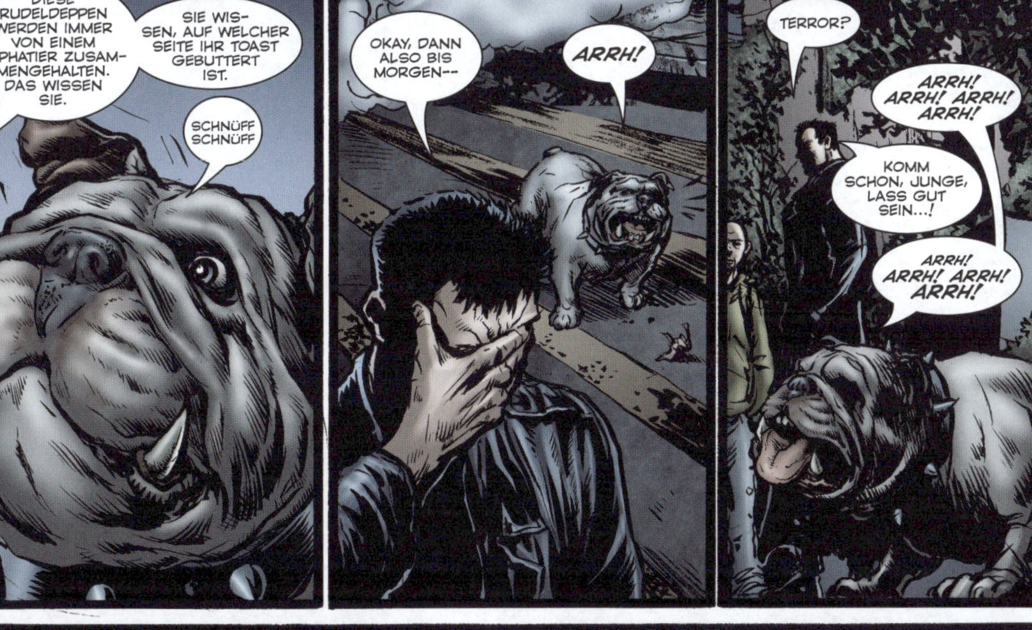

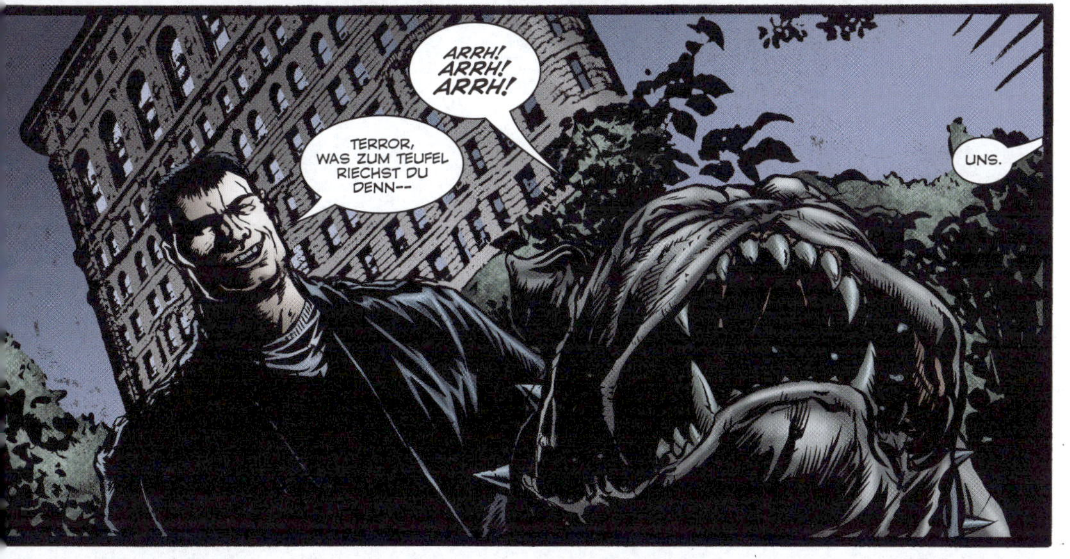

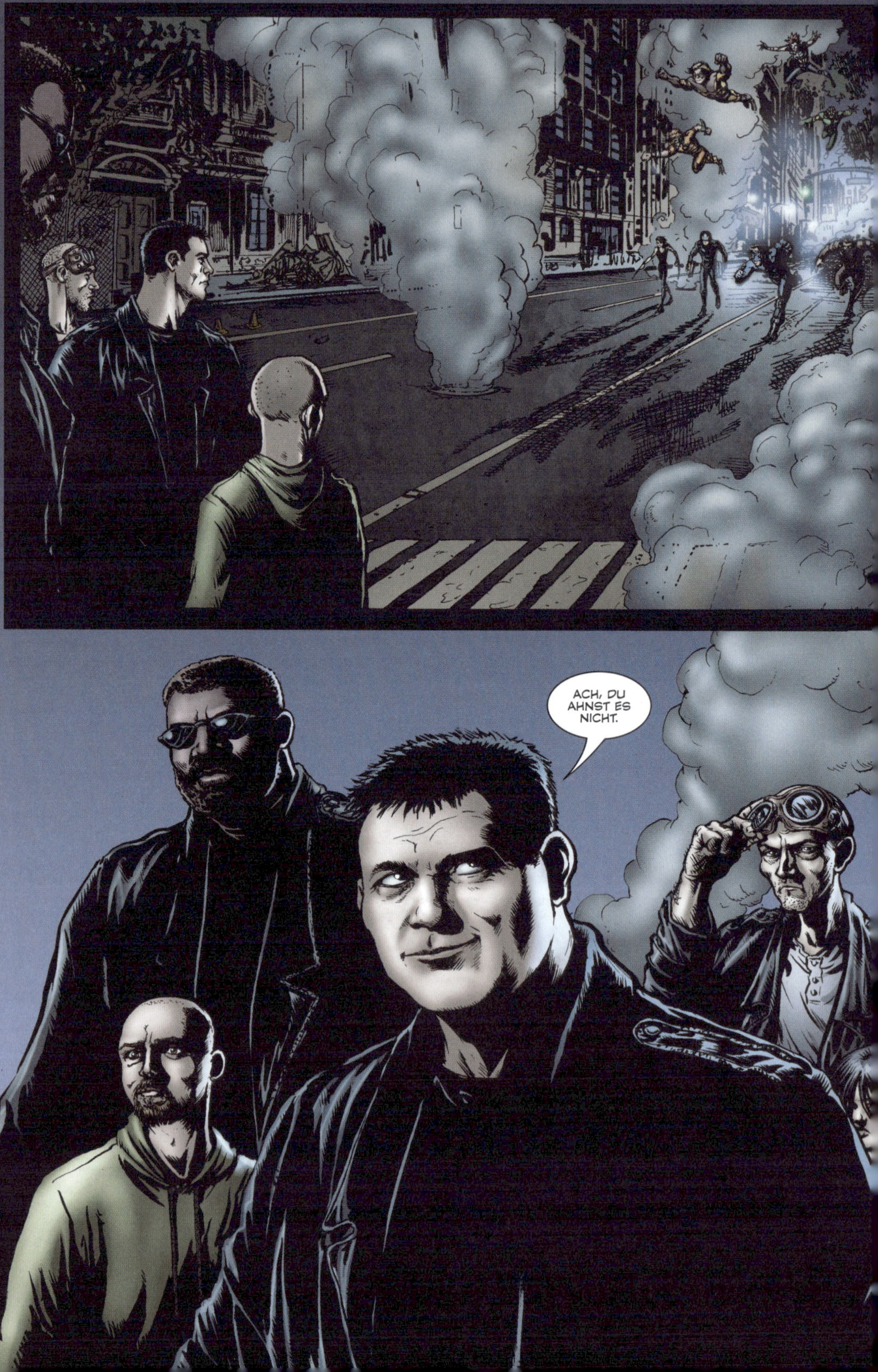

ACH, DU
AHNST ES
NICHT.

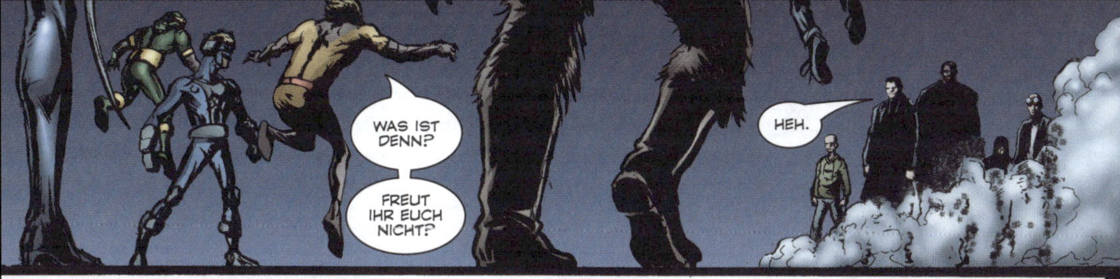

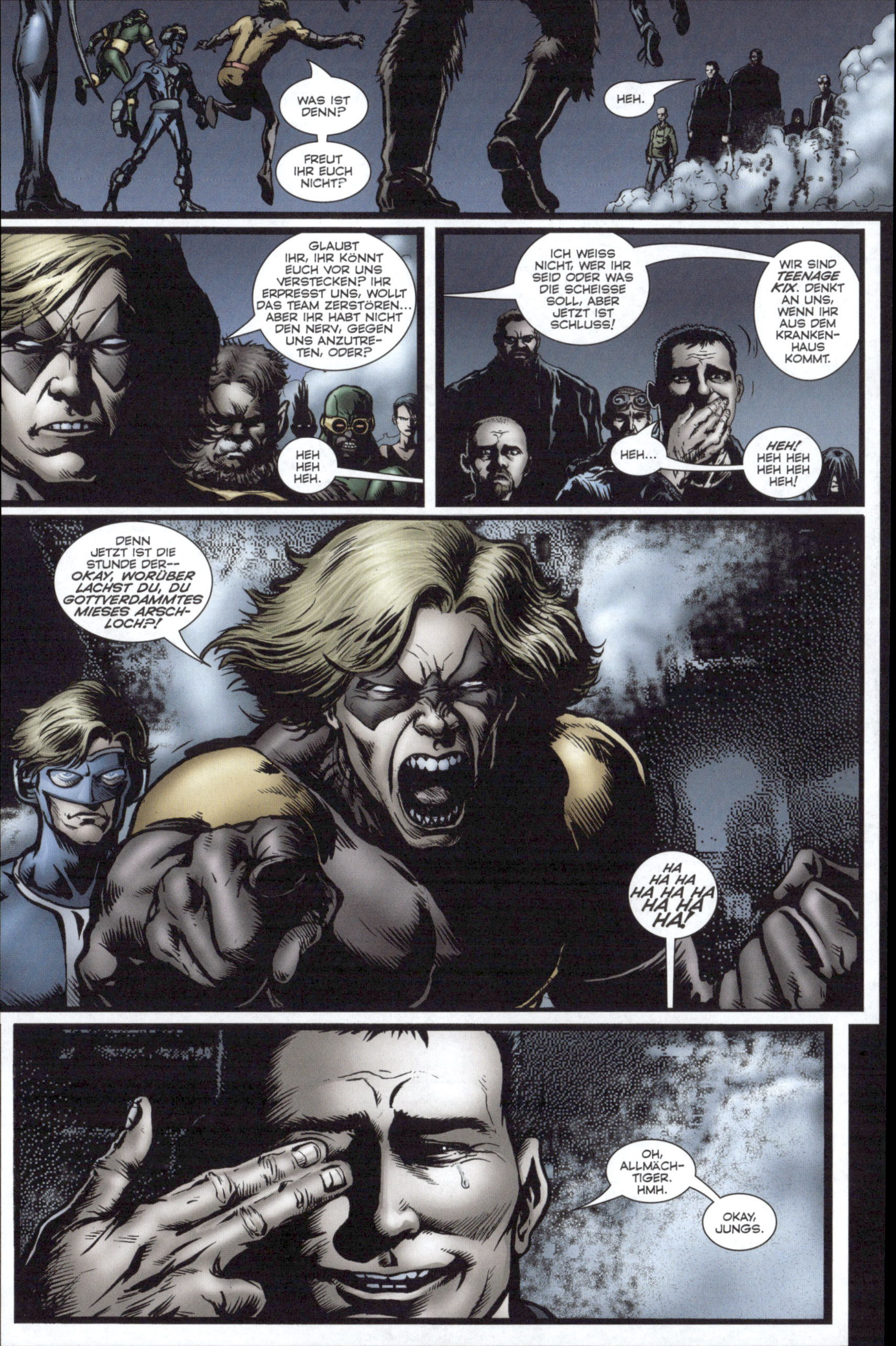

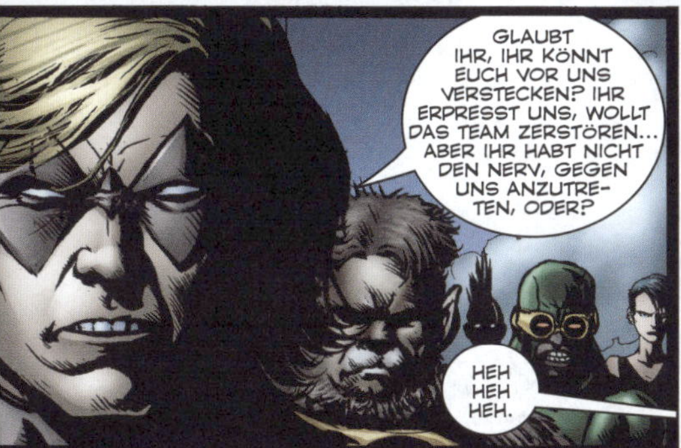

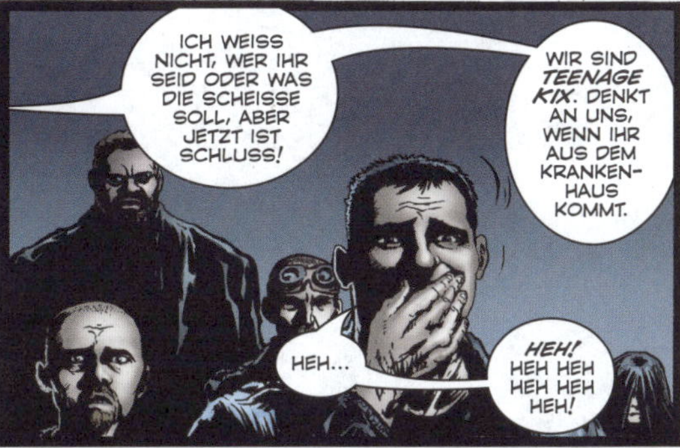

DENN JETZT IST DIE STUNDE DER-- *OKAY, WORÜBER LACHST DU, DU GOTTVERDAMMTES MIESES ARSCHLOCH?!*
HA HA HA HA HA HA HA HA HA!

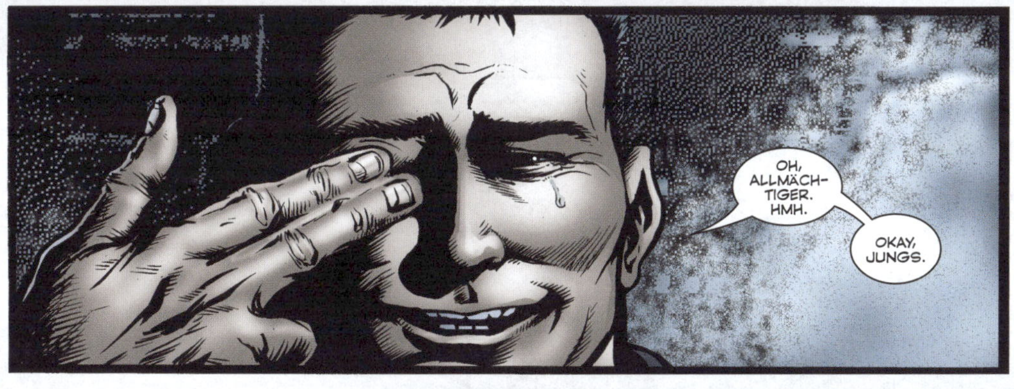

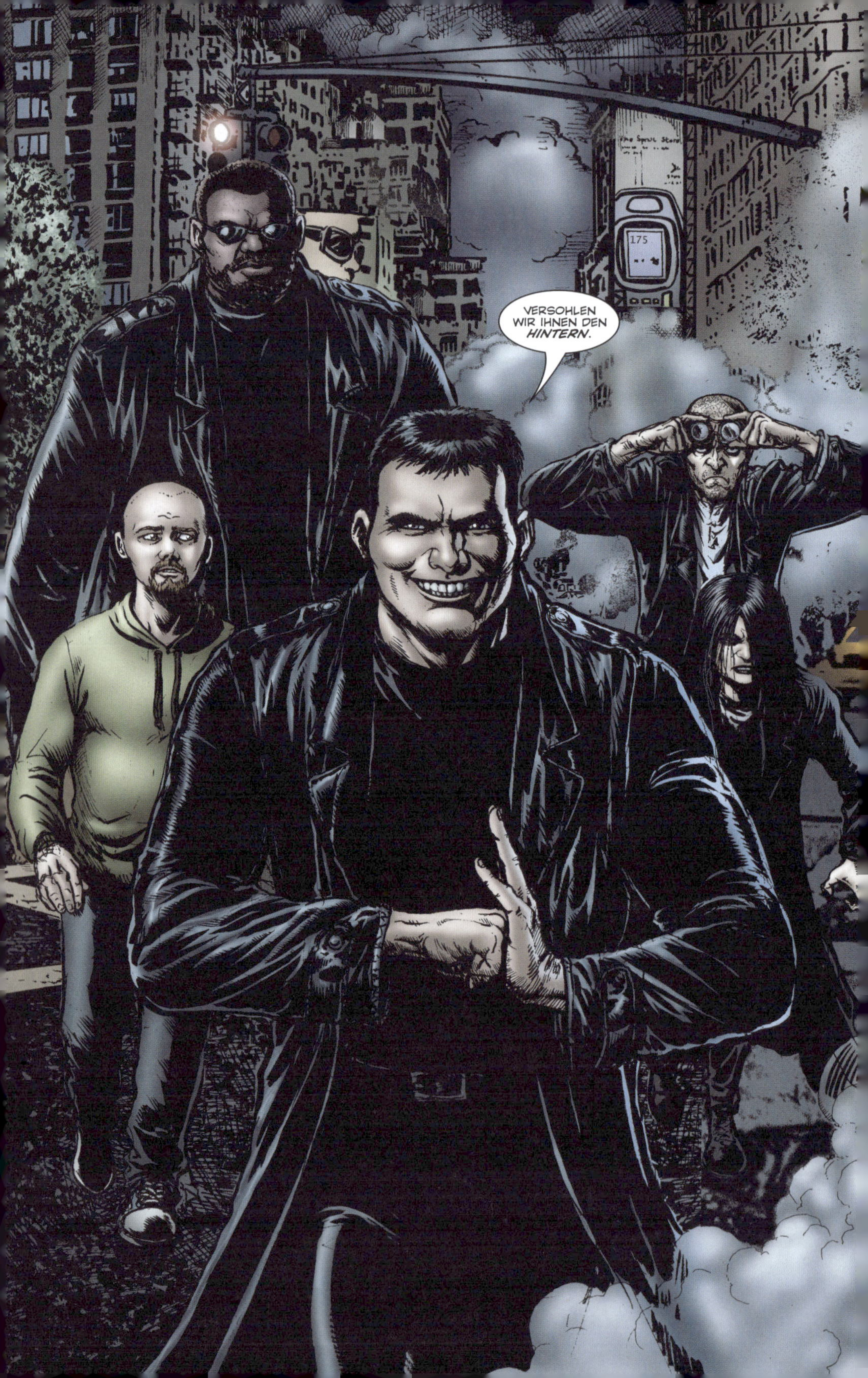
175
VERSOHLEN WIR IHNEN DEN *HINTERN*.

EINE JUNGFRAU KOMMT SELTEN ALLEIN, LETZTER TEIL

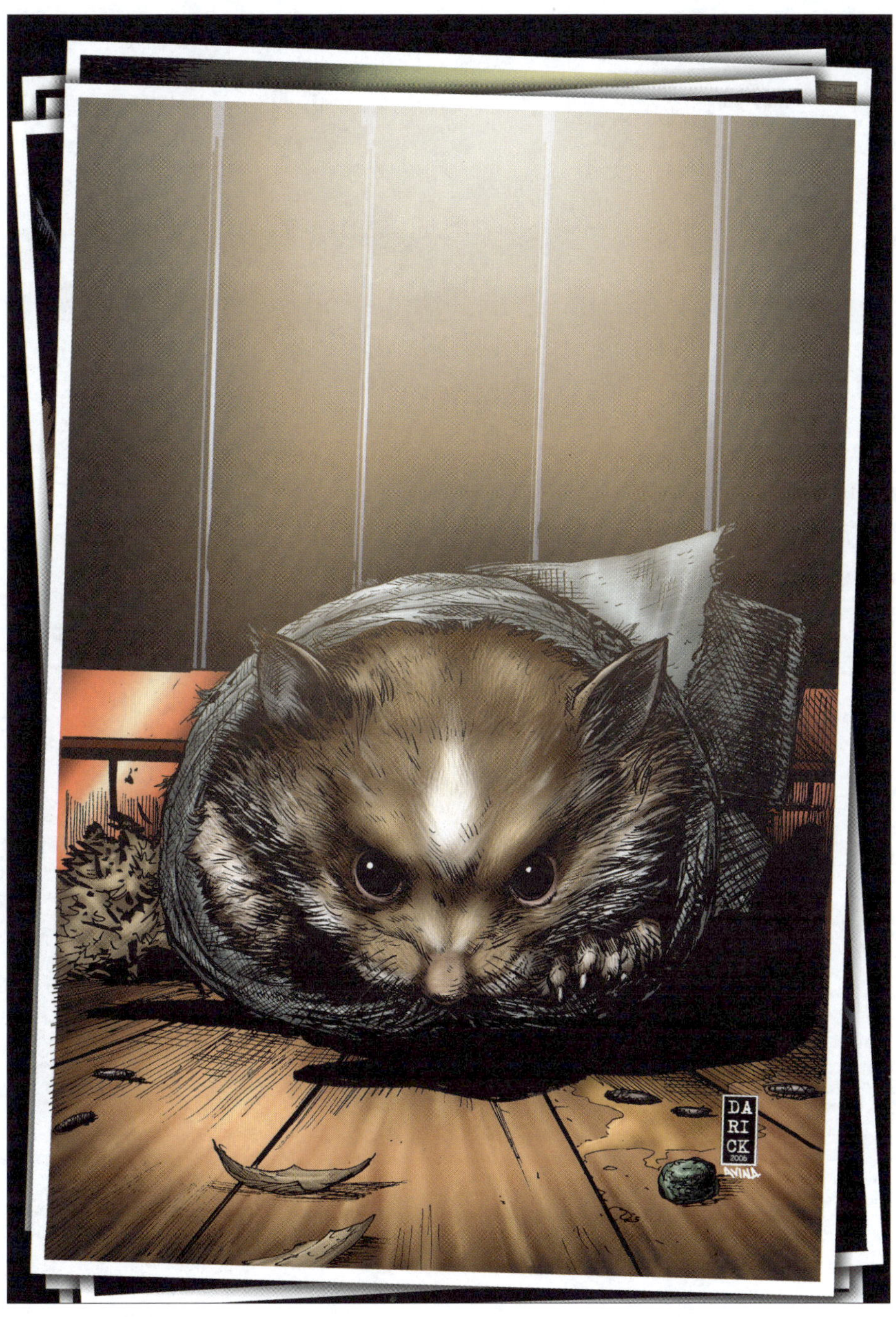

The Boys (2006) 6
Cover von **DARICK ROBERTSON**

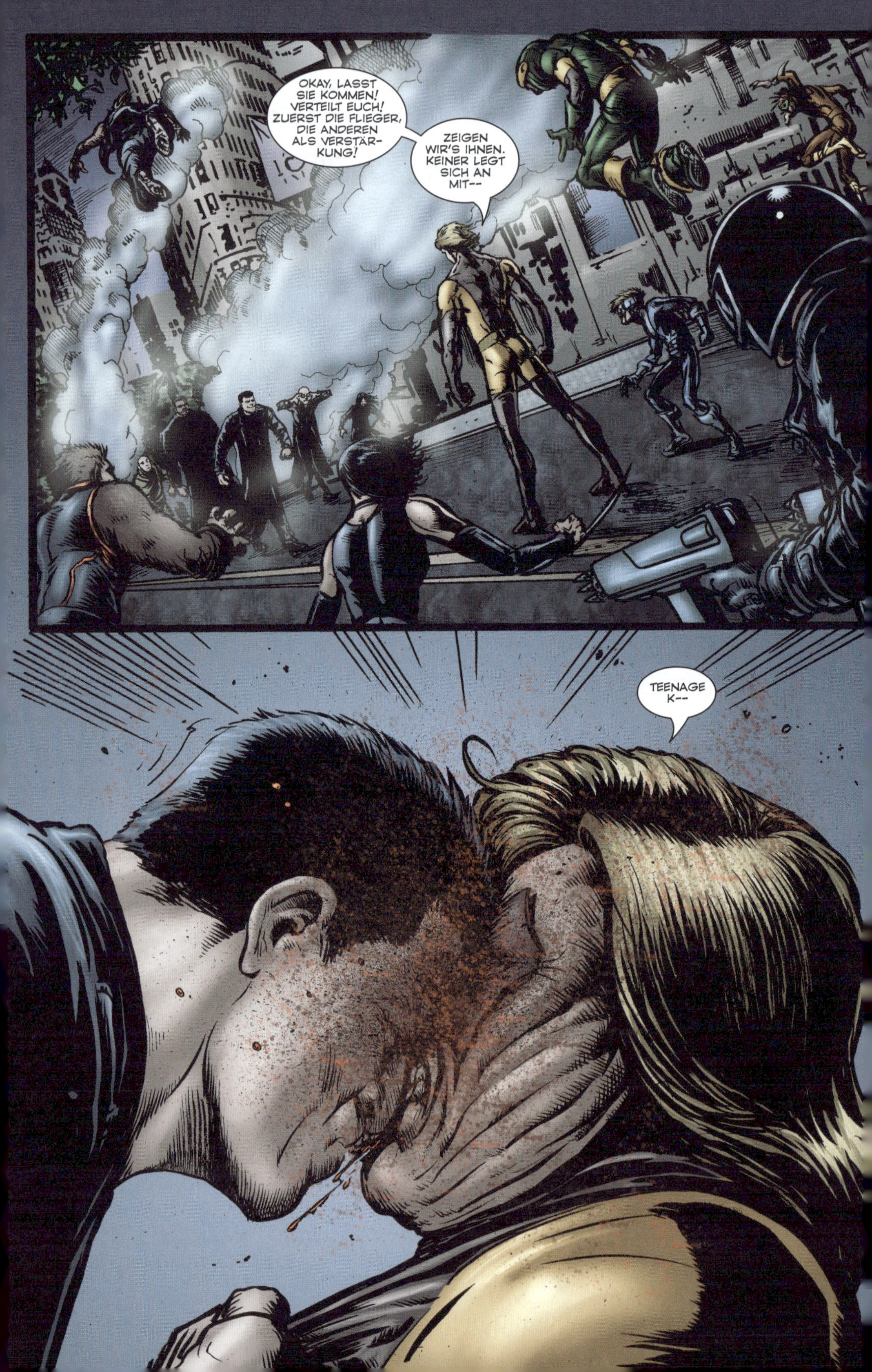

OKAY, LASST SIE KOMMEN! VERTEILT EUCH! ZUERST DIE FLIEGER, DIE ANDEREN ALS VERSTÄRKUNG!
ZEIGEN WIR'S IHNEN. KEINER LEGT SICH AN MIT--
TEENAGE K--

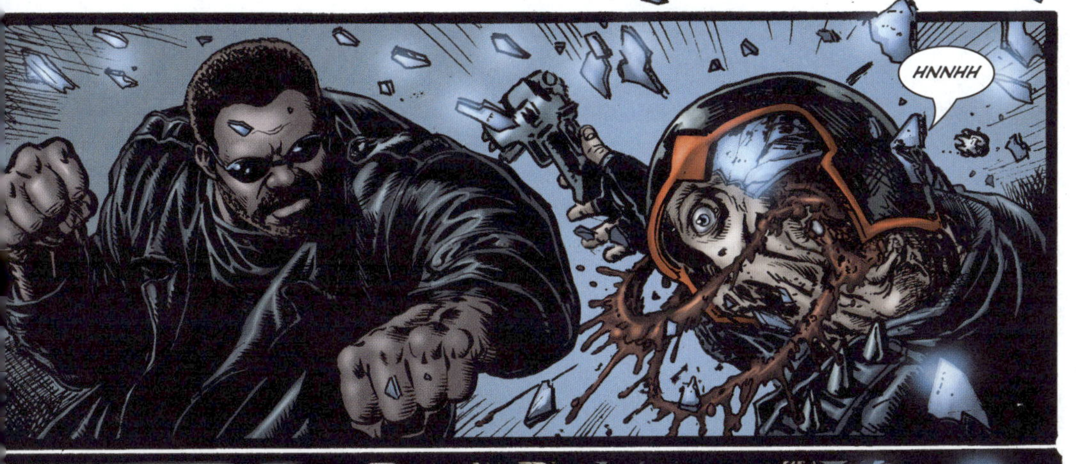
HNNHH

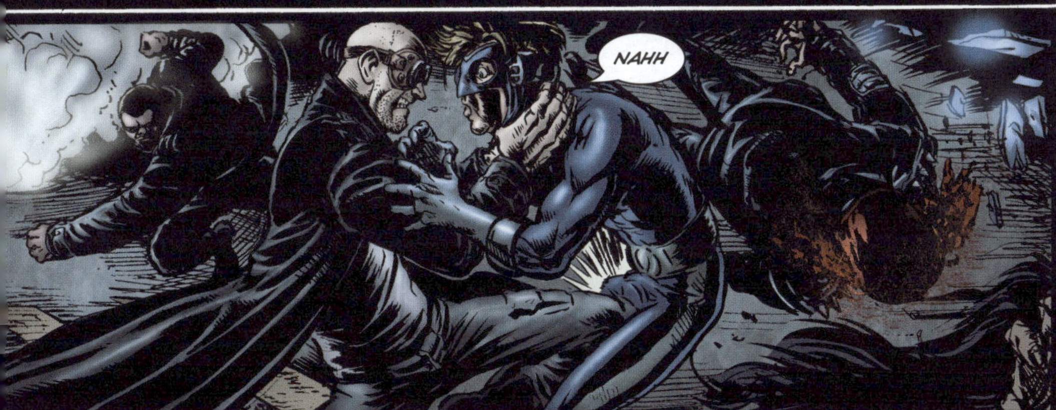
NAHH

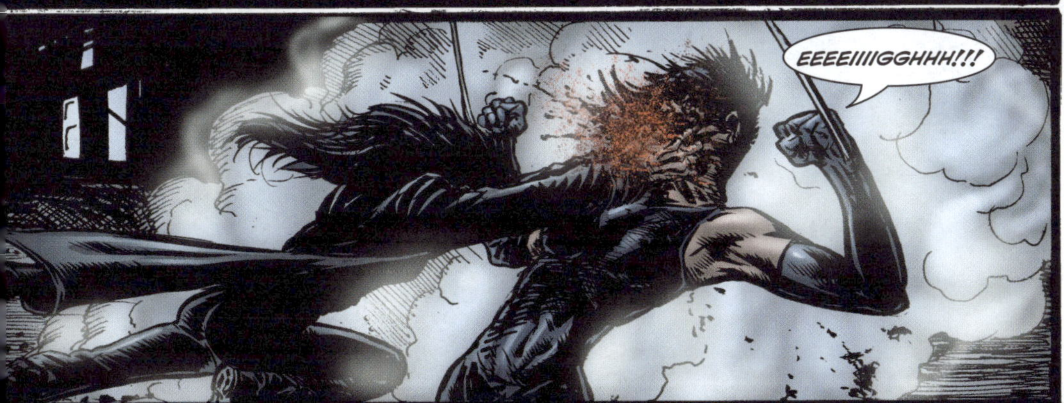
EEEEIIIIGGHHH!!!

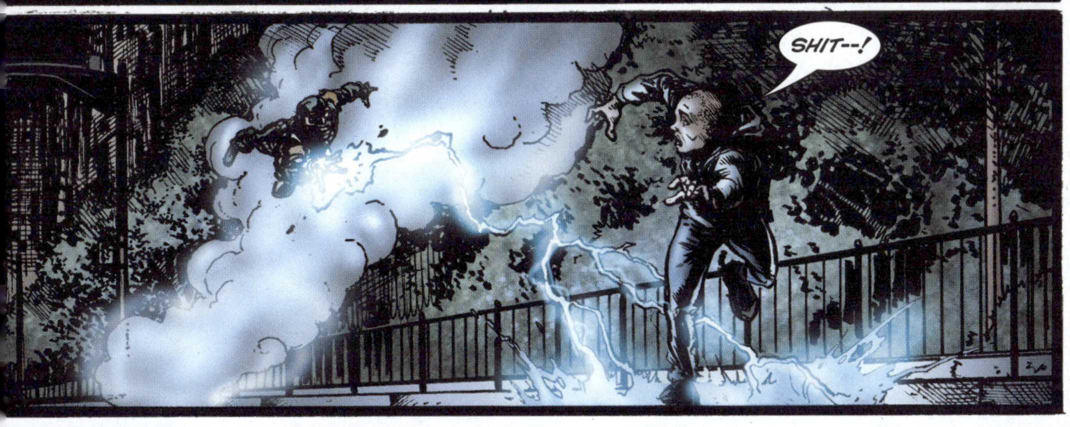
SHIT--!

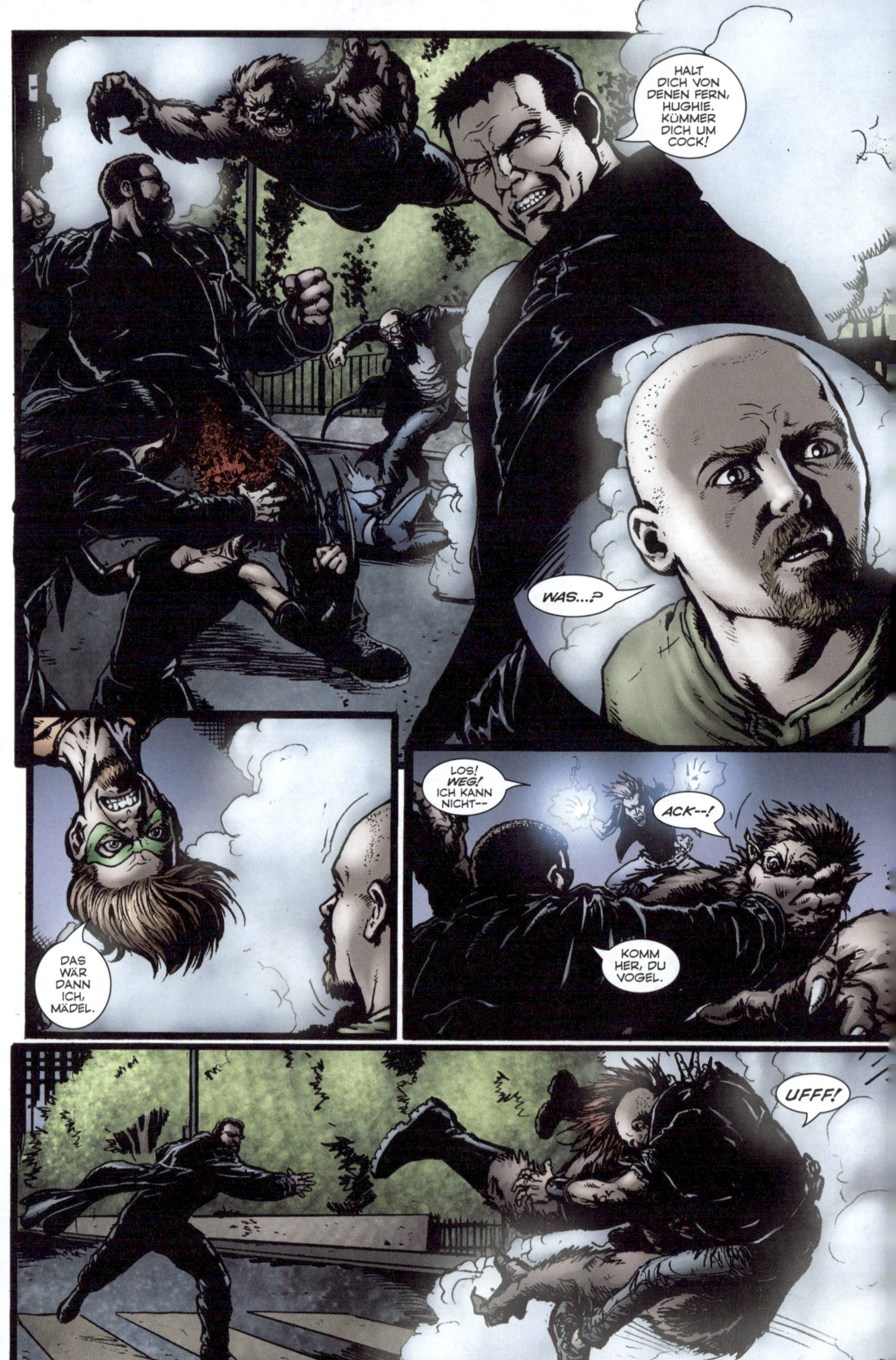
HALT DICH VON DENEN FERN, HUGHIE. KÜMMER DICH UM COCK!
WAS...?
DAS WÄR DANN ICH, MÄDEL.
LOS! WEG! ICH KANN NICHT--
ACK--!
KOMM HER, DU VOGEL.
UFFF!

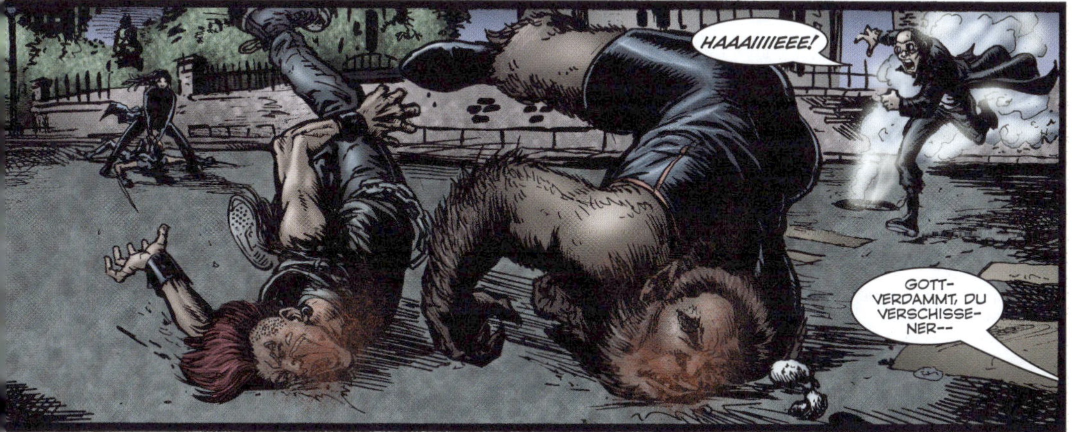
HAAAIIIIEEE!
GOTT-VERDAMMT, DU VERSCHISSE-NER--

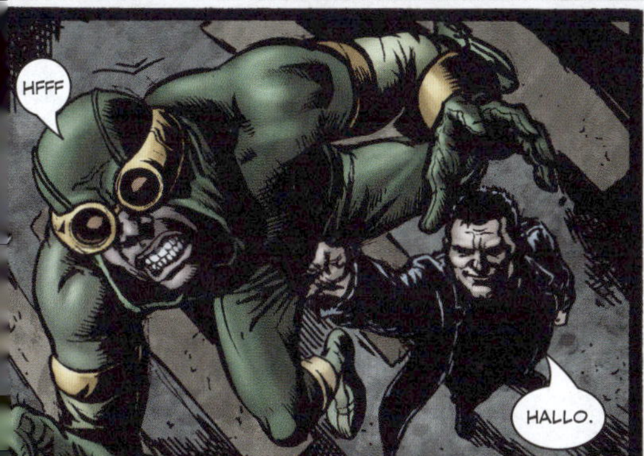
HFFF
HALLO.

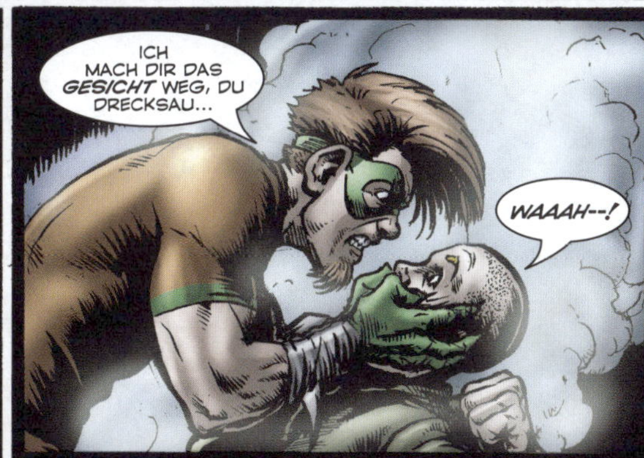
ICH MACH DIR DAS GESICHT WEG, DU DRECKSAU...
WAAAH--!

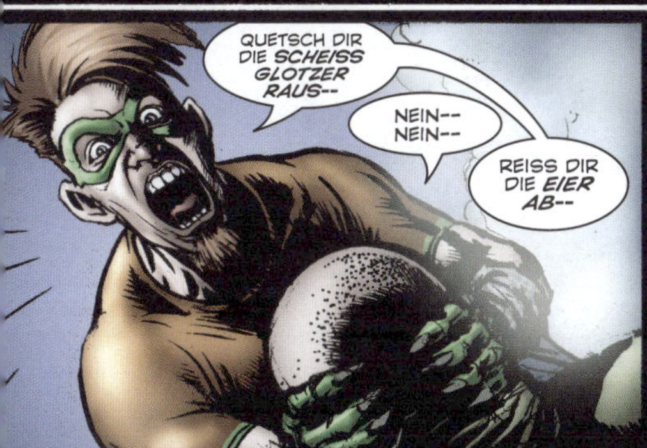
QUETSCH DIR DIE SCHEISS GLOTZER RAUS--
NEIN-- NEIN--
REISS DIR DIE EIER AB--

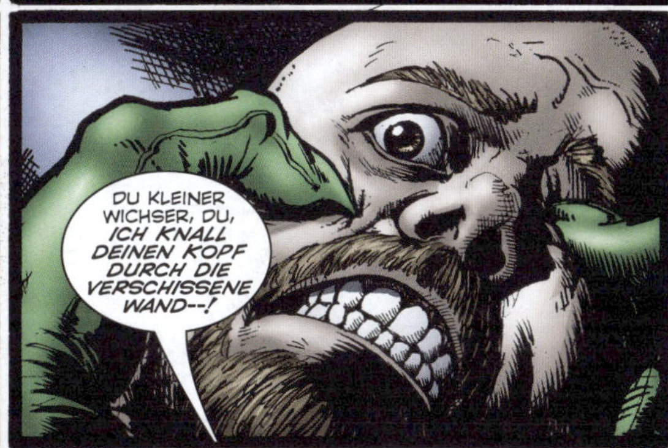
DU KLEINER WICHSER, DU, ICH KNALL DEINEN KOPF DURCH DIE VERSCHISSENE WAND--!

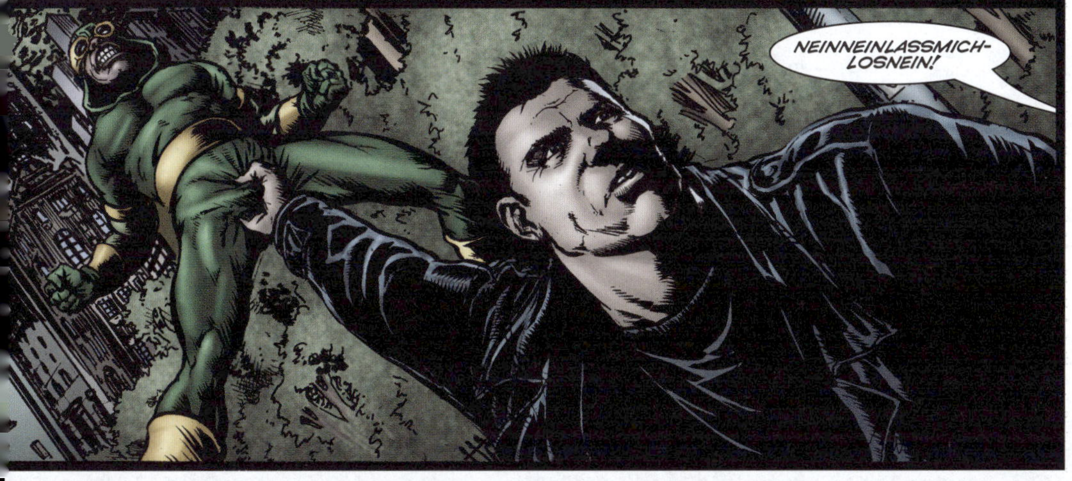
NEINNEINLASSMICH-LOSNEIN!

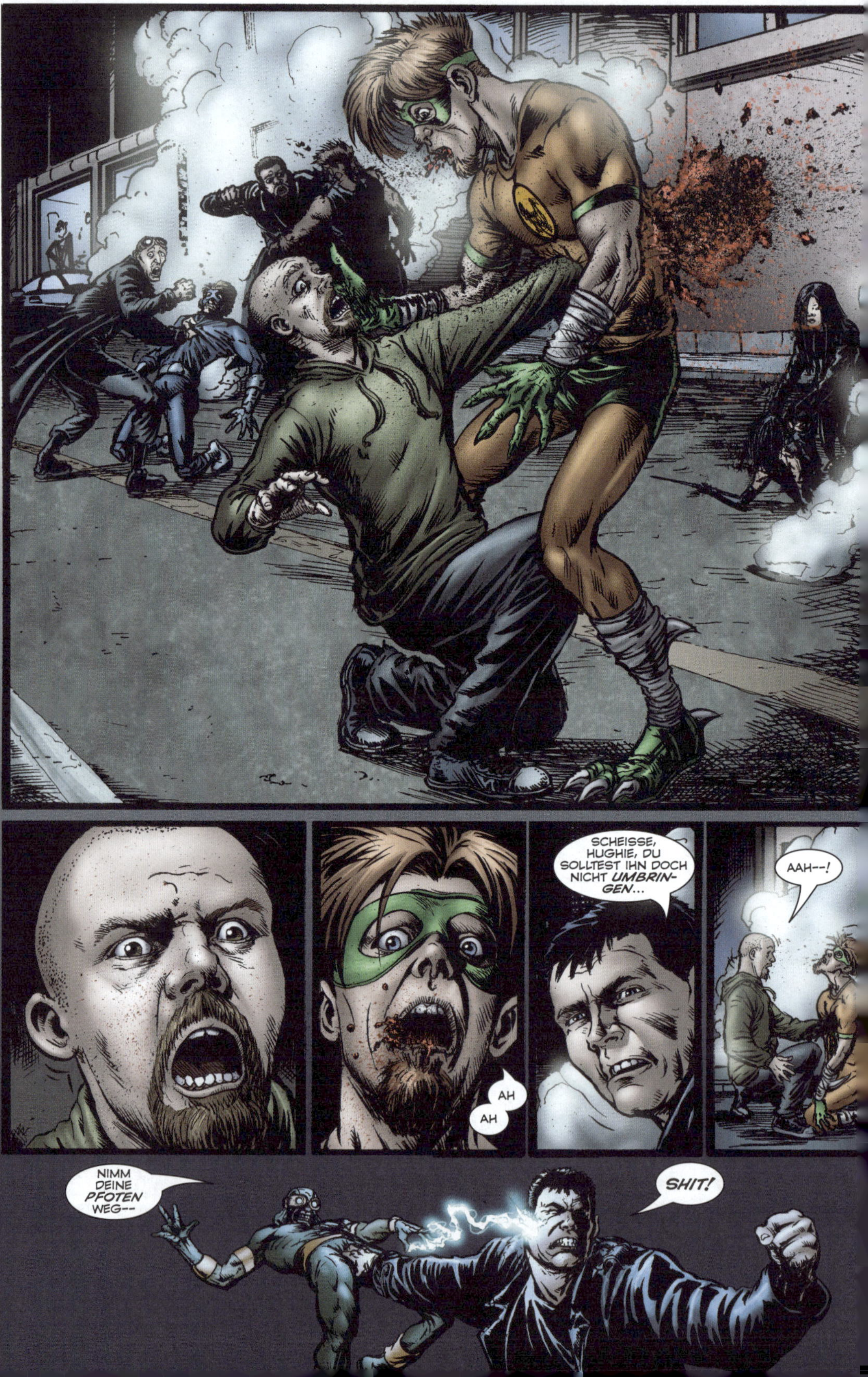

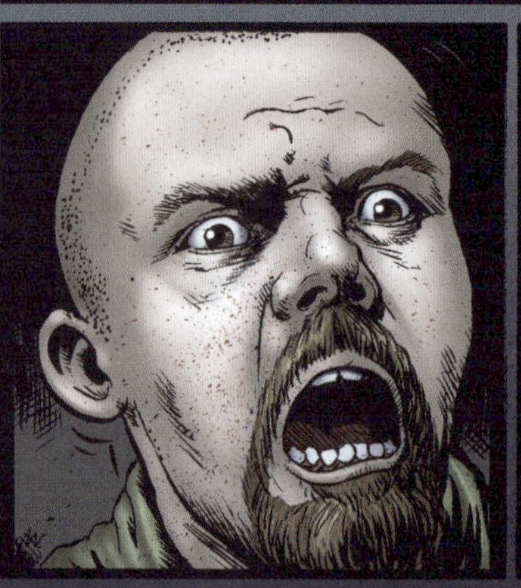

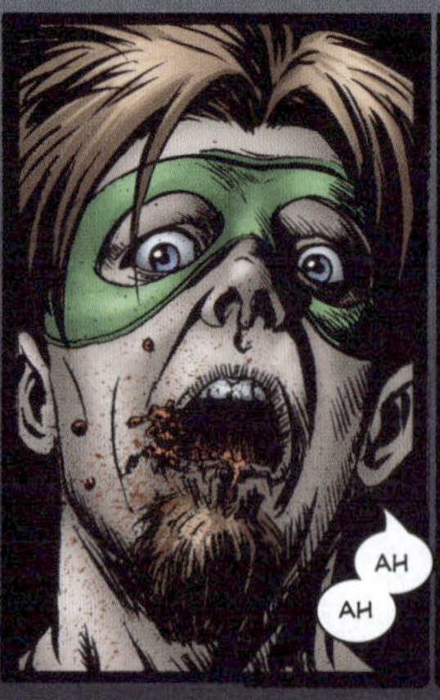
AH
AH

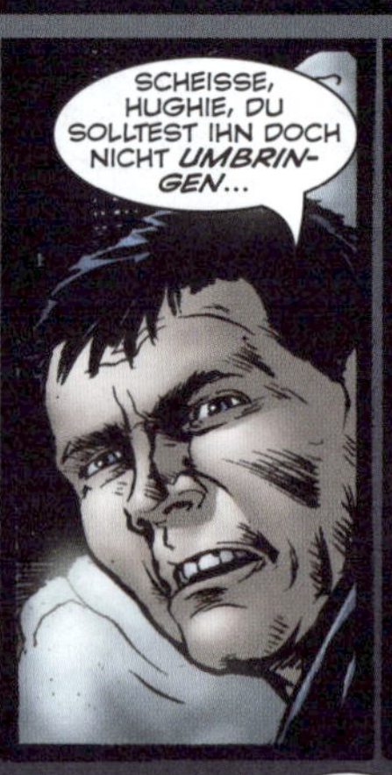
SCHEISSE, HUGHIE, DU SOLLTEST IHN DOCH NICHT *UMBRINGEN*...

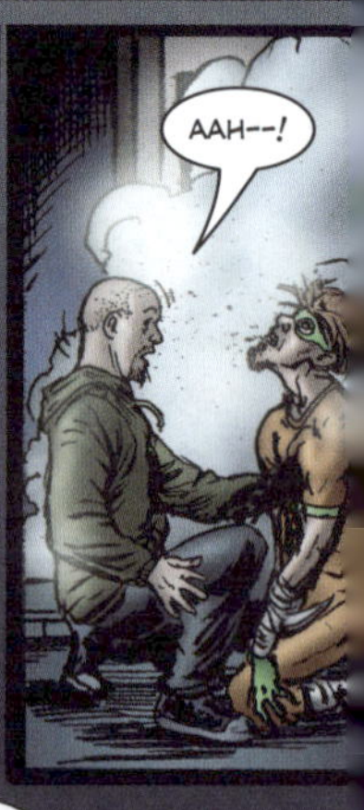
AAH--!

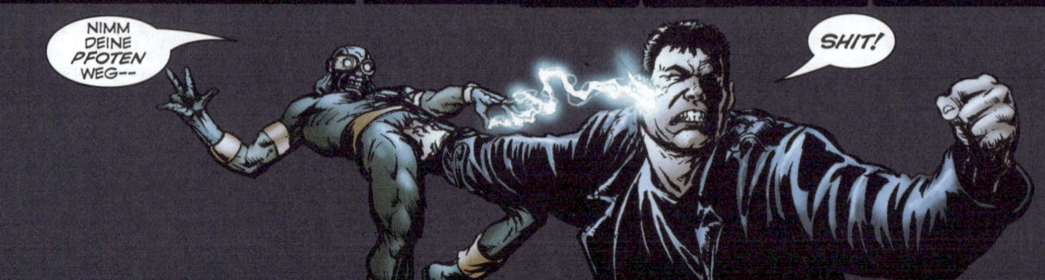
NIMM DEINE *PFOTEN* WEG--
SHIT!

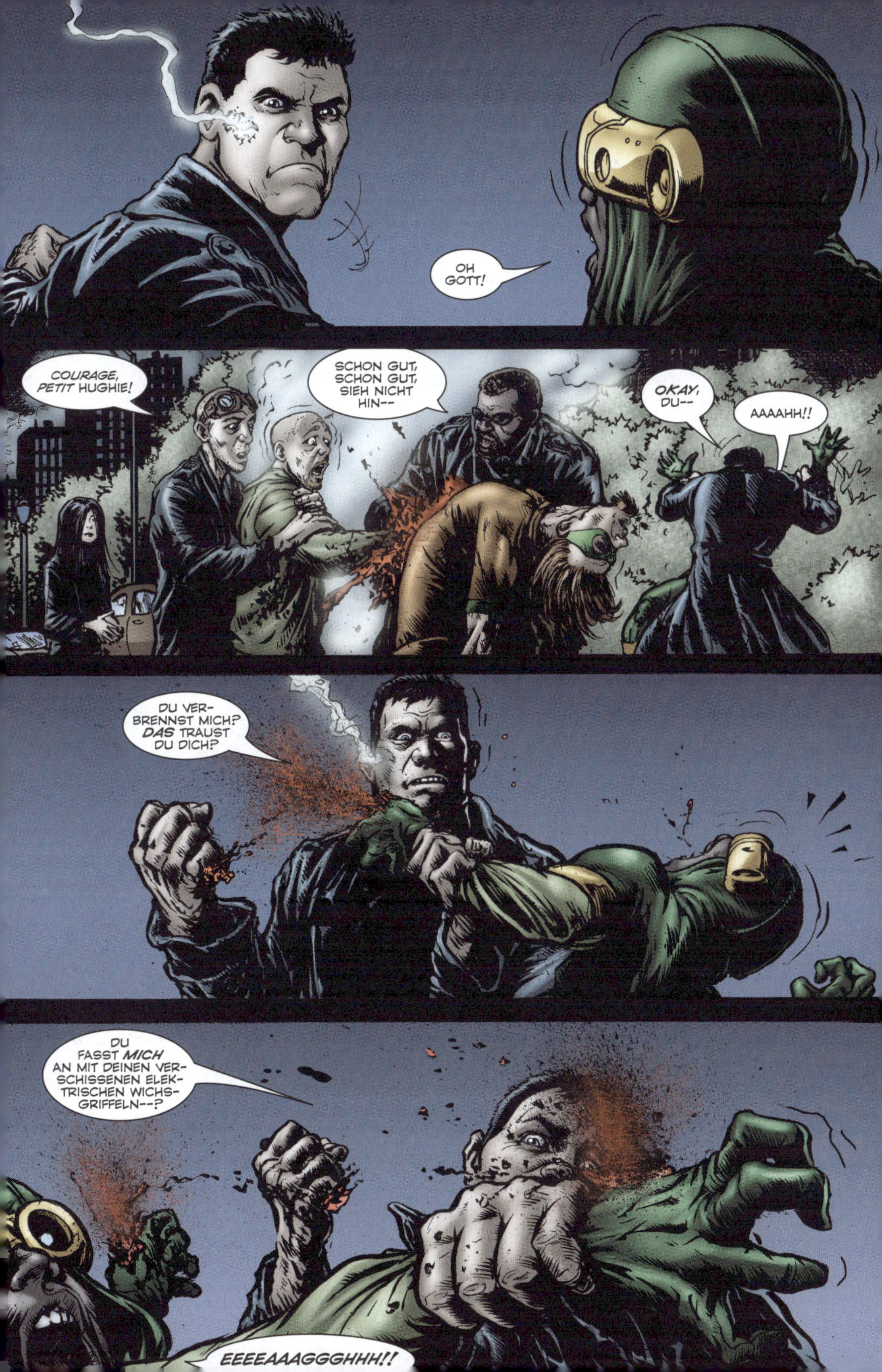
OH GOTT!
COURAGE, PETIT HUGHIE!
SCHON GUT, SCHON GUT, SIEH NICHT HIN--
OKAY, DU--
AAAAHH!!
DU VERBRENNST MICH? DAS TRAUST DU DICH?
DU FASST MICH AN MIT DEINEN VERSCHISSENEN ELEKTRISCHEN WICHSGRIFFELN--?
EEEEAAAGGGHHH!!

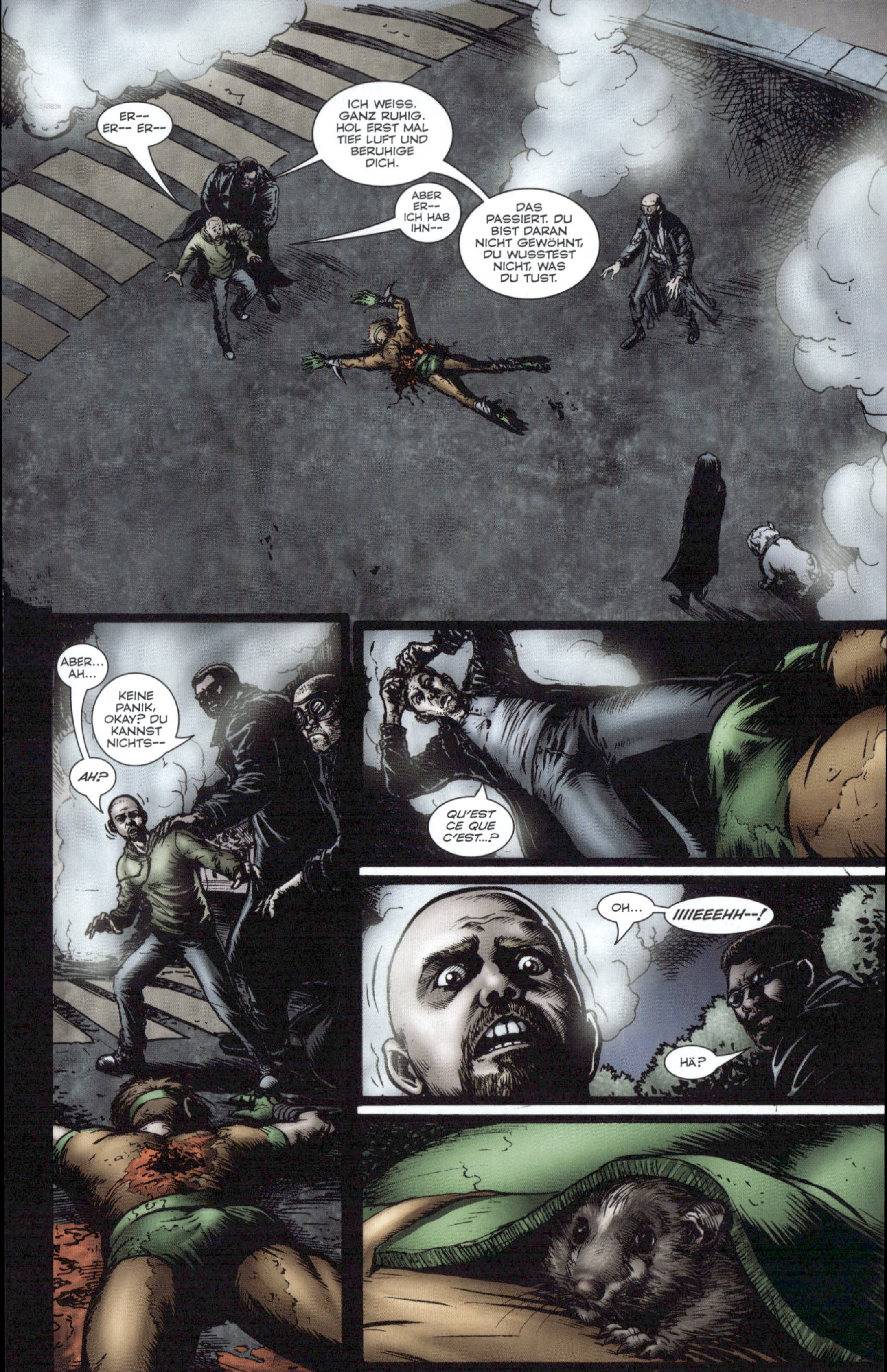
ER--
ER-- ER--
ICH WEISS. GANZ RUHIG. HOL ERST MAL TIEF LUFT UND BERUHIGE DICH.
ABER ER-- ICH HAB IHN--
DAS PASSIERT. DU BIST DARAN NICHT GEWÖHNT, DU WUSSTEST NICHT, WAS DU TUST.
ABER... AH...
KEINE PANIK, OKAY? DU KANNST NICHTS--
AH?
QU'EST CE QUE C'EST...?
OH...
IIIIEEEHH--!
HÄ?

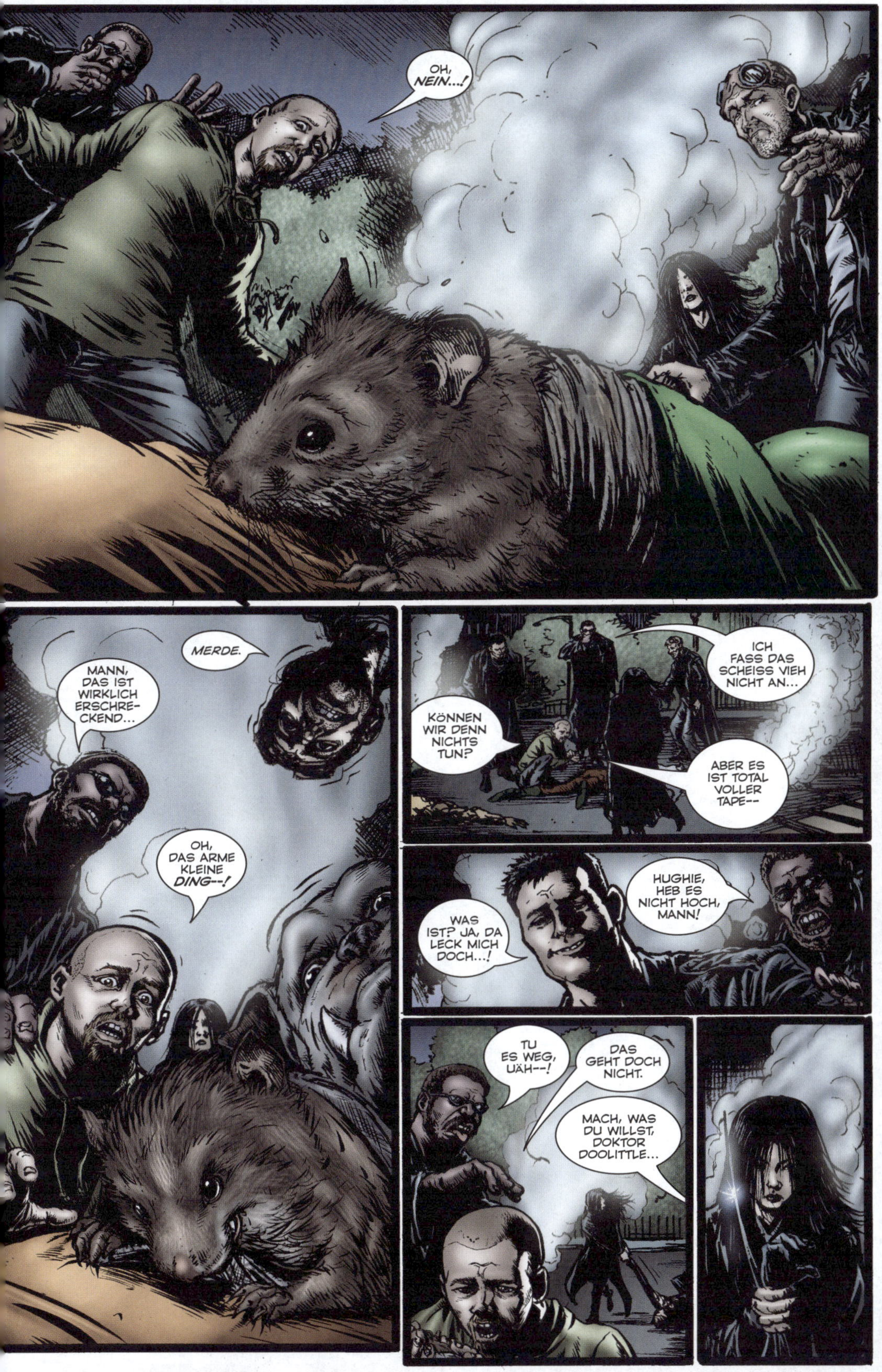

OH, NEIN...!

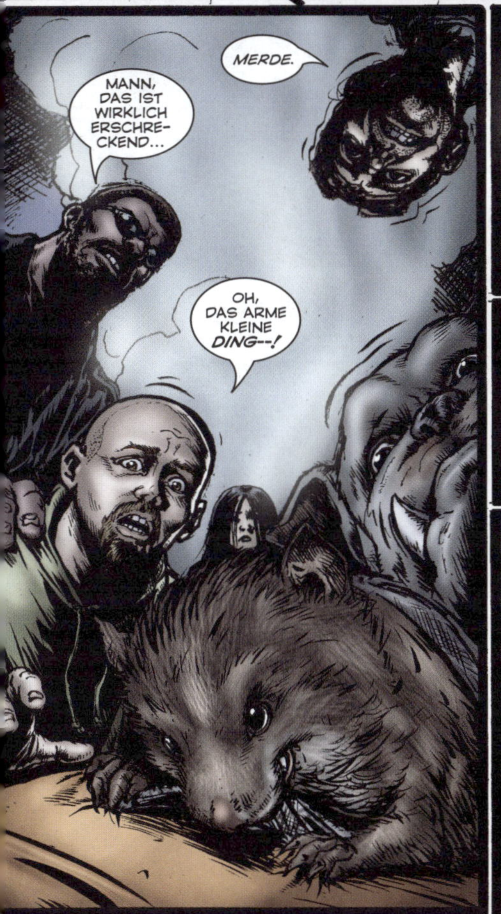
MERDE.
MANN, DAS IST WIRKLICH ERSCHRECKEND...
OH, DAS ARME KLEINE DING--!

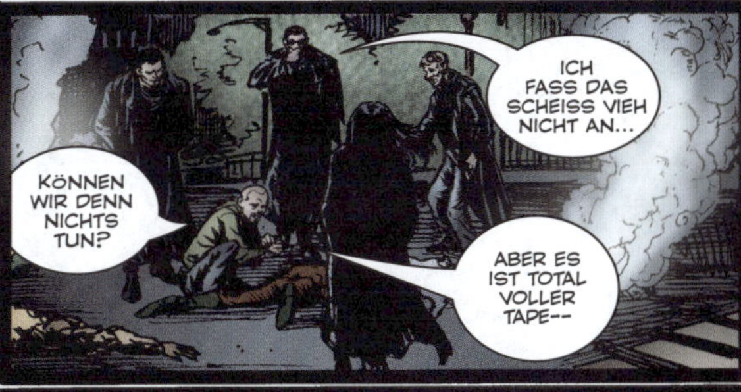
ICH FASS DAS SCHEISS VIEH NICHT AN...
KÖNNEN WIR DENN NICHTS TUN?
ABER ES IST TOTAL VOLLER TAPE--

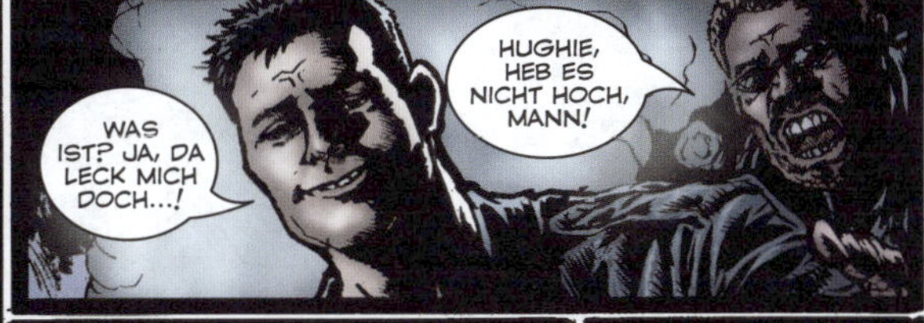
HUGHIE, HEB ES NICHT HOCH, MANN!
WAS IST? JA, DA LECK MICH DOCH...!

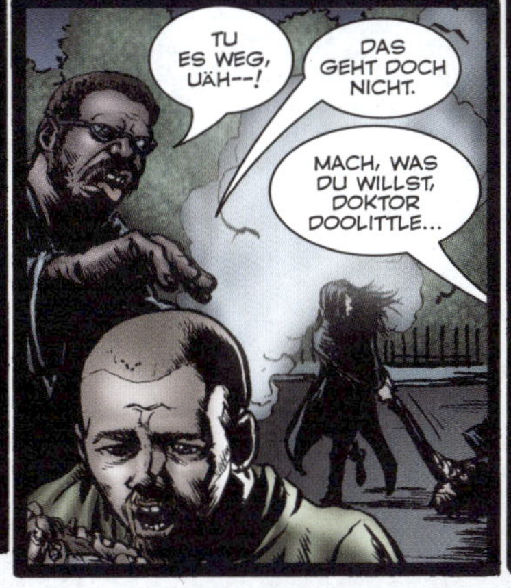
TU ES WEG, UÄH--!
DAS GEHT DOCH NICHT.
MACH, WAS DU WILLST, DOKTOR DOOLITTLE...

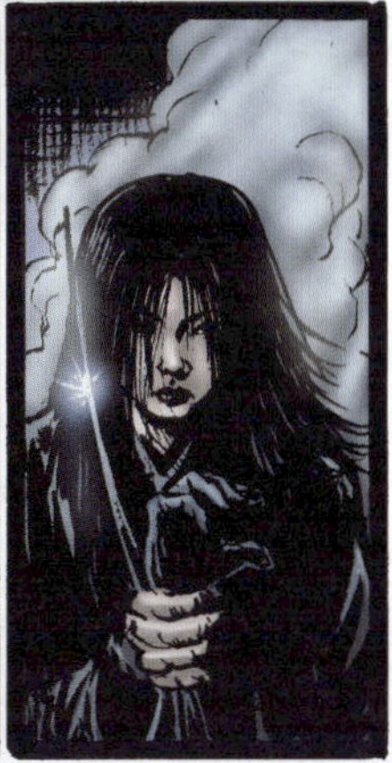

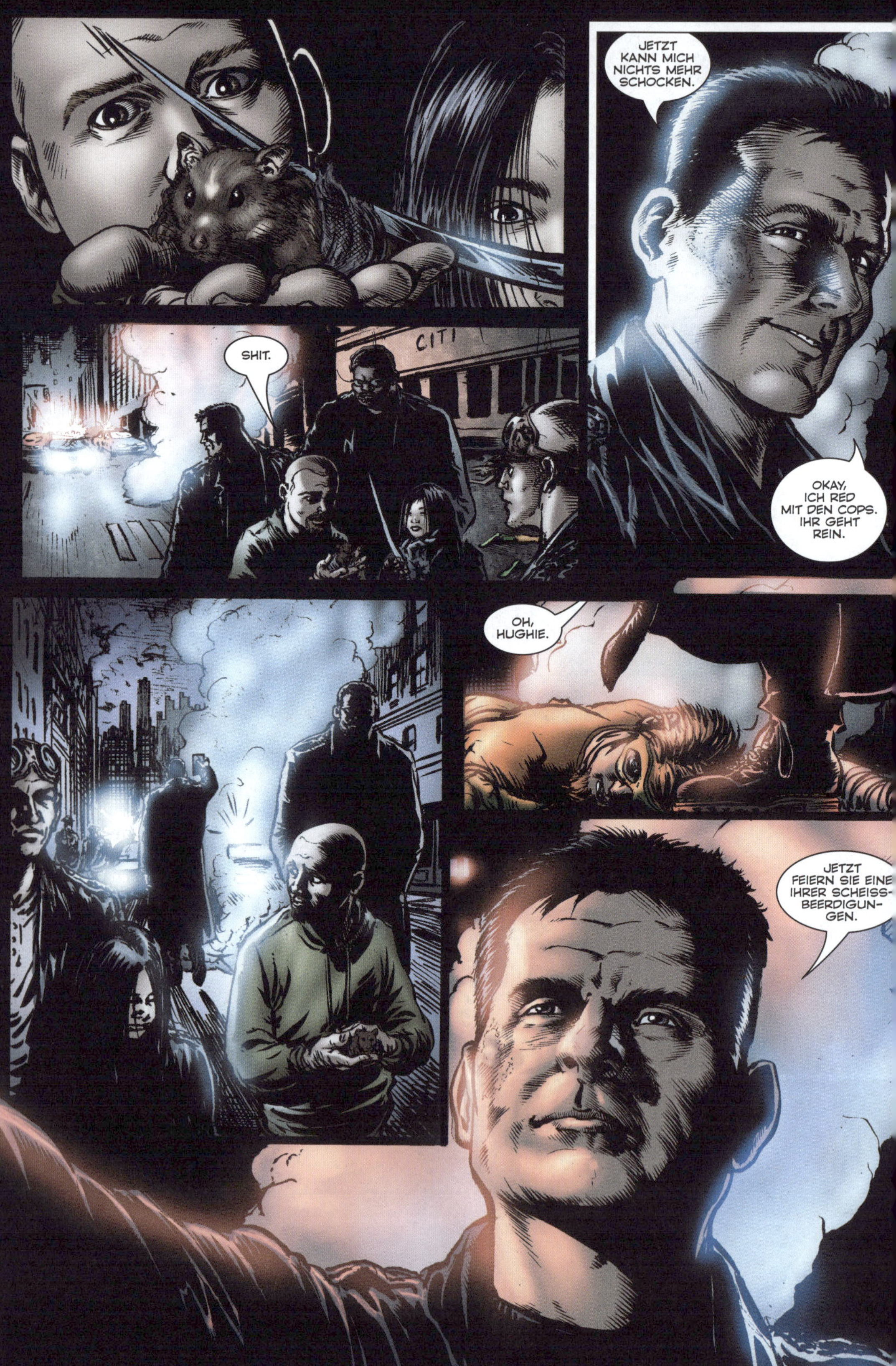
JETZT KANN MICH NICHTS MEHR SCHOCKEN.
SHIT.
OKAY, ICH RED MIT DEN COPS. IHR GEHT REIN.
OH, HUGHIE.
JETZT FEIERN SIE EINE IHRER SCHEISS-BEERDIGUN-GEN.
CITI

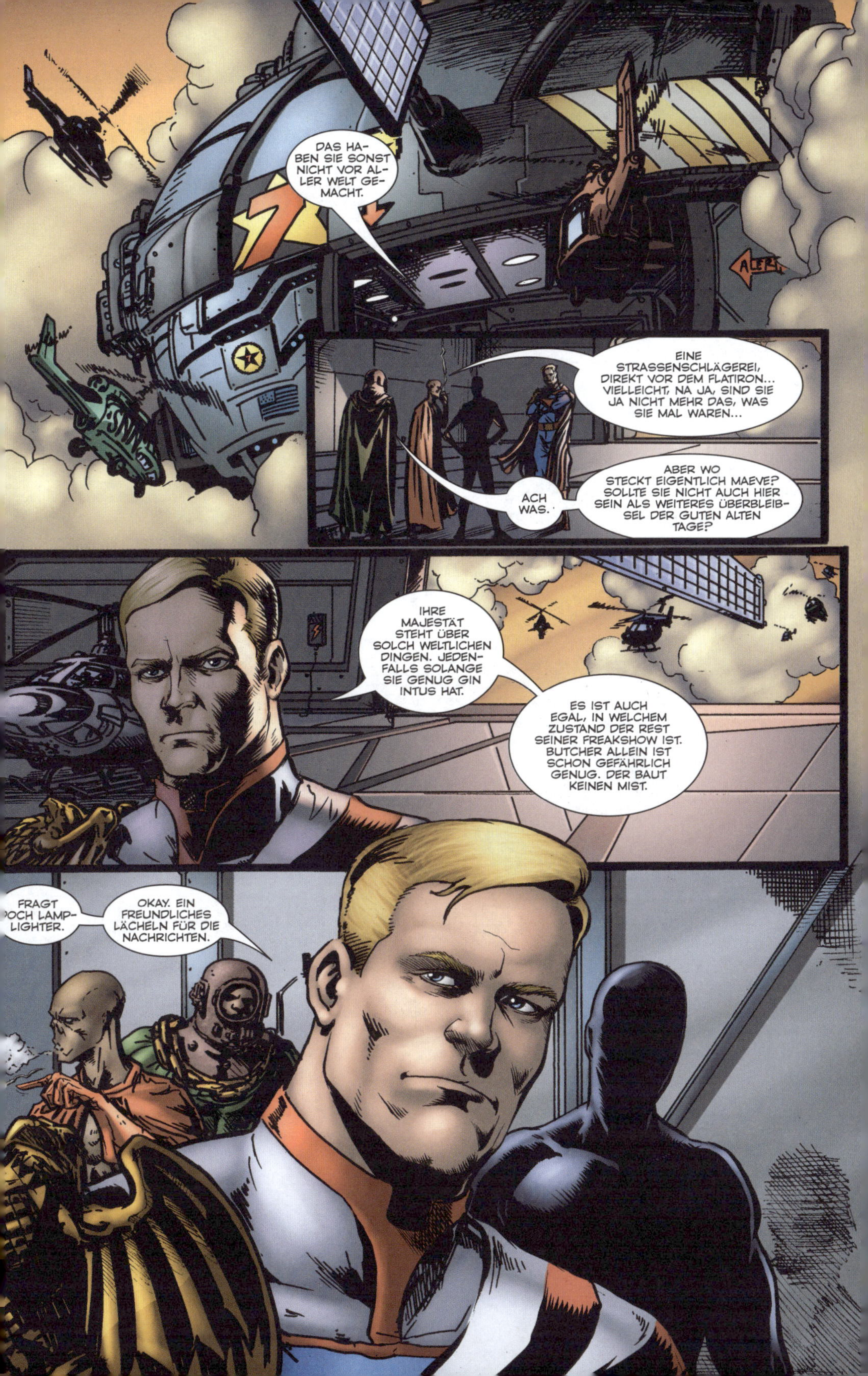
DAS HABEN SIE SONST NICHT VOR ALLER WELT GEMACHT.
ALERT
EINE STRASSENSCHLÄGEREI, DIREKT VOR DEM FLATIRON... VIELLEICHT, NA JA, SIND SIE JA NICHT MEHR DAS, WAS SIE MAL WAREN...
ACH WAS.
ABER WO STECKT EIGENTLICH MAEVE? SOLLTE SIE NICHT AUCH HIER SEIN ALS WEITERES ÜBERBLEIBSEL DER GUTEN ALTEN TAGE?
IHRE MAJESTÄT STEHT ÜBER SOLCH WELTLICHEN DINGEN. JEDENFALLS SOLANGE SIE GENUG GIN INTUS HAT.
ES IST AUCH EGAL, IN WELCHEM ZUSTAND DER REST SEINER FREAKSHOW IST. BUTCHER ALLEIN IST SCHON GEFÄHRLICH GENUG. DER BAUT KEINEN MIST.
FRAGT DOCH LAMPLIGHTER.
OKAY. EIN FREUNDLICHES LÄCHELN FÜR DIE NACHRICHTEN.

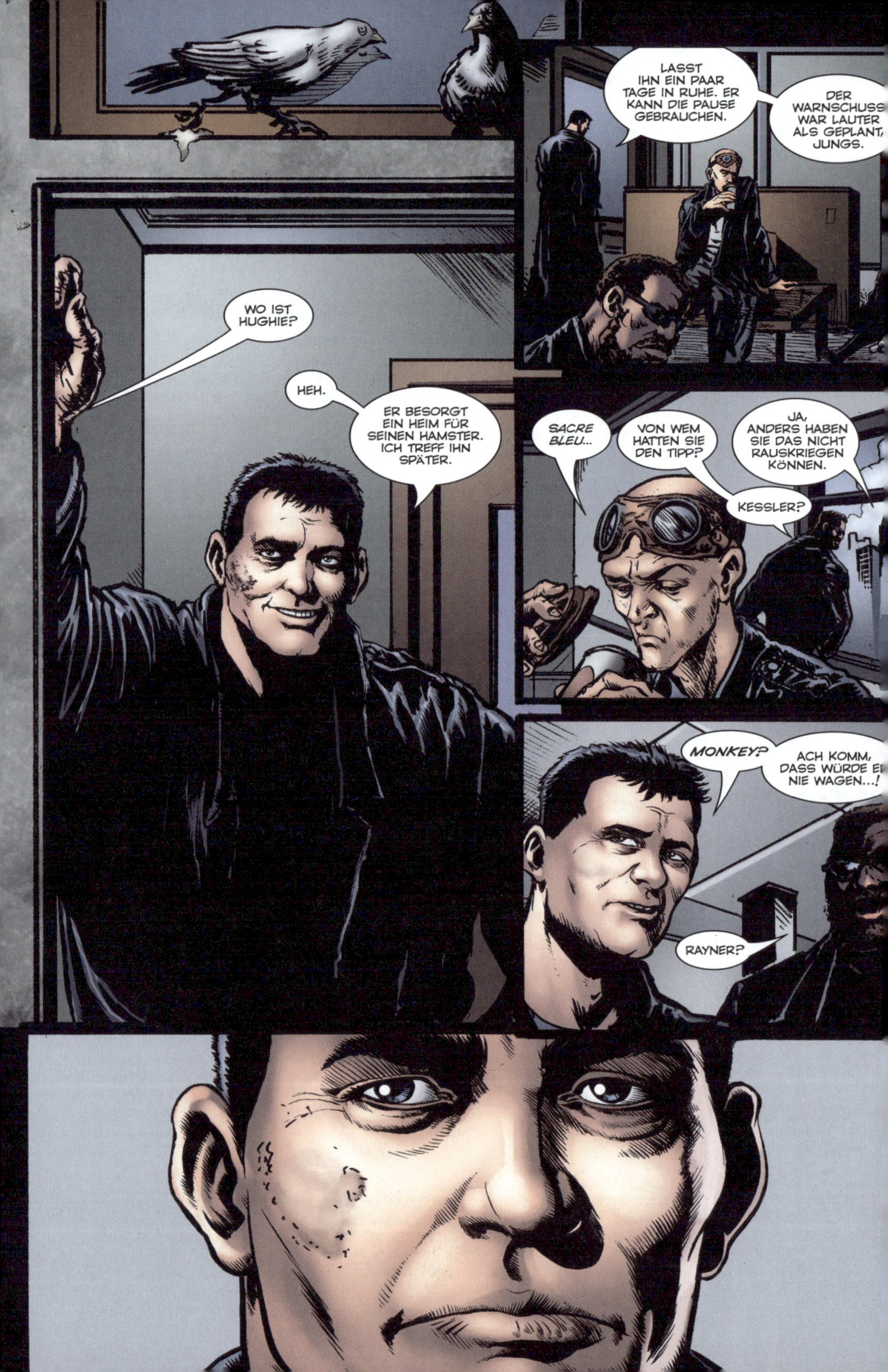
LASST IHN EIN PAAR TAGE IN RUHE. ER KANN DIE PAUSE GEBRAUCHEN.
DER WARNSCHUSS WAR LAUTER ALS GEPLANT, JUNGS.
WO IST HUGHIE?
HEH.
ER BESORGT EIN HEIM FÜR SEINEN HAMSTER. ICH TREFF IHN SPÄTER.
SACRE BLEU...
VON WEM HATTEN SIE DEN TIPP?
JA, ANDERS HABEN SIE DAS NICHT RAUSKRIEGEN KÖNNEN.
KESSLER?
MONKEY?
ACH KOMM, DASS WÜRDE E NIE WAGEN...!
RAYNER?

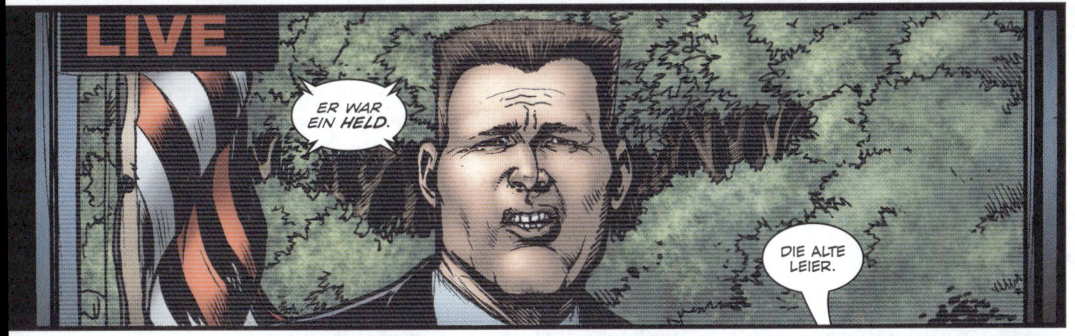
LIVE
ER WAR EIN HELD.
DIE ALTE LEIER.

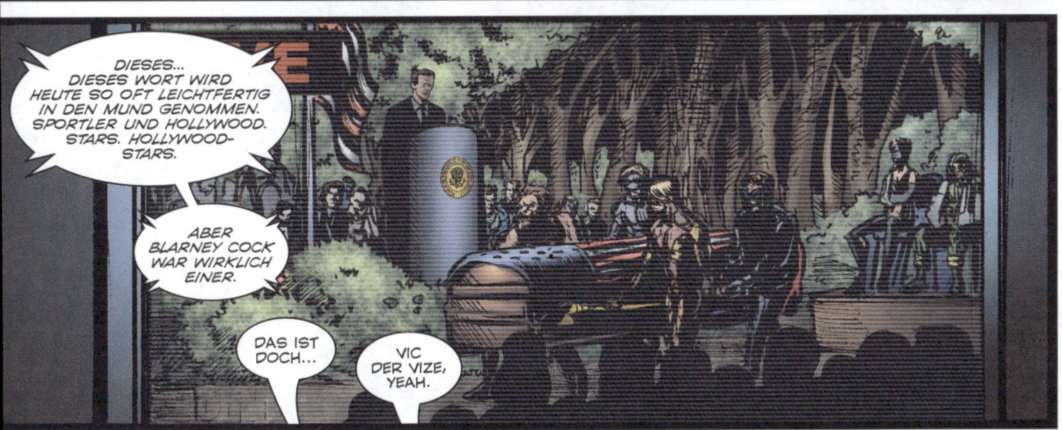
DIESES... DIESES WORT WIRD HEUTE SO OFT LEICHTFERTIG IN DEN MUND GENOMMEN. SPORTLER UND HOLLYWOOD-STARS. HOLLYWOOD-STARS.
ABER BLARNEY COCK WAR WIRKLICH EINER.
DAS IST DOCH...
VIC DER VIZE, YEAH.

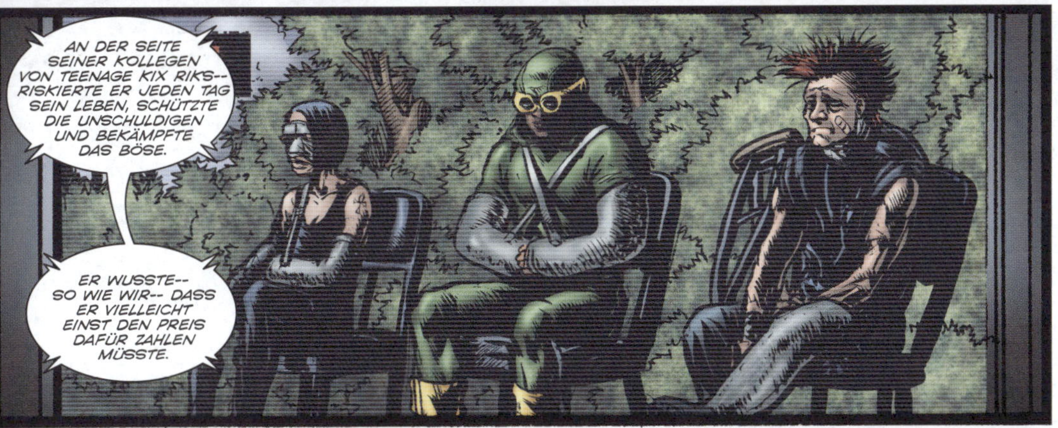
AN DER SEITE SEINER KOLLEGEN VON TEENAGE KIX RIKS-- RISKIERTE ER JEDEN TAG SEIN LEBEN, SCHÜTZTE DIE UNSCHULDIGEN UND BEKÄMPFTE DAS BÖSE.
ER WUSSTE-- SO WIE WIR-- DASS ER VIELLEICHT EINST DEN PREIS DAFÜR ZAHLEN MÜSSTE.

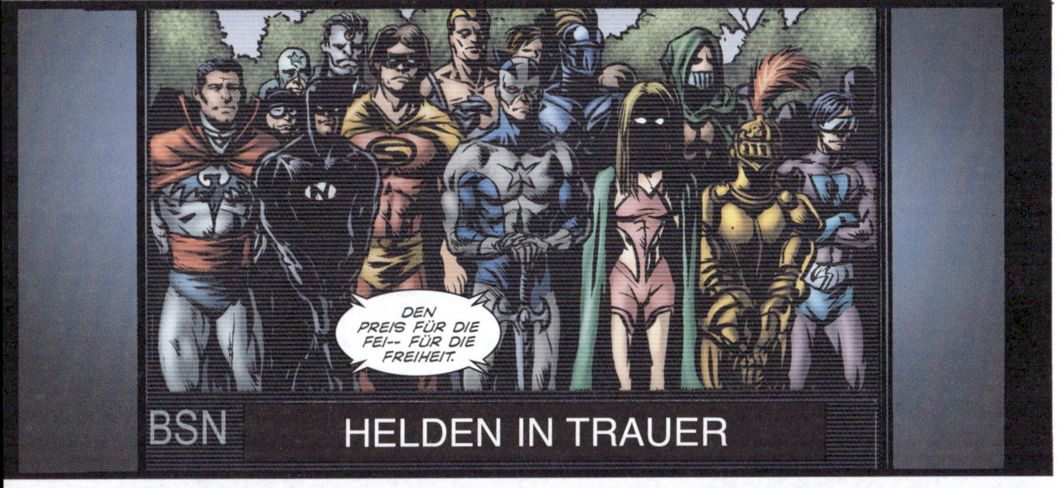
DEN PREIS FÜR DIE FEI-- FÜR DIE FREIHEIT.
BSN
HELDEN IN TRAUER

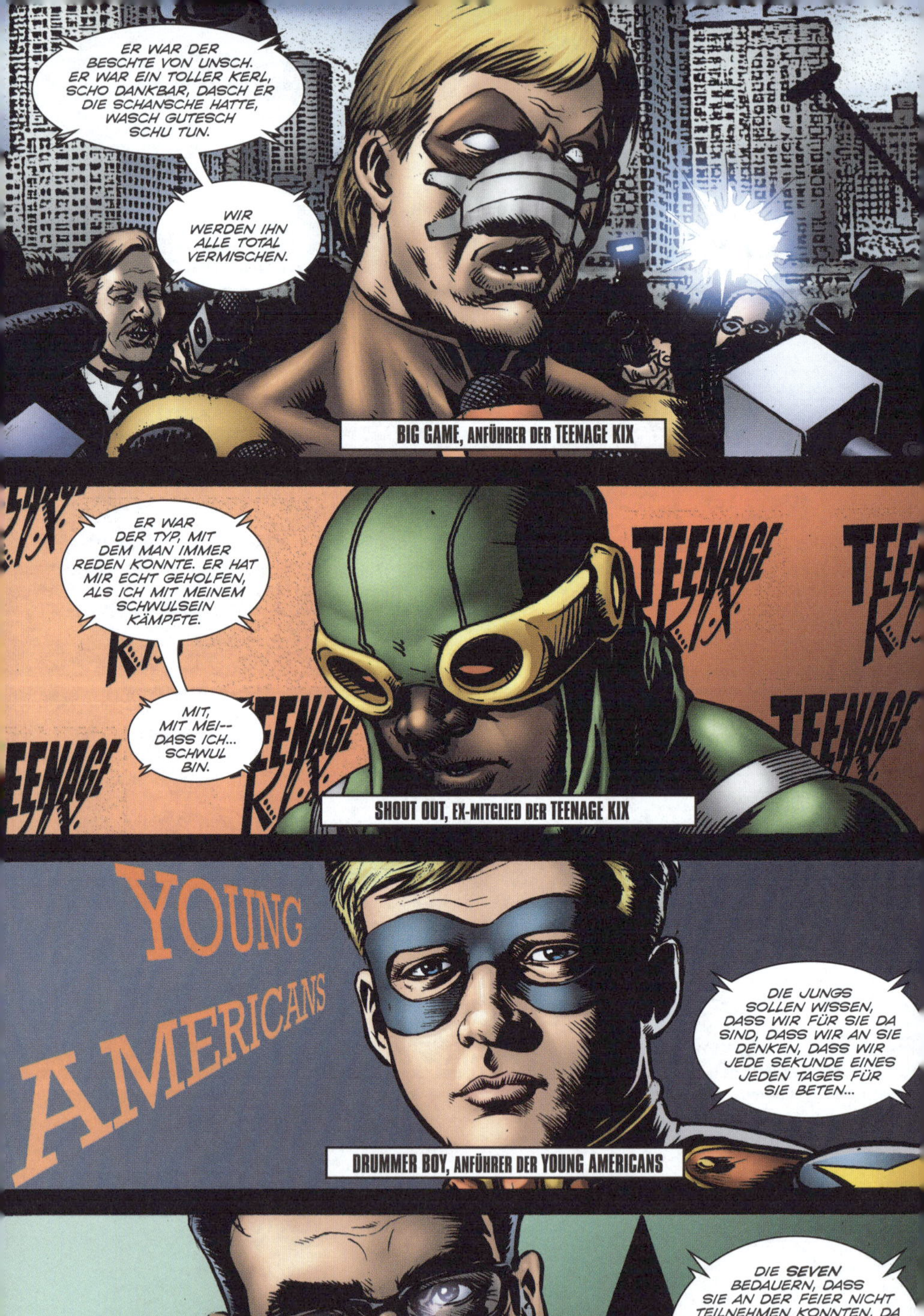
ER WAR DER BESCHTE VON UNSCH. ER WAR EIN TOLLER KERL, SCHO DANKBAR, DASCH ER DIE SCHANSCHE HATTE, WASCH GUTESCH SCHU TUN.
WIR WERDEN IHN ALLE TOTAL VERMISCHEN.
BIG GAME, ANFÜHRER DER TEENAGE KIX
ER WAR DER TYP, MIT DEM MAN IMMER REDEN KONNTE. ER HAT MIR ECHT GEHOLFEN, ALS ICH MIT MEINEM SCHWULSEIN KÄMPFTE.
MIT, MIT MEI-- DASS ICH... SCHWUL BIN.
TEENAGE K.I.X.
SHOUT OUT, EX-MITGLIED DER TEENAGE KIX
YOUNG AMERICANS
DIE JUNGS SOLLEN WISSEN, DASS WIR FÜR SIE DA SIND, DASS WIR AN SIE DENKEN, DASS WIR JEDE SEKUNDE EINES JEDEN TAGES FÜR SIE BETEN...
DRUMMER BOY, ANFÜHRER DER YOUNG AMERICANS
7
DIE SEVEN BEDAUERN, DASS SIE AN DER FEIER NICHT TEILNEHMEN KONNTEN, DA BEI IHNEN SELBST GERADE ETWAS AUFREGENDES IM GANGE IST, AUF DAS WIR ALLE SEHR GESPANNT SEIN DÜRFEN. ABER BARNEY WAR EIN FREUND, IHR FREUND, UND ER WIRD ES IMMER SEIN...
ADAM FLEISHER, SPRECHER VON VOUGHT-AMERICAN

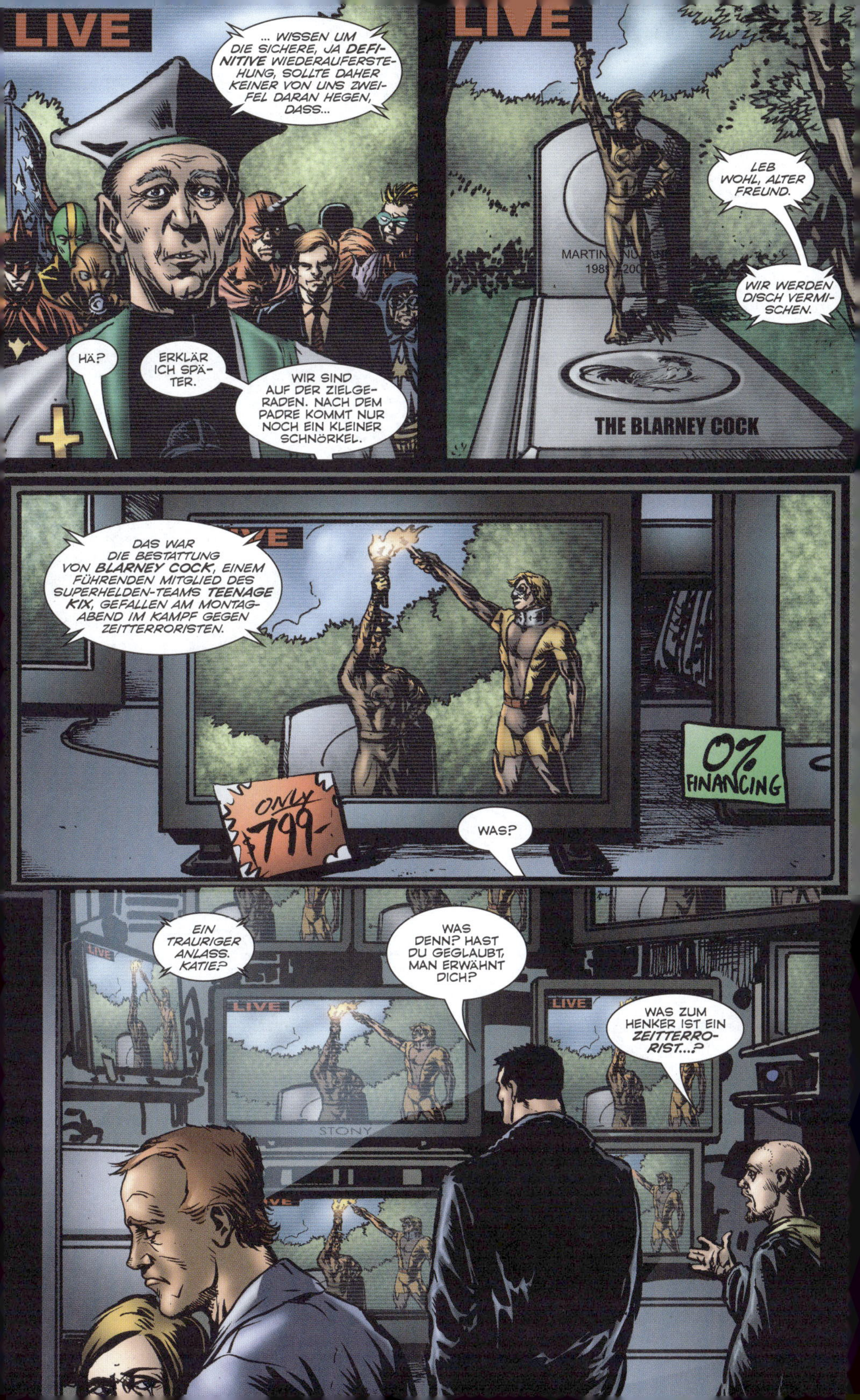

LIVE

... WISSEN UM DIE SICHERE, JA **DEFINITIVE** WIEDERAUFERSTEHUNG, SOLLTE DAHER KEINER VON UNS ZWEIFEL DARAN HEGEN, DASS...

HÄ?

ERKLÄR ICH SPÄTER.

WIR SIND AUF DER ZIELGERADEN. NACH DEM PADRE KOMMT NUR NOCH EIN KLEINER SCHNÖRKEL.

LIVE

LEB WOHL, ALTER FREUND.

WIR WERDEN DISCH VERMISCHEN.

THE BLARNEY COCK

DAS WAR DIE BESTATTUNG VON **BLARNEY COCK**, EINEM FÜHRENDEN MITGLIED DES SUPERHELDEN-TEAMS **TEENAGE KIX**, GEFALLEN AM MONTAGABEND IM KAMPF GEGEN ZEITTERRORISTEN.

ONLY 799,-

0% FINANCING

WAS?

EIN TRAURIGER ANLASS. KATIE?

WAS DENN? HAST DU GEGLAUBT, MAN ERWÄHNT DICH?

WAS ZUM HENKER IST EIN **ZEITTERRORIST...?**

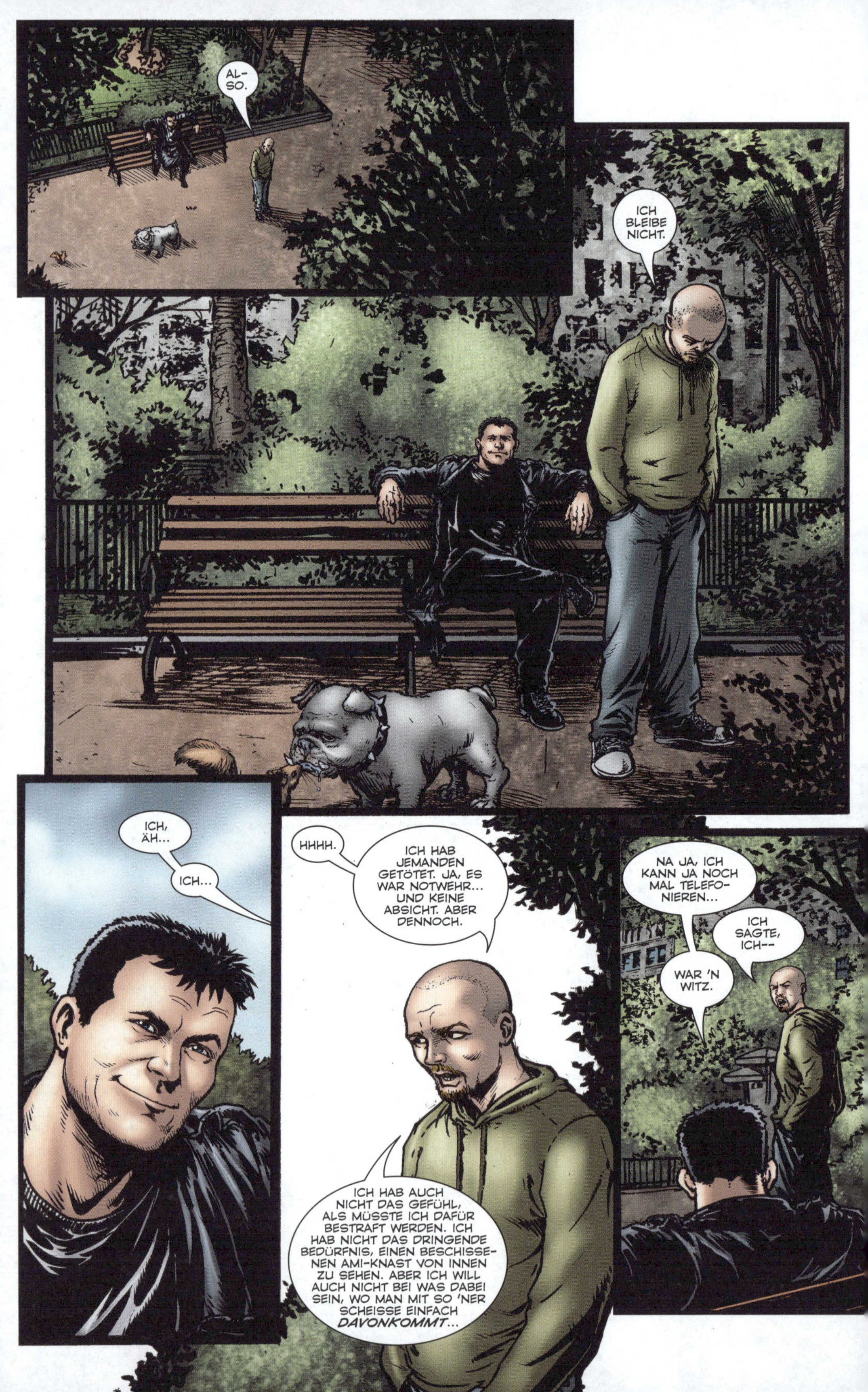

ALSO.
ICH BLEIBE NICHT.
ICH, ÄH...
ICH...
HHHH.
ICH HAB JEMANDEN GETÖTET. JA, ES WAR NOTWEHR... UND KEINE ABSICHT. ABER DENNOCH.
ICH HAB AUCH NICHT DAS GEFÜHL, ALS MÜSSTE ICH DAFÜR BESTRAFT WERDEN. ICH HAB NICHT DAS DRINGENDE BEDÜRFNIS, EINEN BESCHISSENEN AMI-KNAST VON INNEN ZU SEHEN. ABER ICH WILL AUCH NICHT BEI WAS DABEI SEIN, WO MAN MIT SO 'NER SCHEISSE EINFACH *DAVONKOMMT*...
NA JA, ICH KANN JA NOCH MAL TELEFONIEREN...
ICH SAGTE, ICH--
WAR 'N WITZ.

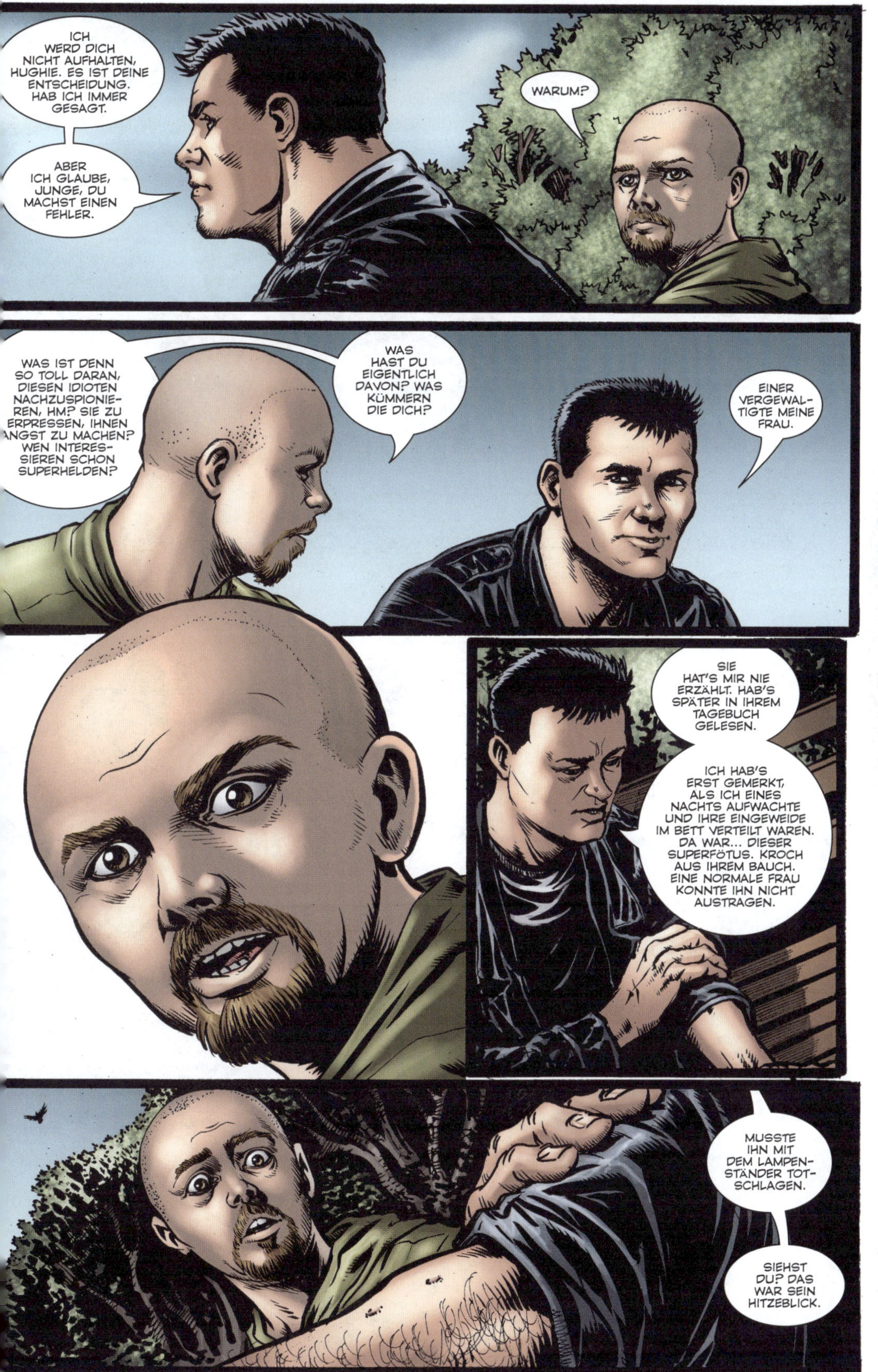
ICH WERD DICH NICHT AUFHALTEN, HUGHIE. ES IST DEINE ENTSCHEIDUNG. HAB ICH IMMER GESAGT.
ABER ICH GLAUBE, JUNGE, DU MACHST EINEN FEHLER.
WARUM?
WAS IS: DENN SO TOLL DARAN, DIESEN IDIOTEN NACHZUSPIONIEREN, HM? SIE ZU ERPRESSEN, IHNEN ANGST ZU MACHEN? WEN INTERESSIEREN SCHON SUPERHELDEN?
WAS HAST DU EIGENTLICH DAVON? WAS KÜMMERN DIE DICH?
EINER VERGEWALTIGTE MEINE FRAU.
SIE HAT'S MIR NIE ERZÄHLT. HAB'S SPÄTER IN IHREM TAGEBUCH GELESEN.
ICH HAB'S ERST GEMERKT, ALS ICH EINES NACHTS AUFWACHTE UND IHRE EINGEWEIDE IM BETT VERTEILT WAREN. DA WAR... DIESER SUPERFÖTUS. KROCH AUS IHREM BAUCH. EINE NORMALE FRAU KONNTE IHN NICHT AUSTRAGEN.
MUSSTE IHN MIT DEM LAMPENSTÄNDER TOTSCHLAGEN.
SIEHST DU? DAS WAR SEIN HITZEBLICK.

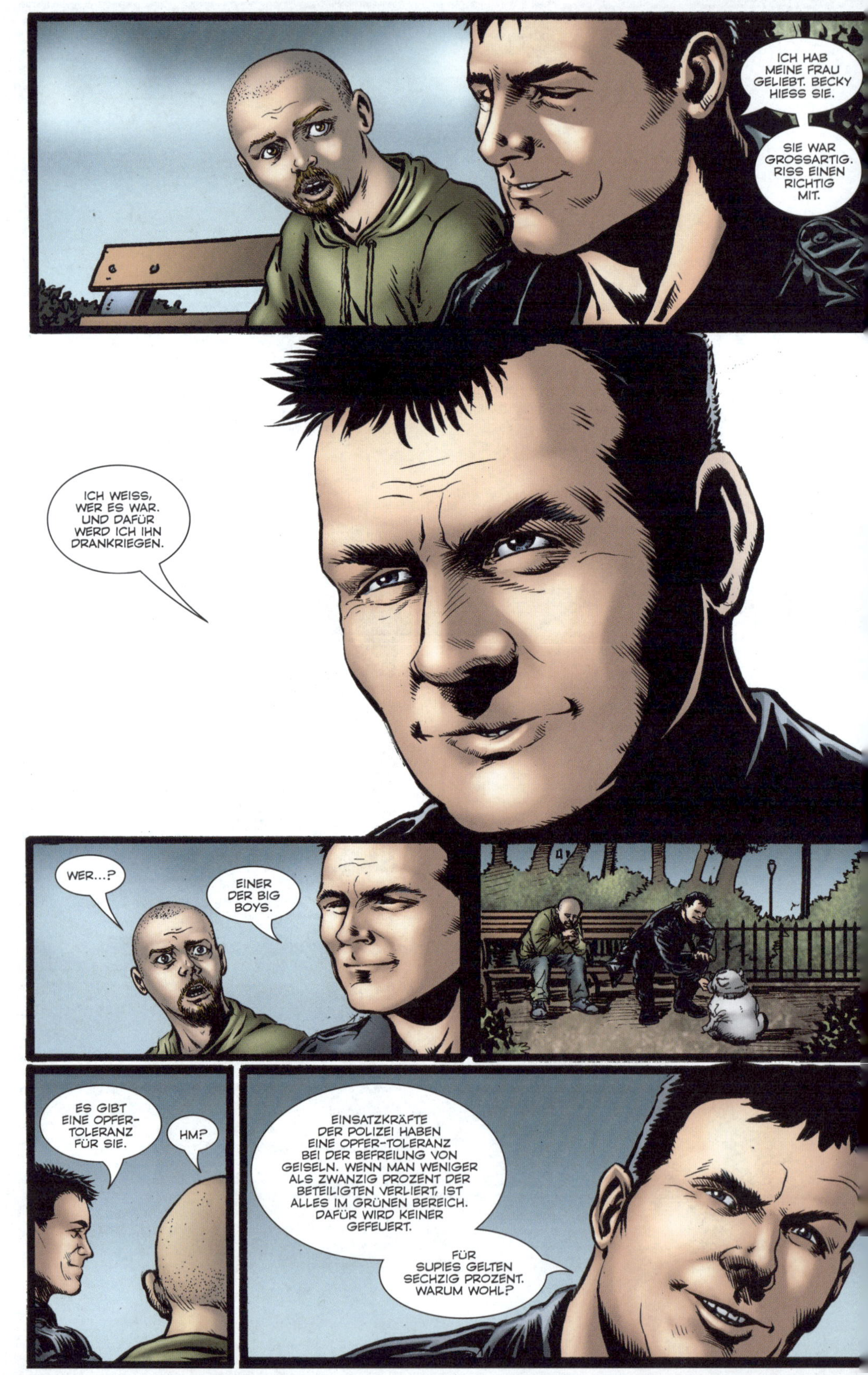
ICH HAB MEINE FRAU GELIEBT. BECKY HIESS SIE.
SIE WAR GROSSARTIG. RISS EINEN RICHTIG MIT.
ICH WEISS, WER ES WAR. UND DAFÜR WERD ICH IHN DRANKRIEGEN.
WER...?
EINER DER BIG BOYS.
ES GIBT EINE OPFER-TOLERANZ FÜR SIE.
HM?
EINSATZKRÄFTE DER POLIZEI HABEN EINE OPFER-TOLERANZ BEI DER BEFREIUNG VON GEISELN. WENN MAN WENIGER ALS ZWANZIG PROZENT DER BETEILIGTEN VERLIERT, IST ALLES IM GRÜNEN BEREICH. DAFÜR WIRD KEINER GEFEUERT.
FÜR SUPIES GELTEN SECHZIG PROZENT. WARUM WOHL?

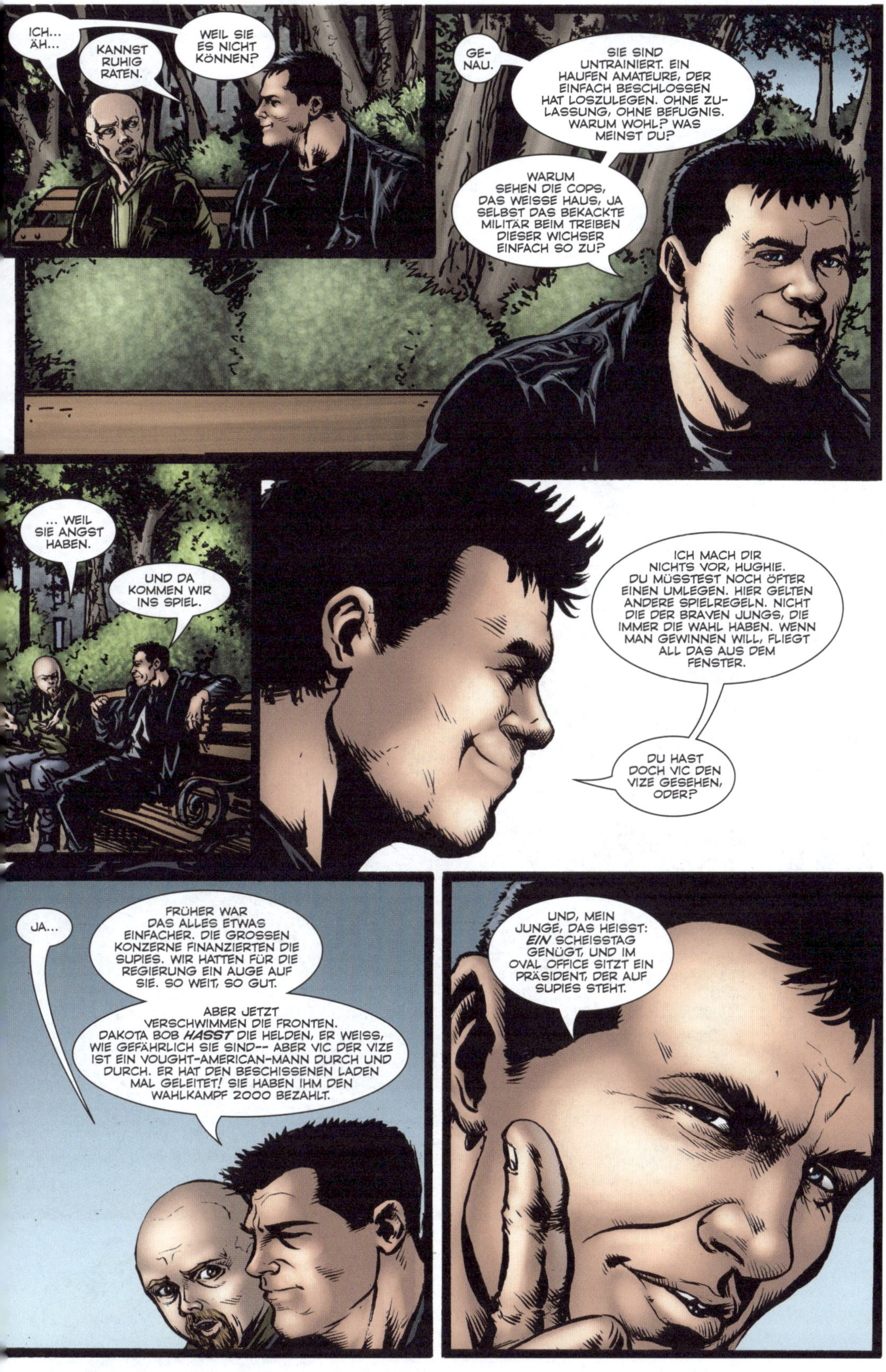

ICH... ÄH...
KANNST RUHIG RATEN.
WEIL SIE ES NICHT KÖNNEN?
GE-NAU.
SIE SIND UNTRAINIERT. EIN HAUFEN AMATEURE, DER EINFACH BESCHLOSSEN HAT LOSZULEGEN. OHNE ZULASSUNG, OHNE BEFUGNIS. WARUM WOHL? WAS MEINST DU?
WARUM SEHEN DIE COPS, DAS WEISSE HAUS, JA SELBST DAS BEKACKTE MILITÄR BEIM TREIBEN DIESER WICHSER EINFACH SO ZU?
... WEIL SIE ANGST HABEN.
UND DA KOMMEN WIR INS SPIEL.
ICH MACH DIR NICHTS VOR, HUGHIE. DU MÜSSTEST NOCH ÖFTER EINEN UMLEGEN. HIER GELTEN ANDERE SPIELREGELN. NICHT DIE DER BRAVEN JUNGS, DIE IMMER DIE WAHL HABEN. WENN MAN GEWINNEN WILL, FLIEGT ALL DAS AUS DEM FENSTER.
DU HAST DOCH VIC DEN VIZE GESEHEN, ODER?
JA...
FRÜHER WAR DAS ALLES ETWAS EINFACHER. DIE GROSSEN KONZERNE FINANZIERTEN DIE SUPIES. WIR HATTEN FÜR DIE REGIERUNG EIN AUGE AUF SIE. SO WEIT, SO GUT.
ABER JETZT VERSCHWIMMEN DIE FRONTEN. DAKOTA BOB *HASST* DIE HELDEN, ER WEISS, WIE GEFÄHRLICH SIE SIND-- ABER VIC DER VIZE IST EIN VOUGHT-AMERICAN-MANN DURCH UND DURCH. ER HAT DEN BESCHISSENEN LADEN MAL GELEITET! SIE HABEN IHM DEN WAHLKAMPF 2000 BEZAHLT.

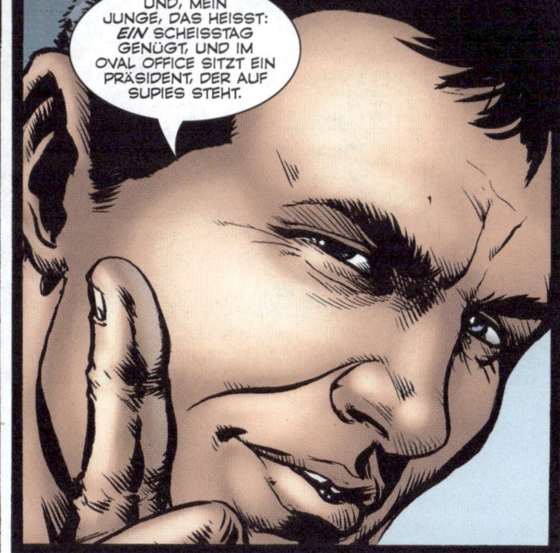

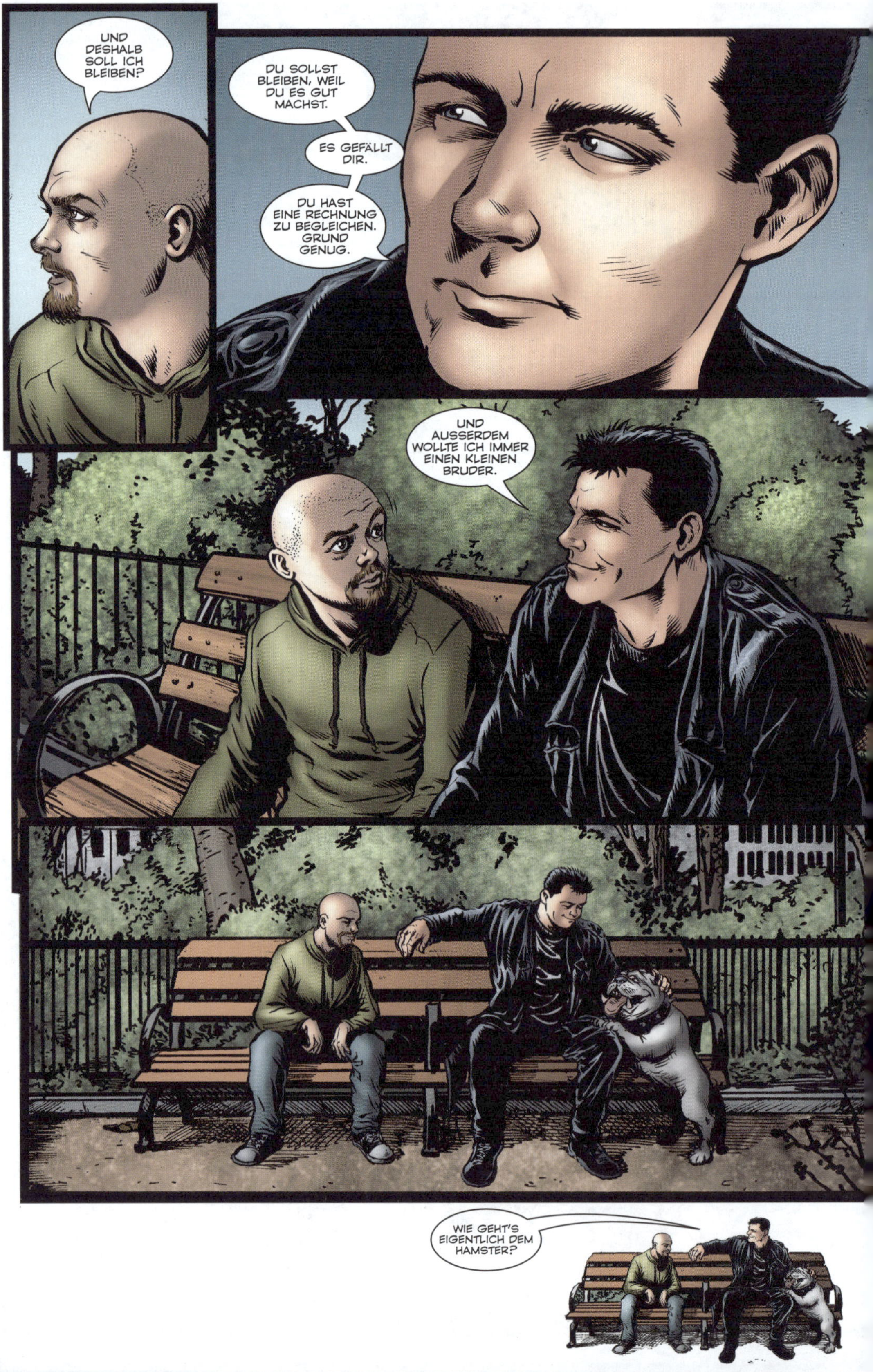

UND DESHALB SOLL ICH BLEIBEN?

DU SOLLST BLEIBEN, WEIL DU ES GUT MACHST.

ES GEFÄLLT DIR.

DU HAST EINE RECHNUNG ZU BEGLEICHEN. GRUND GENUG.

UND AUSSERDEM WOLLTE ICH IMMER EINEN KLEINEN BRUDER.

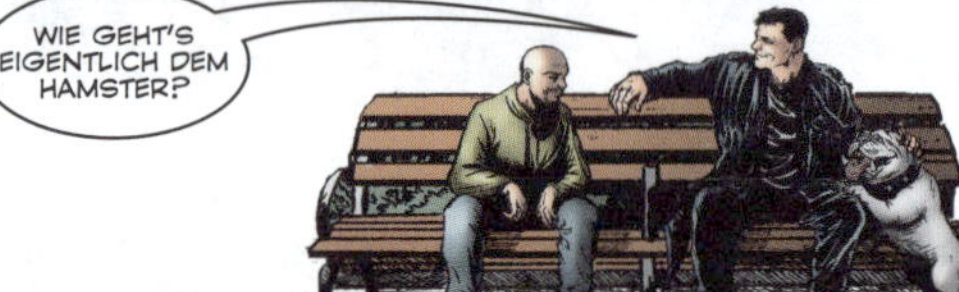

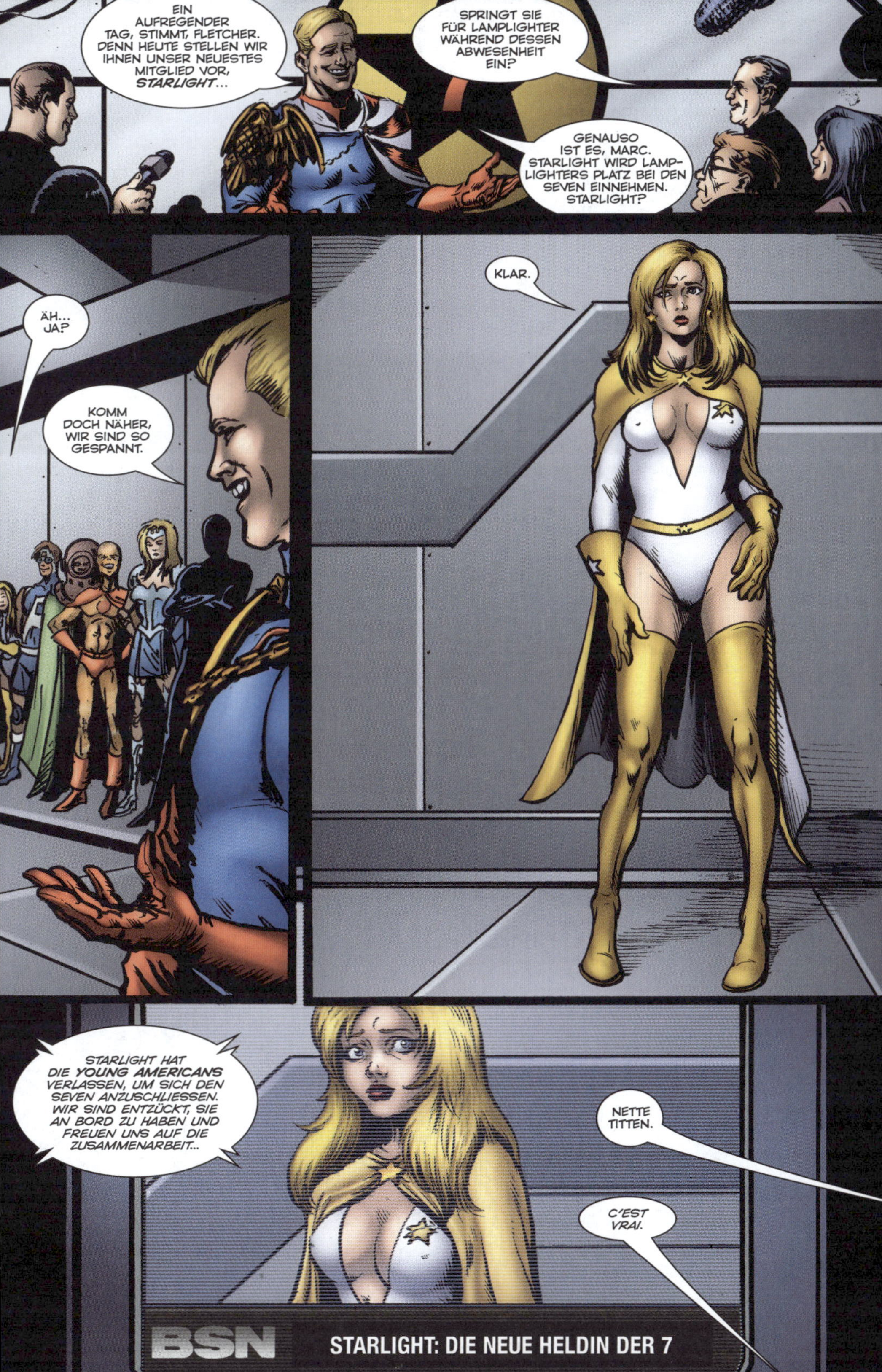
EIN AUFREGENDER TAG, STIMMT, FLETCHER. DENN HEUTE STELLEN WIR IHNEN UNSER NEUESTES MITGLIED VOR, STARLIGHT...
SPRINGT SIE FÜR LAMPLIGHTER WÄHREND DESSEN ABWESENHEIT EIN?
GENAUSO IST ES, MARC. STARLIGHT WIRD LAMPLIGHTERS PLATZ BEI DEN SEVEN EINNEHMEN. STARLIGHT?
ÄH... JA?
KOMM DOCH NÄHER, WIR SIND SO GESPANNT.
KLAR.
STARLIGHT HAT DIE YOUNG AMERICANS VERLASSEN, UM SICH DEN SEVEN ANZUSCHLIESSEN. WIR SIND ENTZÜCKT, SIE AN BORD ZU HABEN UND FREUEN UNS AUF DIE ZUSAMMENARBEIT...
NETTE TITTEN.
C'EST VRAI.
BSN
STARLIGHT: DIE NEUE HELDIN DER 7

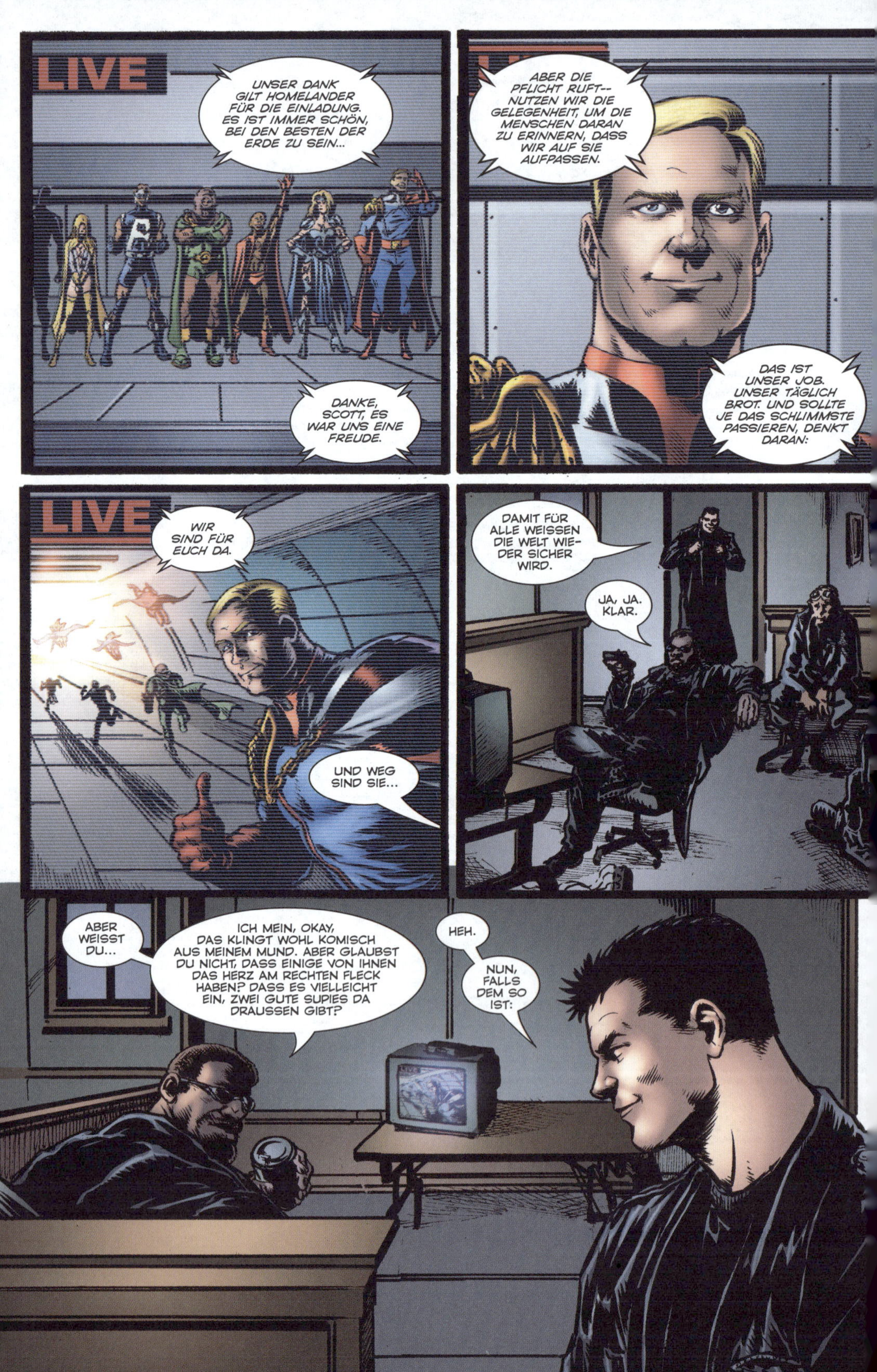
LIVE
UNSER DANK GILT HOMELANDER FÜR DIE EINLADUNG. ES IST IMMER SCHÖN, BEI DEN BESTEN DER ERDE ZU SEIN...
DANKE, SCOTT, ES WAR UNS EINE FREUDE.
ABER DIE PFLICHT RUFT-- NUTZEN WIR DIE GELEGENHEIT, UM DIE MENSCHEN DARAN ZU ERINNERN, DASS WIR AUF SIE AUFPASSEN.
DAS IST UNSER JOB. UNSER TÄGLICH BROT. UND SOLLTE JE DAS SCHLIMMSTE PASSIEREN, DENKT DARAN:
LIVE
WIR SIND FÜR EUCH DA.
UND WEG SIND SIE...
DAMIT FÜR ALLE WEISSEN DIE WELT WIEDER SICHER WIRD.
JA, JA. KLAR.
ABER WEISST DU...
ICH MEIN, OKAY, DAS KLINGT WOHL KOMISCH AUS MEINEM MUND. ABER GLAUBST DU NICHT, DASS EINIGE VON IHNEN DAS HERZ AM RECHTEN FLECK HABEN? DASS ES VIELLEICHT EIN, ZWEI GUTE SUPIES DA DRAUSSEN GIBT?
HEH.
NUN, FALLS DEM SO IST:

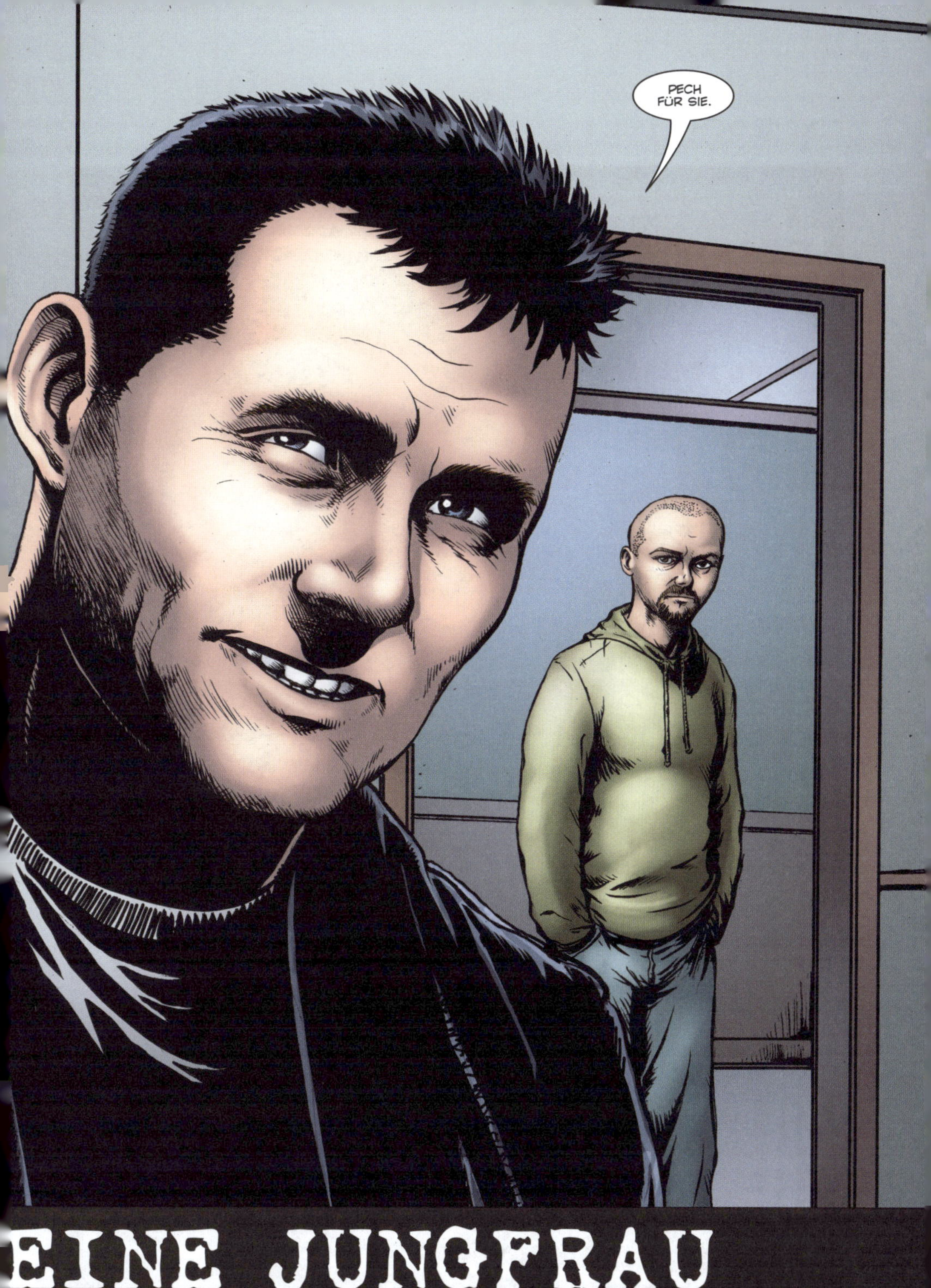

EINE JUNGFRAU KOMMT SELTEN ALLEIN

LETZTER TEIL

EINGELOCHT, TEIL 1

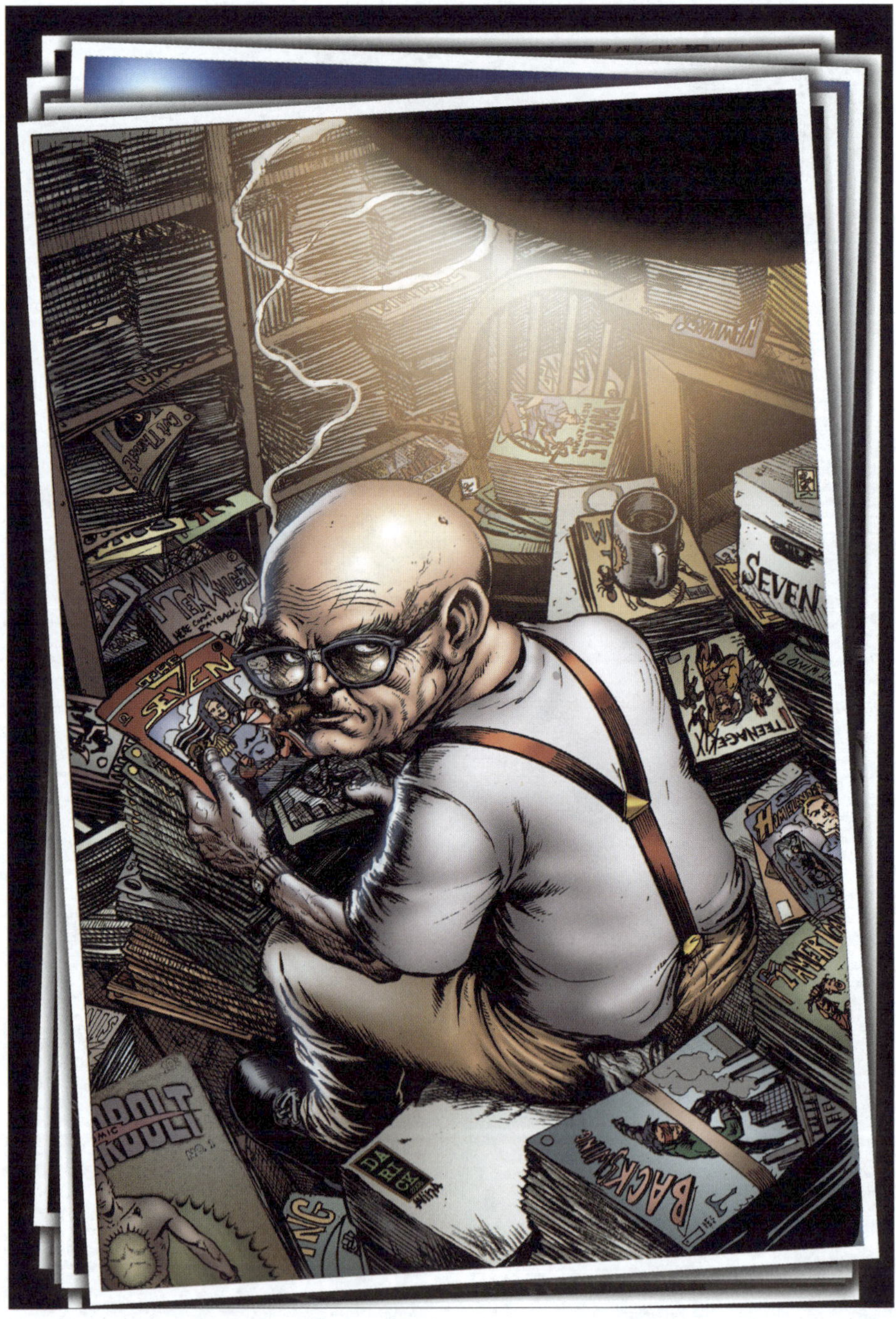

The Boys (2006) 7
Cover von **DARICK ROBERTSON**

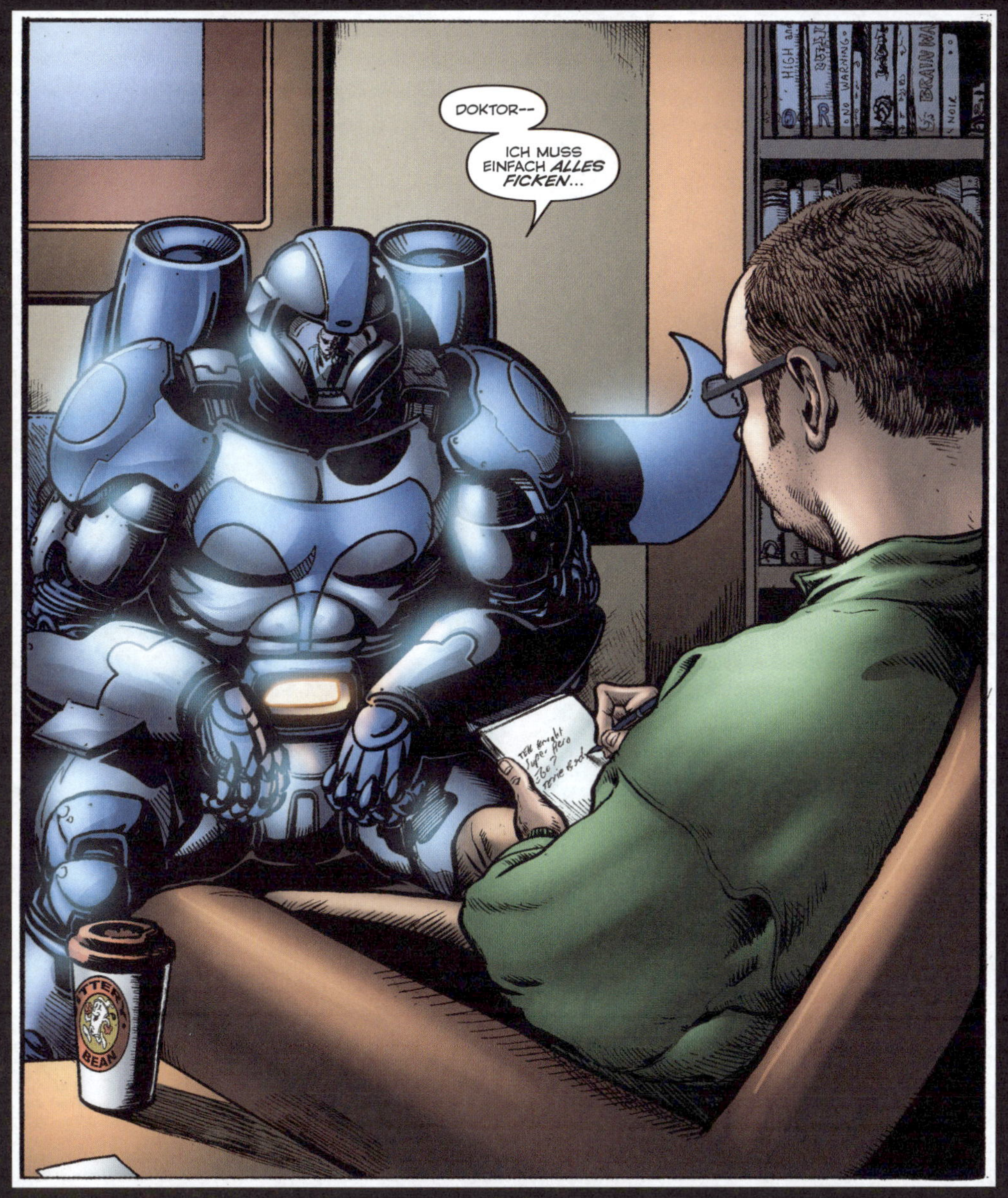

EINGELOCHT
TEIL 1

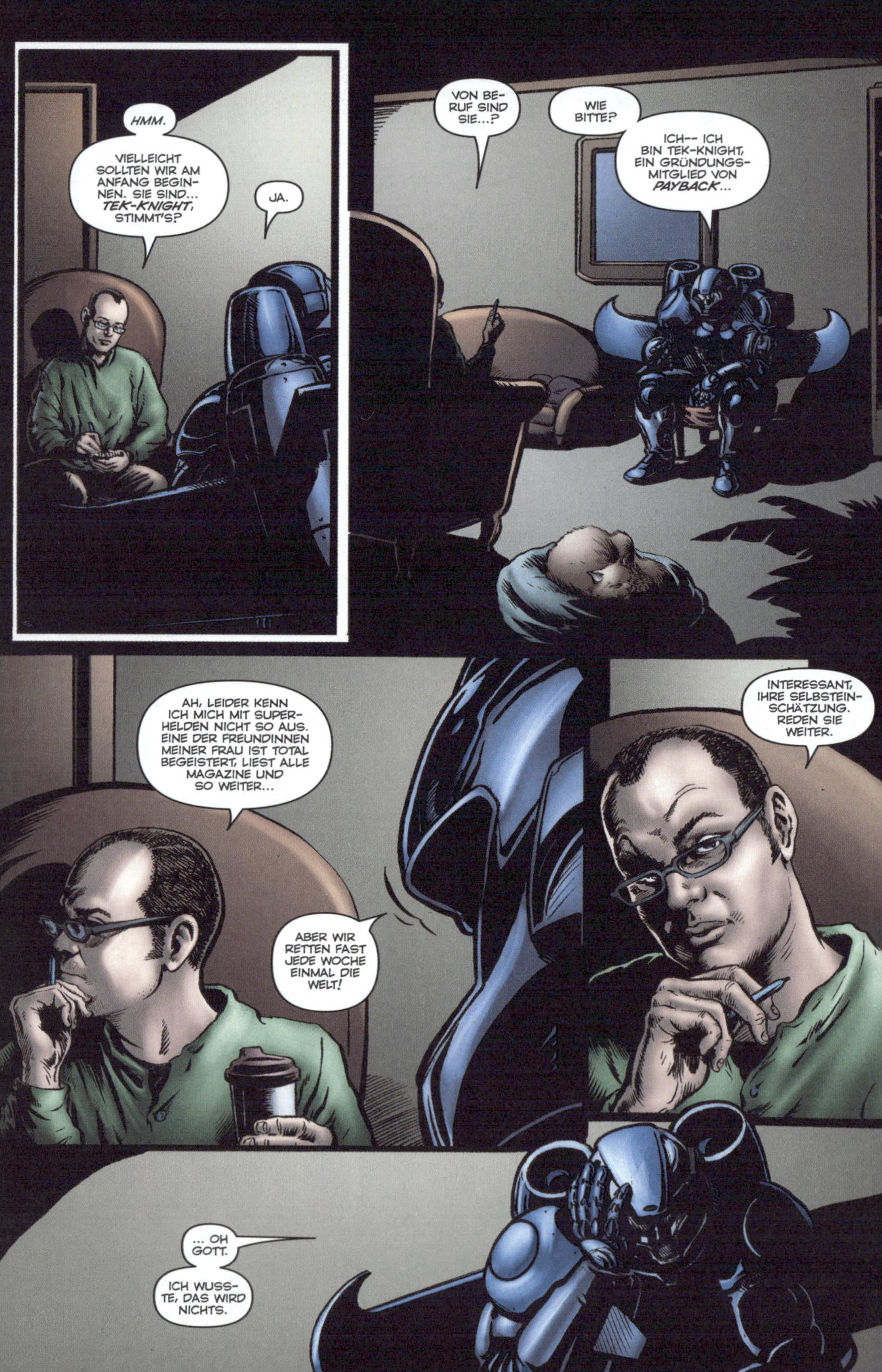
HMM.
VIELLEICHT SOLLTEN WIR AM ANFANG BEGINNEN. SIE SIND... TEK-KNIGHT, STIMMT'S?
JA.
VON BERUF SIND SIE...?
WIE BITTE?
ICH-- ICH BIN TEK-KNIGHT, EIN GRÜNDUNGSMITGLIED VON PAYBACK...
AH, LEIDER KENN ICH MICH MIT SUPERHELDEN NICHT SO AUS. EINE DER FREUNDINNEN MEINER FRAU IST TOTAL BEGEISTERT, LIEST ALLE MAGAZINE UND SO WEITER...
ABER WIR RETTEN FAST JEDE WOCHE EINMAL DIE WELT!
INTERESSANT, IHRE SELBSTEINSCHÄTZUNG. REDEN SIE WEITER.
... OH GOTT.
ICH WUSSTE, DAS WIRD NICHTS.

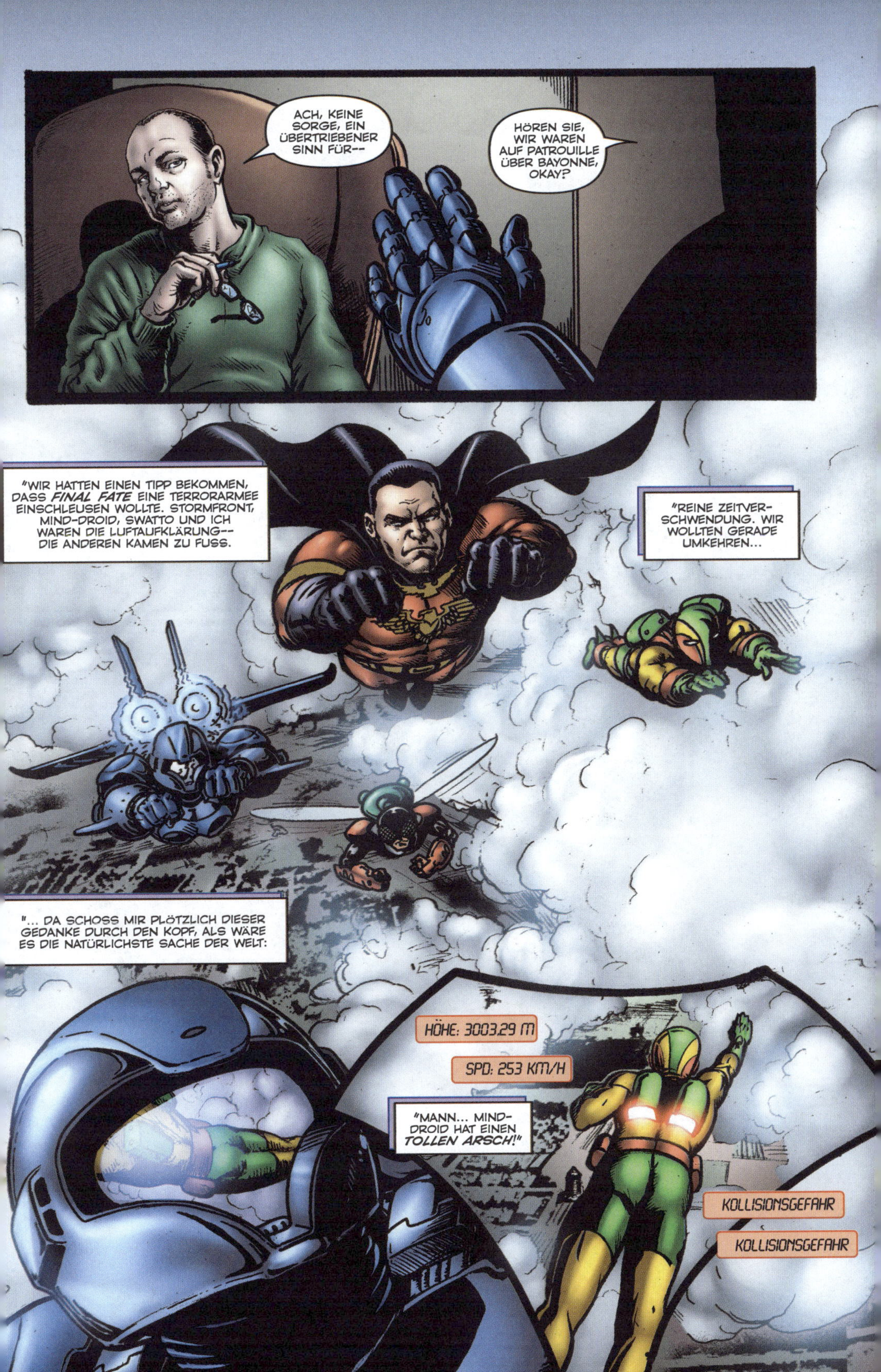

ACH, KEINE SORGE, EIN ÜBERTRIEBENER SINN FÜR--
HÖREN SIE, WIR WAREN AUF PATROUILLE ÜBER BAYONNE, OKAY?
"WIR HATTEN EINEN TIPP BEKOMMEN, DASS FINAL FATE EINE TERRORARMEE EINSCHLEUSEN WOLLTE. STORMFRONT, MIND-DROID, SWATTO UND ICH WAREN DIE LUFTAUFKLÄRUNG-- DIE ANDEREN KAMEN ZU FUSS.
"REINE ZEITVERSCHWENDUNG. WIR WOLLTEN GERADE UMKEHREN...
"... DA SCHOSS MIR PLÖTZLICH DIESER GEDANKE DURCH DEN KOPF, ALS WÄRE ES DIE NATÜRLICHSTE SACHE DER WELT:
HÖHE: 3003,29 M
SPD: 253 KM/H
"MANN... MIND-DROID HAT EINEN TOLLEN ARSCH!"
KOLLISIONSGEFAHR
KOLLISIONSGEFAHR

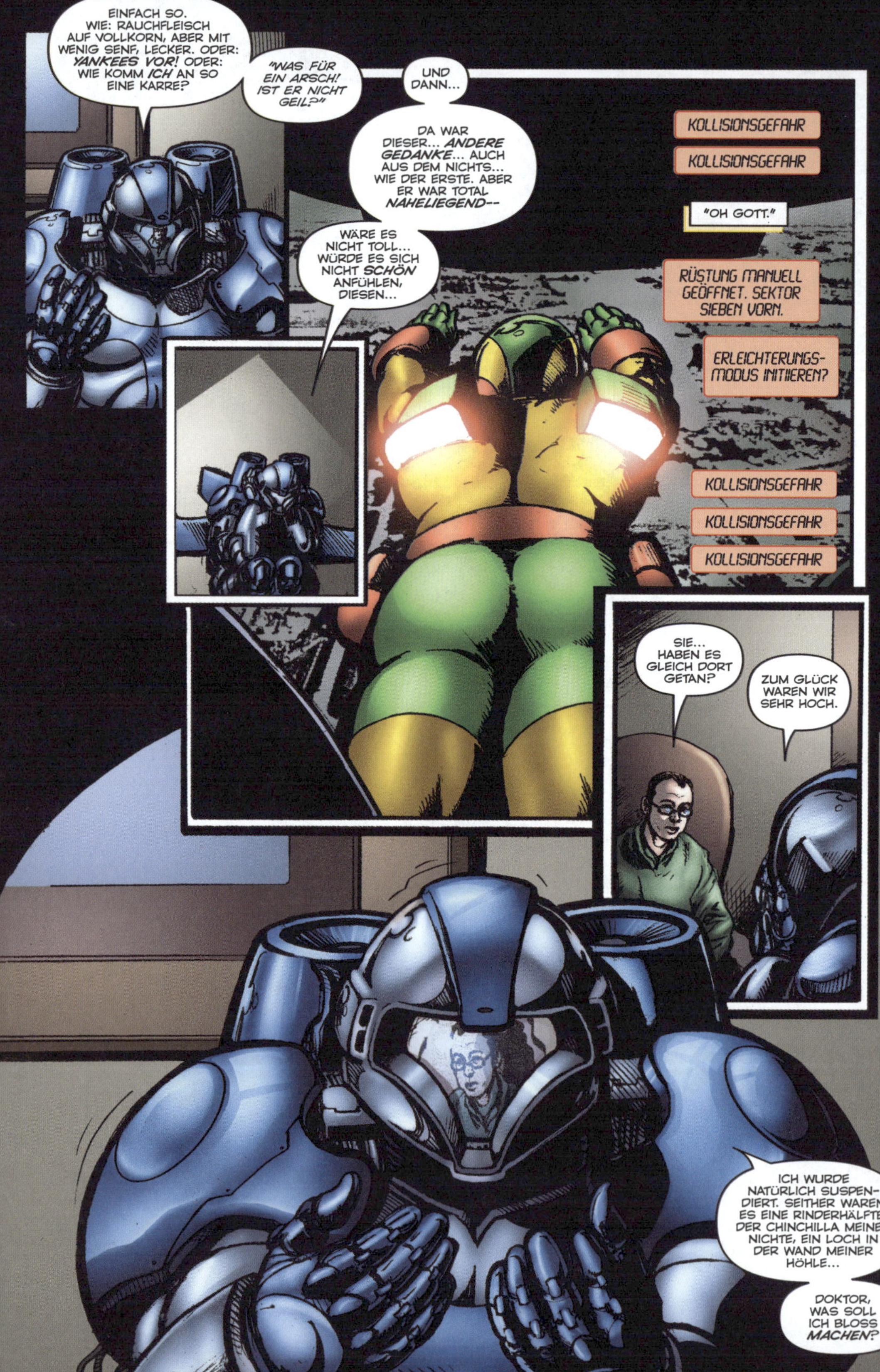
EINFACH SO. WIE: RAUCHFLEISCH AUF VOLLKORN, ABER MIT WENIG SENF, LECKER. ODER: YANKEES VOR! ODER: WIE KOMM ICH AN SO EINE KARRE?
"WAS FÜR EIN ARSCH! IST ER NICHT GEIL?"
UND DANN...
DA WAR DIESER... ANDERE GEDANKE... AUCH AUS DEM NICHTS... WIE DER ERSTE. ABER ER WAR TOTAL NAHELIEGEND--
WÄRE ES NICHT TOLL... WÜRDE ES SICH NICHT SCHÖN ANFÜHLEN, DIESEN...
KOLLISIONSGEFAHR
KOLLISIONSGEFAHR
"OH GOTT."
RÜSTUNG MANUELL GEÖFFNET. SEKTOR SIEBEN VORN.
ERLEICHTERUNGS-MODUS INITIIEREN?
KOLLISIONSGEFAHR
KOLLISIONSGEFAHR
KOLLISIONSGEFAHR
SIE... HABEN ES GLEICH DORT GETAN?
ZUM GLÜCK WAREN WIR SEHR HOCH.
ICH WURDE NATÜRLICH SUSPENDIERT. SEITHER WAREN ES EINE RINDERHÄLFTE, DER CHINCHILLA MEINER NICHTE, EIN LOCH IN DER WAND MEINER HÖHLE...
DOKTOR, WAS SOLL ICH BLOSS MACHEN?

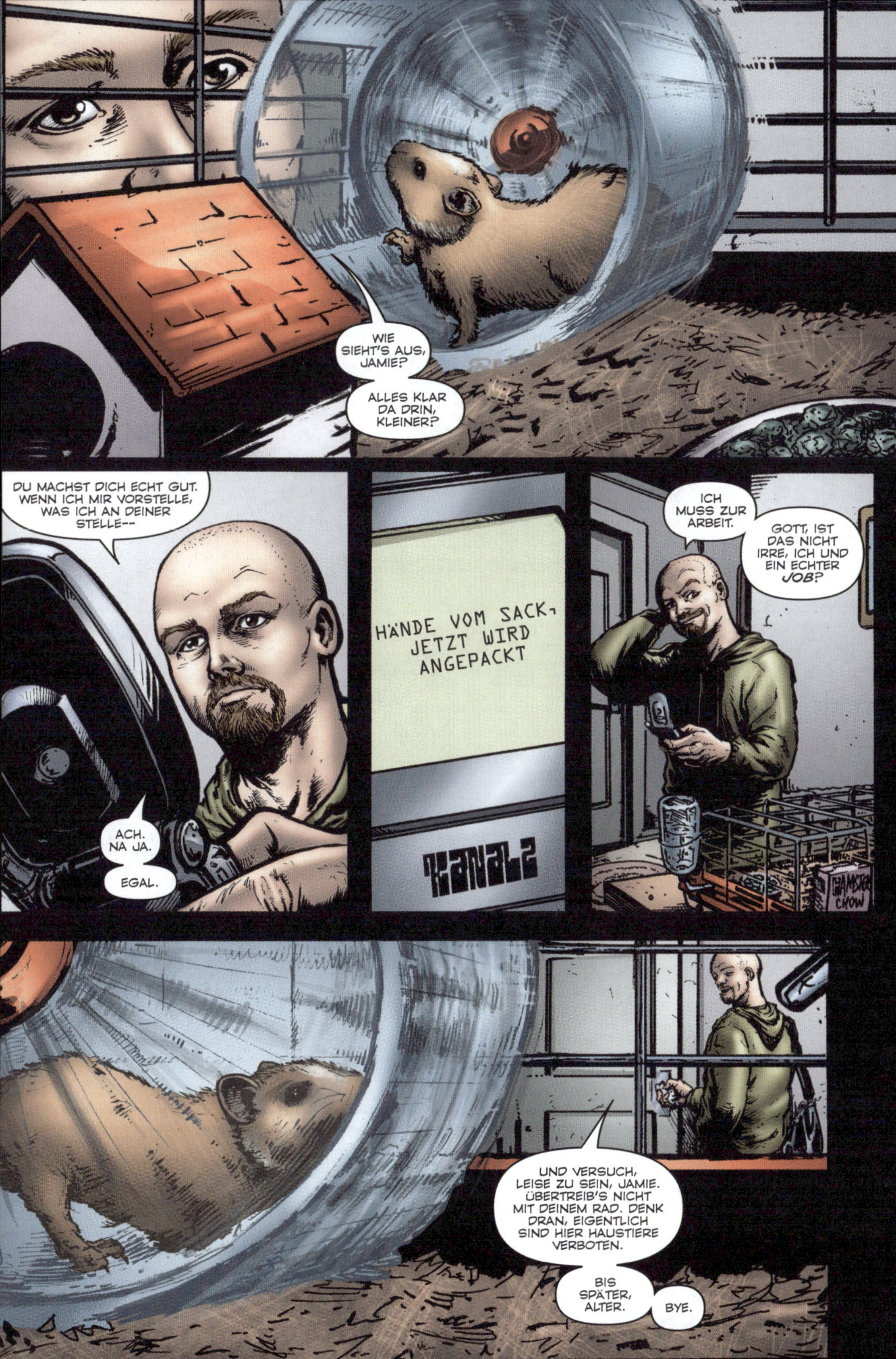
WIE SIEHT'S AUS, JAMIE?
ALLES KLAR DA DRIN, KLEINER?
DU MACHST DICH ECHT GUT. WENN ICH MIR VORSTELLE, WAS ICH AN DEINER STELLE--
ACH. NA JA.
EGAL.
HÄNDE VOM SACK, JETZT WIRD ANGEPACKT
KANAL 2
ICH MUSS ZUR ARBEIT.
GOTT, IST DAS NICHT IRRE, ICH UND EIN ECHTER *JOB*?
UND VERSUCH, LEISE ZU SEIN, JAMIE. ÜBERTREIB'S NICHT MIT DEINEM RAD. DENK DRAN, EIGENTLICH SIND HIER HAUSTIERE VERBOTEN.
BIS SPÄTER, ALTER.
BYE.

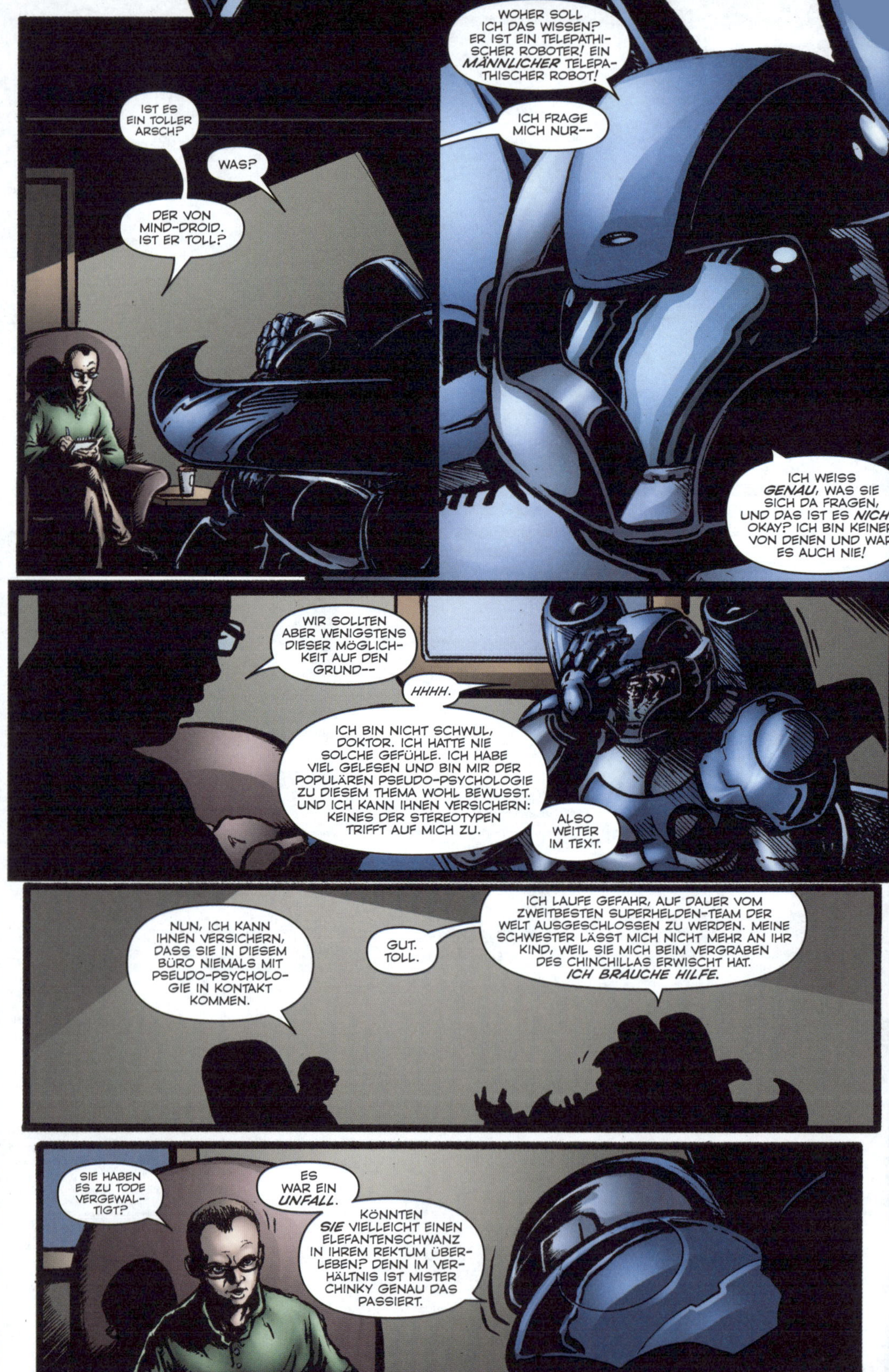

IST ES EIN TOLLER ARSCH?
WAS?
DER VON MIND-DROID. IST ER TOLL?
WOHER SOLL ICH DAS WISSEN? ER IST EIN TELEPATHI-SCHER ROBOTER! EIN MÄNNLICHER TELEPA-THISCHER ROBOT!
ICH FRAGE MICH NUR--
ICH WEISS GENAU, WAS SIE SICH DA FRAGEN, UND DAS IST ES NICH OKAY? ICH BIN KEINER VON DENEN UND WAR ES AUCH NIE!
WIR SOLLTEN ABER WENIGSTENS DIESER MÖGLICH-KEIT AUF DEN GRUND--
HHHH.
ICH BIN NICHT SCHWUL, DOKTOR. ICH HATTE NIE SOLCHE GEFÜHLE. ICH HABE VIEL GELESEN UND BIN MIR DER POPULÄREN PSEUDO-PSYCHOLOGIE ZU DIESEM THEMA WOHL BEWUSST. UND ICH KANN IHNEN VERSICHERN: KEINES DER STEREOTYPEN TRIFFT AUF MICH ZU.
ALSO WEITER IM TEXT.
NUN, ICH KANN IHNEN VERSICHERN, DASS SIE IN DIESEM BÜRO NIEMALS MIT PSEUDO-PSYCHOLO-GIE IN KONTAKT KOMMEN.
GUT. TOLL.
ICH LAUFE GEFAHR, AUF DAUER VOM ZWEITBESTEN SUPERHELDEN-TEAM DER WELT AUSGESCHLOSSEN ZU WERDEN. MEINE SCHWESTER LÄSST MICH NICHT MEHR AN IHR KIND, WEIL SIE MICH BEIM VERGRABEN DES CHINCHILLAS ERWISCHT HAT. ICH BRAUCHE HILFE.
SIE HABEN ES ZU TODE VERGEWAL-TIGT?
ES WAR EIN UNFALL.
KÖNNTEN SIE VIELLEICHT EINEN ELEFANTENSCHWANZ IN IHREM REKTUM ÜBER-LEBEN? DENN IM VER-HÄLTNIS IST MISTER CHINKY GENAU DAS PASSIERT.

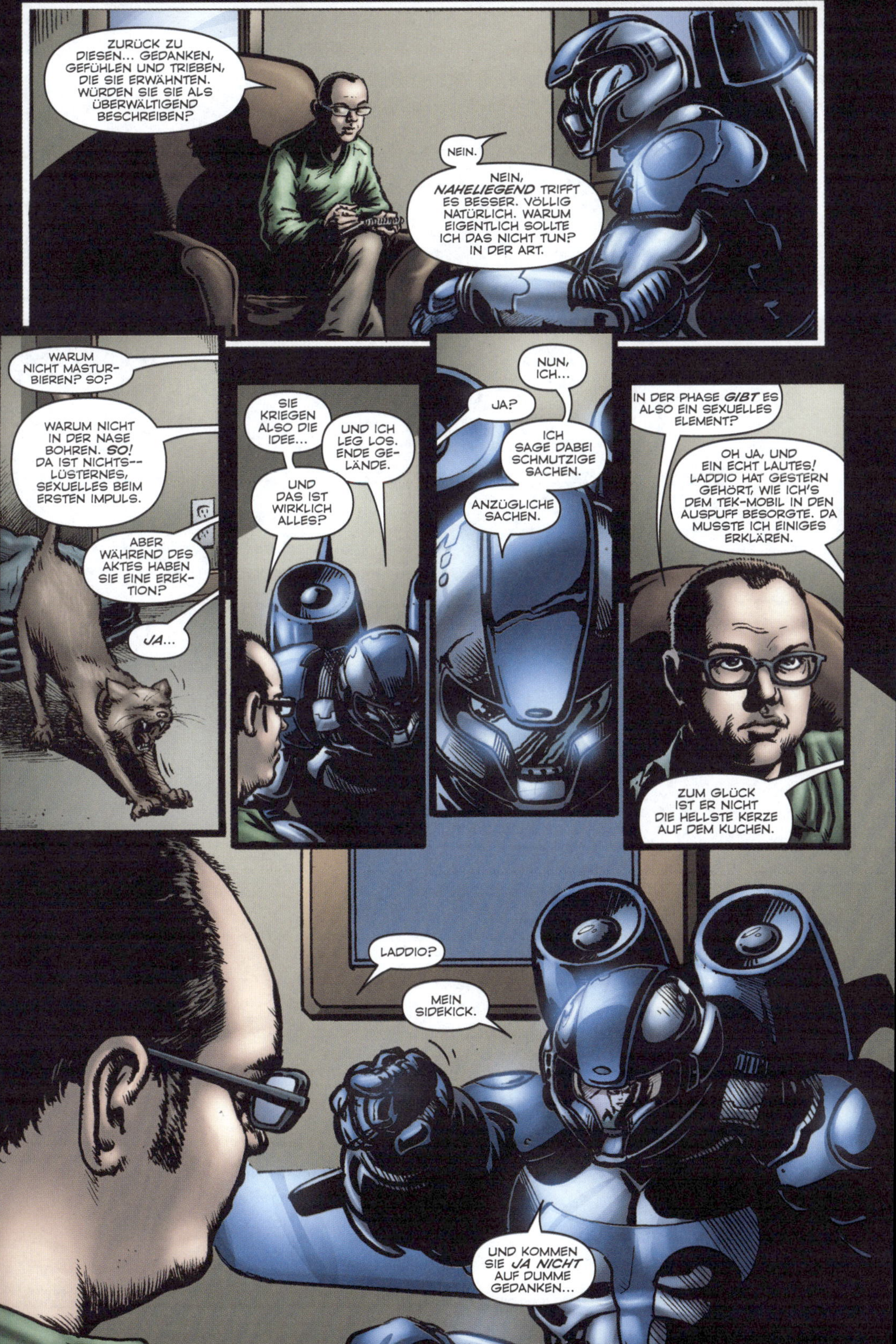
ZURÜCK ZU DIESEN... GEDANKEN, GEFÜHLEN UND TRIEBEN, DIE SIE ERWÄHNTEN. WÜRDEN SIE SIE ALS ÜBERWÄLTIGEND BESCHREIBEN?
NEIN.
NEIN, NAHELIEGEND TRIFFT ES BESSER. VÖLLIG NATÜRLICH. WARUM EIGENTLICH SOLLTE ICH DAS NICHT TUN? IN DER ART.
WARUM NICHT MASTURBIEREN? SO?
WARUM NICHT IN DER NASE BOHREN. SO! DA IST NICHTS-- LÜSTERNES, SEXUELLES BEIM ERSTEN IMPULS.
ABER WÄHREND DES AKTES HABEN SIE EINE EREKTION?
JA...
SIE KRIEGEN ALSO DIE IDEE...
UND ICH LEG LOS. ENDE GELÄNDE.
UND DAS IST WIRKLICH ALLES?
NUN, ICH...
JA?
ICH SAGE DABEI SCHMUTZIGE SACHEN.
ANZÜGLICHE SACHEN.
IN DER PHASE GIBT ES ALSO EIN SEXUELLES ELEMENT?
OH JA, UND EIN ECHT LAUTES! LADDIO HAT GESTERN GEHÖRT, WIE ICH'S DEM TEK-MOBIL IN DEN AUSPUFF BESORGTE. DA MUSSTE ICH EINIGES ERKLÄREN.
ZUM GLÜCK IST ER NICHT DIE HELLSTE KERZE AUF DEM KUCHEN.
LADDIO?
MEIN SIDEKICK.
UND KOMMEN SIE JA NICHT AUF DUMME GEDANKEN...

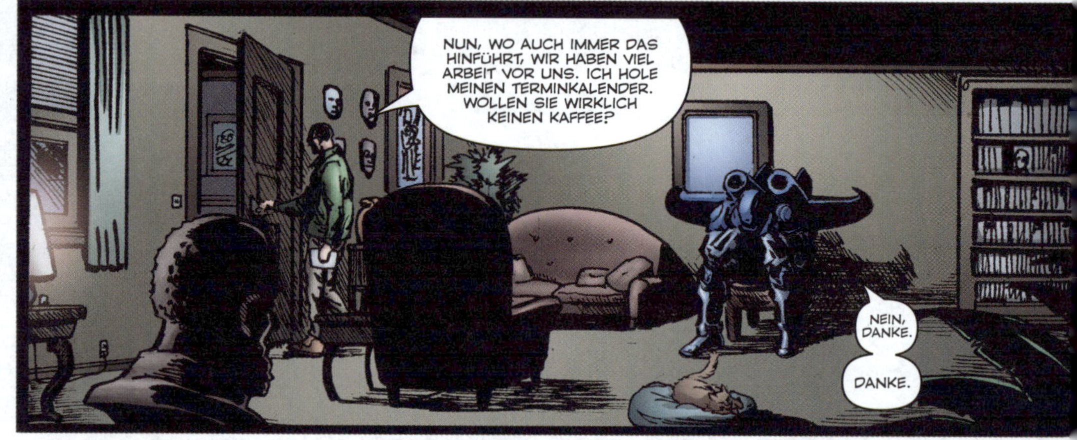
NUN, WO AUCH IMMER DAS HINFÜHRT, WIR HABEN VIEL ARBEIT VOR UNS. ICH HOLE MEINEN TERMINKALENDER. WOLLEN SIE WIRKLICH KEINEN KAFFEE?
NEIN, DANKE.
DANKE.

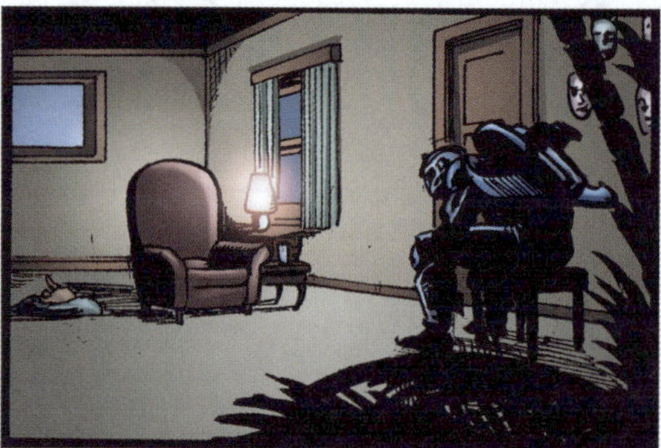

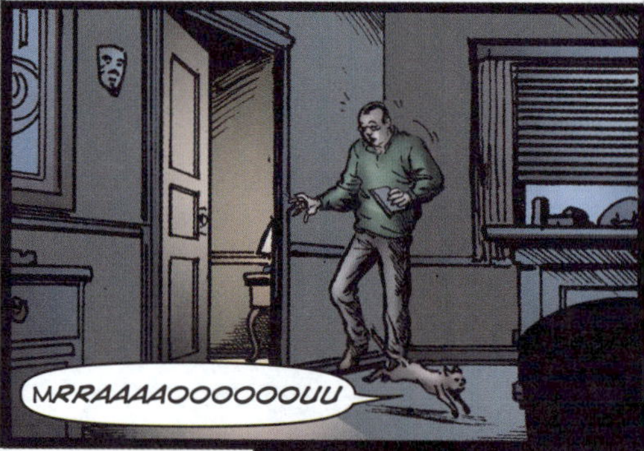
MRRAAAAOOOOOOUU

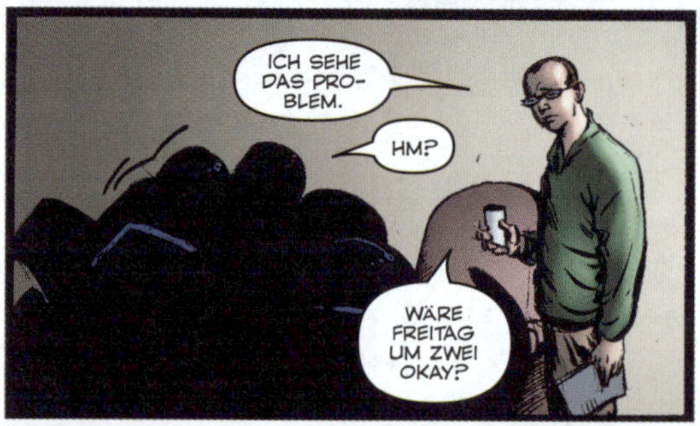
ICH SEHE DAS PRO-BLEM.
HM?
WÄRE FREITAG UM ZWEI OKAY?

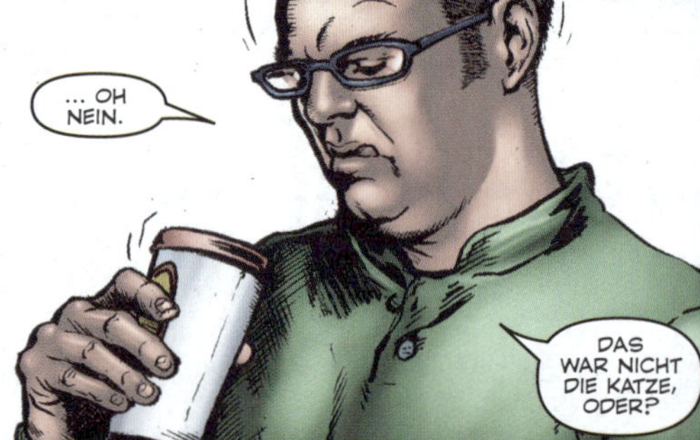
... OH NEIN.
DAS WAR NICHT DIE KATZE, ODER?

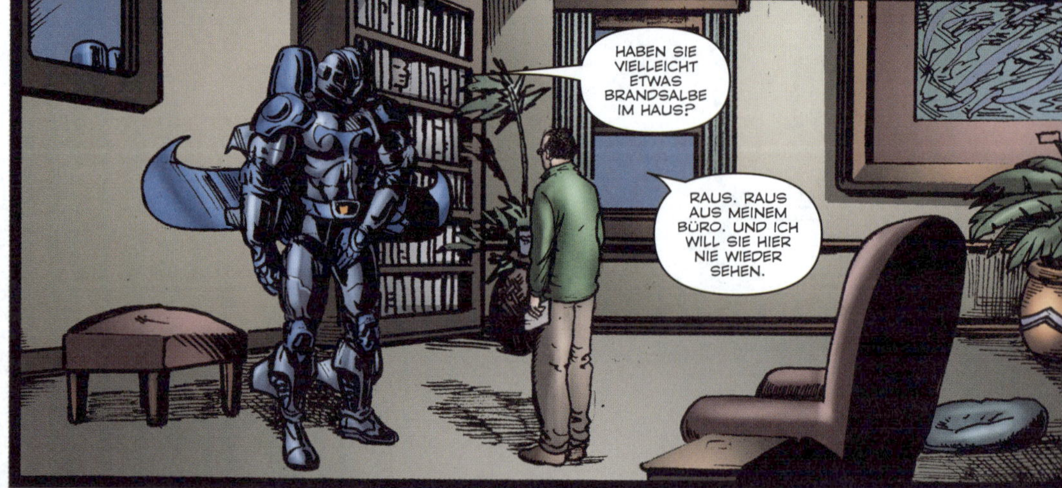
HABEN SIE VIELLEICHT ETWAS BRANDSALBE IM HAUS?
RAUS. RAUS AUS MEINEM BÜRO. UND ICH WILL SIE HIER NIE WIEDER SEHEN.

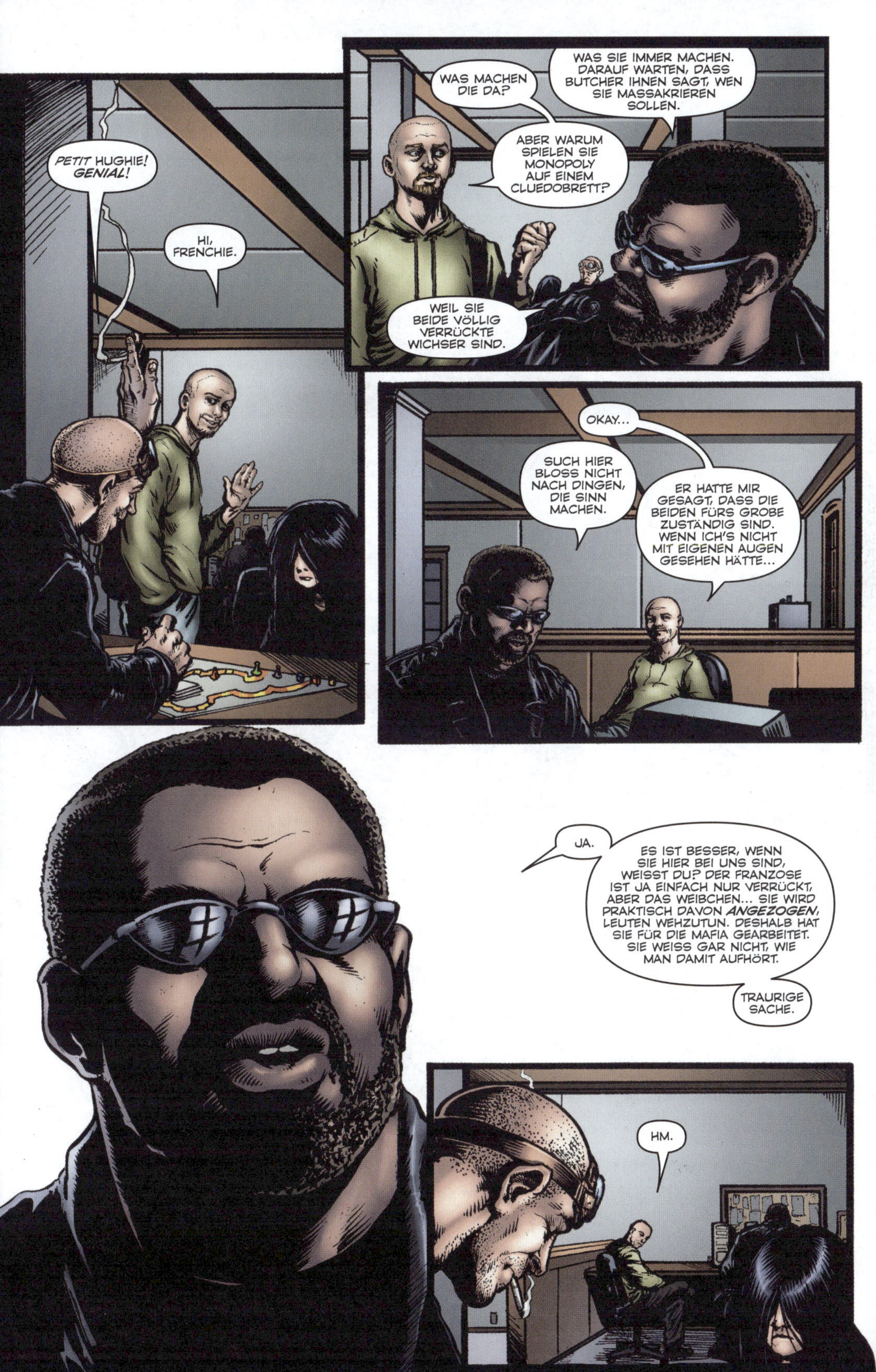
PETIT HUGHIE! GENIAL!
HI, FRENCHIE.
WAS MACHEN DIE DA?
WAS SIE IMMER MACHEN. DARAUF WARTEN, DASS BUTCHER IHNEN SAGT, WEN SIE MASSAKRIEREN SOLLEN.
ABER WARUM SPIELEN SIE MONOPOLY AUF EINEM CLUEDOBRETT?
WEIL SIE BEIDE VÖLLIG VERRÜCKTE WICHSER SIND.
OKAY...
SUCH HIER BLOSS NICHT NACH DINGEN, DIE SINN MACHEN.
ER HATTE MIR GESAGT, DASS DIE BEIDEN FÜRS GROBE ZUSTÄNDIG SIND. WENN ICH'S NICHT MIT EIGENEN AUGEN GESEHEN HÄTTE...
JA.
ES IST BESSER, WENN SIE HIER BEI UNS SIND, WEISST DU? DER FRANZOSE IST JA EINFACH NUR VERRÜCKT, ABER DAS WEIBCHEN... SIE WIRD PRAKTISCH DAVON ANGEZOGEN, LEUTEN WEHZUTUN. DESHALB HAT SIE FÜR DIE MAFIA GEARBEITET. SIE WEISS GAR NICHT, WIE MAN DAMIT AUFHÖRT.
TRAURIGE SACHE.
HM.

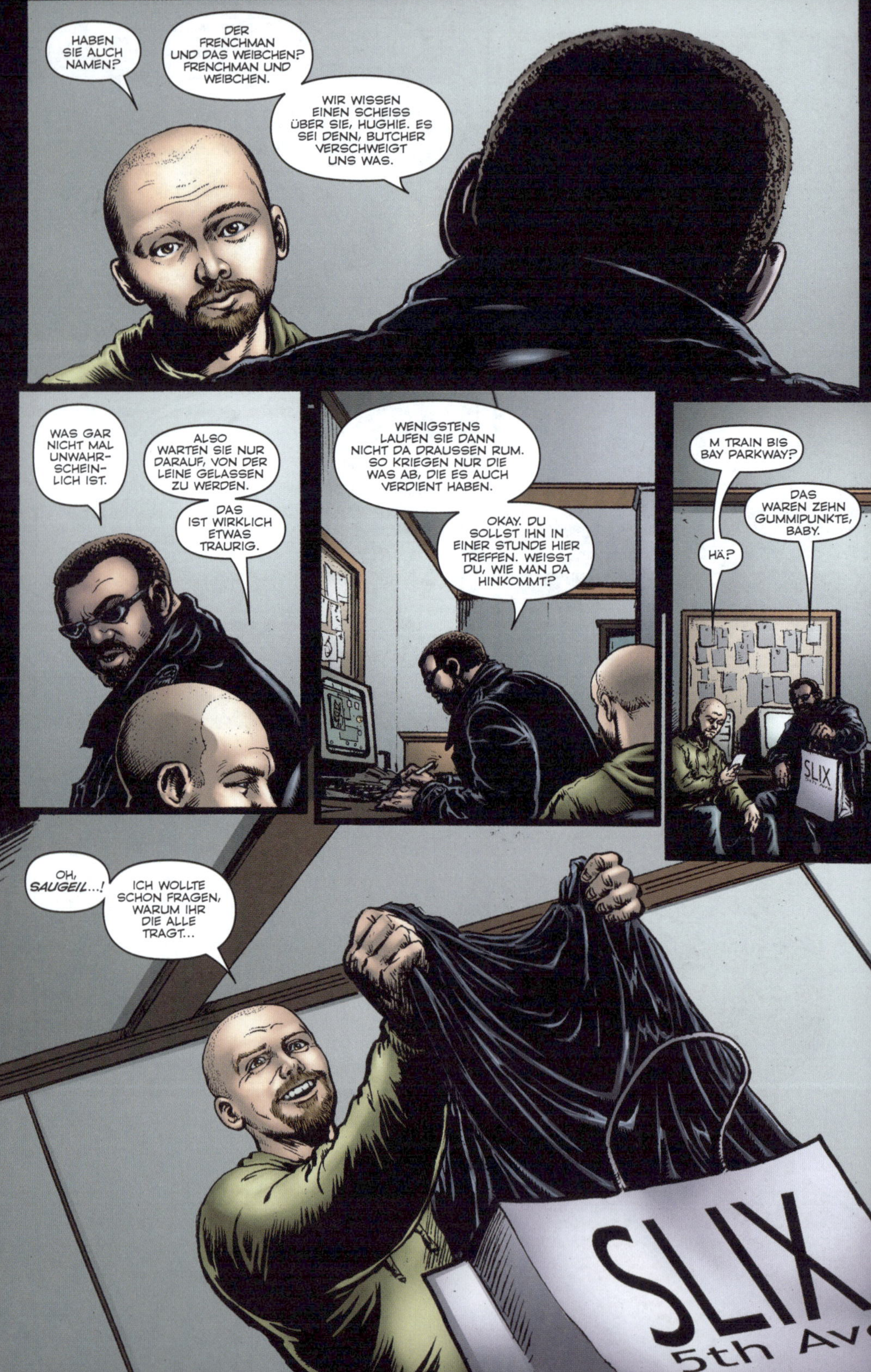

HABEN SIE AUCH NAMEN?
DER FRENCHMAN UND DAS WEIBCHEN? FRENCHMAN UND WEIBCHEN.
WIR WISSEN EINEN SCHEISS ÜBER SIE, HUGHIE. ES SEI DENN, BUTCHER VERSCHWEIGT UNS WAS.
WAS GAR NICHT MAL UNWAHR-SCHEIN-LICH IST.
ALSO WARTEN SIE NUR DARAUF, VON DER LEINE GELASSEN ZU WERDEN.
DAS IST WIRKLICH ETWAS TRAURIG.
WENIGSTENS LAUFEN SIE DANN NICHT DA DRAUSSEN RUM. SO KRIEGEN NUR DIE WAS AB, DIE ES AUCH VERDIENT HABEN.
OKAY. DU SOLLST IHN IN EINER STUNDE HIER TREFFEN. WEISST DU, WIE MAN DA HINKOMMT?
M TRAIN BIS BAY PARKWAY?
HÄ?
DAS WAREN ZEHN GUMMIPUNKTE, BABY.
SLIX 5th Ave
OH, SAUGEIL...!
ICH WOLLTE SCHON FRAGEN, WARUM IHR DIE ALLE TRAGT...
SLIX 5th Av

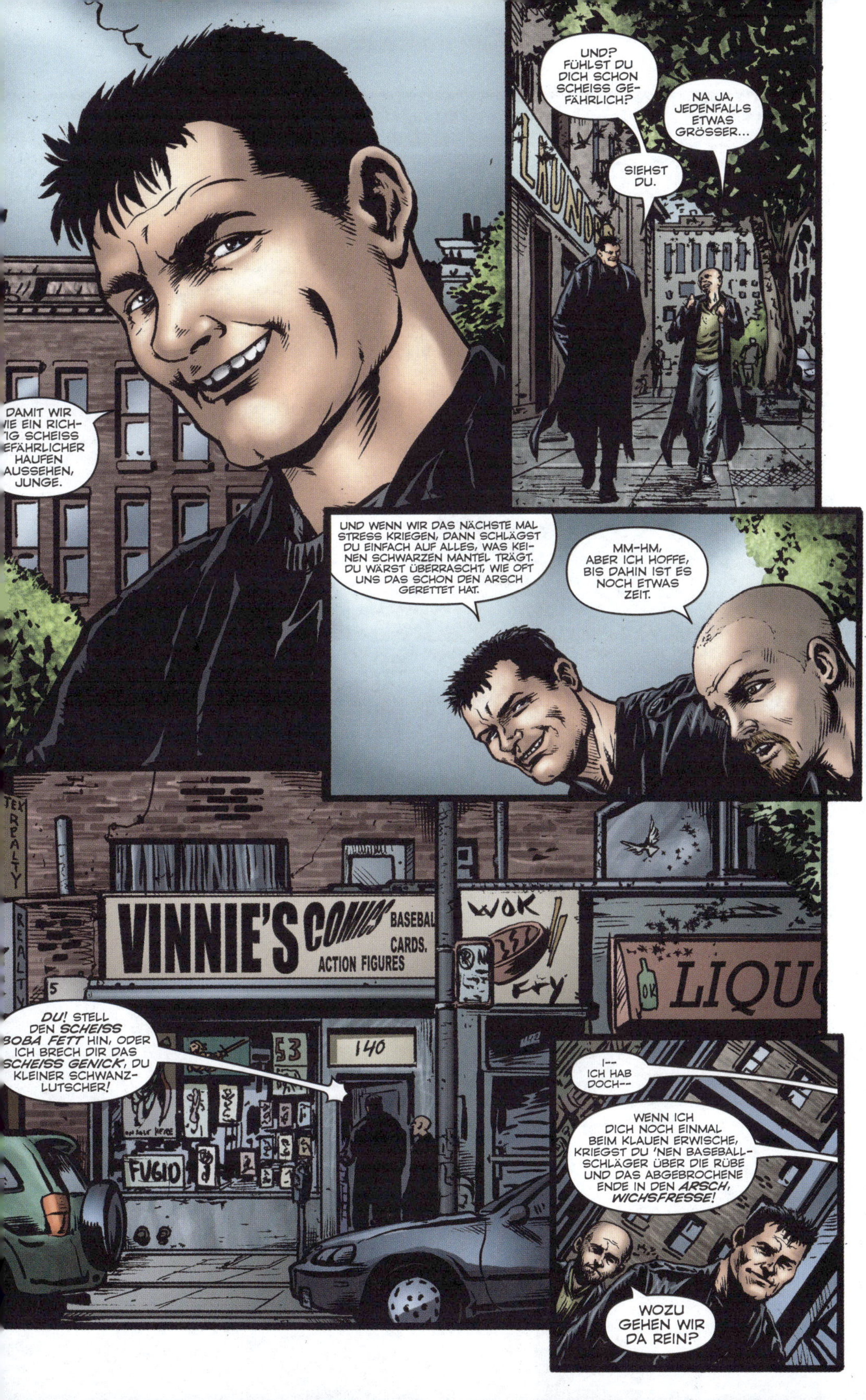
DAMIT WIR
IE EIN RICH-
TIG SCHEISS
EFÄHRLICHER
HAUFEN
AUSSEHEN,
JUNGE.
UND?
FÜHLST DU
DICH SCHON
SCHEISS GE-
FÄHRLICH?
NA JA,
JEDENFALLS
ETWAS
GRÖSSER...
SIEHST
DU.
LAUNDR
UND WENN WIR DAS NÄCHSTE MAL STRESS KRIEGEN, DANN SCHLÄGST DU EINFACH AUF ALLES, WAS KEINEN SCHWARZEN MANTEL TRÄGT. DU WÄRST ÜBERRASCHT, WIE OFT UNS DAS SCHON DEN ARSCH GERETTET HAT.
MM-HM, ABER ICH HOFFE, BIS DAHIN IST ES NOCH ETWAS ZEIT.
VINNIE'S COMICS BASEBAL CARDS. ACTION FIGURES
WOK FRY
LIQU
140
53
FUGIO
DU! STELL DEN SCHEISS BOBA FETT HIN, ODER ICH BRECH DIR DAS SCHEISS GENICK, DU KLEINER SCHWANZLUTSCHER!
I-- ICH HAB DOCH--
WENN ICH DICH NOCH EINMAL BEIM KLAUEN ERWISCHE, KRIEGST DU 'NEN BASEBALLSCHLÄGER ÜBER DIE RÜBE UND DAS ABGEBROCHENE ENDE IN DEN ARSCH, WICHSFRESSE!
WOZU GEHEN WIR DA REIN?

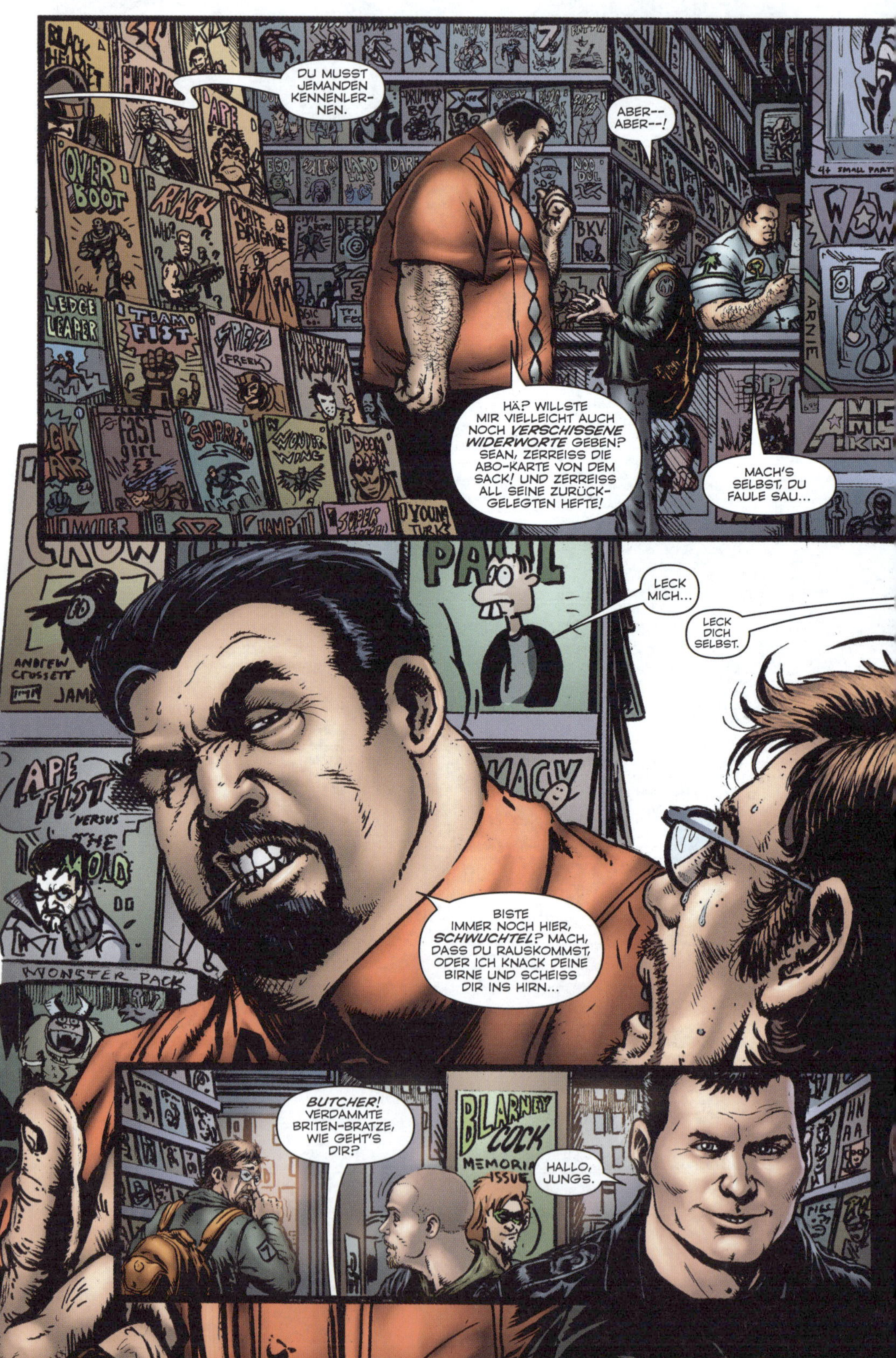

DU MUSST JEMANDEN KENNENLERNEN.
ABER-- ABER--!
HÄ? WILLSTE MIR VIELLEICHT AUCH NOCH *VERSCHISSENE WIDERWORTE* GEBEN? SEAN, ZERREISS DIE ABO-KARTE VON DEM SACK! UND ZERREISS ALL SEINE ZURÜCKGELEGTEN HEFTE!
MACH'S SELBST, DU FAULE SAU...
LECK MICH...
LECK DICH SELBST.
BISTE IMMER NOCH HIER, *SCHWUCHTEL*? MACH, DASS DU RAUSKOMMST, ODER ICH KNACK DEINE BIRNE UND SCHEISS DIR INS HIRN...
BUTCHER! VERDAMMTE BRITEN-BRÄTZE, WIE GEHT'S DIR?
HALLO, JUNGS.

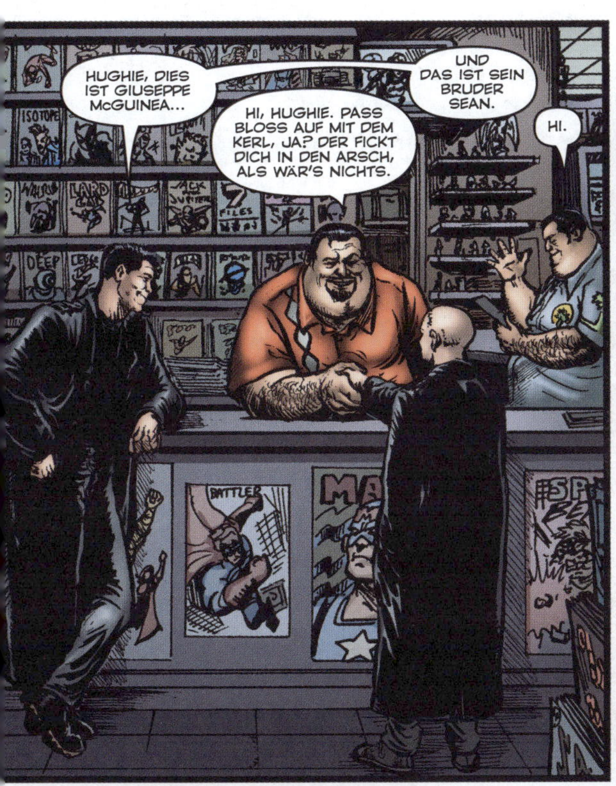

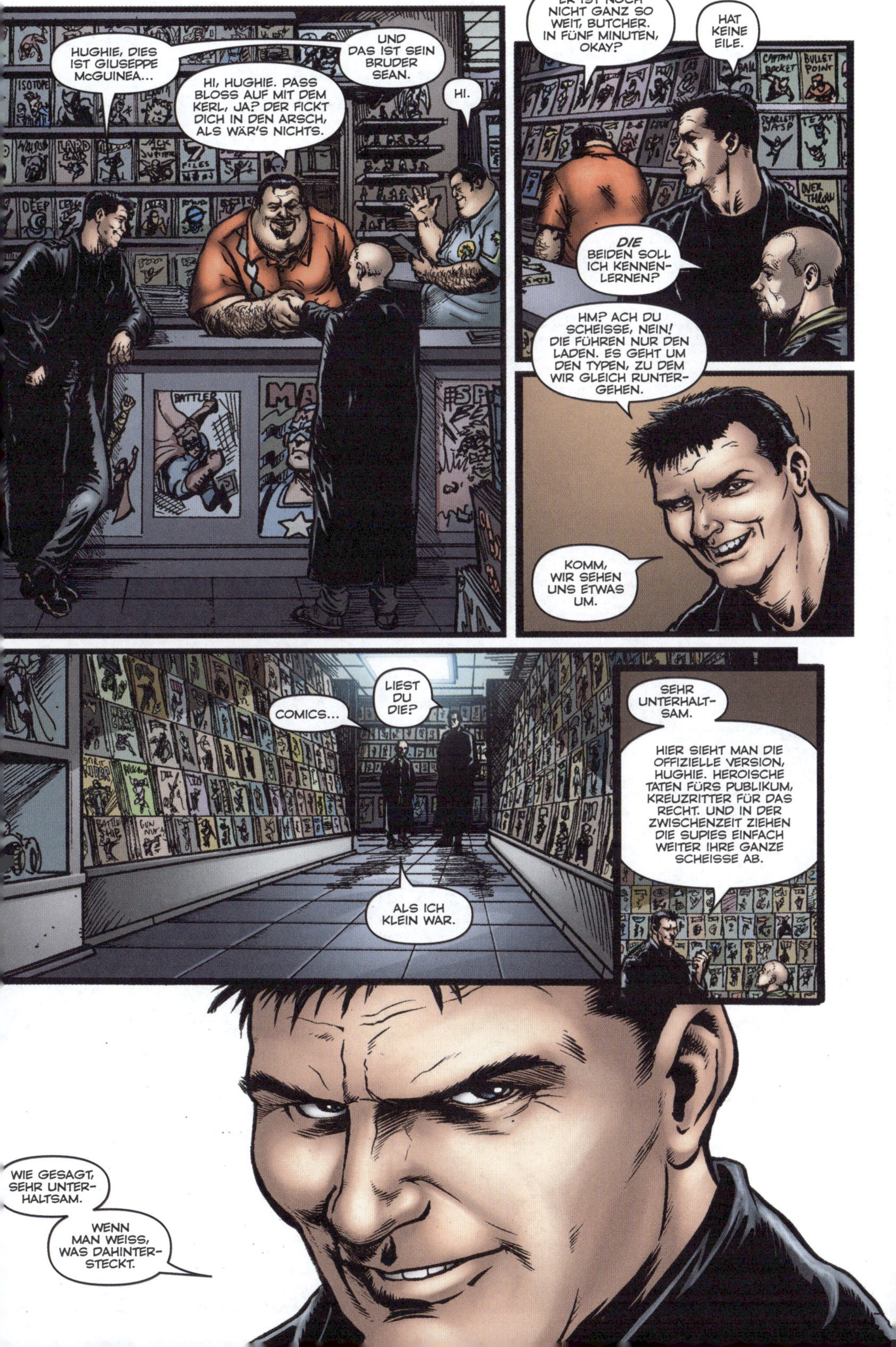

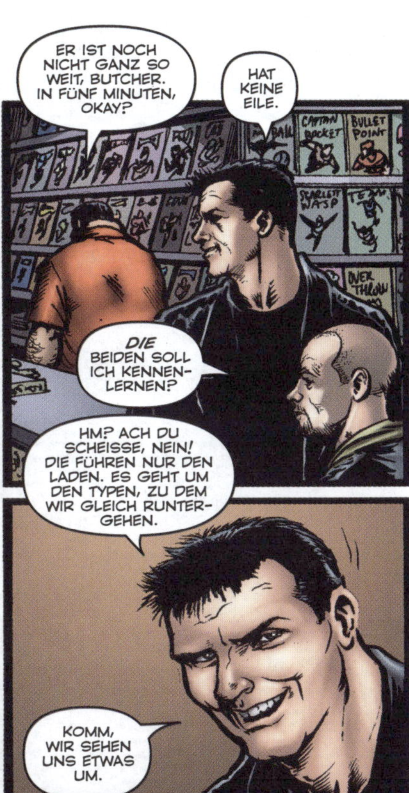

COMICS…

LIEST DU DIE?

ALS ICH KLEIN WAR.

SEHR UNTERHALTSAM.

HIER SIEHT MAN DIE OFFIZIELLE VERSION, HUGHIE. HEROISCHE TATEN FÜRS PUBLIKUM, KREUZRITTER FÜR DAS RECHT. UND IN DER ZWISCHENZEIT ZIEHEN DIE SUPIES EINFACH WEITER IHRE GANZE SCHEISSE AB.

WIE GESAGT, SEHR UNTERHALTSAM.

WENN MAN WEISS, WAS DAHINTERSTECKT.

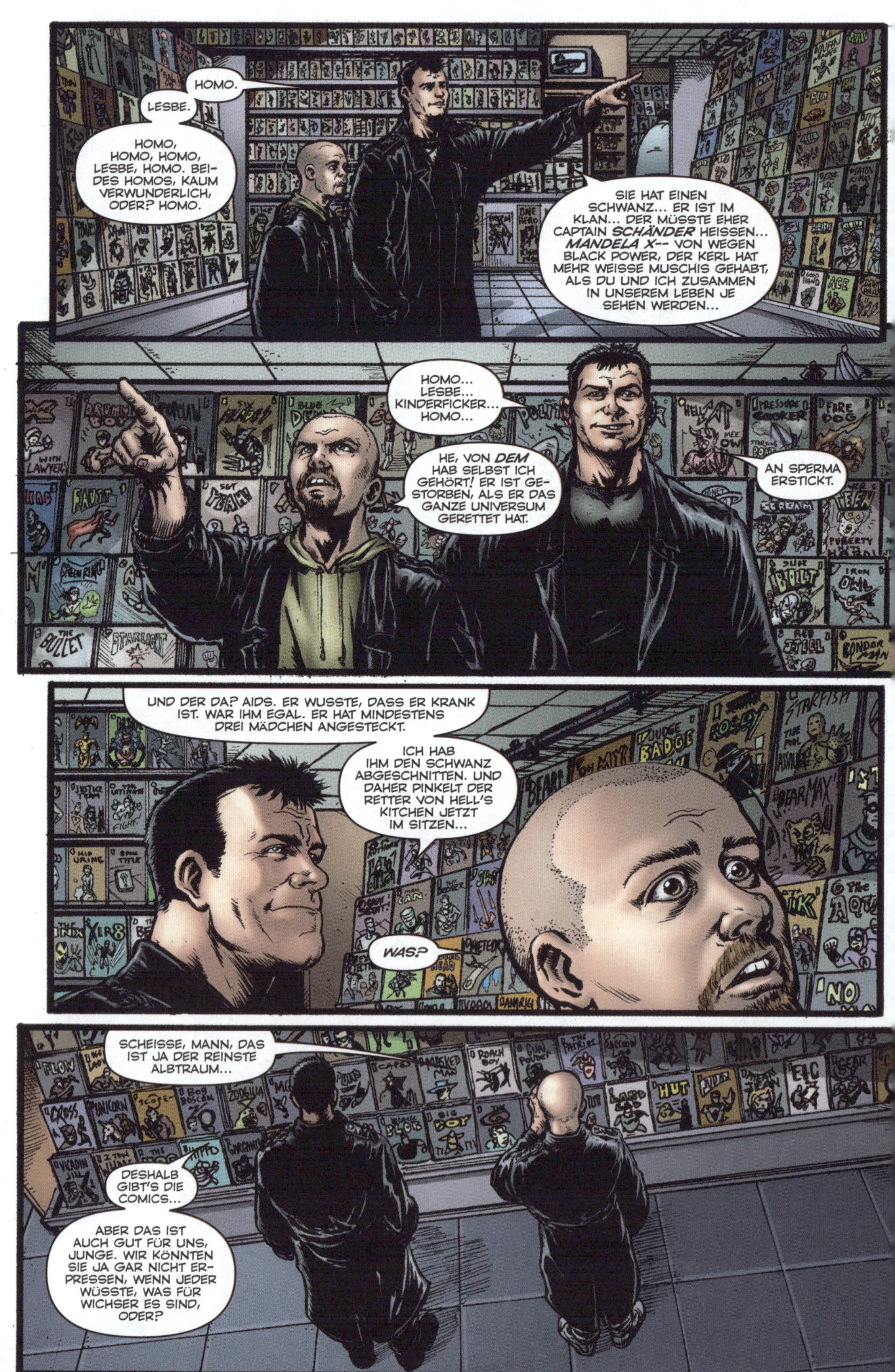
HOMO.
LESBE.
HOMO, HOMO, HOMO, LESBE, HOMO. BEIDES HOMOS, KAUM VERWUNDERLICH, ODER? HOMO.
SIE HAT EINEN SCHWANZ... ER IST IM KLAN... DER MÜSSTE EHER CAPTAIN SCHÄNDER HEISSEN... MANDELA X-- VON WEGEN BLACK POWER, DER KERL HAT MEHR WEISSE MUSCHIS GEHABT, ALS DU UND ICH ZUSAMMEN IN UNSEREM LEBEN JE SEHEN WERDEN...
HOMO... LESBE... KINDERFICKER... HOMO...
HE, VON DEM HAB SELBST ICH GEHÖRT! ER IST GESTORBEN, ALS ER DAS GANZE UNIVERSUM GERETTET HAT.
AN SPERMA ERSTICKT.
UND DER DA? AIDS. ER WUSSTE, DASS ER KRANK IST. WAR IHM EGAL. ER HAT MINDESTENS DREI MÄDCHEN ANGESTECKT.
ICH HAB IHM DEN SCHWANZ ABGESCHNITTEN. UND DAHER PINKELT DER RETTER VON HELL'S KITCHEN JETZT IM SITZEN...
WAS?
SCHEISSE, MANN, DAS IST JA DER REINSTE ALBTRAUM...
DESHALB GIBT'S DIE COMICS...
ABER DAS IST AUCH GUT FÜR UNS, JUNGE. WIR KÖNNTEN SIE JA GAR NICHT ERPRESSEN, WENN JEDER WÜSSTE, WAS FÜR WICHSER ES SIND, ODER?

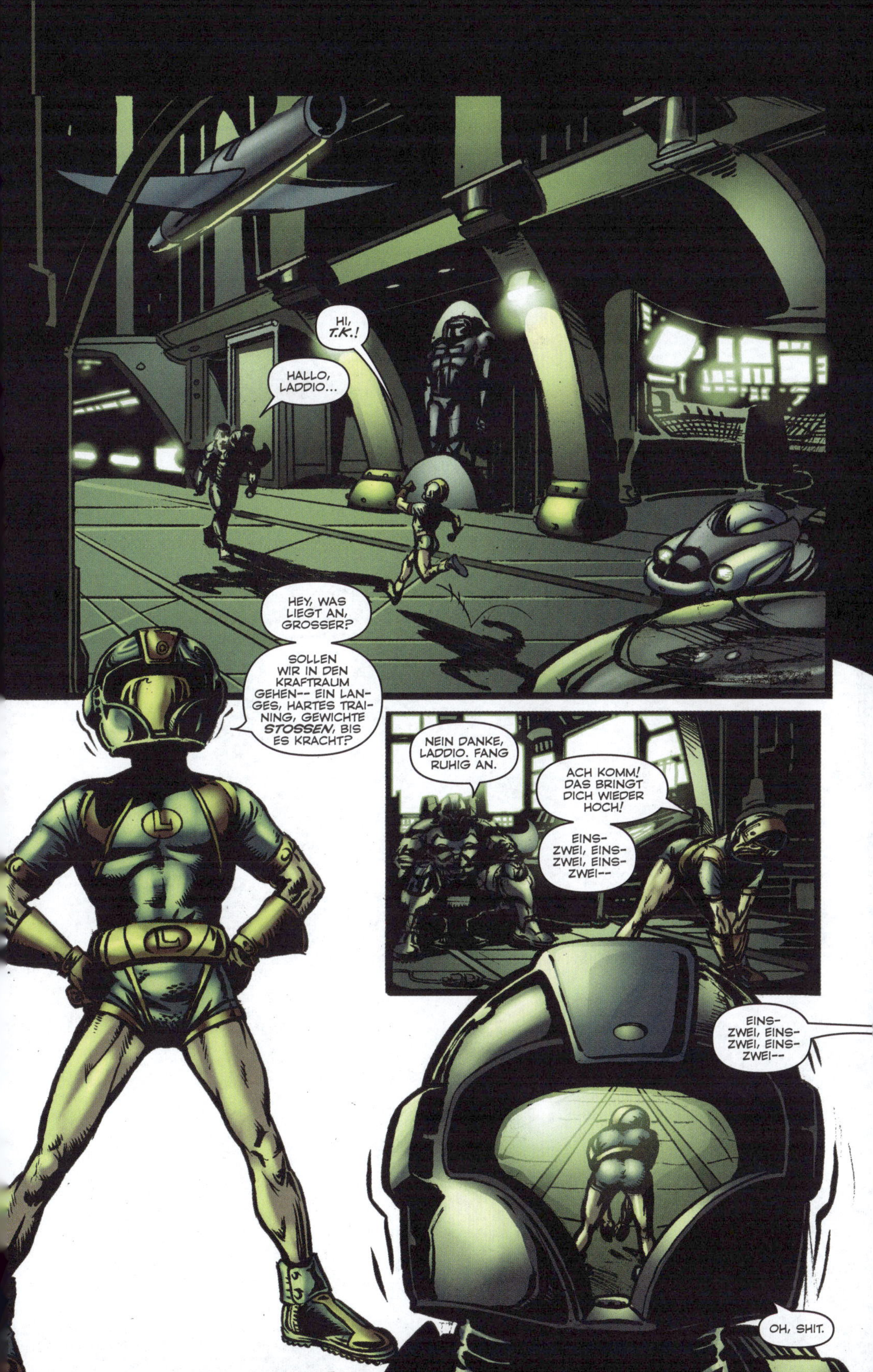
HI, T.K.!
HALLO, LADDIO...
HEY, WAS LIEGT AN, GROSSER?
SOLLEN WIR IN DEN KRAFTRAUM GEHEN-- EIN LANGES, HARTES TRAINING, GEWICHTE STOSSEN, BIS ES KRACHT?
NEIN DANKE, LADDIO. FANG RUHIG AN.
ACH KOMM! DAS BRINGT DICH WIEDER HOCH!
EINS-ZWEI, EINS-ZWEI, EINS-ZWEI--
EINS-ZWEI, EINS-ZWEI, EINS-ZWEI--
OH, SHIT.

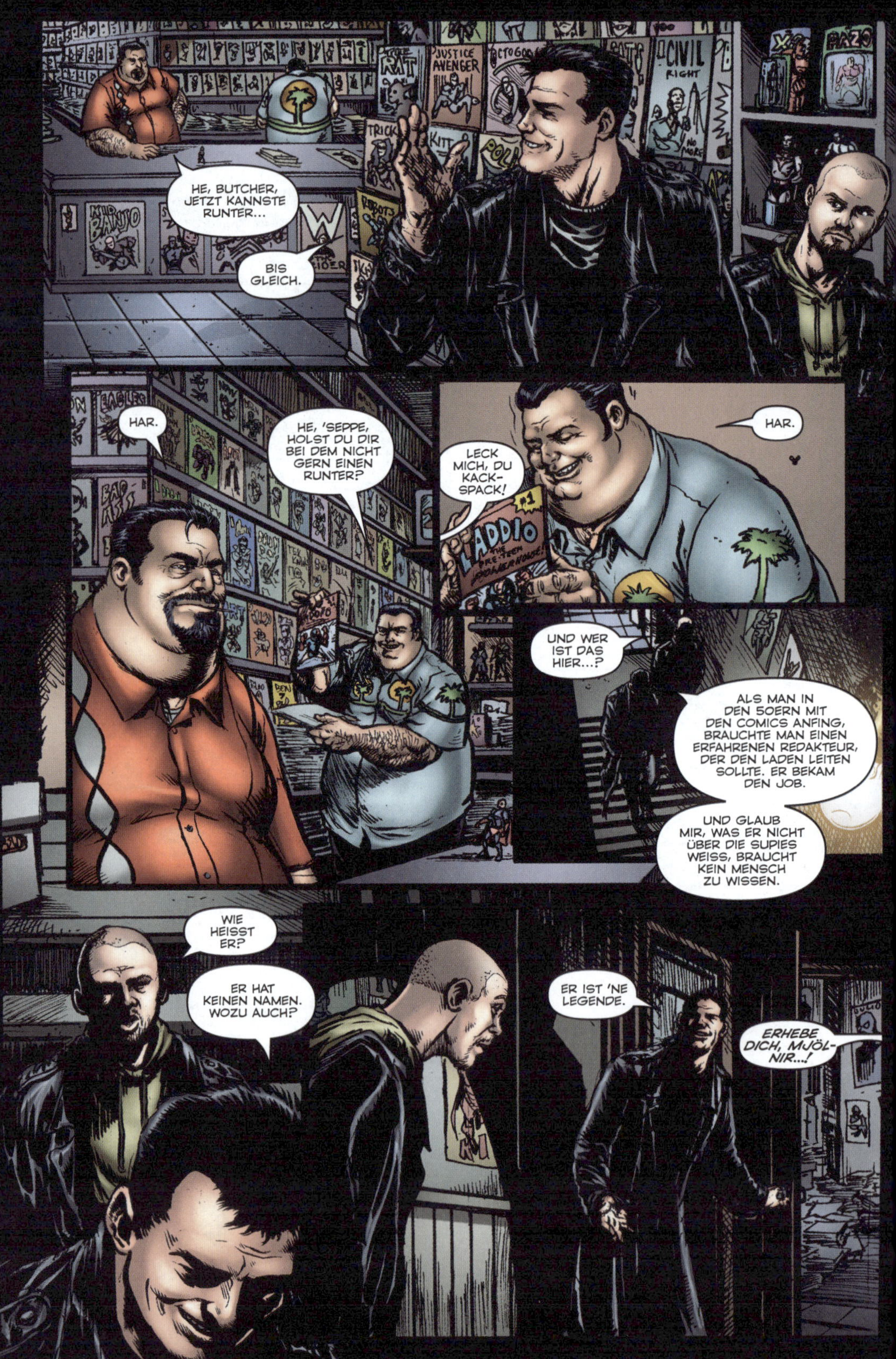
HE, BUTCHER, JETZT KANNSTE RUNTER...
BIS GLEICH.
HAR.
HE, 'SEPPE, HOLST DU DIR BEI DEM NICHT GERN EINEN RUNTER?
HAR.
LECK MICH, DU KACK-SPACK!
UND WER IST DAS HIER...?
ALS MAN IN DEN 50ERN MIT DEN COMICS ANFING, BRAUCHTE MAN EINEN ERFAHRENEN REDAKTEUR, DER DEN LADEN LEITEN SOLLTE. ER BEKAM DEN JOB.
UND GLAUB MIR, WAS ER NICHT ÜBER DIE SUPIES WEISS, BRAUCHT KEIN MENSCH ZU WISSEN.
WIE HEISST ER?
ER HAT KEINEN NAMEN. WOZU AUCH?
ER IST 'NE LEGENDE.
ERHEBE DICH, MJÖLNIR...!

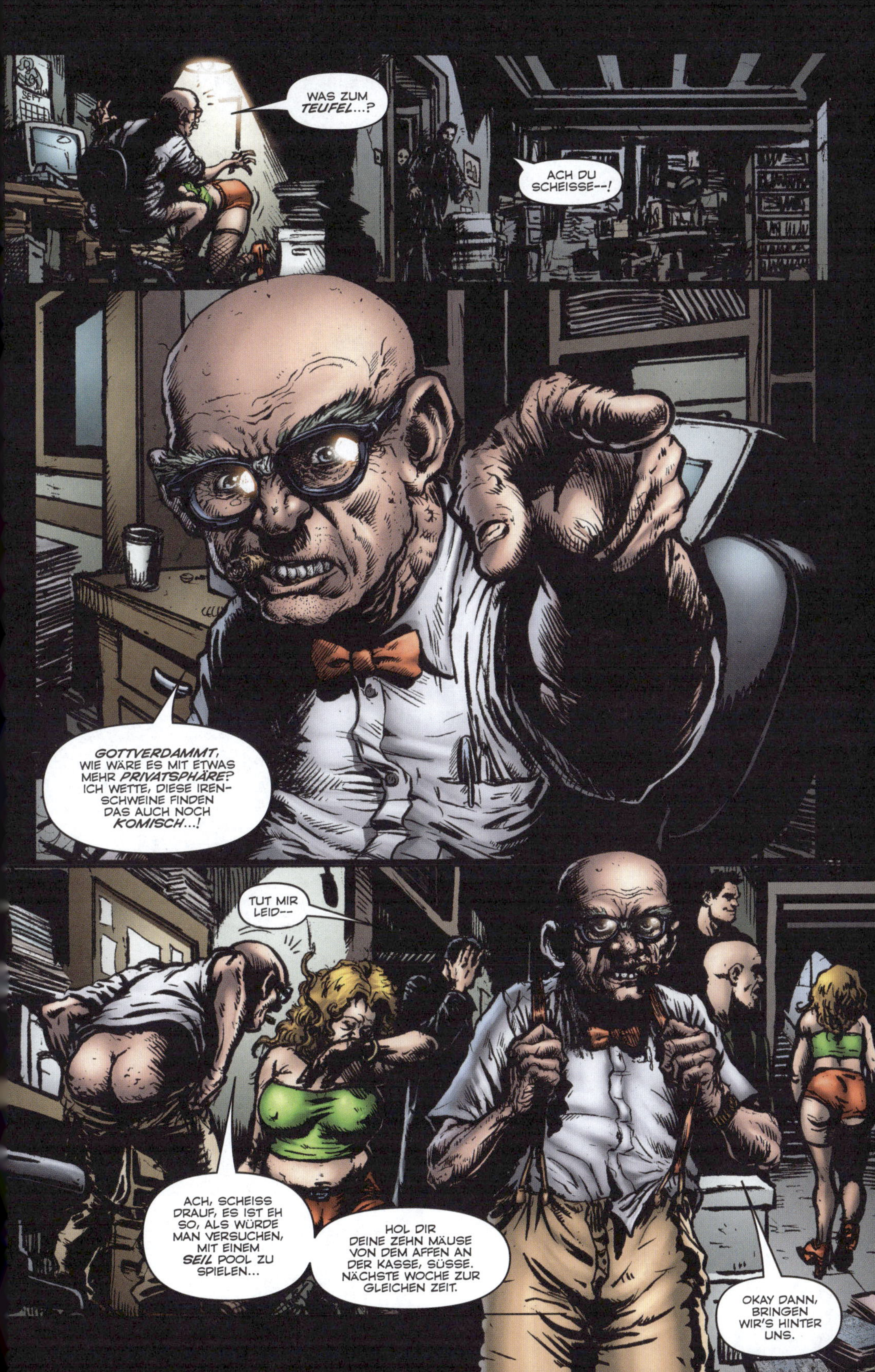
WAS ZUM TEUFEL...?
ACH DU SCHEISSE--!
GOTTVERDAMMT, WIE WÄRE ES MIT ETWAS MEHR PRIVATSPHÄRE? ICH WETTE, DIESE IREN-SCHWEINE FINDEN DAS AUCH NOCH KOMISCH...!
TUT MIR LEID--
ACH, SCHEISS DRAUF, ES IST EH SO, ALS WÜRDE MAN VERSUCHEN, MIT EINEM SEIL POOL ZU SPIELEN...
HOL DIR DEINE ZEHN MÄUSE VON DEM AFFEN AN DER KASSE, SÜSSE. NÄCHSTE WOCHE ZUR GLEICHEN ZEIT.
OKAY DANN, BRINGEN WIR'S HINTER UNS.

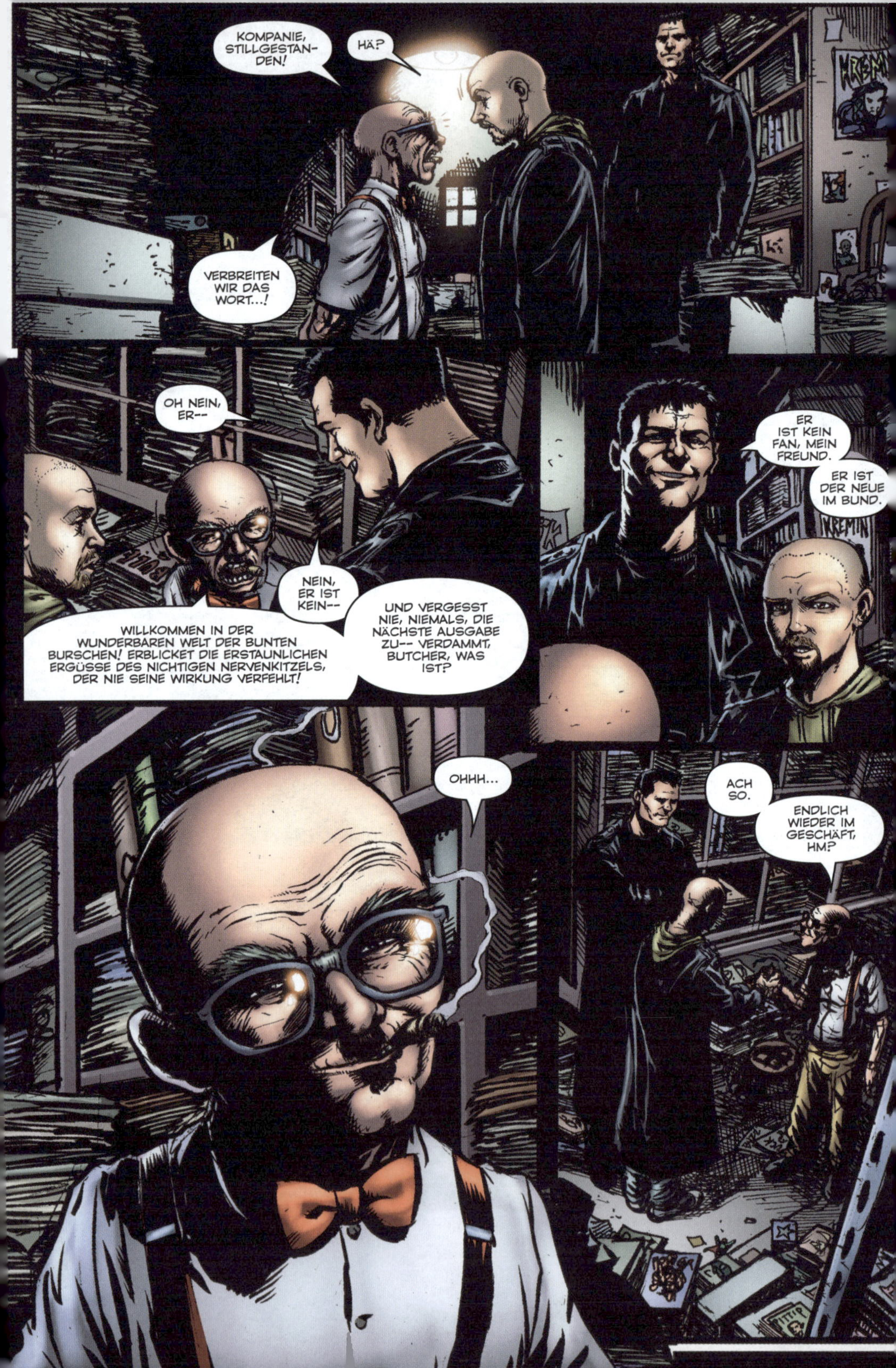
KOMPANIE, STILLGESTANDEN!
HÄ?
VERBREITEN WIR DAS WORT...!
OH NEIN, ER--
NEIN, ER IST KEIN--
WILLKOMMEN IN DER WUNDERBAREN WELT DER BUNTEN BURSCHEN! ERBLICKET DIE ERSTAUNLICHEN ERGÜSSE DES NICHTIGEN NERVENKITZELS, DER NIE SEINE WIRKUNG VERFEHLT!
UND VERGESST NIE, NIEMALS, DIE NÄCHSTE AUSGABE ZU-- VERDAMMT, BUTCHER, WAS IST?
ER IST KEIN FAN, MEIN FREUND.
ER IST DER NEUE IM BUND.
OHHH...
ACH SO.
ENDLICH WIEDER IM GESCHÄFT, HM?

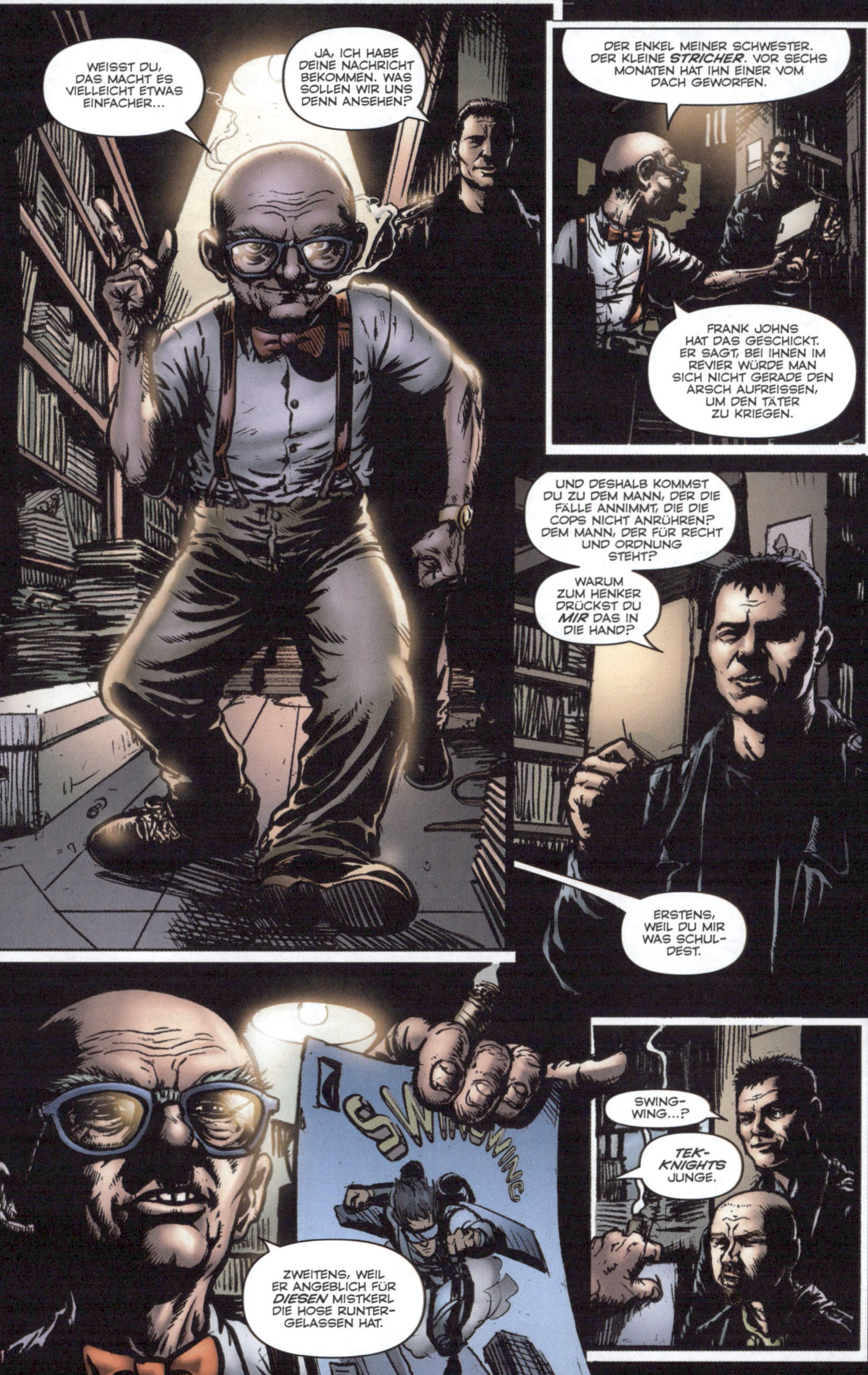
WEISST DU, DAS MACHT ES VIELLEICHT ETWAS EINFACHER...
JA, ICH HABE DEINE NACHRICHT BEKOMMEN. WAS SOLLEN WIR UNS DENN ANSEHEN?
DER ENKEL MEINER SCHWESTER. DER KLEINE STRICHER. VOR SECHS MONATEN HAT IHN EINER VOM DACH GEWORFEN.
FRANK JOHNS HAT DAS GESCHICKT. ER SAGT, BEI IHNEN IM REVIER WÜRDE MAN SICH NICHT GERADE DEN ARSCH AUFREISSEN, UM DEN TÄTER ZU KRIEGEN.
UND DESHALB KOMMST DU ZU DEM MANN, DER DIE FÄLLE ANNIMMT, DIE DIE COPS NICHT ANRÜHREN? DEM MANN, DER FÜR RECHT UND ORDNUNG STEHT?
WARUM ZUM HENKER DRÜCKST DU MIR DAS IN DIE HAND?
ERSTENS, WEIL DU MIR WAS SCHULDEST.
SWINGWING
ZWEITENS, WEIL ER ANGEBLICH FÜR DIESEN MISTKERL DIE HOSE RUNTERGELASSEN HAT.
SWING-WING...?
TEK-KNIGHTS JUNGE.

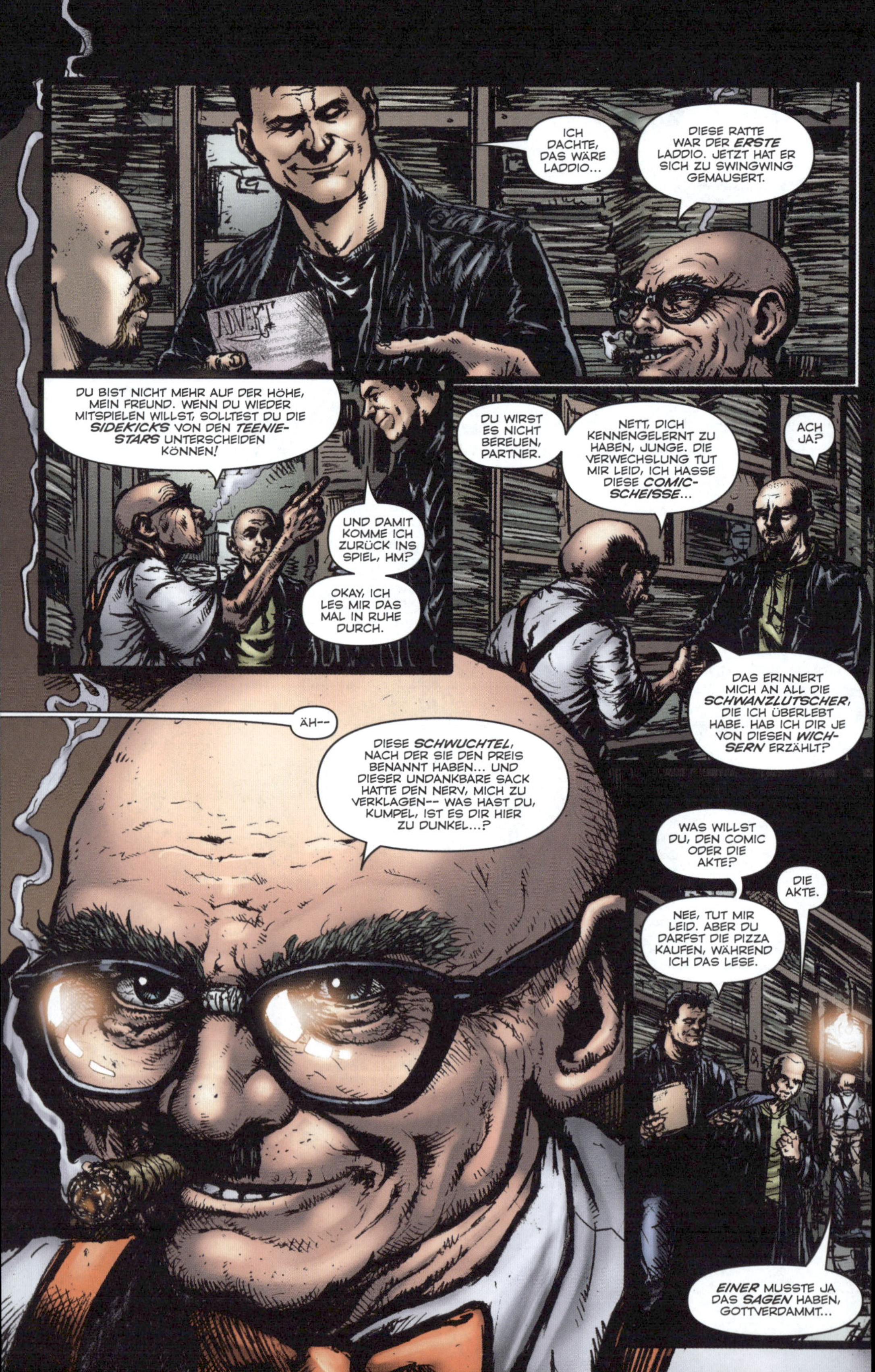
ICH DACHTE, DAS WÄRE LADDIO...
DIESE RATTE WAR DER ERSTE LADDIO. JETZT HAT ER SICH ZU SWINGWING GEMAUSERT.
DU BIST NICHT MEHR AUF DER HÖHE, MEIN FREUND. WENN DU WIEDER MITSPIELEN WILLST, SOLLTEST DU DIE SIDEKICKS VON DEN TEENIE-STARS UNTERSCHEIDEN KÖNNEN!
UND DAMIT KOMME ICH ZURÜCK INS SPIEL, HM?
OKAY, ICH LES MIR DAS MAL IN RUHE DURCH.
DU WIRST ES NICHT BEREUEN, PARTNER.
NETT, DICH KENNENGELERNT ZU HABEN, JUNGE. DIE VERWECHSLUNG TUT MIR LEID, ICH HASSE DIESE COMIC-SCHEISSE...
ACH JA?
DAS ERINNERT MICH AN ALL DIE SCHWANZLUTSCHER, DIE ICH ÜBERLEBT HABE. HAB ICH DIR JE VON DIESEN WICHSERN ERZÄHLT?
ÄH--
DIESE SCHWUCHTEL, NACH DER SIE DEN PREIS BENANNT HABEN... UND DIESER UNDANKBARE SACK HATTE DEN NERV, MICH ZU VERKLAGEN-- WAS HAST DU, KUMPEL, IST ES DIR HIER ZU DUNKEL...?
WAS WILLST DU, DEN COMIC ODER DIE AKTE?
DIE AKTE.
NEE, TUT MIR LEID. ABER DU DARFST DIE PIZZA KAUFEN, WÄHREND ICH DAS LESE.
EINER MUSSTE JA DAS SAGEN HABEN, GOTTVERDAMMT...

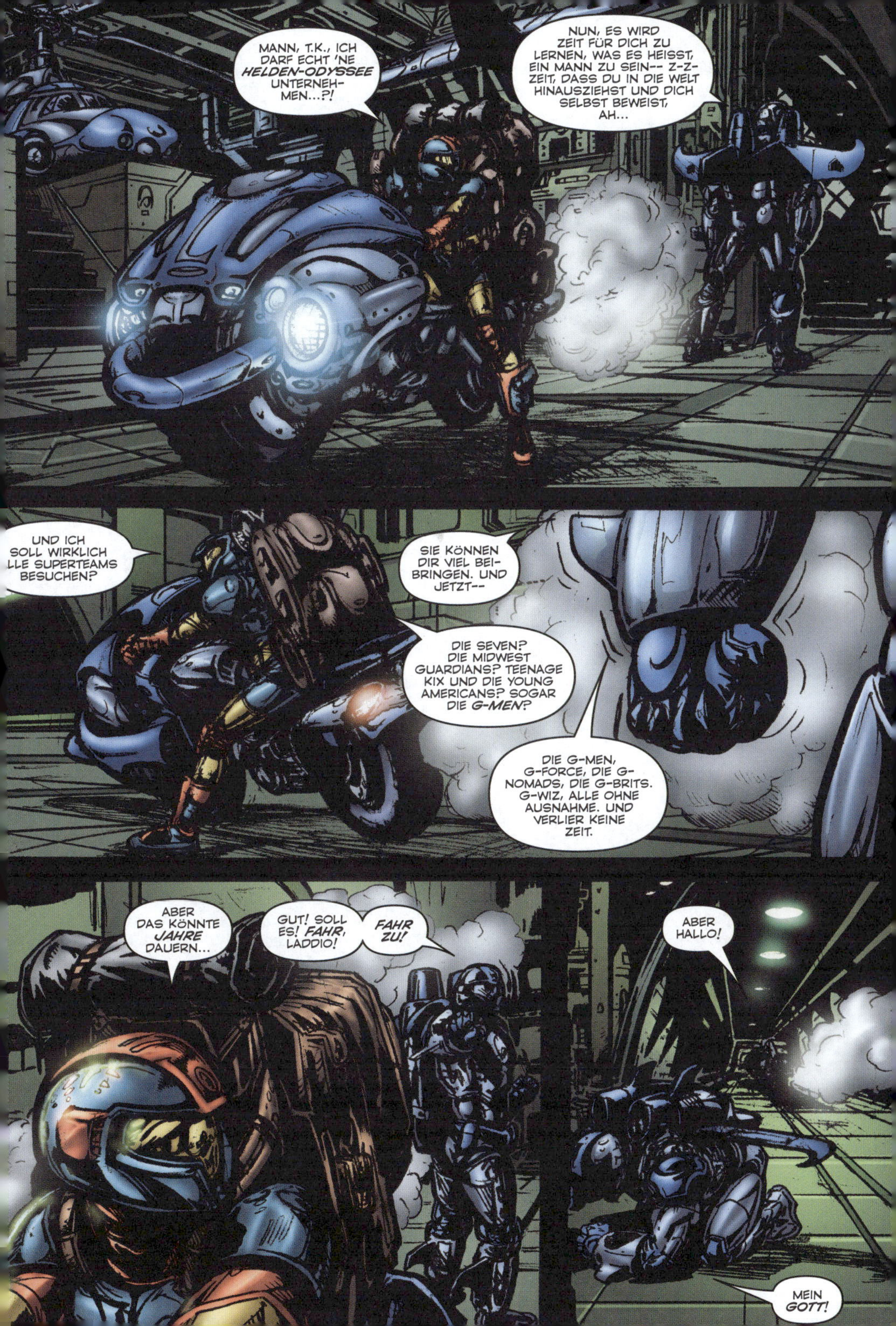
MANN, T.K., ICH DARF ECHT 'NE *HELDEN-ODYSSEE* UNTERNEHMEN...?!
NUN, ES WIRD ZEIT FÜR DICH ZU LERNEN, WAS ES HEISST, EIN MANN ZU SEIN-- Z-Z-ZEIT, DASS DU IN DIE WELT HINAUSZIEHST UND DICH SELBST BEWEIST, AH...
UND ICH SOLL WIRKLICH LLE SUPERTEAMS BESUCHEN?
SIE KÖNNEN DIR VIEL BEIBRINGEN. UND JETZT--
DIE SEVEN? DIE MIDWEST GUARDIANS? TEENAGE KIX UND DIE YOUNG AMERICANS? SOGAR DIE *G-MEN*?
DIE G-MEN, G-FORCE, DIE G-NOMADS, DIE G-BRITS. G-WIZ, ALLE OHNE AUSNAHME. UND VERLIER KEINE ZEIT.
ABER DAS KÖNNTE *JAHRE* DAUERN...
GUT! SOLL ES! *FAHR*, LADDIO!
FAHR ZU!
ABER HALLO!
MEIN *GOTT!*

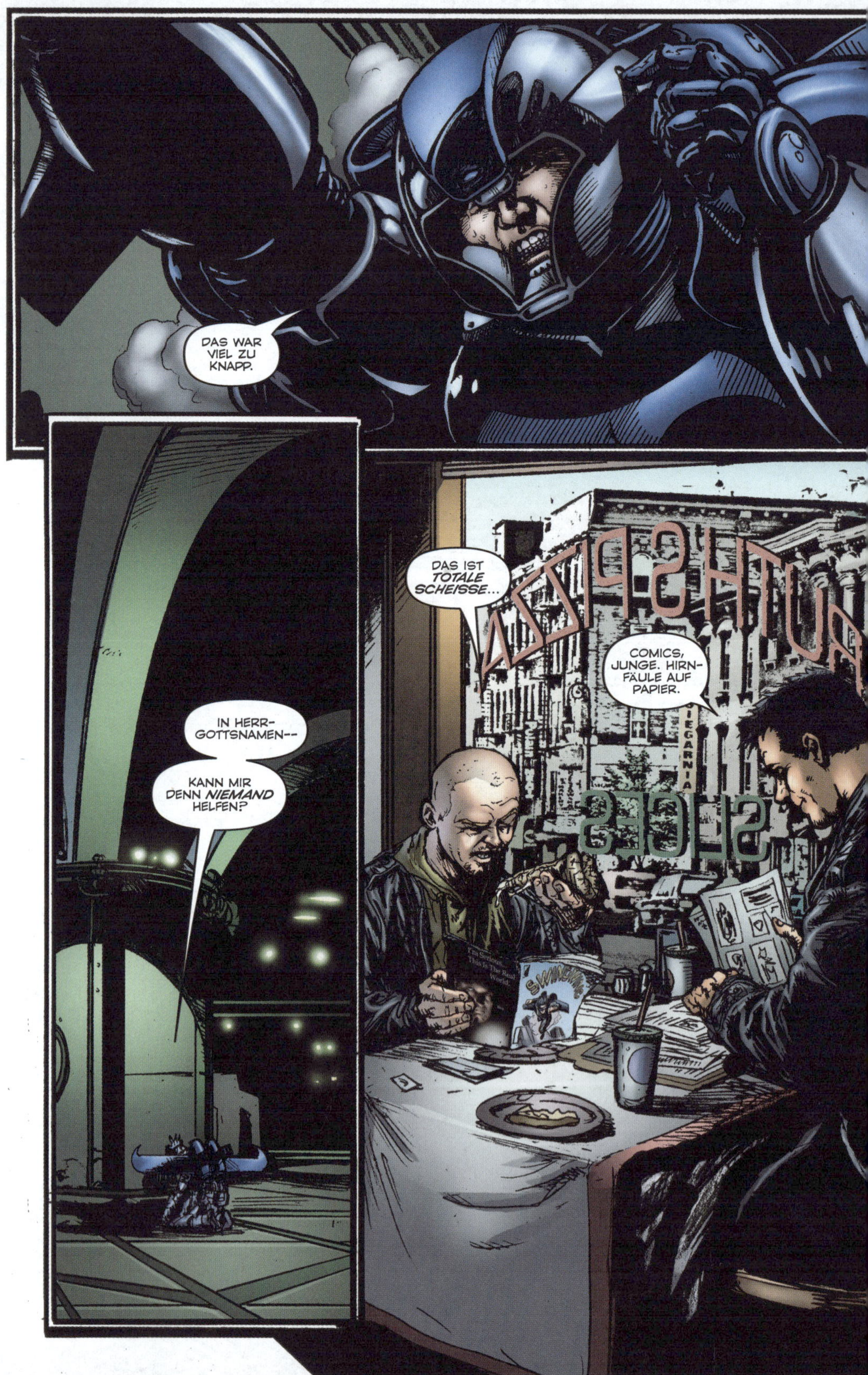
DAS WAR VIEL ZU KNAPP.
IN HERR-GOTTSNAMEN--
KANN MIR DENN NIEMAND HELFEN?
DAS IST TOTALE SCHEISSE...
COMICS, JUNGE. HIRN-FÄULE AUF PAPIER.
RUTH'S PIZZA
SLICES

EINGELOCHT, TEIL 2

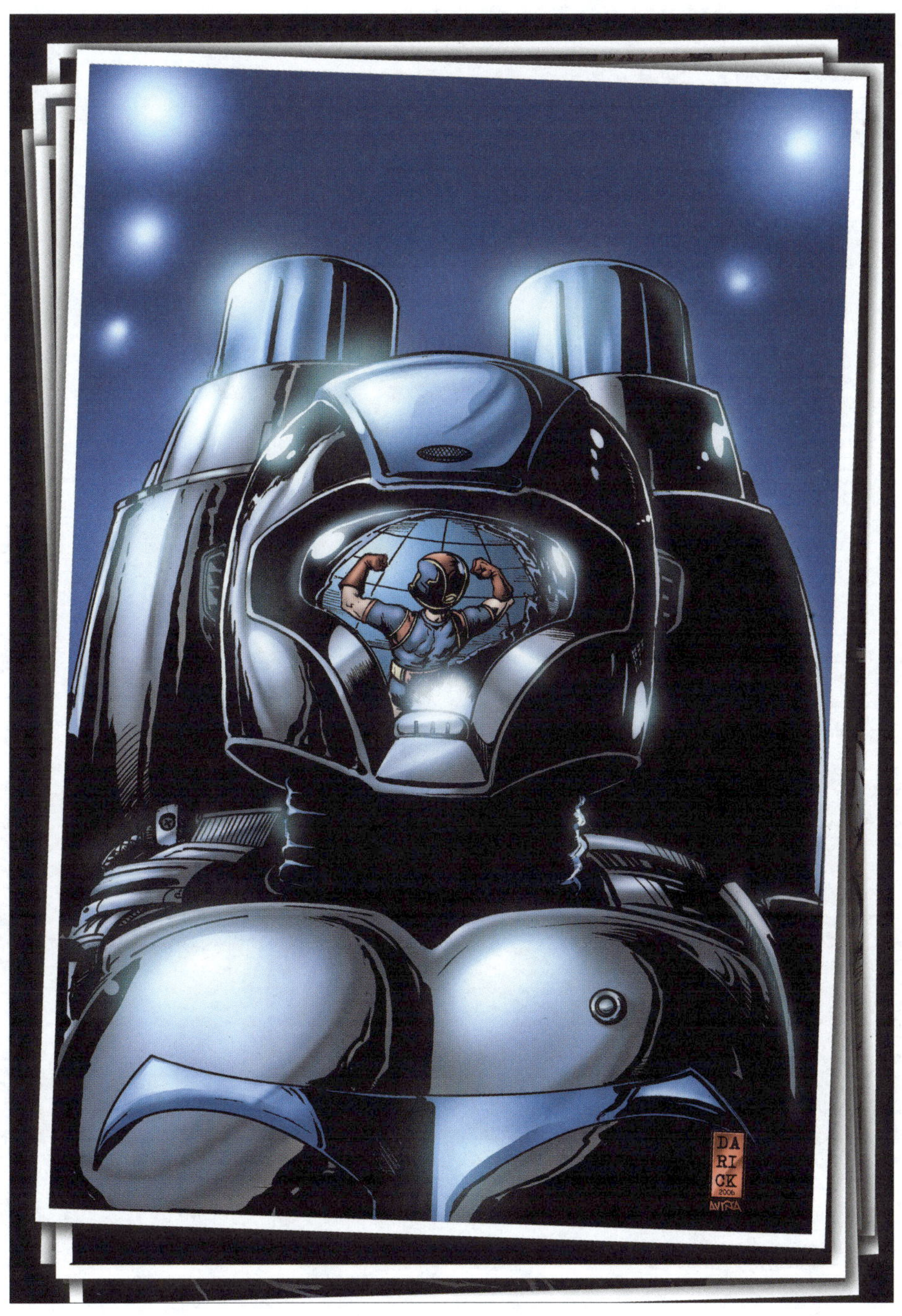

The Boys (2006) 8
Cover von **DARICK ROBERTSON**

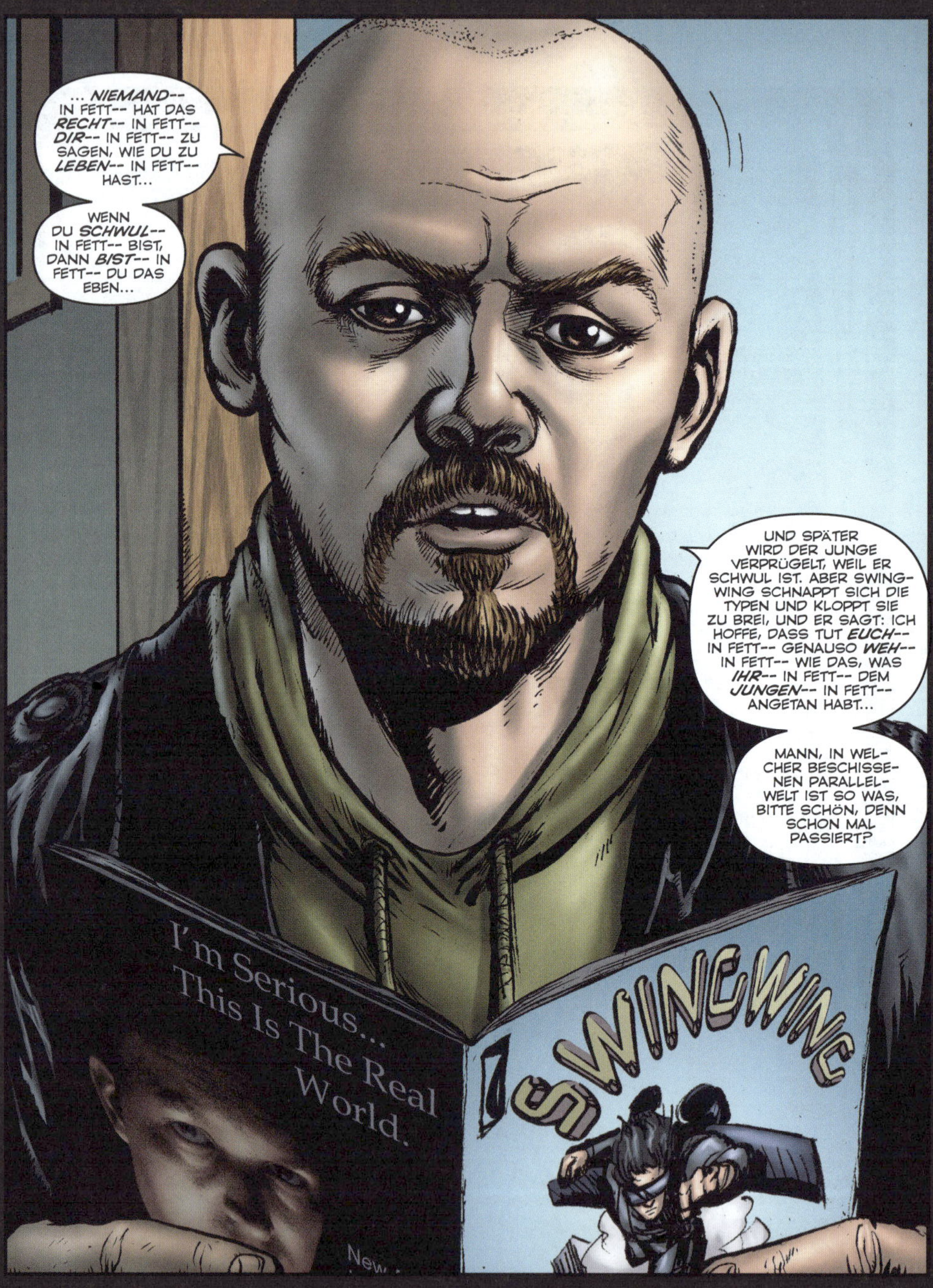

EINGELOCHT
TEIL 2

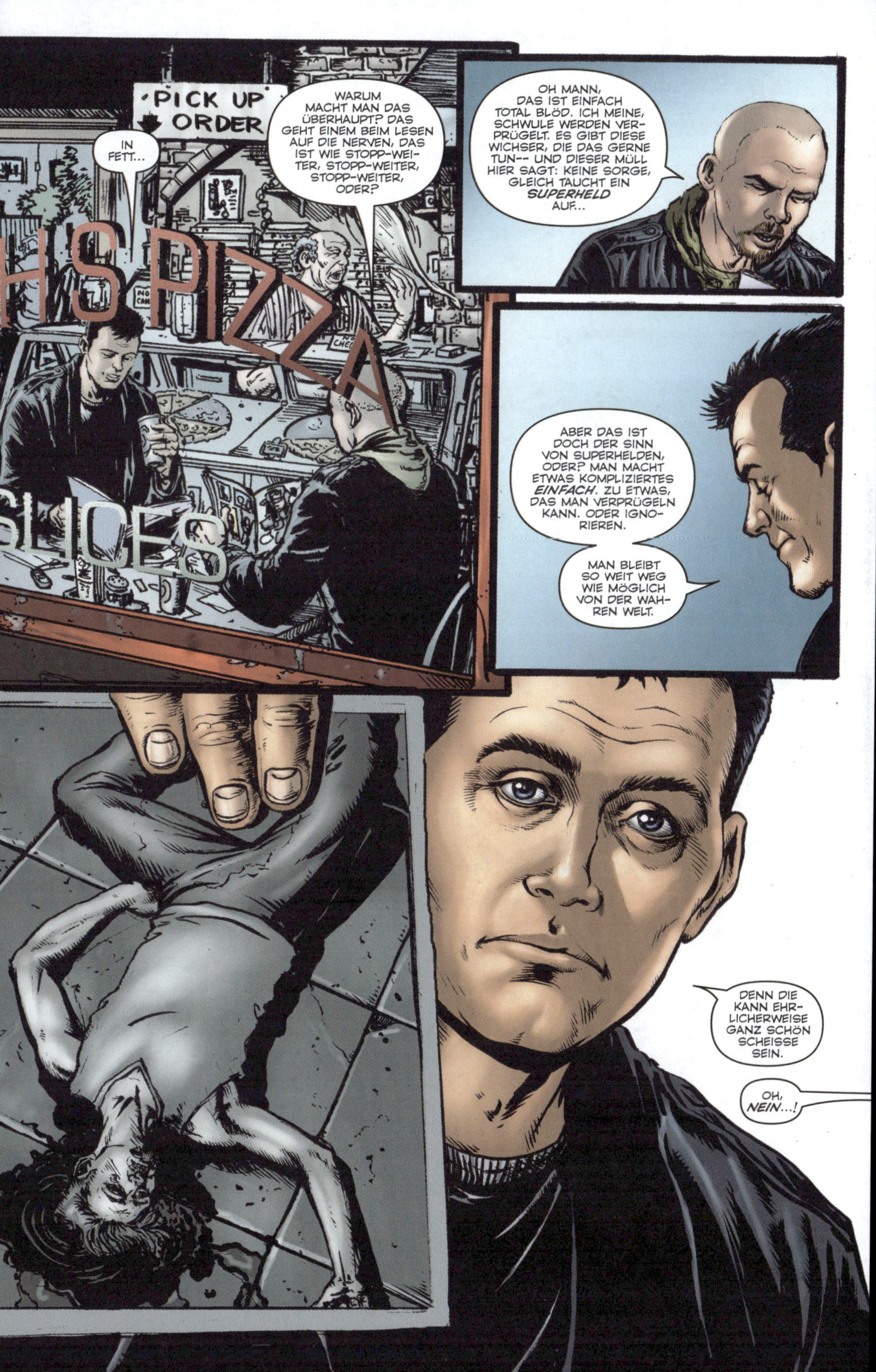
PICK UP ORDER
IN FETT...
WARUM MACHT MAN DAS ÜBERHAUPT? DAS GEHT EINEM BEIM LESEN AUF DIE NERVEN, DAS IST WIE STOPP-WEITER, STOPP-WEITER, STOPP-WEITER, ODER?
OH MANN, DAS IST EINFACH TOTAL BLÖD. ICH MEINE, SCHWULE WERDEN VERPRÜGELT. ES GIBT DIESE WICHSER, DIE DAS GERNE TUN-- UND DIESER MÜLL HIER SAGT: KEINE SORGE, GLEICH TAUCHT EIN SUPERHELD AUF...
HS PIZZA
SLICES
ABER DAS IST DOCH DER SINN VON SUPERHELDEN, ODER? MAN MACHT ETWAS KOMPLIZIERTES EINFACH. ZU ETWAS, DAS MAN VERPRÜGELN KANN. ODER IGNORIEREN.
MAN BLEIBT SO WEIT WEG WIE MÖGLICH VON DER WAHREN WELT.
DENN DIE KANN EHRLICHERWEISE GANZ SCHÖN SCHEISSE SEIN.
OH, NEIN...!

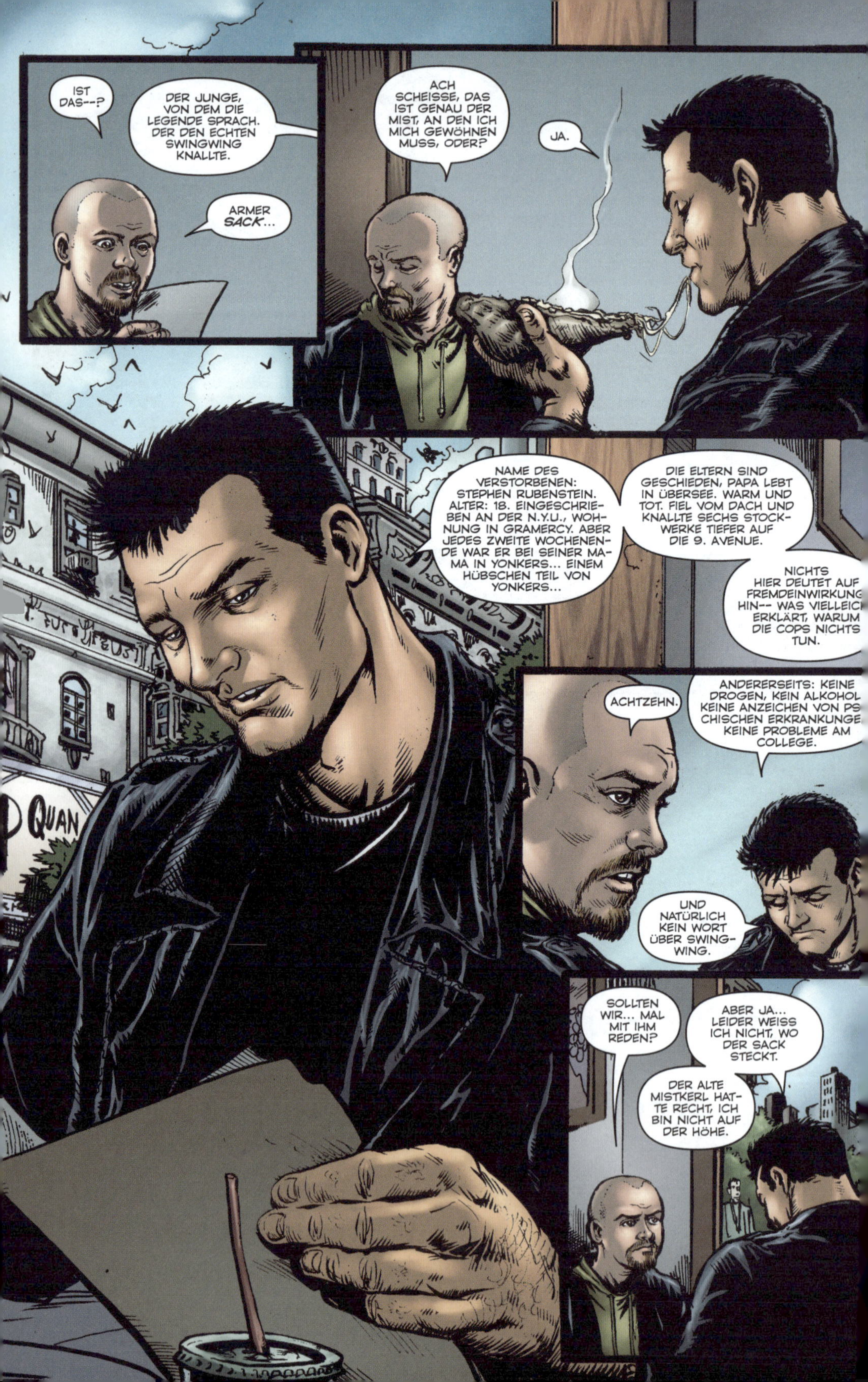
IST DAS--?
DER JUNGE, VON DEM DIE LEGENDE SPRACH. DER DEN ECHTEN SWINGWING KNALLTE.
ARMER SACK...
ACH SCHEISSE, DAS IST GENAU DER MIST, AN DEN ICH MICH GEWÖHNEN MUSS, ODER?
JA.
NAME DES VERSTORBENEN: STEPHEN RUBENSTEIN. ALTER: 18. EINGESCHRIEBEN AN DER N.Y.U., WOHNUNG IN GRAMERCY. ABER JEDES ZWEITE WOCHENENDE WAR ER BEI SEINER MAMA IN YONKERS... EINEM HÜBSCHEN TEIL VON YONKERS...
DIE ELTERN SIND GESCHIEDEN, PAPA LEBT IN ÜBERSEE. WARM UND TOT. FIEL VOM DACH UND KNALLTE SECHS STOCKWERKE TIEFER AUF DIE 9. AVENUE.
NICHTS HIER DEUTET AUF FREMDEINWIRKUNG HIN-- WAS VIELLEIC ERKLÄRT, WARUM DIE COPS NICHTS TUN.
ACHTZEHN.
ANDERERSEITS: KEINE DROGEN, KEIN ALKOHOL KEINE ANZEICHEN VON PS CHISCHEN ERKRANKUNGE KEINE PROBLEME AM COLLEGE.
UND NATÜRLICH KEIN WORT ÜBER SWINGWING.
SOLLTEN WIR... MAL MIT IHM REDEN?
ABER JA... LEIDER WEISS ICH NICHT, WO DER SACK STECKT.
DER ALTE MISTKERL HATTE RECHT, ICH BIN NICHT AUF DER HÖHE.

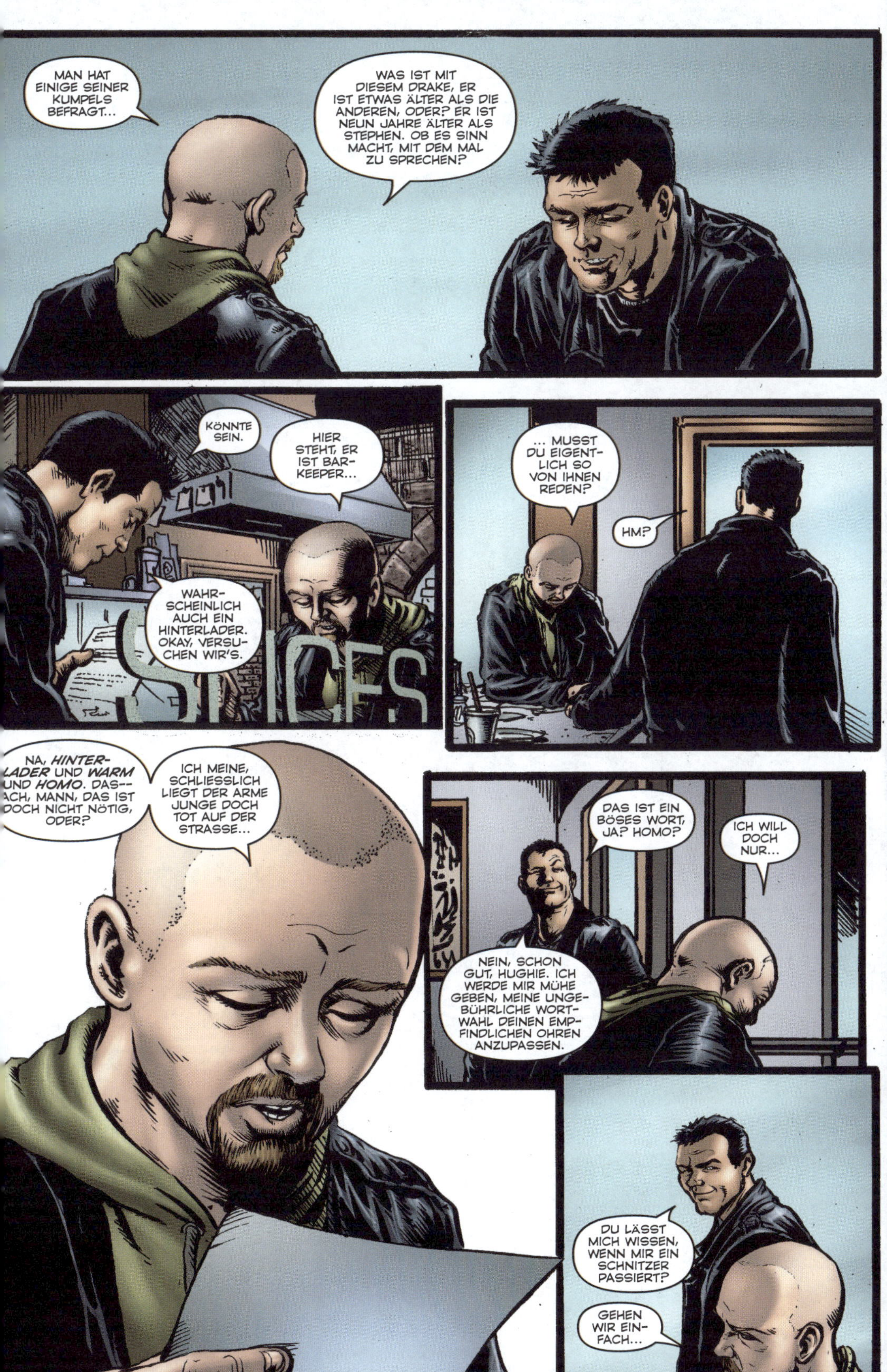
MAN HAT EINIGE SEINER KUMPELS BEFRAGT...
WAS IST MIT DIESEM DRAKE, ER IST ETWAS ÄLTER ALS DIE ANDEREN, ODER? ER IST NEUN JAHRE ÄLTER ALS STEPHEN. OB ES SINN MACHT, MIT DEM MAL ZU SPRECHEN?
KÖNNTE SEIN.
HIER STEHT, ER IST BARKEEPER...
WAHRSCHEINLICH AUCH EIN HINTERLADER. OKAY, VERSUCHEN WIR'S.
SPICES
... MUSST DU EIGENTLICH SO VON IHNEN REDEN?
HM?
NA, HINTERLADER UND WARM UND HOMO. DAS--ACH, MANN, DAS IST DOCH NICHT NÖTIG, ODER?
ICH MEINE, SCHLIESSLICH LIEGT DER ARME JUNGE DOCH TOT AUF DER STRASSE...
DAS IST EIN BÖSES WORT, JA? HOMO?
ICH WILL DOCH NUR...
NEIN, SCHON GUT, HUGHIE. ICH WERDE MIR MÜHE GEBEN, MEINE UNGEBÜHRLICHE WORTWAHL DEINEN EMPFINDLICHEN OHREN ANZUPASSEN.
DU LÄSST MICH WISSEN, WENN MIR EIN SCHNITZER PASSIERT?
GEHEN WIR EINFACH...

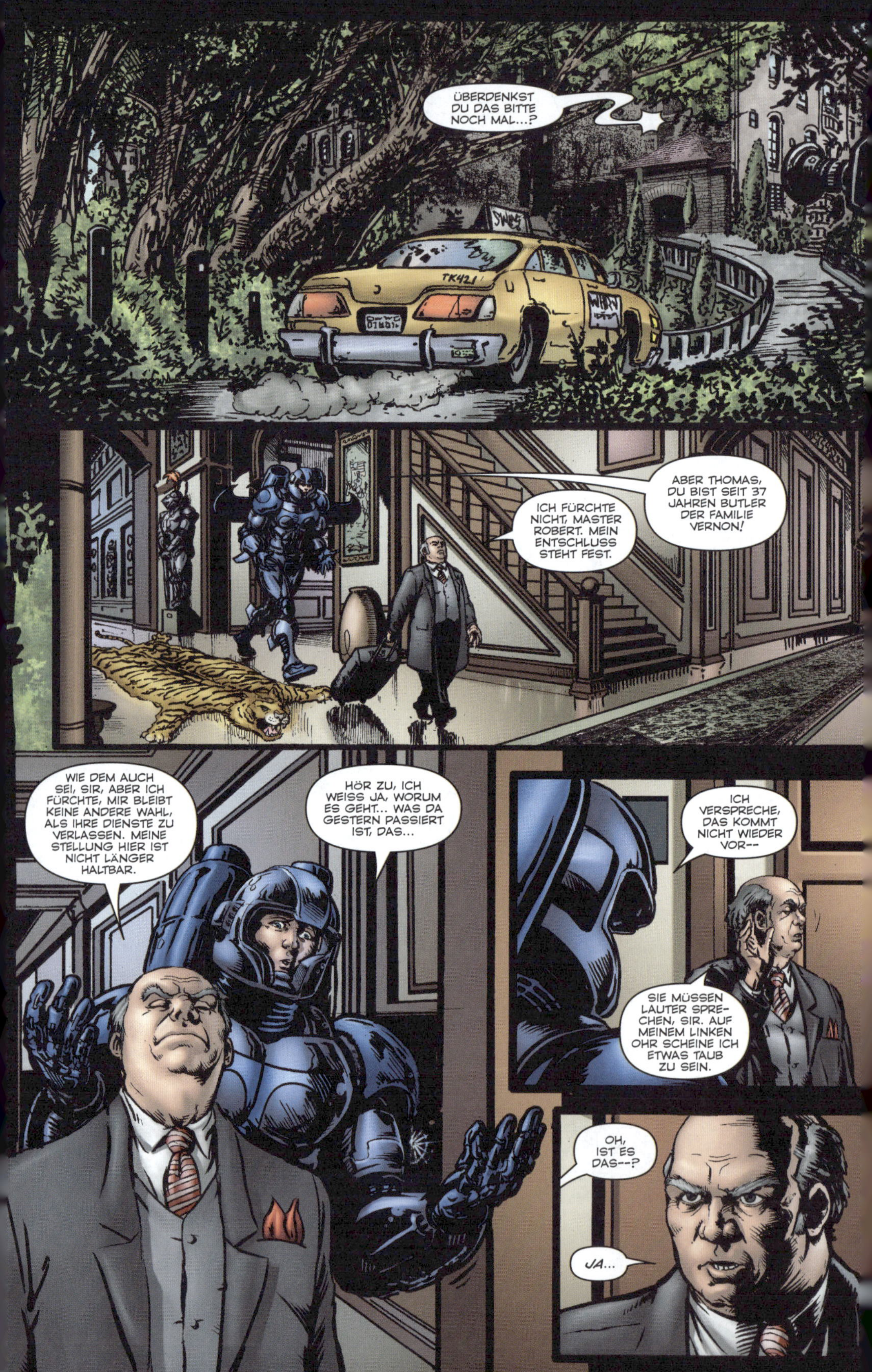
ÜBERDENKST DU DAS BITTE NOCH MAL...?
ABER THOMAS, DU BIST SEIT 37 JAHREN BUTLER DER FAMILIE VERNON!
ICH FÜRCHTE NICHT, MASTER ROBERT. MEIN ENTSCHLUSS STEHT FEST.
WIE DEM AUCH SEI, SIR, ABER ICH FÜRCHTE, MIR BLEIBT KEINE ANDERE WAHL, ALS IHRE DIENSTE ZU VERLASSEN. MEINE STELLUNG HIER IST NICHT LÄNGER HALTBAR.
HÖR ZU, ICH WEISS JA, WORUM ES GEHT... WAS DA GESTERN PASSIERT IST, DAS...
ICH VERSPRECHE, DAS KOMMT NICHT WIEDER VOR--
SIE MÜSSEN LAUTER SPRECHEN, SIR. AUF MEINEM LINKEN OHR SCHEINE ICH ETWAS TAUB ZU SEIN.
OH, IST ES DAS--?
JA...

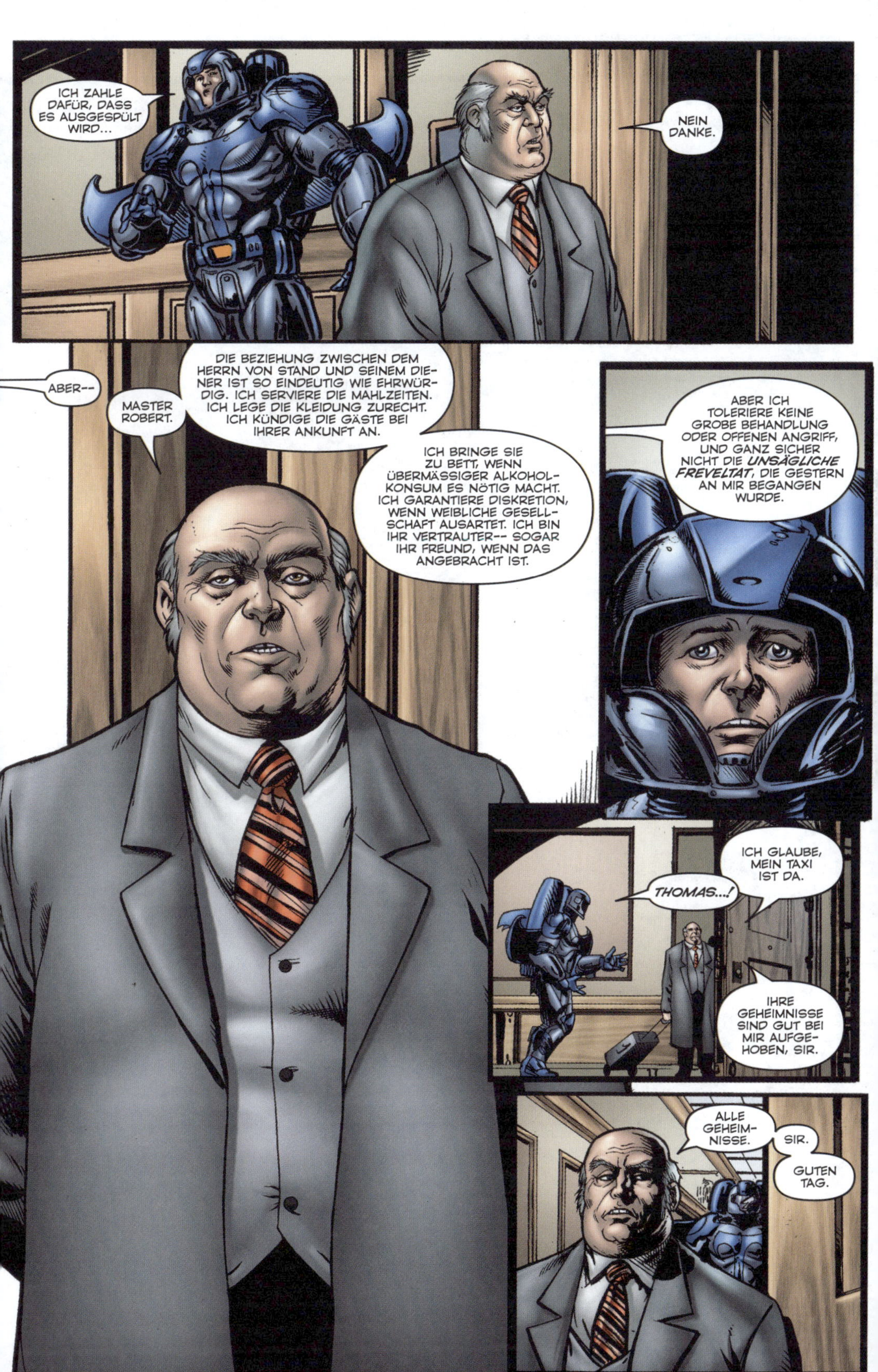
ICH ZAHLE DAFÜR, DASS ES AUSGESPÜLT WIRD...
NEIN DANKE.
ABER--
MASTER ROBERT.
DIE BEZIEHUNG ZWISCHEN DEM HERRN VON STAND UND SEINEM DIENER IST SO EINDEUTIG WIE EHRWÜRDIG. ICH SERVIERE DIE MAHLZEITEN. ICH LEGE DIE KLEIDUNG ZURECHT. ICH KÜNDIGE DIE GÄSTE BEI IHRER ANKUNFT AN.
ICH BRINGE SIE ZU BETT, WENN ÜBERMÄSSIGER ALKOHOLKONSUM ES NÖTIG MACHT. ICH GARANTIERE DISKRETION, WENN WEIBLICHE GESELLSCHAFT AUSARTET. ICH BIN IHR VERTRAUTER-- SOGAR IHR FREUND, WENN DAS ANGEBRACHT IST.
ABER ICH TOLERIERE KEINE GROBE BEHANDLUNG ODER OFFENEN ANGRIFF, UND GANZ SICHER NICHT DIE ***UNSÄGLICHE FREVELTAT***, DIE GESTERN AN MIR BEGANGEN WURDE.
THOMAS...!
ICH GLAUBE, MEIN TAXI IST DA.
IHRE GEHEIMNISSE SIND GUT BEI MIR AUFGEHOBEN, SIR.
ALLE GEHEIMNISSE.
SIR.
GUTEN TAG.

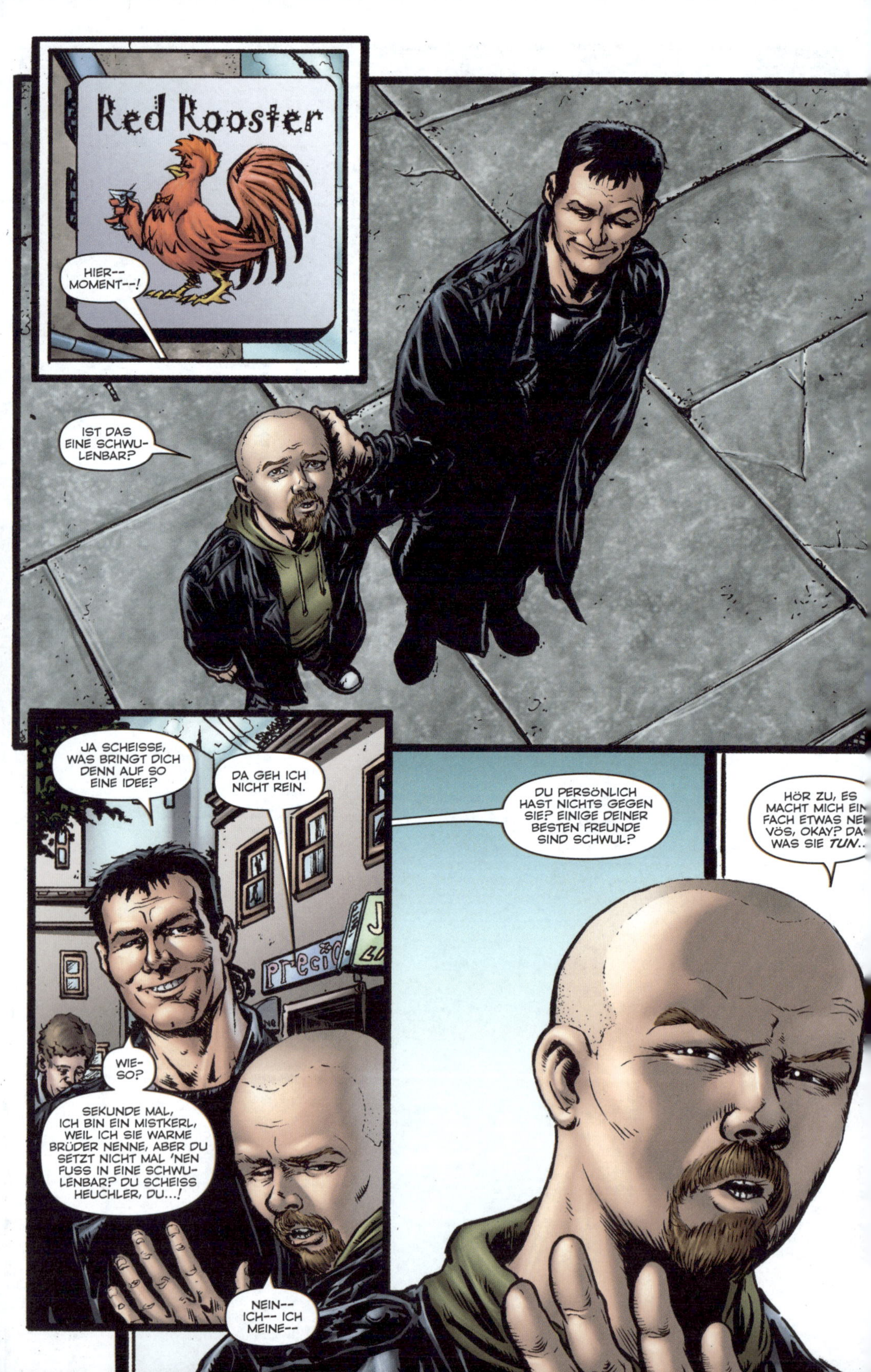
Red Rooster
HIER-- MOMENT--!
IST DAS EINE SCHWULENBAR?
JA SCHEISSE, WAS BRINGT DICH DENN AUF SO EINE IDEE?
DA GEH ICH NICHT REIN.
WIE-SO?
SEKUNDE MAL, ICH BIN EIN MISTKERL, WEIL ICH SIE WARME BRÜDER NENNE, ABER DU SETZT NICHT MAL 'NEN FUSS IN EINE SCHWULENBAR? DU SCHEISS HEUCHLER, DU...!
NEIN-- ICH-- ICH MEINE--
DU PERSÖNLICH HAST NICHTS GEGEN SIE? EINIGE DEINER BESTEN FREUNDE SIND SCHWUL?
HÖR ZU, ES MACHT MICH EIN FACH ETWAS NE VÖS, OKAY? DA WAS SIE *TUN*..

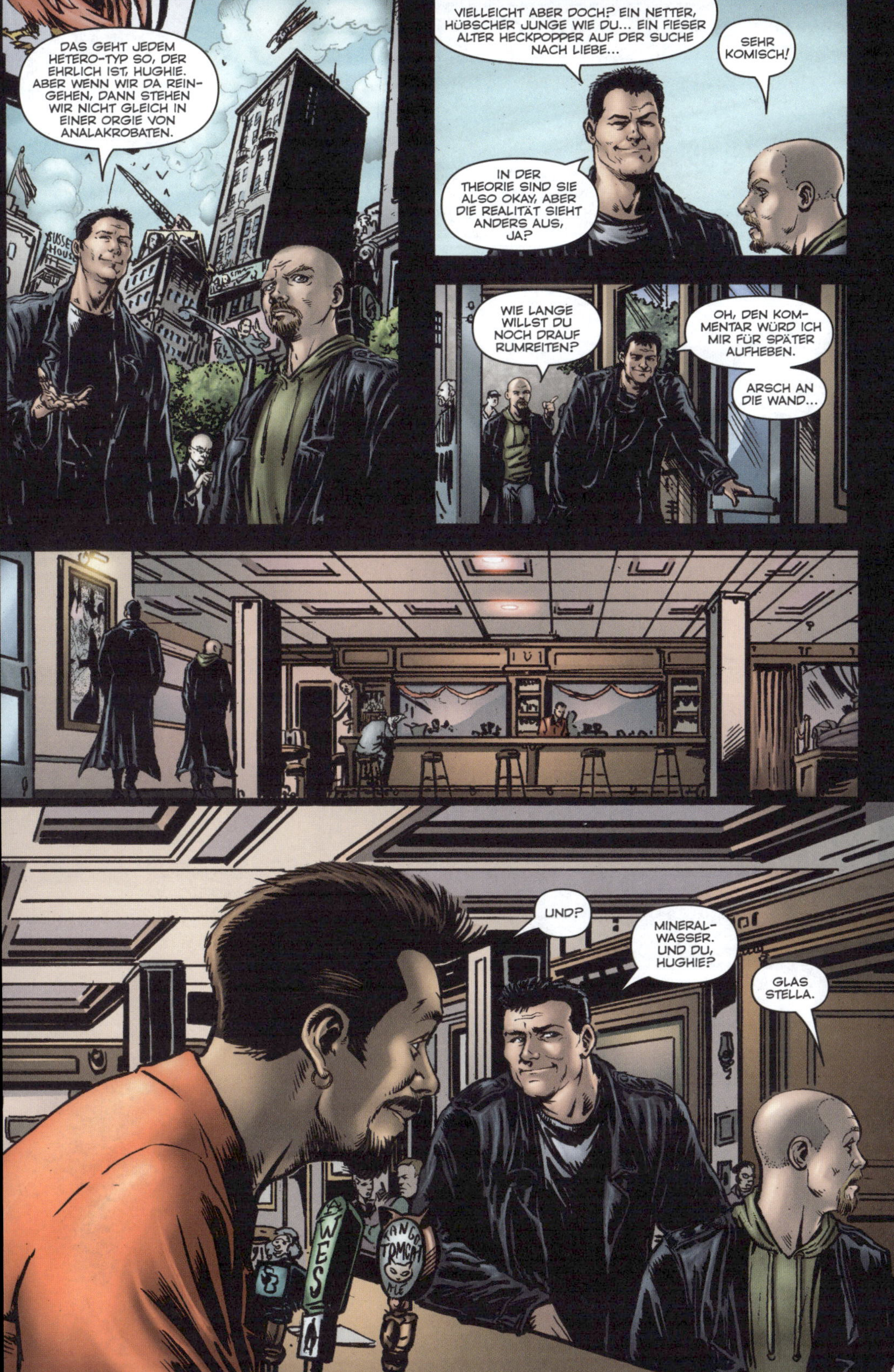
DAS GEHT JEDEM HETERO-TYP SO, DER EHRLICH IST, HUGHIE. ABER WENN WIR DA REIN-GEHEN, DANN STEHEN WIR NICHT GLEICH IN EINER ORGIE VON ANALAKROBATEN.
VIELLEICHT ABER DOCH? EIN NETTER, HÜBSCHER JUNGE WIE DU... EIN FIESER ALTER HECKPOPPER AUF DER SUCHE NACH LIEBE...
SEHR KOMISCH!
IN DER THEORIE SIND SIE ALSO OKAY, ABER DIE REALITÄT SIEHT ANDERS AUS, JA?
WIE LANGE WILLST DU NOCH DRAUF RUMREITEN?
OH, DEN KOM-MENTAR WÜRD ICH MIR FÜR SPÄTER AUFHEBEN.
ARSCH AN DIE WAND...
UND?
MINERAL-WASSER. UND DU, HUGHIE?
GLAS STELLA.

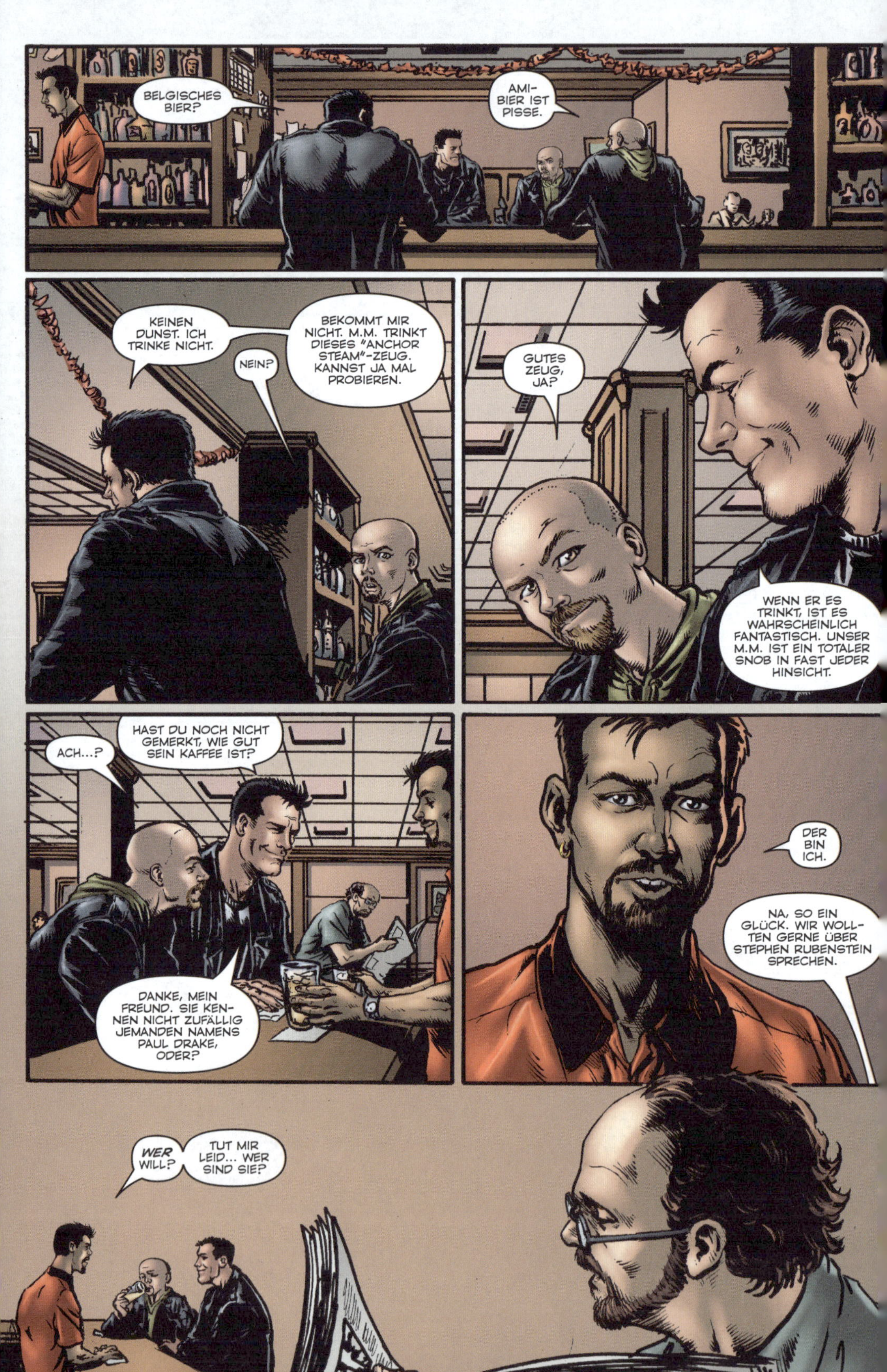
BELGISCHES BIER?
AMI-BIER IST PISSE.
KEINEN DUNST. ICH TRINKE NICHT.
NEIN?
BEKOMMT MIR NICHT. M.M. TRINKT DIESES "ANCHOR STEAM"-ZEUG. KANNST JA MAL PROBIEREN.
GUTES ZEUG, JA?
WENN ER ES TRINKT, IST ES WAHRSCHEINLICH FANTASTISCH. UNSER M.M. IST EIN TOTALER SNOB IN FAST JEDER HINSICHT.
ACH...?
HAST DU NOCH NICHT GEMERKT, WIE GUT SEIN KAFFEE IST?
DANKE, MEIN FREUND. SIE KENNEN NICHT ZUFÄLLIG JEMANDEN NAMENS PAUL DRAKE, ODER?
DER BIN ICH.
NA, SO EIN GLÜCK. WIR WOLLTEN GERNE ÜBER STEPHEN RUBENSTEIN SPRECHEN.
WER WILL?
TUT MIR LEID... WER SIND SIE?

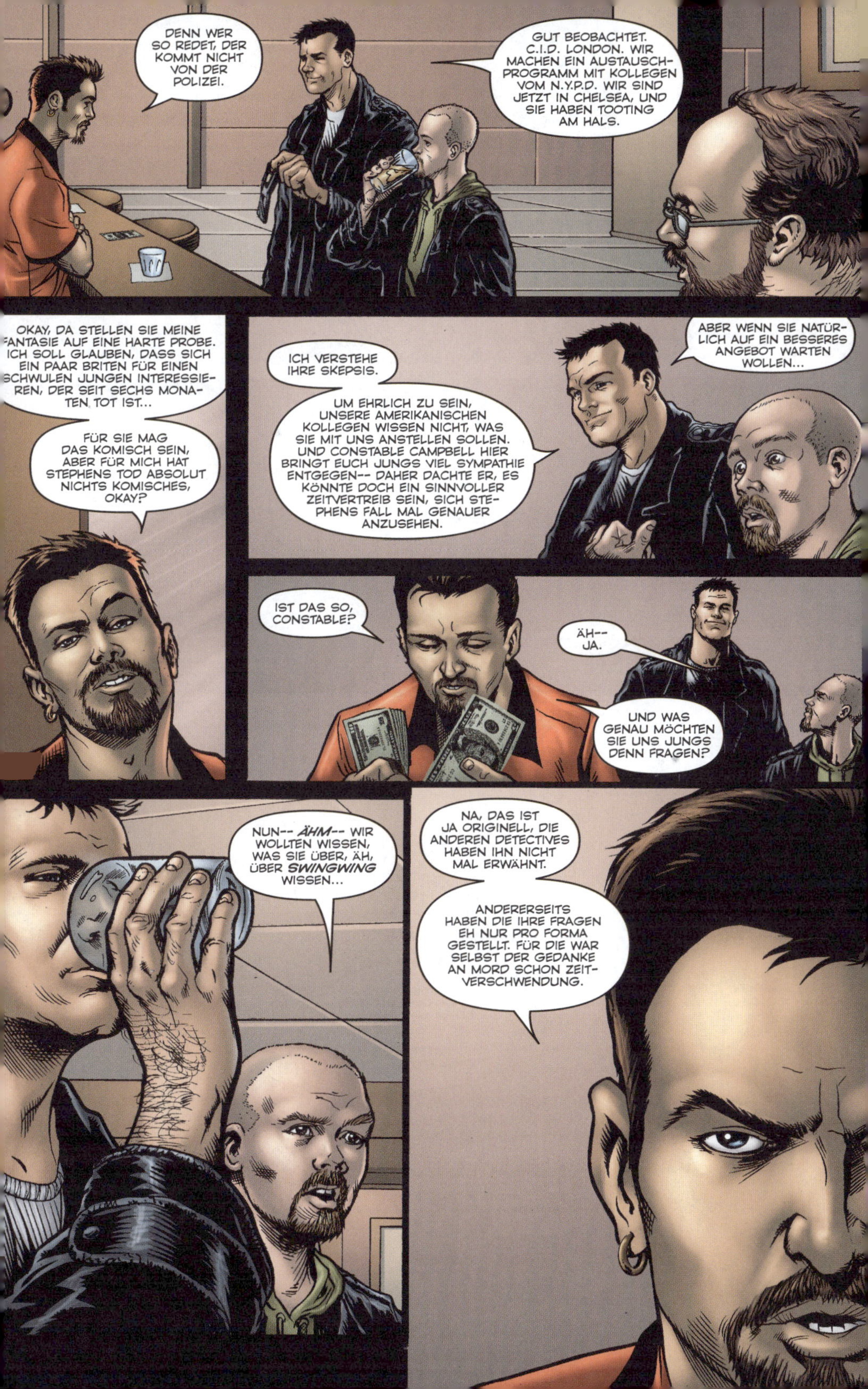
DENN WER SO REDET, DER KOMMT NICHT VON DER POLIZEI.
GUT BEOBACHTET. C.I.D. LONDON. WIR MACHEN EIN AUSTAUSCH-PROGRAMM MIT KOLLEGEN VOM N.Y.P.D. WIR SIND JETZT IN CHELSEA, UND SIE HABEN TOOTING AM HALS.
OKAY, DA STELLEN SIE MEINE FANTASIE AUF EINE HARTE PROBE. ICH SOLL GLAUBEN, DASS SICH EIN PAAR BRITEN FÜR EINEN SCHWULEN JUNGEN INTERESSIEREN, DER SEIT SECHS MONATEN TOT IST...
FÜR SIE MAG DAS KOMISCH SEIN, ABER FÜR MICH HAT STEPHENS TOD ABSOLUT NICHTS KOMISCHES, OKAY?
ICH VERSTEHE IHRE SKEPSIS.
UM EHRLICH ZU SEIN, UNSERE AMERIKANISCHEN KOLLEGEN WISSEN NICHT, WAS SIE MIT UNS ANSTELLEN SOLLEN. UND CONSTABLE CAMPBELL HIER BRINGT EUCH JUNGS VIEL SYMPATHIE ENTGEGEN-- DAHER DACHTE ER, ES KÖNNTE DOCH EIN SINNVOLLER ZEITVERTREIB SEIN, SICH STEPHENS FALL MAL GENAUER ANZUSEHEN.
ABER WENN SIE NATÜRLICH AUF EIN BESSERES ANGEBOT WARTEN WOLLEN...
IST DAS SO, CONSTABLE?
ÄH-- JA.
UND WAS GENAU MÖCHTEN SIE UNS JUNGS DENN FRAGEN?
NUN-- ÄHM-- WIR WOLLTEN WISSEN, WAS SIE ÜBER, ÄH, ÜBER SWINGWING WISSEN...
NA, DAS IST JA ORIGINELL, DIE ANDEREN DETECTIVES HABEN IHN NICHT MAL ERWÄHNT.
ANDERERSEITS HABEN DIE IHRE FRAGEN EH NUR PRO FORMA GESTELLT. FÜR DIE WAR SELBST DER GEDANKE AN MORD SCHON ZEITVERSCHWENDUNG.

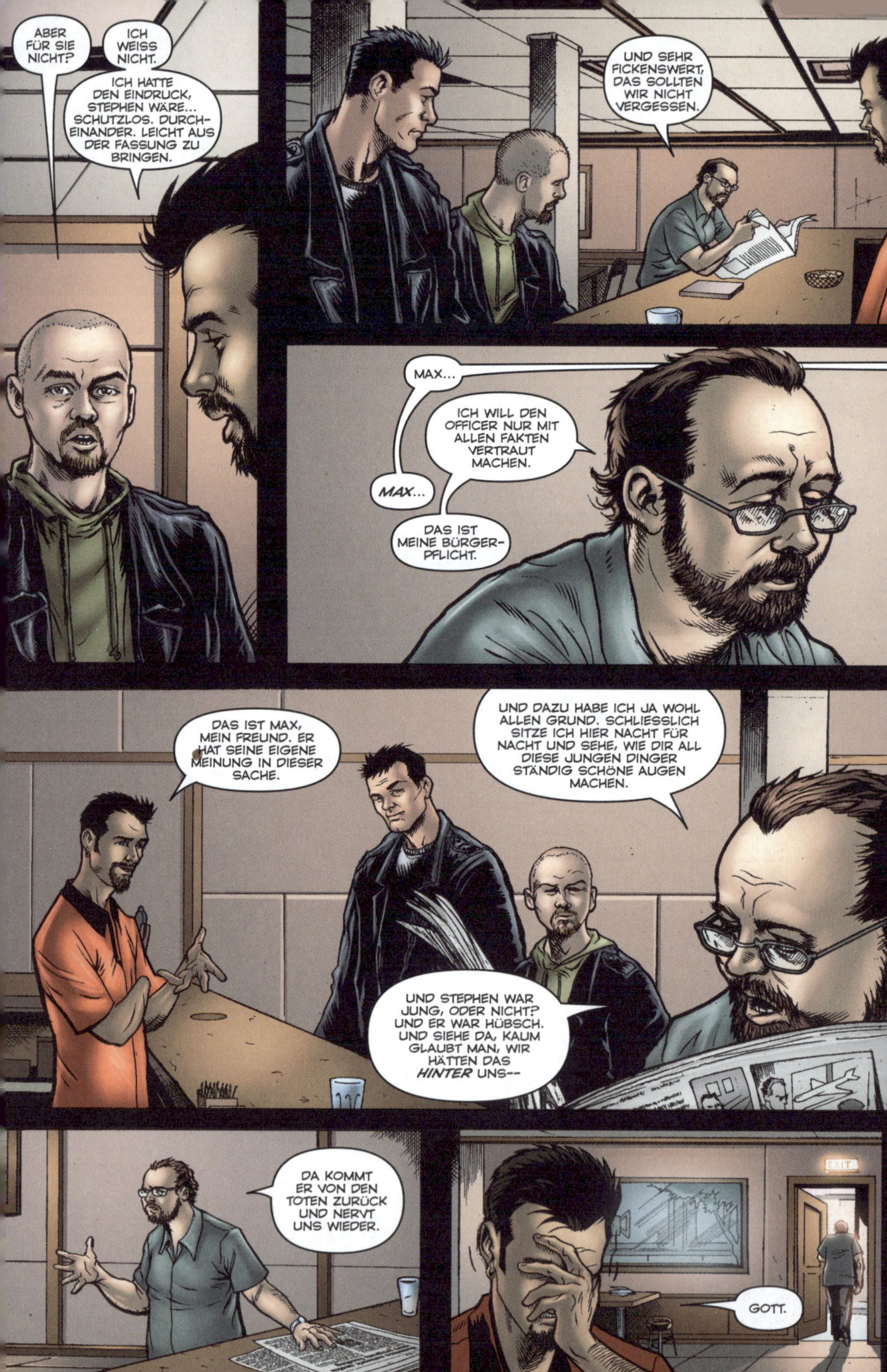

ABER FÜR SIE NICHT?
ICH WEISS NICHT.
ICH HATTE DEN EINDRUCK, STEPHEN WÄRE... SCHUTZLOS. DURCHEINANDER. LEICHT AUS DER FASSUNG ZU BRINGEN.
UND SEHR FICKENSWERT, DAS SOLLTEN WIR NICHT VERGESSEN.
MAX...
ICH WILL DEN OFFICER NUR MIT ALLEN FAKTEN VERTRAUT MACHEN.
MAX...
DAS IST MEINE BÜRGERPFLICHT.
DAS IST MAX, MEIN FREUND. ER HAT SEINE EIGENE MEINUNG IN DIESER SACHE.
UND DAZU HABE ICH JA WOHL ALLEN GRUND. SCHLIESSLICH SITZE ICH HIER NACHT FÜR NACHT UND SEHE, WIE DIR ALL DIESE JUNGEN DINGER STÄNDIG SCHÖNE AUGEN MACHEN.
UND STEPHEN WAR JUNG, ODER NICHT? UND ER WAR HÜBSCH. UND SIEHE DA, KAUM GLAUBT MAN, WIR HÄTTEN DAS HINTER UNS--
DA KOMMT ER VON DEN TOTEN ZURÜCK UND NERVT UNS WIEDER.
EXIT
GOTT.

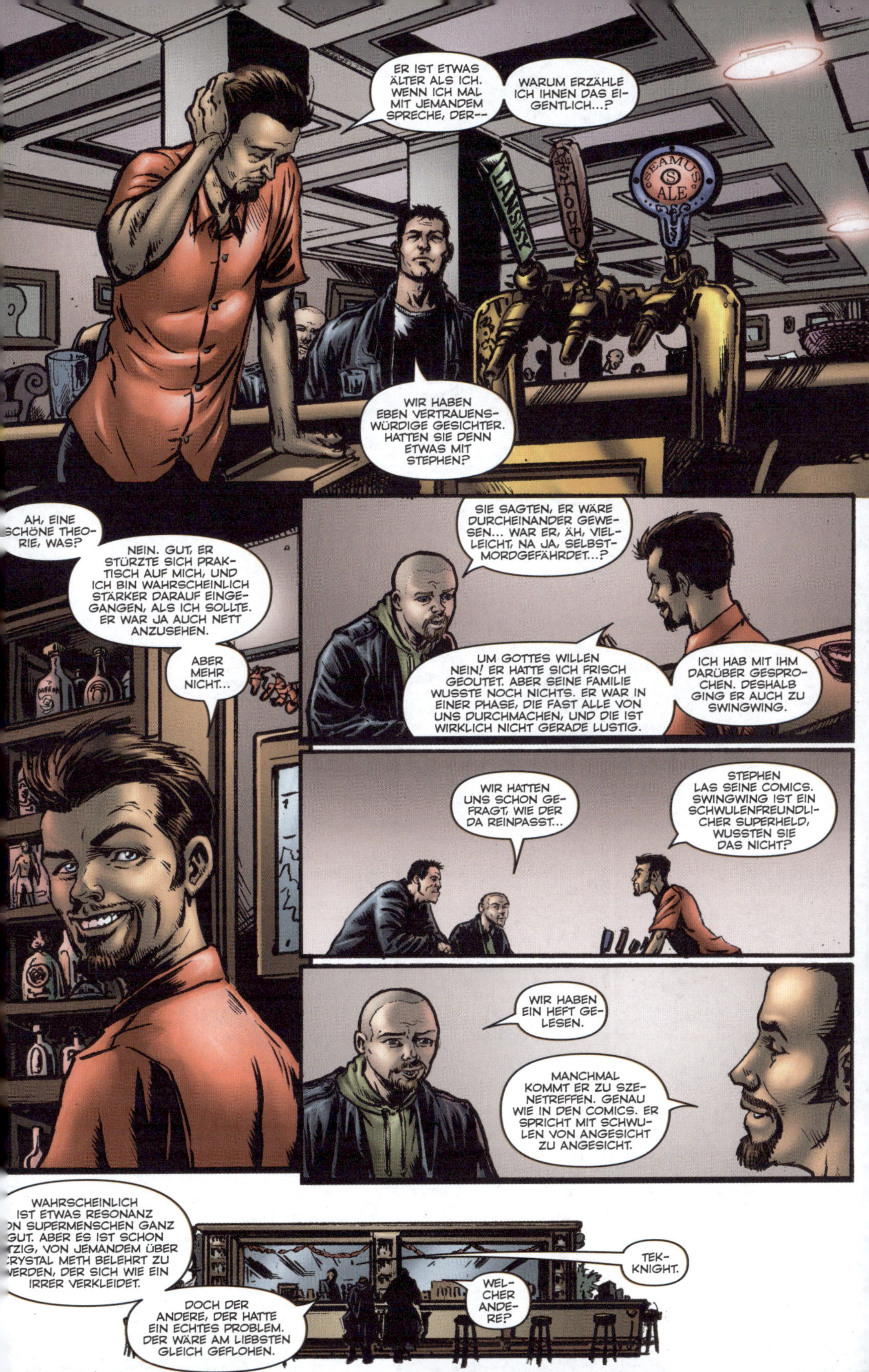

ER IST ETWAS ÄLTER ALS ICH. WENN ICH MAL MIT JEMANDEM SPRECHE, DER--
WARUM ERZÄHLE ICH IHNEN DAS EIGENTLICH...?
LANSKY
STOUT
SEAMUS ALE
WIR HABEN EBEN VERTRAUENSWÜRDIGE GESICHTER. HATTEN SIE DENN ETWAS MIT STEPHEN?
AH, EINE SCHÖNE THEORIE, WAS?
NEIN. GUT, ER STÜRZTE SICH PRAKTISCH AUF MICH, UND ICH BIN WAHRSCHEINLICH STÄRKER DARAUF EINGEGANGEN, ALS ICH SOLLTE. ER WAR JA AUCH NETT ANZUSEHEN.
ABER MEHR NICHT...
SIE SAGTEN, ER WÄRE DURCHEINANDER GEWESEN... WAR ER, ÄH, VIELLEICHT, NA JA, SELBSTMORDGEFÄHRDET...?
UM GOTTES WILLEN NEIN! ER HATTE SICH FRISCH GEOUTET. ABER SEINE FAMILIE WUSSTE NOCH NICHTS. ER WAR IN EINER PHASE, DIE FAST ALLE VON UNS DURCHMACHEN, UND DIE IST WIRKLICH NICHT GERADE LUSTIG.
ICH HAB MIT IHM DARÜBER GESPROCHEN. DESHALB GING ER AUCH ZU SWINGWING.
WIR HATTEN UNS SCHON GEFRAGT, WIE DER DA REINPASST...
STEPHEN LAS SEINE COMICS. SWINGWING IST EIN SCHWULENFREUNDLICHER SUPERHELD, WUSSTEN SIE DAS NICHT?
WIR HABEN EIN HEFT GELESEN.
MANCHMAL KOMMT ER ZU SZENETREFFEN. GENAU WIE IN DEN COMICS. ER SPRICHT MIT SCHWULEN VON ANGESICHT ZU ANGESICHT.
WAHRSCHEINLICH IST ETWAS RESONANZ ON SUPERMENSCHEN GANZ GUT. ABER ES IST SCHON TZIG, VON JEMANDEM ÜBER CRYSTAL METH BELEHRT ZU VERDEN, DER SICH WIE EIN IRRER VERKLEIDET.
DOCH DER ANDERE, DER HATTE EIN ECHTES PROBLEM. DER WÄRE AM LIEBSTEN GLEICH GEFLOHEN.
WELCHER ANDERE?
TEK-KNIGHT.

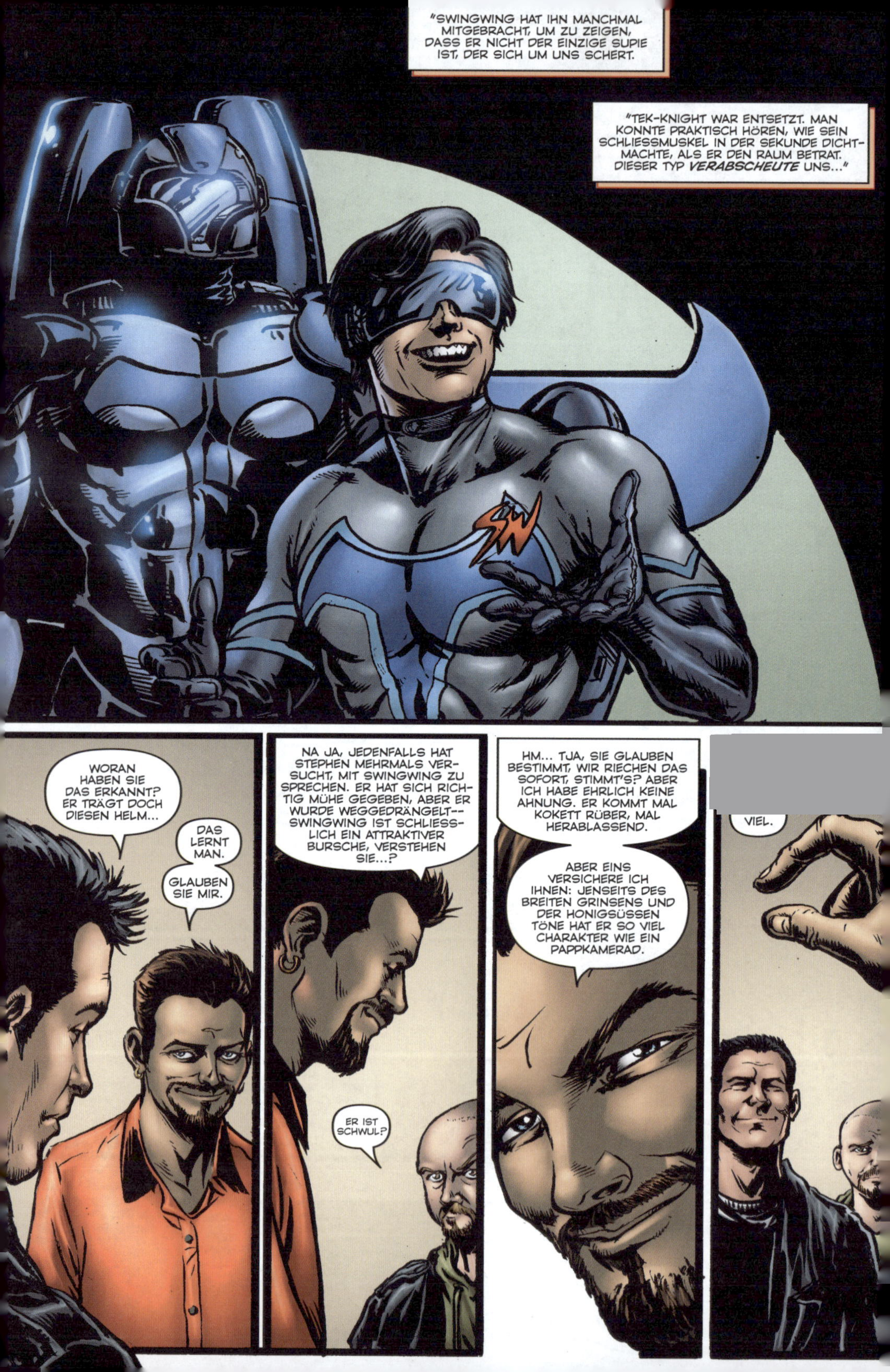

"SWINGWING HAT IHN MANCHMAL MITGEBRACHT, UM ZU ZEIGEN, DASS ER NICHT DER EINZIGE SUPIE IST, DER SICH UM UNS SCHERT.

"TEK-KNIGHT WAR ENTSETZT. MAN KONNTE PRAKTISCH HÖREN, WIE SEIN SCHLIESSMUSKEL IN DER SEKUNDE DICHTMACHTE, ALS ER DEN RAUM BETRAT. DIESER TYP ***VERABSCHEUTE*** UNS..."

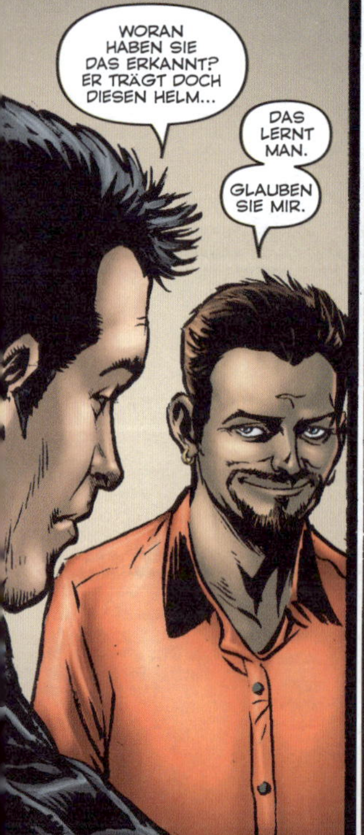

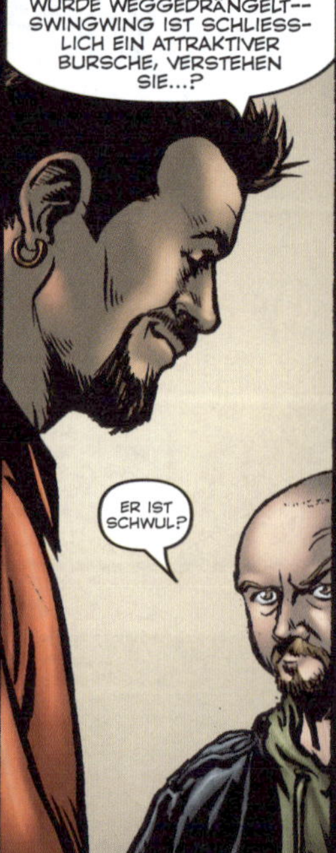

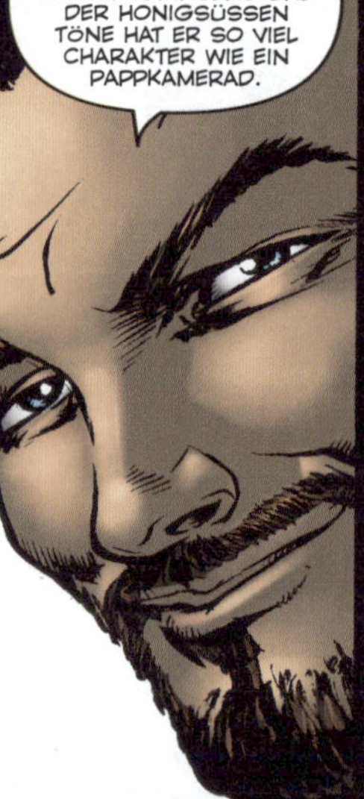

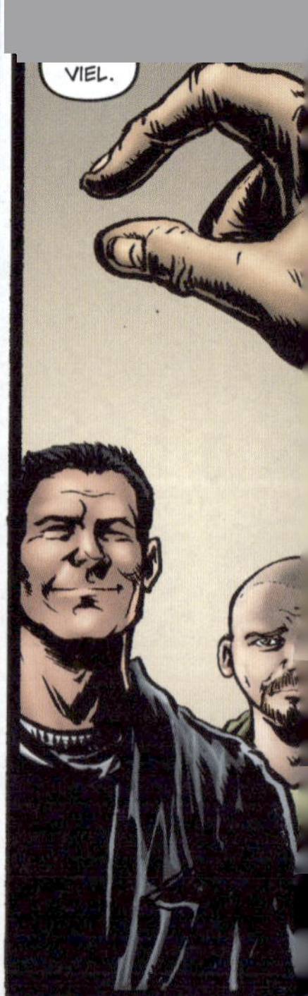

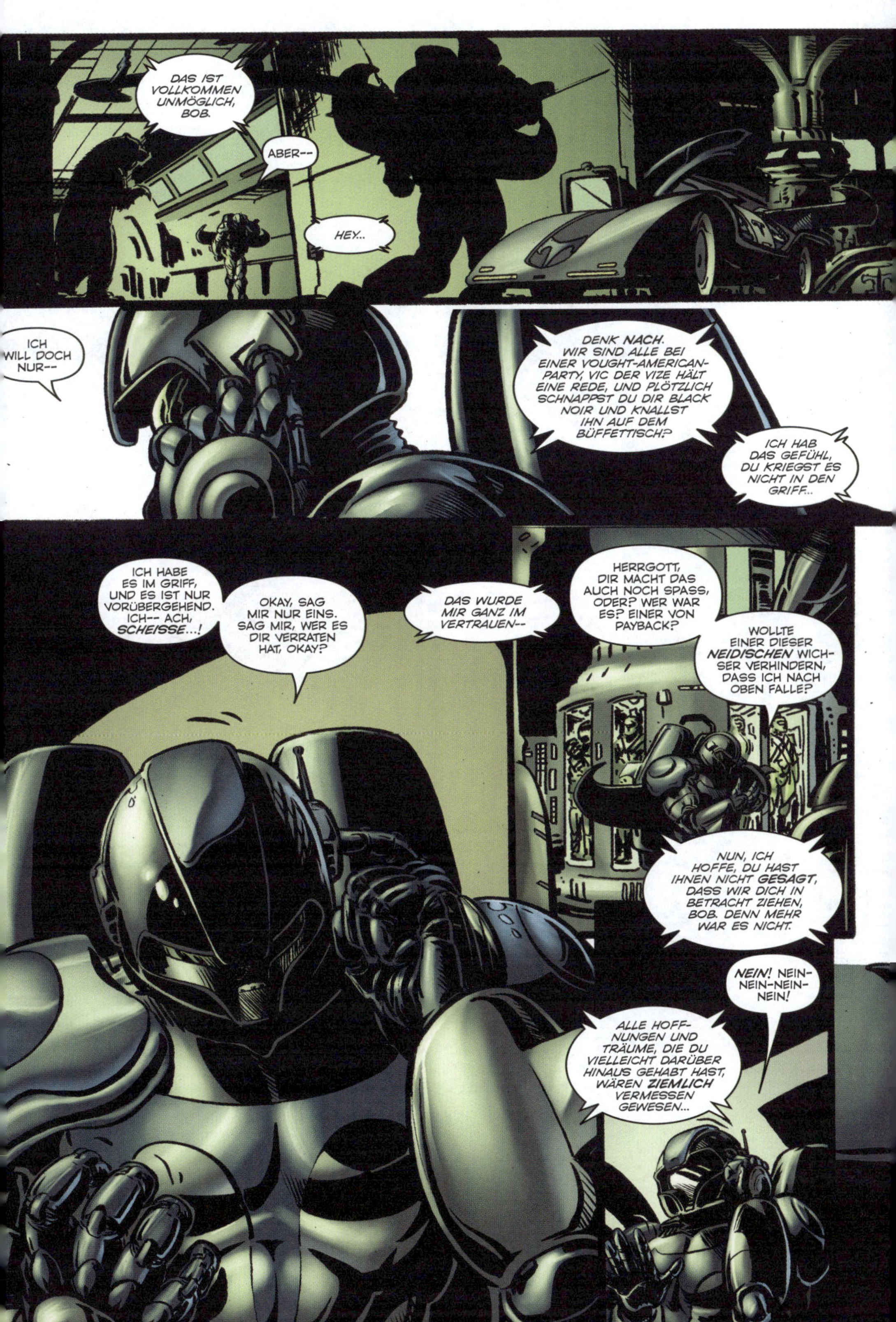
DAS IST VOLLKOMMEN UNMÖGLICH, BOB.
ABER--
HEY...
ICH WILL DOCH NUR--
DENK NACH. WIR SIND ALLE BEI EINER VOUGHT-AMERICAN-PARTY, VIC DER VIZE HÄLT EINE REDE, UND PLÖTZLICH SCHNAPPST DU DIR BLACK NOIR UND KNALLST IHN AUF DEM BÜFFETTISCH?
ICH HAB DAS GEFÜHL, DU KRIEGST ES NICHT IN DEN GRIFF...
ICH HABE ES IM GRIFF, UND ES IST NUR VORÜBERGEHEND. ICH-- ACH, SCHEISSE...!
OKAY, SAG MIR NUR EINS. SAG MIR, WER ES DIR VERRATEN HAT, OKAY?
DAS WURDE MIR GANZ IM VERTRAUEN--
HERRGOTT, DIR MACHT DAS AUCH NOCH SPASS, ODER? WER WAR ES? EINER VON PAYBACK?
WOLLTE EINER DIESER NEIDISCHEN WICHSER VERHINDERN, DASS ICH NACH OBEN FALLE?
NUN, ICH HOFFE, DU HAST IHNEN NICHT GESAGT, DASS WIR DICH IN BETRACHT ZIEHEN, BOB. DENN MEHR WAR ES NICHT.
NEIN! NEIN-NEIN-NEIN-NEIN!
ALLE HOFFNUNGEN UND TRÄUME, DIE DU VIELLEICHT DARÜBER HINAUS GEHABT HAST, WÄREN ZIEMLICH VERMESSEN GEWESEN...

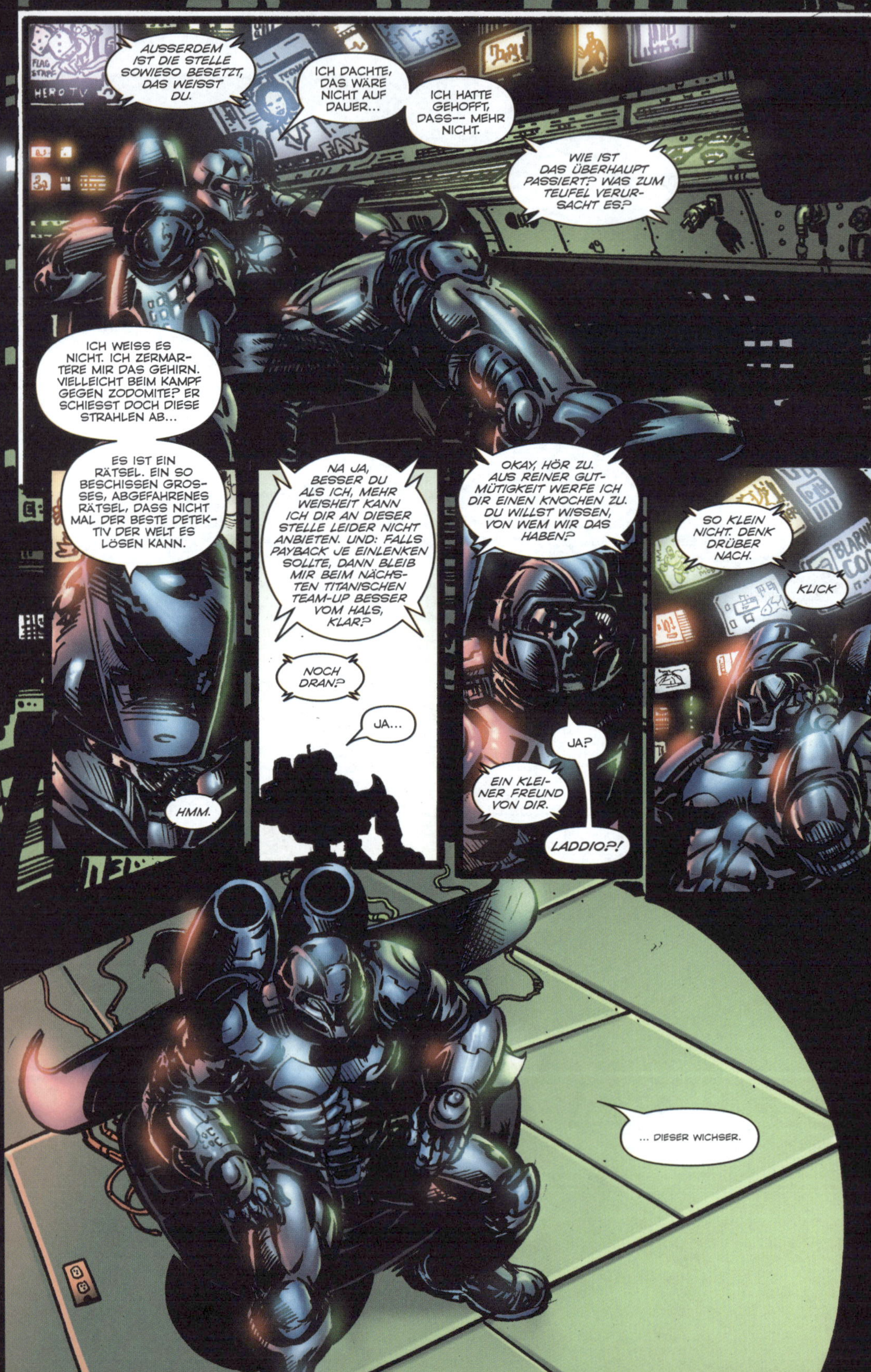
AUSSERDEM IST DIE STELLE SOWIESO BESETZT, DAS WEISST DU.
ICH DACHTE, DAS WÄRE NICHT AUF DAUER...
ICH HATTE GEHOFFT, DASS-- MEHR NICHT.
WIE IST DAS ÜBERHAUPT PASSIERT? WAS ZUM TEUFEL VERURSACHT ES?
ICH WEISS ES NICHT. ICH ZERMARTERE MIR DAS GEHIRN. VIELLEICHT BEIM KAMPF GEGEN ZODOMITE? ER SCHIESST DOCH DIESE STRAHLEN AB...
ES IST EIN RÄTSEL. EIN SO BESCHISSEN GROSSES, ABGEFAHRENES RÄTSEL, DASS NICHT MAL DER BESTE DETEKTIV DER WELT ES LÖSEN KANN.
HMM.
NA JA, BESSER DU ALS ICH, MEHR WEISHEIT KANN ICH DIR AN DIESER STELLE LEIDER NICHT ANBIETEN. UND: FALLS PAYBACK JE EINLENKEN SOLLTE, DANN BLEIB MIR BEIM NÄCHSTEN TITANISCHEN TEAM-UP BESSER VOM HALS, KLAR?
NOCH DRAN?
JA...
OKAY, HÖR ZU. AUS REINER GUTMÜTIGKEIT WERFE ICH DIR EINEN KNOCHEN ZU. DU WILLST WISSEN, VON WEM WIR DAS HABEN?
JA?
EIN KLEINER FREUND VON DIR.
LADDIO?!
SO KLEIN NICHT. DENK DRÜBER NACH.
KLICK
... DIESER WICHSER.

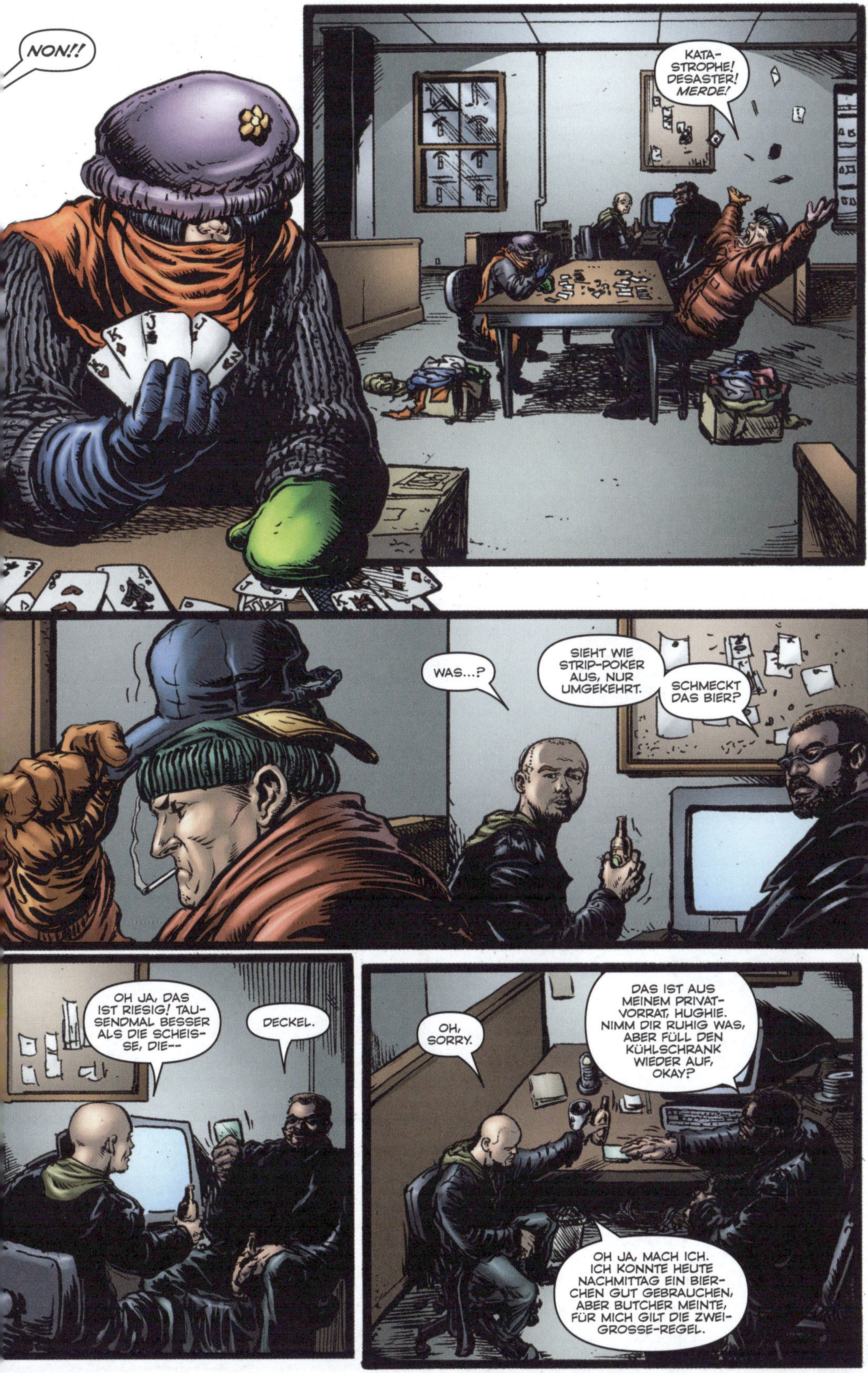

NON!!

KATA-STROPHE! DESASTER! *MERDE!*

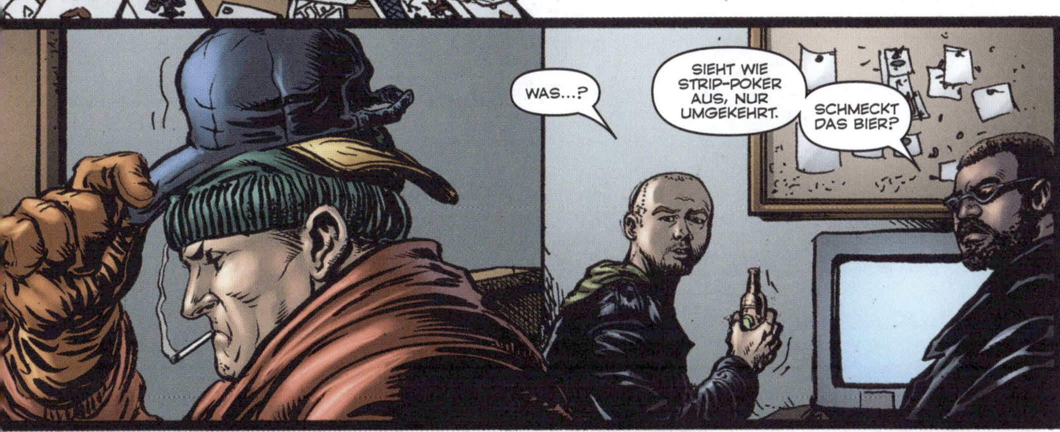

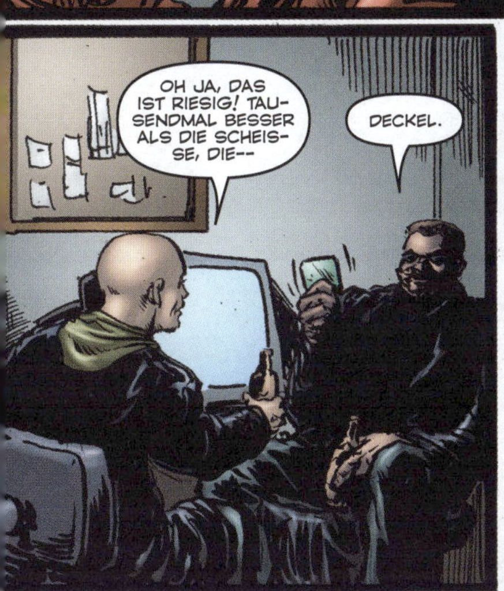

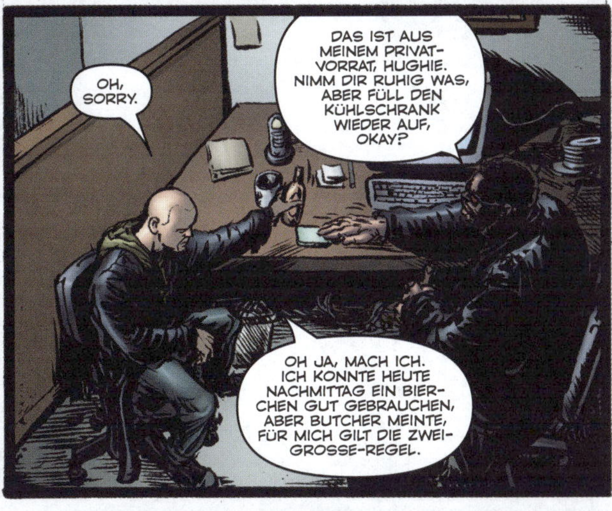

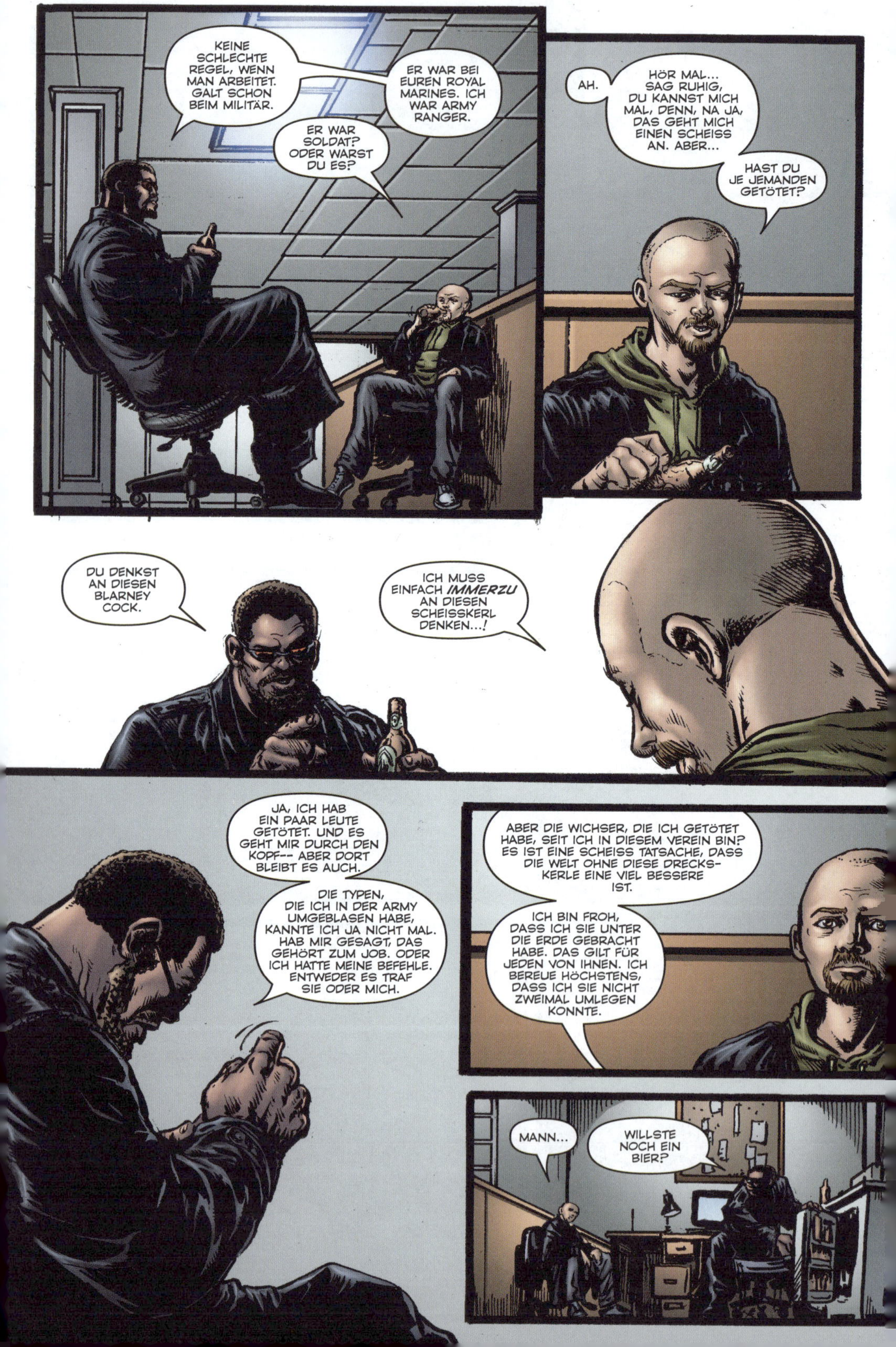

KEINE SCHLECHTE REGEL, WENN MAN ARBEITET. GALT SCHON BEIM MILITÄR.
ER WAR SOLDAT? ODER WARST DU ES?
ER WAR BEI EUREN ROYAL MARINES. ICH WAR ARMY RANGER.

AH.
HÖR MAL... SAG RUHIG, DU KANNST MICH MAL, DENN, NA JA, DAS GEHT MICH EINEN SCHEISS AN. ABER...
HAST DU JE JEMANDEN GETÖTET?

DU DENKST AN DIESEN BLARNEY COCK.
ICH MUSS EINFACH *IMMERZU* AN DIESEN SCHEISSKERL DENKEN...!

JA, ICH HAB EIN PAAR LEUTE GETÖTET. UND ES GEHT MIR DURCH DEN KOPF-- ABER DORT BLEIBT ES AUCH.
DIE TYPEN, DIE ICH IN DER ARMY UMGEBLASEN HABE, KANNTE ICH JA NICHT MAL. HAB MIR GESAGT, DAS GEHÖRT ZUM JOB. ODER ICH HATTE MEINE BEFEHLE. ENTWEDER ES TRAF SIE ODER MICH.

ABER DIE WICHSER, DIE ICH GETÖTET HABE, SEIT ICH IN DIESEM VEREIN BIN? ES IST EINE SCHEISS TATSACHE, DASS DIE WELT OHNE DIESE DRECKS-KERLE EINE VIEL BESSERE IST.
ICH BIN FROH, DASS ICH SIE UNTER DIE ERDE GEBRACHT HABE. DAS GILT FÜR JEDEN VON IHNEN. ICH BEREUE HÖCHSTENS, DASS ICH SIE NICHT ZWEIMAL UMLEGEN KONNTE.

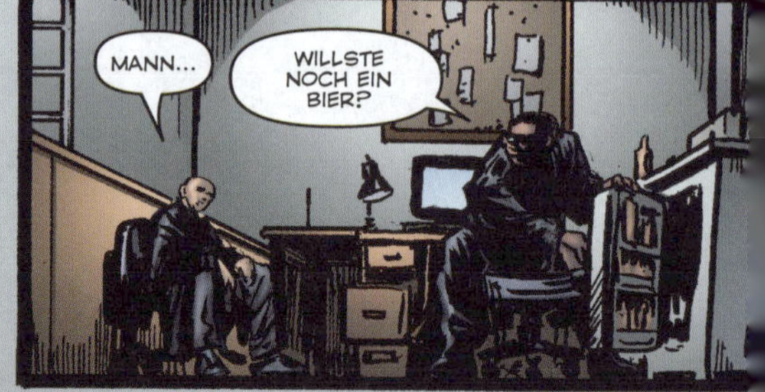

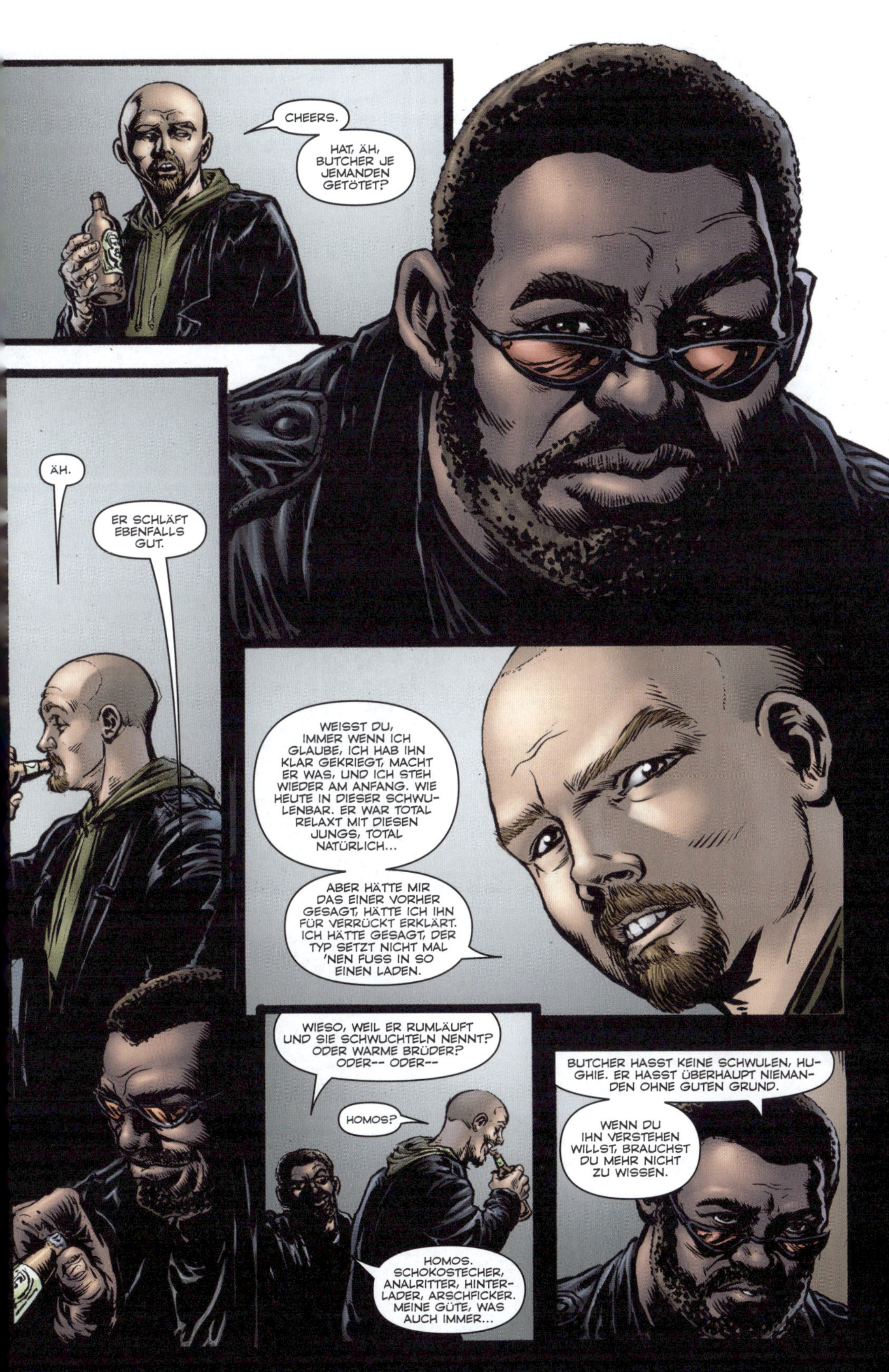
CHEERS.
HAT, ÄH, BUTCHER JE JEMANDEN GETÖTET?
ÄH.
ER SCHLÄFT EBENFALLS GUT.
WEISST DU, IMMER WENN ICH GLAUBE, ICH HAB IHN KLAR GEKRIEGT, MACHT ER WAS, UND ICH STEH WIEDER AM ANFANG. WIE HEUTE IN DIESER SCHWULENBAR. ER WAR TOTAL RELAXT MIT DIESEN JUNGS, TOTAL NATÜRLICH...
ABER HÄTTE MIR DAS EINER VORHER GESAGT, HÄTTE ICH IHN FÜR VERRÜCKT ERKLÄRT. ICH HÄTTE GESAGT, DER TYP SETZT NICHT MAL 'NEN FUSS IN SO EINEN LADEN.
WIESO, WEIL ER RUMLÄUFT UND SIE SCHWUCHTELN NENNT? ODER WARME BRÜDER? ODER-- ODER--
HOMOS?
HOMOS. SCHOKOSTECHER, ANALRITTER, HINTERLADER, ARSCHFICKER. MEINE GÜTE, WAS AUCH IMMER...
BUTCHER HASST KEINE SCHWULEN, HUGHIE. ER HASST ÜBERHAUPT NIEMANDEN OHNE GUTEN GRUND.
WENN DU IHN VERSTEHEN WILLST, BRAUCHST DU MEHR NICHT ZU WISSEN.

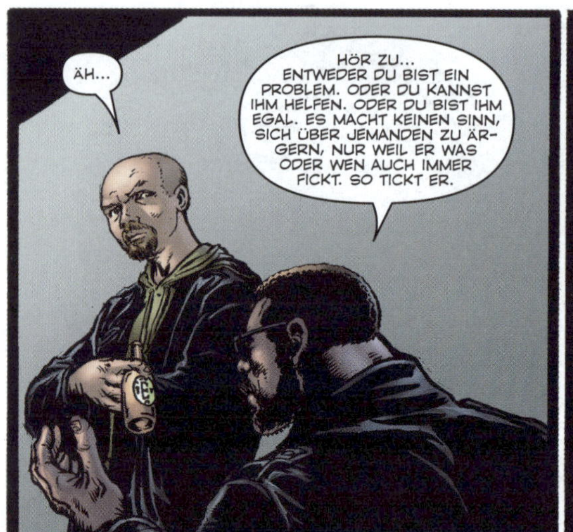
ÄH...
HÖR ZU... ENTWEDER DU BIST EIN PROBLEM. ODER DU KANNST IHM HELFEN. ODER DU BIST IHM EGAL. ES MACHT KEINEN SINN, SICH ÜBER JEMANDEN ZU ÄRGERN, NUR WEIL ER WAS ODER WEN AUCH IMMER FICKT. SO TICKT ER.

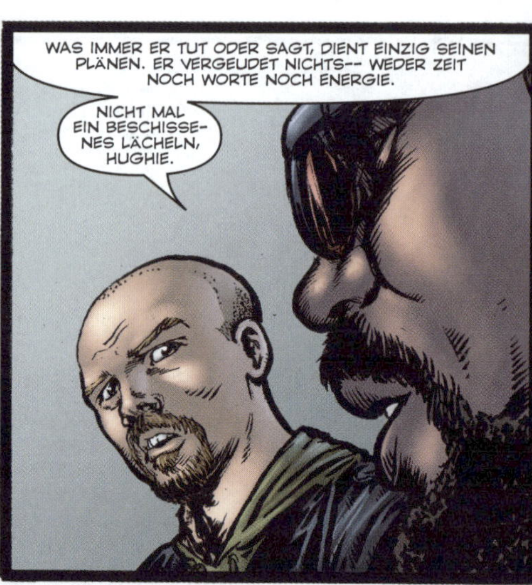
WAS IMMER ER TUT ODER SAGT, DIENT EINZIG SEINEN PLÄNEN. ER VERGEUDET NICHTS-- WEDER ZEIT NOCH WORTE NOCH ENERGIE.
NICHT MAL EIN BESCHISSENES LÄCHELN, HUGHIE.

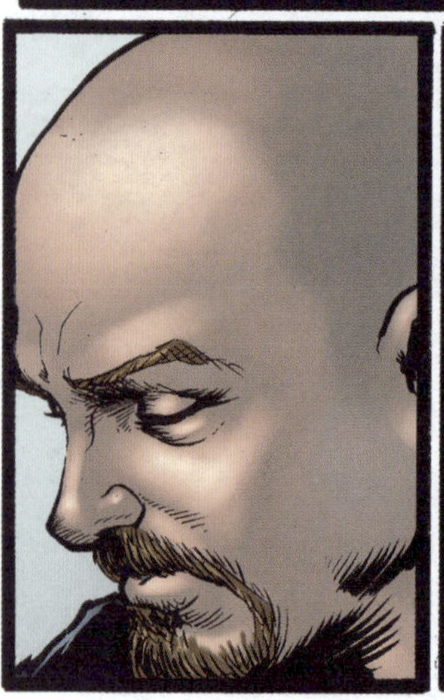

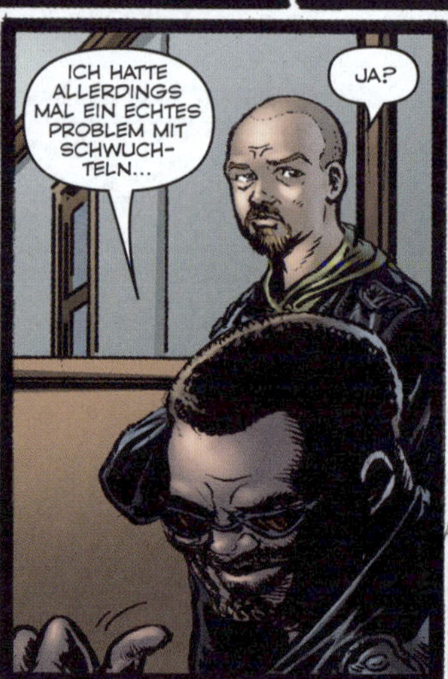
ICH HATTE ALLERDINGS MAL EIN ECHTES PROBLEM MIT SCHWUCHTELN...
JA?

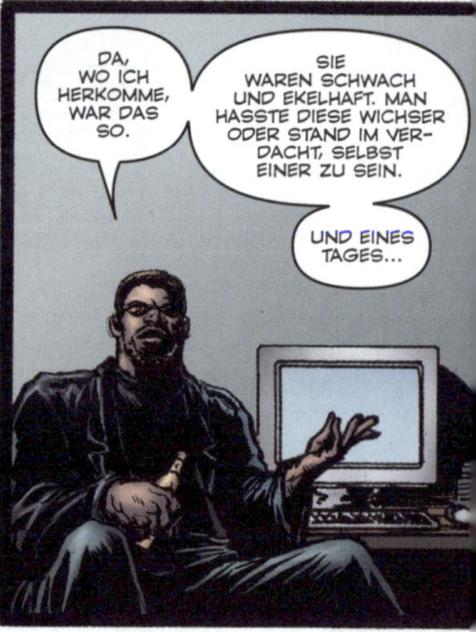
DA, WO ICH HERKOMME, WAR DAS SO.
SIE WAREN SCHWACH UND EKELHAFT. MAN HASSTE DIESE WICHSER ODER STAND IM VERDACHT, SELBST EINER ZU SEIN.
UND EINES TAGES...

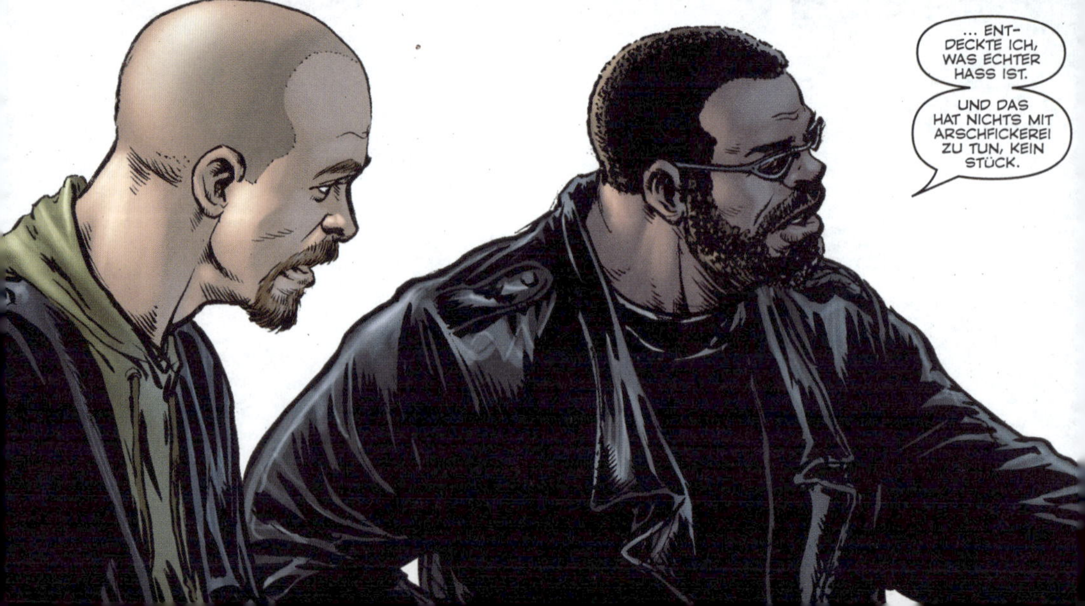
... ENTDECKTE ICH, WAS ECHTER HASS IST.
UND DAS HAT NICHTS MIT ARSCHFICKEREI ZU TUN, KEIN STÜCK.

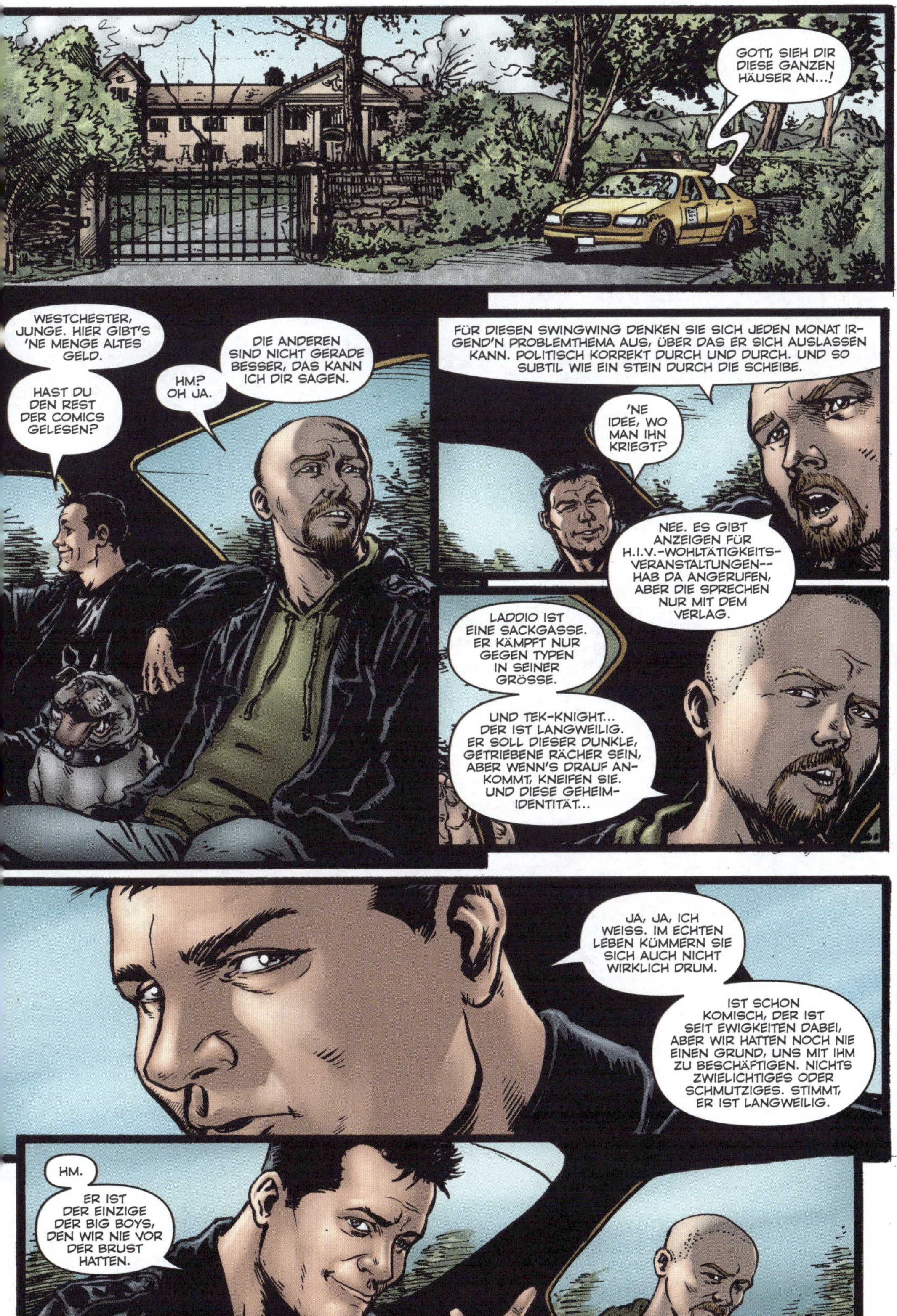
GOTT, SIEH DIR DIESE GANZEN HÄUSER AN...!
WESTCHESTER, JUNGE. HIER GIBT'S 'NE MENGE ALTES GELD.
HAST DU DEN REST DER COMICS GELESEN?
HM? OH JA.
DIE ANDEREN SIND NICHT GERADE BESSER, DAS KANN ICH DIR SAGEN.
FÜR DIESEN SWINGWING DENKEN SIE SICH JEDEN MONAT IRGEND'N PROBLEMTHEMA AUS, ÜBER DAS ER SICH AUSLASSEN KANN. POLITISCH KORREKT DURCH UND DURCH. UND SO SUBTIL WIE EIN STEIN DURCH DIE SCHEIBE.
'NE IDEE, WO MAN IHN KRIEGT?
NEE. ES GIBT ANZEIGEN FÜR H.I.V.-WOHLTÄTIGKEITS-VERANSTALTUNGEN-- HAB DA ANGERUFEN, ABER DIE SPRECHEN NUR MIT DEM VERLAG.
LADDIO IST EINE SACKGASSE. ER KÄMPFT NUR GEGEN TYPEN IN SEINER GRÖSSE.
UND TEK-KNIGHT... DER IST LANGWEILIG. ER SOLL DIESER DUNKLE, GETRIEBENE RÄCHER SEIN, ABER WENN'S DRAUF ANKOMMT, KNEIFEN SIE. UND DIESE GEHEIMIDENTITÄT...
JA, JA, ICH WEISS. IM ECHTEN LEBEN KÜMMERN SIE SICH AUCH NICHT WIRKLICH DRUM.
IST SCHON KOMISCH, DER IST SEIT EWIGKEITEN DABEI, ABER WIR HATTEN NOCH NIE EINEN GRUND, UNS MIT IHM ZU BESCHÄFTIGEN. NICHTS ZWIELICHTIGES ODER SCHMUTZIGES. STIMMT, ER IST LANGWEILIG.
HM.
ER IST DER EINZIGE DER BIG BOYS, DEN WIR NIE VOR DER BRUST HATTEN.

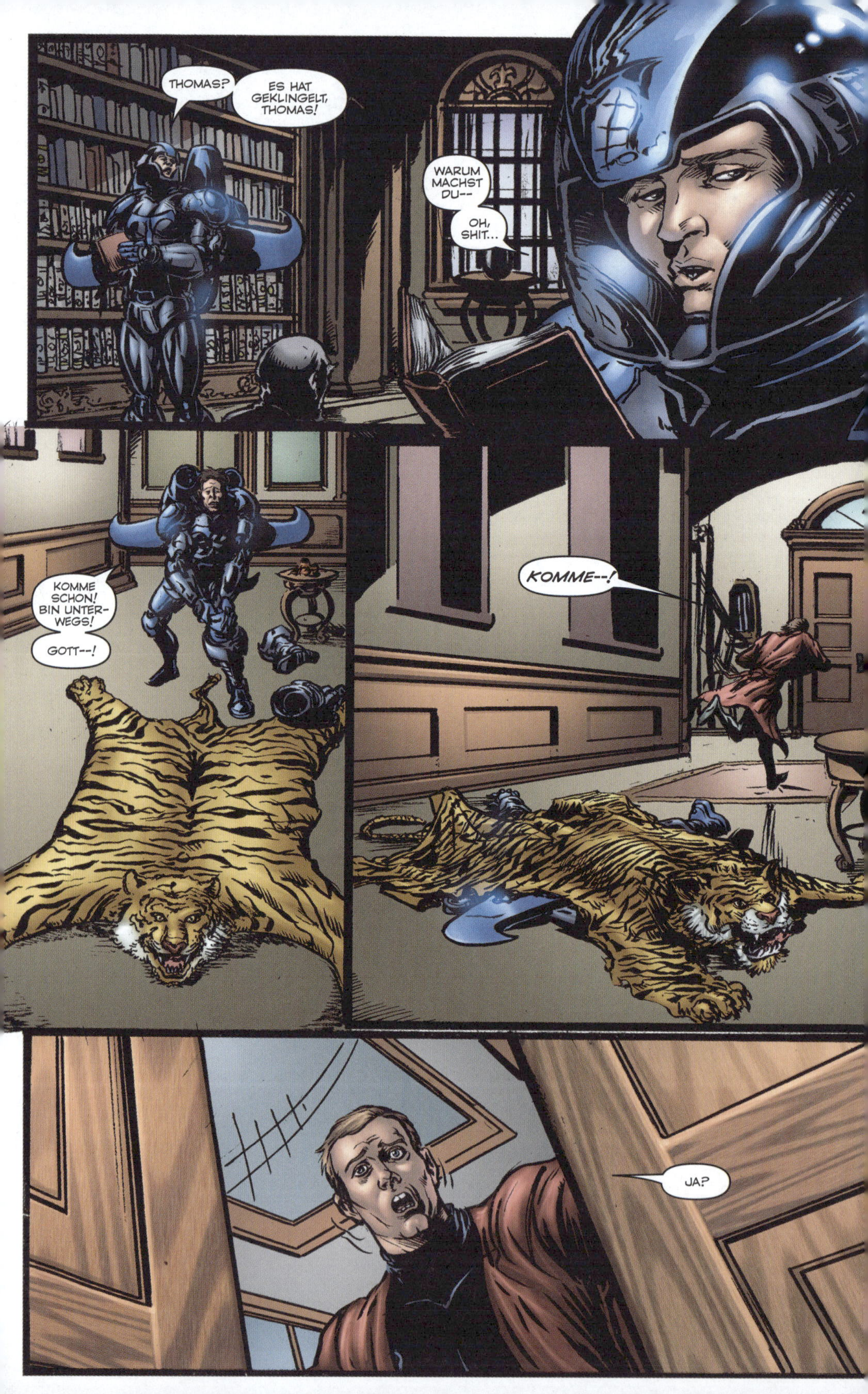
THOMAS?
ES HAT GEKLINGELT, THOMAS!
WARUM MACHST DU--
OH, SHIT...
KOMME SCHON! BIN UNTERWEGS!
GOTT--!
KOMME--!
JA?

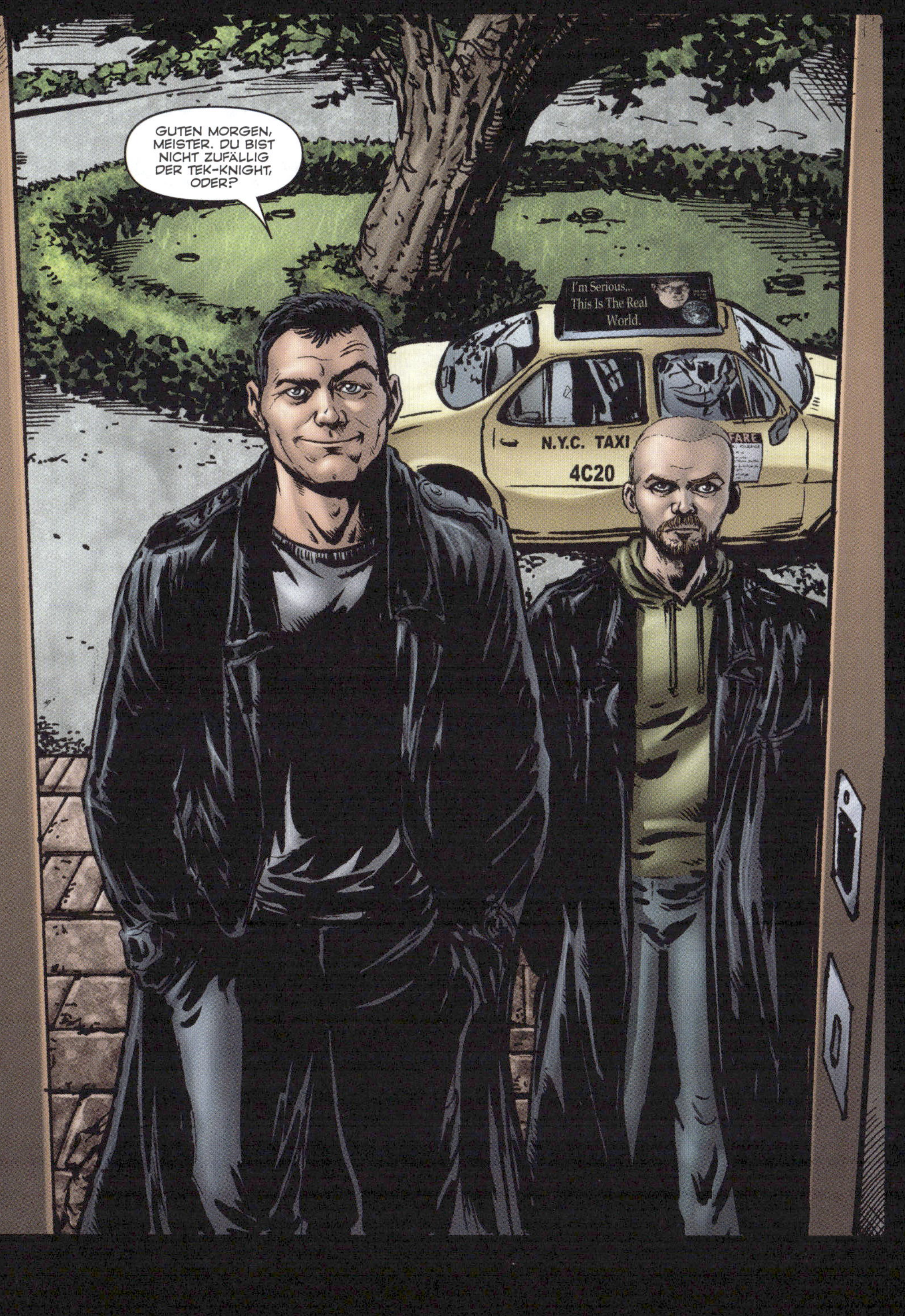
GUTEN MORGEN, MEISTER. DU BIST NICHT ZUFÄLLIG DER TEK-KNIGHT, ODER?
I'm Serious... This Is The Real World.
N.Y.C. TAXI
4C20
FARE

EINGELOCHT, TEIL 3

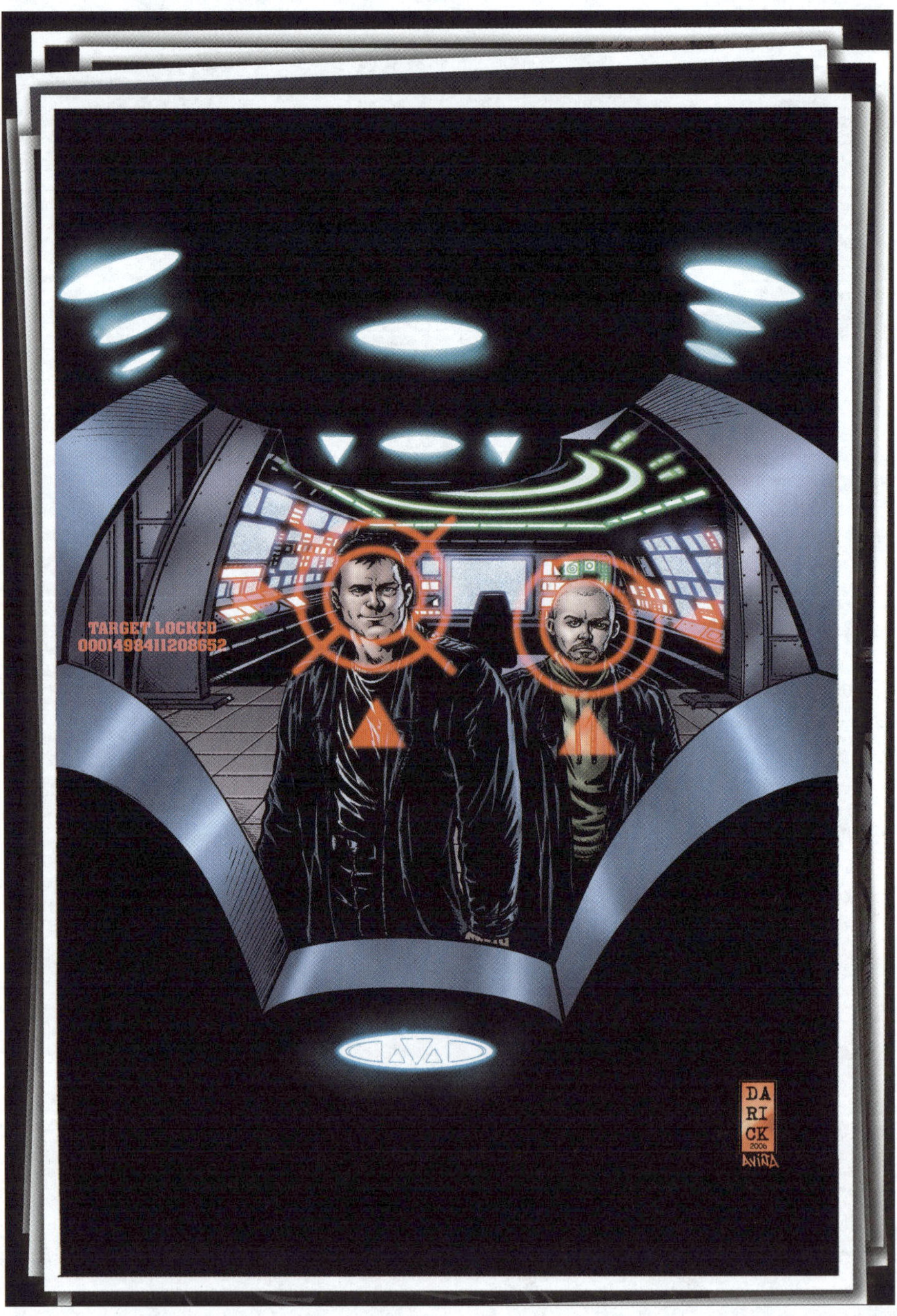

The Boys (2006) 9
Cover von **DARICK ROBERTSON**

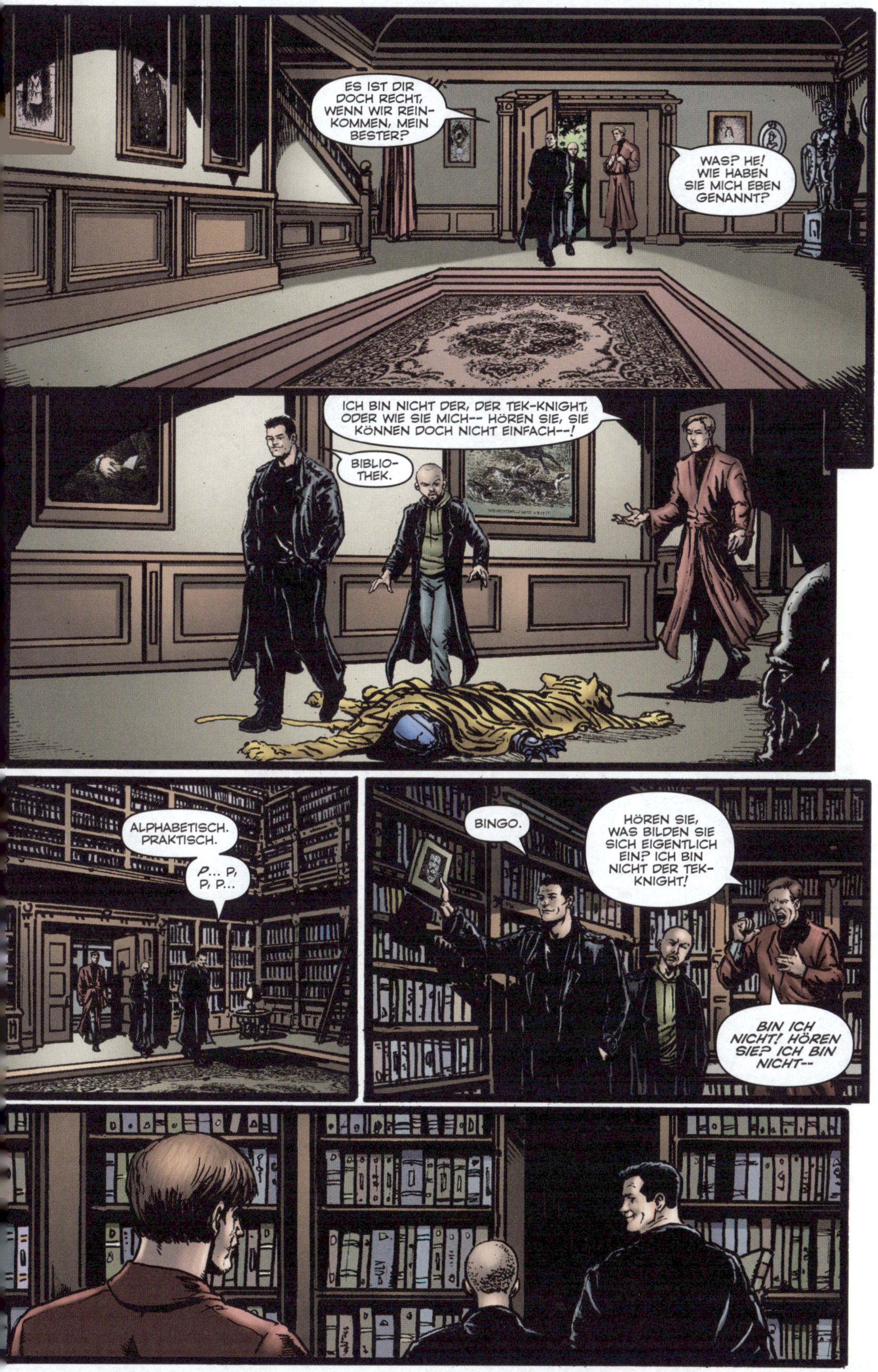

ES IST DIR DOCH RECHT, WENN WIR REIN-KOMMEN, MEIN BESTER?
WAS? HE! WIE HABEN SIE MICH EBEN GENANNT?

ICH BIN NICHT DER, DER TEK-KNIGHT, ODER WIE SIE MICH-- HÖREN SIE, SIE KÖNNEN DOCH NICHT EINFACH--!
BIBLIO-THEK.

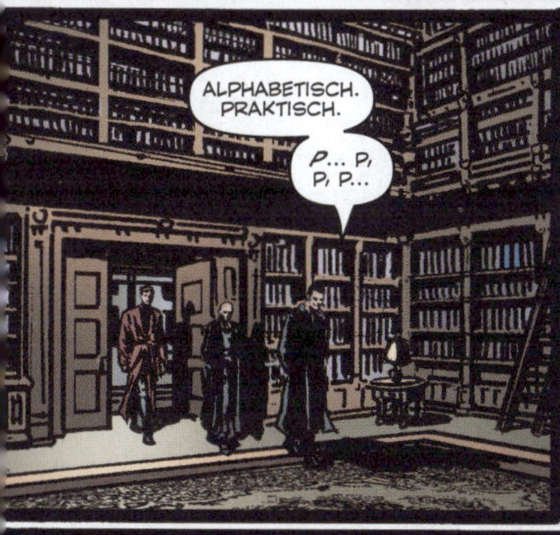

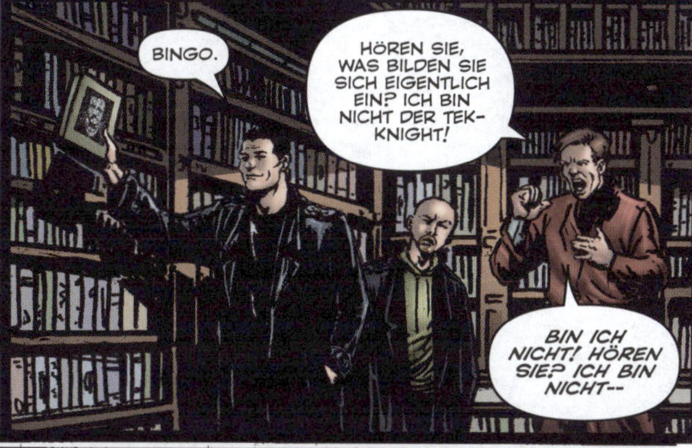

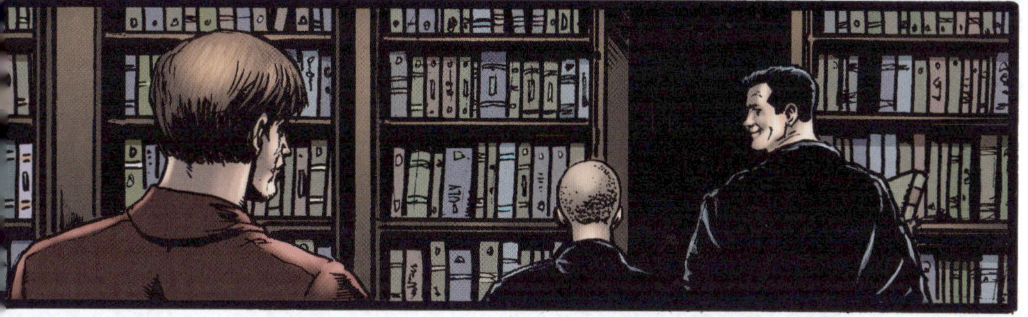

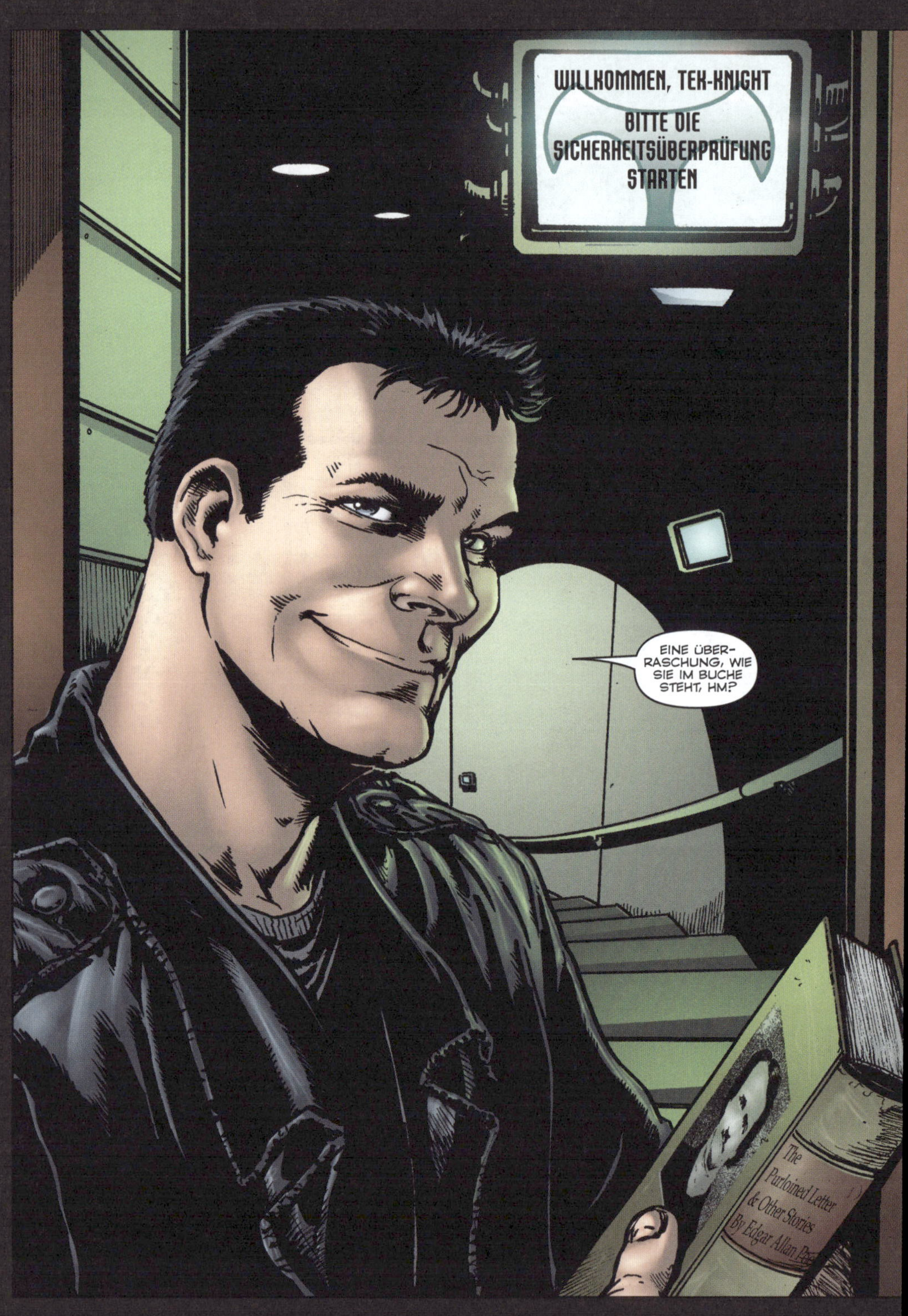

EINGELOCHT TEIL 3

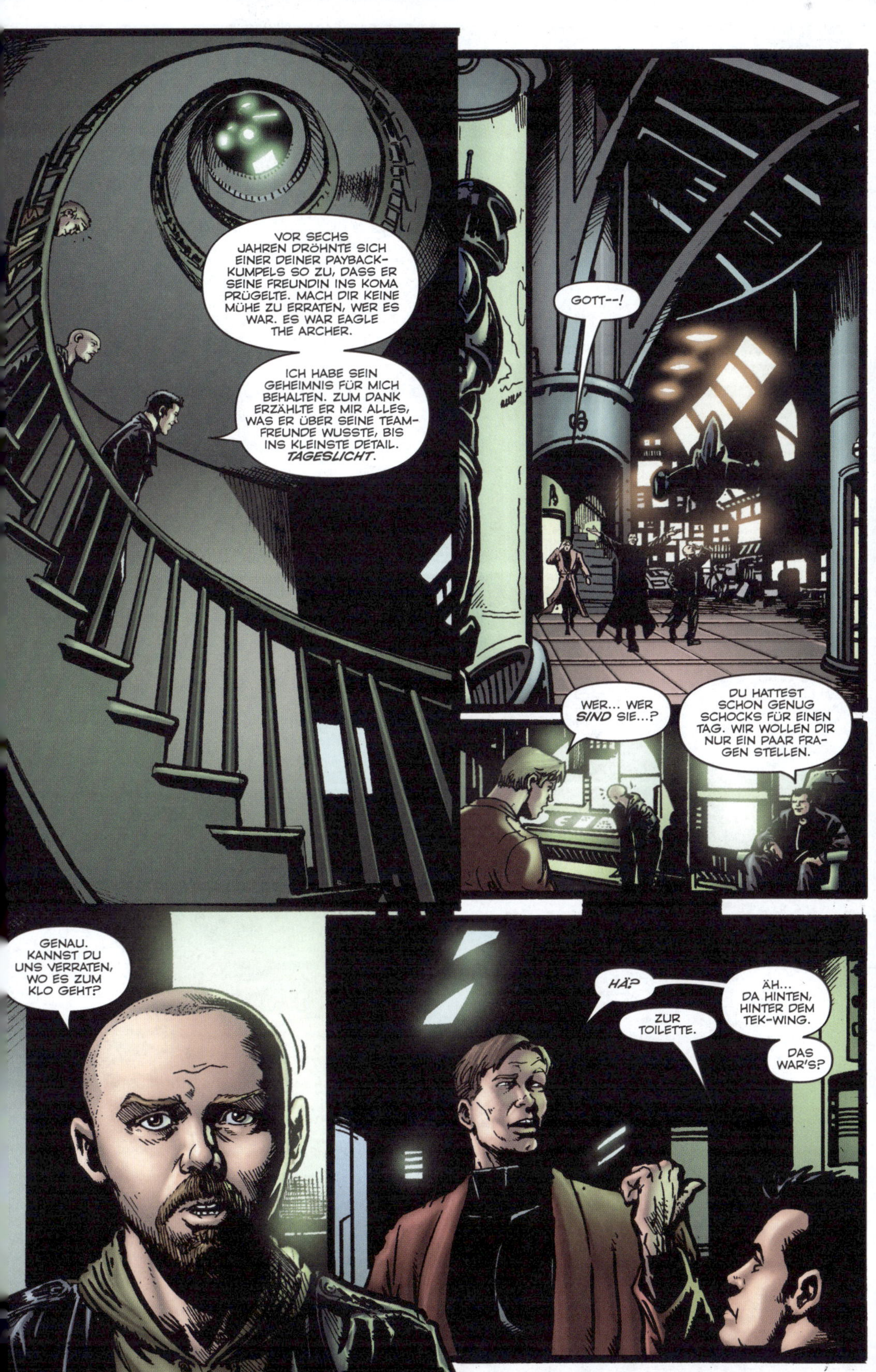
VOR SECHS JAHREN DRÖHNTE SICH EINER DEINER PAYBACK-KUMPELS SO ZU, DASS ER SEINE FREUNDIN INS KOMA PRÜGELTE. MACH DIR KEINE MÜHE ZU ERRATEN, WER ES WAR. ES WAR EAGLE THE ARCHER.
ICH HABE SEIN GEHEIMNIS FÜR MICH BEHALTEN. ZUM DANK ERZÄHLTE ER MIR ALLES, WAS ER ÜBER SEINE TEAM-FREUNDE WUSSTE, BIS INS KLEINSTE DETAIL. *TAGESLICHT*.
GOTT--!
WER... WER *SIND* SIE...?
DU HATTEST SCHON GENUG SCHOCKS FÜR EINEN TAG. WIR WOLLEN DIR NUR EIN PAAR FRAGEN STELLEN.
GENAU. KANNST DU UNS VERRATEN, WO ES ZUM KLO GEHT?
HÄ?
ZUR TOILETTE.
ÄH... DA HINTEN, HINTER DEM TEK-WING.
DAS WAR'S?

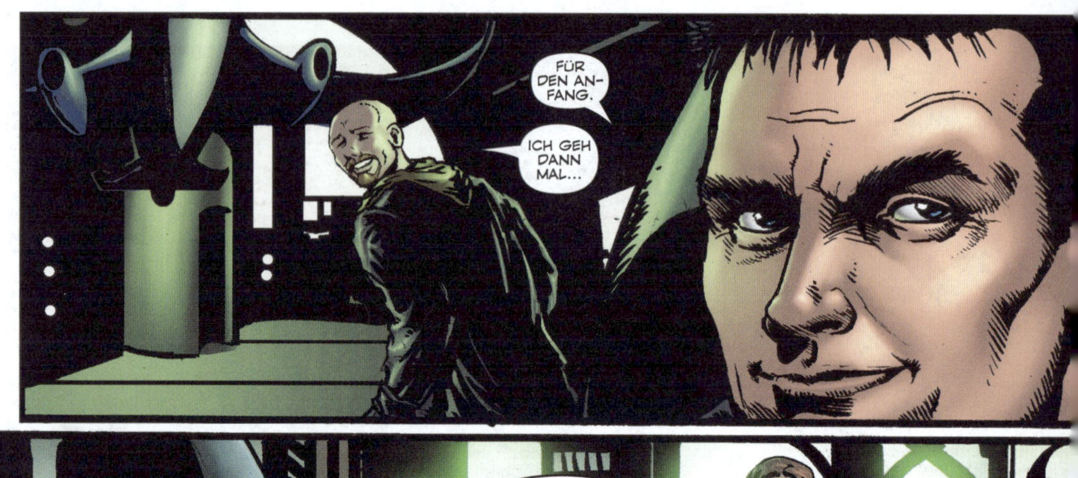
FÜR DEN AN-FANG.
ICH GEH DANN MAL…

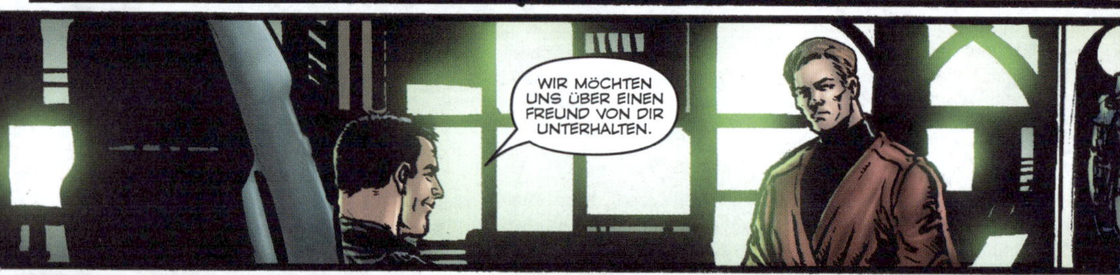
WIR MÖCHTEN UNS ÜBER EINEN FREUND VON DIR UNTERHALTEN.

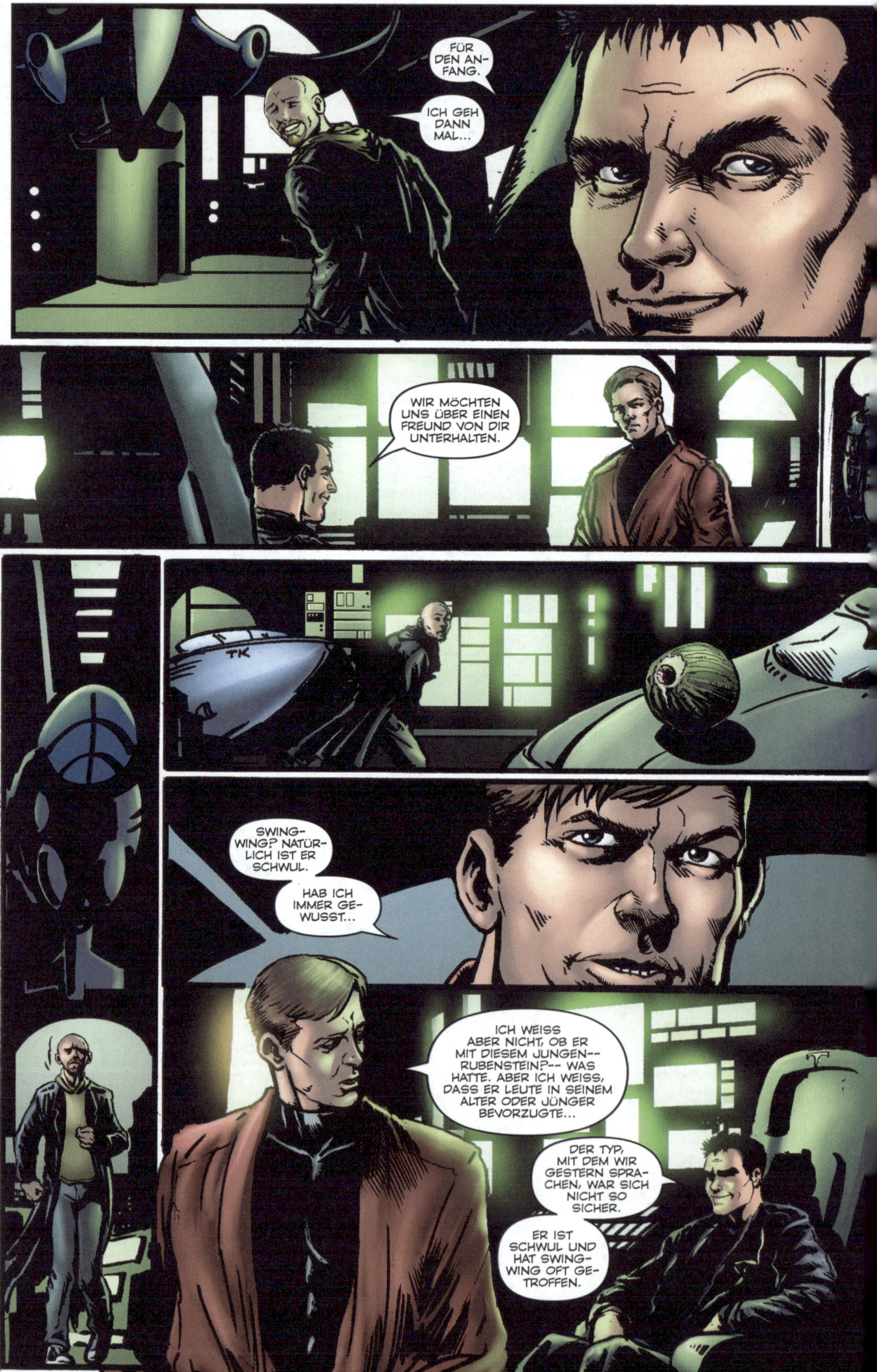

SWING-WING? NATÜR-LICH IST ER SCHWUL.
HAB ICH IMMER GE-WUSST…
ICH WEISS ABER NICHT, OB ER MIT DIESEM JUNGEN-- RUBENSTEIN?-- WAS HATTE. ABER ICH WEISS, DASS ER LEUTE IN SEINEM ALTER ODER JÜNGER BEVORZUGTE…
DER TYP, MIT DEM WIR GESTERN SPRA-CHEN, WAR SICH NICHT SO SICHER.
ER IST SCHWUL UND HAT SWING-WING OFT GE-TROFFEN.

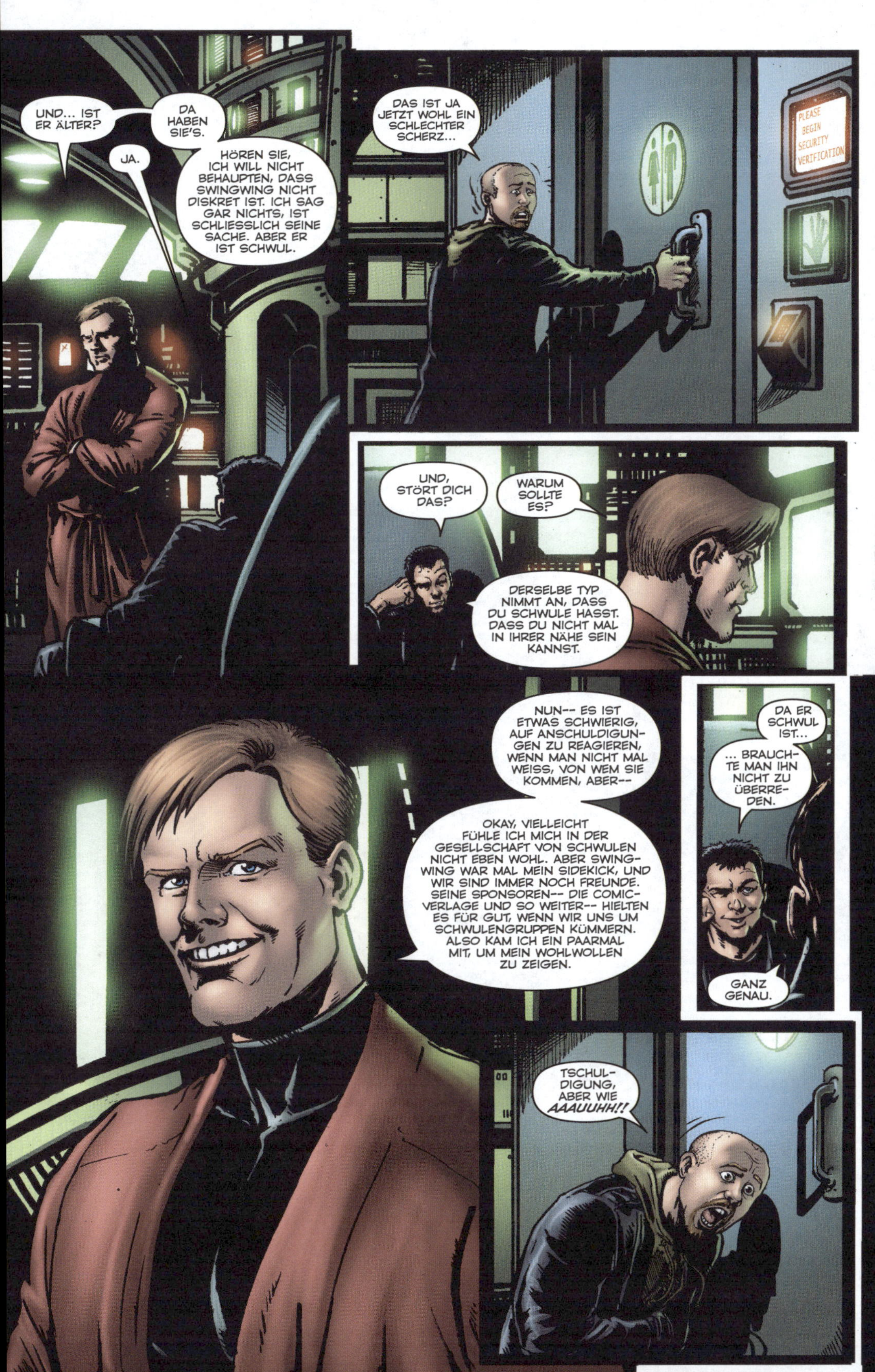
UND... IST ER ÄLTER?
DA HABEN SIE'S.
JA.
HÖREN SIE, ICH WILL NICHT BEHAUPTEN, DASS SWINGWING NICHT DISKRET IST. ICH SAG GAR NICHTS, IST SCHLIESSLICH SEINE SACHE. ABER ER IST SCHWUL.
DAS IST JA JETZT WOHL EIN SCHLECHTER SCHERZ...
PLEASE BEGIN SECURITY VERIFICATION
UND, STÖRT DICH DAS?
WARUM SOLLTE ES?
DERSELBE TYP NIMMT AN, DASS DU SCHWULE HASST. DASS DU NICHT MAL IN IHRER NÄHE SEIN KANNST.
NUN-- ES IST ETWAS SCHWIERIG, AUF ANSCHULDIGUNGEN ZU REAGIEREN, WENN MAN NICHT MAL WEISS, VON WEM SIE KOMMEN, ABER--
OKAY, VIELLEICHT FÜHLE ICH MICH IN DER GESELLSCHAFT VON SCHWULEN NICHT EBEN WOHL. ABER SWINGWING WAR MAL MEIN SIDEKICK, UND WIR SIND IMMER NOCH FREUNDE. SEINE SPONSOREN-- DIE COMICVERLAGE UND SO WEITER-- HIELTEN ES FÜR GUT, WENN WIR UNS UM SCHWULENGRUPPEN KÜMMERN. ALSO KAM ICH EIN PAARMAL MIT, UM MEIN WOHLWOLLEN ZU ZEIGEN.
DA ER SCHWUL IST...
... BRAUCHTE MAN IHN NICHT ZU ÜBERREDEN.
GANZ GENAU.
TSCHULDIGUNG, ABER WIE *AAAUUHH!!*

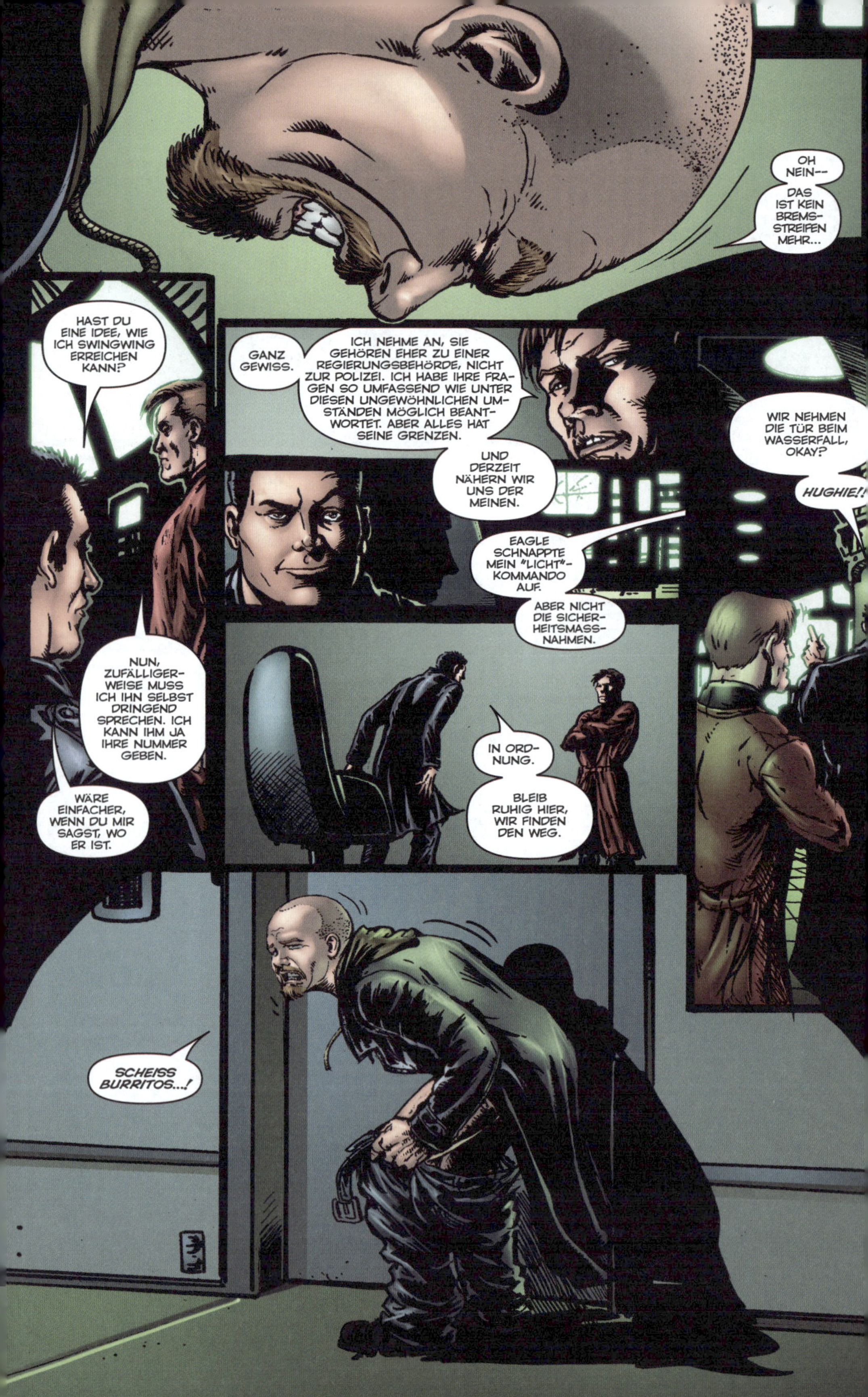
OH NEIN--
DAS IST KEIN BREMS-STREIFEN MEHR...
HAST DU EINE IDEE, WIE ICH SWINGWING ERREICHEN KANN?
NUN, ZUFÄLLIGERWEISE MUSS ICH IHN SELBST DRINGEND SPRECHEN. ICH KANN IHM JA IHRE NUMMER GEBEN.
WÄRE EINFACHER, WENN DU MIR SAGST, WO ER IST.
GANZ GEWISS.
ICH NEHME AN, SIE GEHÖREN EHER ZU EINER REGIERUNGSBEHÖRDE, NICHT ZUR POLIZEI. ICH HABE IHRE FRAGEN SO UMFASSEND WIE UNTER DIESEN UNGEWÖHNLICHEN UMSTÄNDEN MÖGLICH BEANTWORTET. ABER ALLES HAT SEINE GRENZEN.
UND DERZEIT NÄHERN WIR UNS DER MEINEN.
EAGLE SCHNAPPTE MEIN "LICHT"-KOMMANDO AUF.
ABER NICHT DIE SICHERHEITSMASSNAHMEN.
IN ORDNUNG.
BLEIB RUHIG HIER, WIR FINDEN DEN WEG.
WIR NEHMEN DIE TÜR BEIM WASSERFALL, OKAY?
HUGHIE!!
SCHEISS BURRITOS...!

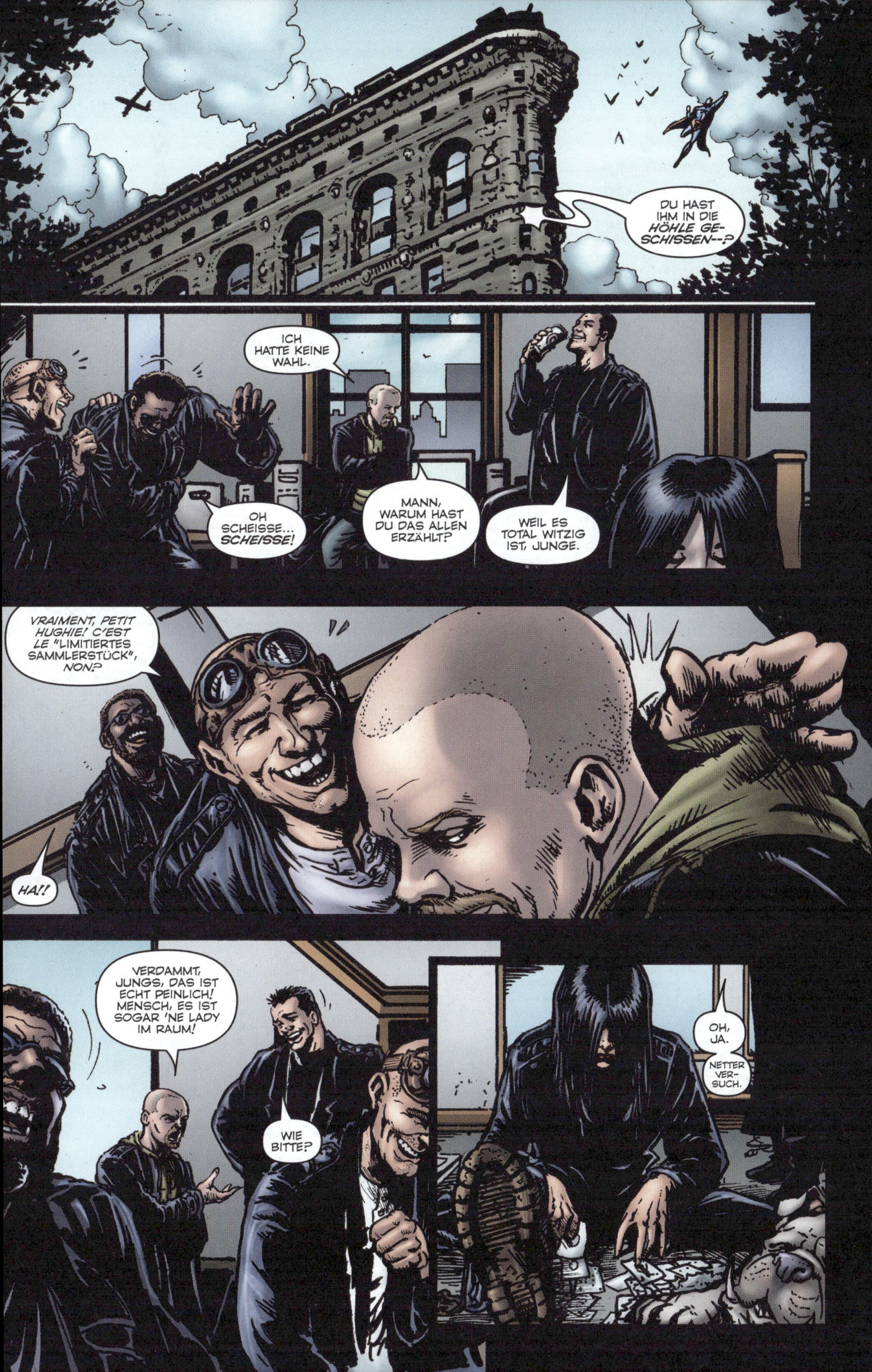
DU HAST IHM IN DIE HÖHLE GESCHISSEN--?
ICH HATTE KEINE WAHL.
OH SCHEISSE... SCHEISSE!
MANN, WARUM HAST DU DAS ALLEN ERZÄHLT?
WEIL ES TOTAL WITZIG IST, JUNGE.
VRAIMENT, PETIT HUGHIE! C'EST LE "LIMITIERTES SAMMLERSTÜCK", NON?
HA!!
VERDAMMT, JUNGS, DAS IST ECHT PEINLICH! MENSCH, ES IST SOGAR 'NE LADY IM RAUM!
WIE BITTE?
OH, JA.
NETTER VERSUCH.

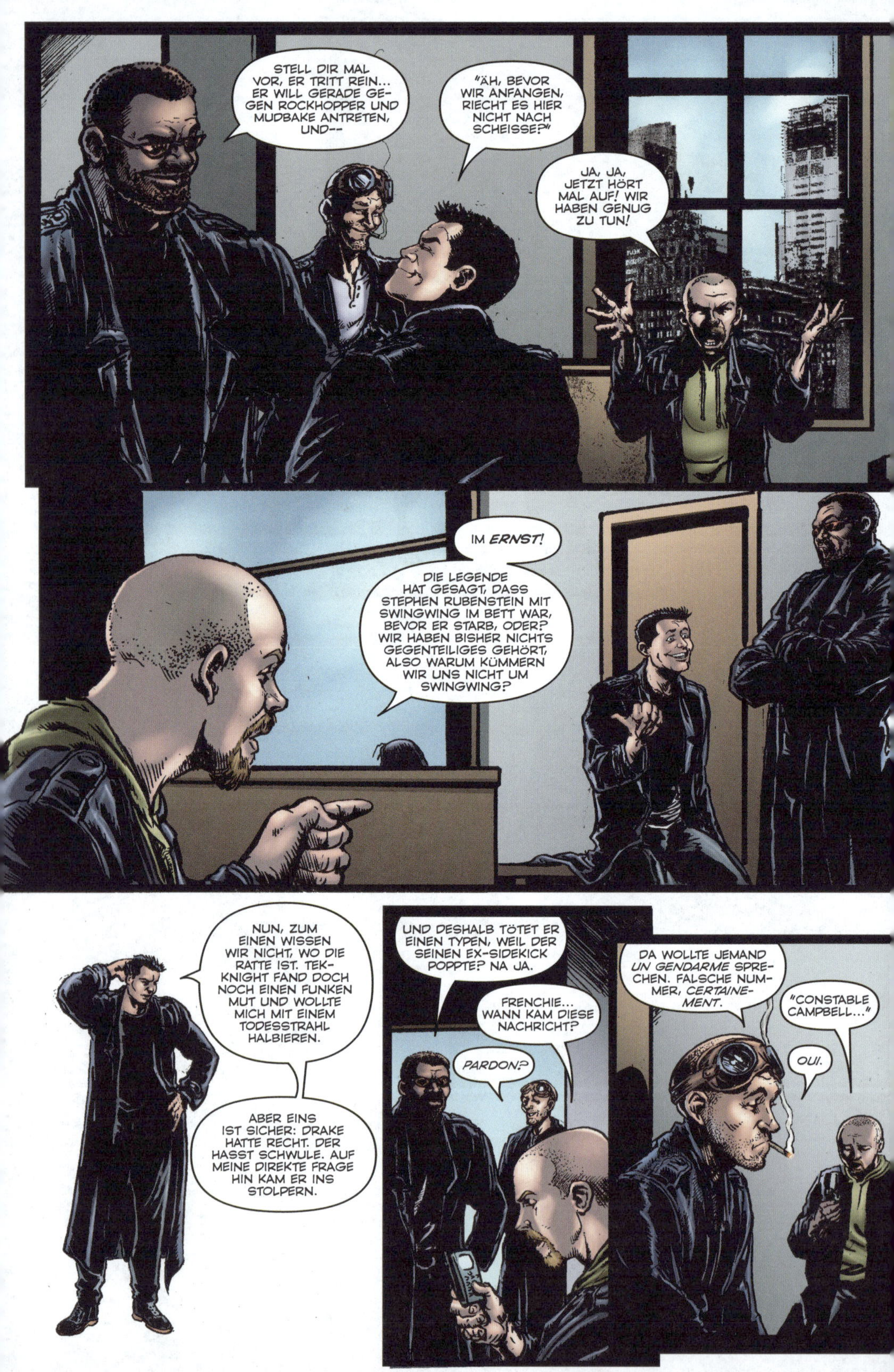

STELL DIR MAL VOR, ER TRITT REIN... ER WILL GERADE GEGEN ROCKHOPPER UND MUDBAKE ANTRETEN, UND--

"ÄH, BEVOR WIR ANFANGEN, RIECHT ES HIER NICHT NACH SCHEISSE?"

JA, JA, JETZT HÖRT MAL AUF! WIR HABEN GENUG ZU TUN!

IM *ERNST!*

DIE LEGENDE HAT GESAGT, DASS STEPHEN RUBENSTEIN MIT SWINGWING IM BETT WAR, BEVOR ER STARB, ODER? WIR HABEN BISHER NICHTS GEGENTEILIGES GEHÖRT, ALSO WARUM KÜMMERN WIR UNS NICHT UM SWINGWING?

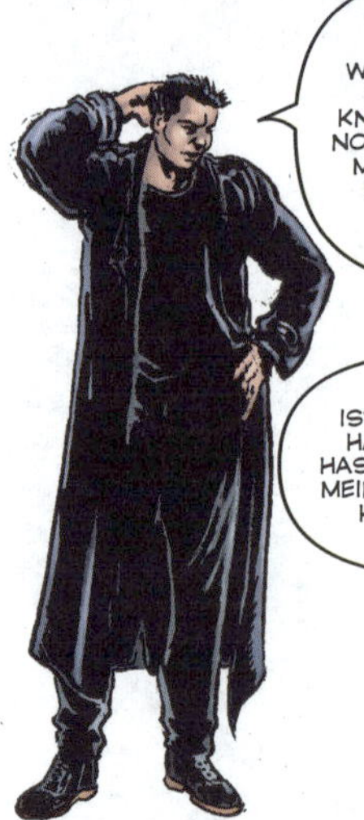

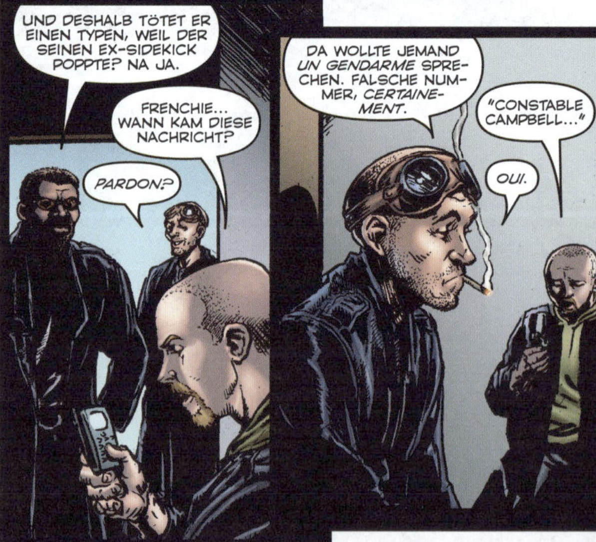

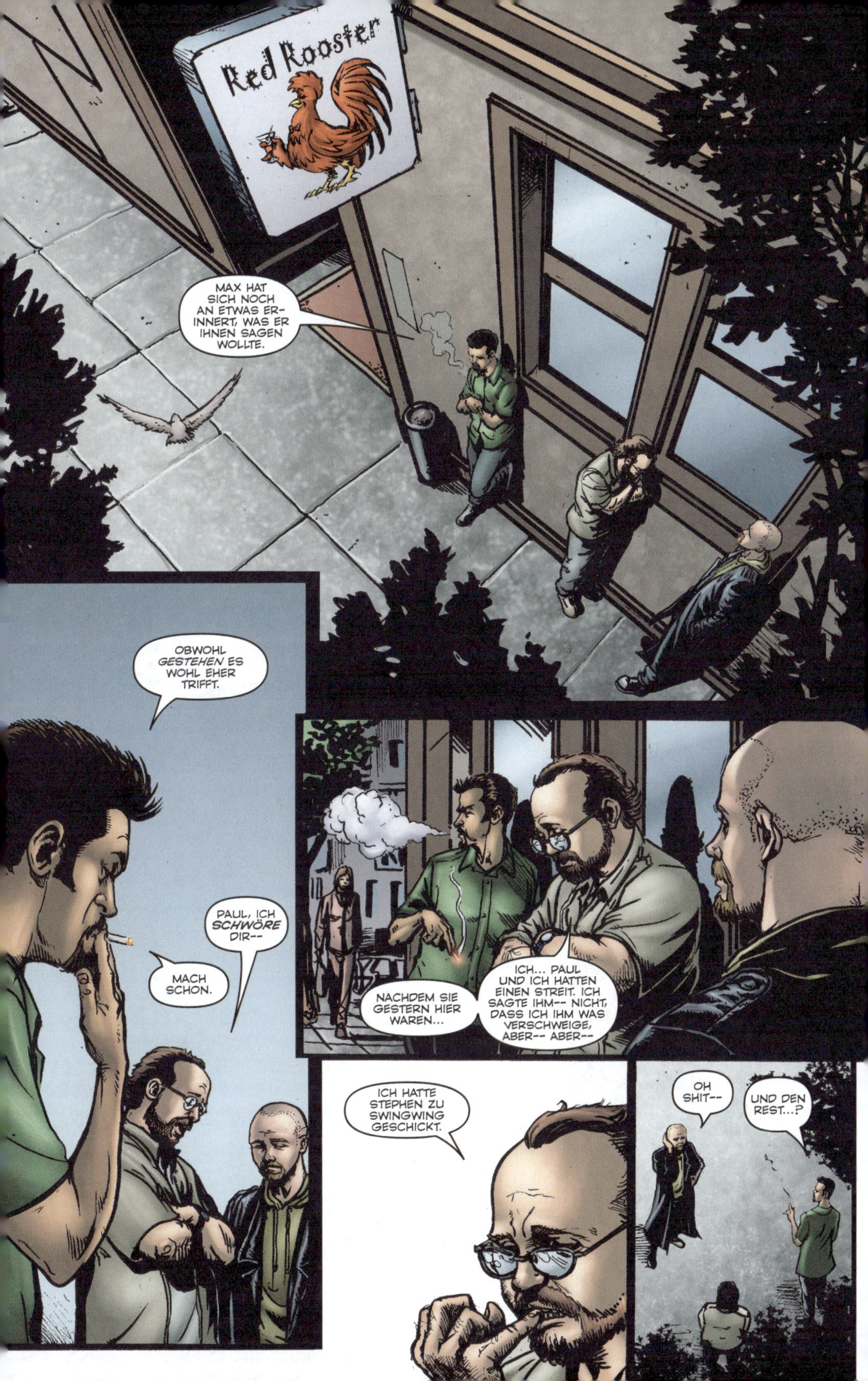
Red Rooster
MAX HAT SICH NOCH AN ETWAS ER-INNERT, WAS ER IHNEN SAGEN WOLLTE.
OBWOHL *GESTEHEN* ES WOHL EHER TRIFFT.
PAUL, ICH *SCHWÖRE* DIR--
MACH SCHON.
NACHDEM SIE GESTERN HIER WAREN...
ICH... PAUL UND ICH HATTEN EINEN STREIT. ICH SAGTE IHM-- NICHT, DASS ICH IHM WAS VERSCHWEIGE, ABER-- ABER--
ICH HATTE STEPHEN ZU SWINGWING GESCHICKT.
OH SHIT--
UND DEN REST...?

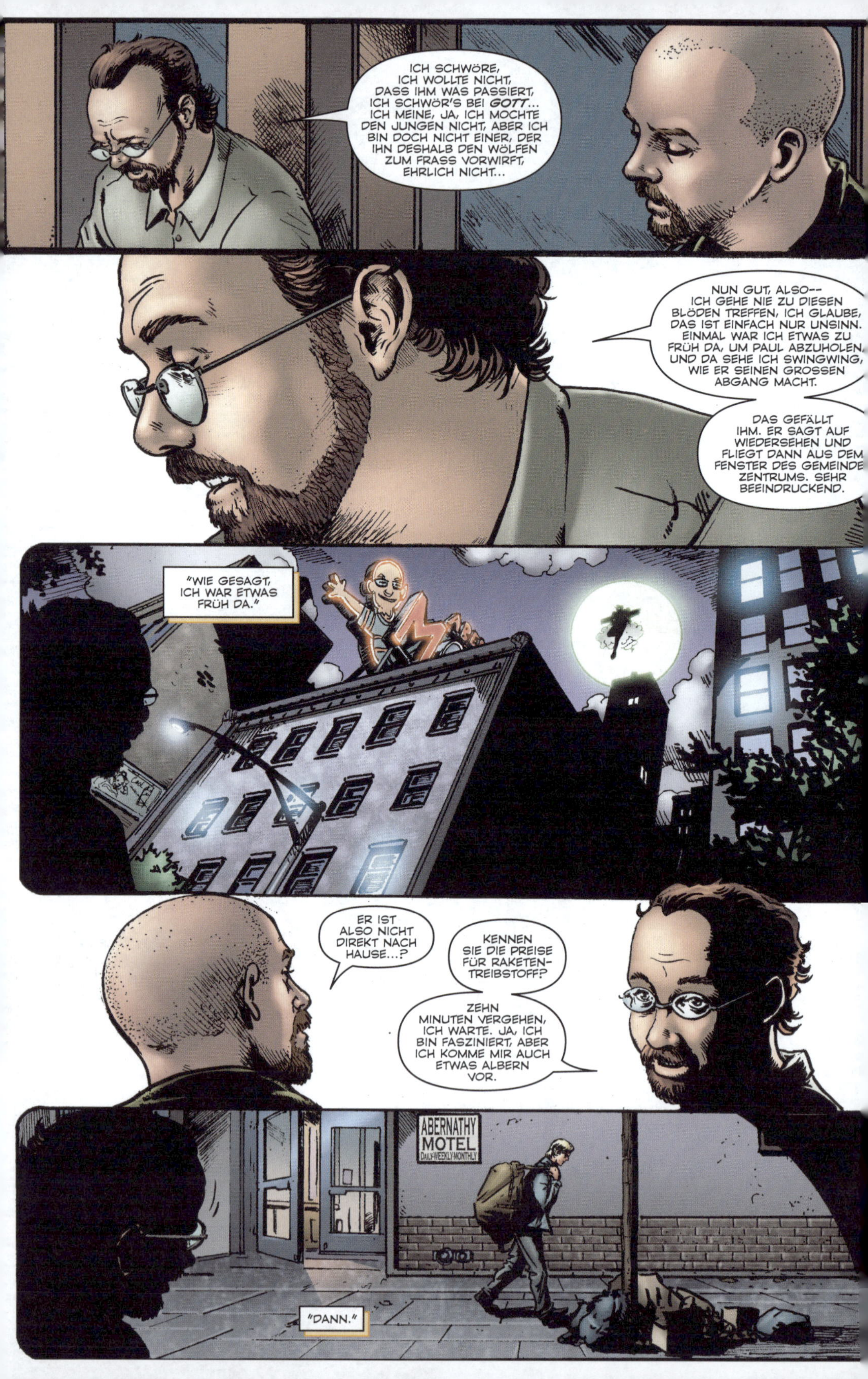
ICH SCHWÖRE, ICH WOLLTE NICHT, DASS IHM WAS PASSIERT, ICH SCHWÖR'S BEI *GOTT*... ICH MEINE, JA, ICH MOCHTE DEN JUNGEN NICHT, ABER ICH BIN DOCH NICHT EINER, DER IHN DESHALB DEN WÖLFEN ZUM FRASS VORWIRFT, EHRLICH NICHT...
NUN GUT, ALSO-- ICH GEHE NIE ZU DIESEN BLÖDEN TREFFEN, ICH GLAUBE, DAS IST EINFACH NUR UNSINN. EINMAL WAR ICH ETWAS ZU FRÜH DA, UM PAUL ABZUHOLEN, UND DA SEHE ICH SWINGWING, WIE ER SEINEN GROSSEN ABGANG MACHT.
DAS GEFÄLLT IHM. ER SAGT AUF WIEDERSEHEN UND FLIEGT DANN AUS DEM FENSTER DES GEMEINDE ZENTRUMS. SEHR BEEINDRUCKEND.
"WIE GESAGT, ICH WAR ETWAS FRÜH DA."
ER IST ALSO NICHT DIREKT NACH HAUSE...?
KENNEN SIE DIE PREISE FÜR RAKETEN-TREIBSTOFF?
ZEHN MINUTEN VERGEHEN, ICH WARTE. JA, ICH BIN FASZINIERT, ABER ICH KOMME MIR AUCH ETWAS ALBERN VOR.
ABERNATHY MOTEL DAILY-WEEKLY-MONTHLY
"DANN."

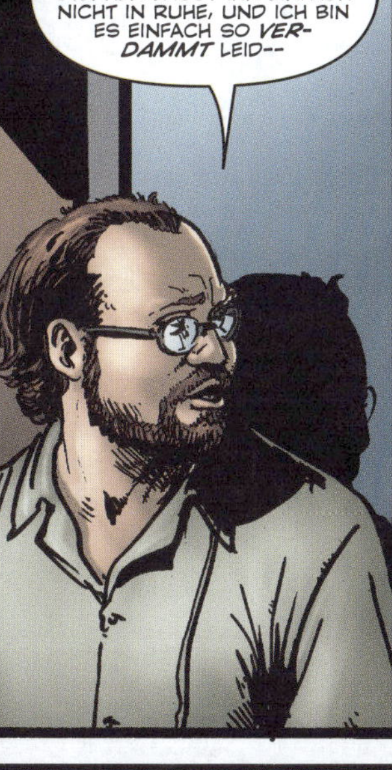
H WEISS JA, DASS DIESE LEUTE IHRE MASKEN UND IHRE GEHEIMIDENTITÄT ABEN, ABER DIE MEISTEN SIND DOCH EINFACH LÄCHERLICH. MAN MUSS SWINGWING DOCH NUR EINMAL IM KOSTÜM GESEHEN HABEN, UND CHON ERKENNT MAN SEIN GESICHT ÜBERALL WIEDER.
UND DANN, EIN PAAR ABENDE SPÄTER TRINKE ICH WAS IM ROOSTER, PAUL MACHT SEINEN JOB UND STEPHEN LÄSST IHN EINFACH NICHT IN RUHE, UND ICH BIN ES EINFACH SO *VERDAMMT* LEID--

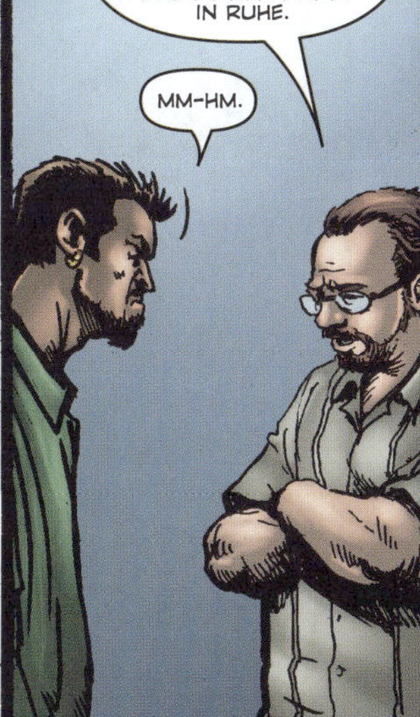
ALSO NEHM ICH IHN BEISEITE UND SAGE IHM, WO ER SWINGWING FINDEN KANN.
ICH WUSSTE, DASS ER IHN MAG, ER REDETE JA STÄNDIG VON IHM. ICH DACHTE, WENN ICH IHN UND SEIN IDOL ZUSAMMENBRINGE, DANN LÄSST ER VIELLEICHT ZUR ABWECHSLUNG MAL MEINEN MANN IN RUHE.
MM-HM.

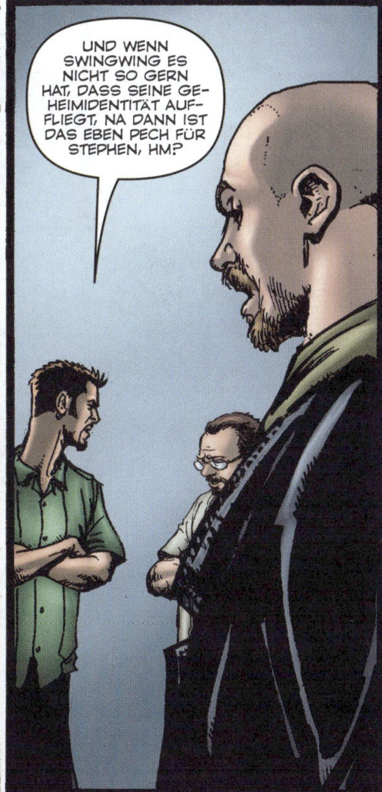
UND WENN SWINGWING ES NICHT SO GERN HAT, DASS SEINE GEHEIMIDENTITÄT AUFFLIEGT, NA DANN IST DAS EBEN PECH FÜR STEPHEN, HM?

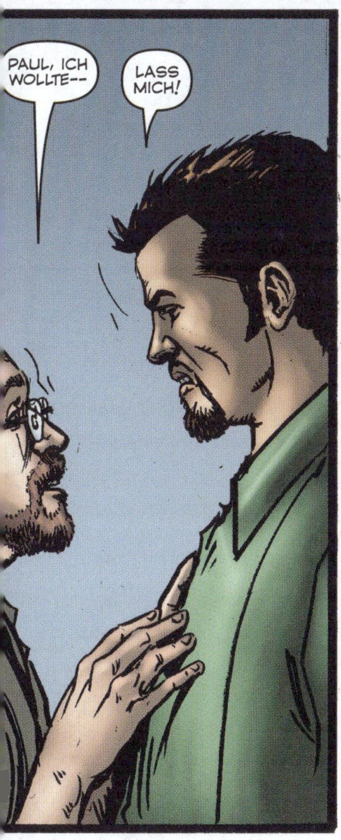
PAUL, ICH WOLLTE--
LASS MICH!

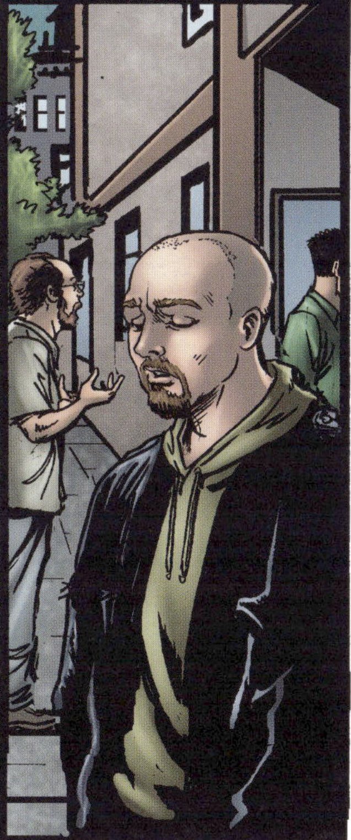

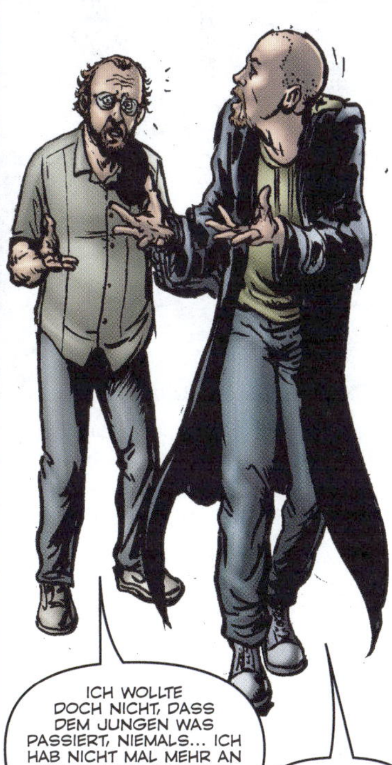
ICH WOLLTE DOCH NICHT, DASS DEM JUNGEN WAS PASSIERT, NIEMALS... ICH HAB NICHT MAL MEHR AN SWINGWING GEDACHT, BIS SIE IHN GESTERN ERWÄHNTEN...
ÄH, TUT MIR LEID, ABER ICH MUSS JETZT WEG.

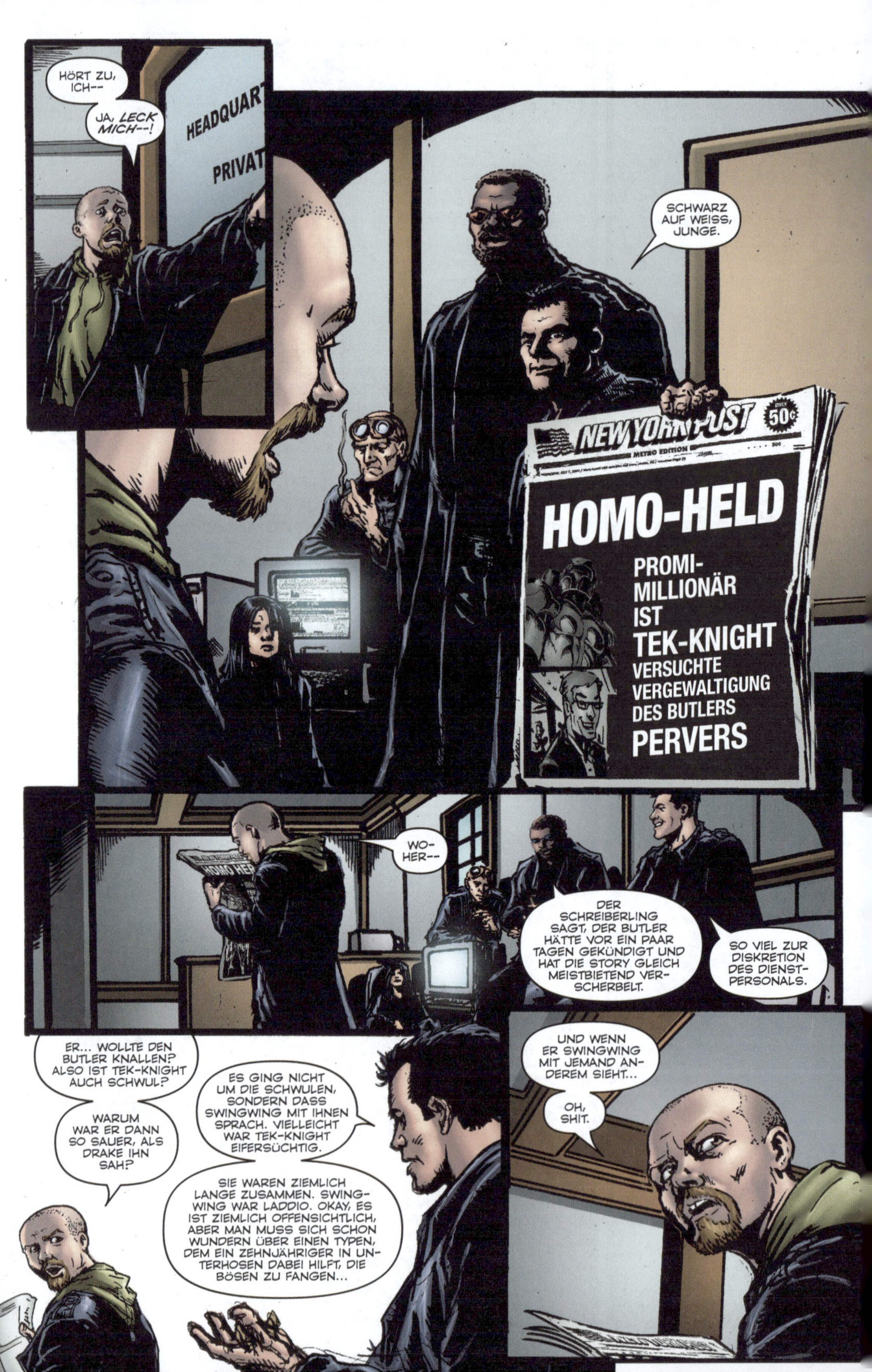
HÖRT ZU, ICH--
JA, LECK MICH--!
HEADQUART
PRIVAT
SCHWARZ AUF WEISS, JUNGE.
NEW YORK POST
50¢
METRO EDITION
HOMO-HELD
PROMI-MILLIONÄR IST TEK-KNIGHT
VERSUCHTE VERGEWALTIGUNG DES BUTLERS
PERVERS
WO-HER--
DER SCHREIBERLING SAGT, DER BUTLER HÄTTE VOR EIN PAAR TAGEN GEKÜNDIGT UND HAT DIE STORY GLEICH MEISTBIETEND VERSCHERBELT.
SO VIEL ZUR DISKRETION DES DIENST-PERSONALS.
ER... WOLLTE DEN BUTLER KNALLEN? ALSO IST TEK-KNIGHT AUCH SCHWUL?
WARUM WAR ER DANN SO SAUER, ALS DRAKE IHN SAH?
ES GING NICHT UM DIE SCHWULEN, SONDERN DASS SWINGWING MIT IHNEN SPRACH. VIELLEICHT WAR TEK-KNIGHT EIFERSÜCHTIG.
SIE WAREN ZIEMLICH LANGE ZUSAMMEN. SWING-WING WAR LADDIO. OKAY, ES IST ZIEMLICH OFFENSICHTLICH, ABER MAN MUSS SICH SCHON WUNDERN ÜBER EINEN TYPEN, DEM EIN ZEHNJÄHRIGER IN UNTERHOSEN DABEI HILFT, DIE BÖSEN ZU FANGEN...
UND WENN ER SWINGWING MIT JEMAND ANDEREM SIEHT...
OH, SHIT.

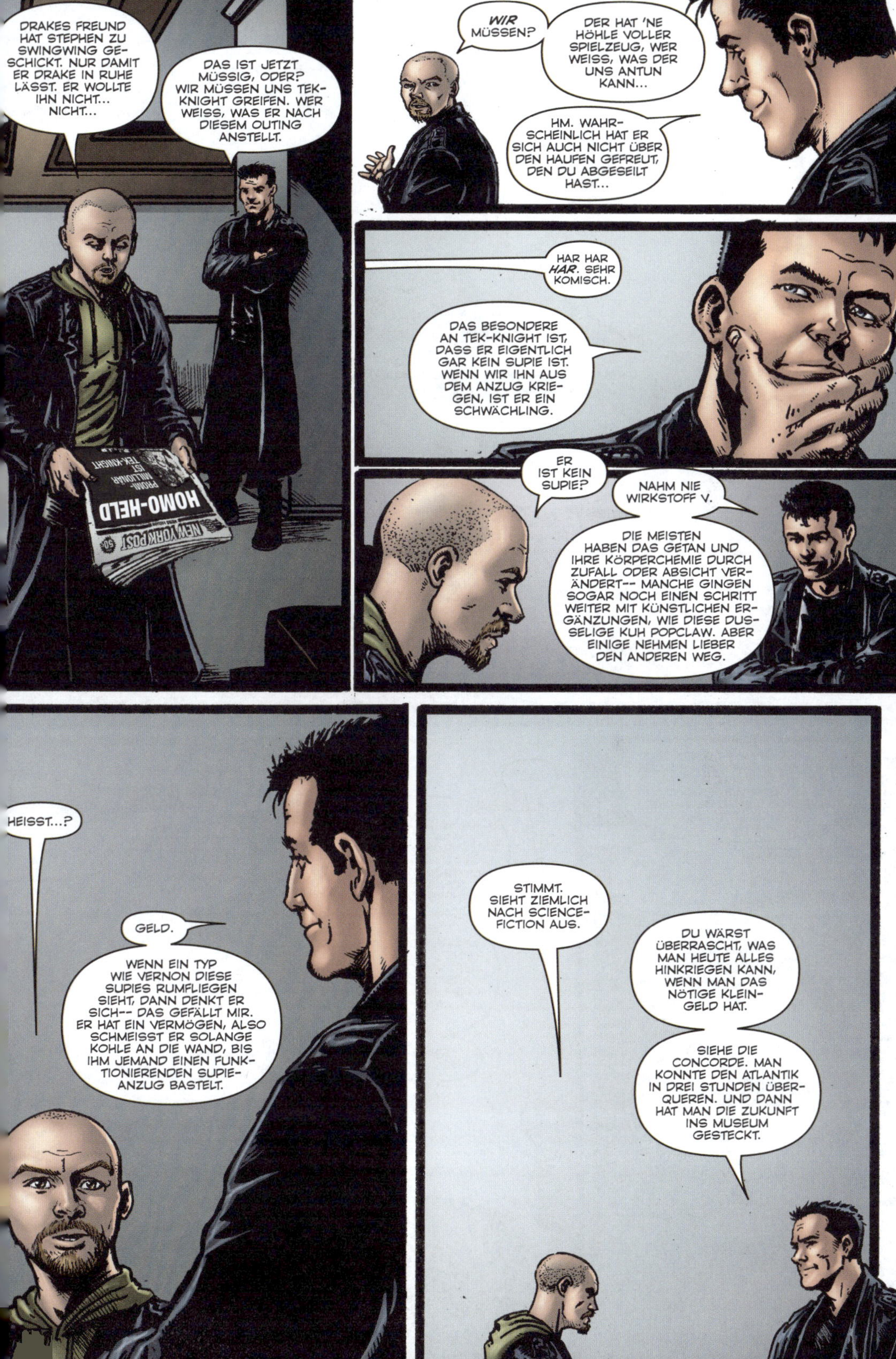

DRAKES FREUND HAT STEPHEN ZU SWINGWING GESCHICKT. NUR DAMIT ER DRAKE IN RUHE LÄSST. ER WOLLTE IHN NICHT... NICHT...
DAS IST JETZT MÜSSIG, ODER? WIR MÜSSEN UNS TEK-KNIGHT GREIFEN. WER WEISS, WAS ER NACH DIESEM OUTING ANSTELLT.
NEW YORK POST
HOMO-HELD
PROMI-MILLIONÄR IST TEK-KNIGHT
WIR MÜSSEN?
DER HAT 'NE HÖHLE VOLLER SPIELZEUG, WER WEISS, WAS DER UNS ANTUN KANN...
HM. WAHRSCHEINLICH HAT ER SICH AUCH NICHT ÜBER DEN HAUFEN GEFREUT, DEN DU ABGESEILT HAST...
HAR HAR HAR. SEHR KOMISCH.
DAS BESONDERE AN TEK-KNIGHT IST, DASS ER EIGENTLICH GAR KEIN SUPIE IST. WENN WIR IHN AUS DEM ANZUG KRIEGEN, IST ER EIN SCHWÄCHLING.
ER IST KEIN SUPIE?
NAHM NIE WIRKSTOFF V.
DIE MEISTEN HABEN DAS GETAN UND IHRE KÖRPERCHEMIE DURCH ZUFALL ODER ABSICHT VERÄNDERT-- MANCHE GINGEN SOGAR NOCH EINEN SCHRITT WEITER MIT KÜNSTLICHEN ERGÄNZUNGEN, WIE DIESE DUSSELIGE KUH POPCLAW. ABER EINIGE NEHMEN LIEBER DEN ANDEREN WEG.
HEISST...?
GELD.
WENN EIN TYP WIE VERNON DIESE SUPIES RUMFLIEGEN SIEHT, DANN DENKT ER SICH-- DAS GEFÄLLT MIR. ER HAT EIN VERMÖGEN, ALSO SCHMEISST ER SOLANGE KOHLE AN DIE WAND, BIS IHM JEMAND EINEN FUNKTIONIERENDEN SUPIE-ANZUG BASTELT.
STIMMT. SIEHT ZIEMLICH NACH SCIENCE-FICTION AUS.
DU WÄRST ÜBERRASCHT, WAS MAN HEUTE ALLES HINKRIEGEN KANN, WENN MAN DAS NÖTIGE KLEINGELD HAT.
SIEHE DIE CONCORDE. MAN KONNTE DEN ATLANTIK IN DREI STUNDEN ÜBERQUEREN. UND DANN HAT MAN DIE ZUKUNFT INS MUSEUM GESTECKT.

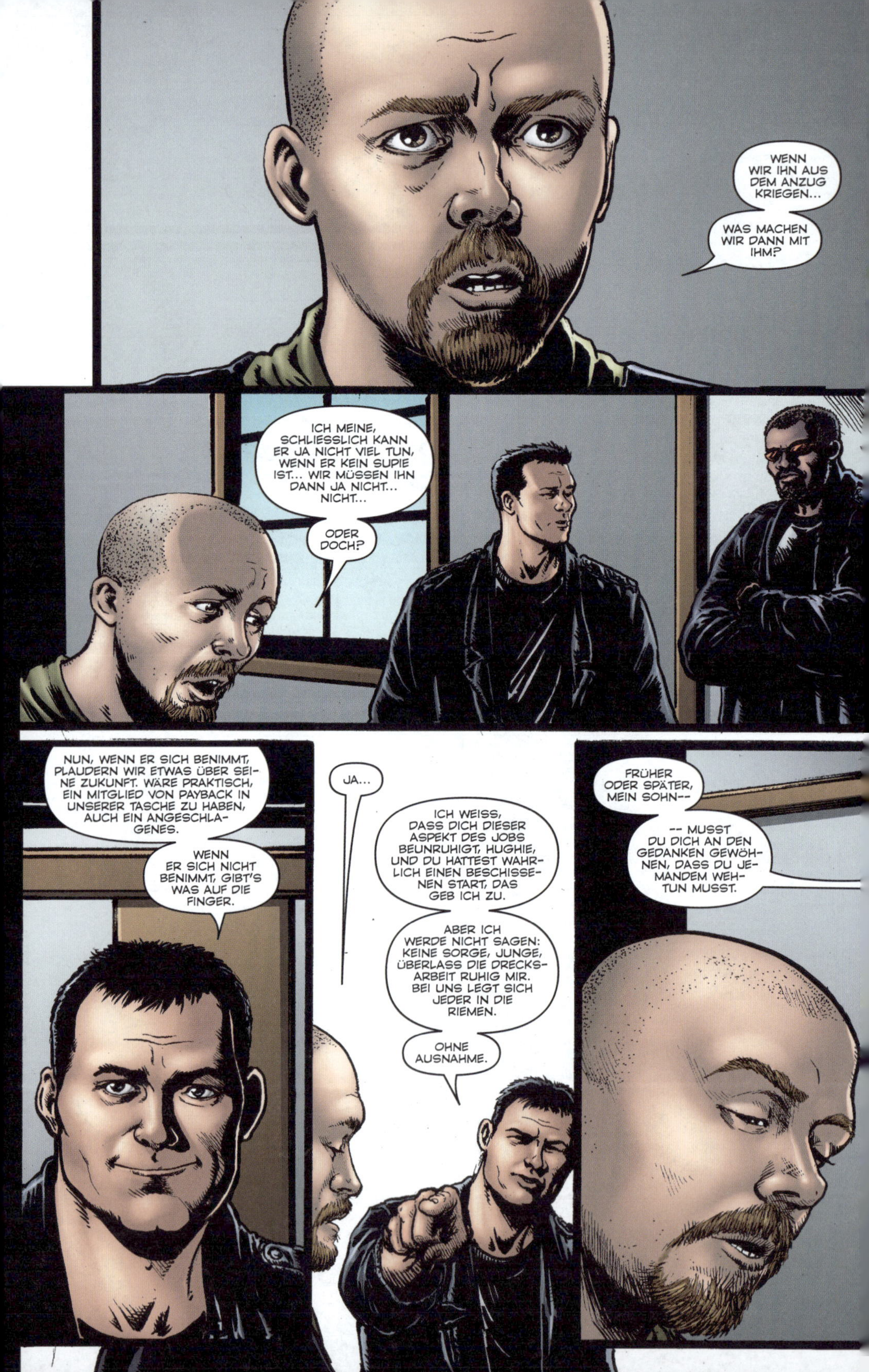
WENN WIR IHN AUS DEM ANZUG KRIEGEN...
WAS MACHEN WIR DANN MIT IHM?
ICH MEINE, SCHLIESSLICH KANN ER JA NICHT VIEL TUN, WENN ER KEIN SUPIE IST... WIR MÜSSEN IHN DANN JA NICHT... NICHT...
ODER DOCH?
NUN, WENN ER SICH BENIMMT, PLAUDERN WIR ETWAS ÜBER SEINE ZUKUNFT. WÄRE PRAKTISCH, EIN MITGLIED VON PAYBACK IN UNSERER TASCHE ZU HABEN, AUCH EIN ANGESCHLAGENES.
WENN ER SICH NICHT BENIMMT, GIBT'S WAS AUF DIE FINGER.
JA...
ICH WEISS, DASS DICH DIESER ASPEKT DES JOBS BEUNRUHIGT, HUGHIE, UND DU HATTEST WAHRLICH EINEN BESCHISSENEN START, DAS GEB ICH ZU.
ABER ICH WERDE NICHT SAGEN: KEINE SORGE, JUNGE, ÜBERLASS DIE DRECKSARBEIT RUHIG MIR. BEI UNS LEGT SICH JEDER IN DIE RIEMEN.
OHNE AUSNAHME.
FRÜHER ODER SPÄTER, MEIN SOHN--
-- MUSST DU DICH AN DEN GEDANKEN GEWÖHNEN, DASS DU JEMANDEM WEHTUN MUSST.

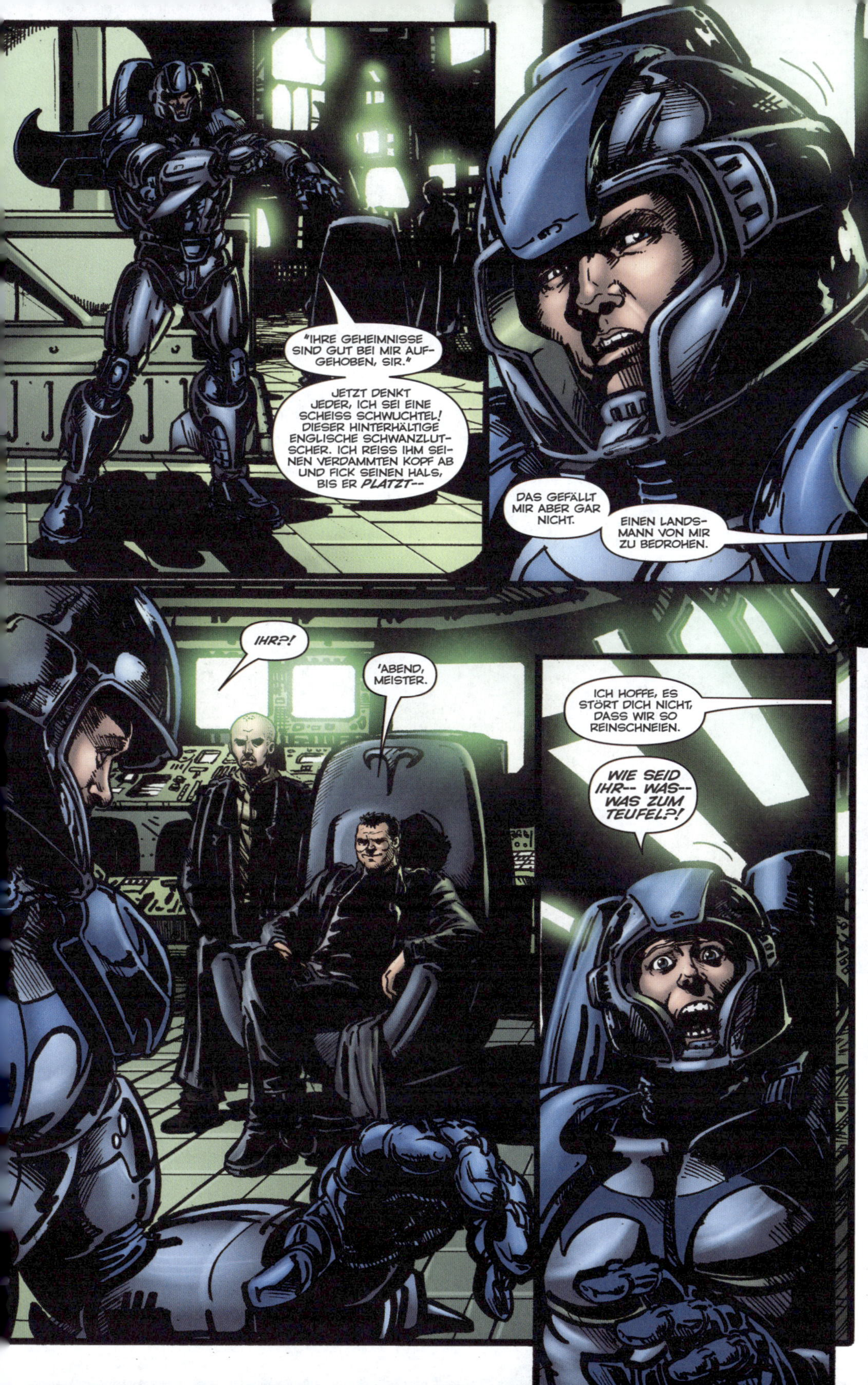
"IHRE GEHEIMNISSE SIND GUT BEI MIR AUFGEHOBEN, SIR."
JETZT DENKT JEDER, ICH SEI EINE SCHEISS SCHWUCHTEL! DIESER HINTERHÄLTIGE ENGLISCHE SCHWANZLUTSCHER. ICH REISS IHM SEINEN VERDAMMTEN KOPF AB UND FICK SEINEN HALS, BIS ER PLATZT--
DAS GEFÄLLT MIR ABER GAR NICHT.
EINEN LANDSMANN VON MIR ZU BEDROHEN.
IHR?!
'ABEND, MEISTER.
ICH HOFFE, ES STÖRT DICH NICHT, DASS WIR SO REINSCHNEIEN.
WIE SEID IHR-- WAS-- WAS ZUM TEUFEL?!

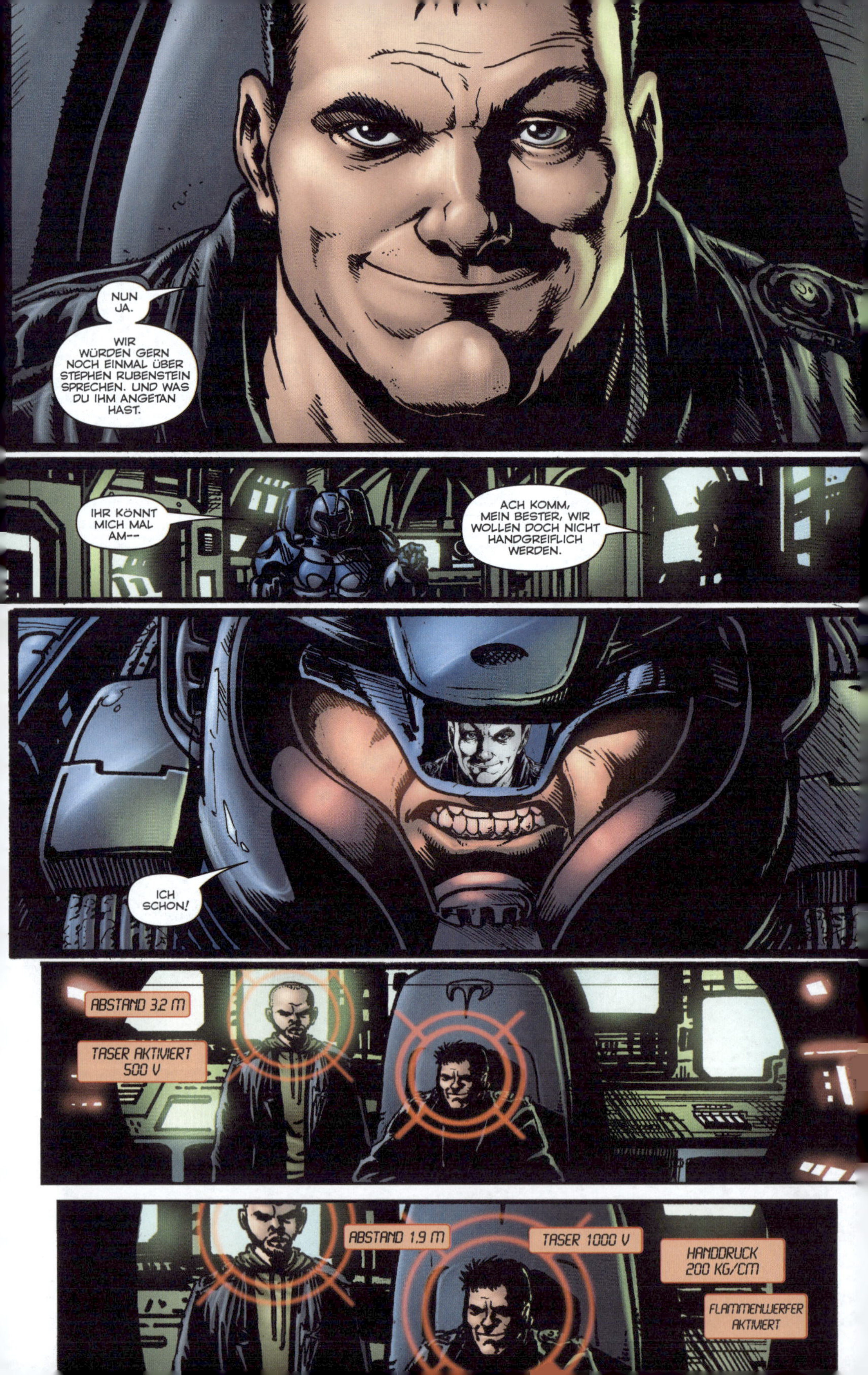

NUN JA.
WIR WÜRDEN GERN NOCH EINMAL ÜBER STEPHEN RUBENSTEIN SPRECHEN. UND WAS DU IHM ANGETAN HAST.

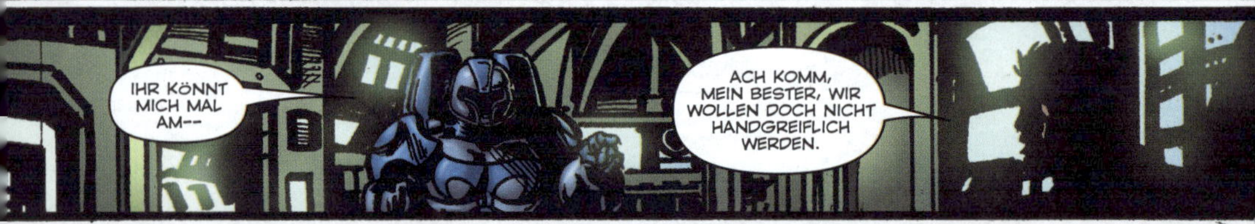

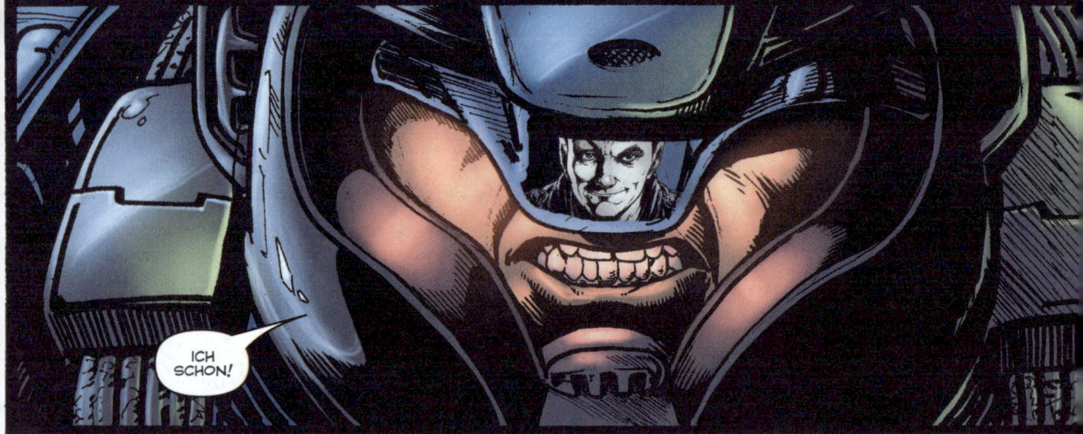

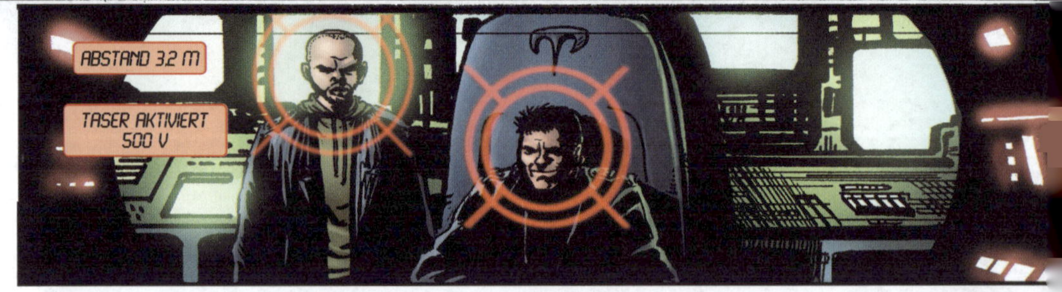

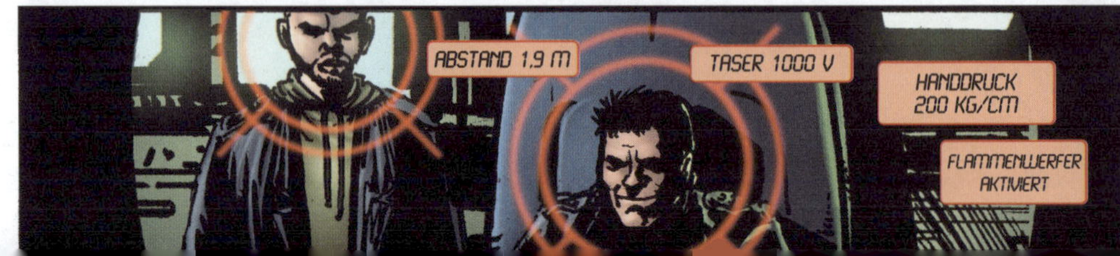

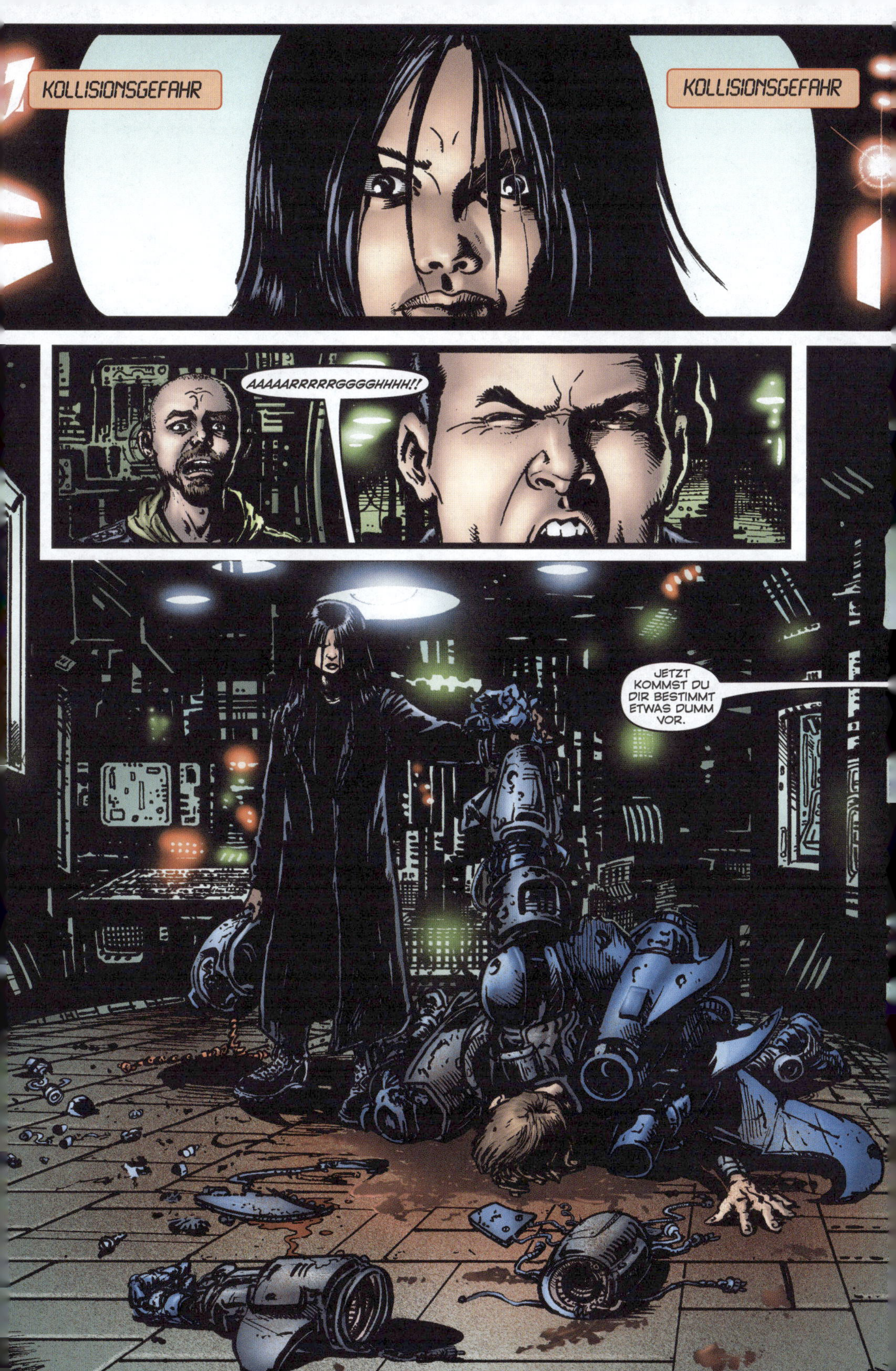
KOLLISIONSGEFAHR
KOLLISIONSGEFAHR
AAAAARRRRRGGGGHHHH!!
JETZT KOMMST DU DIR BESTIMMT ETWAS DUMM VOR.

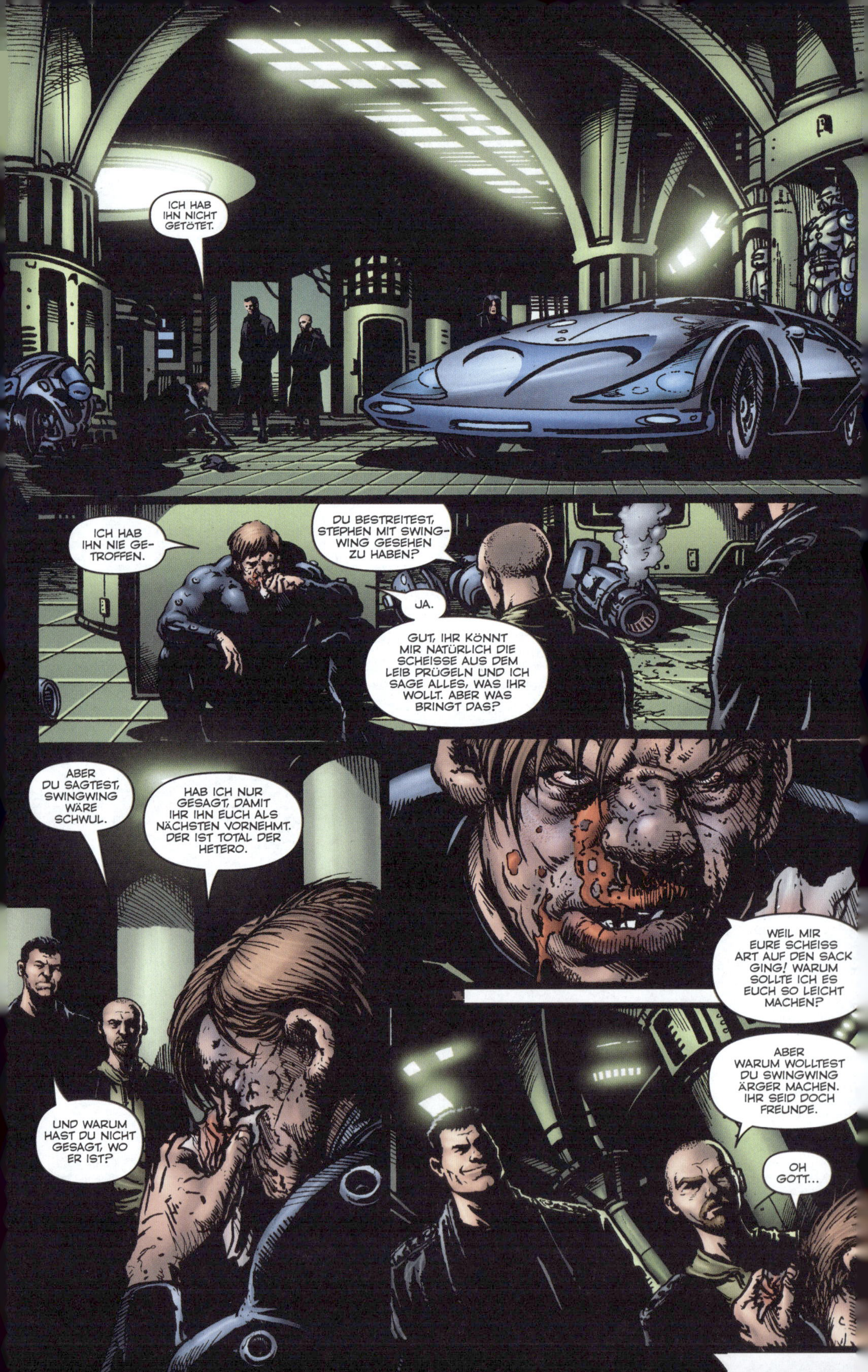
ICH HAB IHN NICHT GETÖTET.
ICH HAB IHN NIE GETROFFEN.
DU BESTREITEST, STEPHEN MIT SWINGWING GESEHEN ZU HABEN?
JA.
GUT, IHR KÖNNT MIR NATÜRLICH DIE SCHEISSE AUS DEM LEIB PRÜGELN UND ICH SAGE ALLES, WAS IHR WOLLT. ABER WAS BRINGT DAS?
ABER DU SAGTEST, SWINGWING WÄRE SCHWUL.
HAB ICH NUR GESAGT, DAMIT IHR IHN EUCH ALS NÄCHSTEN VORNEHMT. DER IST TOTAL DER HETERO.
UND WARUM HAST DU NICHT GESAGT, WO ER IST?
WEIL MIR EURE SCHEISS ART AUF DEN SACK GING! WARUM SOLLTE ICH ES EUCH SO LEICHT MACHEN?
ABER WARUM WOLLTEST DU SWINGWING ÄRGER MACHEN. IHR SEID DOCH FREUNDE.
OH GOTT...

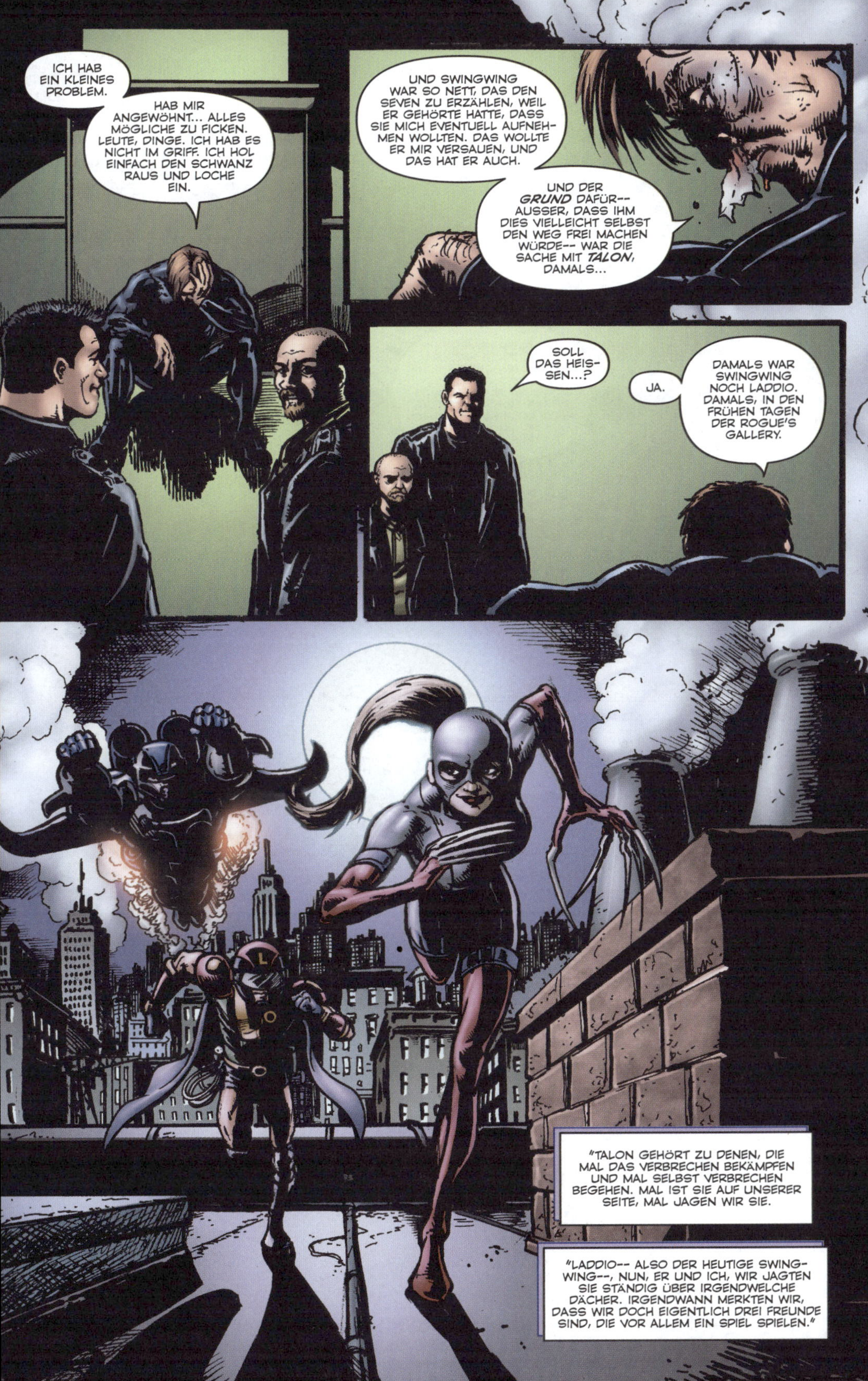
ICH HAB EIN KLEINES PROBLEM.
HAB MIR ANGEWÖHNT... ALLES MÖGLICHE ZU FICKEN. LEUTE, DINGE. ICH HAB ES NICHT IM GRIFF. ICH HOL EINFACH DEN SCHWANZ RAUS UND LOCHE EIN.
UND SWINGWING WAR SO NETT, DAS DEN SEVEN ZU ERZÄHLEN, WEIL ER GEHÖRTE HATTE, DASS SIE MICH EVENTUELL AUFNEHMEN WOLLTEN. DAS WOLLTE ER MIR VERSAUEN, UND DAS HAT ER AUCH.
UND DER GRUND DAFÜR-- AUSSER, DASS IHM DIES VIELLEICHT SELBST DEN WEG FREI MACHEN WÜRDE-- WAR DIE SACHE MIT TALON, DAMALS...
SOLL DAS HEISSEN...?
JA.
DAMALS WAR SWINGWING NOCH LADDIO. DAMALS, IN DEN FRÜHEN TAGEN DER ROGUE'S GALLERY.
"TALON GEHÖRT ZU DENEN, DIE MAL DAS VERBRECHEN BEKÄMPFEN UND MAL SELBST VERBRECHEN BEGEHEN. MAL IST SIE AUF UNSERER SEITE, MAL JAGEN WIR SIE.
"LADDIO-- ALSO DER HEUTIGE SWINGWING--, NUN, ER UND ICH, WIR JAGTEN SIE STÄNDIG ÜBER IRGENDWELCHE DÄCHER. IRGENDWANN MERKTEN WIR, DASS WIR DOCH EIGENTLICH DREI FREUNDE SIND, DIE VOR ALLEM EIN SPIEL SPIELEN."

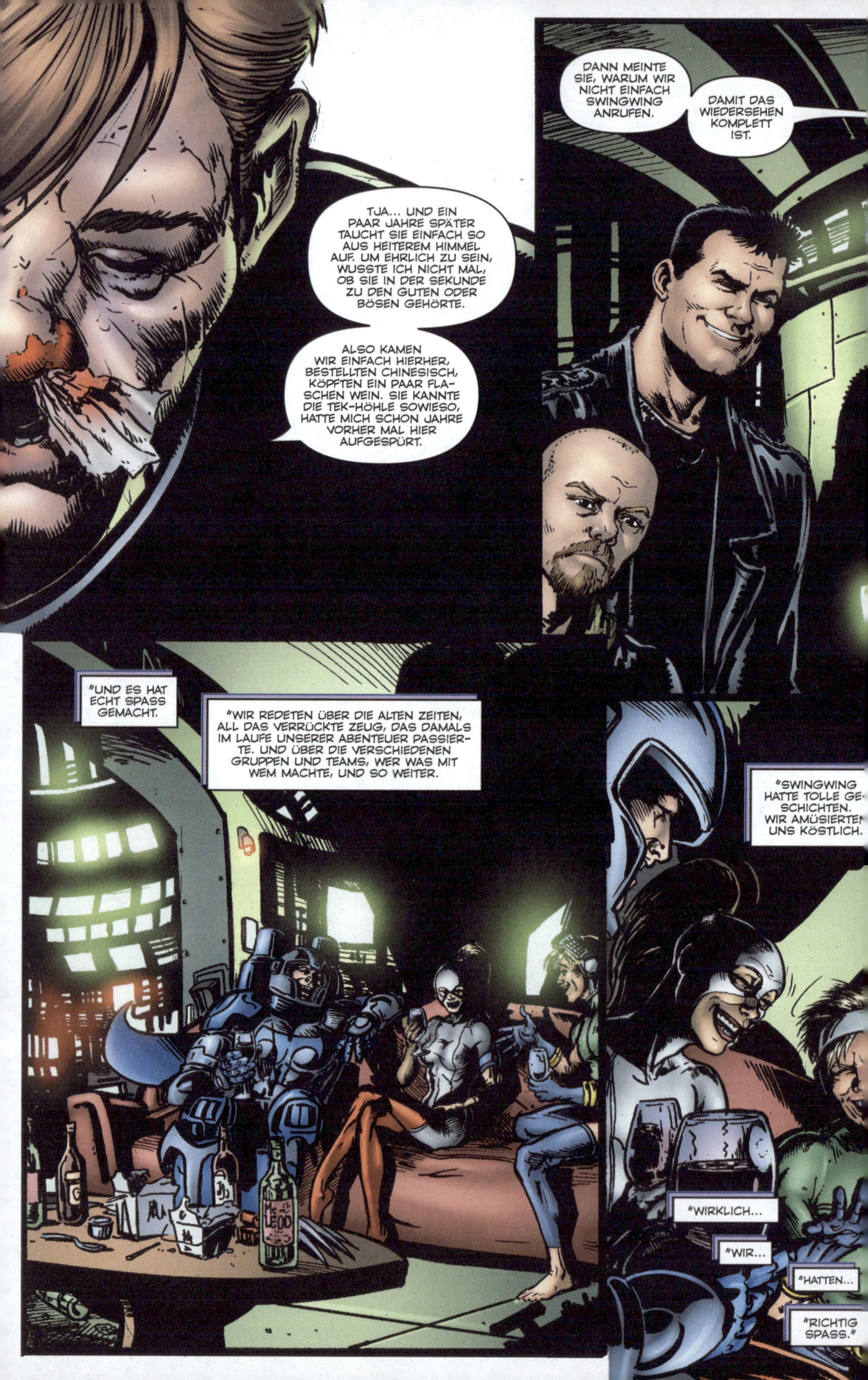
TJA... UND EIN PAAR JAHRE SPÄTER TAUCHT SIE EINFACH SO AUS HEITEREM HIMMEL AUF. UM EHRLICH ZU SEIN, WUSSTE ICH NICHT MAL, OB SIE IN DER SEKUNDE ZU DEN GUTEN ODER BÖSEN GEHÖRTE.
ALSO KAMEN WIR EINFACH HIERHER, BESTELLTEN CHINESISCH, KÖPFTEN EIN PAAR FLA-SCHEN WEIN. SIE KANNTE DIE TEK-HÖHLE SOWIESO, HATTE MICH SCHON JAHRE VORHER MAL HIER AUFGESPÜRT.
DANN MEINTE SIE, WARUM WIR NICHT EINFACH SWINGWING ANRUFEN.
DAMIT DAS WIEDERSEHEN KOMPLETT IST.
"UND ES HAT ECHT SPASS GEMACHT.
"WIR REDETEN ÜBER DIE ALTEN ZEITEN, ALL DAS VERRÜCKTE ZEUG, DAS DAMALS IM LAUFE UNSERER ABENTEUER PASSIER-TE. UND ÜBER DIE VERSCHIEDENEN GRUPPEN UND TEAMS, WER WAS MIT WEM MACHTE, UND SO WEITER.
"SWINGWING HATTE TOLLE GE-SCHICHTEN. WIR AMÜSIERTEN UNS KÖSTLICH.
"WIRKLICH...
"WIR...
"HATTEN...
"RICHTIG SPASS."

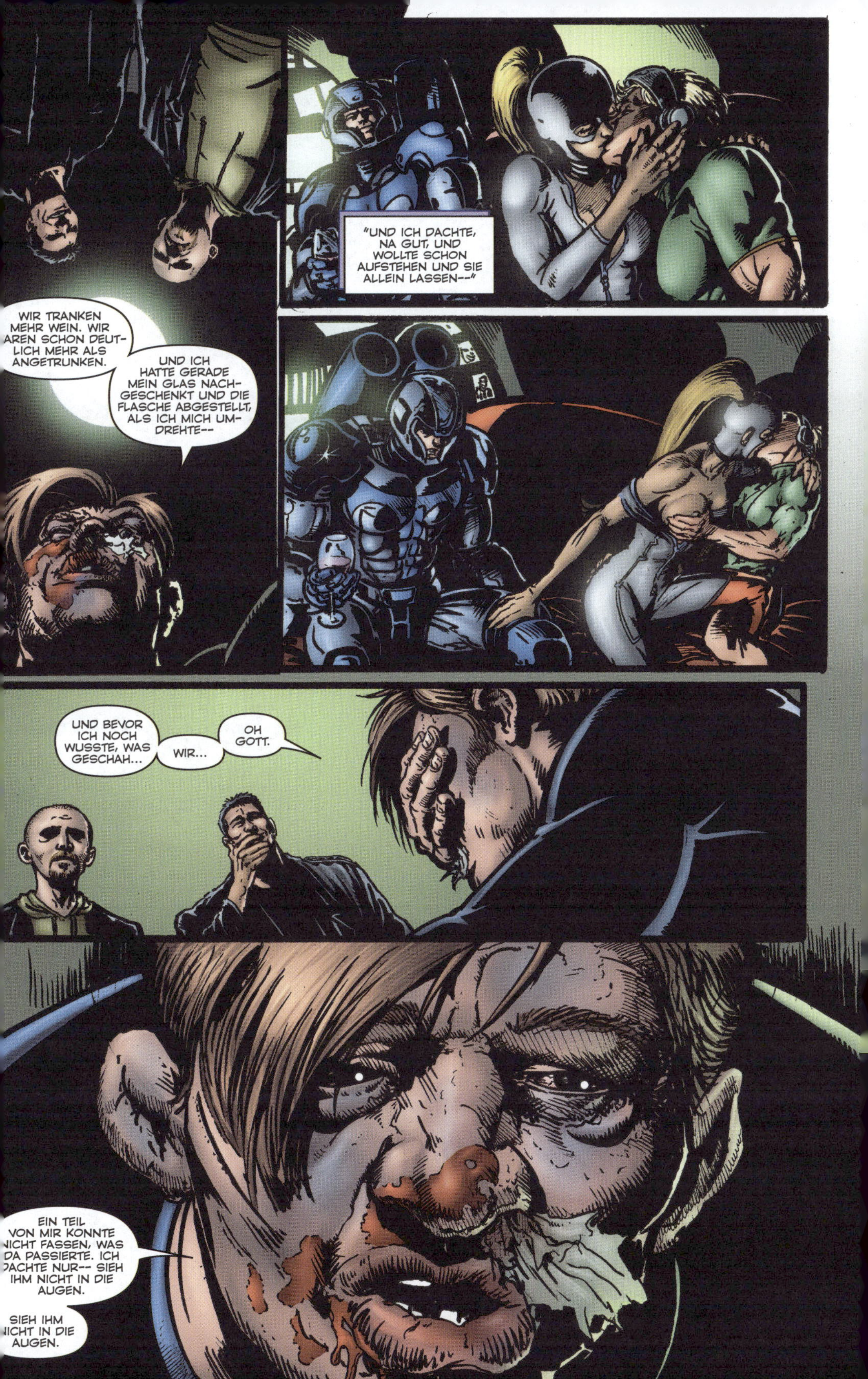
"UND ICH DACHTE, NA GUT, UND WOLLTE SCHON AUFSTEHEN UND SIE ALLEIN LASSEN--"
WIR TRANKEN MEHR WEIN. WIR ...AREN SCHON DEUTLICH MEHR ALS ANGETRUNKEN.
UND ICH HATTE GERADE MEIN GLAS NACHGESCHENKT UND DIE FLASCHE ABGESTELLT, ALS ICH MICH UMDREHTE--
UND BEVOR ICH NOCH WUSSTE, WAS GESCHAH...
WIR...
OH GOTT.
EIN TEIL VON MIR KONNTE ...NICHT FASSEN, WAS ...DA PASSIERTE. ICH ...DACHTE NUR-- SIEH IHM NICHT IN DIE AUGEN.
SIEH IHM ...NICHT IN DIE AUGEN.

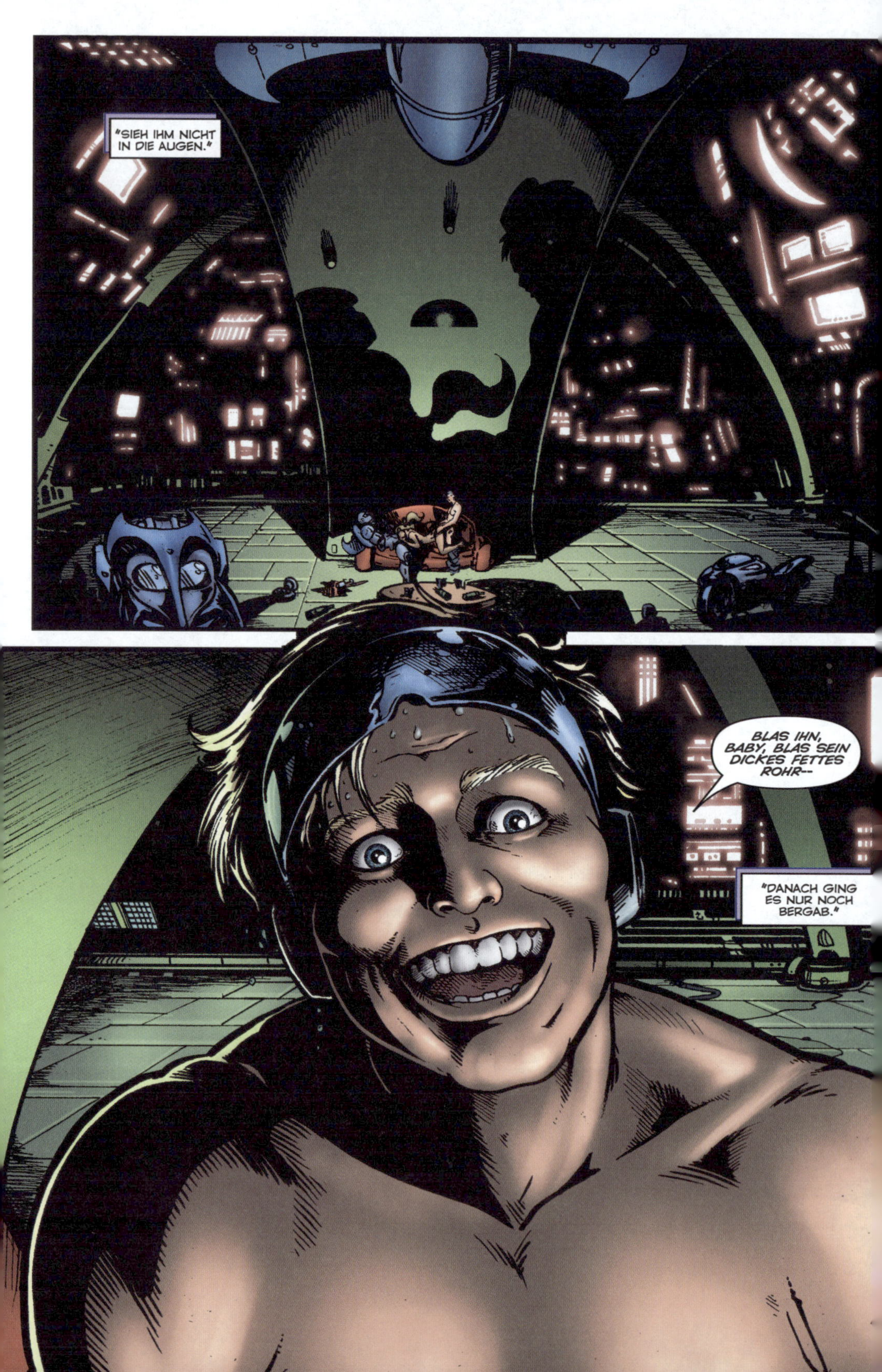
"SIEH IHM NICHT
IN DIE AUGEN."
BLAS IHN,
BABY, BLAS SEIN
DICKES FETTES
ROHR--
"DANACH GING
ES NUR NOCH
BERGAB."

EINGELOCHT, TEIL 4

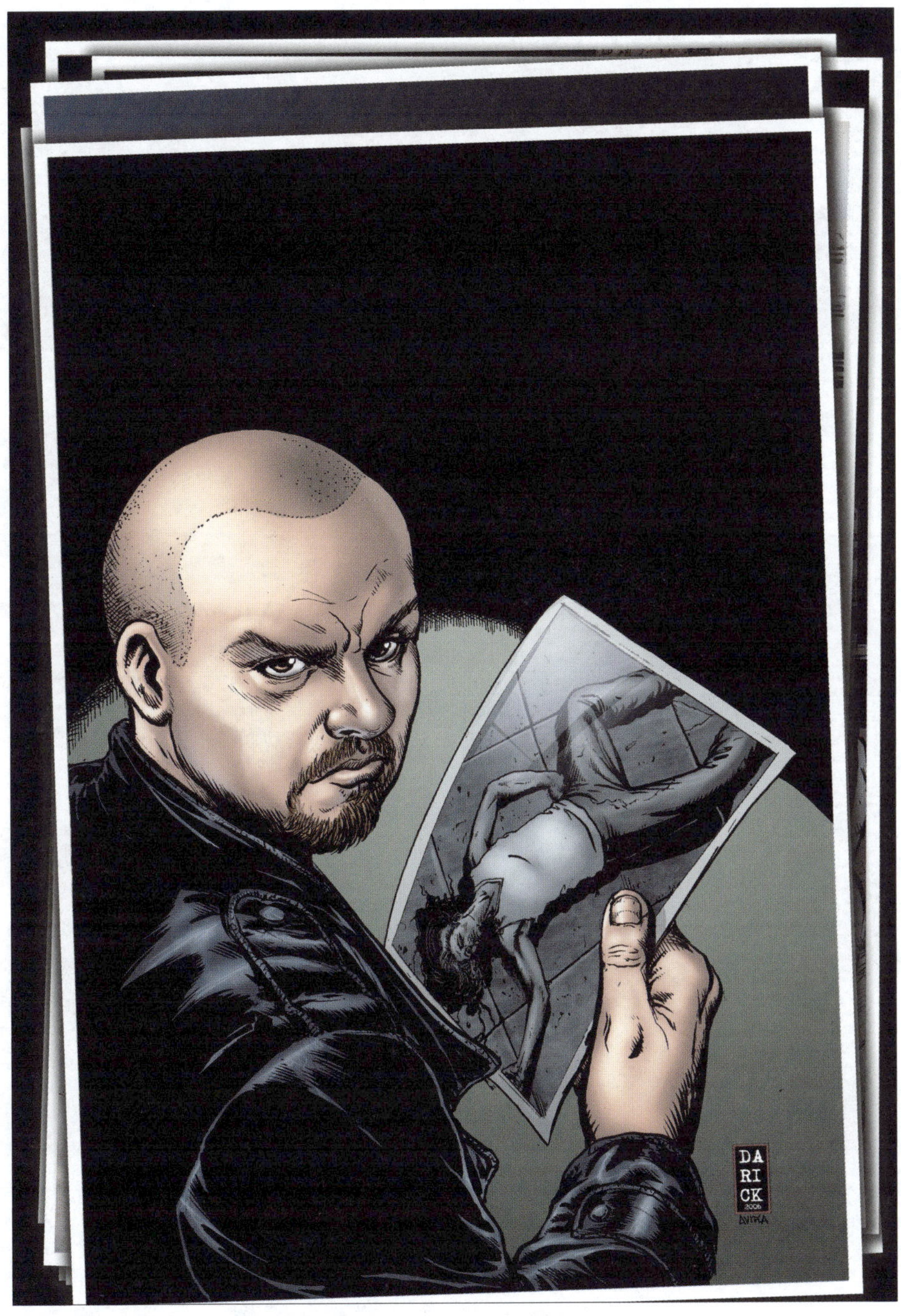

The Boys (2006) 10
Cover von **DARICK ROBERTSON**

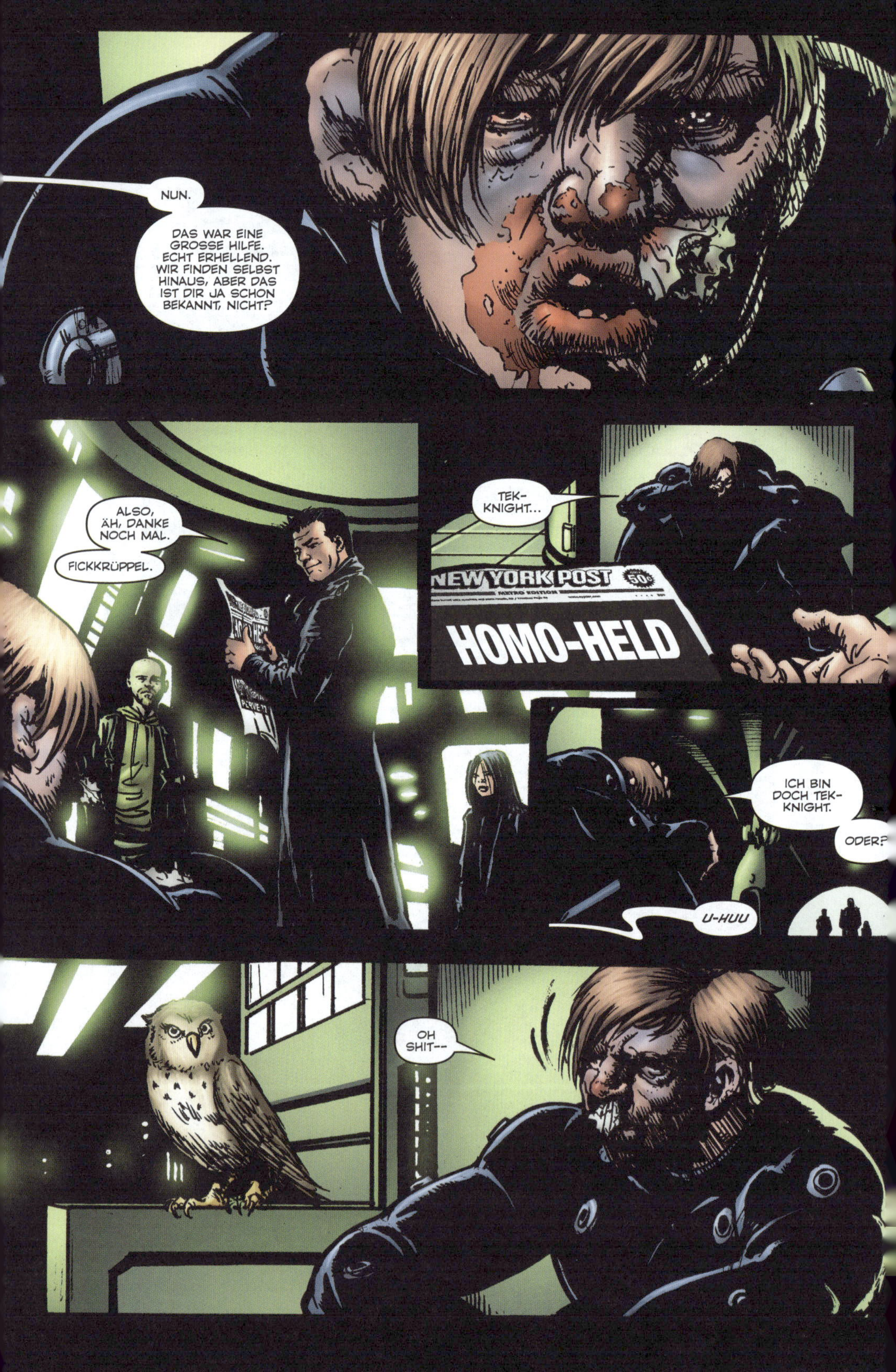
NUN.
DAS WAR EINE GROSSE HILFE. ECHT ERHELLEND. WIR FINDEN SELBST HINAUS, ABER DAS IST DIR JA SCHON BEKANNT, NICHT?
ALSO, ÄH, DANKE NOCH MAL.
FICKKRÜPPEL.
TEK-KNIGHT...
NEW YORK POST
HOMO-HELD
ICH BIN DOCH TEK-KNIGHT.
ODER?
U-HUU
OH SHIT--

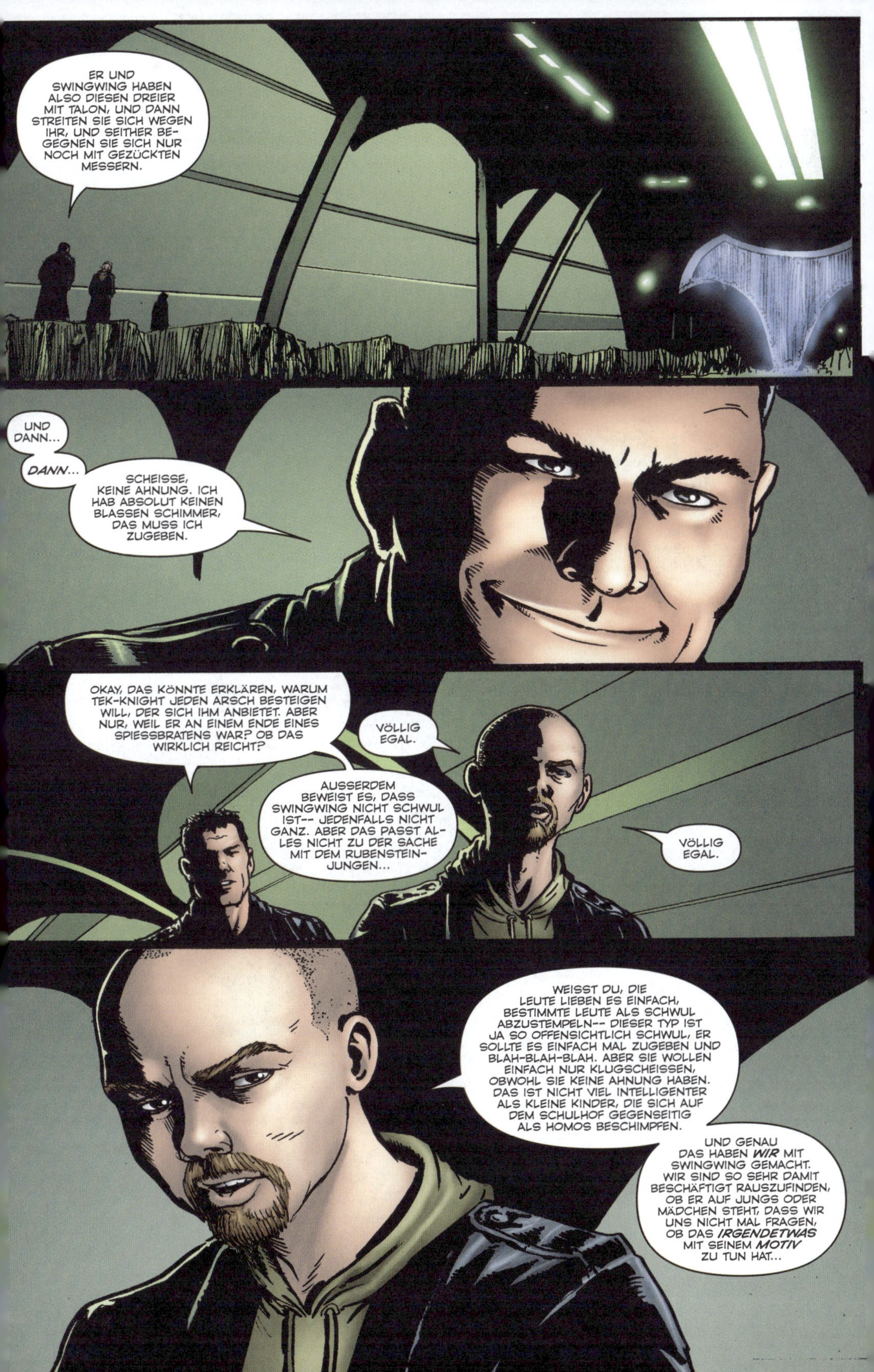
ER UND SWINGWING HABEN ALSO DIESEN DREIER MIT TALON, UND DANN STREITEN SIE SICH WEGEN IHR, UND SEITHER BEGEGNEN SIE SICH NUR NOCH MIT GEZÜCKTEN MESSERN.
UND DANN...
DANN...
SCHEISSE, KEINE AHNUNG. ICH HAB ABSOLUT KEINEN BLASSEN SCHIMMER, DAS MUSS ICH ZUGEBEN.
OKAY, DAS KÖNNTE ERKLÄREN, WARUM TEK-KNIGHT JEDEN ARSCH BESTEIGEN WILL, DER SICH IHM ANBIETET. ABER NUR, WEIL ER AN EINEM ENDE EINES SPIESSBRATENS WAR? OB DAS WIRKLICH REICHT?
VÖLLIG EGAL.
AUSSERDEM BEWEIST ES, DASS SWINGWING NICHT SCHWUL IST-- JEDENFALLS NICHT GANZ. ABER DAS PASST ALLES NICHT ZU DER SACHE MIT DEM RUBENSTEIN-JUNGEN...
VÖLLIG EGAL.
WEISST DU, DIE LEUTE LIEBEN ES EINFACH, BESTIMMTE LEUTE ALS SCHWUL ABZUSTEMPELN-- DIESER TYP IST JA SO OFFENSICHTLICH SCHWUL, ER SOLLTE ES EINFACH MAL ZUGEBEN UND BLAH-BLAH-BLAH. ABER SIE WOLLEN EINFACH NUR KLUGSCHEISSEN, OBWOHL SIE KEINE AHNUNG HABEN. DAS IST NICHT VIEL INTELLIGENTER ALS KLEINE KINDER, DIE SICH AUF DEM SCHULHOF GEGENSEITIG ALS HOMOS BESCHIMPFEN.
UND GENAU DAS HABEN WIR MIT SWINGWING GEMACHT. WIR SIND SO SEHR DAMIT BESCHÄFTIGT RAUSZUFINDEN, OB ER AUF JUNGS ODER MÄDCHEN STEHT, DASS WIR UNS NICHT MAL FRAGEN, OB DAS IRGENDETWAS MIT SEINEM MOTIV ZU TUN HAT...

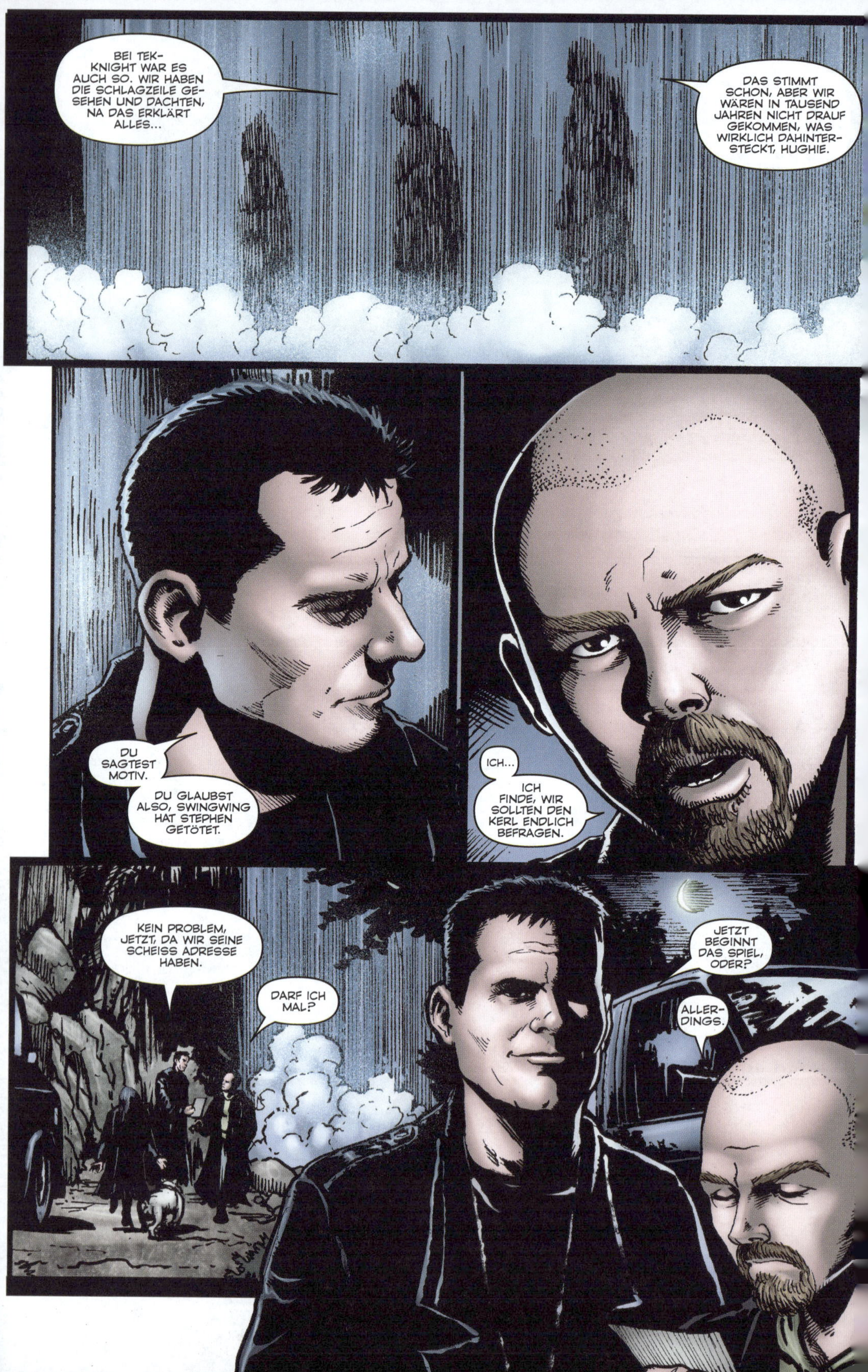
BEI TEK-KNIGHT WAR ES AUCH SO. WIR HABEN DIE SCHLAGZEILE GESEHEN UND DACHTEN, NA DAS ERKLÄRT ALLES...
DAS STIMMT SCHON, ABER WIR WÄREN IN TAUSEND JAHREN NICHT DRAUF GEKOMMEN, WAS WIRKLICH DAHINTERSTECKT, HUGHIE.
DU SAGTEST MOTIV.
DU GLAUBST ALSO, SWINGWING HAT STEPHEN GETÖTET.
ICH...
ICH FINDE, WIR SOLLTEN DEN KERL ENDLICH BEFRAGEN.
KEIN PROBLEM, JETZT, DA WIR SEINE SCHEISS ADRESSE HABEN.
DARF ICH MAL?
JETZT BEGINNT DAS SPIEL, ODER?
ALLERDINGS.

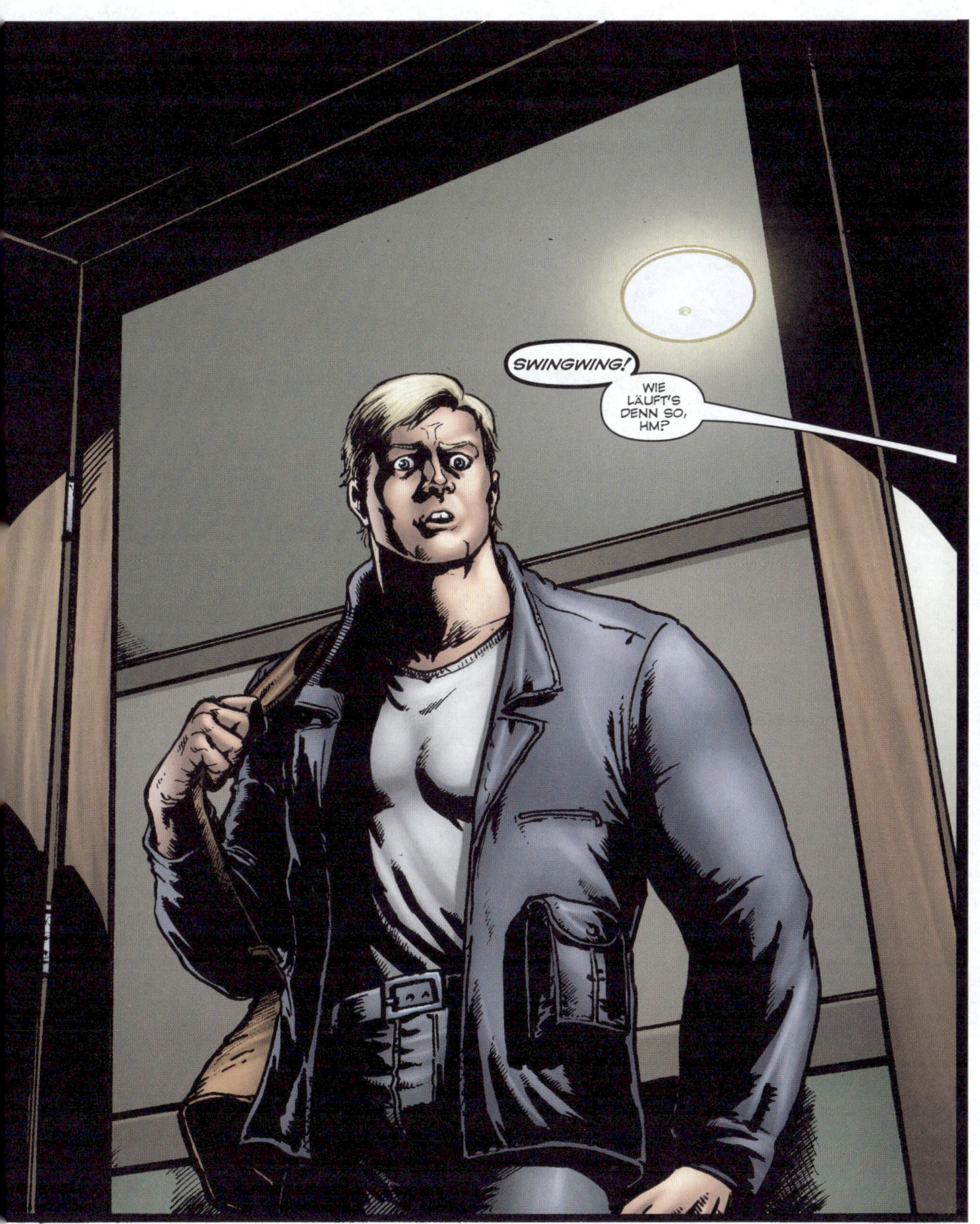

EINGELOCHT
TEIL 4

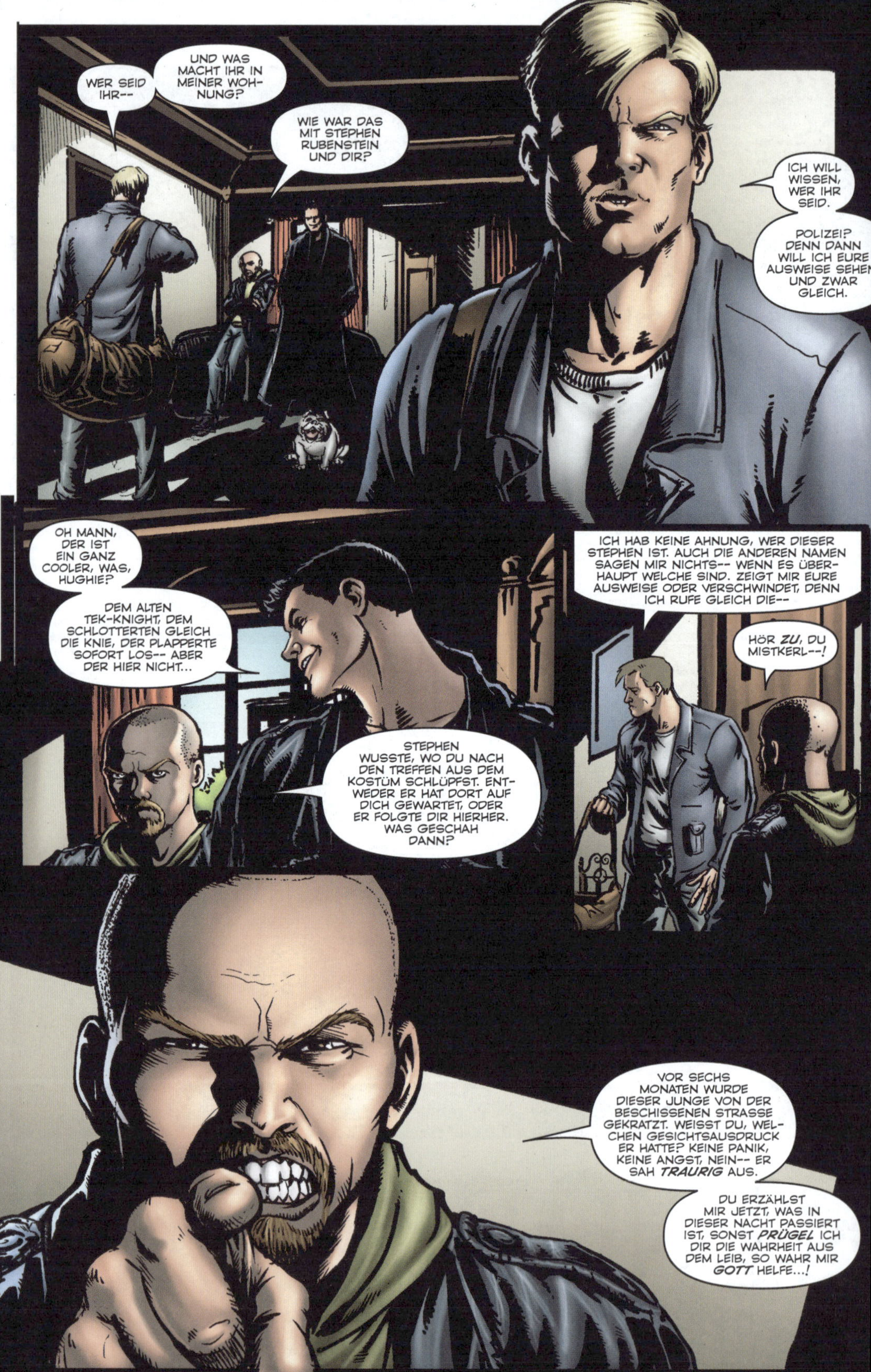

WER SEID IHR--
UND WAS MACHT IHR IN MEINER WOHNUNG?
WIE WAR DAS MIT STEPHEN RUBENSTEIN UND DIR?
ICH WILL WISSEN, WER IHR SEID.
POLIZEI? DENN DANN WILL ICH EURE AUSWEISE SEHEN UND ZWAR GLEICH.
OH MANN, DER IST EIN GANZ COOLER, WAS, HUGHIE?
DEM ALTEN TEK-KNIGHT, DEM SCHLOTTERTEN GLEICH DIE KNIE, DER PLAPPERTE SOFORT LOS-- ABER DER HIER NICHT...
STEPHEN WUSSTE, WO DU NACH DEN TREFFEN AUS DEM KOSTÜM SCHLÜPFST. ENTWEDER ER HAT DORT AUF DICH GEWARTET, ODER ER FOLGTE DIR HIERHER. WAS GESCHAH DANN?
ICH HAB KEINE AHNUNG, WER DIESER STEPHEN IST. AUCH DIE ANDEREN NAMEN SAGEN MIR NICHTS-- WENN ES ÜBERHAUPT WELCHE SIND. ZEIGT MIR EURE AUSWEISE ODER VERSCHWINDET, DENN ICH RUFE GLEICH DIE--
HÖR ZU, DU MISTKERL--!
VOR SECHS MONATEN WURDE DIESER JUNGE VON DER BESCHISSENEN STRASSE GEKRATZT. WEISST DU, WELCHEN GESICHTSAUSDRUCK ER HATTE? KEINE PANIK, KEINE ANGST, NEIN-- ER SAH TRAURIG AUS.
DU ERZÄHLST MIR JETZT, WAS IN DIESER NACHT PASSIERT IST, SONST PRÜGEL ICH DIR DIE WAHRHEIT AUS DEM LEIB, SO WAHR MIR GOTT HELFE...!

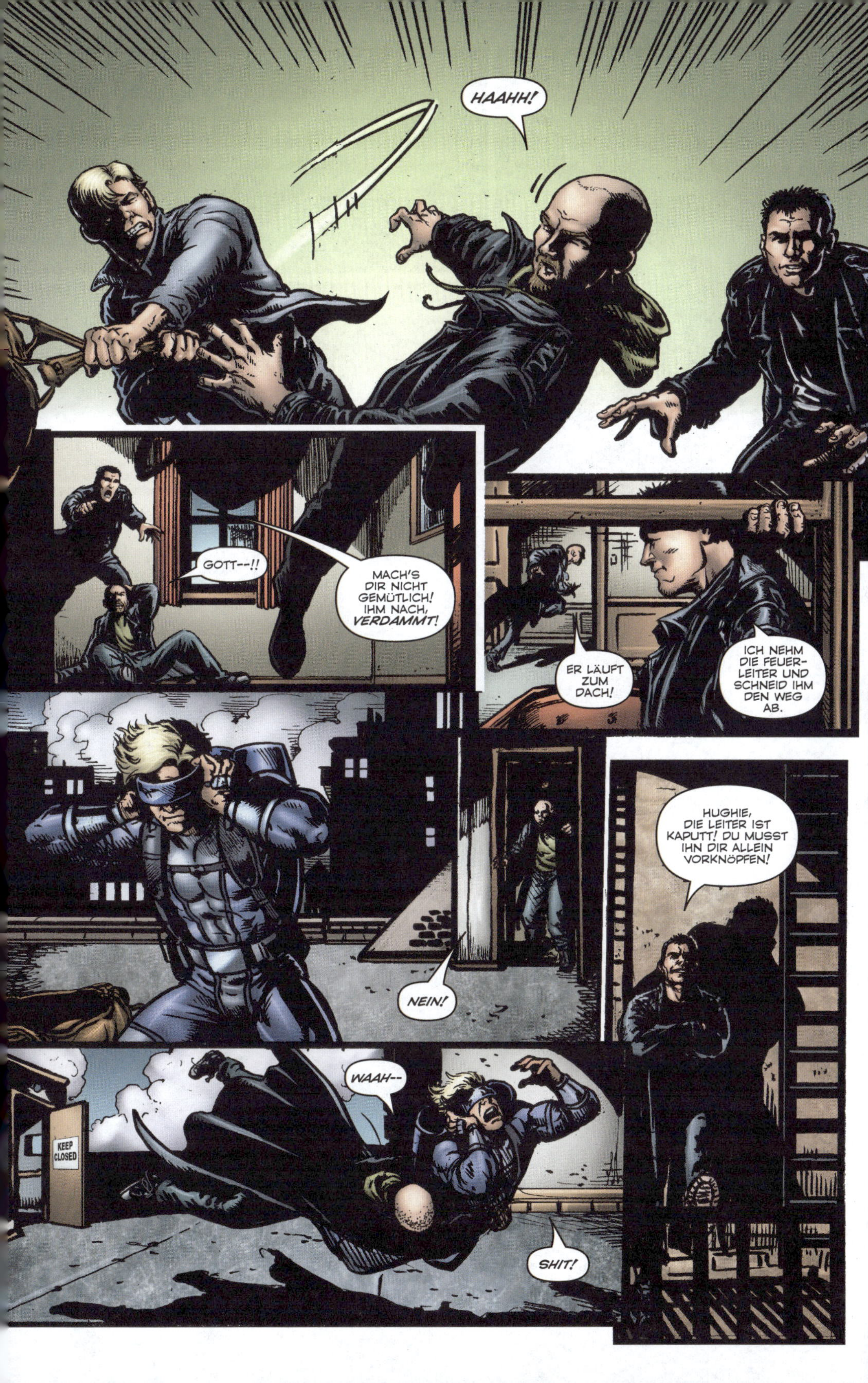
HAAHH!
GOTT--!!
MACH'S DIR NICHT GEMÜTLICH! IHM NACH, VERDAMMT!
ER LÄUFT ZUM DACH!
ICH NEHM DIE FEUER-LEITER UND SCHNEID IHM DEN WEG AB.
NEIN!
HUGHIE, DIE LEITER IST KAPUTT! DU MUSST IHN DIR ALLEIN VORKNÖPFEN!
WAAH--
KEEP CLOSED
SHIT!

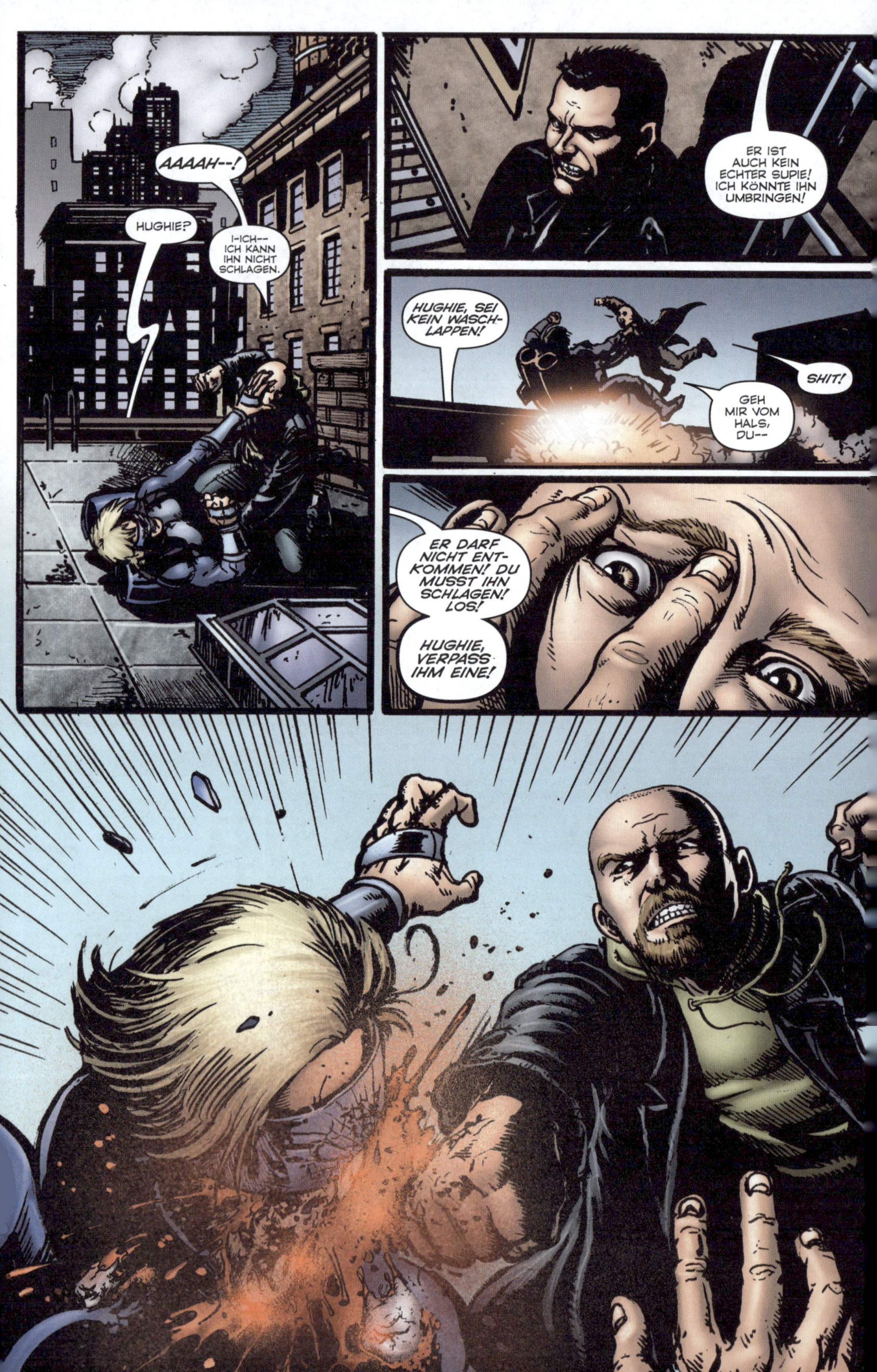
AAAAH--!
HUGHIE?
I-ICH--
ICH KANN
IHN NICHT
SCHLAGEN.
ER IST
AUCH KEIN
ECHTER SUPIE!
ICH KÖNNTE IHN
UMBRINGEN!
HUGHIE, SEI
KEIN WASCH-
LAPPEN!
SHIT!
GEH
MIR VOM
HALS,
DU--
ER DARF
NICHT ENT-
KOMMEN! DU
MUSST IHN
SCHLAGEN!
LOS!
HUGHIE,
VERPASS
IHM EINE!

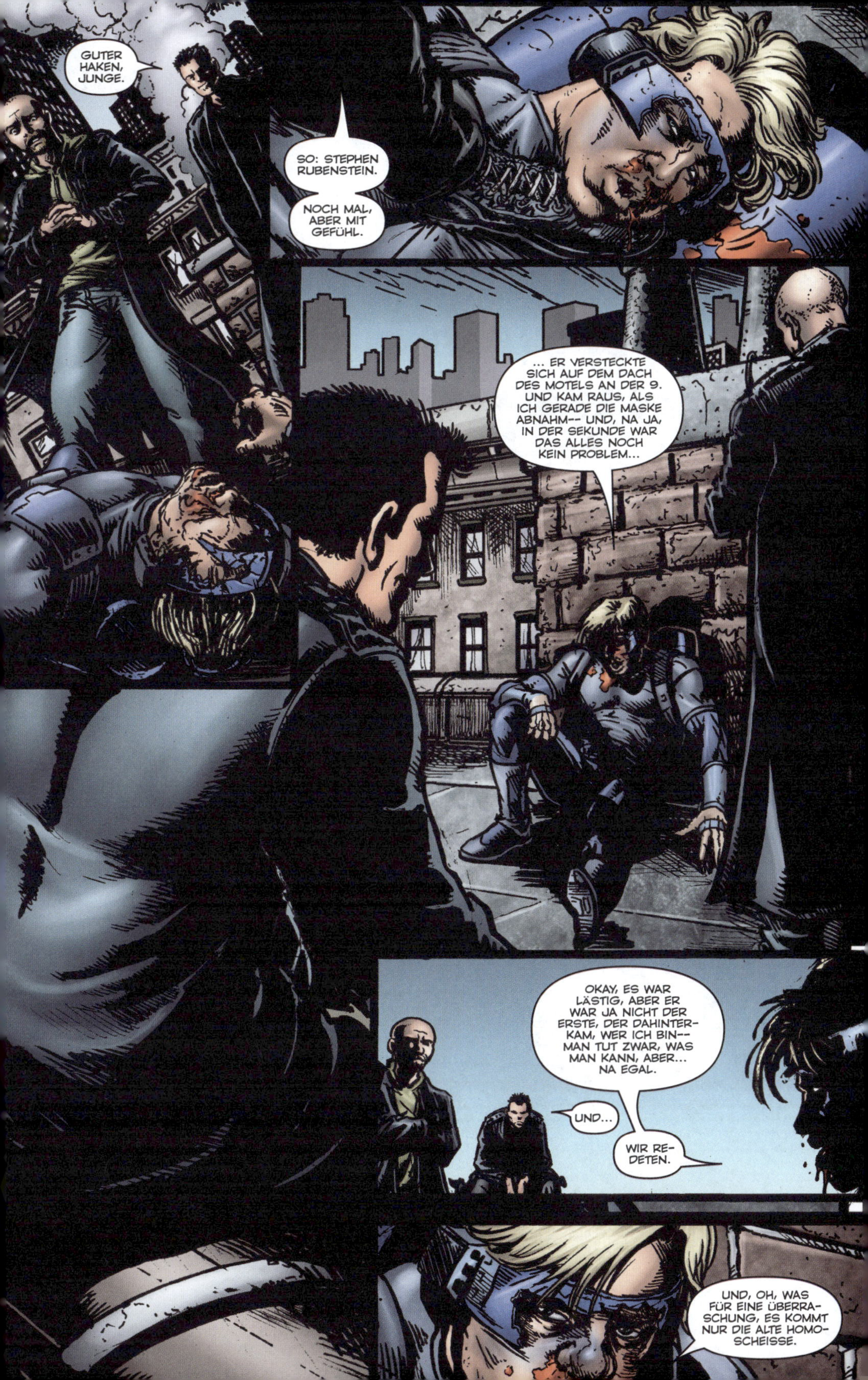
GUTER HAKEN, JUNGE.
SO: STEPHEN RUBENSTEIN.
NOCH MAL, ABER MIT GEFÜHL.
... ER VERSTECKTE SICH AUF DEM DACH DES MOTELS AN DER 9. UND KAM RAUS, ALS ICH GERADE DIE MASKE ABNAHM-- UND, NA JA, IN DER SEKUNDE WAR DAS ALLES NOCH KEIN PROBLEM...
OKAY, ES WAR LÄSTIG, ABER ER WAR JA NICHT DER ERSTE, DER DAHINTERKAM, WER ICH BIN-- MAN TUT ZWAR, WAS MAN KANN, ABER... NA EGAL.
UND...
WIR REDETEN.
UND, OH, WAS FÜR EINE ÜBERRASCHUNG, ES KOMMT NUR DIE ALTE HOMOSCHEISSE.

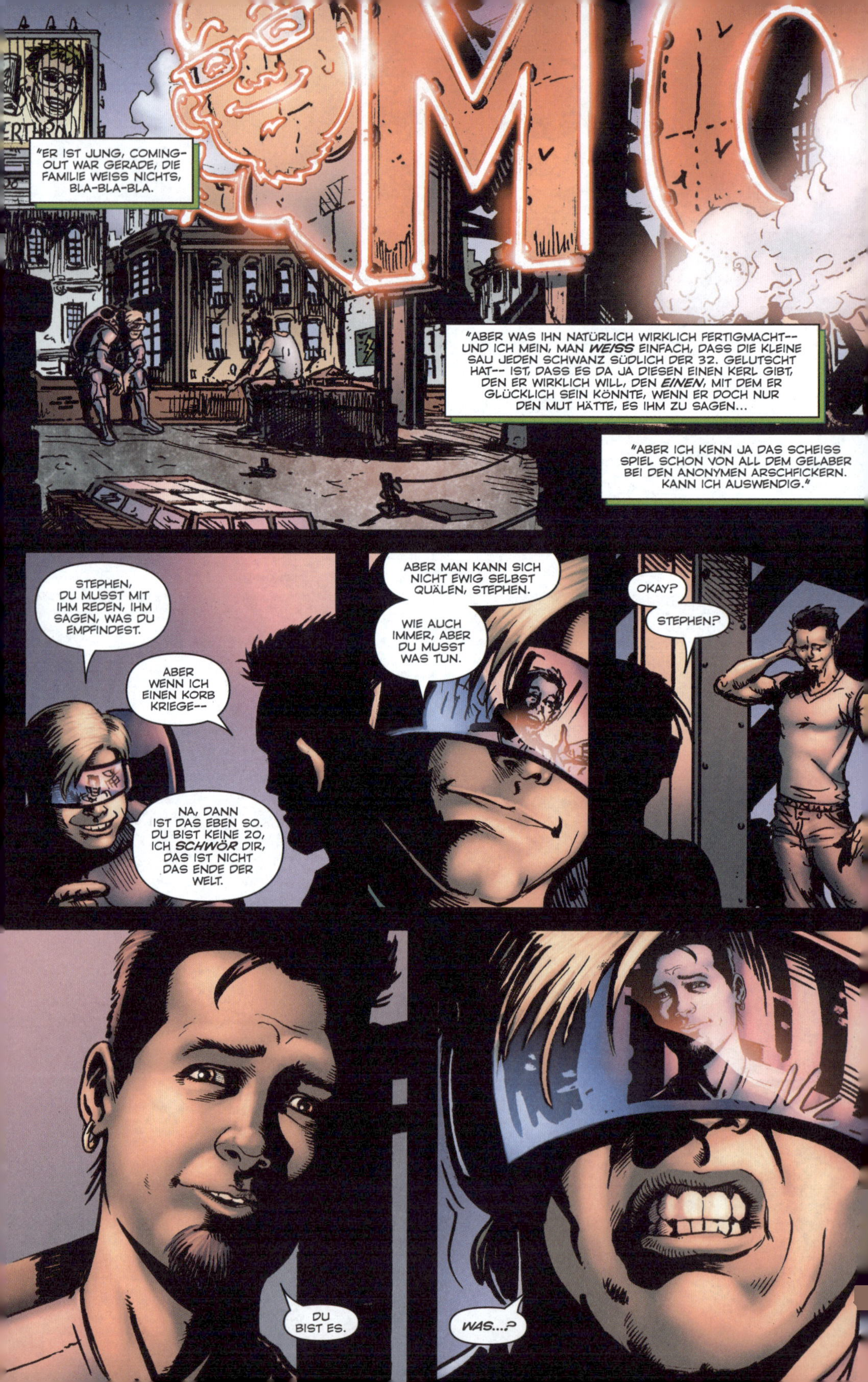
"ER IST JUNG, COMING-OUT WAR GERADE, DIE FAMILIE WEISS NICHTS, BLA-BLA-BLA.
"ABER WAS IHN NATÜRLICH WIRKLICH FERTIGMACHT-- UND ICH MEIN, MAN WEISS EINFACH, DASS DIE KLEINE SAU JEDEN SCHWANZ SÜDLICH DER 32. GELUTSCHT HAT-- IST, DASS ES DA JA DIESEN EINEN KERL GIBT, DEN ER WIRKLICH WILL, DEN EINEN, MIT DEM ER GLÜCKLICH SEIN KÖNNTE, WENN ER DOCH NUR DEN MUT HÄTTE, ES IHM ZU SAGEN...
"ABER ICH KENN JA DAS SCHEISS SPIEL SCHON VON ALL DEM GELABER BEI DEN ANONYMEN ARSCHFICKERN. KANN ICH AUSWENDIG."
STEPHEN, DU MUSST MIT IHM REDEN, IHM SAGEN, WAS DU EMPFINDEST.
ABER WENN ICH EINEN KORB KRIEGE--
NA, DANN IST DAS EBEN SO. DU BIST KEINE 20, ICH SCHWÖR DIR, DAS IST NICHT DAS ENDE DER WELT.
ABER MAN KANN SICH NICHT EWIG SELBST QUÄLEN, STEPHEN.
WIE AUCH IMMER, ABER DU MUSST WAS TUN.
OKAY?
STEPHEN?
DU BIST ES.
WAS...?

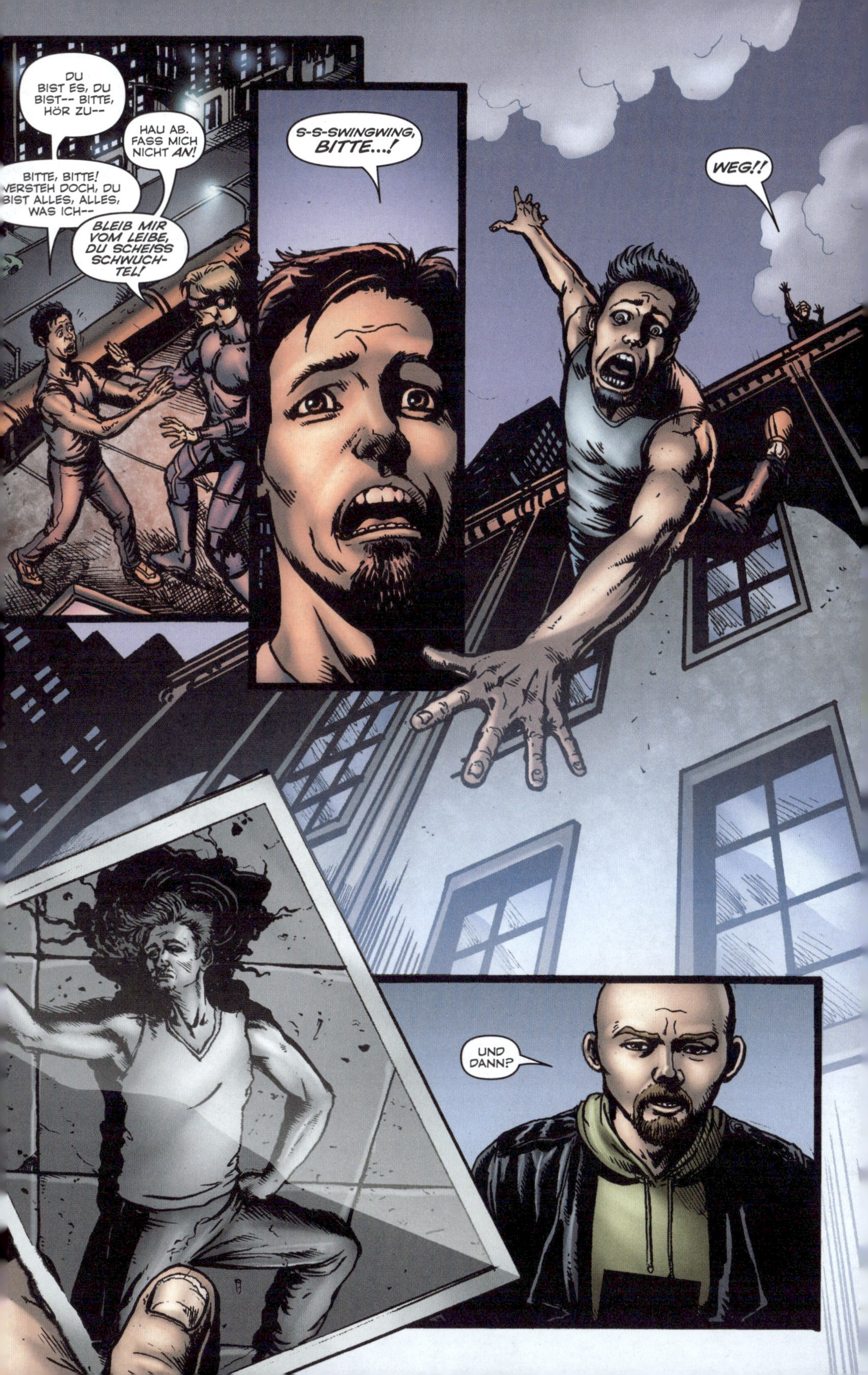
DU BIST ES, DU BIST-- BITTE, HÖR ZU--
HAU AB. FASS MICH NICHT AN!
BITTE, BITTE! VERSTEH DOCH, DU BIST ALLES, ALLES, WAS ICH--
BLEIB MIR VOM LEIBE, DU SCHEISS SCHWUCH-TEL!
S-S-SWINGWING, BITTE...!
WEG!!
UND DANN?

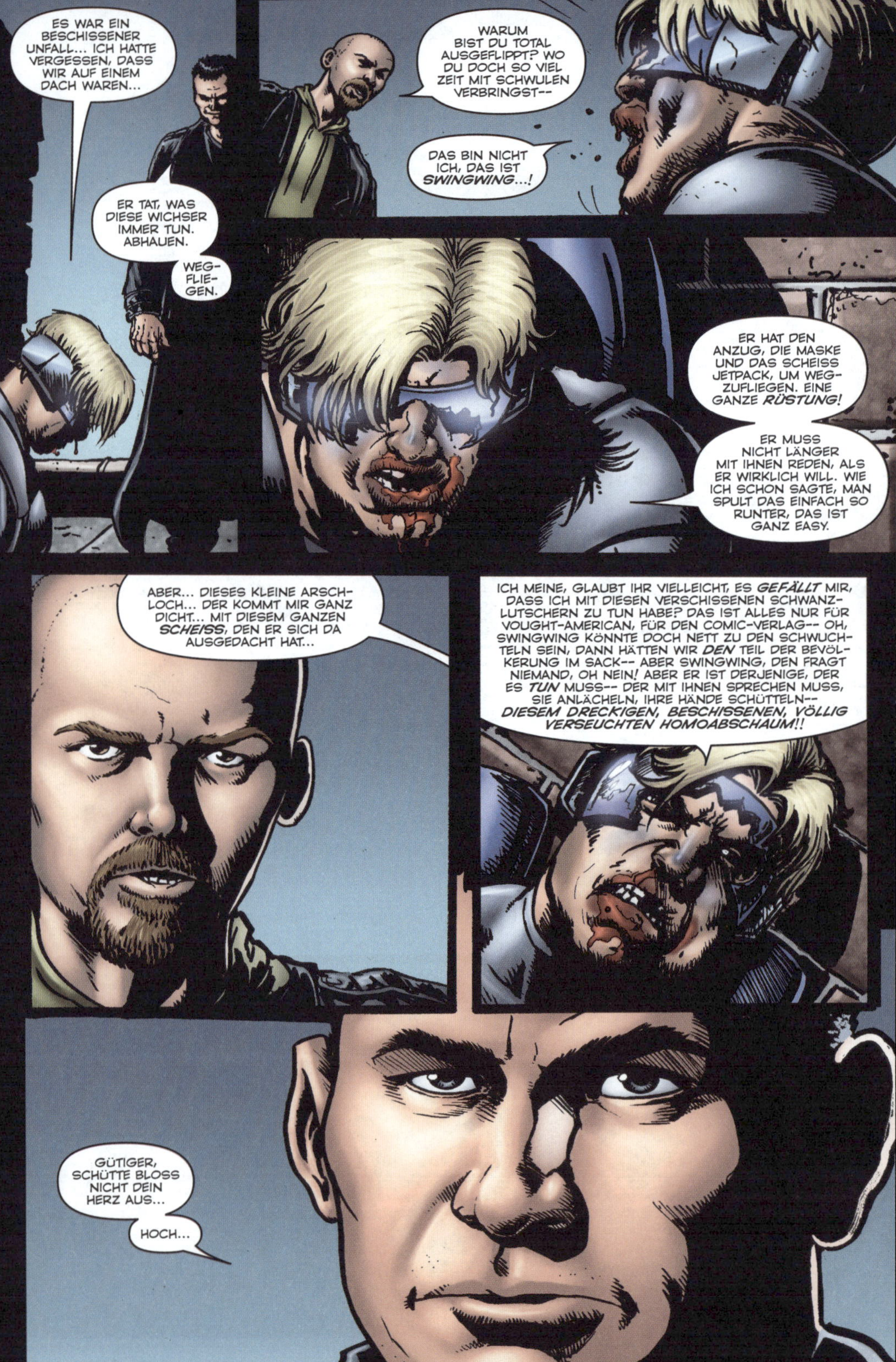
ES WAR EIN BESCHISSENER UNFALL... ICH HATTE VERGESSEN, DASS WIR AUF EINEM DACH WAREN...
ER TAT, WAS DIESE WICHSER IMMER TUN. ABHAUEN.
WEG-FLIE-GEN.
WARUM BIST DU TOTAL AUSGEFLIPPT? WO DU DOCH SO VIEL ZEIT MIT SCHWULEN VERBRINGST--
DAS BIN NICHT ICH, DAS IST SWINGWING...!
ER HAT DEN ANZUG, DIE MASKE UND DAS SCHEISS JETPACK, UM WEG-ZUFLIEGEN. EINE GANZE RÜSTUNG!
ER MUSS NICHT LÄNGER MIT IHNEN REDEN, ALS ER WIRKLICH WILL. WIE ICH SCHON SAGTE, MAN SPULT DAS EINFACH SO RUNTER, DAS IST GANZ EASY.
ABER... DIESES KLEINE ARSCH-LOCH... DER KOMMT MIR GANZ DICHT... MIT DIESEM GANZEN SCHEISS, DEN ER SICH DA AUSGEDACHT HAT...
ICH MEINE, GLAUBT IHR VIELLEICHT, ES GEFÄLLT MIR, DASS ICH MIT DIESEN VERSCHISSENEN SCHWANZ-LUTSCHERN ZU TUN HABE? DAS IST ALLES NUR FÜR VOUGHT-AMERICAN, FÜR DEN COMIC-VERLAG-- OH, SWINGWING KÖNNTE DOCH NETT ZU DEN SCHWUCH-TELN SEIN, DANN HÄTTEN WIR DEN TEIL DER BEVÖL-KERUNG IM SACK-- ABER SWINGWING, DEN FRAGT NIEMAND, OH NEIN! ABER ER IST DERJENIGE, DER ES TUN MUSS-- DER MIT IHNEN SPRECHEN MUSS, SIE ANLÄCHELN, IHRE HÄNDE SCHÜTTELN-- DIESEM DRECKIGEN, BESCHISSENEN, VÖLLIG VERSEUCHTEN HOMOABSCHAUM!!
GÜTIGER, SCHÜTTE BLOSS NICHT DEIN HERZ AUS...
HOCH...

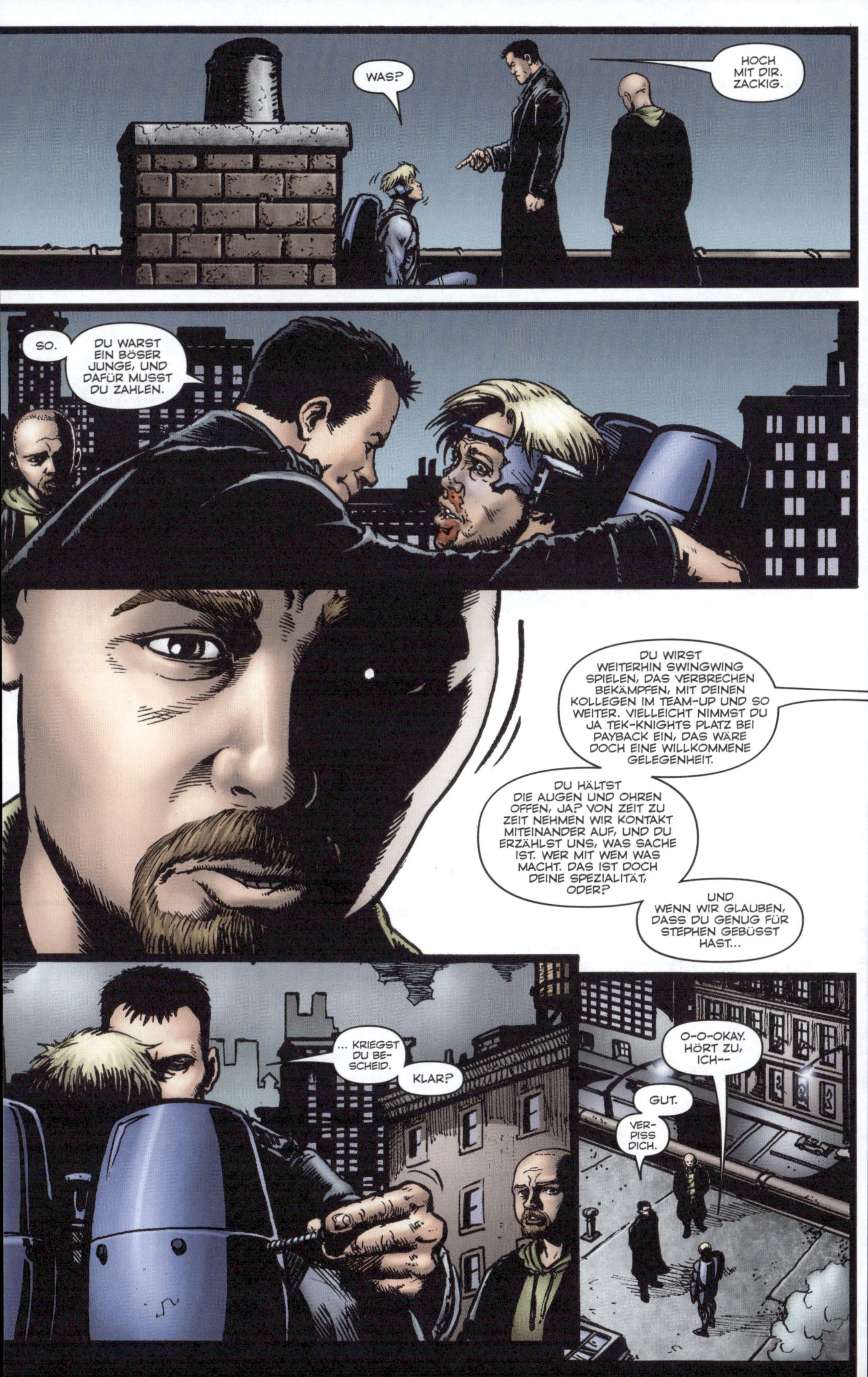
WAS?
HOCH MIT DIR. ZACKIG.
SO.
DU WARST EIN BÖSER JUNGE, UND DAFÜR MUSST DU ZAHLEN.
DU WIRST WEITERHIN SWINGWING SPIELEN, DAS VERBRECHEN BEKÄMPFEN, MIT DEINEN KOLLEGEN IM TEAM-UP UND SO WEITER. VIELLEICHT NIMMST DU JA TEK-KNIGHTS PLATZ BEI PAYBACK EIN, DAS WÄRE DOCH EINE WILLKOMMENE GELEGENHEIT.
DU HÄLTST DIE AUGEN UND OHREN OFFEN, JA? VON ZEIT ZU ZEIT NEHMEN WIR KONTAKT MITEINANDER AUF, UND DU ERZÄHLST UNS, WAS SACHE IST. WER MIT WEM WAS MACHT. DAS IST DOCH DEINE SPEZIALITÄT, ODER?
UND WENN WIR GLAUBEN, DASS DU GENUG FÜR STEPHEN GEBÜSST HAST...
... KRIEGST DU BESCHEID.
KLAR?
O-O-OKAY. HÖRT ZU, ICH--
GUT.
VERPISS DICH.

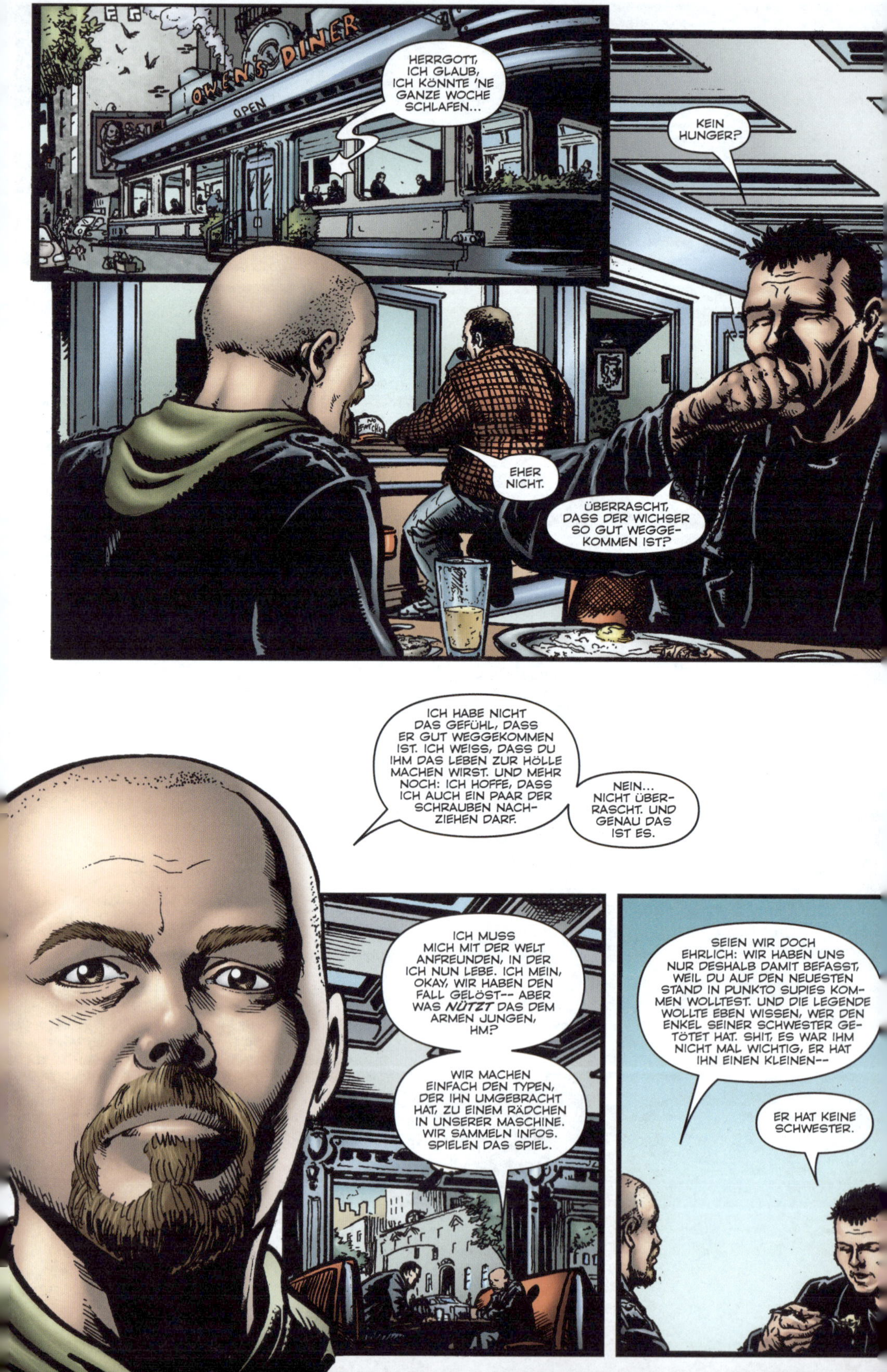

OWEN'S DINER
OPEN
HERRGOTT, ICH GLAUB, ICH KÖNNTE 'NE GANZE WOCHE SCHLAFEN...
KEIN HUNGER?
EHER NICHT.
ÜBERRASCHT, DASS DER WICHSER SO GUT WEGGEKOMMEN IST?
ICH HABE NICHT DAS GEFÜHL, DASS ER GUT WEGGEKOMMEN IST. ICH WEISS, DASS DU IHM DAS LEBEN ZUR HÖLLE MACHEN WIRST. UND MEHR NOCH: ICH HOFFE, DASS ICH AUCH EIN PAAR DER SCHRAUBEN NACHZIEHEN DARF.
NEIN... NICHT ÜBERRASCHT. UND GENAU DAS IST ES.

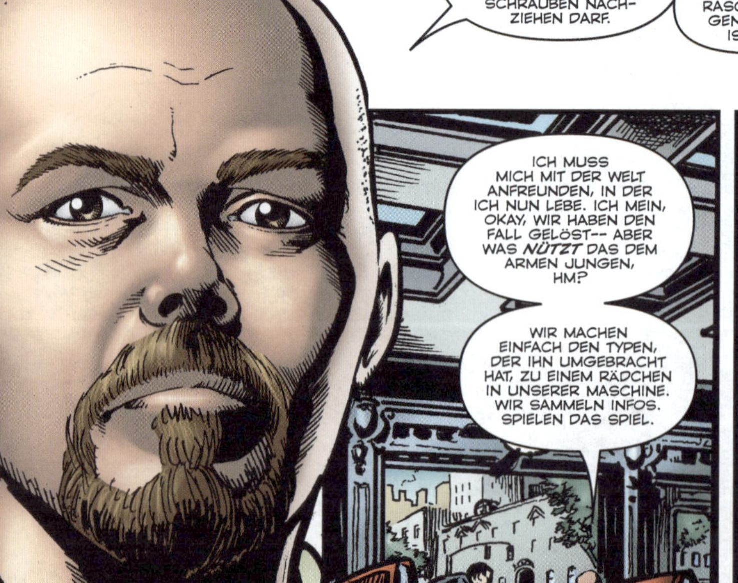

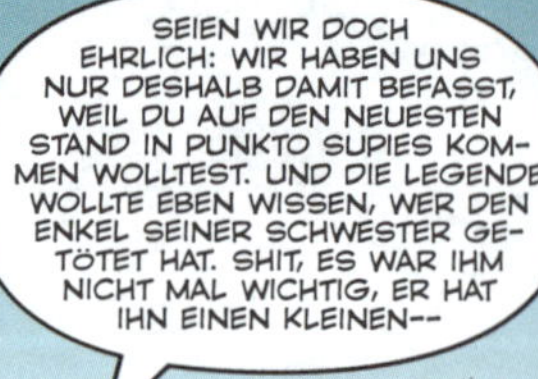

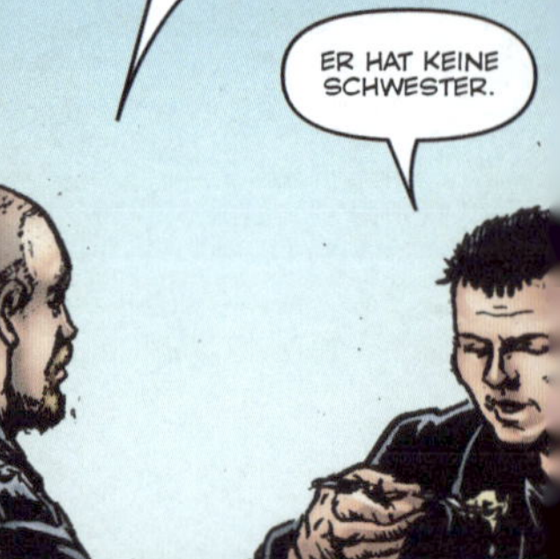

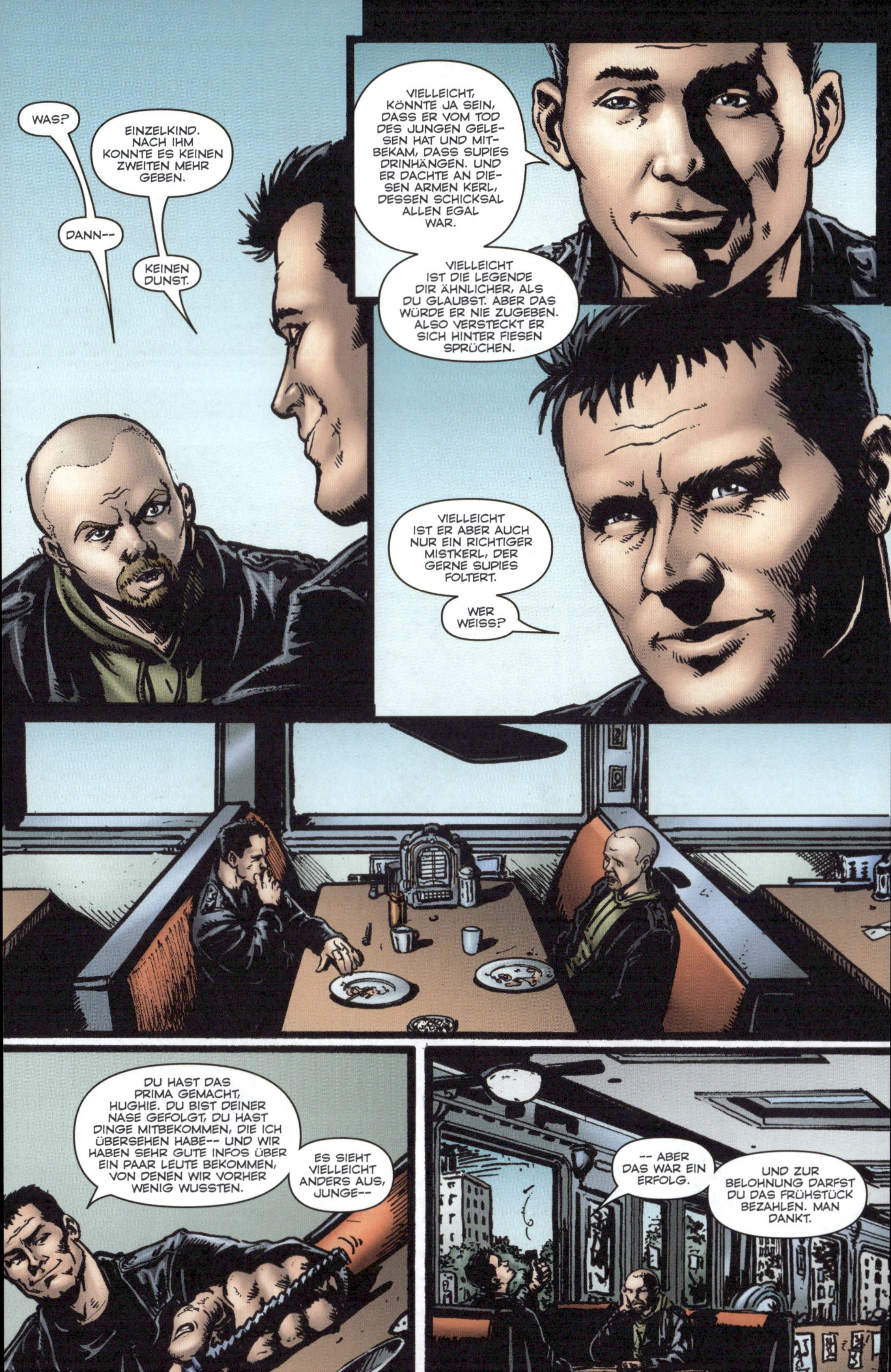
WAS?
EINZELKIND. NACH IHM KONNTE ES KEINEN ZWEITEN MEHR GEBEN.
DANN--
KEINEN DUNST.
VIELLEICHT, KÖNNTE JA SEIN, DASS ER VOM TOD DES JUNGEN GELESEN HAT UND MITBEKAM, DASS SUPIES DRINHÄNGEN. UND ER DACHTE AN DIESEN ARMEN KERL, DESSEN SCHICKSAL ALLEN EGAL WAR.
VIELLEICHT IST DIE LEGENDE DIR ÄHNLICHER, ALS DU GLAUBST. ABER DAS WÜRDE ER NIE ZUGEBEN. ALSO VERSTECKT ER SICH HINTER FIESEN SPRÜCHEN.
VIELLEICHT IST ER ABER AUCH NUR EIN RICHTIGER MISTKERL, DER GERNE SUPIES FOLTERT.
WER WEISS?
DU HAST DAS PRIMA GEMACHT, HUGHIE. DU BIST DEINER NASE GEFOLGT, DU HAST DINGE MITBEKOMMEN, DIE ICH ÜBERSEHEN HABE-- UND WIR HABEN SEHR GUTE INFOS ÜBER EIN PAAR LEUTE BEKOMMEN, VON DENEN WIR VORHER WENIG WUSSTEN.
ES SIEHT VIELLEICHT ANDERS AUS, JUNGE--
-- ABER DAS WAR EIN ERFOLG.
UND ZUR BELOHNUNG DARFST DU DAS FRÜHSTÜCK BEZAHLEN. MAN DANKT.

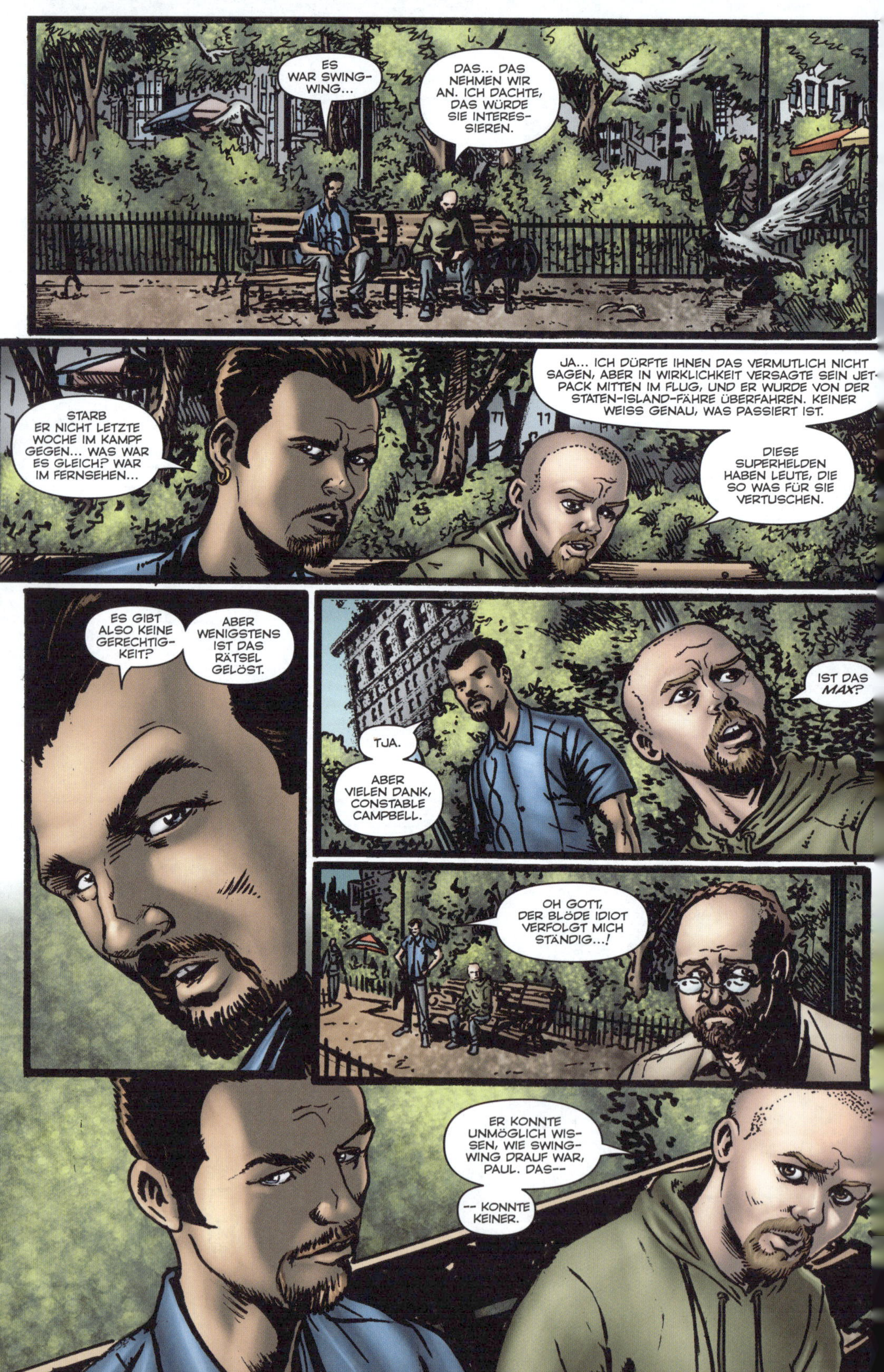
ES WAR SWING-WING...
DAS... DAS NEHMEN WIR AN. ICH DACHTE, DAS WÜRDE SIE INTERESSIEREN.
STARB ER NICHT LETZTE WOCHE IM KAMPF GEGEN... WAS WAR ES GLEICH? WAR IM FERNSEHEN...
JA... ICH DÜRFTE IHNEN DAS VERMUTLICH NICHT SAGEN, ABER IN WIRKLICHKEIT VERSAGTE SEIN JET-PACK MITTEN IM FLUG, UND ER WURDE VON DER STATEN-ISLAND-FÄHRE ÜBERFAHREN. KEINER WEISS GENAU, WAS PASSIERT IST.
DIESE SUPERHELDEN HABEN LEUTE, DIE SO WAS FÜR SIE VERTUSCHEN.
ES GIBT ALSO KEINE GERECHTIGKEIT?
ABER WENIGSTENS IST DAS RÄTSEL GELÖST.
TJA.
ABER VIELEN DANK, CONSTABLE CAMPBELL.
IST DAS *MAX*?
OH GOTT, DER BLÖDE IDIOT VERFOLGT MICH STÄNDIG...!
ER KONNTE UNMÖGLICH WISSEN, WIE SWING-WING DRAUF WAR, PAUL. DAS--
-- KONNTE KEINER.

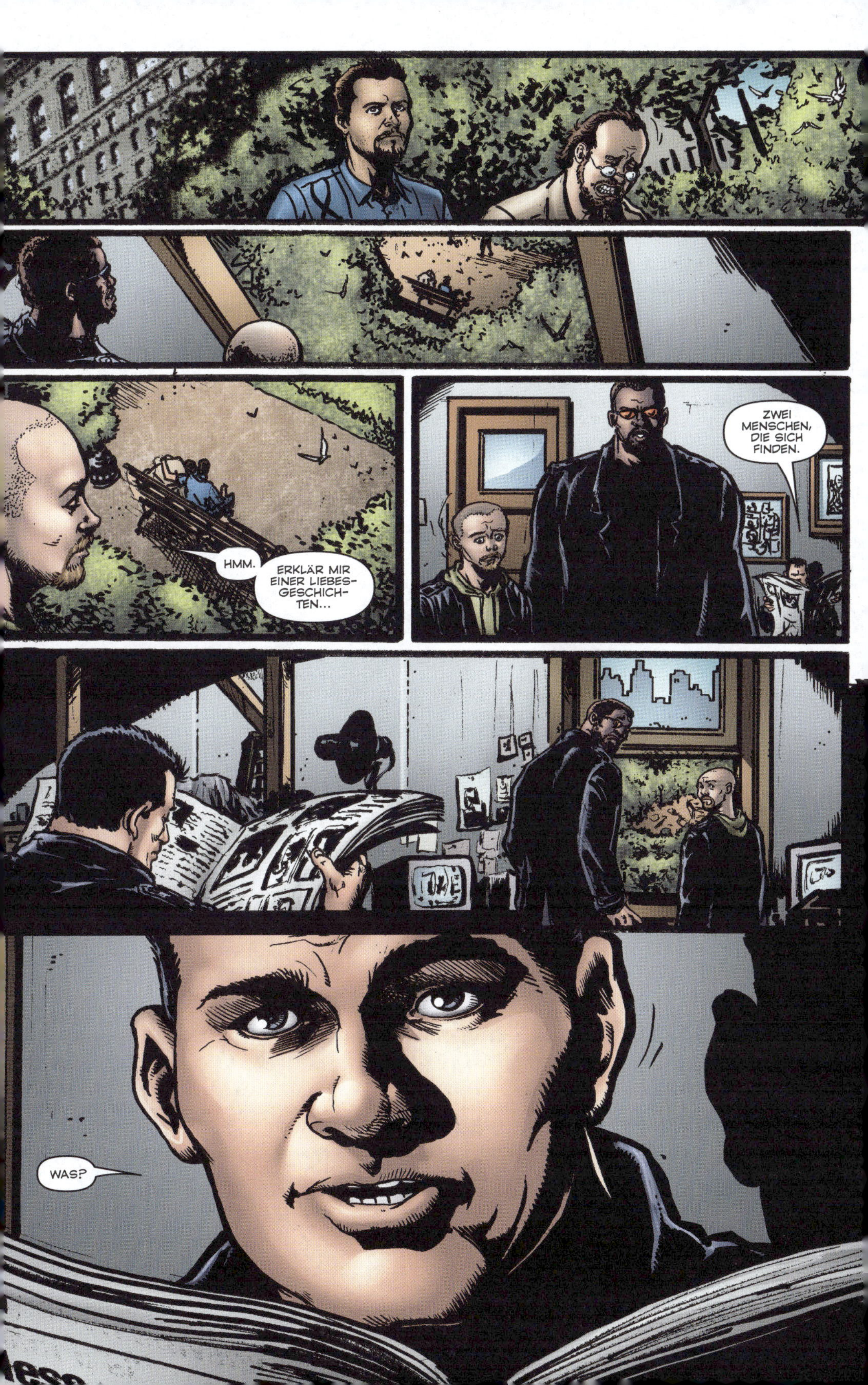
HMM.
ERKLÄR MIR EINER LIEBES-GESCHICH-TEN...
ZWEI MENSCHEN, DIE SICH FINDEN.
WAS?

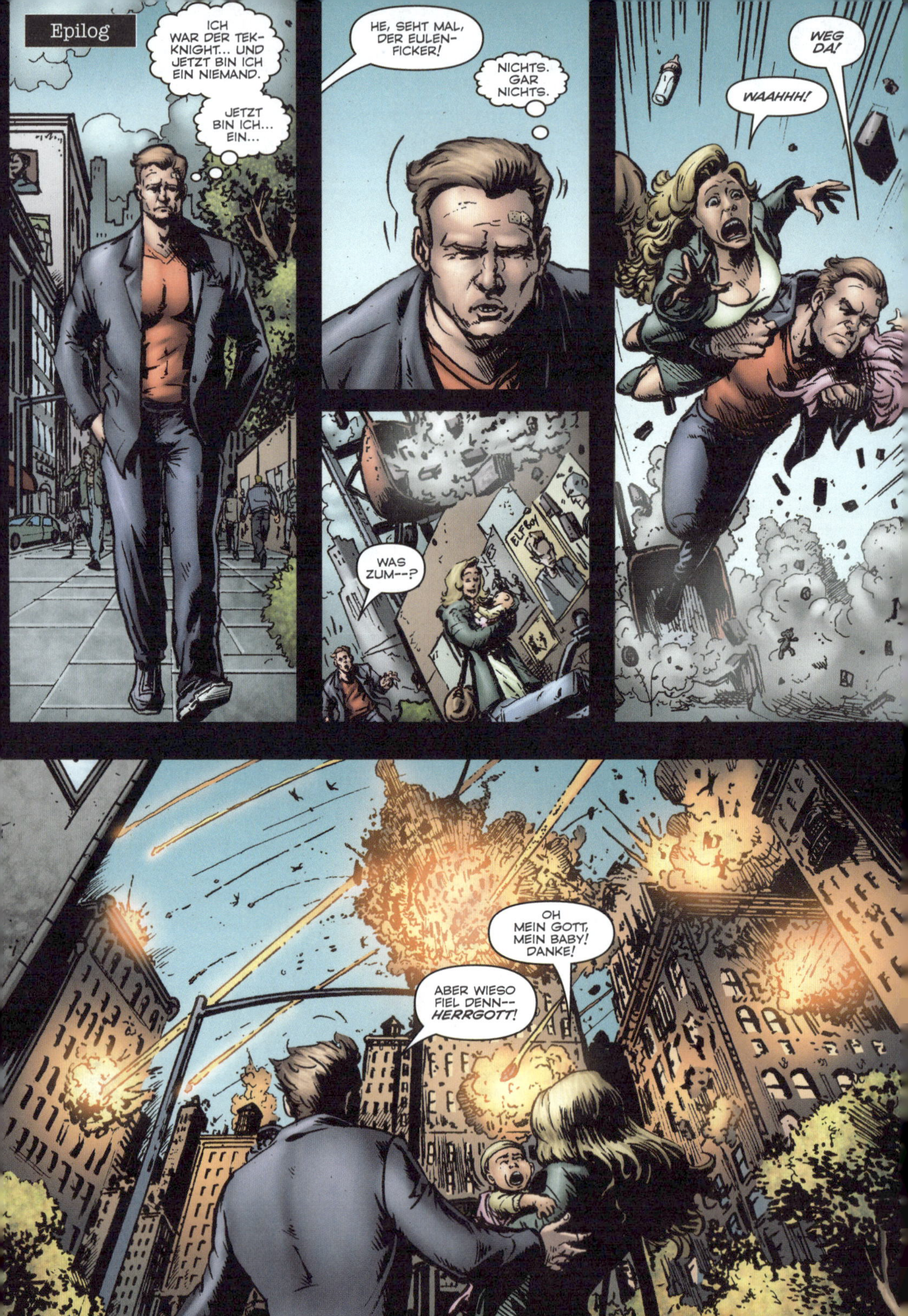
Epilog
ICH WAR DER TEK-KNIGHT... UND JETZT BIN ICH EIN NIEMAND.
JETZT BIN ICH... EIN...
HE, SEHT MAL, DER EULEN-FICKER!
NICHTS. GAR NICHTS.
WEG DA!
WAAHHH!
WAS ZUM--?
ELFBOY
OH MEIN GOTT, MEIN BABY! DANKE!
ABER WIESO FIEL DENN--
HERRGOTT!

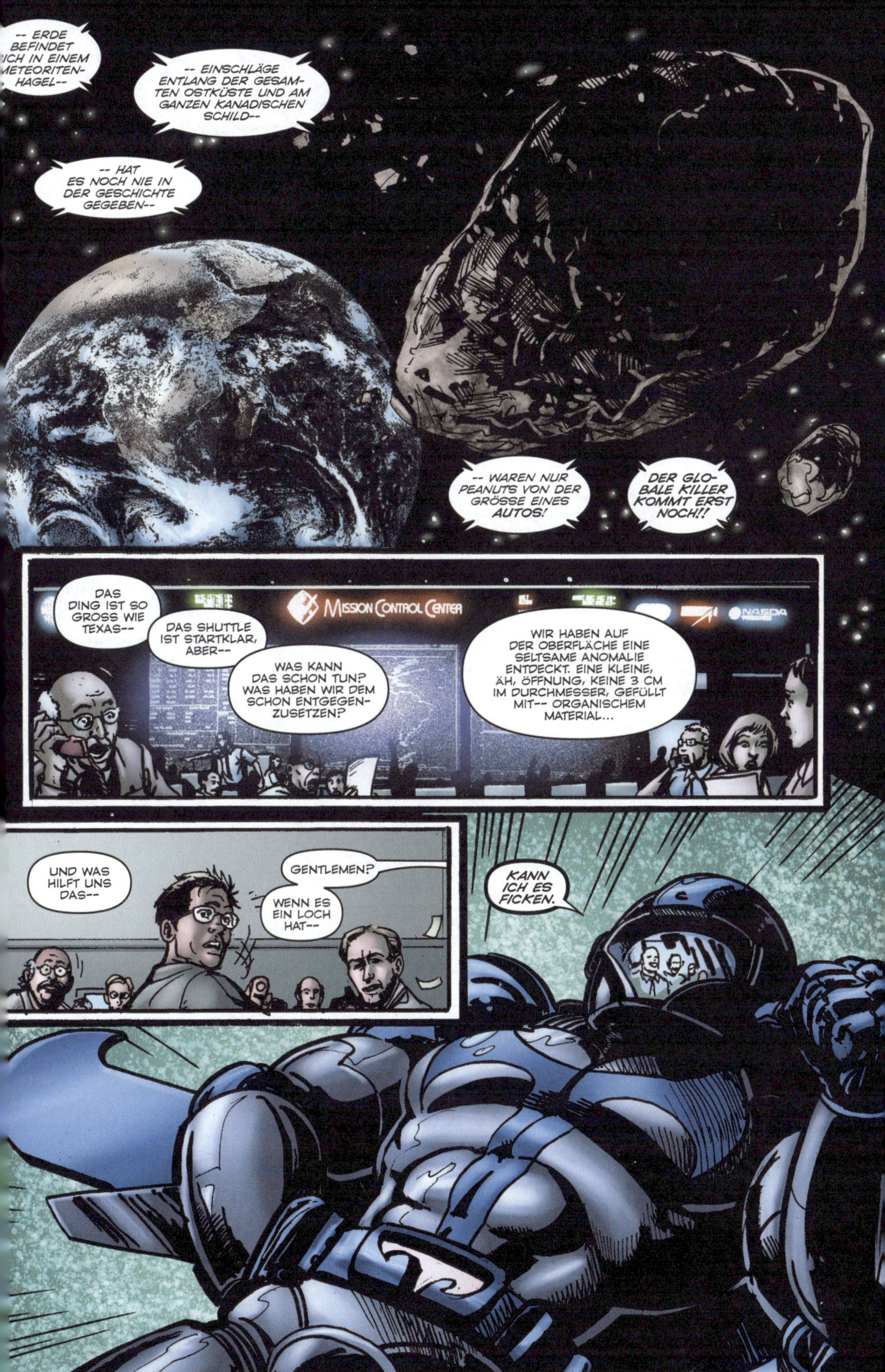
-- ERDE BEFINDET SICH IN EINEM METEORITEN-HAGEL--
-- EINSCHLÄGE ENTLANG DER GESAMTEN OSTKÜSTE UND AM GANZEN KANADISCHEN SCHILD--
-- HAT ES NOCH NIE IN DER GESCHICHTE GEGEBEN--
-- WAREN NUR PEANUTS VON DER GRÖSSE EINES AUTOS!
DER GLOBALE KILLER KOMMT ERST NOCH!!
MISSION CONTROL CENTER
DAS DING IST SO GROSS WIE TEXAS--
DAS SHUTTLE IST STARTKLAR, ABER--
WAS KANN DAS SCHON TUN? WAS HABEN WIR DEM SCHON ENTGEGENZUSETZEN?
WIR HABEN AUF DER OBERFLÄCHE EINE SELTSAME ANOMALIE ENTDECKT. EINE KLEINE, ÄH, ÖFFNUNG, KEINE 3 CM IM DURCHMESSER, GEFÜLLT MIT-- ORGANISCHEM MATERIAL...
UND WAS HILFT UNS DAS--
GENTLEMEN?
WENN ES EIN LOCH HAT--
KANN ICH ES FICKEN.

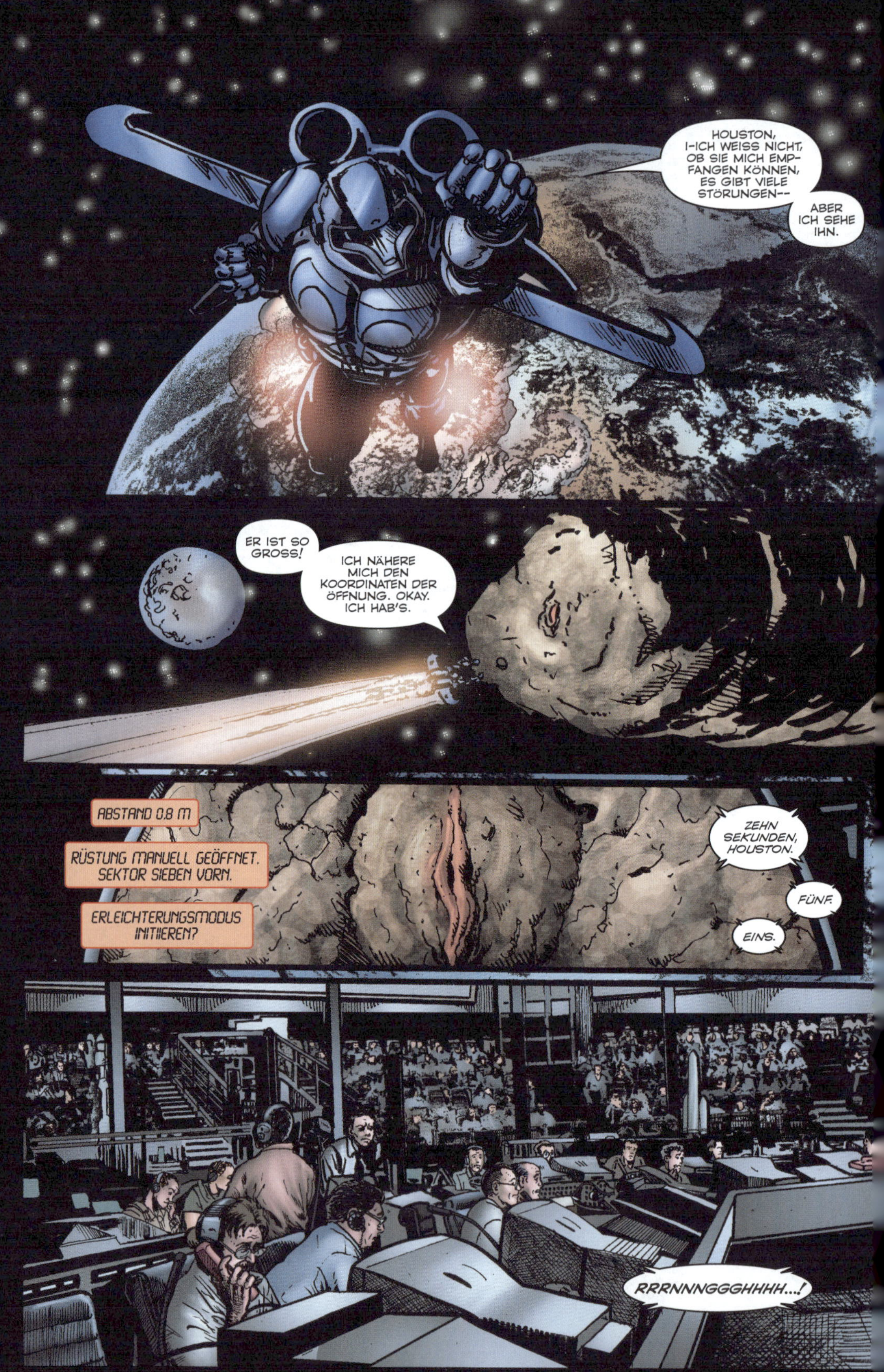
HOUSTON, I-ICH WEISS NICHT, OB SIE MICH EMPFANGEN KÖNNEN, ES GIBT VIELE STÖRUNGEN--
ABER ICH SEHE IHN.
ER IST SO GROSS!
ICH NÄHERE MICH DEN KOORDINATEN DER ÖFFNUNG. OKAY. ICH HAB'S.
ABSTAND 0.8 M
RÜSTUNG MANUELL GEÖFFNET. SEKTOR SIEBEN VORN.
ERLEICHTERUNGSMODUS INITIIEREN?
ZEHN SEKUNDEN, HOUSTON.
FÜNF.
EINS.
RRRNNNGGGHHHH...!

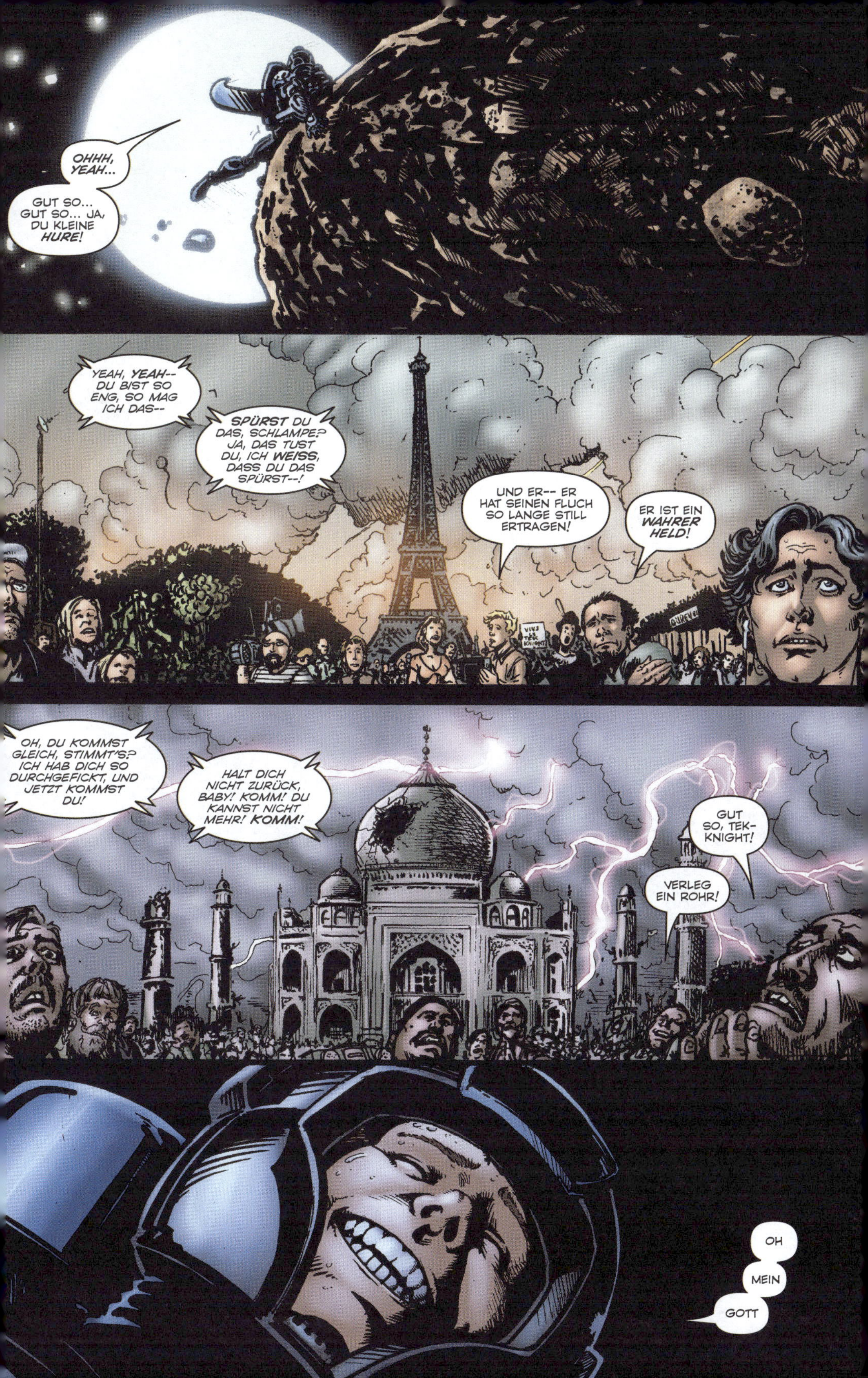
OHHH, YEAH...
GUT SO... GUT SO... JA, DU KLEINE HURE!
YEAH, YEAH-- DU BIST SO ENG, SO MAG ICH DAS--
SPÜRST DU DAS, SCHLAMPE? JA, DAS TUST DU, ICH WEISS, DASS DU DAS SPÜRST--!
UND ER-- ER HAT SEINEN FLUCH SO LANGE STILL ERTRAGEN!
ER IST EIN WAHRER HELD!
OH, DU KOMMST GLEICH, STIMMT'S? ICH HAB DICH SO DURCHGEFICKT, UND JETZT KOMMST DU!
HALT DICH NICHT ZURÜCK, BABY! KOMM! DU KANNST NICHT MEHR! KOMM!
GUT SO, TEK-KNIGHT!
VERLEG EIN ROHR!
OH
MEIN
GOTT

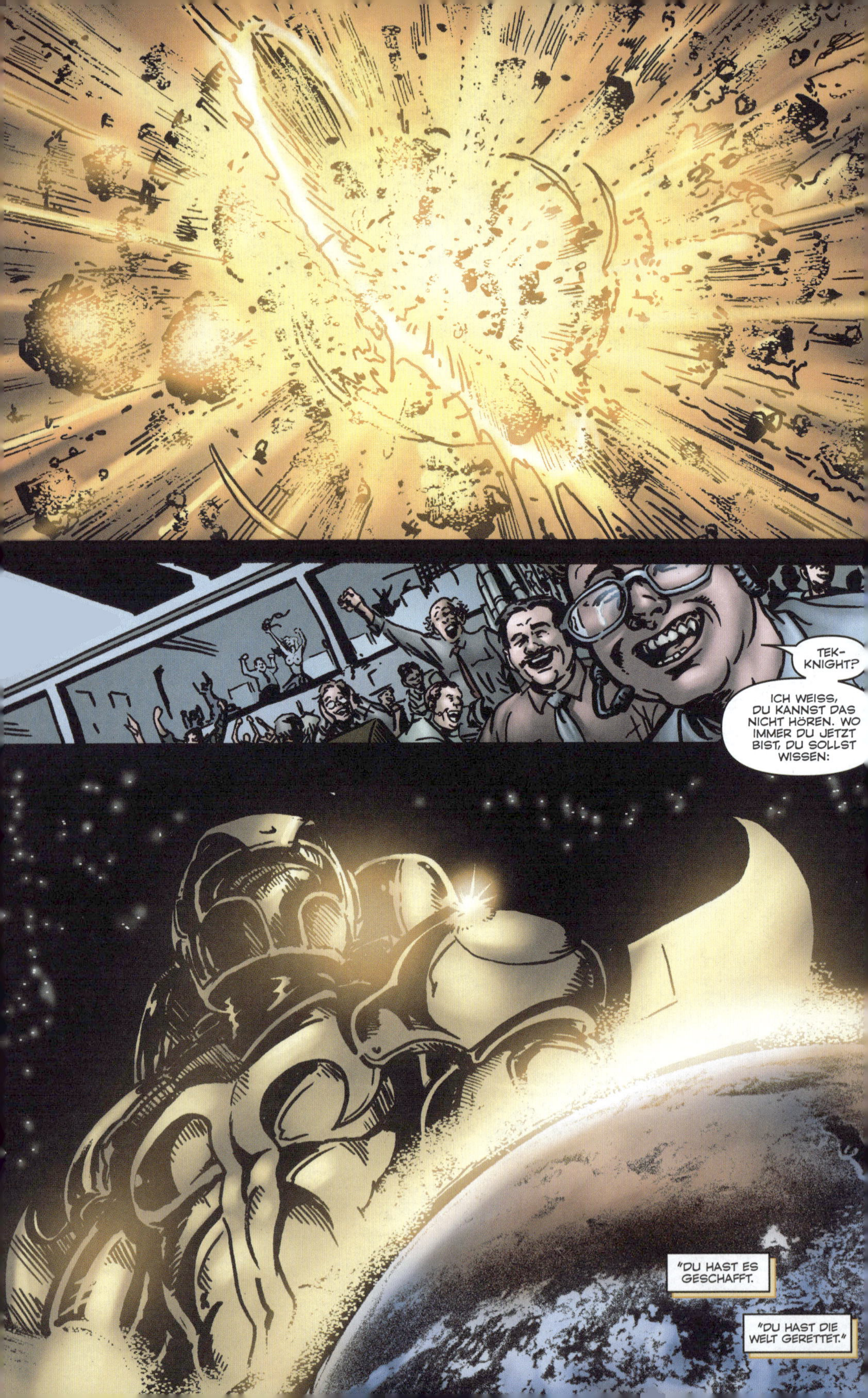
TEK-KNIGHT?
ICH WEISS, DU KANNST DAS NICHT HÖREN. WO IMMER DU JETZT BIST, DU SOLLST WISSEN:
"DU HAST ES GESCHAFFT.
"DU HAST DIE WELT GERETTET."

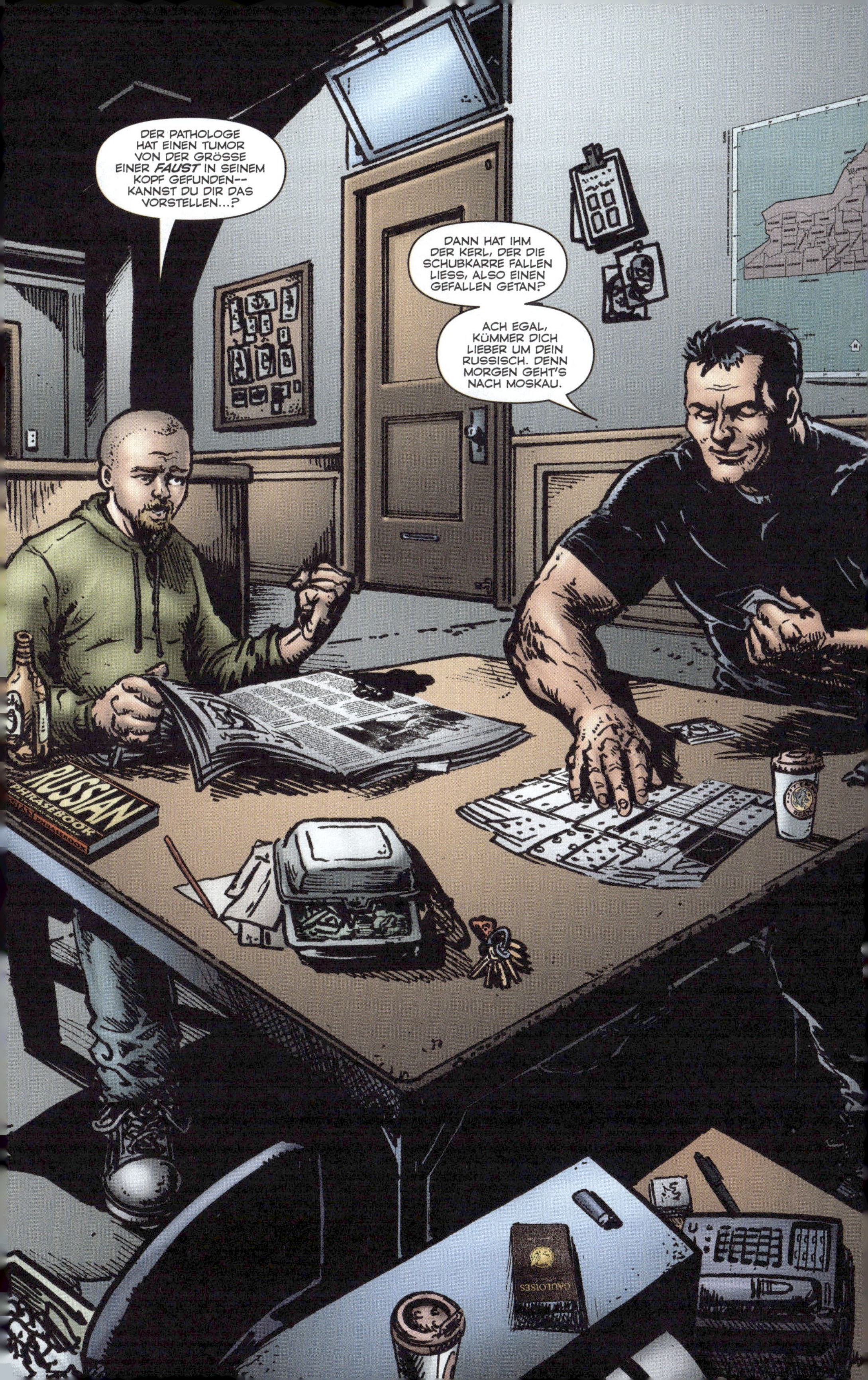
DER PATHOLOGE HAT EINEN TUMOR VON DER GRÖSSE EINER *FAUST* IN SEINEM KOPF GEFUNDEN-- KANNST DU DIR DAS VORSTELLEN...?
DANN HAT IHM DER KERL, DER DIE SCHUBKARRE FALLEN LIESS, ALSO EINEN GEFALLEN GETAN?
ACH EGAL, KÜMMER DICH LIEBER UM DEIN RUSSISCH. DENN MORGEN GEHT'S NACH MOSKAU.
RUSSIAN
PHRASEBOOK
GAULOISES

DER GLORREICHE FÜNFJAHRESPLAN, TEIL 1

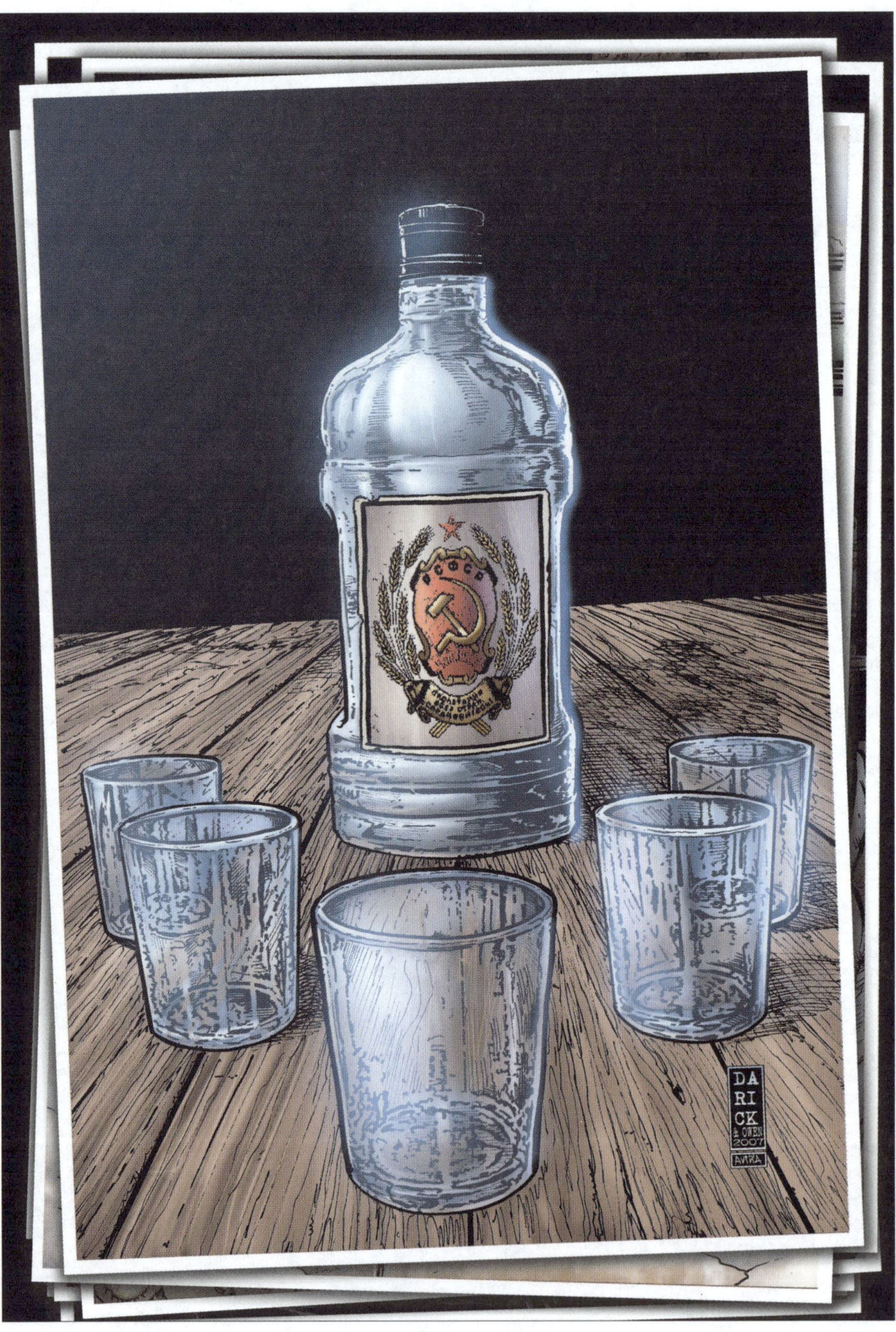

The Boys (2006) 11
Cover von **DARICK ROBERTSON**

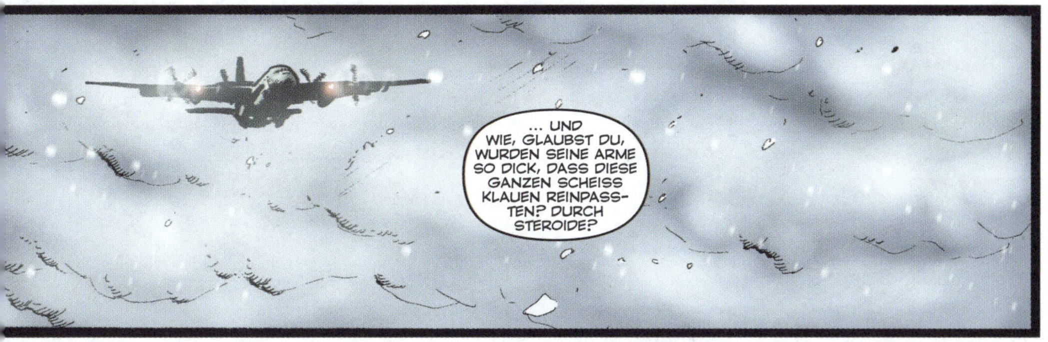
... UND WIE, GLAUBST DU, WURDEN SEINE ARME SO DICK, DASS DIESE GANZEN SCHEISS KLAUEN REINPASS-TEN? DURCH STEROIDE?

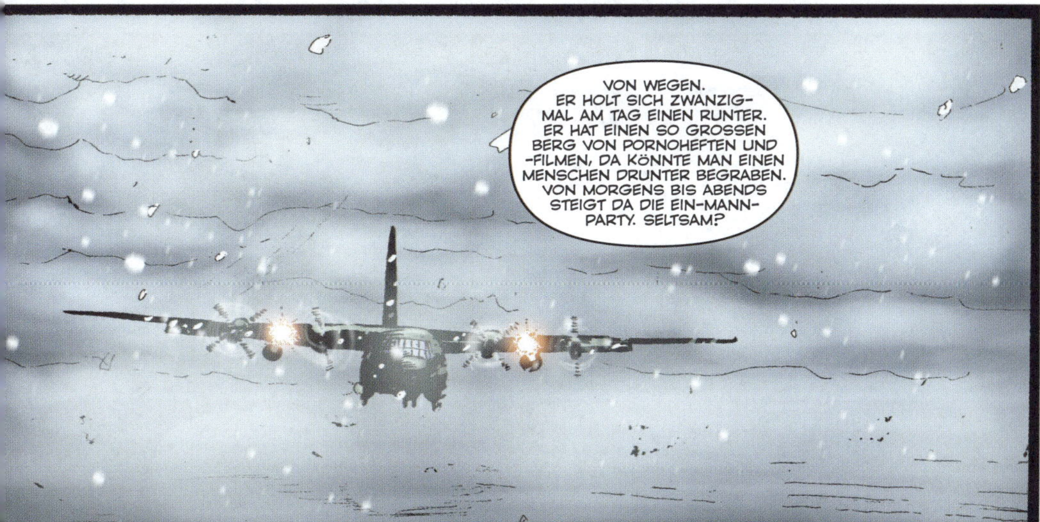
VON WEGEN. ER HOLT SICH ZWANZIG-MAL AM TAG EINEN RUNTER. ER HAT EINEN SO GROSSEN BERG VON PORNOHEFTEN UND -FILMEN, DA KÖNNTE MAN EINEN MENSCHEN DRUNTER BEGRABEN. VON MORGENS BIS ABENDS STEIGT DA DIE EIN-MANN-PARTY. SELTSAM?

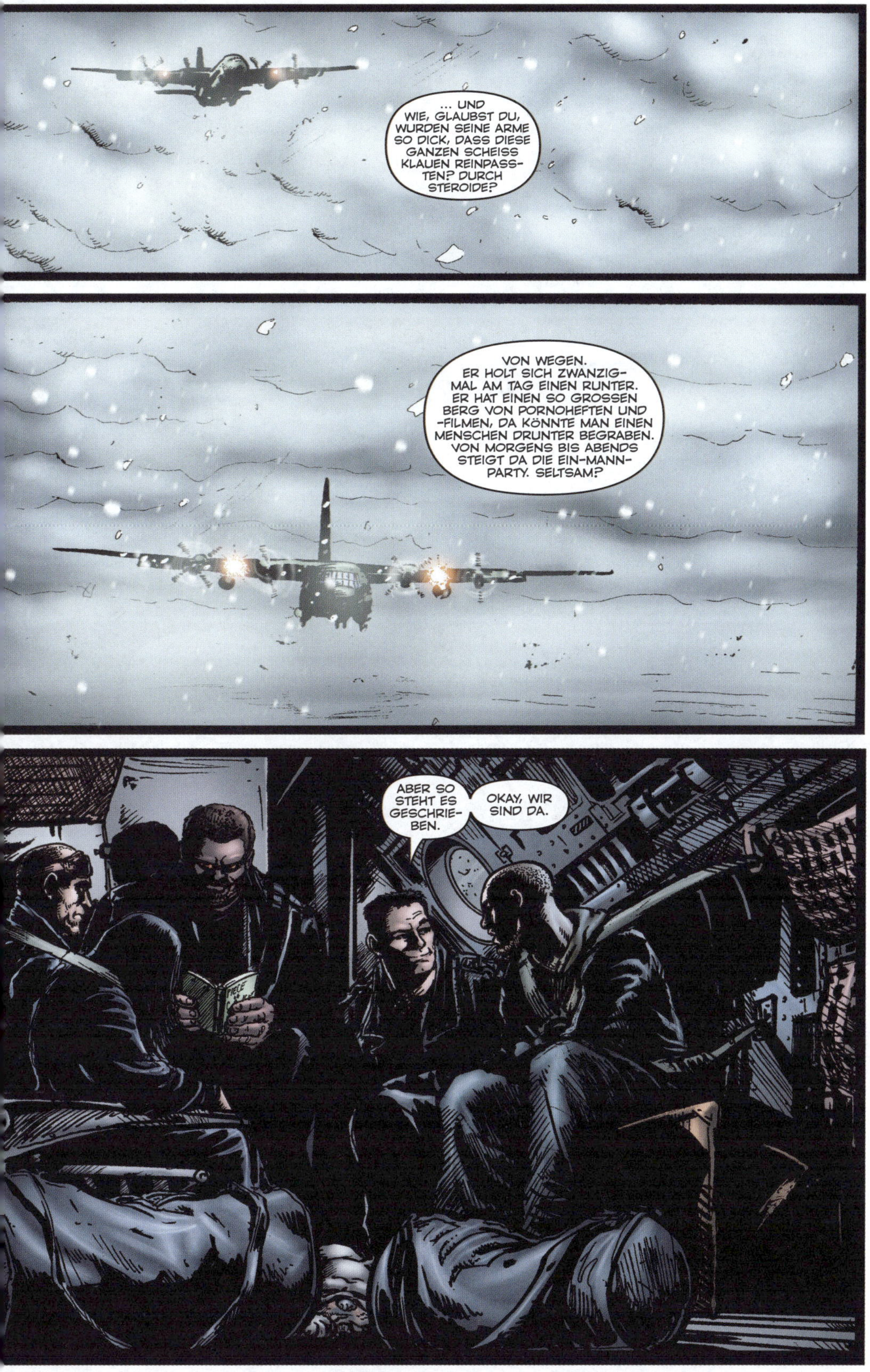

ABER SO STEHT ES GESCHRIE-BEN.
OKAY, WIR SIND DA.

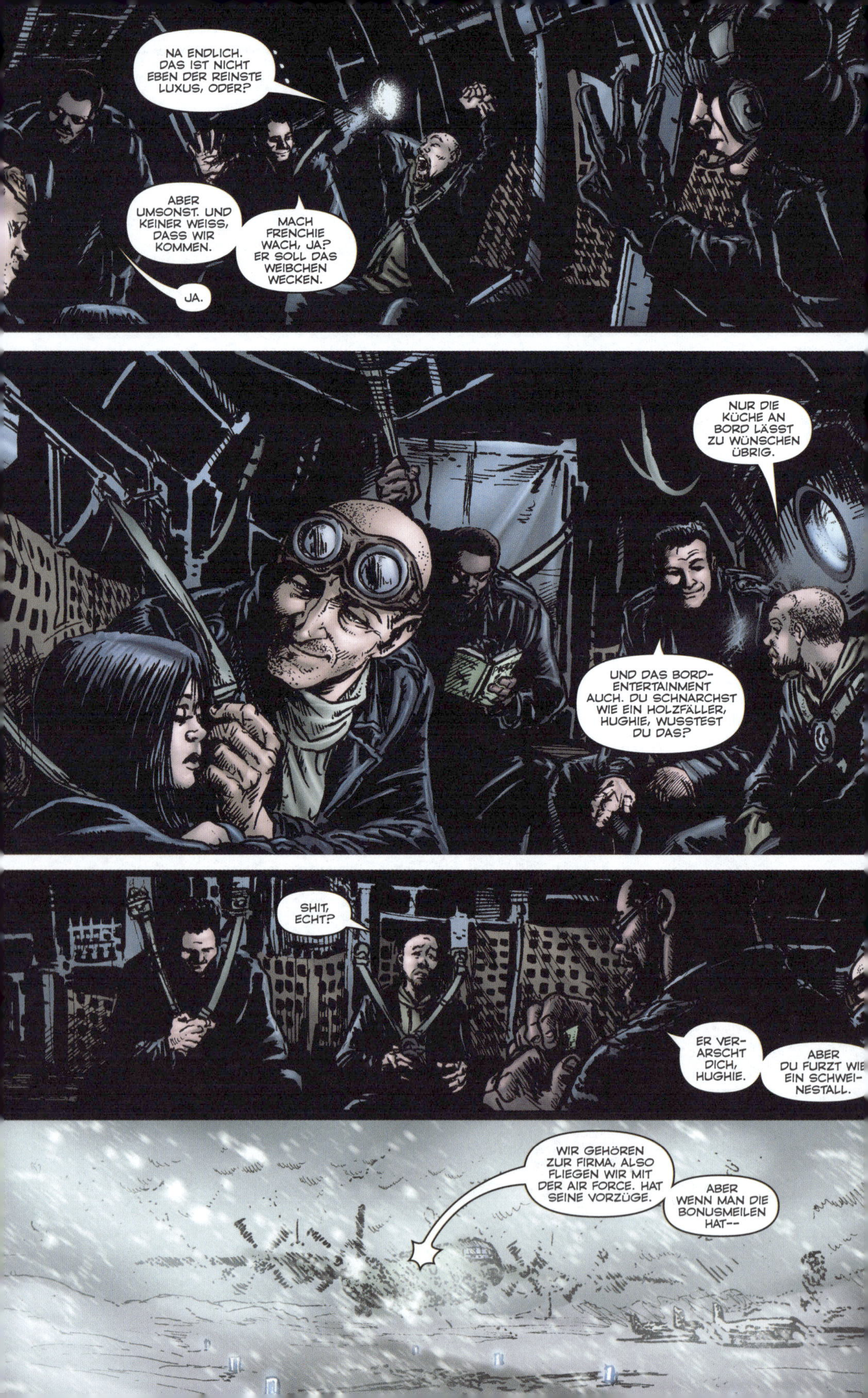

NA ENDLICH. DAS IST NICHT EBEN DER REINSTE LUXUS, ODER?
ABER UMSONST. UND KEINER WEISS, DASS WIR KOMMEN.
MACH FRENCHIE WACH, JA? ER SOLL DAS WEIBCHEN WECKEN.
JA.
NUR DIE KÜCHE AN BORD LÄSST ZU WÜNSCHEN ÜBRIG.
UND DAS BORD-ENTERTAINMENT AUCH. DU SCHNARCHST WIE EIN HOLZFÄLLER, HUGHIE, WUSSTEST DU DAS?
SHIT, ECHT?
ER VER-ARSCHT DICH, HUGHIE.
ABER DU FURZT WIE EIN SCHWEI-NESTALL.
WIR GEHÖREN ZUR FIRMA, ALSO FLIEGEN WIR MIT DER AIR FORCE. HAT SEINE VORZÜGE.
ABER WENN MAN DIE BONUSMEILEN HAT--

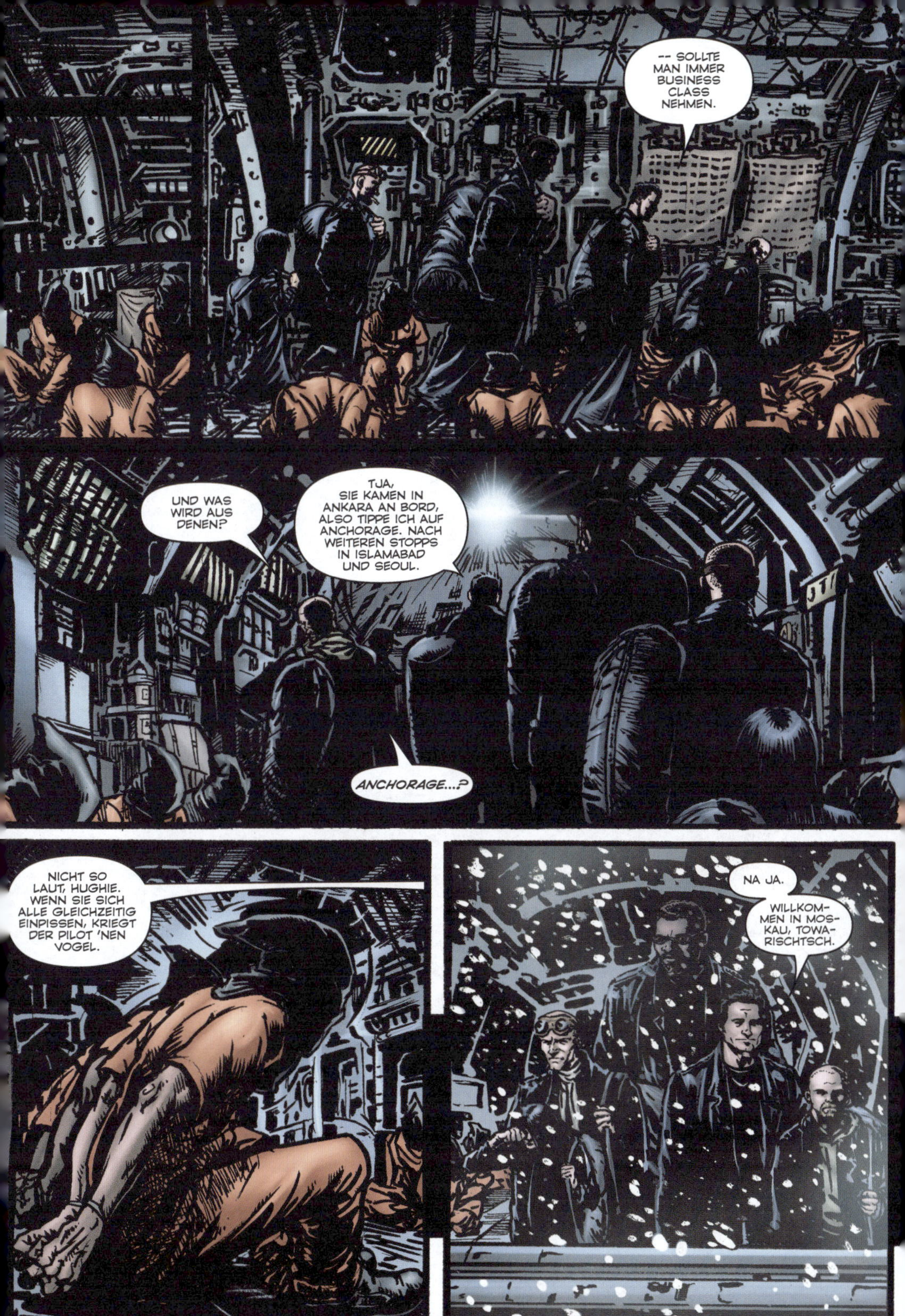
-- SOLLTE MAN IMMER BUSINESS CLASS NEHMEN.
UND WAS WIRD AUS DENEN?
TJA, SIE KAMEN IN ANKARA AN BORD, ALSO TIPPE ICH AUF ANCHORAGE. NACH WEITEREN STOPPS IN ISLAMABAD UND SEOUL.
ANCHORAGE...?
NICHT SO LAUT, HUGHIE. WENN SIE SICH ALLE GLEICHZEITIG EINPISSEN, KRIEGT DER PILOT 'NEN VOGEL.
NA JA.
WILLKOMMEN IN MOSKAU, TOWARISCHTSCH.

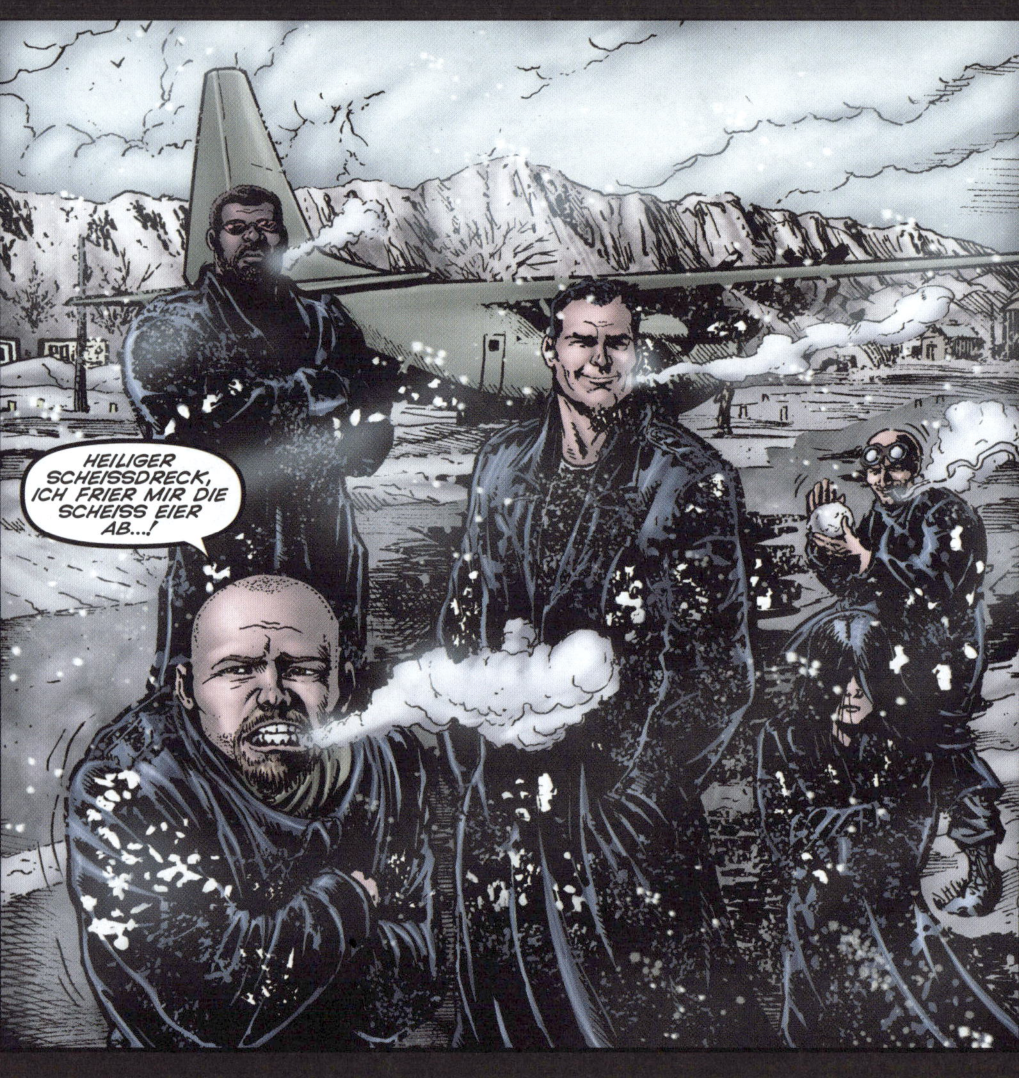

DER GLORREICHE FÜNFJAHRESPLAN TEIL 1

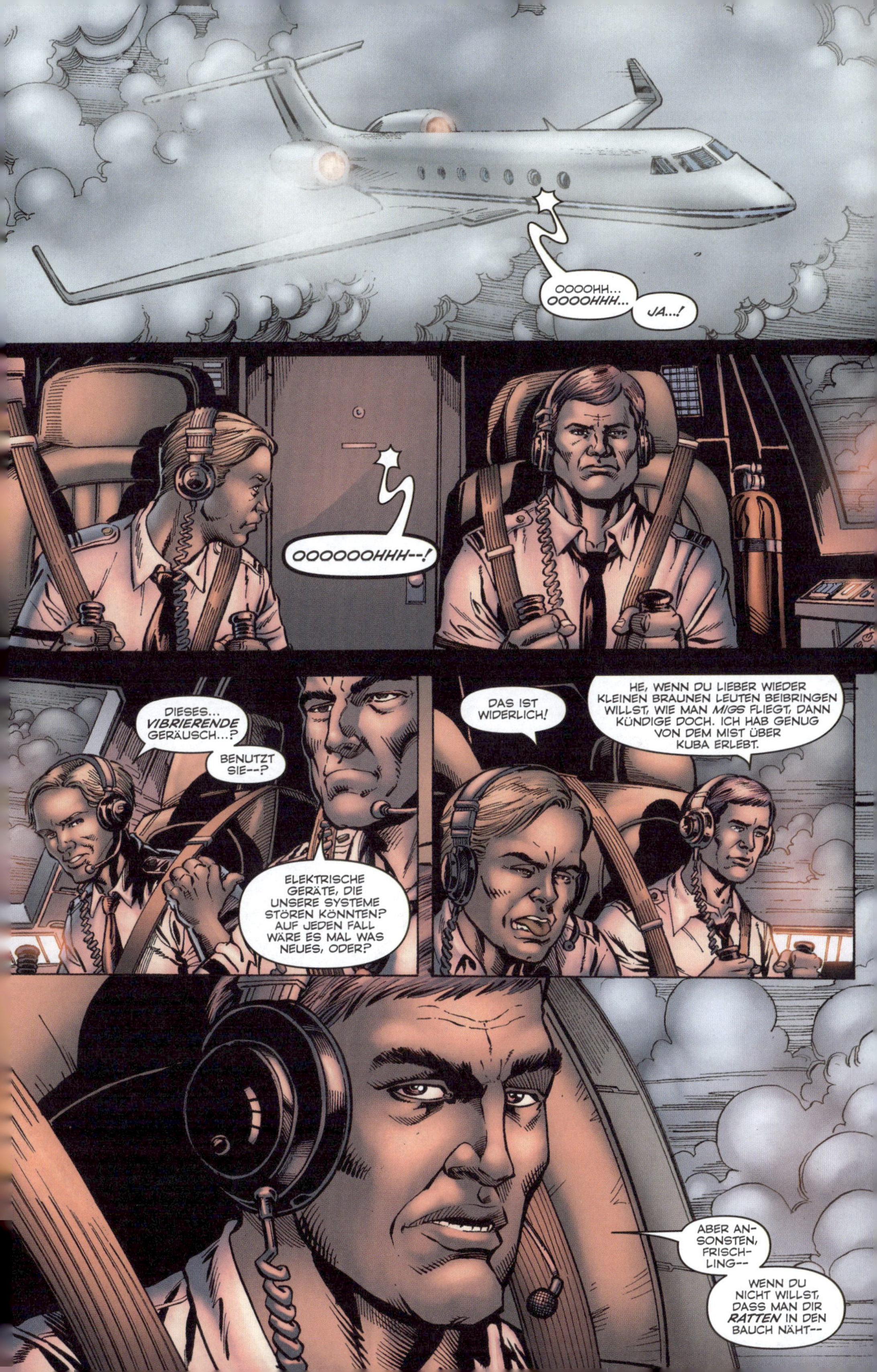

OOOOHH...
OOOOHHH...
JA...!
OOOOOOHHH--!
DIESES... VIBRIERENDE GERÄUSCH...?
BENUTZT SIE--?
ELEKTRISCHE GERÄTE, DIE UNSERE SYSTEME STÖREN KÖNNTEN? AUF JEDEN FALL WÄRE ES MAL WAS NEUES, ODER?
DAS IST WIDERLICH!
HE, WENN DU LIEBER WIEDER KLEINEN BRAUNEN LEUTEN BEIBRINGEN WILLST, WIE MAN MIGS FLIEGT, DANN KÜNDIGE DOCH. ICH HAB GENUG VON DEM MIST ÜBER KUBA ERLEBT.
ABER AN-SONSTEN, FRISCH-LING--
WENN DU NICHT WILLST, DASS MAN DIR RATTEN IN DEN BAUCH NÄHT--

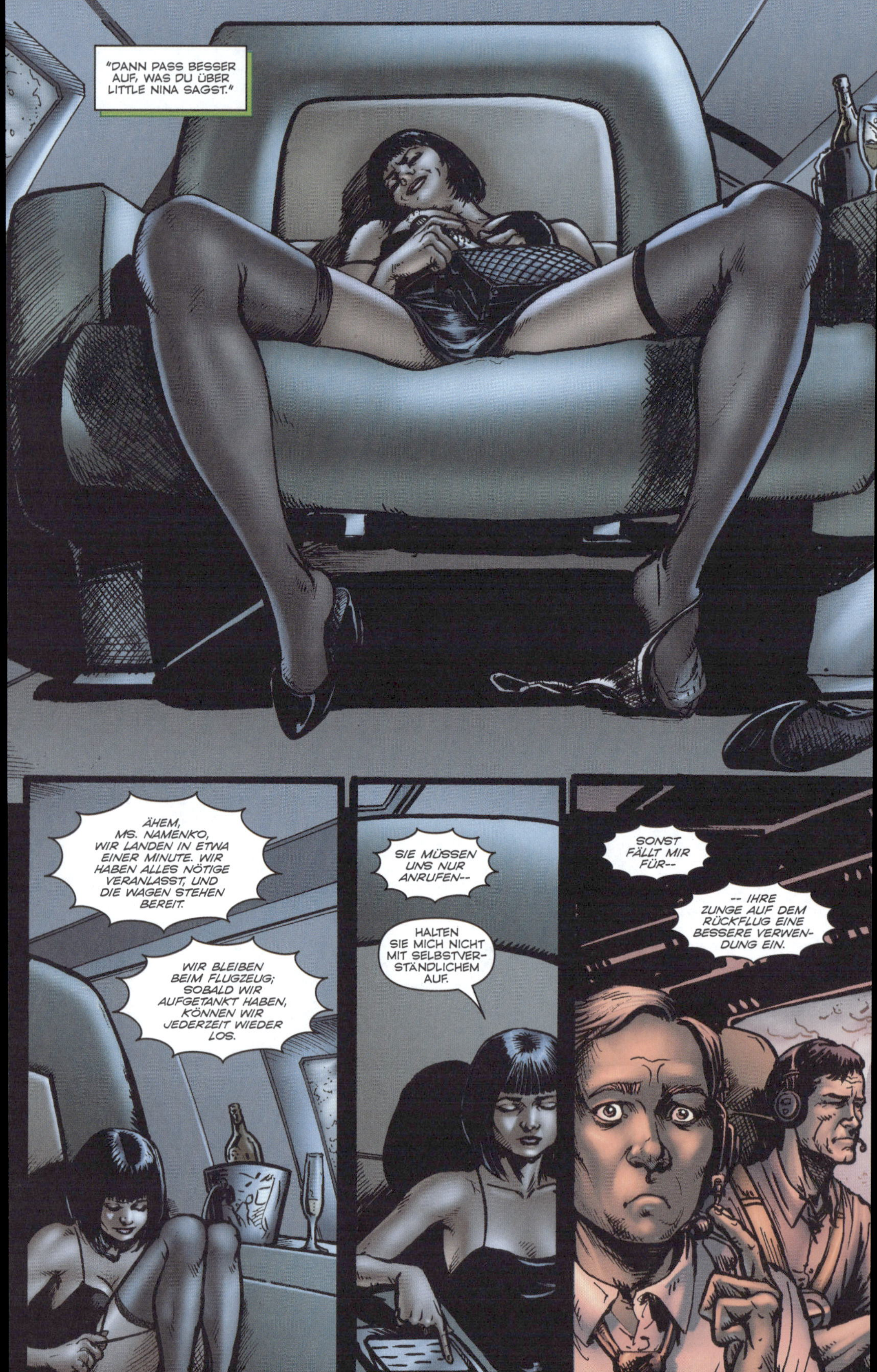
"DANN PASS BESSER AUF, WAS DU ÜBER LITTLE NINA SAGST."
ÄHEM, MS. NAMENKO, WIR LANDEN IN ETWA EINER MINUTE. WIR HABEN ALLES NÖTIGE VERANLASST, UND DIE WAGEN STEHEN BEREIT.
WIR BLEIBEN BEIM FLUGZEUG; SOBALD WIR AUFGETANKT HABEN, KÖNNEN WIR JEDERZEIT WIEDER LOS.
SIE MÜSSEN UNS NUR ANRUFEN--
HALTEN SIE MICH NICHT MIT SELBSTVERSTÄNDLICHEM AUF.
SONST FÄLLT MIR FÜR--
-- IHRE ZUNGE AUF DEM RÜCKFLUG EINE BESSERE VERWENDUNG EIN.

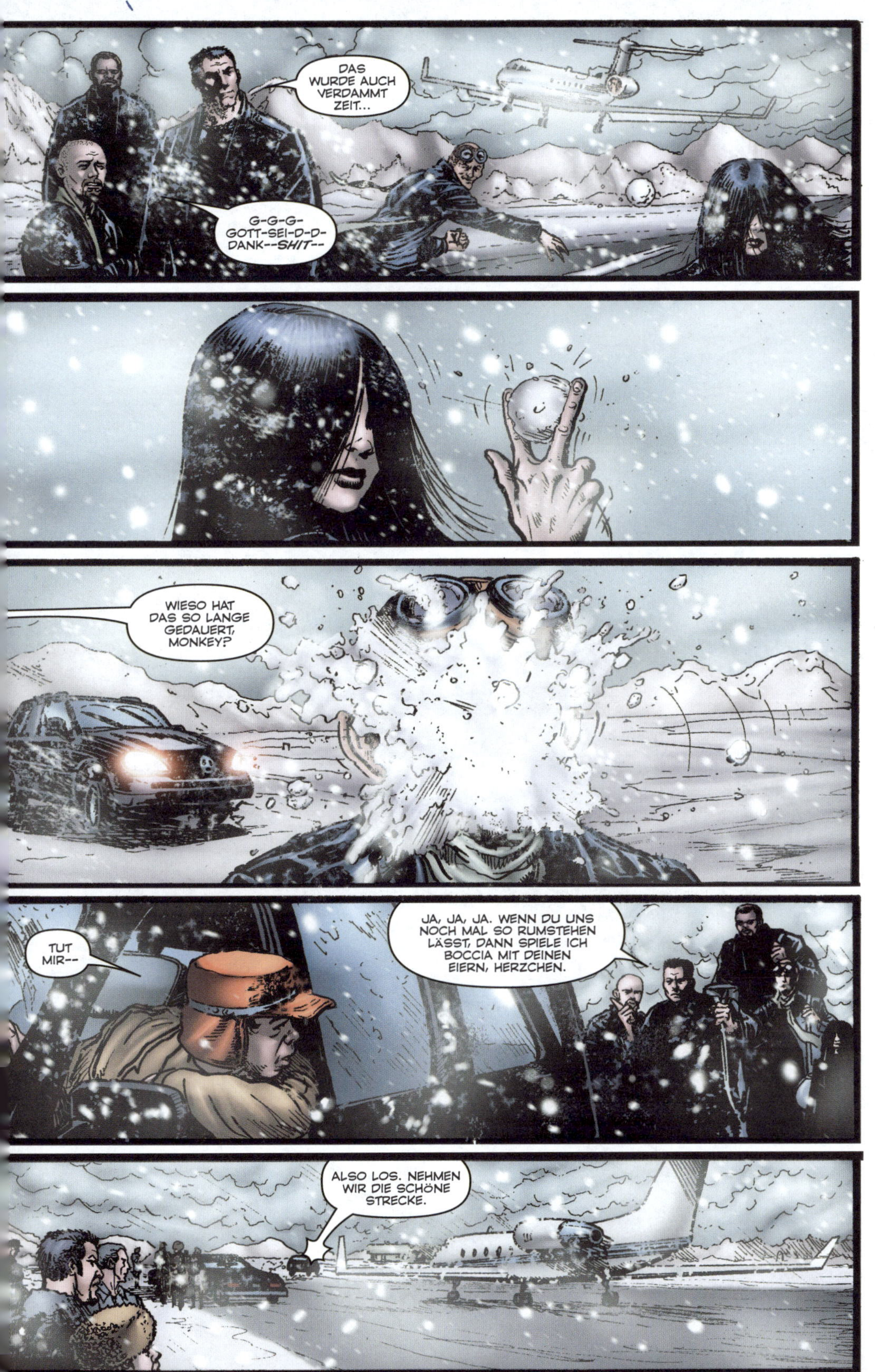
DAS WURDE AUCH VERDAMMT ZEIT...
G-G-G-GOTT-SEI-D-D-DANK--*SHIT*--
WIESO HAT DAS SO LANGE GEDAUERT, MONKEY?
TUT MIR--
JA, JA, JA. WENN DU UNS NOCH MAL SO RUMSTEHEN LÄSST, DANN SPIELE ICH BOCCIA MIT DEINEN EIERN, HERZCHEN.
ALSO LOS. NEHMEN WIR DIE SCHÖNE STRECKE.

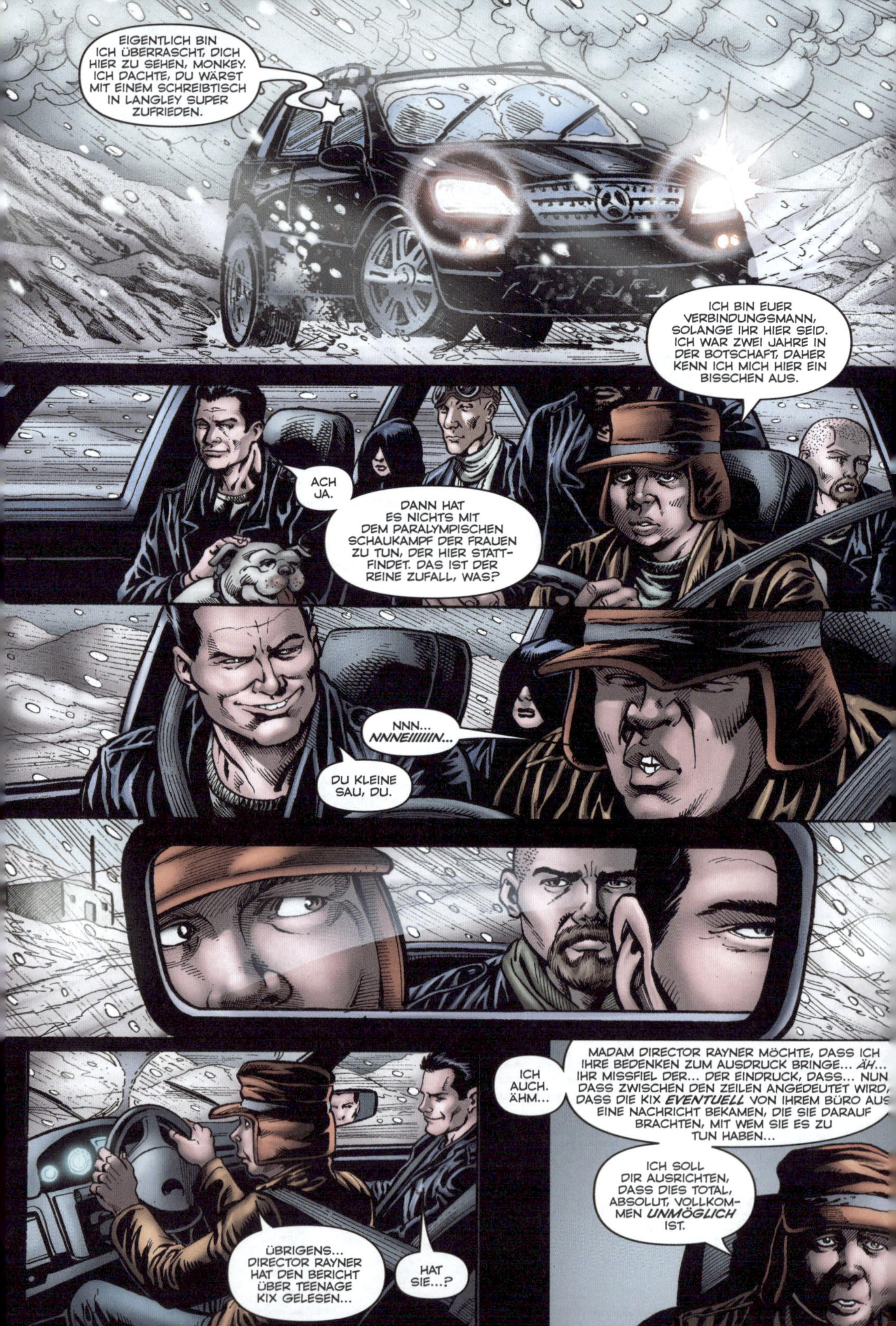

EIGENTLICH BIN ICH ÜBERRASCHT, DICH HIER ZU SEHEN, MONKEY. ICH DACHTE, DU WÄRST MIT EINEM SCHREIBTISCH IN LANGLEY SUPER ZUFRIEDEN.
ICH BIN EUER VERBINDUNGSMANN, SOLANGE IHR HIER SEID. ICH WAR ZWEI JAHRE IN DER BOTSCHAFT, DAHER KENN ICH MICH HIER EIN BISSCHEN AUS.
ACH JA.
DANN HAT ES NICHTS MIT DEM PARALYMPISCHEN SCHAUKAMPF DER FRAUEN ZU TUN, DER HIER STATTFINDET. DAS IST DER REINE ZUFALL, WAS?
NNN... NNNEIIIIIIN...
DU KLEINE SAU, DU.
ÜBRIGENS... DIRECTOR RAYNER HAT DEN BERICHT ÜBER TEENAGE KIX GELESEN...
HAT SIE...?
ICH AUCH. ÄHM...
MADAM DIRECTOR RAYNER MÖCHTE, DASS ICH IHRE BEDENKEN ZUM AUSDRUCK BRINGE... ÄH... IHR MISSFIEL DER... DER EINDRUCK, DASS... NUN DASS ZWISCHEN DEN ZEILEN ANGEDEUTET WIRD, DASS DIE KIX EVENTUELL VON IHREM BÜRO AUS EINE NACHRICHT BEKAMEN, DIE SIE DARAUF BRACHTEN, MIT WEM SIE ES ZU TUN HABEN...
ICH SOLL DIR AUSRICHTEN, DASS DIES TOTAL, ABSOLUT, VOLLKOMMEN UNMÖGLICH IST.

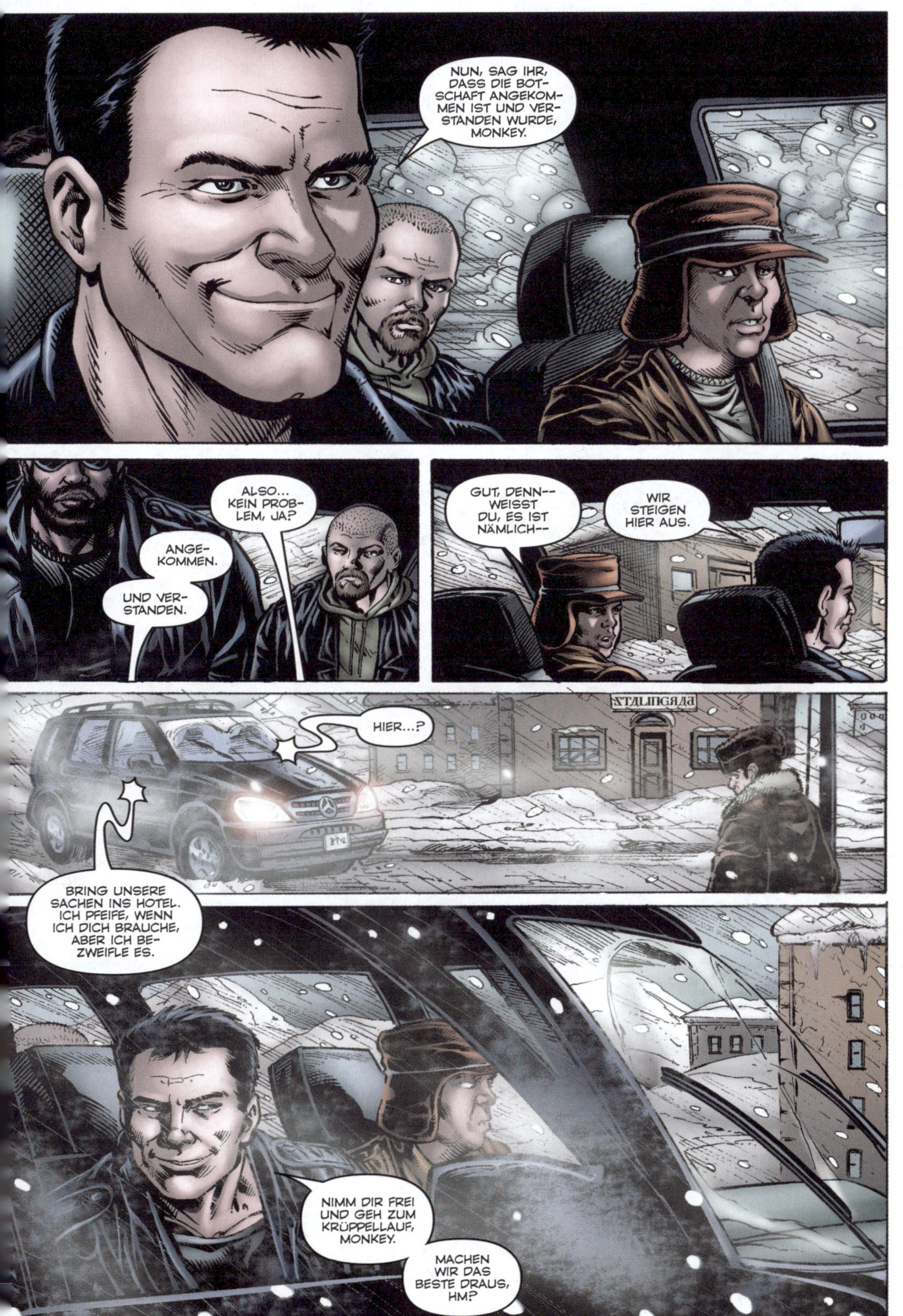
NUN, SAG IHR, DASS DIE BOTSCHAFT ANGEKOMMEN IST UND VERSTANDEN WURDE, MONKEY.
ALSO... KEIN PROBLEM, JA?
ANGEKOMMEN.
UND VERSTANDEN.
GUT, DENN-- WEISST DU, ES IST NÄMLICH--
WIR STEIGEN HIER AUS.
STALINGRAD
HIER...?
BRING UNSERE SACHEN INS HOTEL. ICH PFEIFE, WENN ICH DICH BRAUCHE, ABER ICH BEZWEIFLE ES.
NIMM DIR FREI UND GEH ZUM KRÜPPELLAUF, MONKEY.
MACHEN WIR DAS BESTE DRAUS, HM?

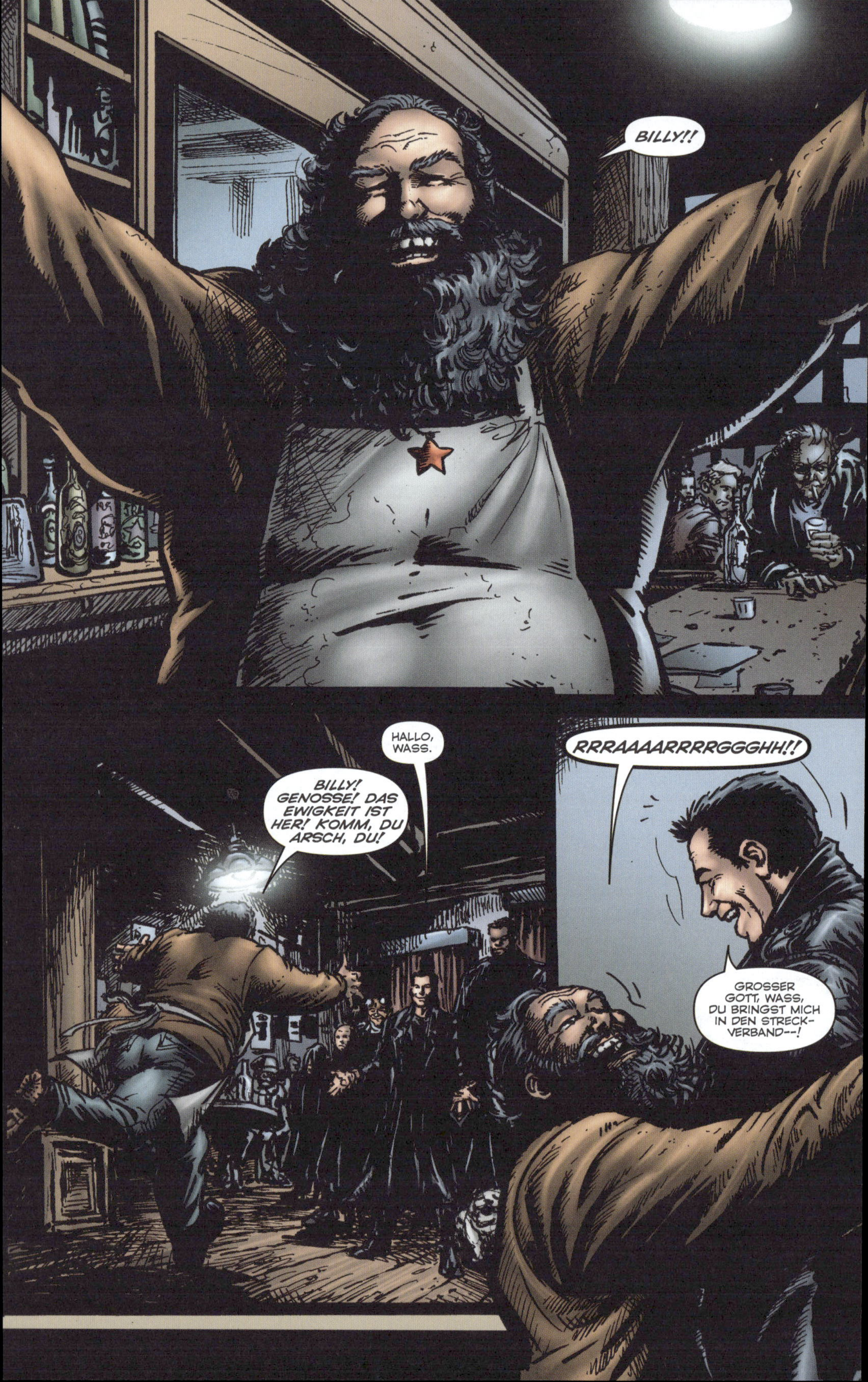
BILLY!!
HALLO, WASS.
BILLY! GENOSSE! DAS EWIGKEIT IST HER! KOMM, DU ARSCH, DU!
RRRAAAARRRRGGGHH!!
GROSSER GOTT, WASS, DU BRINGST MICH IN DEN STRECK-VERBAND--!

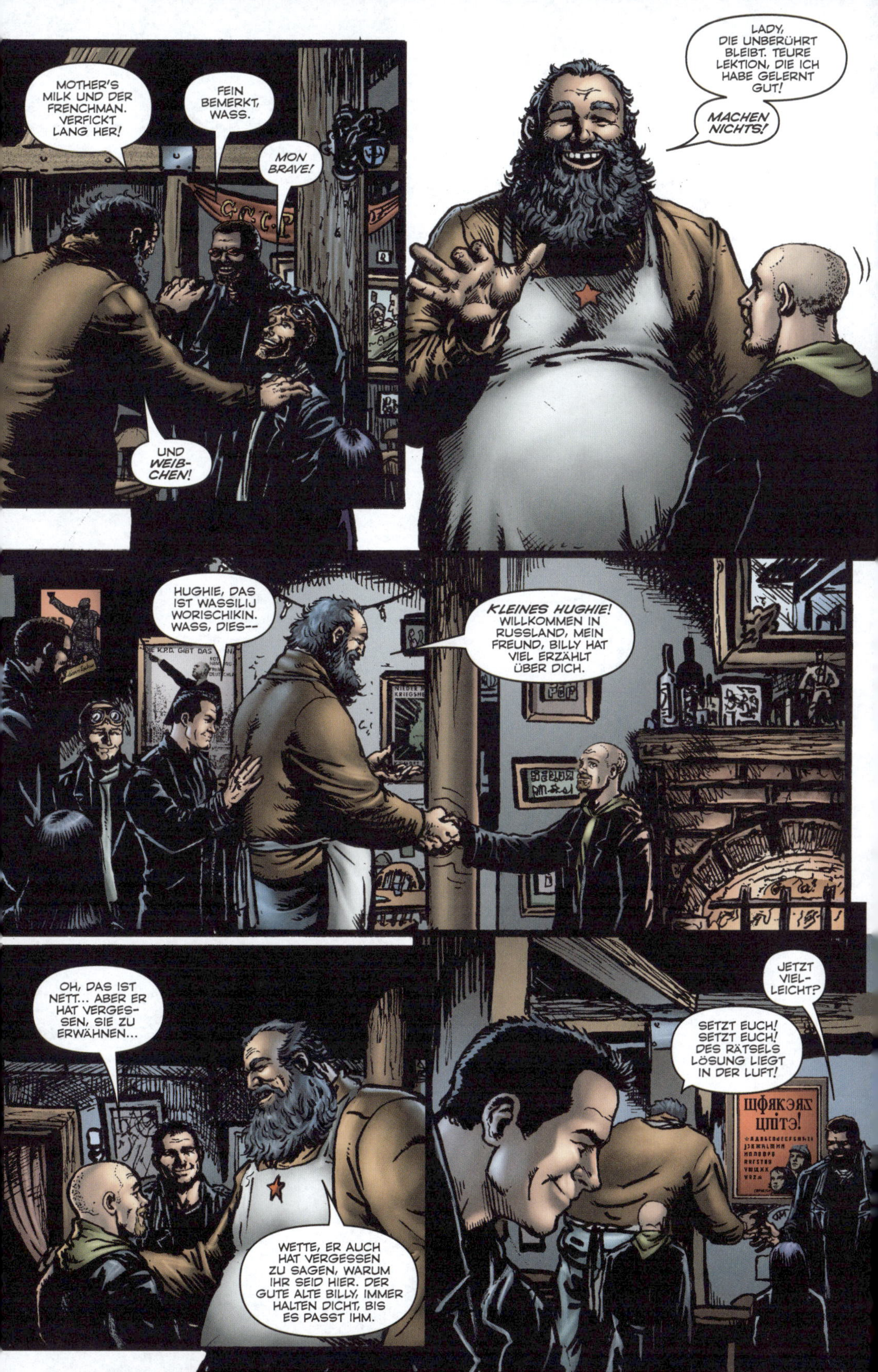
MOTHER'S MILK UND DER FRENCHMAN. VERFICKT LANG HER!
FEIN BEMERKT, WASS.
MON BRAVE!
UND WEIBCHEN!
LADY, DIE UNBERÜHRT BLEIBT. TEURE LEKTION, DIE ICH HABE GELERNT GUT!
MACHEN NICHTS!
HUGHIE, DAS IST WASSILIJ WORISCHIKIN. WASS, DIES--
KLEINES HUGHIE! WILLKOMMEN IN RUSSLAND, MEIN FREUND, BILLY HAT VIEL ERZÄHLT ÜBER DICH.
OH, DAS IST NETT... ABER ER HAT VERGESSEN, SIE ZU ERWÄHNEN...
WETTE, ER AUCH HAT VERGESSEN ZU SAGEN, WARUM IHR SEID HIER. DER GUTE ALTE BILLY, IMMER HALTEN DICHT, BIS ES PASST IHM.
JETZT VIELLEICHT?
SETZT EUCH! SETZT EUCH! DES RÄTSELS LÖSUNG LIEGT IN DER LUFT!

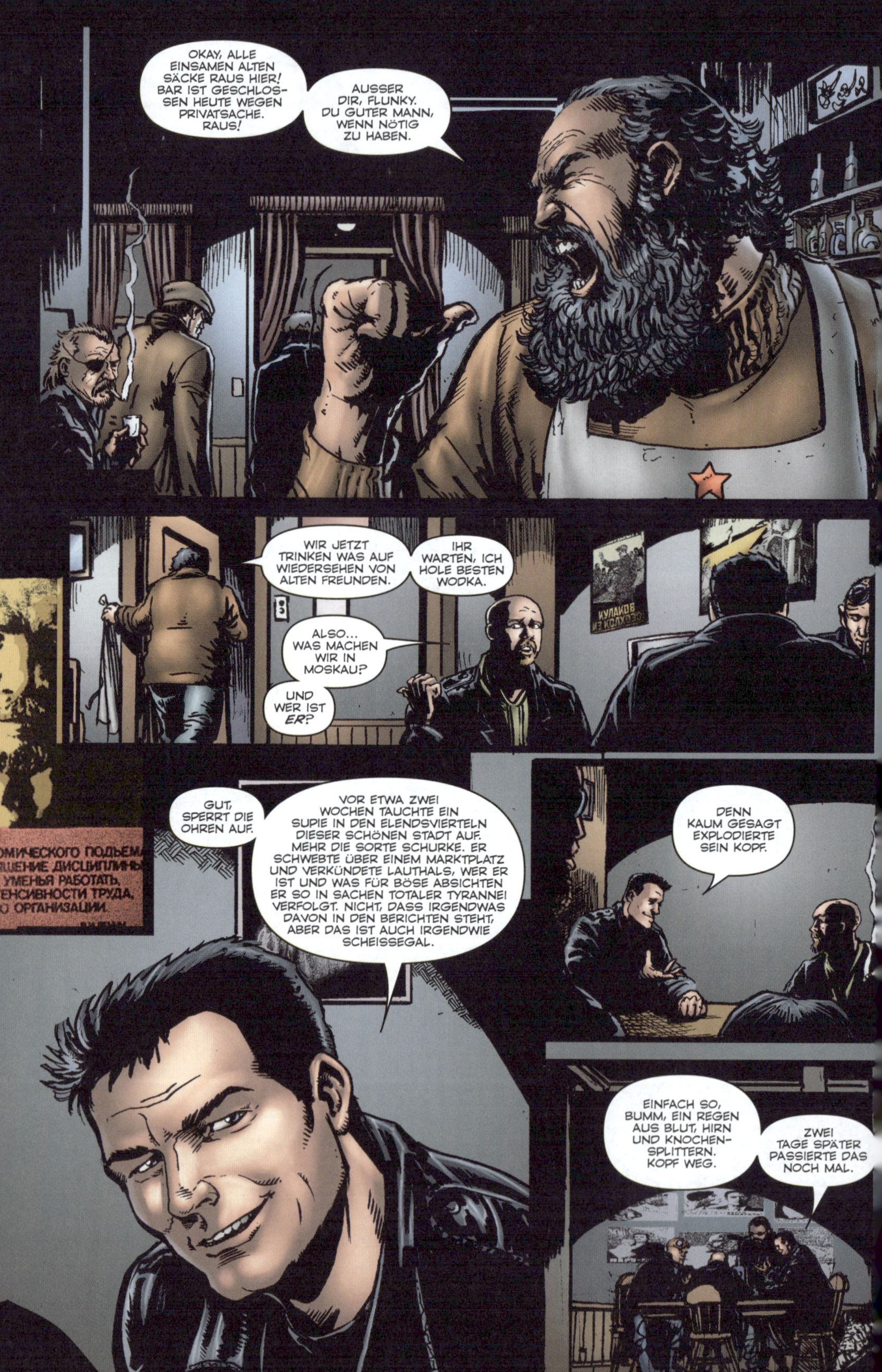
OKAY, ALLE EINSAMEN ALTEN SÄCKE RAUS HIER! BAR IST GESCHLOSSEN HEUTE WEGEN PRIVATSACHE. RAUS!
AUSSER DIR, FLUNKY. DU GUTER MANN, WENN NÖTIG ZU HABEN.
WIR JETZT TRINKEN WAS AUF WIEDERSEHEN VON ALTEN FREUNDEN.
IHR WARTEN, ICH HOLE BESTEN WODKA.
ALSO... WAS MACHEN WIR IN MOSKAU?
UND WER IST *ER*?
GUT, SPERRT DIE OHREN AUF.
VOR ETWA ZWEI WOCHEN TAUCHTE EIN SUPIE IN DEN ELENDSVIERTELN DIESER SCHÖNEN STADT AUF. MEHR DIE SORTE SCHURKE. ER SCHWEBTE ÜBER EINEM MARKTPLATZ UND VERKÜNDETE LAUTHALS, WER ER IST UND WAS FÜR BÖSE ABSICHTEN ER SO IN SACHEN TOTALER TYRANNEI VERFOLGT. NICHT, DASS IRGENDWAS DAVON IN DEN BERICHTEN STEHT, ABER DAS IST AUCH IRGENDWIE SCHEISSEGAL.
DENN KAUM GESAGT EXPLODIERTE SEIN KOPF.
EINFACH SO, BUMM, EIN REGEN AUS BLUT, HIRN UND KNOCHENSPLITTERN. KOPF WEG.
ZWEI TAGE SPÄTER PASSIERTE DAS NOCH MAL.

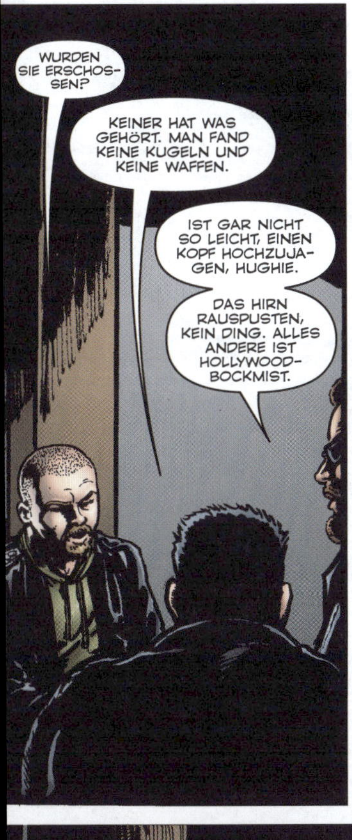
WURDEN SIE ERSCHOSSEN?
KEINER HAT WAS GEHÖRT. MAN FAND KEINE KUGELN UND KEINE WAFFEN.
IST GAR NICHT SO LEICHT, EINEN KOPF HOCHZUJAGEN, HUGHIE.
DAS HIRN RAUSPUSTEN, KEIN DING. ALLES ANDERE IST HOLLYWOODBOCKMIST.

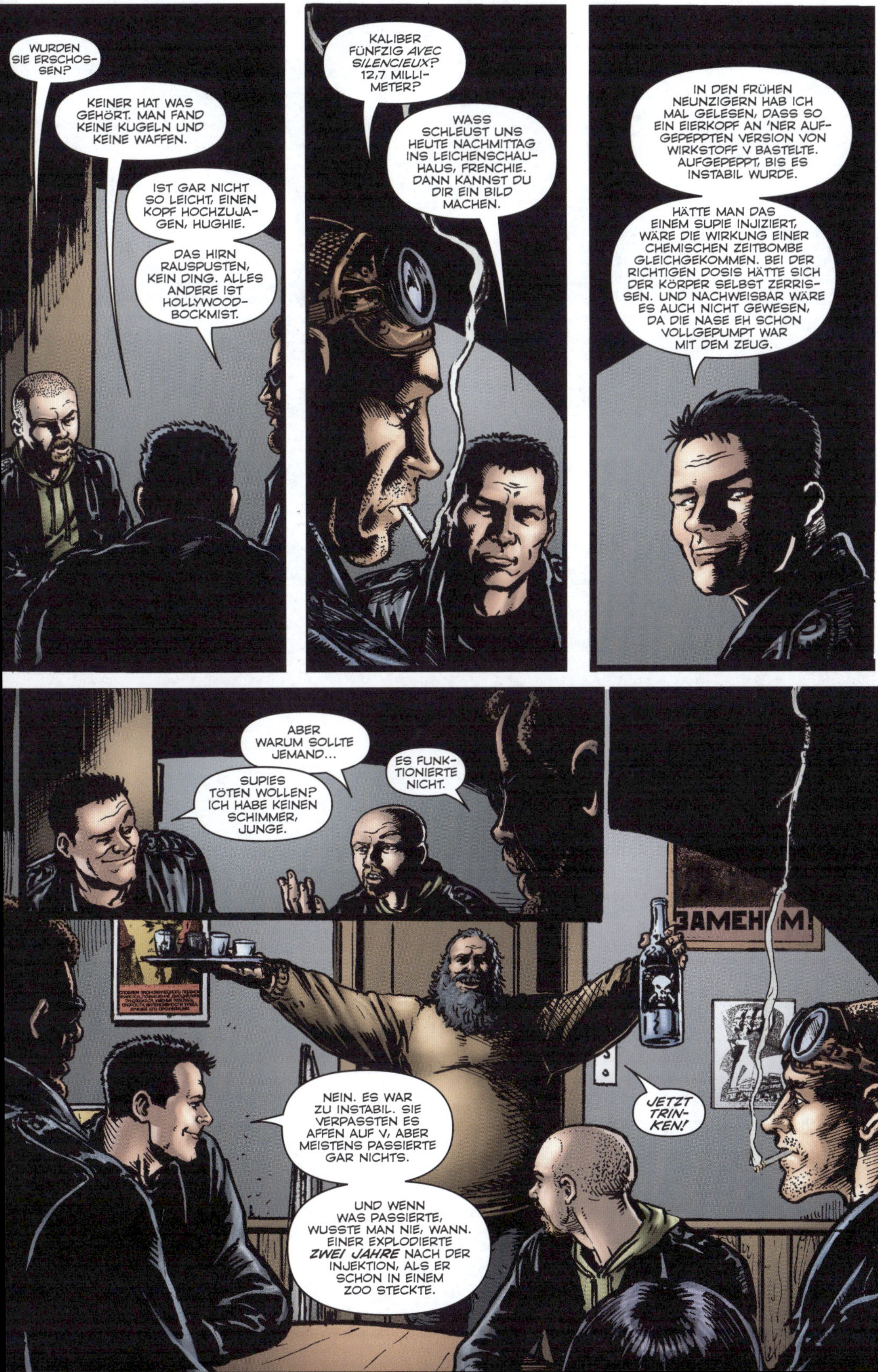

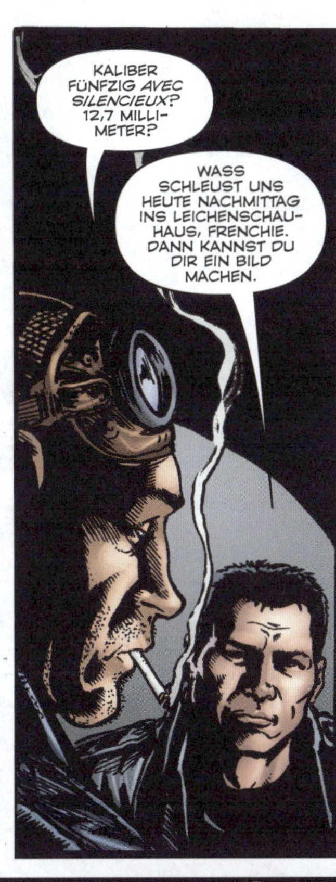
KALIBER FÜNFZIG *AVEC SILENCIEUX*? 12,7 MILLIMETER?
WASS SCHLEUST UNS HEUTE NACHMITTAG INS LEICHENSCHAUHAUS, FRENCHIE. DANN KANNST DU DIR EIN BILD MACHEN.

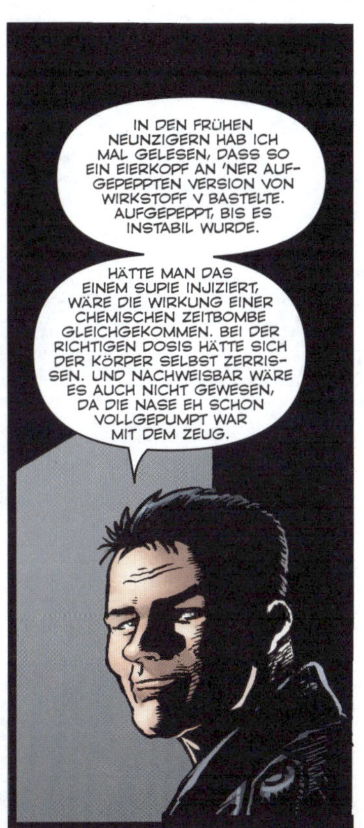
IN DEN FRÜHEN NEUNZIGERN HAB ICH MAL GELESEN, DASS SO EIN EIERKOPF AN 'NER AUFGEPEPPTEN VERSION VON WIRKSTOFF V BASTELTE. AUFGEPEPPT, BIS ES INSTABIL WURDE.
HÄTTE MAN DAS EINEM SUPIE INJIZIERT, WÄRE DIE WIRKUNG EINER CHEMISCHEN ZEITBOMBE GLEICHGEKOMMEN. BEI DER RICHTIGEN DOSIS HÄTTE SICH DER KÖRPER SELBST ZERRISSEN. UND NACHWEISBAR WÄRE ES AUCH NICHT GEWESEN, DA DIE NASE EH SCHON VOLLGEPUMPT WAR MIT DEM ZEUG.

ABER WARUM SOLLTE JEMAND...
SUPIES TÖTEN WOLLEN? ICH HABE KEINEN SCHIMMER, JUNGE.
ES FUNKTIONIERTE NICHT.
NEIN. ES WAR ZU INSTABIL. SIE VERPASSTEN ES AFFEN AUF V, ABER MEISTENS PASSIERTE GAR NICHTS.
UND WENN WAS PASSIERTE, WUSSTE MAN NIE, WANN. EINER EXPLODIERTE *ZWEI JAHRE* NACH DER INJEKTION, ALS ER SCHON IN EINEM ZOO STECKTE.
JETZT TRINKEN!

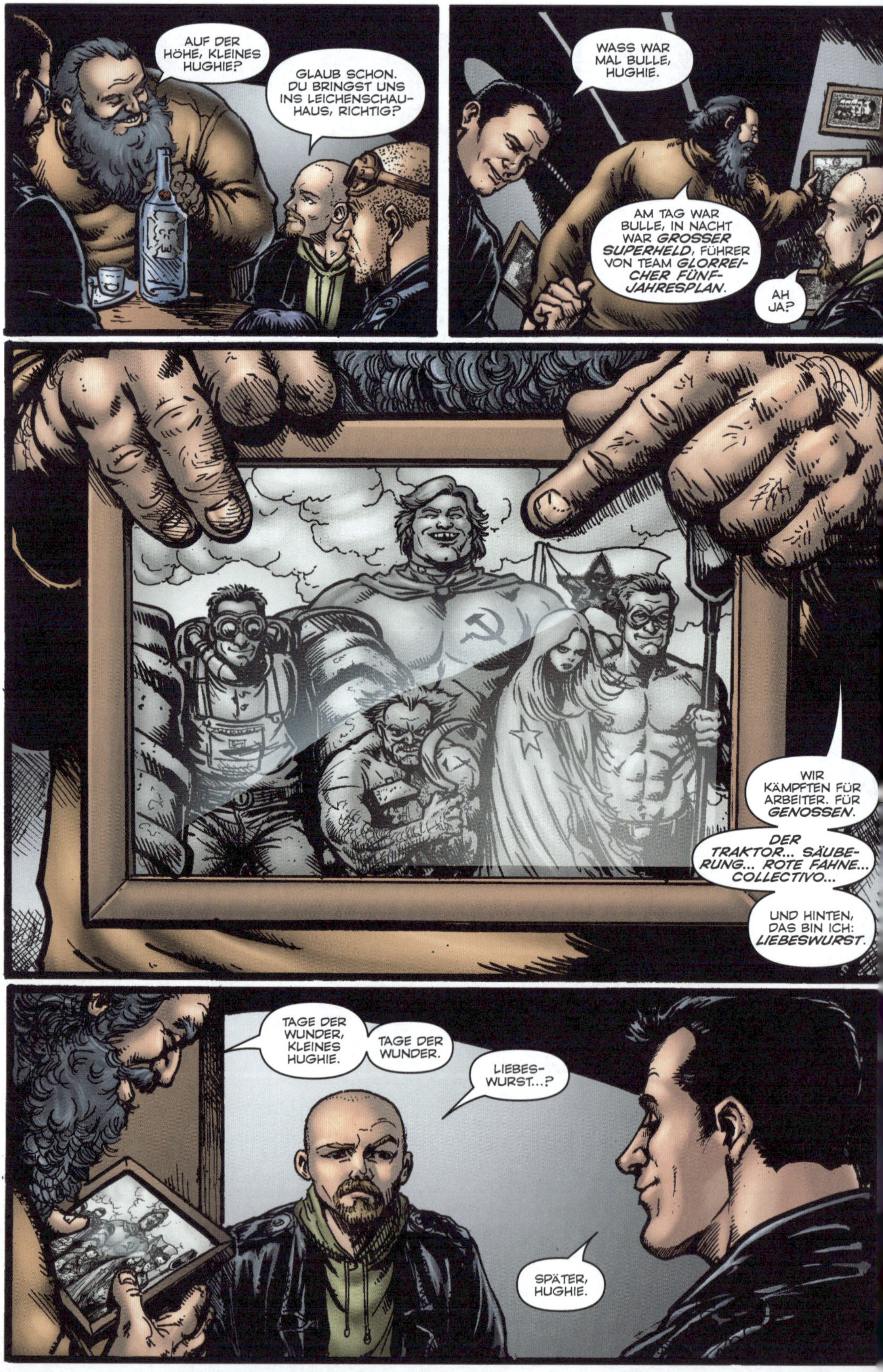

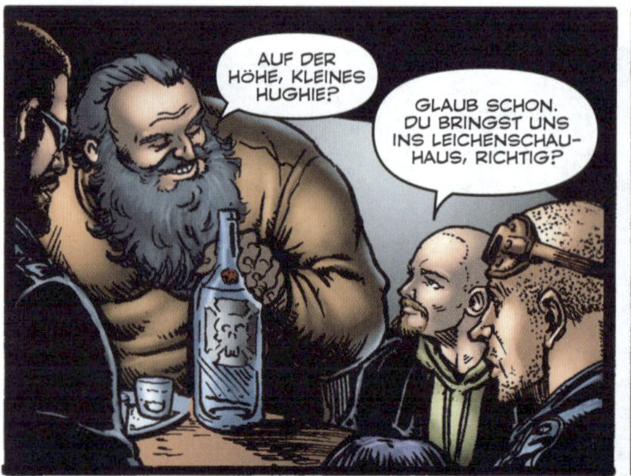

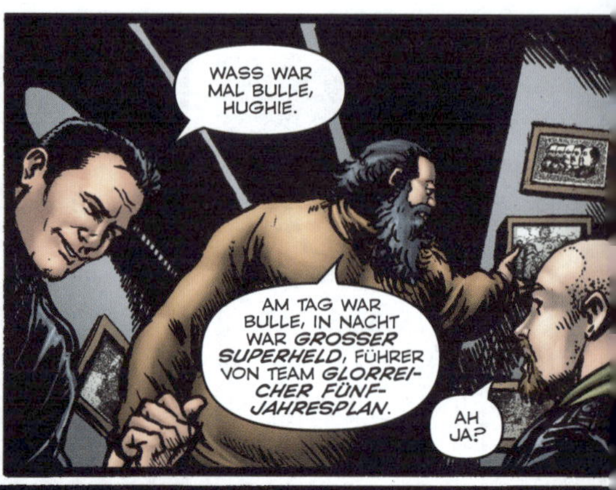

WIR KÄMPFTEN FÜR ARBEITER. FÜR *GENOSSEN*.

DER TRAKTOR... SÄUBERUNG... ROTE FAHNE... COLLECTIVO...

UND HINTEN, DAS BIN ICH: *LIEBESWURST*.

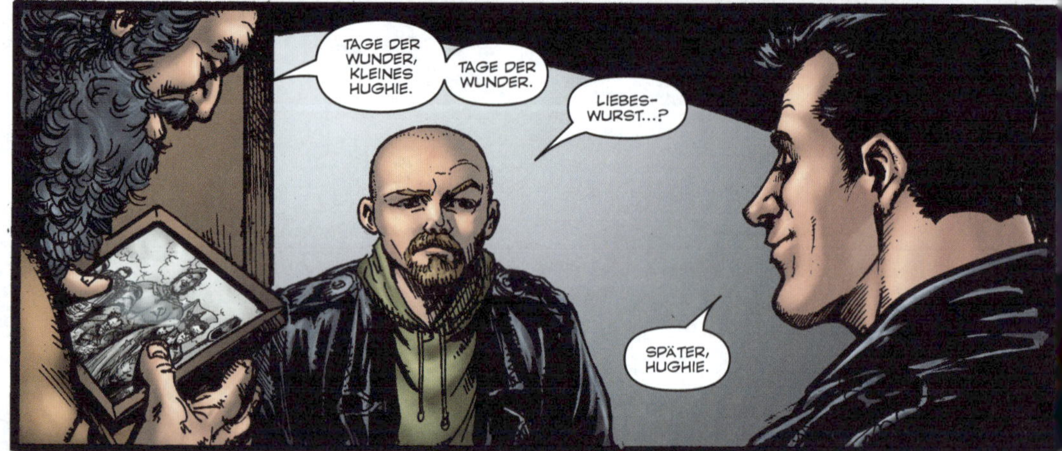

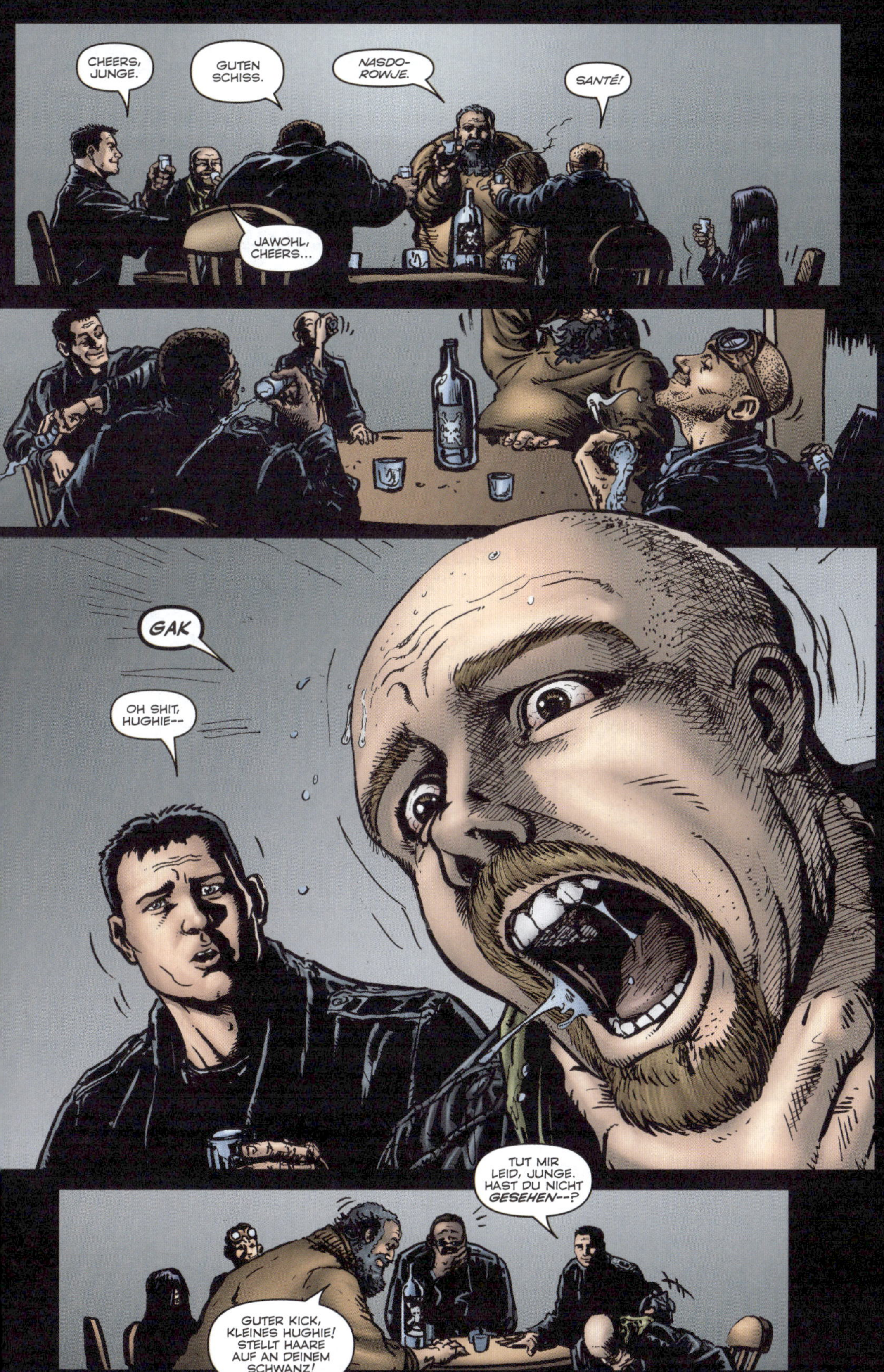
CHEERS, JUNGE.
GUTEN SCHISS.
NASDO-ROWJE.
SANTÉ!
JAWOHL, CHEERS...
GAK
OH SHIT, HUGHIE--
TUT MIR LEID, JUNGE. HAST DU NICHT GESEHEN--?
GUTER KICK, KLEINES HUGHIE! STELLT HAARE AUF AN DEINEM SCHWANZ!

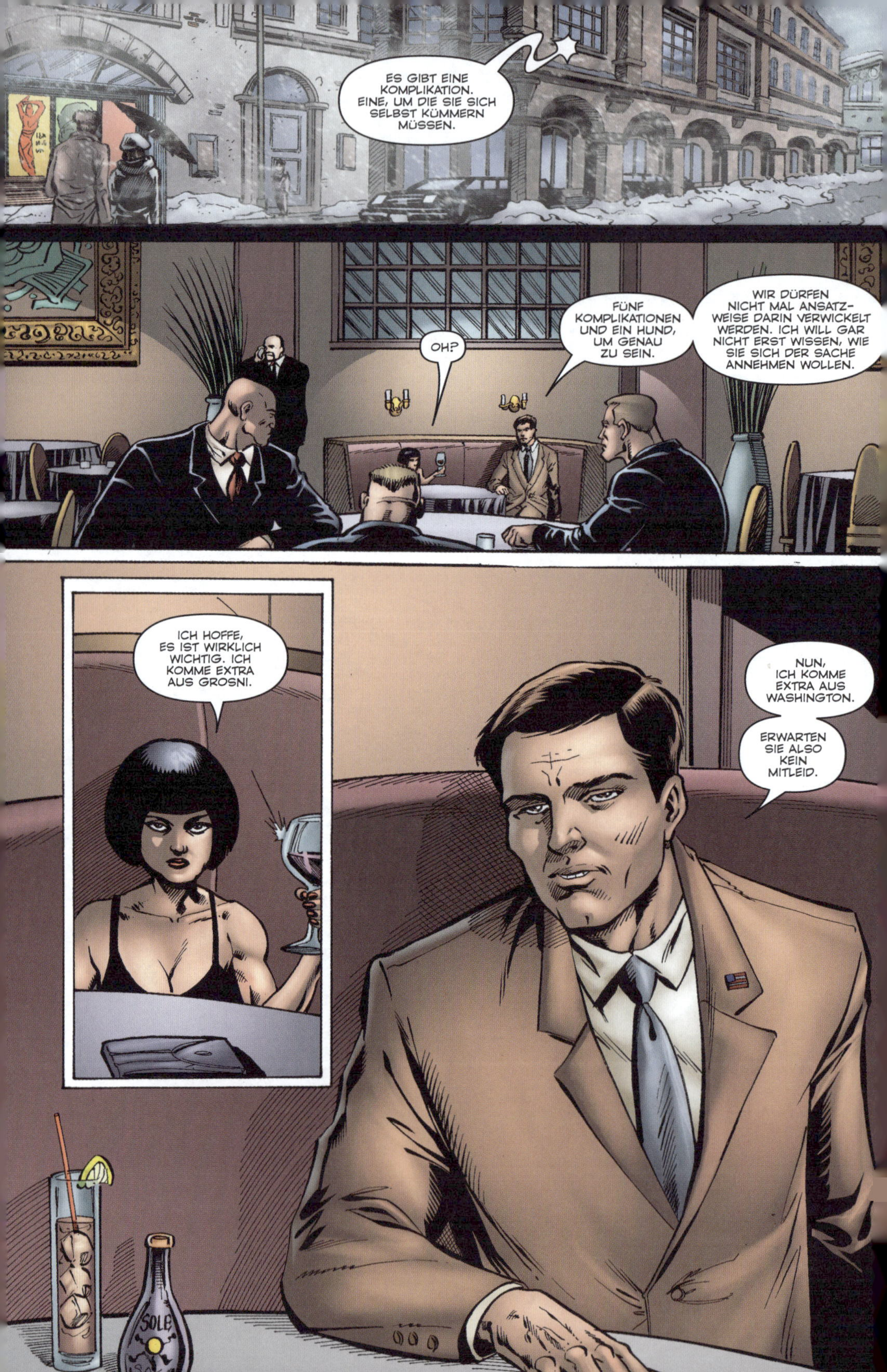
ES GIBT EINE KOMPLIKATION. EINE, UM DIE SIE SICH SELBST KÜMMERN MÜSSEN.
OH?
FÜNF KOMPLIKATIONEN UND EIN HUND, UM GENAU ZU SEIN.
WIR DÜRFEN NICHT MAL ANSATZ-WEISE DARIN VERWICKELT WERDEN. ICH WILL GAR NICHT ERST WISSEN, WIE SIE SICH DER SACHE ANNEHMEN WOLLEN.
ICH HOFFE, ES IST WIRKLICH WICHTIG. ICH KOMME EXTRA AUS GROSNI.
NUN, ICH KOMME EXTRA AUS WASHINGTON.
ERWARTEN SIE ALSO KEIN MITLEID.
SOLE

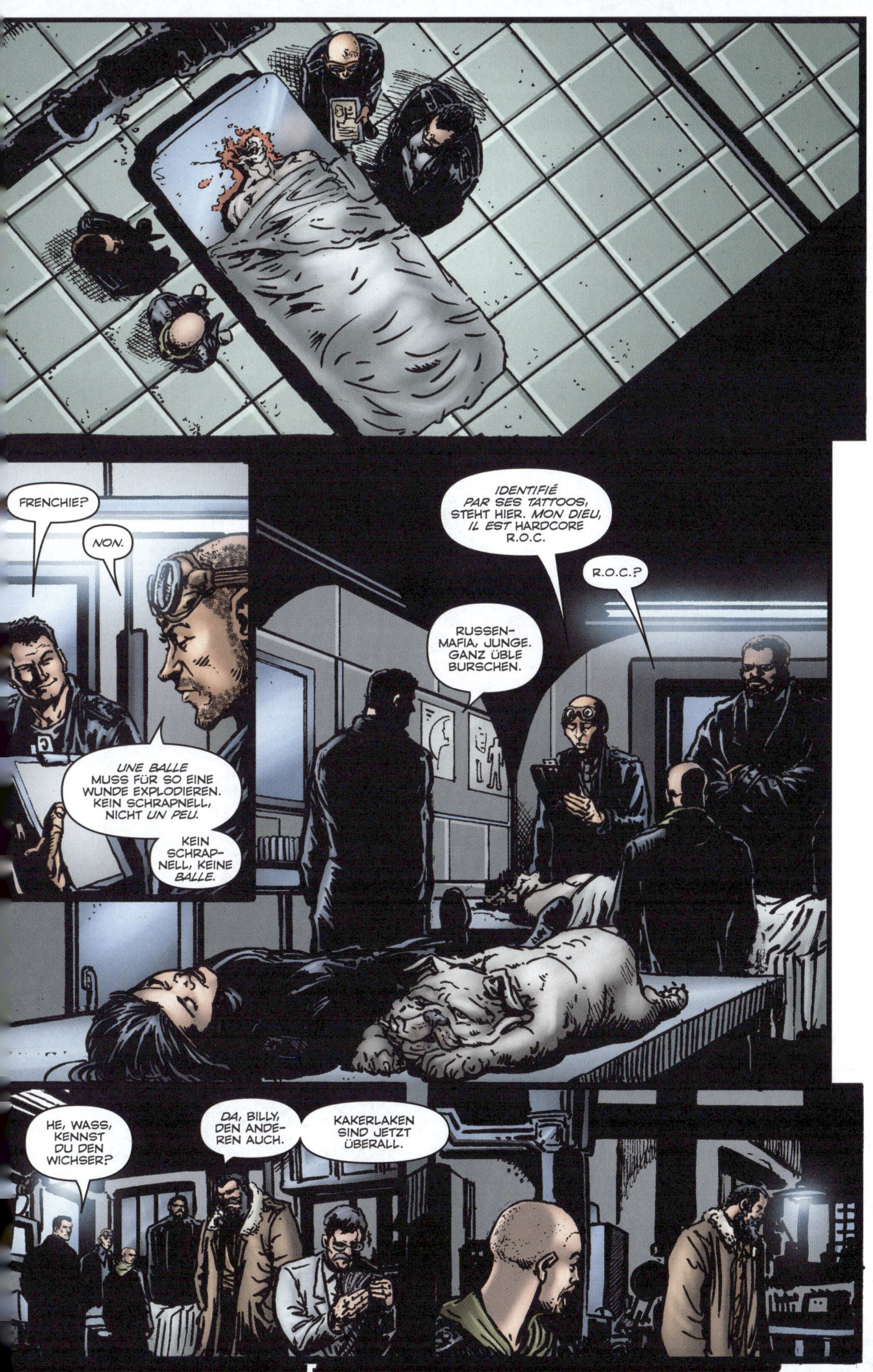
FRENCHIE?
NON.
IDENTIFIÉ PAR SES TATTOOS, STEHT HIER. MON DIEU, IL EST HARDCORE R.O.C.
R.O.C.?
RUSSEN-MAFIA, JUNGE. GANZ ÜBLE BURSCHEN.
UNE BALLE MUSS FÜR SO EINE WUNDE EXPLODIEREN. KEIN SCHRAPNELL, NICHT UN PEU.
KEIN SCHRAP-NELL, KEINE BALLE.
HE, WASS, KENNST DU DEN WICHSER?
DA, BILLY, DEN ANDE-REN AUCH.
KAKERLAKEN SIND JETZT ÜBERALL.

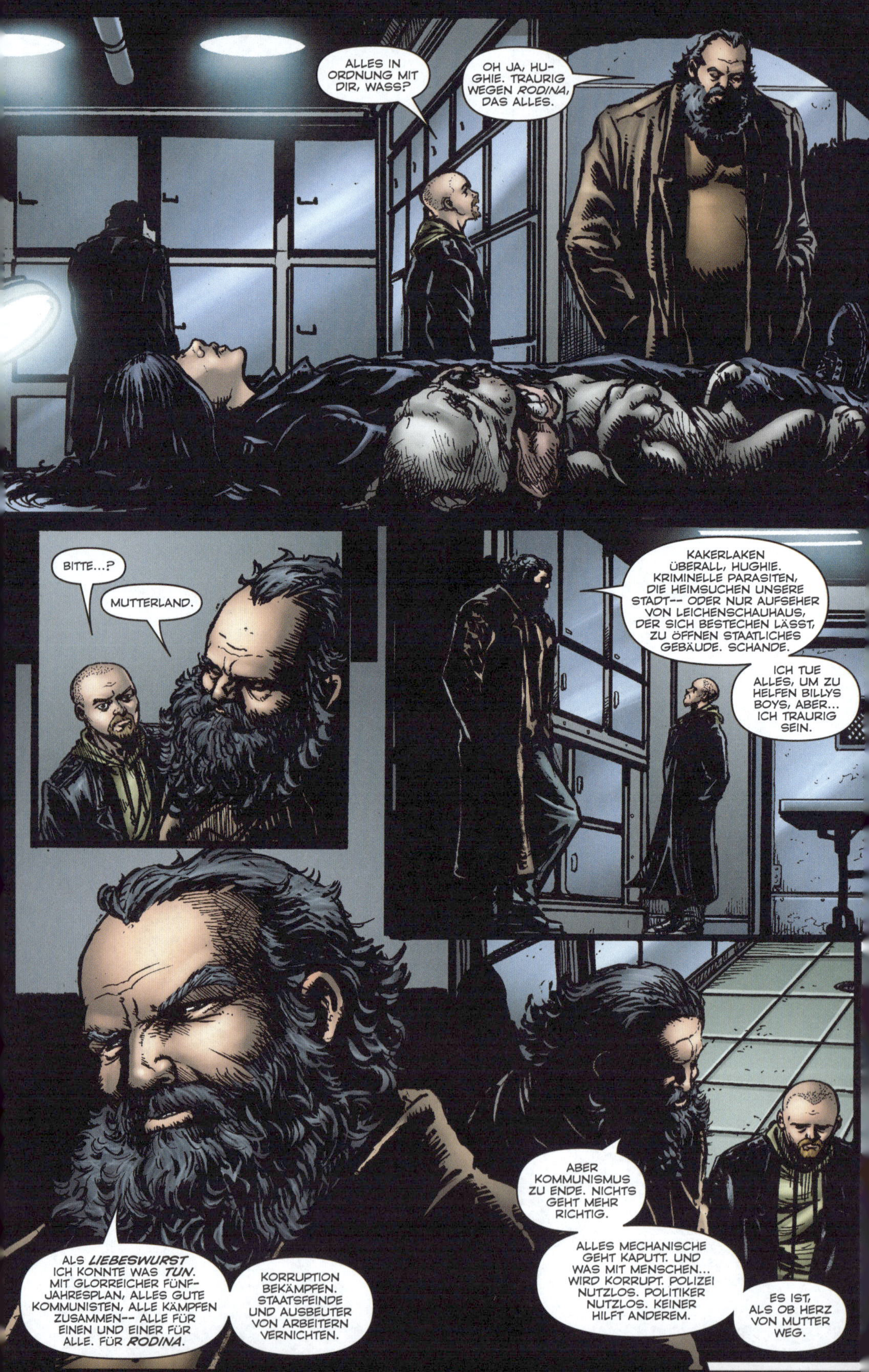
ALLES IN ORDNUNG MIT DIR, WASS?
OH JA, HUGHIE. TRAURIG WEGEN *RODINA*, DAS ALLES.
BITTE...?
MUTTERLAND.
KAKERLAKEN ÜBERALL, HUGHIE. KRIMINELLE PARASITEN, DIE HEIMSUCHEN UNSERE STADT-- ODER NUR AUFSEHER VON LEICHENSCHAUHAUS, DER SICH BESTECHEN LÄSST, ZU ÖFFNEN STAATLICHES GEBÄUDE. SCHANDE.
ICH TUE ALLES, UM ZU HELFEN BILLYS BOYS, ABER... ICH TRAURIG SEIN.
ALS *LIEBESWURST* ICH KONNTE WAS *TUN*. MIT GLORREICHER FÜNF-JAHRESPLAN, ALLES GUTE KOMMUNISTEN, ALLE KÄMPFEN ZUSAMMEN-- ALLE FÜR EINEN UND EINER FÜR ALLE. FÜR *RODINA*.
KORRUPTION BEKÄMPFEN. STAATSFEINDE UND AUSBEUTER VON ARBEITERN VERNICHTEN.
ABER KOMMUNISMUS ZU ENDE. NICHTS GEHT MEHR RICHTIG.
ALLES MECHANISCHE GEHT KAPUTT. UND WAS MIT MENSCHEN... WIRD KORRUPT. POLIZEI NUTZLOS. POLITIKER NUTZLOS. KEINER HILFT ANDEREM.
ES IST, ALS OB HERZ VON MUTTER WEG.

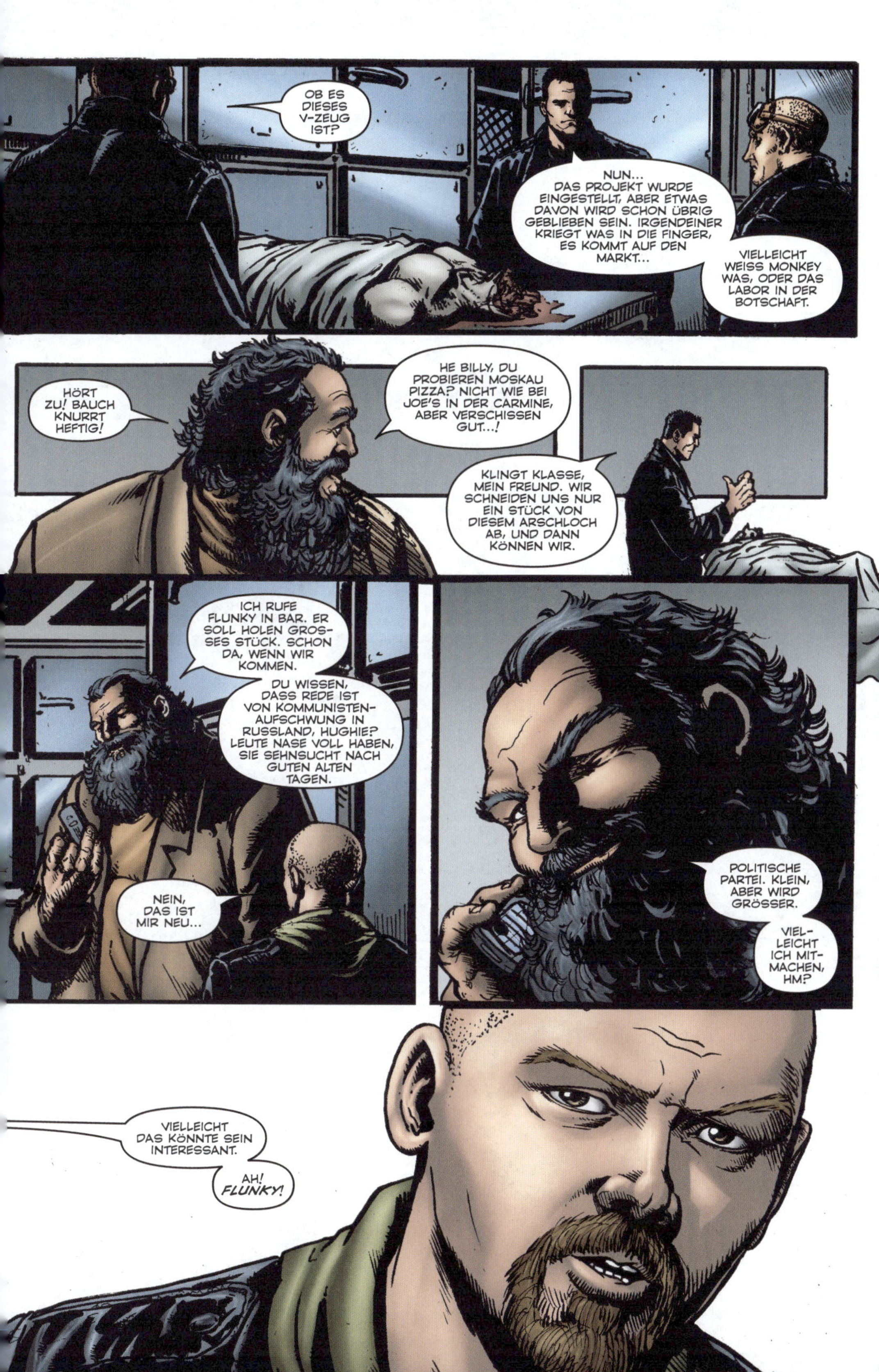
OB ES DIESES V-ZEUG IST?
NUN... DAS PROJEKT WURDE EINGESTELLT, ABER ETWAS DAVON WIRD SCHON ÜBRIG GEBLIEBEN SEIN. IRGENDEINER KRIEGT WAS IN DIE FINGER, ES KOMMT AUF DEN MARKT...
VIELLEICHT WEISS MONKEY WAS, ODER DAS LABOR IN DER BOTSCHAFT.
HÖRT ZU! BAUCH KNURRT HEFTIG!
HE BILLY, DU PROBIEREN MOSKAU PIZZA? NICHT WIE BEI JOE'S IN DER CARMINE, ABER VERSCHISSEN GUT...!
KLINGT KLASSE, MEIN FREUND. WIR SCHNEIDEN UNS NUR EIN STÜCK VON DIESEM ARSCHLOCH AB, UND DANN KÖNNEN WIR.
ICH RUFE FLUNKY IN BAR. ER SOLL HOLEN GROSSES STÜCK. SCHON DA, WENN WIR KOMMEN.
DU WISSEN, DASS REDE IST VON KOMMUNISTEN-AUFSCHWUNG IN RUSSLAND, HUGHIE? LEUTE NASE VOLL HABEN, SIE SEHNSUCHT NACH GUTEN ALTEN TAGEN.
NEIN, DAS IST MIR NEU...
POLITISCHE PARTEI. KLEIN, ABER WIRD GRÖSSER.
VIELLEICHT ICH MITMACHEN, HM?
VIELLEICHT DAS KÖNNTE SEIN INTERESSANT.
AH! *FLUNKY!*

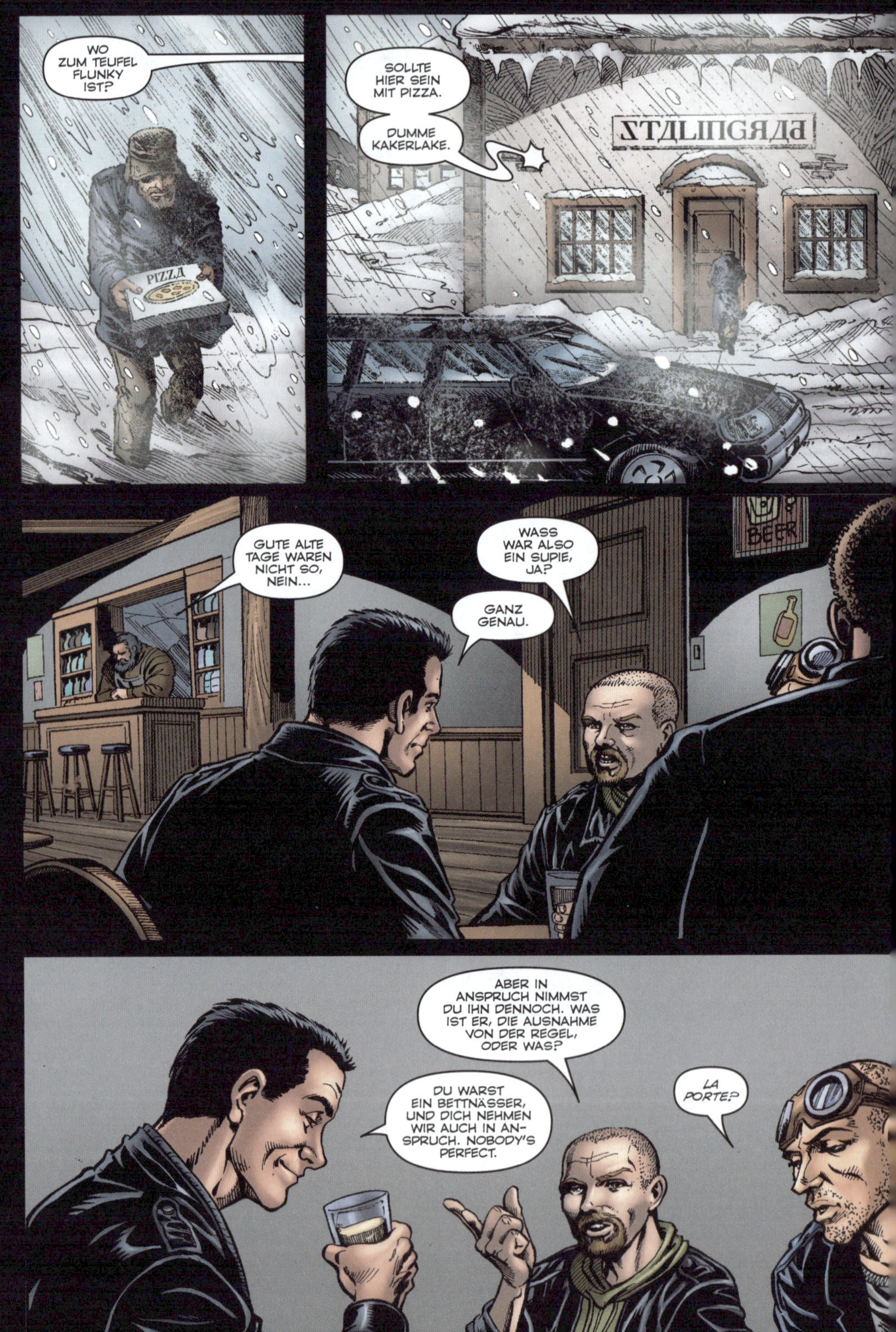
WO ZUM TEUFEL FLUNKY IST?
PIZZA
SOLLTE HIER SEIN MIT PIZZA.
DUMME KAKERLAKE.
STALINGRAD
GUTE ALTE TAGE WAREN NICHT SO, NEIN...
WASS WAR ALSO EIN SUPIE, JA?
GANZ GENAU.
BEER
ABER IN ANSPRUCH NIMMST DU IHN DENNOCH. WAS IST ER, DIE AUSNAHME VON DER REGEL, ODER WAS?
DU WARST EIN BETTNÄSSER, UND DICH NEHMEN WIR AUCH IN ANSPRUCH. NOBODY'S PERFECT.
LA PORTE?

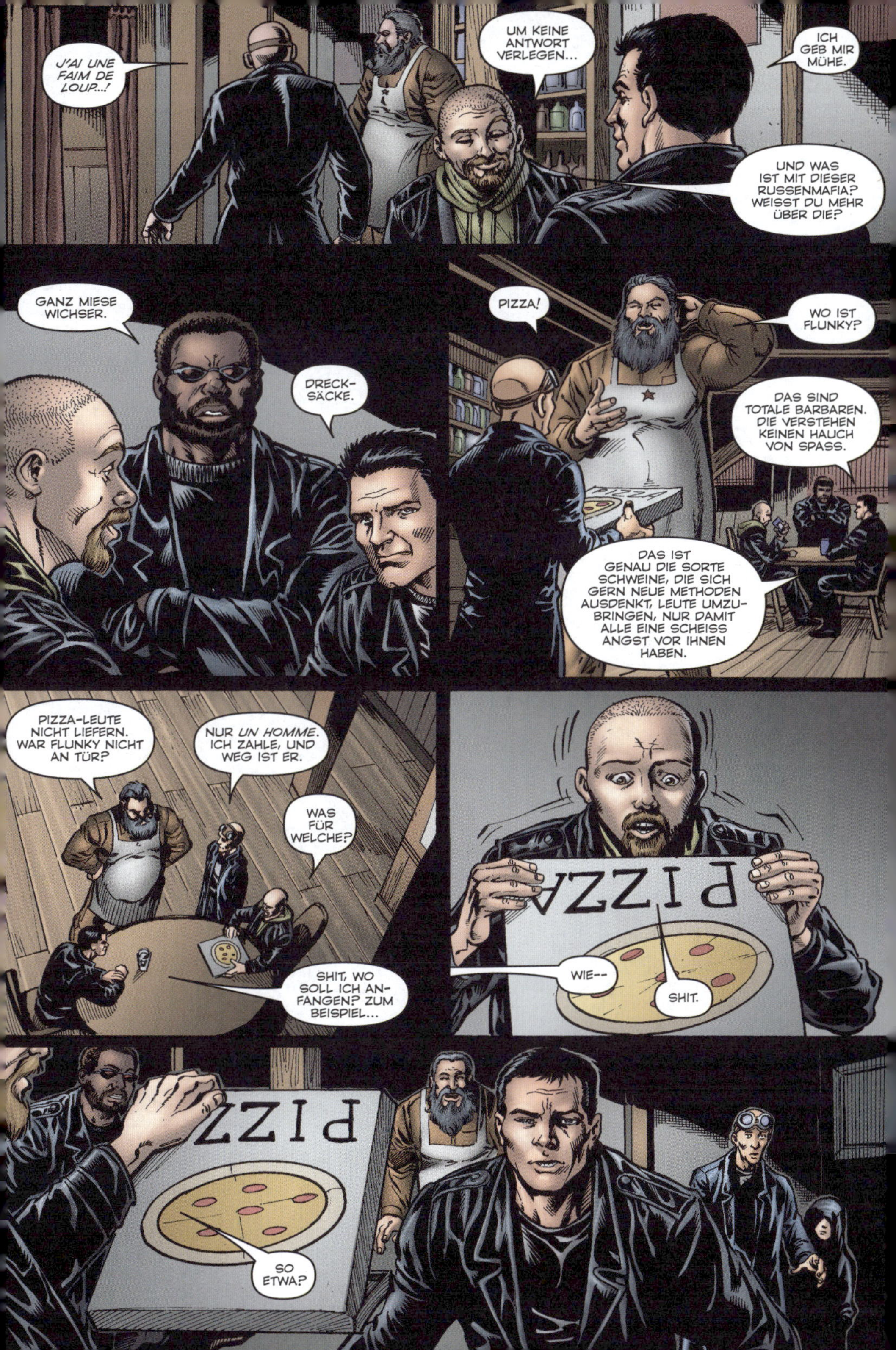
J'AI UNE FAIM DE LOUP...!
UM KEINE ANTWORT VERLEGEN...
ICH GEB MIR MÜHE.
UND WAS IST MIT DIESER RUSSENMAFIA? WEISST DU MEHR ÜBER DIE?
GANZ MIESE WICHSER.
DRECK-SÄCKE.
PIZZA!
WO IST FLUNKY?
DAS SIND TOTALE BARBAREN. DIE VERSTEHEN KEINEN HAUCH VON SPASS.
PIZZA
DAS IST GENAU DIE SORTE SCHWEINE, DIE SICH GERN NEUE METHODEN AUSDENKT, LEUTE UMZUBRINGEN, NUR DAMIT ALLE EINE SCHEISS ANGST VOR IHNEN HABEN.
PIZZA-LEUTE NICHT LIEFERN. WAR FLUNKY NICHT AN TÜR?
NUR UN HOMME. ICH ZAHLE, UND WEG IST ER.
WAS FÜR WELCHE?
SHIT, WO SOLL ICH AN-FANGEN? ZUM BEISPIEL...
PIZZA
WIE--
SHIT.
PIZZ
SO ETWA?

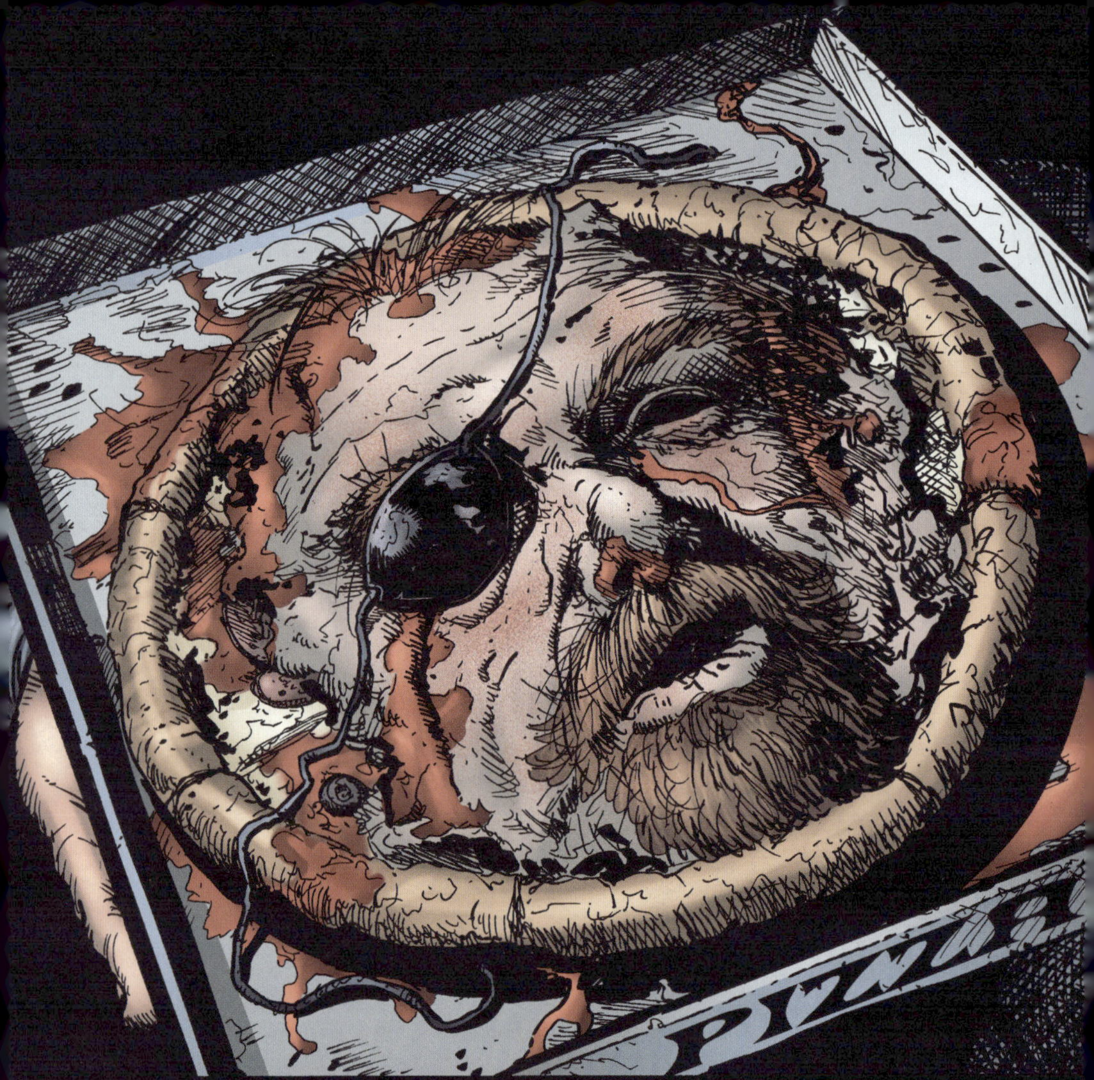

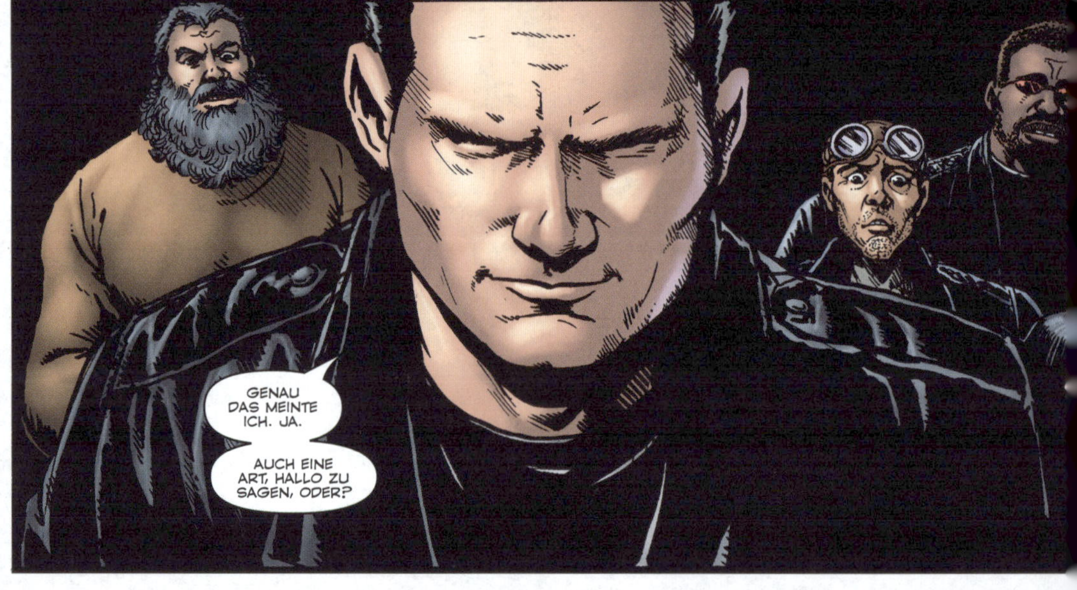
GENAU DAS MEINTE ICH. JA.
AUCH EINE ART, HALLO ZU SAGEN, ODER?

DER GLORREICHE FÜNFJAHRESPLAN, TEIL 2

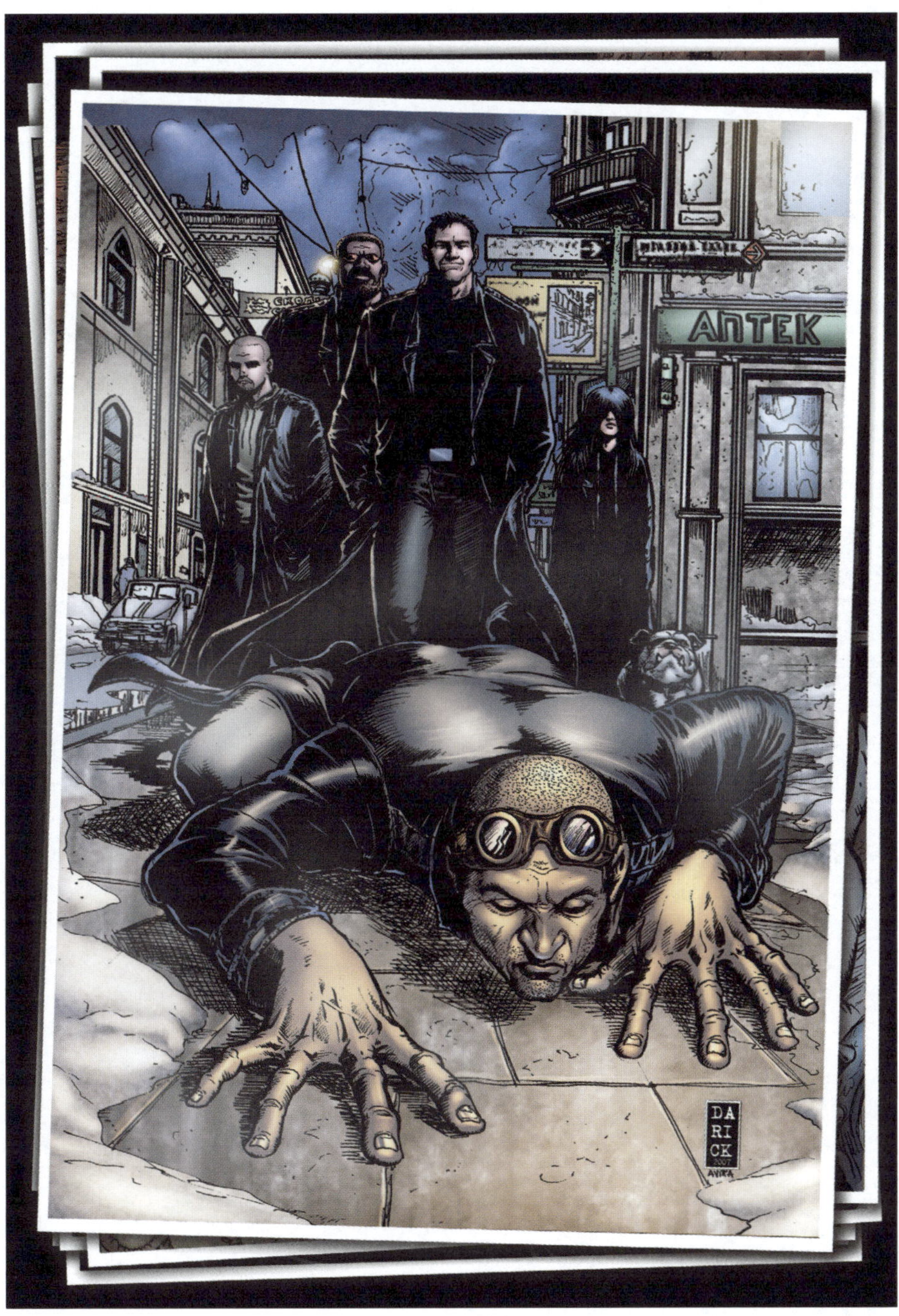

The Boys (2006) 12
Cover von **DARICK ROBERTSON**

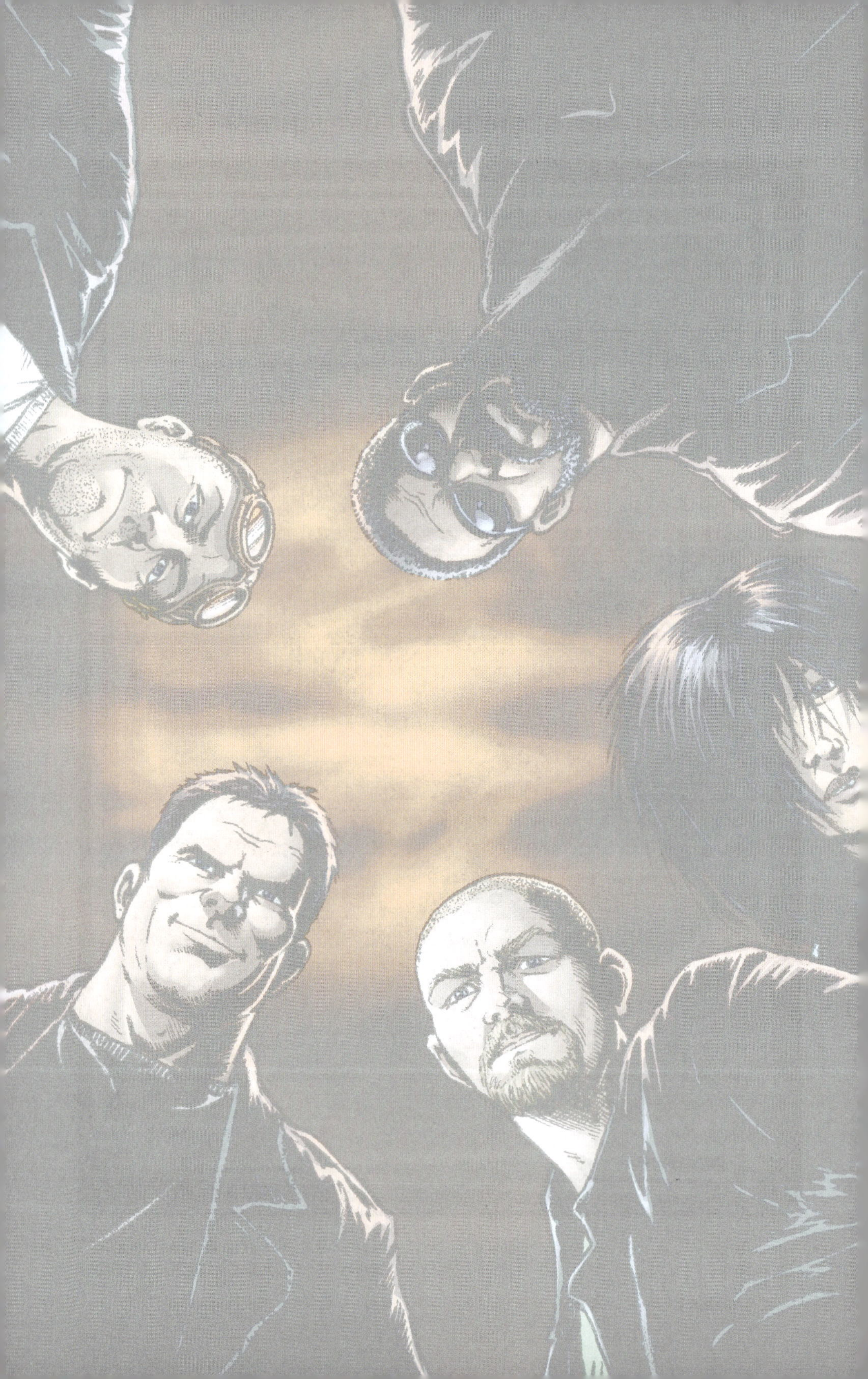

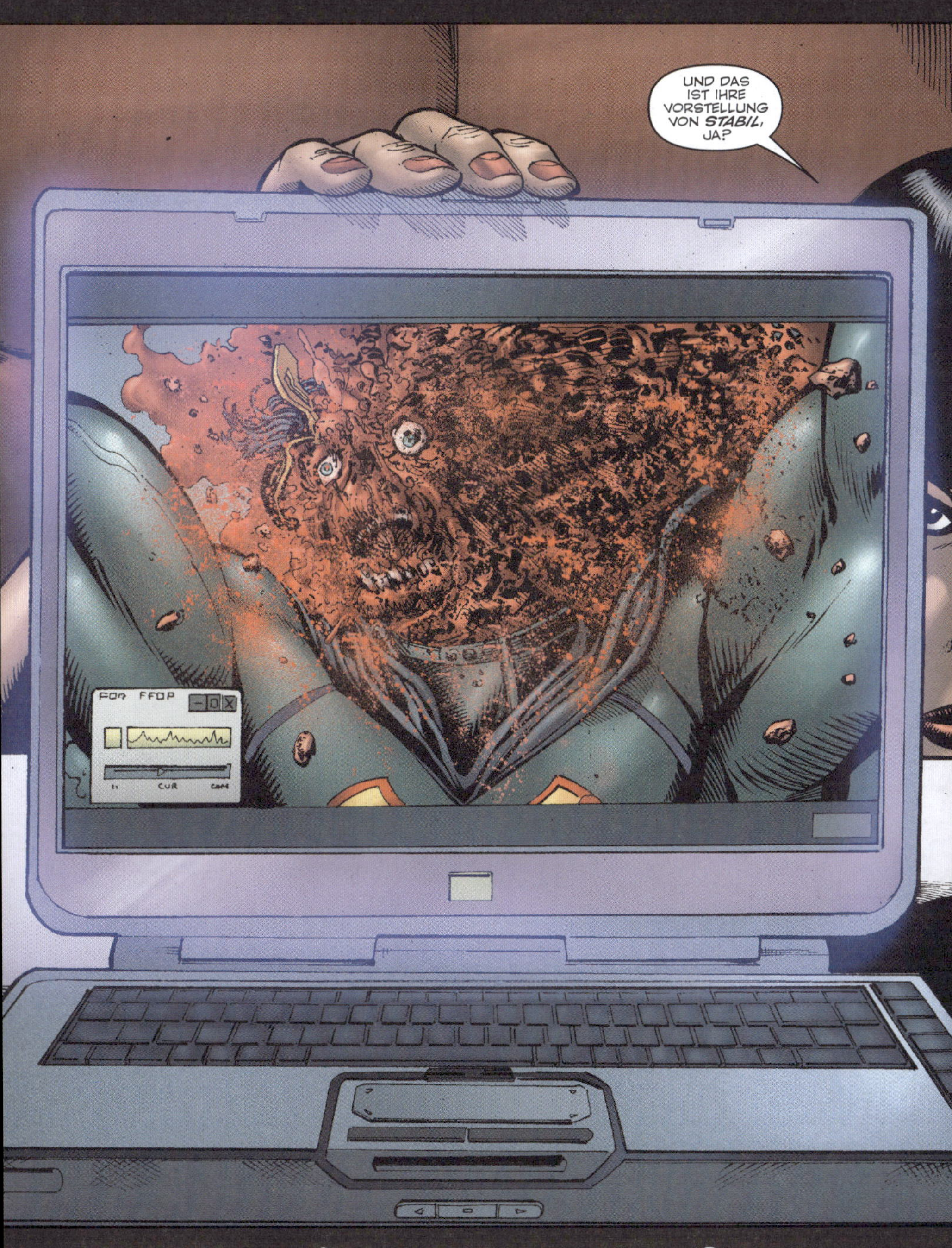

DER GLORREICHE FÜNFJAHRESPLAN
TEIL 2

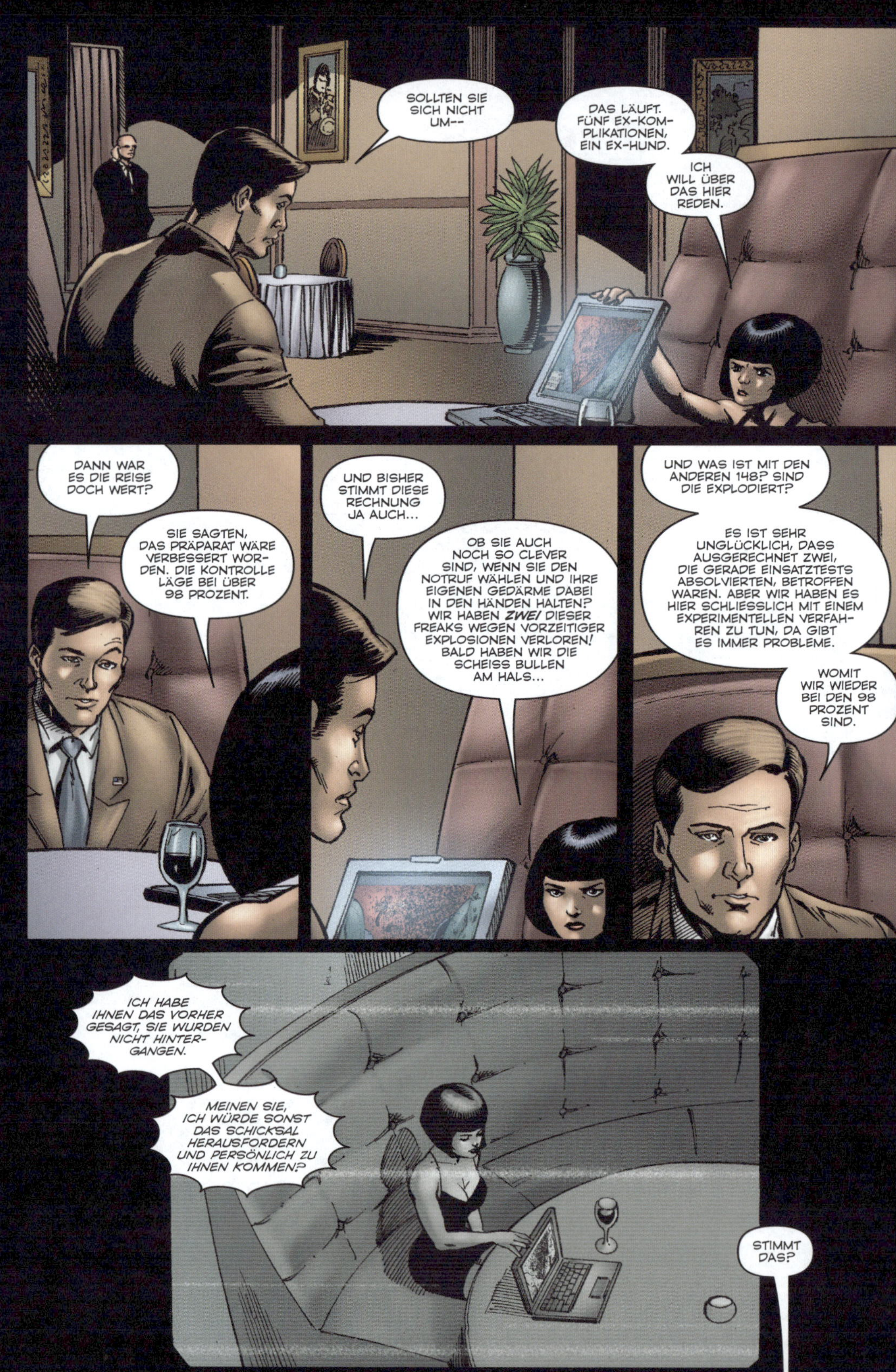
SOLLTEN SIE SICH NICHT UM--
DAS LÄUFT. FÜNF EX-KOMPLIKATIONEN, EIN EX-HUND.
ICH WILL ÜBER DAS HIER REDEN.
DANN WAR ES DIE REISE DOCH WERT?
SIE SAGTEN, DAS PRÄPARAT WÄRE VERBESSERT WORDEN. DIE KONTROLLE LÄGE BEI ÜBER 98 PROZENT.
UND BISHER STIMMT DIESE RECHNUNG JA AUCH...
OB SIE AUCH NOCH SO CLEVER SIND, WENN SIE DEN NOTRUF WÄHLEN UND IHRE EIGENEN GEDÄRME DABEI IN DEN HÄNDEN HALTEN? WIR HABEN ZWEI DIESER FREAKS WEGEN VORZEITIGER EXPLOSIONEN VERLOREN! BALD HABEN WIR DIE SCHEISS BULLEN AM HALS...
UND WAS IST MIT DEN ANDEREN 148? SIND DIE EXPLODIERT?
ES IST SEHR UNGLÜCKLICH, DASS AUSGERECHNET ZWEI, DIE GERADE EINSATZTESTS ABSOLVIERTEN, BETROFFEN WAREN. ABER WIR HABEN ES HIER SCHLIESSLICH MIT EINEM EXPERIMENTELLEN VERFAHREN ZU TUN, DA GIBT ES IMMER PROBLEME.
WOMIT WIR WIEDER BEI DEN 98 PROZENT SIND.
ICH HABE IHNEN DAS VORHER GESAGT, SIE WURDEN NICHT HINTERGANGEN.
MEINEN SIE, ICH WÜRDE SONST DAS SCHICKSAL HERAUSFORDERN UND PERSÖNLICH ZU IHNEN KOMMEN?
STIMMT DAS?

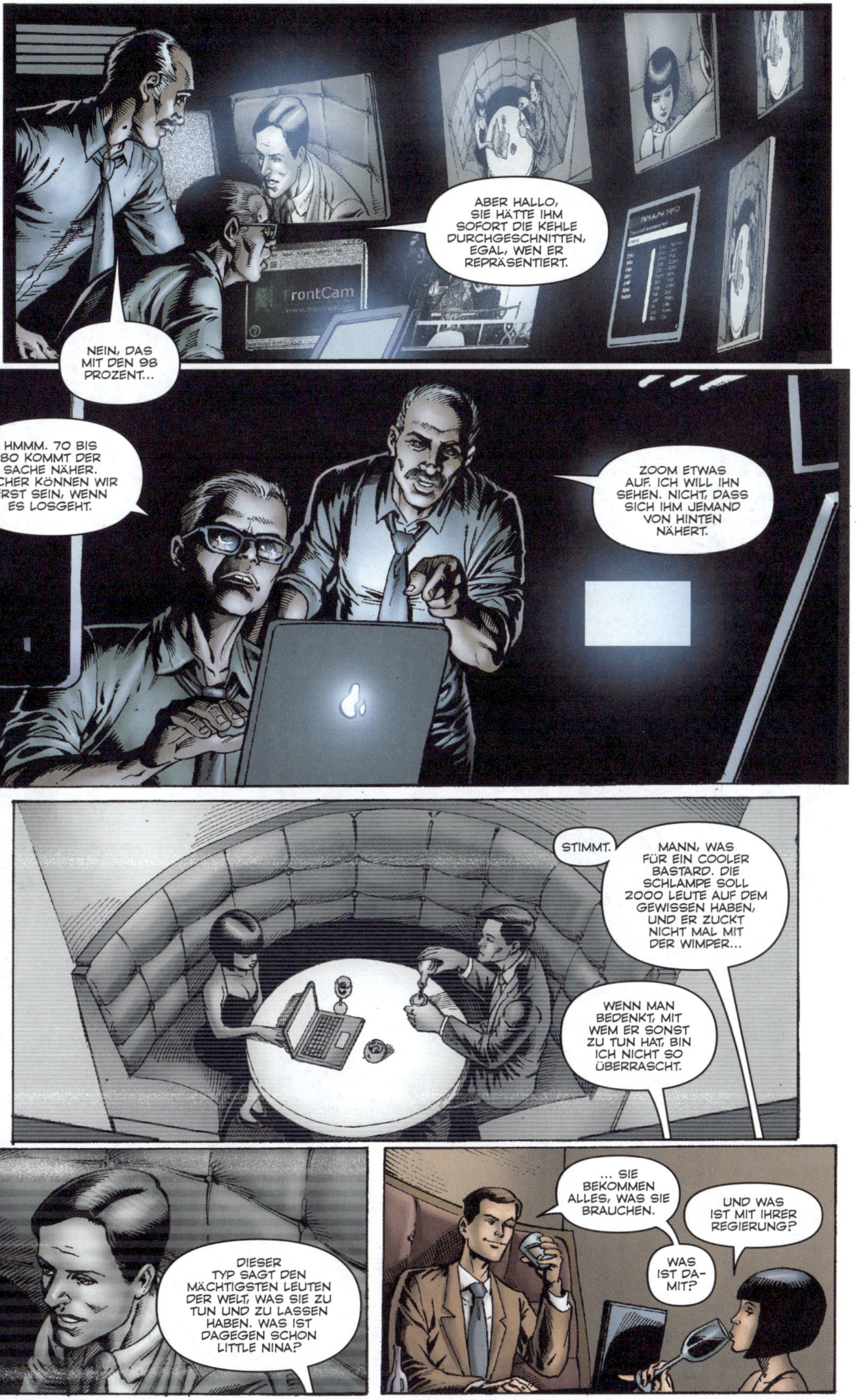

ABER HALLO, SIE HÄTTE IHM SOFORT DIE KEHLE DURCHGESCHNITTEN, EGAL, WEN ER REPRÄSENTIERT.
NEIN, DAS MIT DEN 98 PROZENT...

HMMM. 70 BIS 80 KOMMT DER SACHE NÄHER. SICHER KÖNNEN WIR ERST SEIN, WENN ES LOSGEHT.
ZOOM ETWAS AUF. ICH WILL IHN SEHEN. NICHT, DASS SICH IHM JEMAND VON HINTEN NÄHERT.

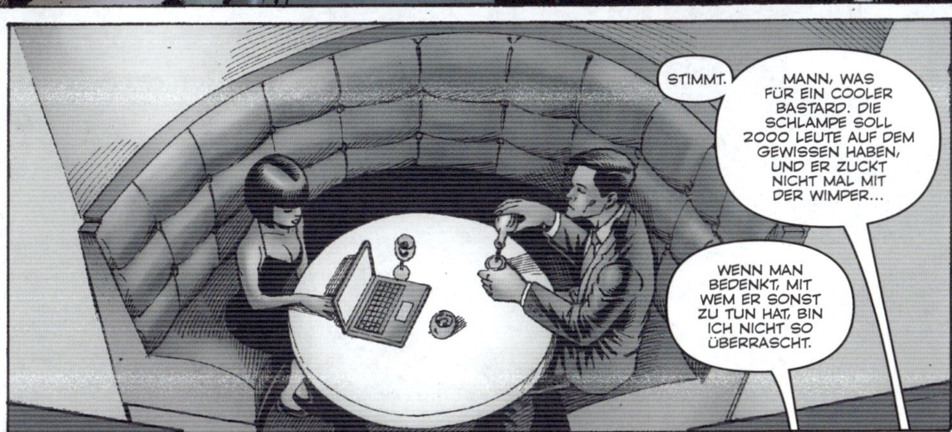

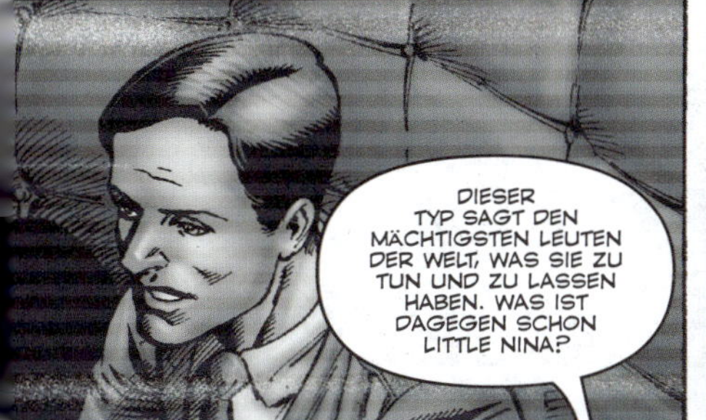

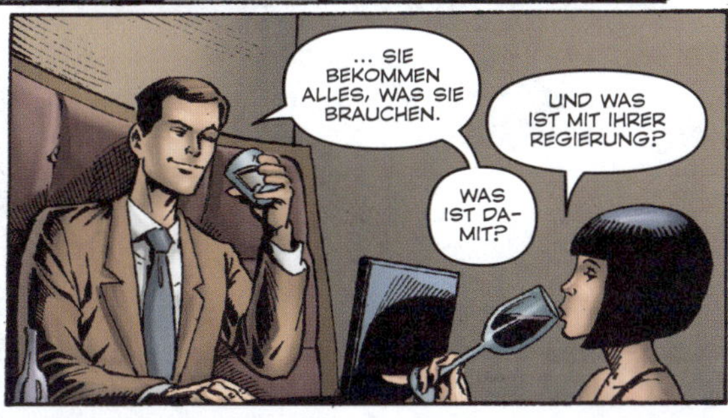

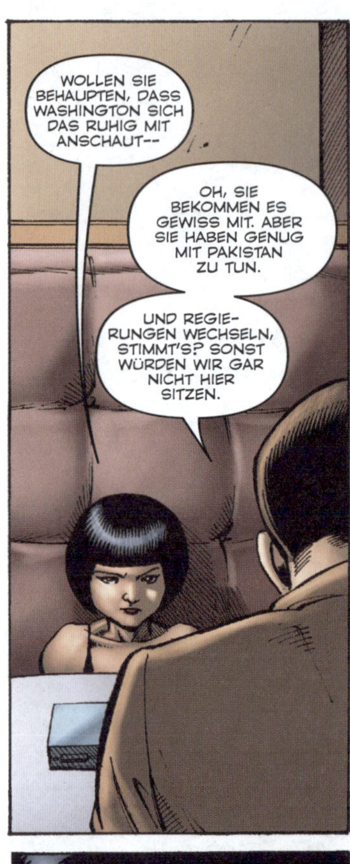
WOLLEN SIE BEHAUPTEN, DASS WASHINGTON SICH DAS RUHIG MIT ANSCHAUT--
OH, SIE BEKOMMEN ES GEWISS MIT. ABER SIE HABEN GENUG MIT PAKISTAN ZU TUN.
UND REGIERUNGEN WECHSELN, STIMMT'S? SONST WÜRDEN WIR GAR NICHT HIER SITZEN.

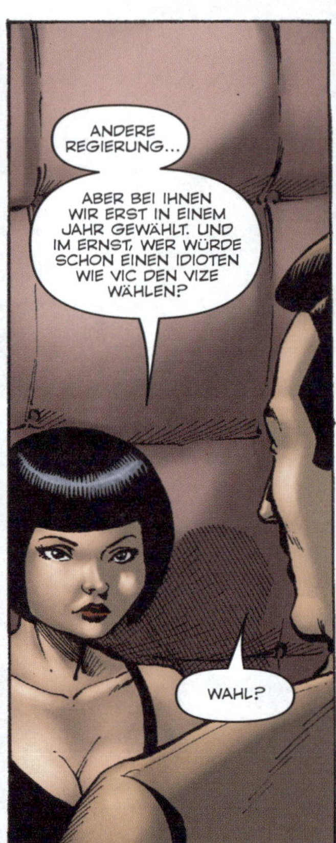
ANDERE REGIERUNG...
ABER BEI IHNEN WIR ERST IN EINEM JAHR GEWÄHLT. UND IM ERNST, WER WÜRDE SCHON EINEN IDIOTEN WIE VIC DEN VIZE WÄHLEN?
WAHL?

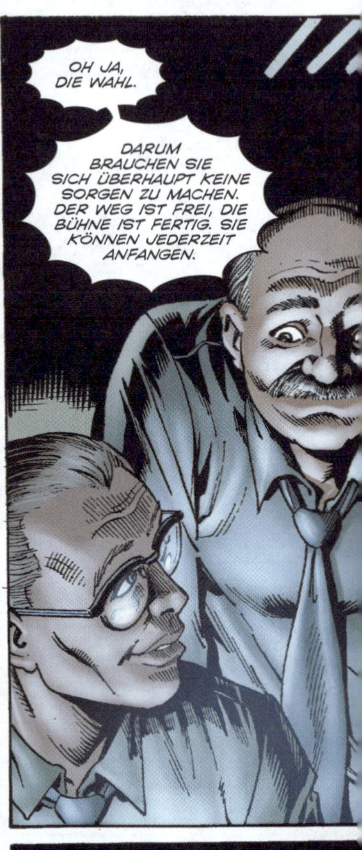
OH JA, DIE WAHL.
DARUM BRAUCHEN SIE SICH ÜBERHAUPT KEINE SORGEN ZU MACHEN. DER WEG IST FREI, DIE BÜHNE IST FERTIG. SIE KÖNNEN JEDERZEIT ANFANGEN.

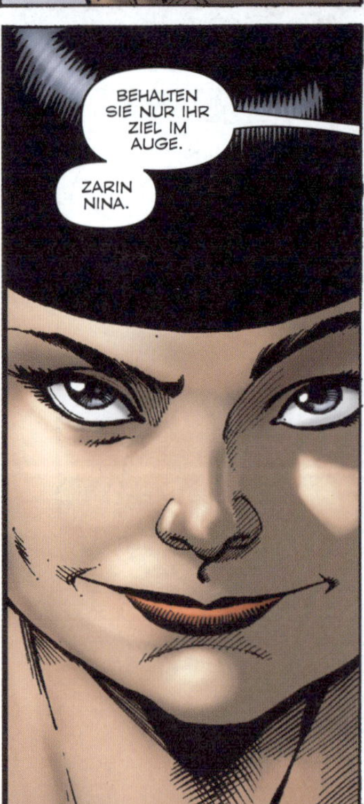
BEHALTEN SIE NUR IHR ZIEL IM AUGE.
ZARIN NINA.

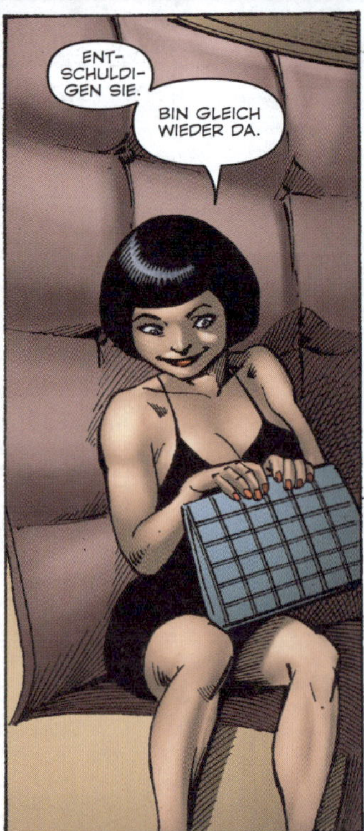
ENTSCHULDIGEN SIE.
BIN GLEICH WIEDER DA.

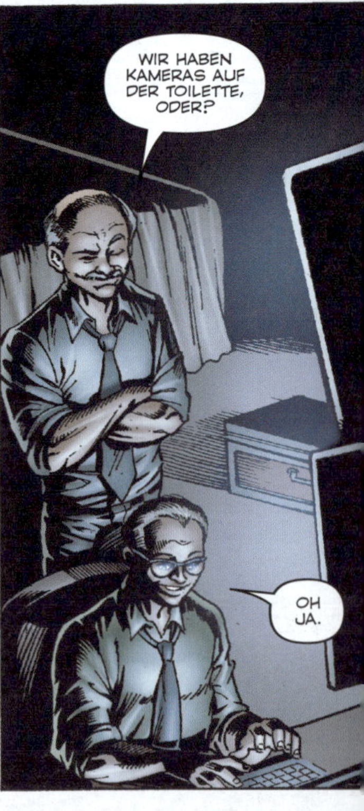
WIR HABEN KAMERAS AUF DER TOILETTE, ODER?
OH JA.

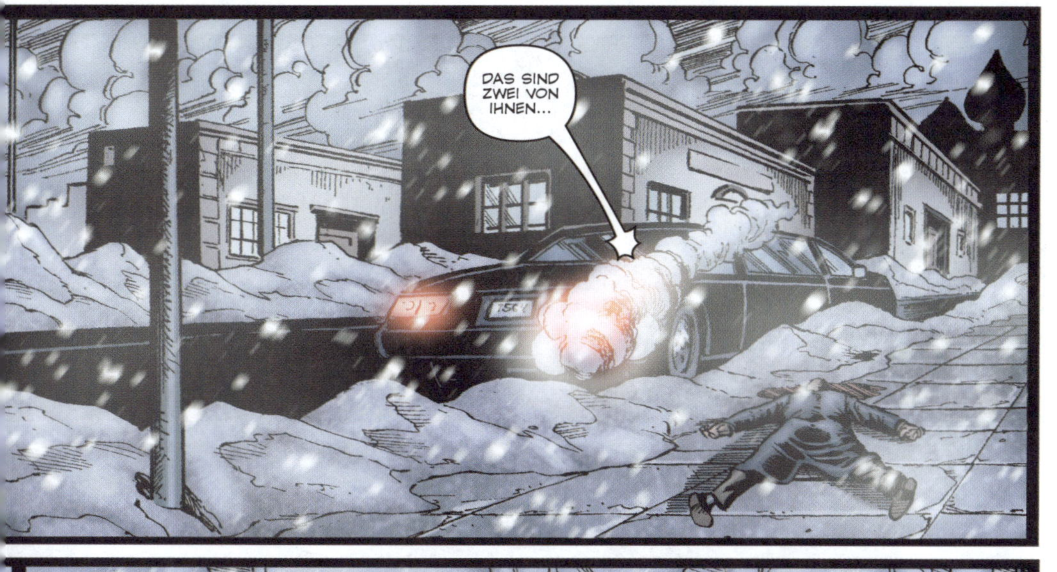

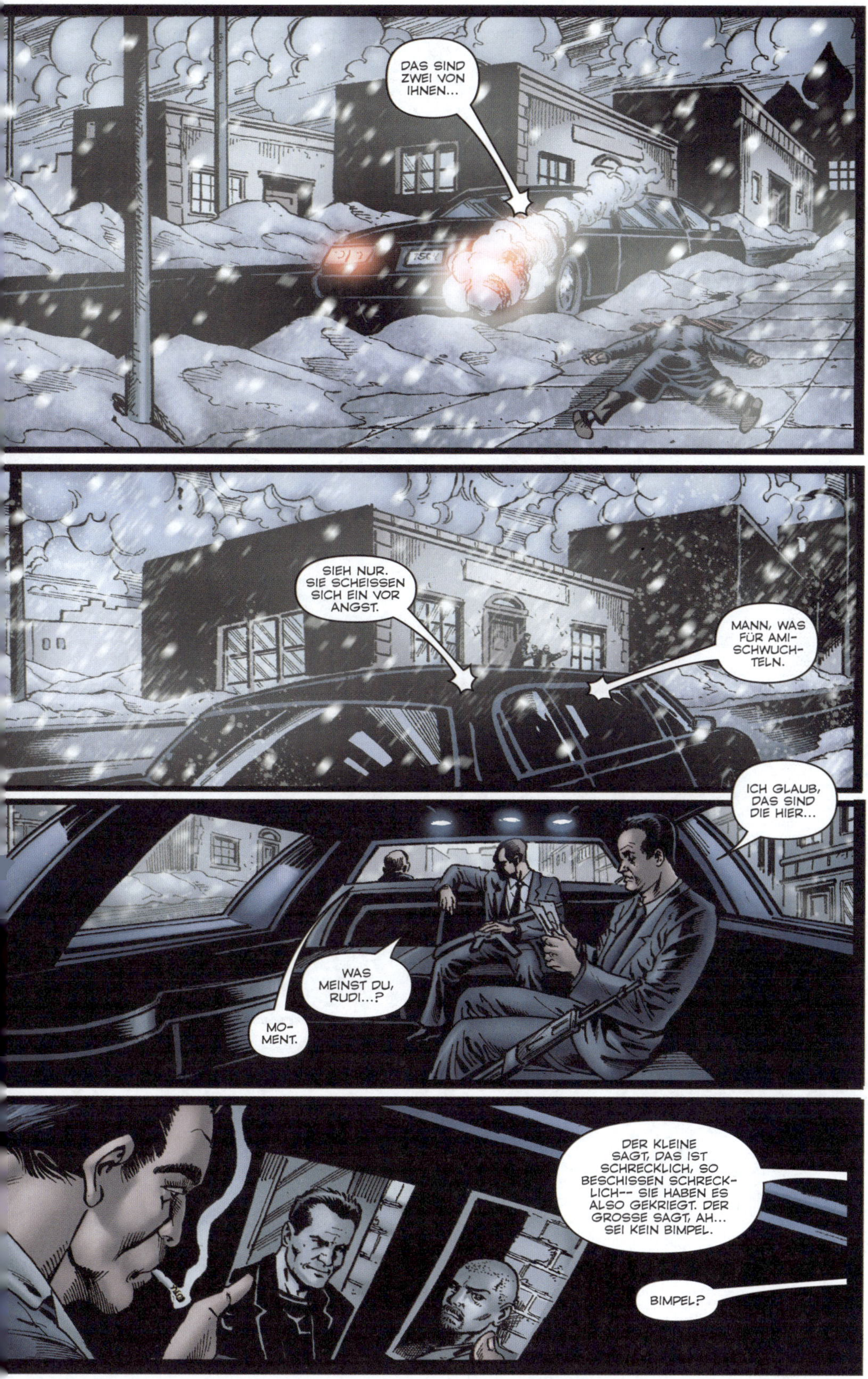

SIEH NUR. SIE SCHEISSEN SICH EIN VOR ANGST.

MANN, WAS FÜR AMI-SCHWUCH-TELN.

ICH GLAUB, DAS SIND DIE HIER...

WAS MEINST DU, RUDI...?

MO-MENT.

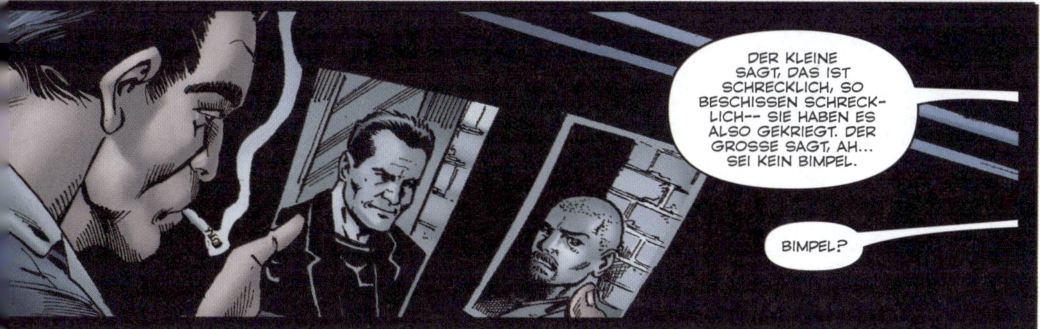

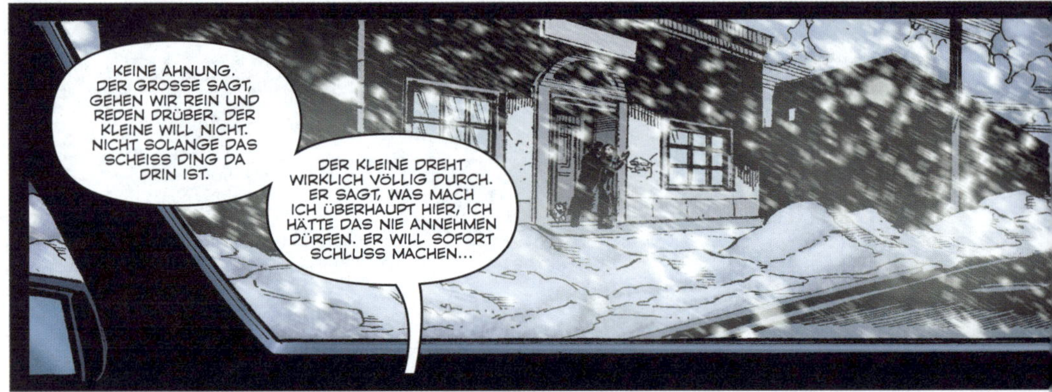
KEINE AHNUNG. DER GROSSE SAGT, GEHEN WIR REIN UND REDEN DRÜBER. DER KLEINE WILL NICHT. NICHT SOLANGE DAS SCHEISS DING DA DRIN IST.
DER KLEINE DREHT WIRKLICH VÖLLIG DURCH. ER SAGT, WAS MACH ICH ÜBERHAUPT HIER, ICH HÄTTE DAS NIE ANNEHMEN DÜRFEN. ER WILL SOFORT SCHLUSS MACHEN...

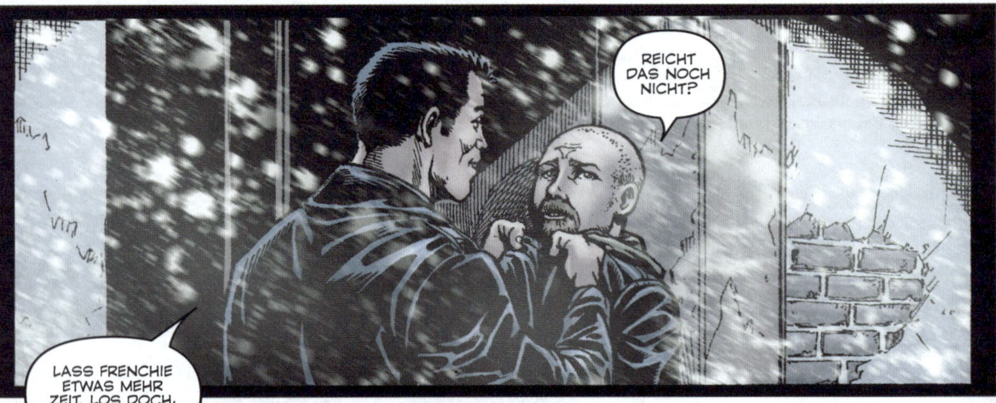
REICHT DAS NOCH NICHT?
LASS FRENCHIE ETWAS MEHR ZEIT. LOS DOCH, SCHREI WEITER.

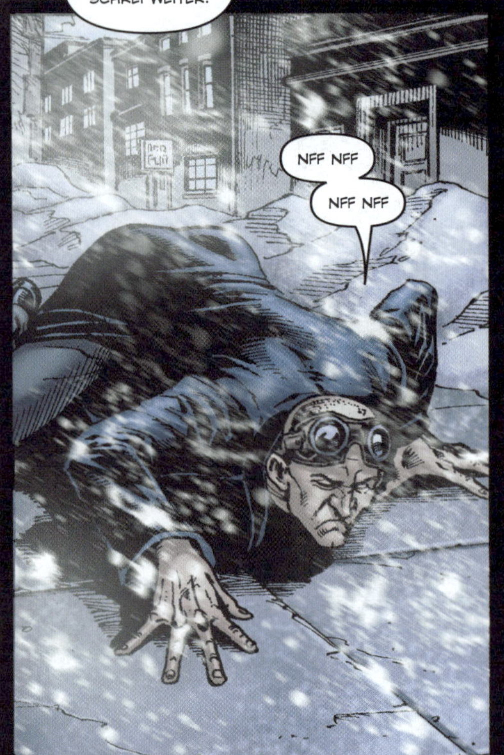
NFF NFF
NFF NFF

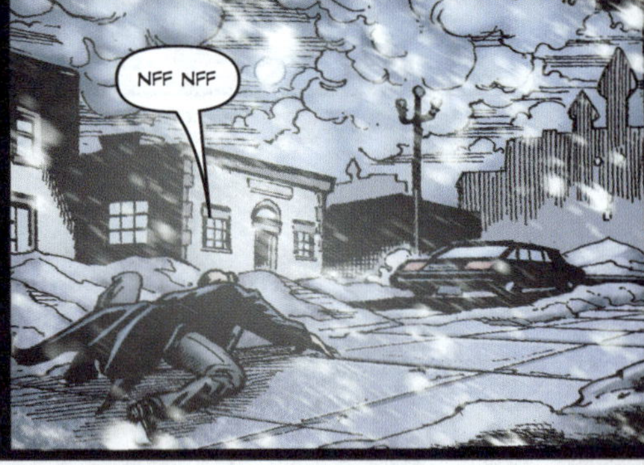
NFF NFF

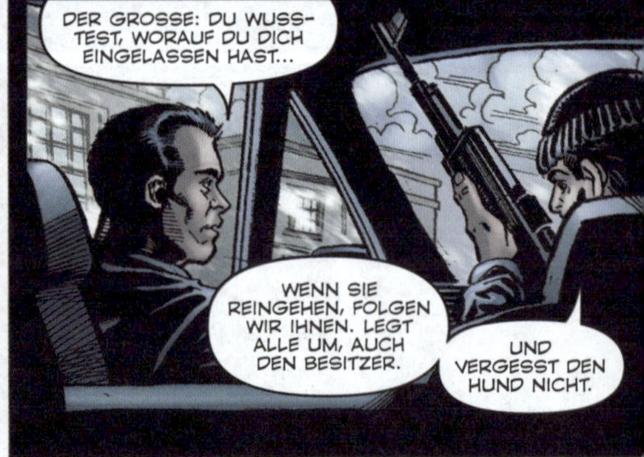
DER GROSSE: DU WUSSTEST, WORAUF DU DICH EINGELASSEN HAST...
WENN SIE REINGEHEN, FOLGEN WIR IHNEN. LEGT ALLE UM, AUCH DEN BESITZER.
UND VERGESST DEN HUND NICHT.

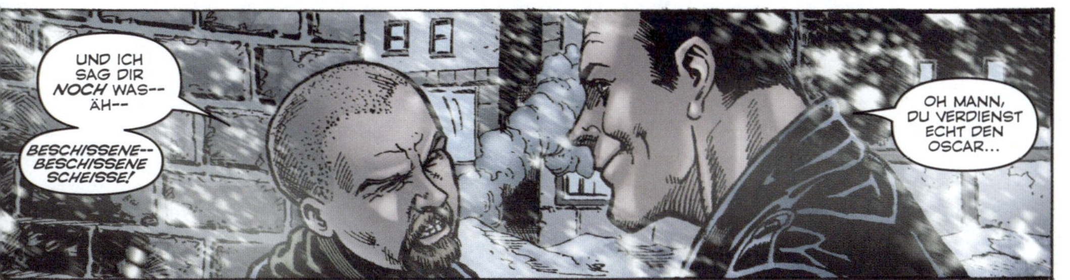
UND ICH SAG DIR *NOCH* WAS-- ÄH--
BESCHISSENE-- BESCHISSENE SCHEISSE!
OH MANN, DU VERDIENST ECHT DEN OSCAR...

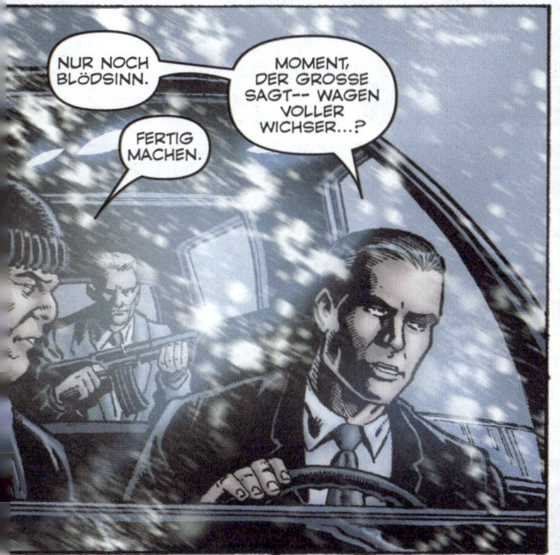
NUR NOCH BLÖDSINN.
MOMENT, DER GROSSE SAGT-- WAGEN VOLLER WICHSER...?
FERTIG MACHEN.

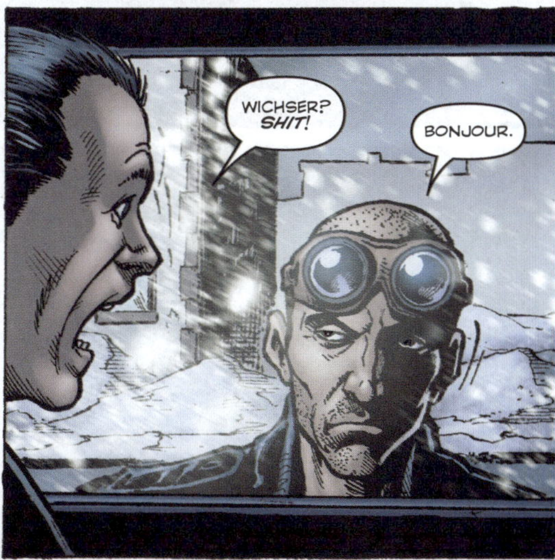
WICHSER? *SHIT!*
BONJOUR.

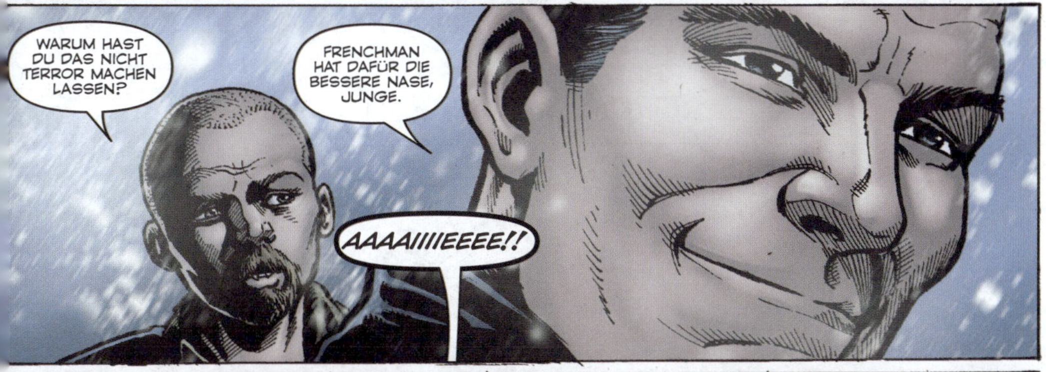
WARUM HAST DU DAS NICHT TERROR MACHEN LASSEN?
FRENCHMAN HAT DAFÜR DIE BESSERE NASE, JUNGE.
AAAAIIIIEEEE!!

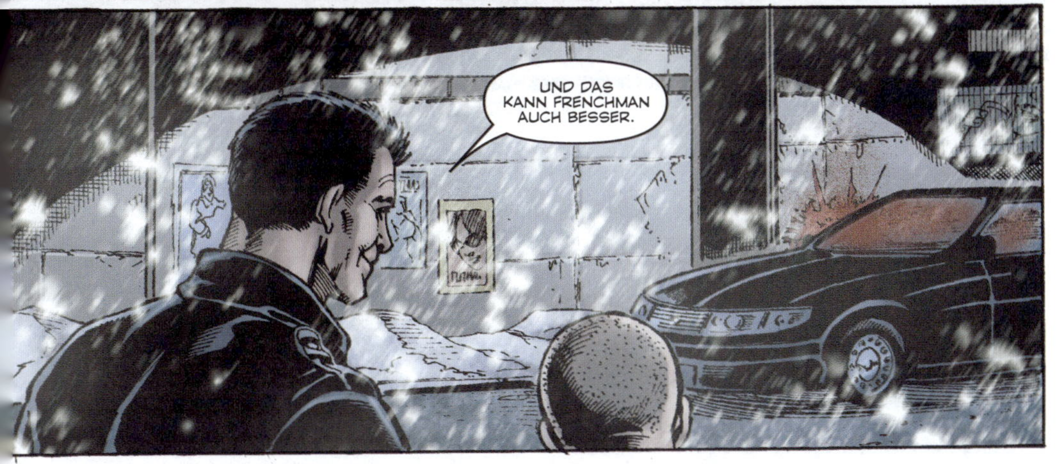
UND DAS KANN FRENCHMAN AUCH BESSER.

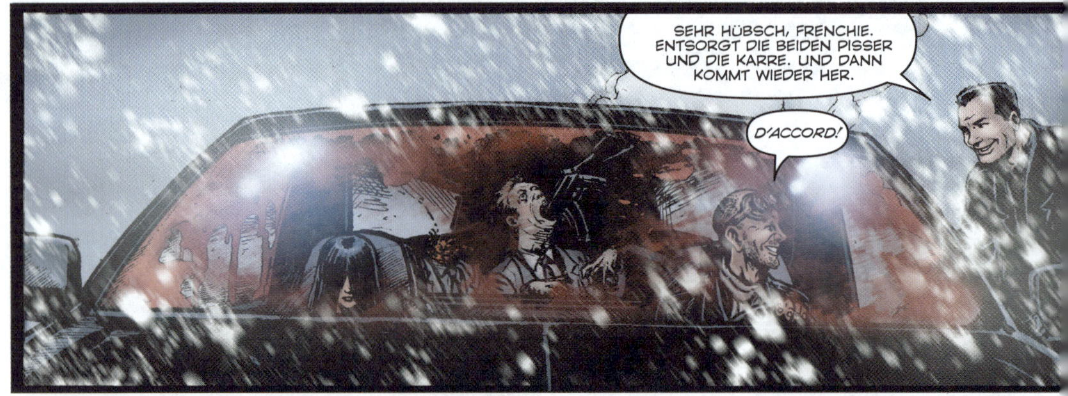
SEHR HÜBSCH, FRENCHIE. ENTSORGT DIE BEIDEN PISSER UND DIE KARRE. UND DANN KOMMT WIEDER HER.
D'ACCORD!

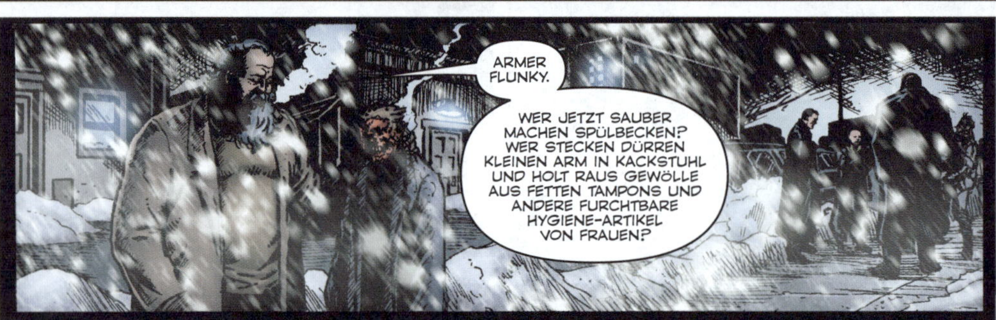
ARMER FLUNKY.
WER JETZT SAUBER MACHEN SPÜLBECKEN? WER STECKEN DÜRREN KLEINEN ARM IN KACKSTUHL UND HOLT RAUS GEWÖLLE AUS FETTEN TAMPONS UND ANDERE FURCHTBARE HYGIENE-ARTIKEL VON FRAUEN?

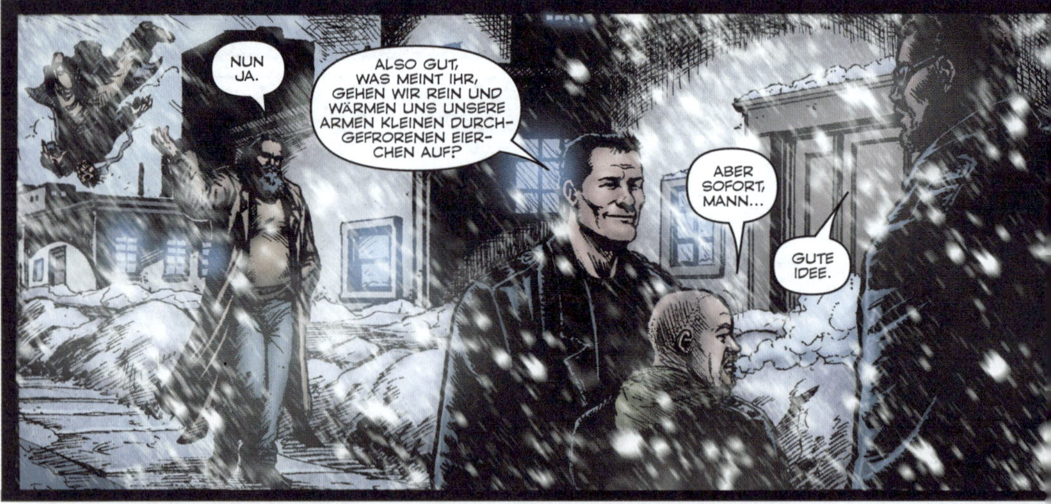
NUN JA.
ALSO GUT, WAS MEINT IHR, GEHEN WIR REIN UND WÄRMEN UNS UNSERE ARMEN KLEINEN DURCH-GEFRORENEN EIER-CHEN AUF?
ABER SOFORT, MANN...
GUTE IDEE.

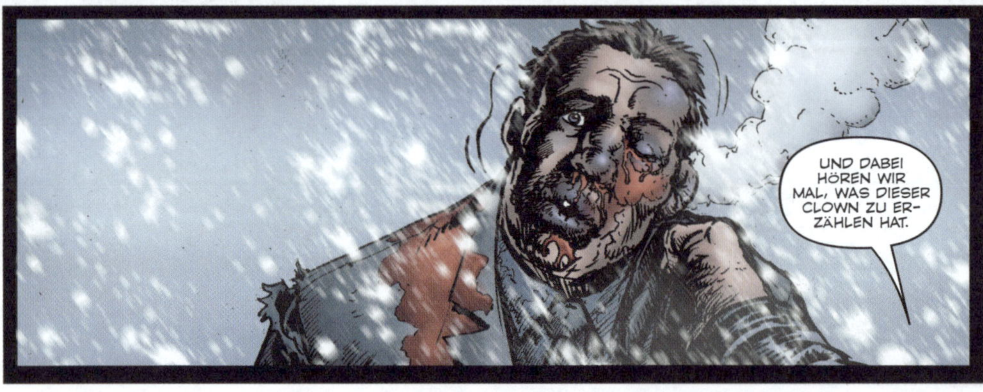
UND DABEI HÖREN WIR MAL, WAS DIESER CLOWN ZU ER-ZÄHLEN HAT.

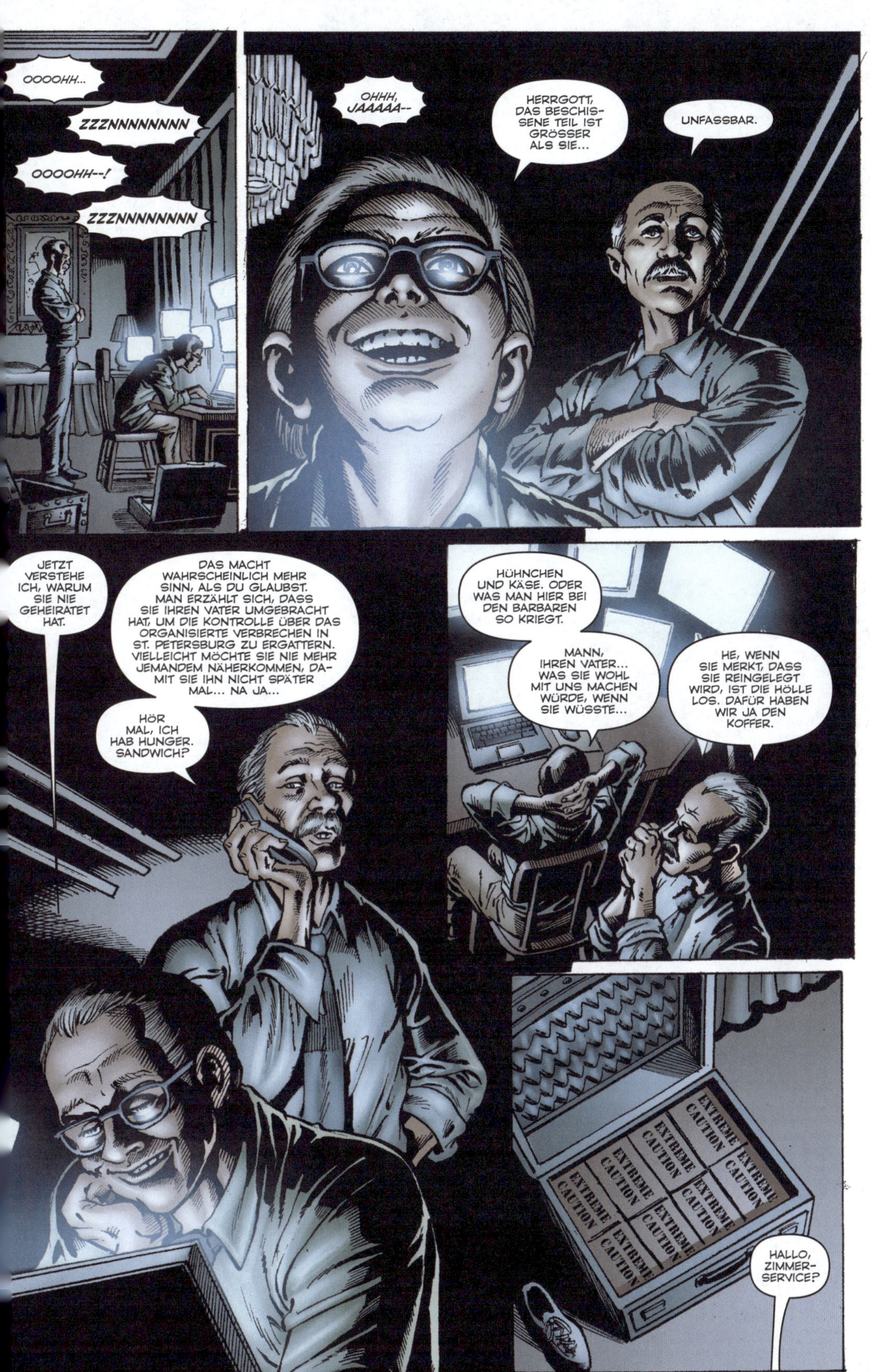
OOOOHH...
ZZZNNNNNNNN
OOOOHH--!
ZZZNNNNNNNN
OHHH, JAAAAA--
HERRGOTT, DAS BESCHIS-SENE TEIL IST GRÖSSER ALS SIE...
UNFASSBAR.
JETZT VERSTEHE ICH, WARUM SIE NIE GEHEIRATET HAT.
DAS MACHT WAHRSCHEINLICH MEHR SINN, ALS DU GLAUBST. MAN ERZÄHLT SICH, DASS SIE IHREN VATER UMGEBRACHT HAT, UM DIE KONTROLLE ÜBER DAS ORGANISIERTE VERBRECHEN IN ST. PETERSBURG ZU ERGATTERN. VIELLEICHT MÖCHTE SIE NIE MEHR JEMANDEM NÄHERKOMMEN, DA-MIT SIE IHN NICHT SPÄTER MAL... NA JA...
HÖR MAL, ICH HAB HUNGER. SANDWICH?
HÜHNCHEN UND KÄSE. ODER WAS MAN HIER BEI DEN BARBAREN SO KRIEGT.
MANN, IHREN VATER... WAS SIE WOHL MIT UNS MACHEN WÜRDE, WENN SIE WÜSSTE...
HE, WENN SIE MERKT, DASS SIE REINGELEGT WIRD, IST DIE HÖLLE LOS. DAFÜR HABEN WIR JA DEN KOFFER.
EXTREME CAUTION
HALLO, ZIMMER-SERVICE?

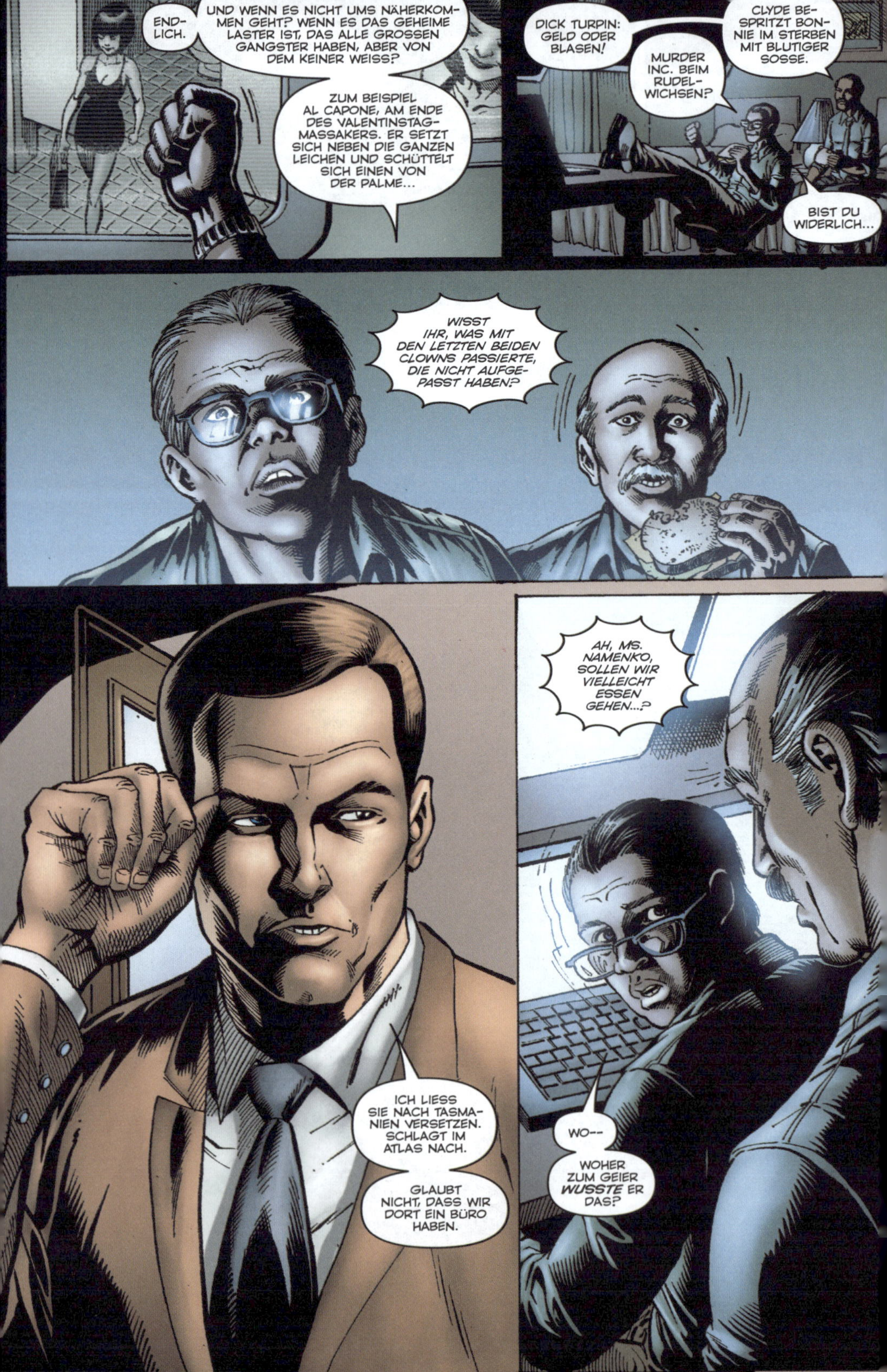
END-LICH.
UND WENN ES NICHT UMS NÄHERKOMMEN GEHT? WENN ES DAS GEHEIME LASTER IST, DAS ALLE GROSSEN GANGSTER HABEN, ABER VON DEM KEINER WEISS?
ZUM BEISPIEL AL CAPONE, AM ENDE DES VALENTINSTAG-MASSAKERS. ER SETZT SICH NEBEN DIE GANZEN LEICHEN UND SCHÜTTELT SICH EINEN VON DER PALME...
DICK TURPIN: GELD ODER BLASEN!
CLYDE BESPRITZT BONNIE IM STERBEN MIT BLUTIGER SOSSE.
MURDER INC. BEIM RUDELWICHSEN?
BIST DU WIDERLICH...
WISST IHR, WAS MIT DEN LETZTEN BEIDEN CLOWNS PASSIERTE, DIE NICHT AUFGEPASST HABEN?
ICH LIESS SIE NACH TASMANIEN VERSETZEN. SCHLAGT IM ATLAS NACH.
GLAUBT NICHT, DASS WIR DORT EIN BÜRO HABEN.
AH, MS. NAMENKO, SOLLEN WIR VIELLEICHT ESSEN GEHEN...?
WO--
WOHER ZUM GEIER *WUSSTE* ER DAS?

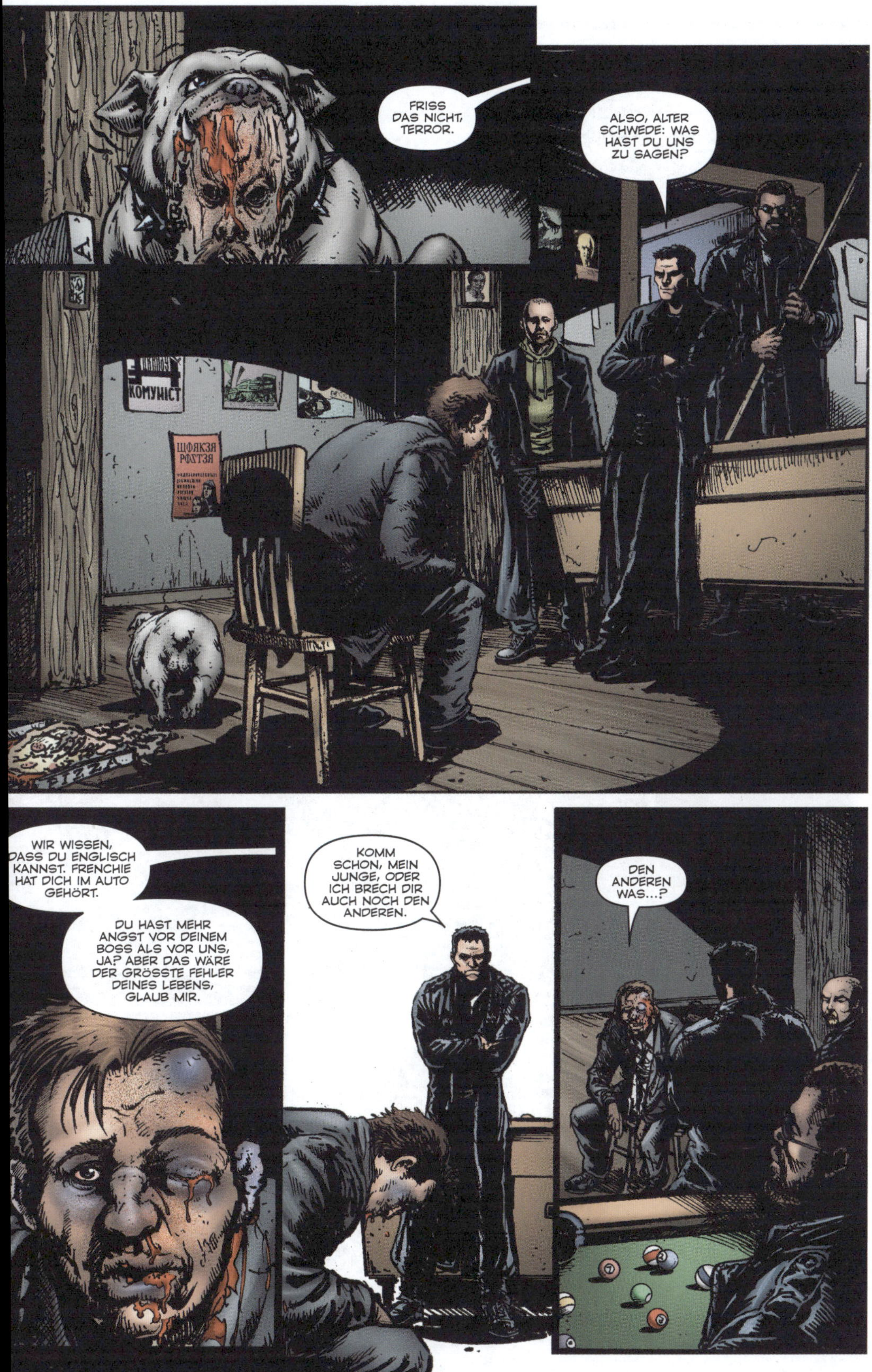

FRISS DAS NICHT, TERROR.

ALSO, ALTER SCHWEDE: WAS HAST DU UNS ZU SAGEN?

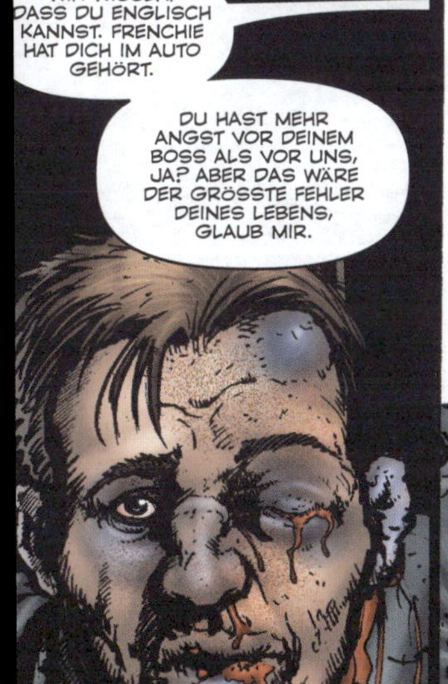

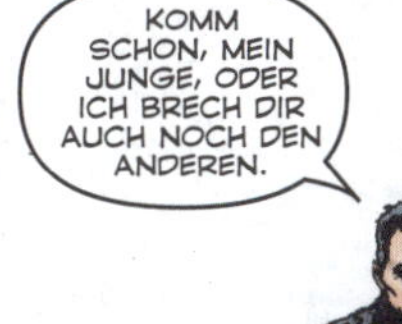

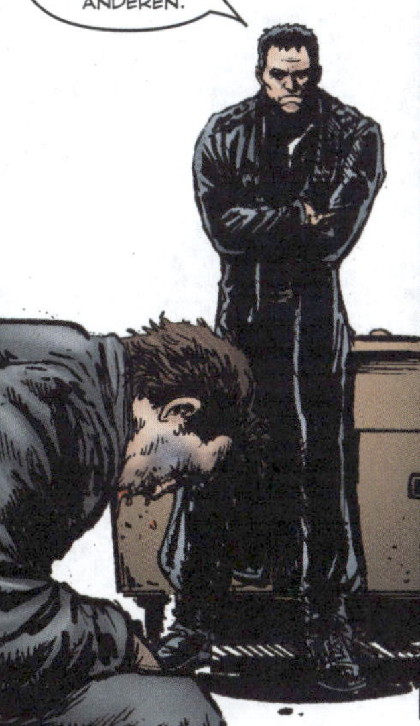

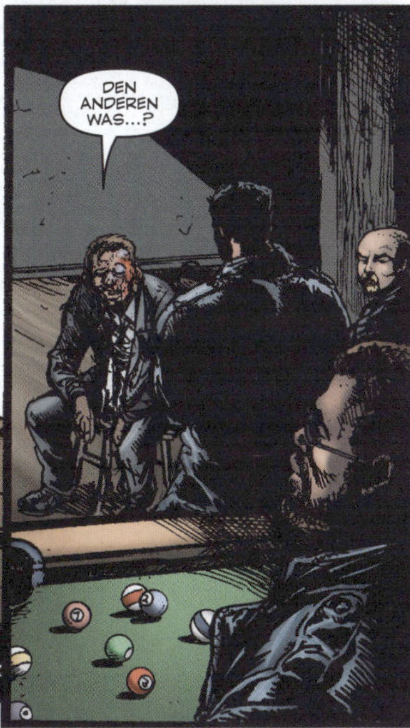

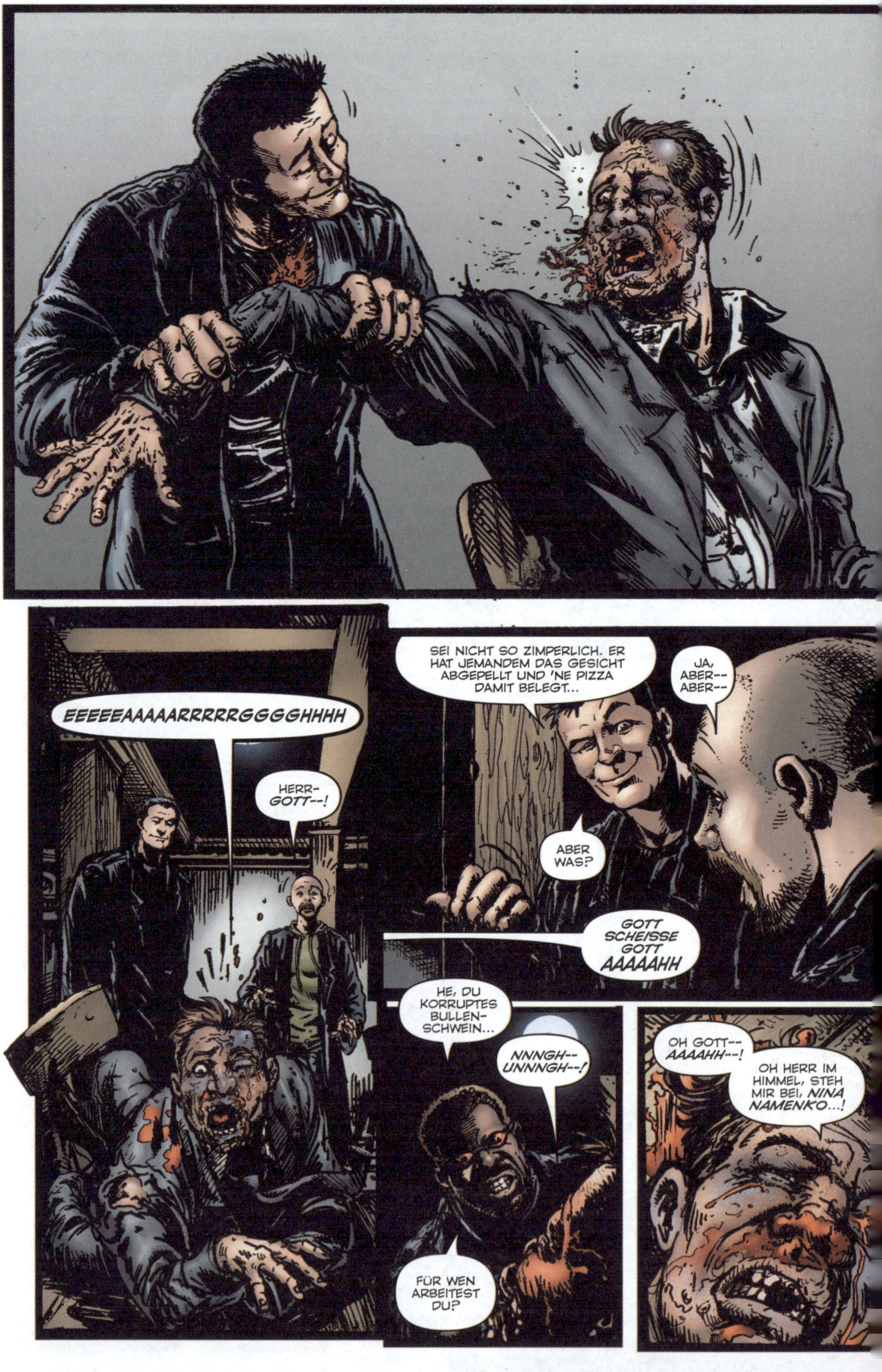

EEEEEAAAAARRRRRGGGGHHHH

HERR-GOTT--!

SEI NICHT SO ZIMPERLICH. ER HAT JEMANDEM DAS GESICHT ABGEPELLT UND 'NE PIZZA DAMIT BELEGT...

JA, ABER-- ABER--

ABER WAS?

GOTT SCHEISSE GOTT *AAAAAHH*

HE, DU KORRUPTES BULLENSCHWEIN...

NNNGH-- UNNNGH--!

FÜR WEN ARBEITEST DU?

OH GOTT-- *AAAAHH--!*

OH HERR IM HIMMEL, STEH MIR BEI, *NINA NAMENKO...!*

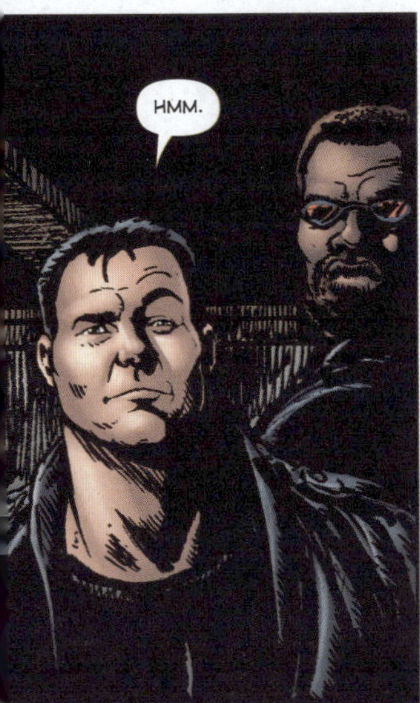
HMM.

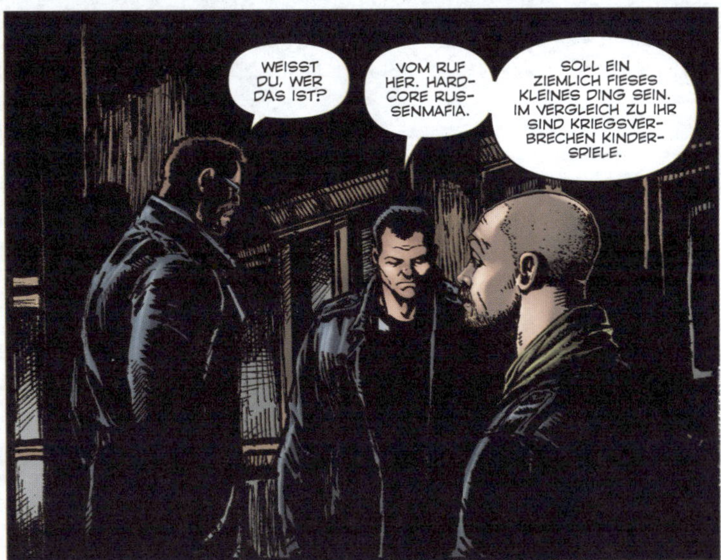
WEISST DU, WER DAS IST?
VOM RUF HER. HARD-CORE RUS-SENMAFIA.
SOLL EIN ZIEMLICH FIESES KLEINES DING SEIN. IM VERGLEICH ZU IHR SIND KRIEGSVER-BRECHEN KINDER-SPIELE.

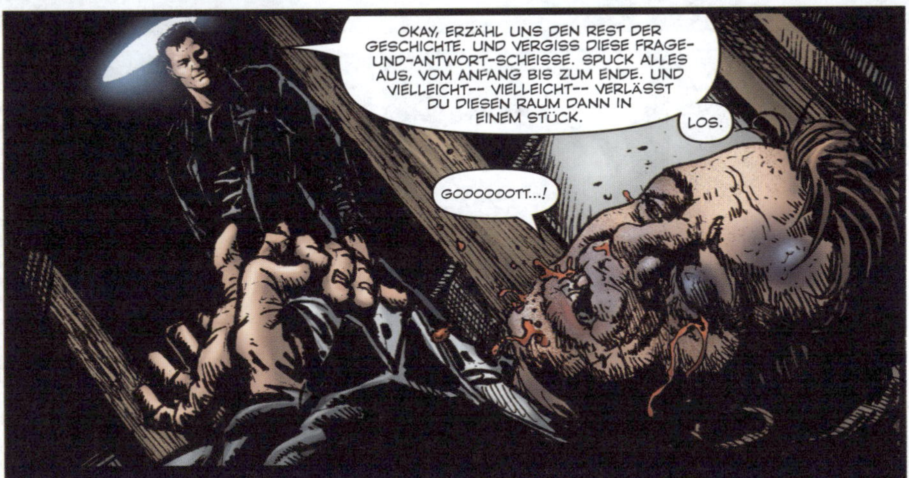
OKAY, ERZÄHL UNS DEN REST DER GESCHICHTE. UND VERGISS DIESE FRAGE-UND-ANTWORT-SCHEISSE. SPUCK ALLES AUS, VOM ANFANG BIS ZUM ENDE. UND VIELLEICHT-- VIELLEICHT-- VERLÄSST DU DIESEN RAUM DANN IN EINEM STÜCK.
LOS.
GOOOOOOTT...!

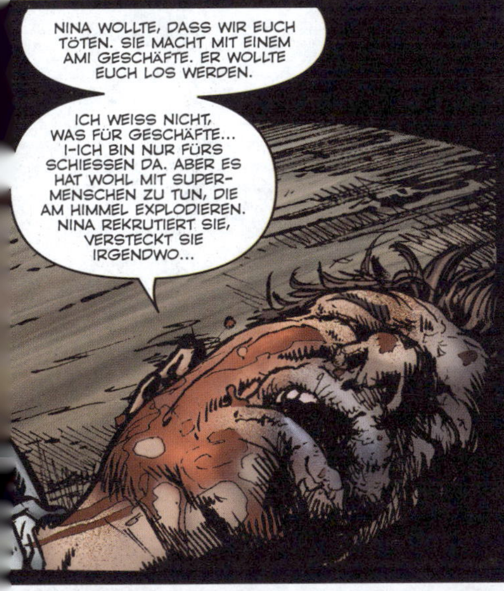
NINA WOLLTE, DASS WIR EUCH TÖTEN. SIE MACHT MIT EINEM AMI GESCHÄFTE. ER WOLLTE EUCH LOS WERDEN.
ICH WEISS NICHT, WAS FÜR GESCHÄFTE... I-ICH BIN NUR FÜRS SCHIESSEN DA. ABER ES HAT WOHL MIT SUPER-MENSCHEN ZU TUN, DIE AM HIMMEL EXPLODIEREN. NINA REKRUTIERT SIE, VERSTECKT SIE IRGENDWO...

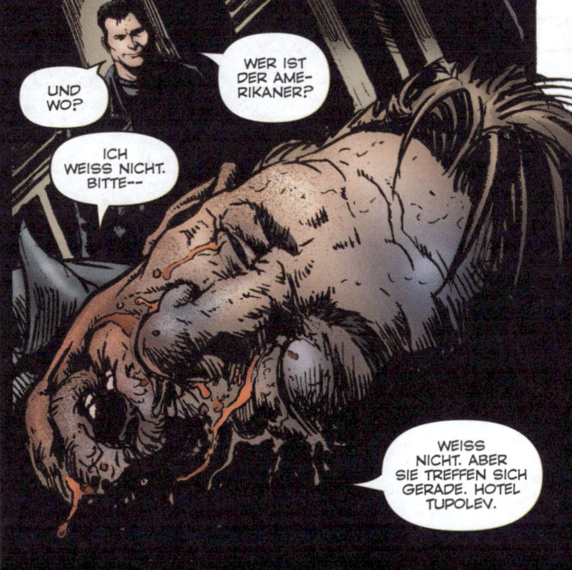
WER IST DER AME-RIKANER?
UND WO?
ICH WEISS NICHT. BITTE--
WEISS NICHT. ABER SIE TREFFEN SICH GERADE. HOTEL TUPOLEV.

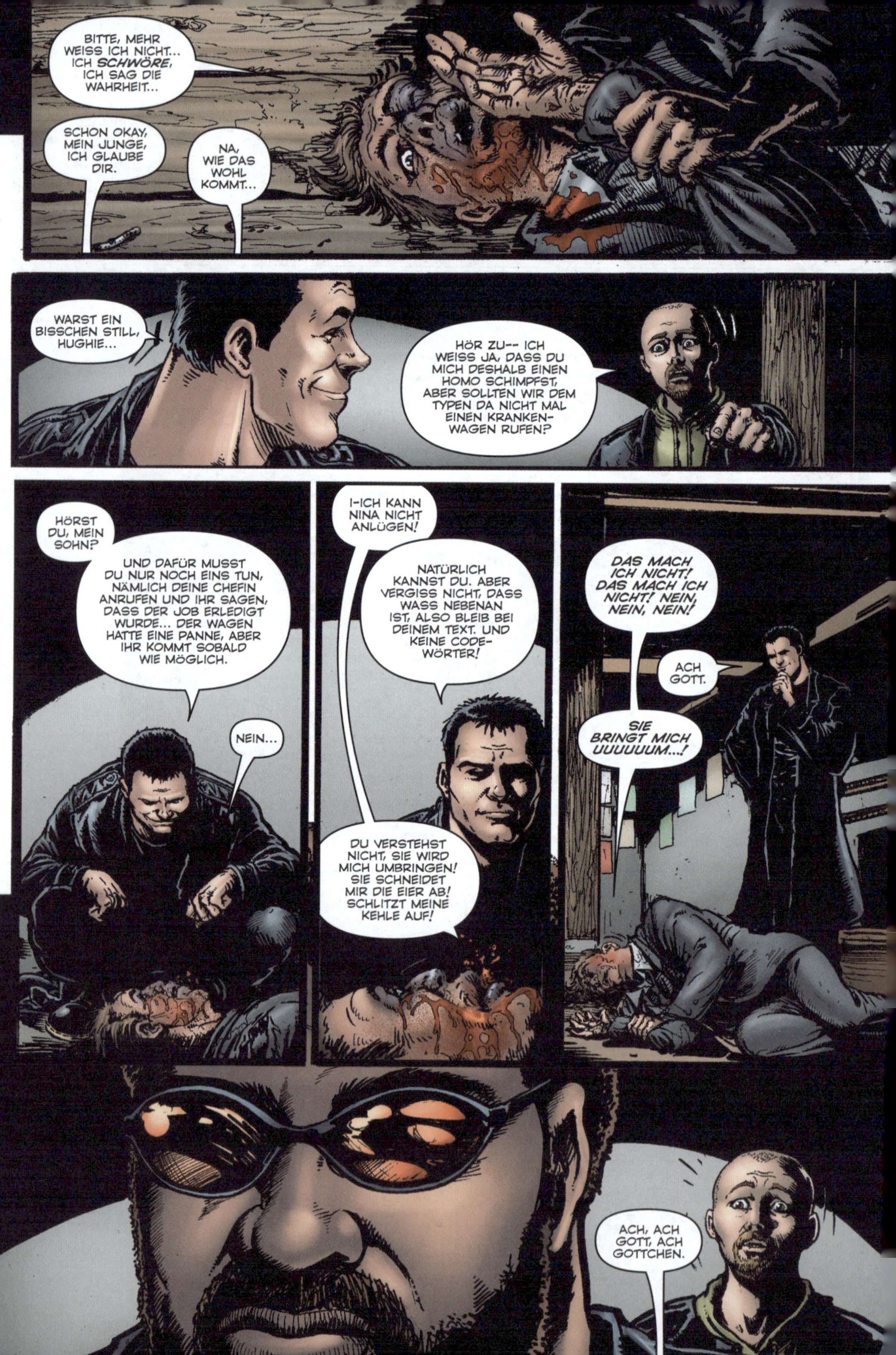
BITTE, MEHR WEISS ICH NICHT... ICH SCHWÖRE, ICH SAG DIE WAHRHEIT...
SCHON OKAY, MEIN JUNGE, ICH GLAUBE DIR.
NA, WIE DAS WOHL KOMMT...
WARST EIN BISSCHEN STILL, HUGHIE...
HÖR ZU-- ICH WEISS JA, DASS DU MICH DESHALB EINEN HOMO SCHIMPFST, ABER SOLLTEN WIR DEM TYPEN DA NICHT MAL EINEN KRANKENWAGEN RUFEN?
HÖRST DU, MEIN SOHN?
UND DAFÜR MUSST DU NUR NOCH EINS TUN, NÄMLICH DEINE CHEFIN ANRUFEN UND IHR SAGEN, DASS DER JOB ERLEDIGT WURDE... DER WAGEN HATTE EINE PANNE, ABER IHR KOMMT SOBALD WIE MÖGLICH.
NEIN...
I-ICH KANN NINA NICHT ANLÜGEN!
NATÜRLICH KANNST DU. ABER VERGISS NICHT, DASS WASS NEBENAN IST, ALSO BLEIB BEI DEINEM TEXT. UND KEINE CODEWÖRTER!
DU VERSTEHST NICHT, SIE WIRD MICH UMBRINGEN! SIE SCHNEIDET MIR DIE EIER AB! SCHLITZT MEINE KEHLE AUF!
DAS MACH ICH NICHT! DAS MACH ICH NICHT! NEIN, NEIN, NEIN!
ACH GOTT.
SIE BRINGT MICH UUUUUUM...!
ACH, ACH GOTT, ACH GOTTCHEN.

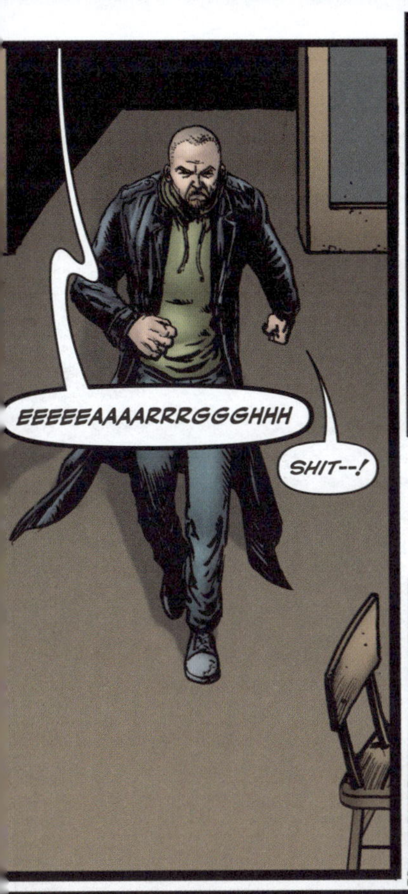
EEEEEAAAARRRGGGHHH
SHIT--!

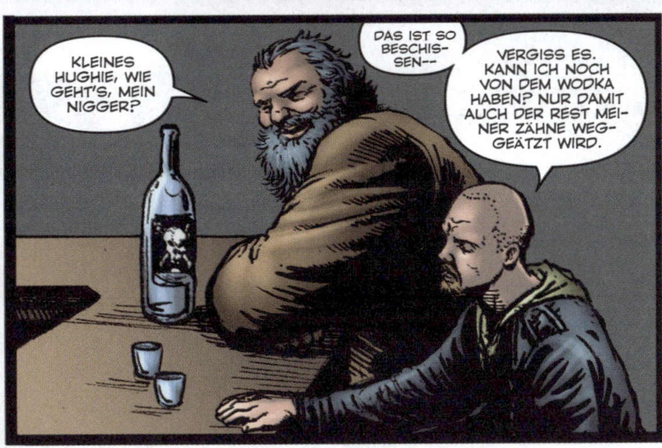
KLEINES HUGHIE, WIE GEHT'S, MEIN NIGGER?
DAS IST SO BESCHIS-SEN--
VERGISS ES. KANN ICH NOCH VON DEM WODKA HABEN? NUR DAMIT AUCH DER REST MEINER ZÄHNE WEGGEÄTZT WIRD.

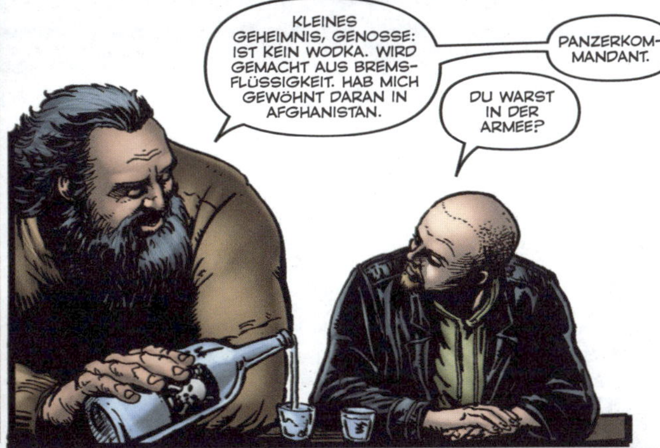
KLEINES GEHEIMNIS, GENOSSE: IST KEIN WODKA. WIRD GEMACHT AUS BREMSFLÜSSIGKEIT. HAB MICH GEWÖHNT DARAN IN AFGHANISTAN.
PANZERKOMMANDANT.
DU WARST IN DER ARMEE?

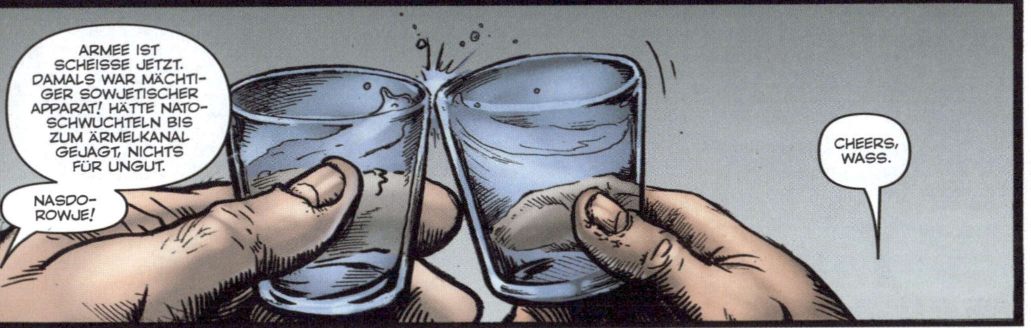
ARMEE IST SCHEISSE JETZT. DAMALS WAR MÄCHTIGER SOWJETISCHER APPARAT! HÄTTE NATO-SCHWUCHTELN BIS ZUM ÄRMELKANAL GEJAGT, NICHTS FÜR UNGUT.
NASDOROWJE!
CHEERS, WASS.

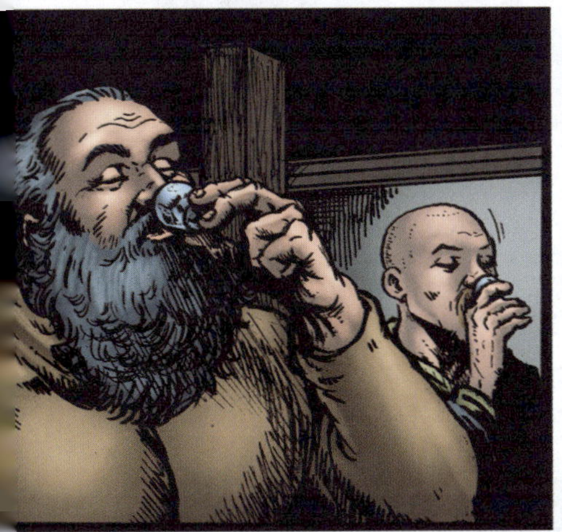

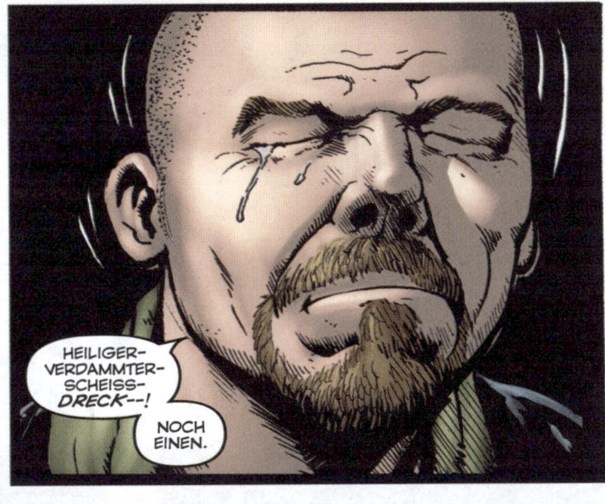
HEILIGER-VERDAMMTER-SCHEISS-DRECK--!
NOCH EINEN.

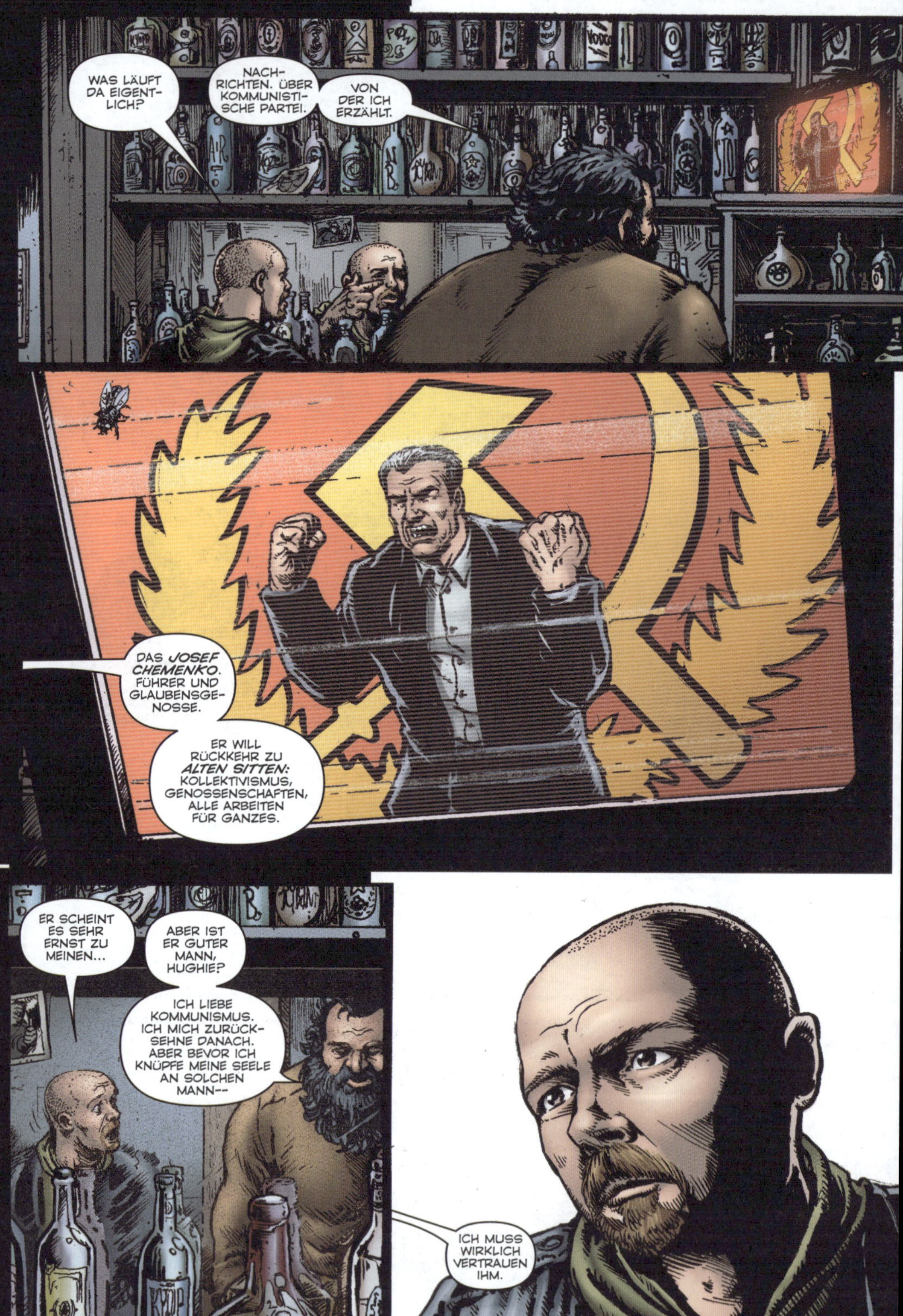
WAS LÄUFT DA EIGENTLICH?
NACHRICHTEN. ÜBER KOMMUNISTISCHE PARTEI.
VON DER ICH ERZÄHLT.
DAS JOSEF CHEMENKO. FÜHRER UND GLAUBENSGENOSSE.
ER WILL RÜCKKEHR ZU ALTEN SITTEN: KOLLEKTIVISMUS, GENOSSENSCHAFTEN, ALLE ARBEITEN FÜR GANZES.
ER SCHEINT ES SEHR ERNST ZU MEINEN...
ABER IST ER GUTER MANN, HUGHIE?
ICH LIEBE KOMMUNISMUS. ICH MICH ZURÜCKSEHNE DANACH. ABER BEVOR ICH KNÜPFE MEINE SEELE AN SOLCHEN MANN--
ICH MUSS WIRKLICH VERTRAUEN IHM.
VODKA
Maker's Mark

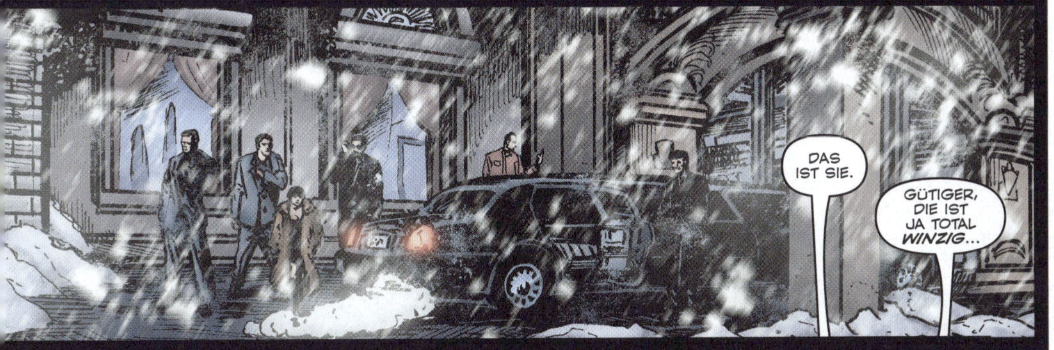
DAS IST SIE.
GÜTIGER, DIE IST JA TOTAL *WINZIG*...

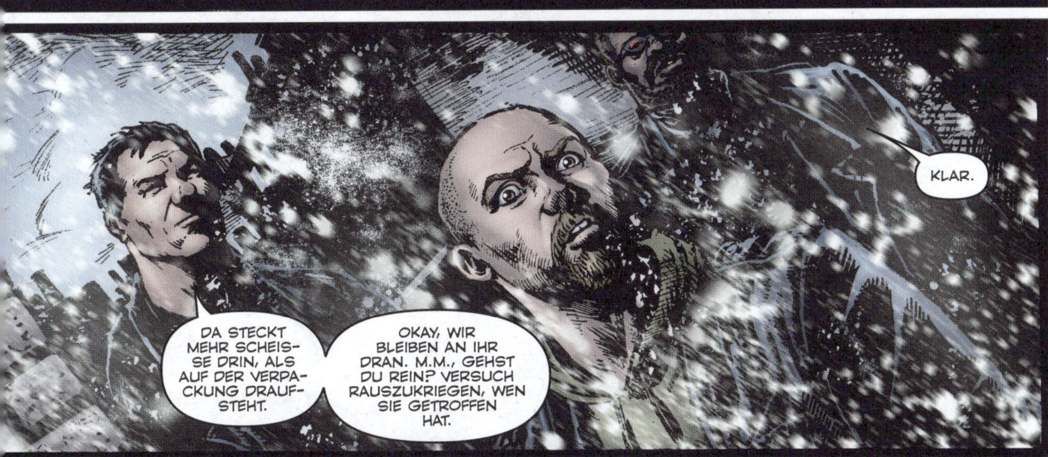
KLAR.
DA STECKT MEHR SCHEISSE DRIN, ALS AUF DER VERPACKUNG DRAUFSTEHT.
OKAY, WIR BLEIBEN AN IHR DRAN. M.M., GEHST DU REIN? VERSUCH RAUSZUKRIEGEN, WEN SIE GETROFFEN HAT.

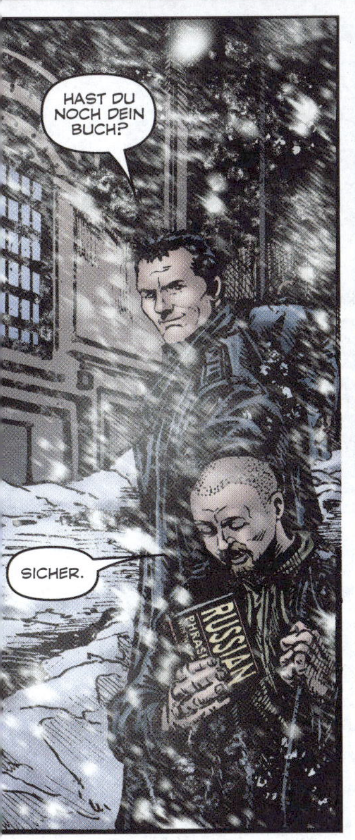
HAST DU NOCH DEIN BUCH?
SICHER.
RUSSIAN

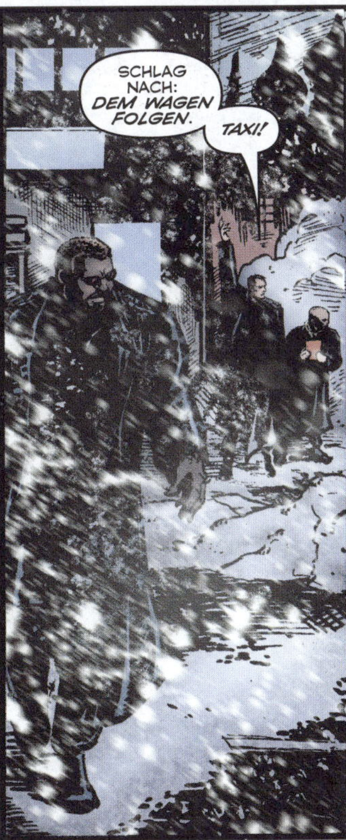
SCHLAG NACH: *DEM WAGEN FOLGEN*.
TAXI!

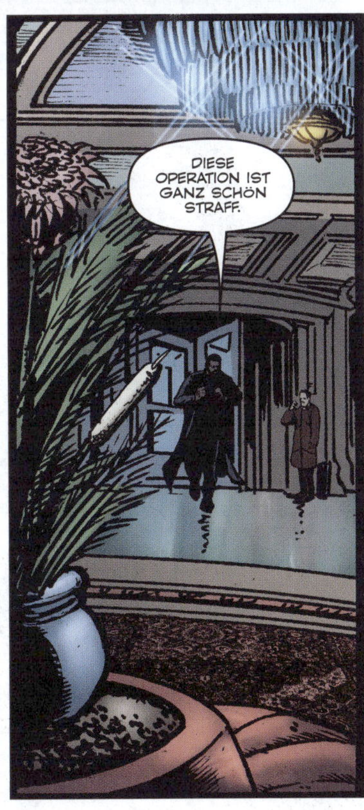
DIESE OPERATION IST GANZ SCHÖN STRAFF.

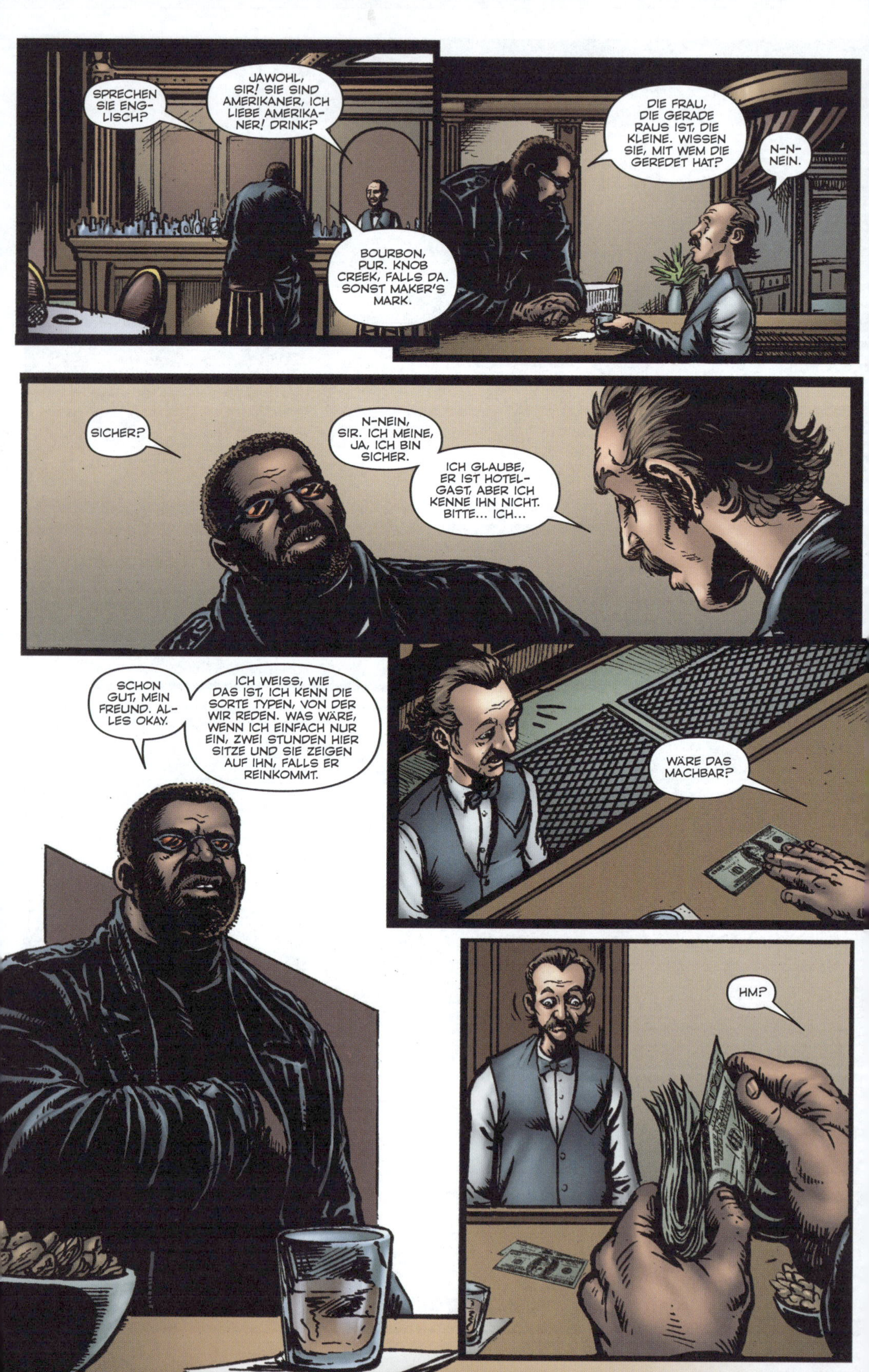
SPRECHEN SIE ENGLISCH?
JAWOHL, SIR! SIE SIND AMERIKANER, ICH LIEBE AMERIKANER! DRINK?
BOURBON, PUR. KNOB CREEK, FALLS DA. SONST MAKER'S MARK.
DIE FRAU, DIE GERADE RAUS IST, DIE KLEINE. WISSEN SIE, MIT WEM DIE GEREDET HAT?
N-N-NEIN.
SICHER?
N-NEIN, SIR. ICH MEINE, JA, ICH BIN SICHER.
ICH GLAUBE, ER IST HOTELGAST, ABER ICH KENNE IHN NICHT. BITTE... ICH...
SCHON GUT, MEIN FREUND. ALLES OKAY.
ICH WEISS, WIE DAS IST, ICH KENN DIE SORTE TYPEN, VON DER WIR REDEN. WAS WÄRE, WENN ICH EINFACH NUR EIN, ZWEI STUNDEN HIER SITZE UND SIE ZEIGEN AUF IHN, FALLS ER REINKOMMT.
WÄRE DAS MACHBAR?
HM?

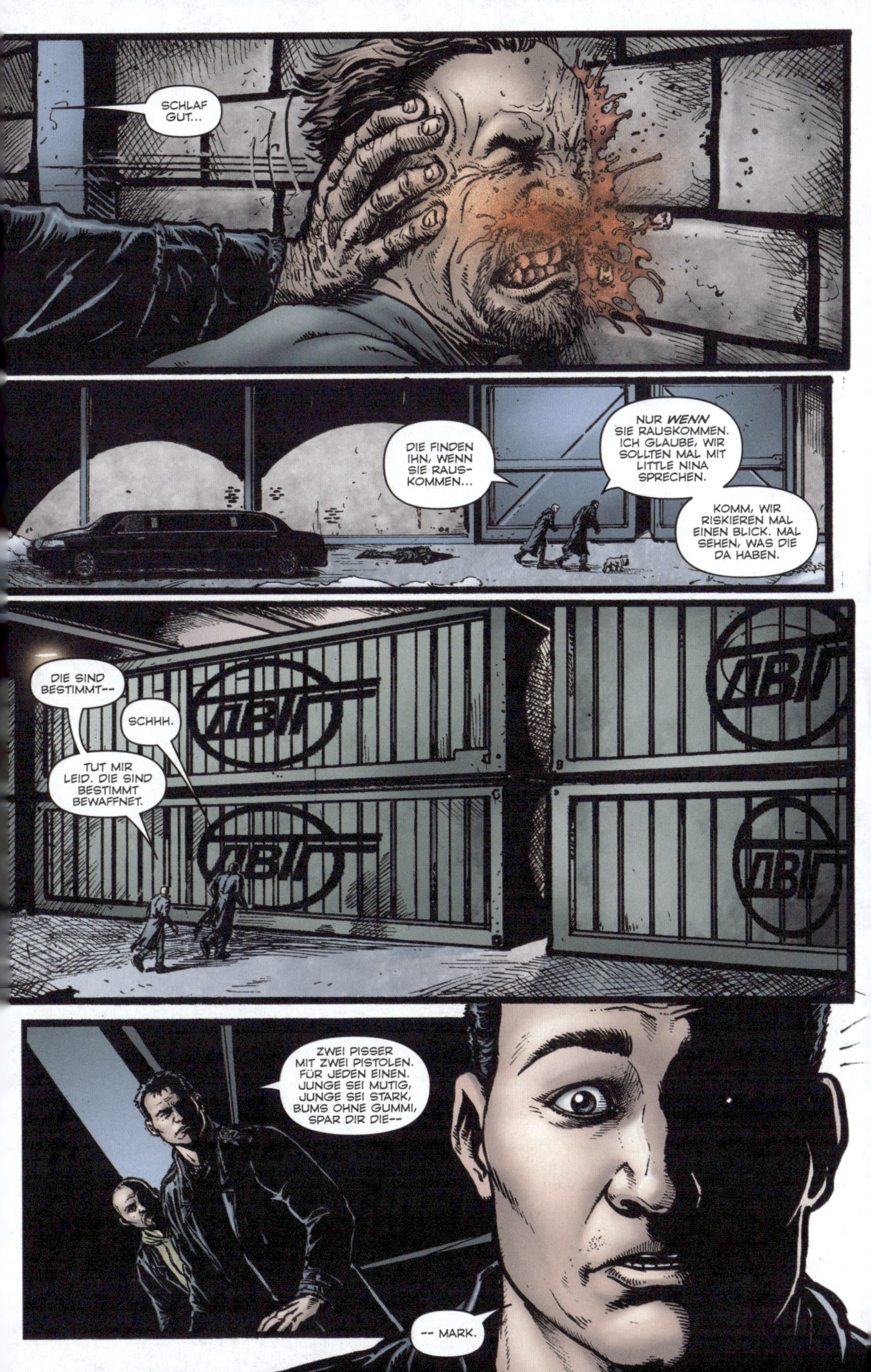
SCHLAF GUT...
DIE FINDEN IHN, WENN SIE RAUS-KOMMEN...
NUR WENN SIE RAUSKOMMEN. ICH GLAUBE, WIR SOLLTEN MAL MIT LITTLE NINA SPRECHEN.
KOMM, WIR RISKIEREN MAL EINEN BLICK. MAL SEHEN, WAS DIE DA HABEN.
DIE SIND BESTIMMT--
SCHHH.
TUT MIR LEID. DIE SIND BESTIMMT BEWAFFNET.
ZWEI PISSER MIT ZWEI PISTOLEN. FÜR JEDEN EINEN. JUNGE SEI MUTIG, JUNGE SEI STARK, BUMS OHNE GUMMI, SPAR DIR DIE--
-- MARK.

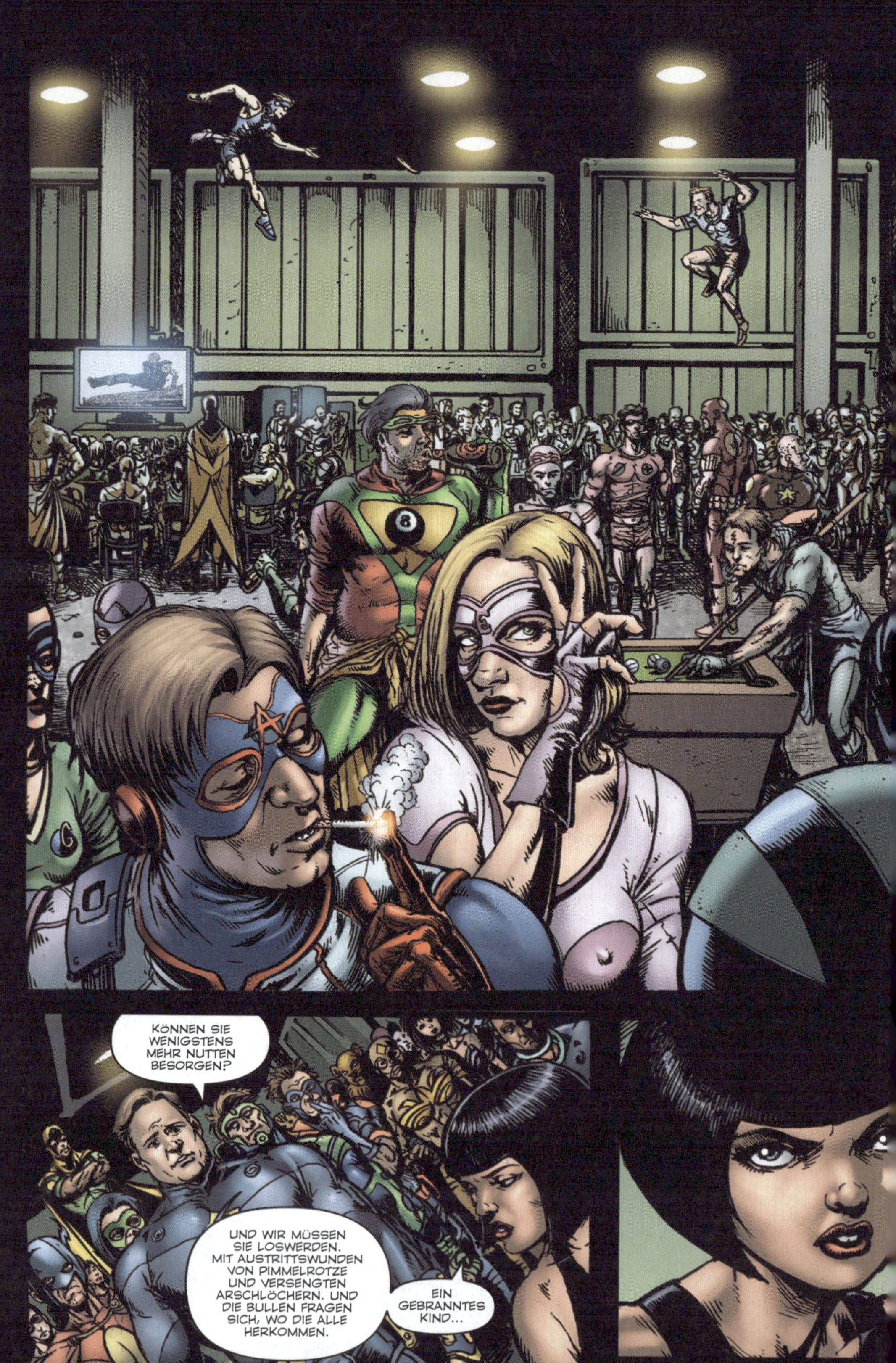
KÖNNEN SIE WENIGSTENS MEHR NUTTEN BESORGEN?
UND WIR MÜSSEN SIE LOSWERDEN. MIT AUSTRITTSWUNDEN VON PIMMELROTZE UND VERSENGTEN ARSCHLÖCHERN. UND DIE BULLEN FRAGEN SICH, WO DIE ALLE HERKOMMEN.
EIN GEBRANNTES KIND...

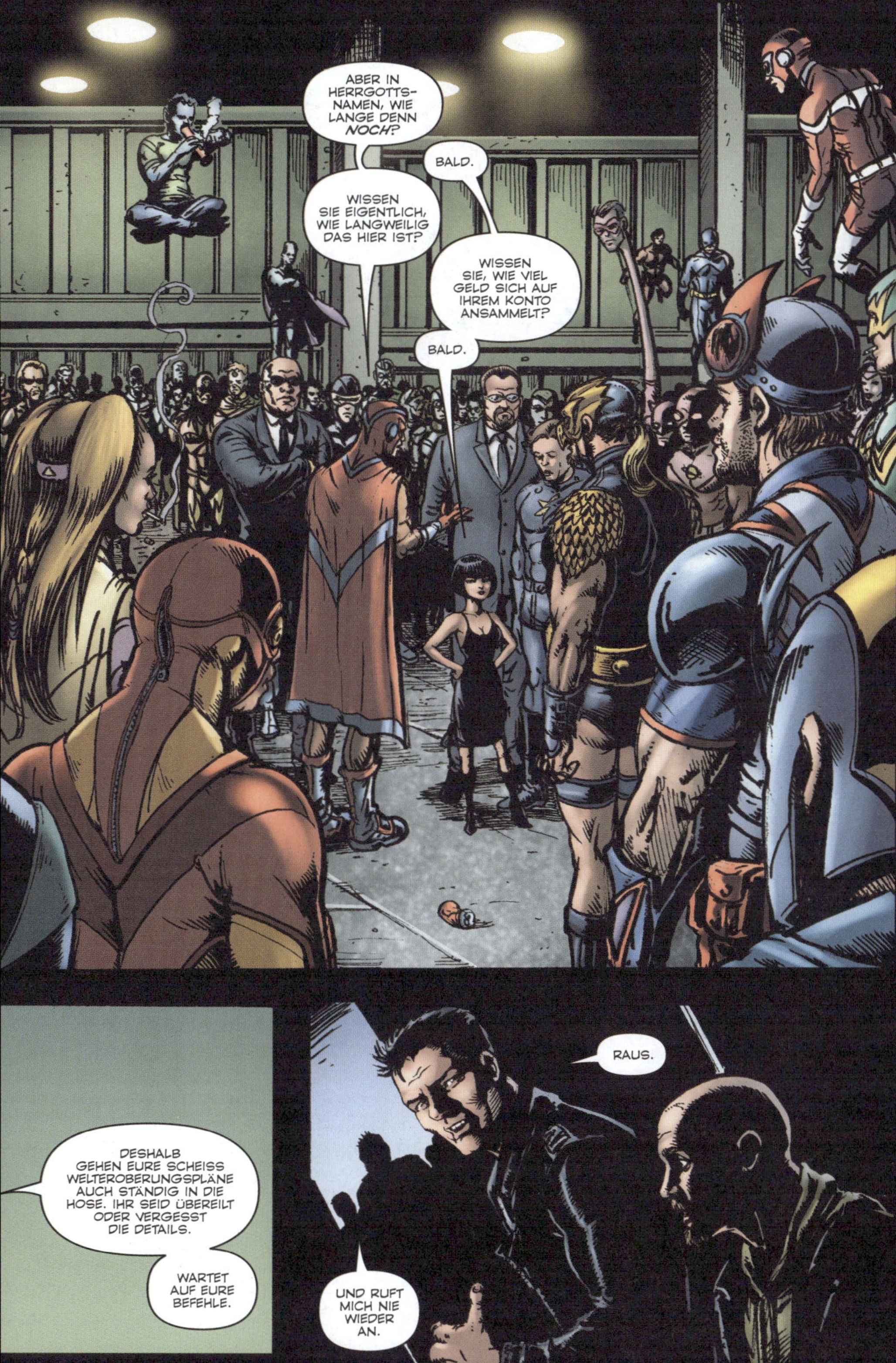
ABER IN HERRGOTTS-NAMEN, WIE LANGE DENN *NOCH*?
BALD.
WISSEN SIE EIGENTLICH, WIE LANGWEILIG DAS HIER IST?
WISSEN SIE, WIE VIEL GELD SICH AUF IHREM KONTO ANSAMMELT?
BALD.
RAUS.
DESHALB GEHEN EURE SCHEISS WELTEROBERUNGSPLÄNE AUCH STÄNDIG IN DIE HOSE. IHR SEID ÜBEREILT ODER VERGESST DIE DETAILS.
WARTET AUF EURE BEFEHLE.
UND RUFT MICH NIE WIEDER AN.

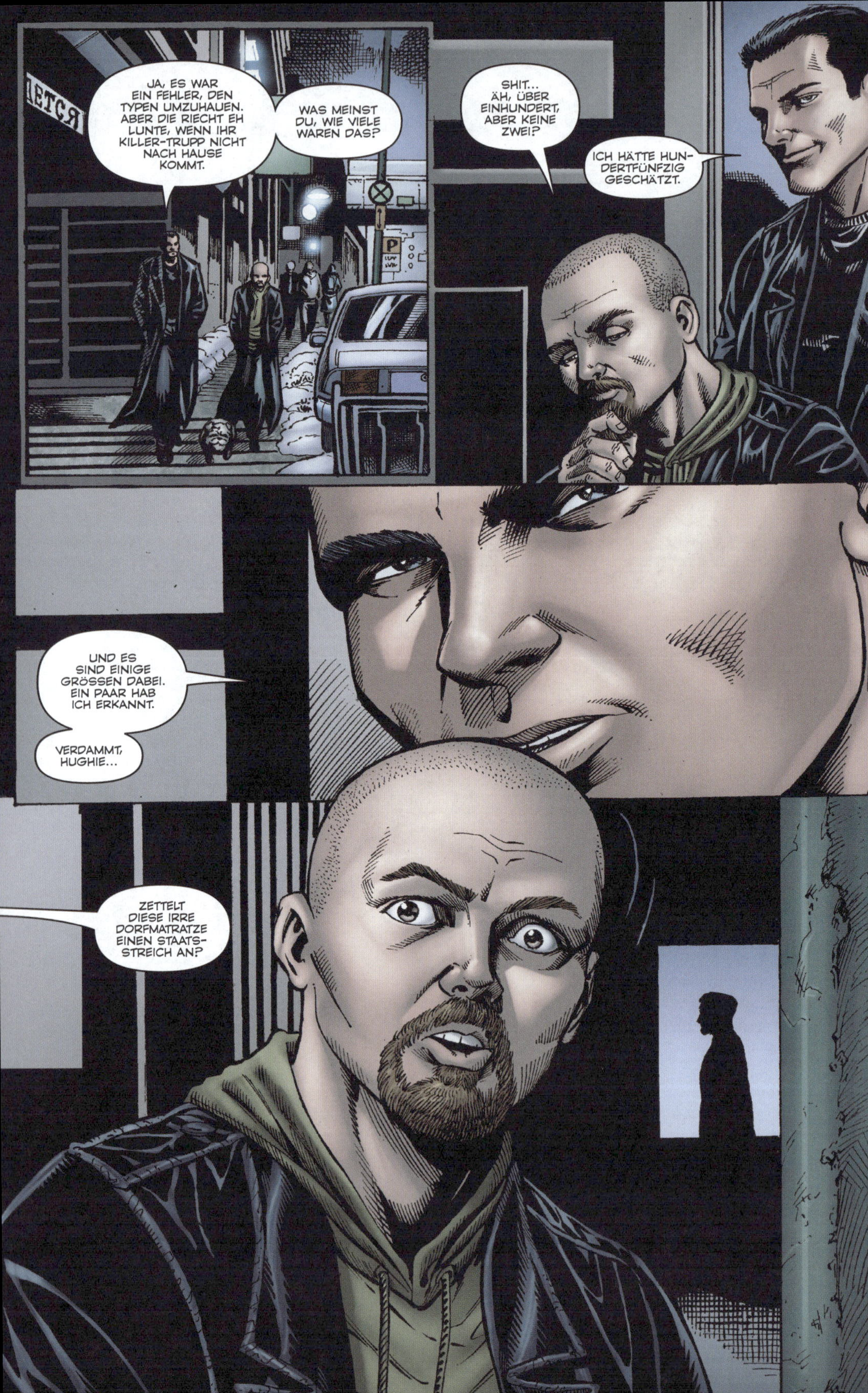
JA, ES WAR EIN FEHLER, DEN TYPEN UMZUHAUEN. ABER DIE RIECHT EH LUNTE, WENN IHR KILLER-TRUPP NICHT NACH HAUSE KOMMT.
WAS MEINST DU, WIE VIELE WAREN DAS?
SHIT... ÄH, ÜBER EINHUNDERT, ABER KEINE ZWEI?
ICH HÄTTE HUNDERTFÜNFZIG GESCHÄTZT.
UND ES SIND EINIGE GRÖSSEN DABEI. EIN PAAR HAB ICH ERKANNT.
VERDAMMT, HUGHIE...
ZETTELT DIESE IRRE DORFMATRATZE EINEN STAATSSTREICH AN?

DER GLORREICHE FÜNFJAHRESPLAN, TEIL 3

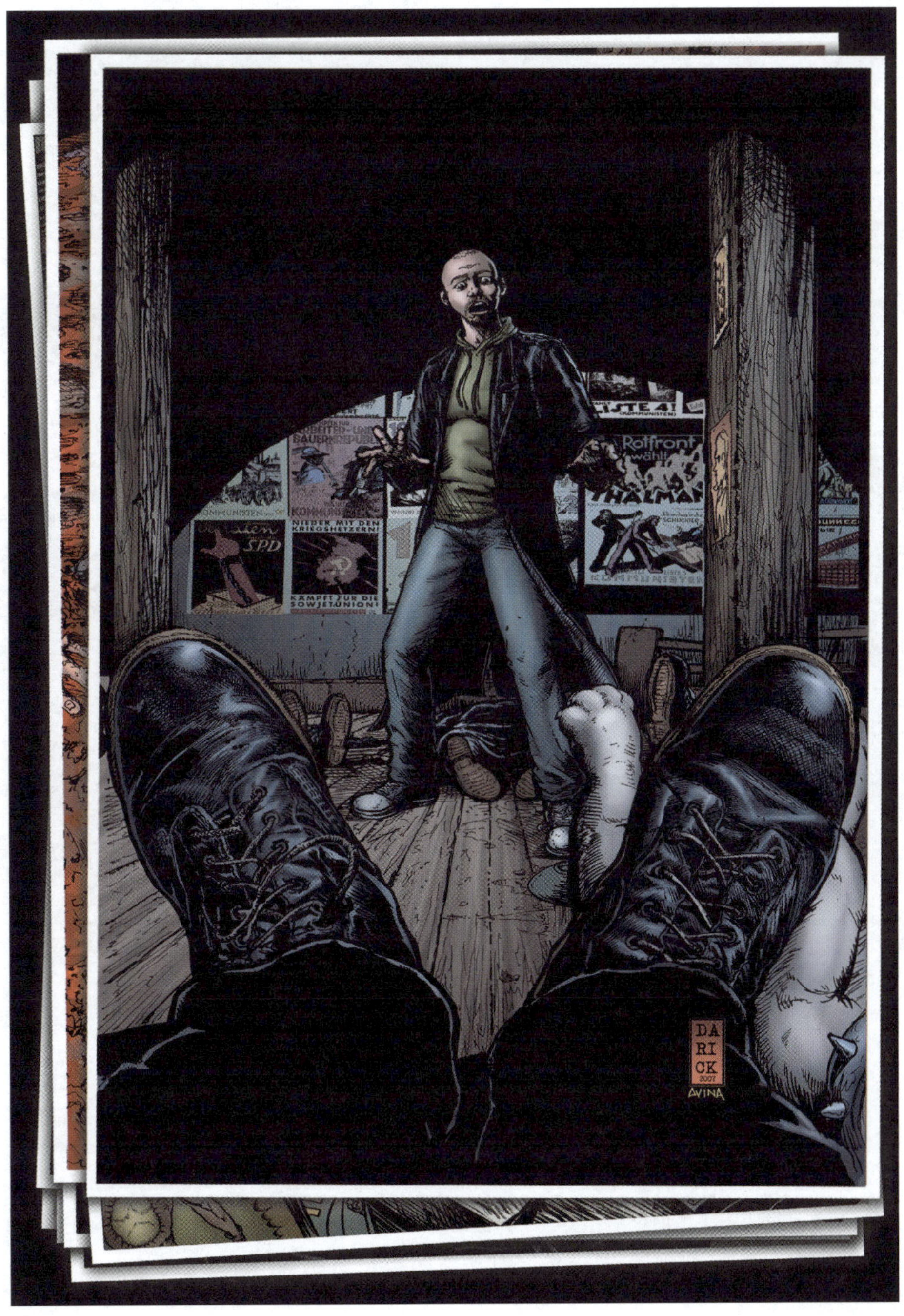

The Boys (2006) 13
Cover von **DARICK ROBERTSON**

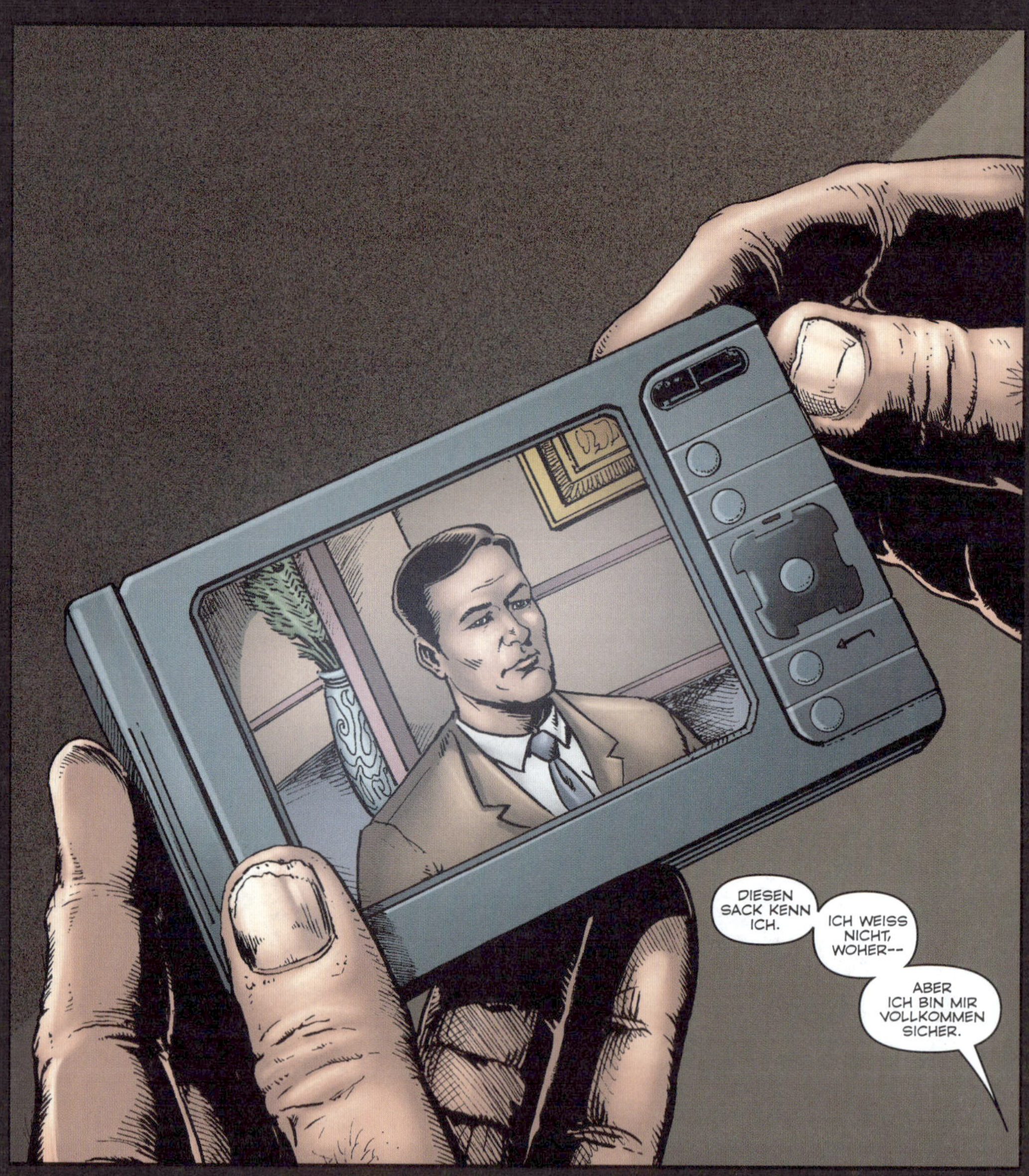

DER GLORREICHE FÜNFJAHRESPLAN
TEIL 3

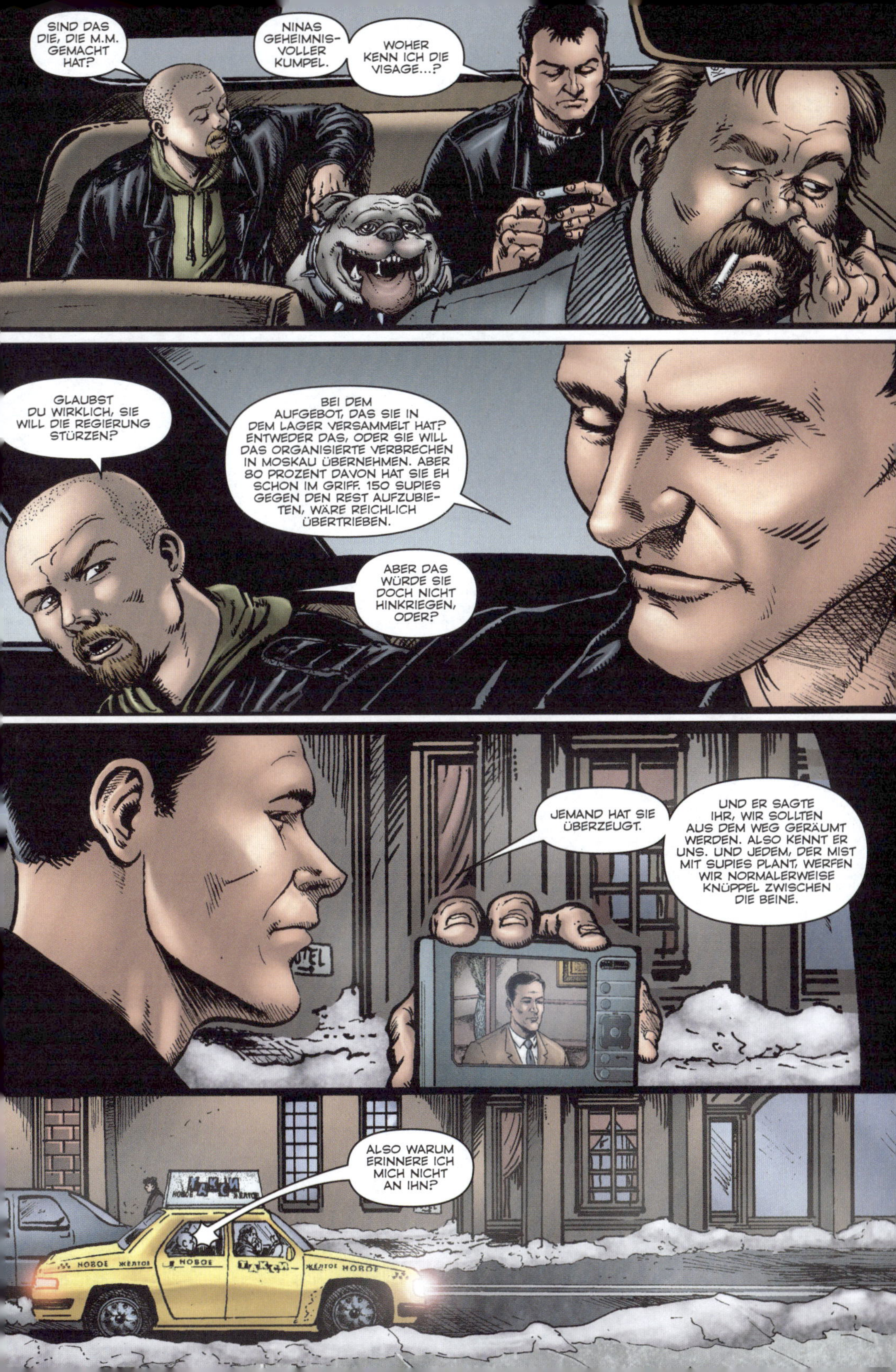

SIND DAS DIE, DIE M.M. GEMACHT HAT?
NINAS GEHEIMNISVOLLER KUMPEL.
WOHER KENN ICH DIE VISAGE...?

GLAUBST DU WIRKLICH, SIE WILL DIE REGIERUNG STÜRZEN?
BEI DEM AUFGEBOT, DAS SIE IN DEM LAGER VERSAMMELT HAT? ENTWEDER DAS, ODER SIE WILL DAS ORGANISIERTE VERBRECHEN IN MOSKAU ÜBERNEHMEN. ABER 80 PROZENT DAVON HAT SIE EH SCHON IM GRIFF. 150 SUPIES GEGEN DEN REST AUFZUBIETEN, WÄRE REICHLICH ÜBERTRIEBEN.
ABER DAS WÜRDE SIE DOCH NICHT HINKRIEGEN, ODER?

JEMAND HAT SIE ÜBERZEUGT.
UND ER SAGTE IHR, WIR SOLLTEN AUS DEM WEG GERÄUMT WERDEN. ALSO KENNT ER UNS. UND JEDEM, DER MIST MIT SUPIES PLANT, WERFEN WIR NORMALERWEISE KNÜPPEL ZWISCHEN DIE BEINE.

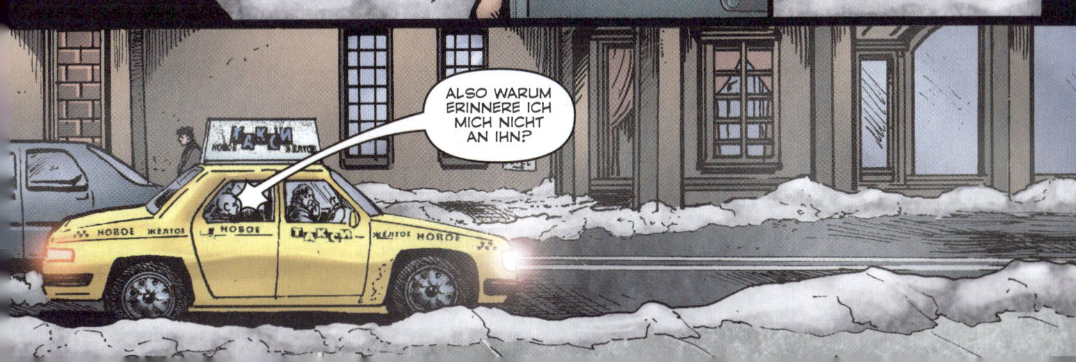

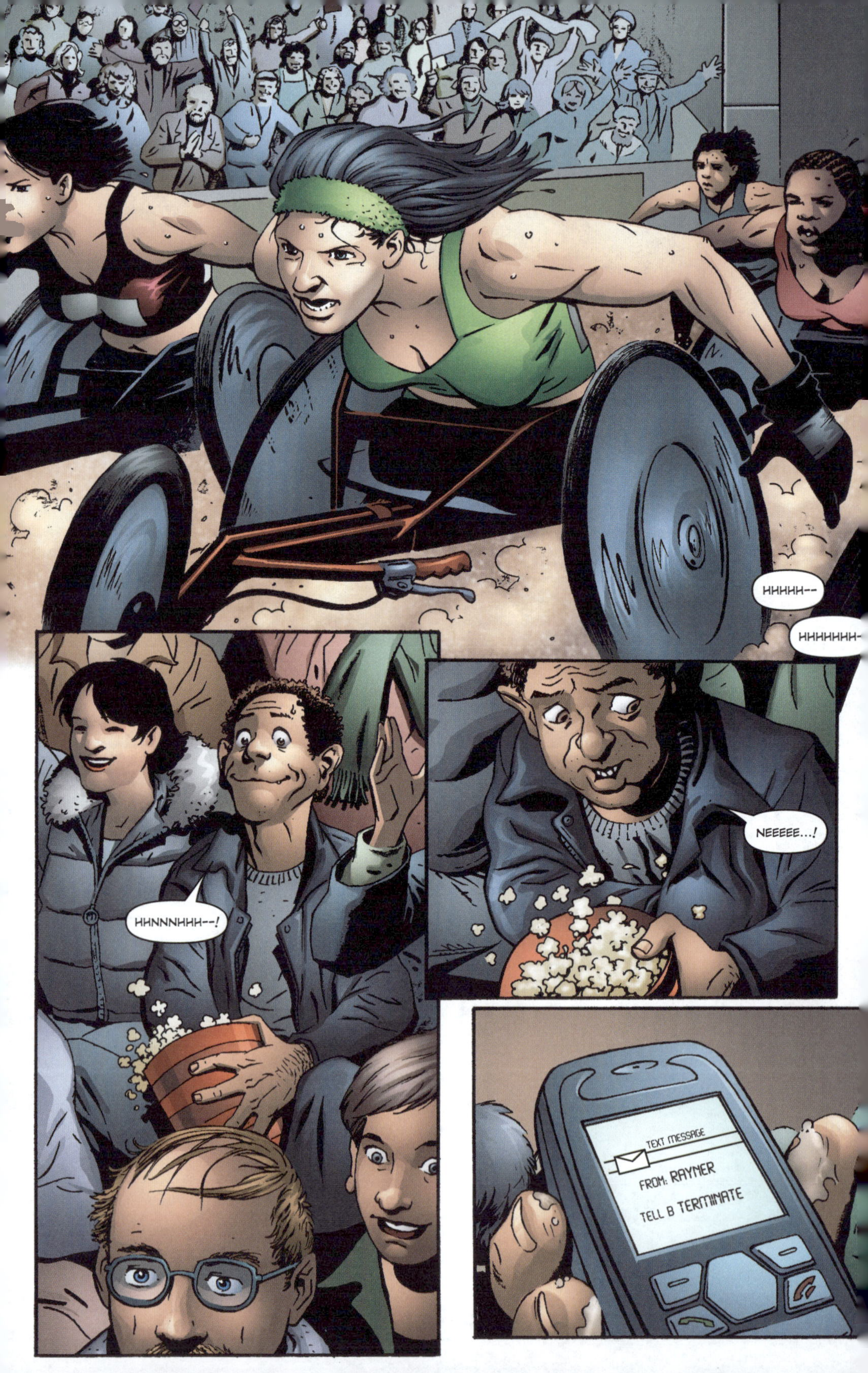
HHHHH--
HHHHHHH-
HHNNHHH--!
NEEEEE...!
TEXT MESSAGE
FROM: RAYNER
TELL B TERMINATE

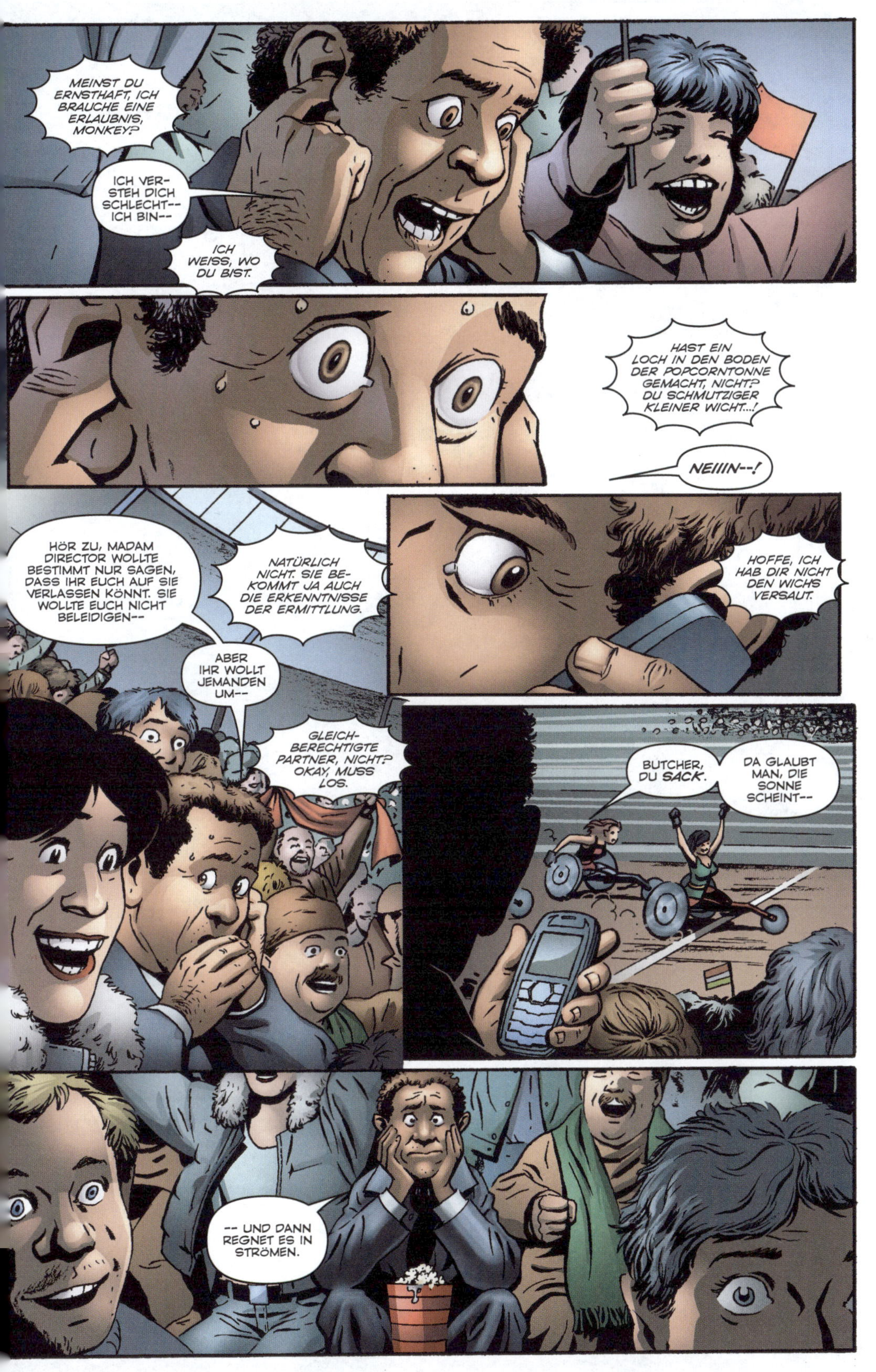
MEINST DU ERNSTHAFT, ICH BRAUCHE EINE ERLAUBNIS, MONKEY?
ICH VERSTEH DICH SCHLECHT-- ICH BIN--
ICH WEISS, WO DU BIST.
HAST EIN LOCH IN DEN BODEN DER POPCORNTONNE GEMACHT, NICHT? DU SCHMUTZIGER KLEINER WICHT...!
NEIIIN--!
HÖR ZU, MADAM DIRECTOR WOLLTE BESTIMMT NUR SAGEN, DASS IHR EUCH AUF SIE VERLASSEN KÖNNT. SIE WOLLTE EUCH NICHT BELEIDIGEN--
NATÜRLICH NICHT. SIE BEKOMMT JA AUCH DIE ERKENNTNISSE DER ERMITTLUNG.
HOFFE, ICH HAB DIR NICHT DEN WICHS VERSAUT.
ABER IHR WOLLT JEMANDEN UM--
GLEICHBERECHTIGTE PARTNER, NICHT? OKAY, MUSS LOS.
BUTCHER, DU SACK.
DA GLAUBT MAN, DIE SONNE SCHEINT--
-- UND DANN REGNET ES IN STRÖMEN.

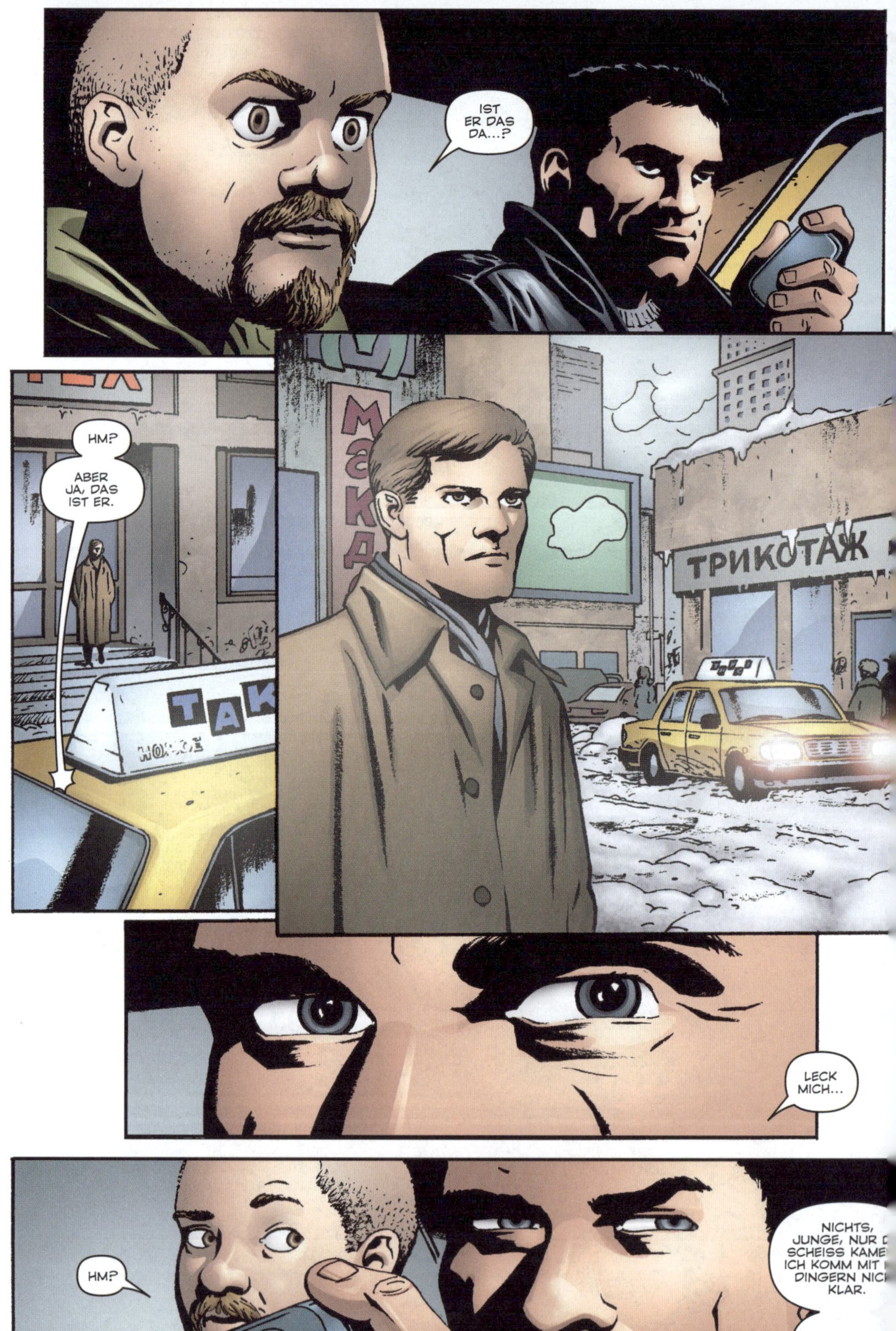
IST ER DAS DA...?
HM?
ABER JA, DAS IST ER.
ТРИКОТАЖ
LECK MICH...
HM?
NICHTS, JUNGE, NUR D
SCHEISS KAME
ICH KOMM MIT
DINGERN NIC
KLAR.
MIT WEM REDET ER D
EIGENTLICH

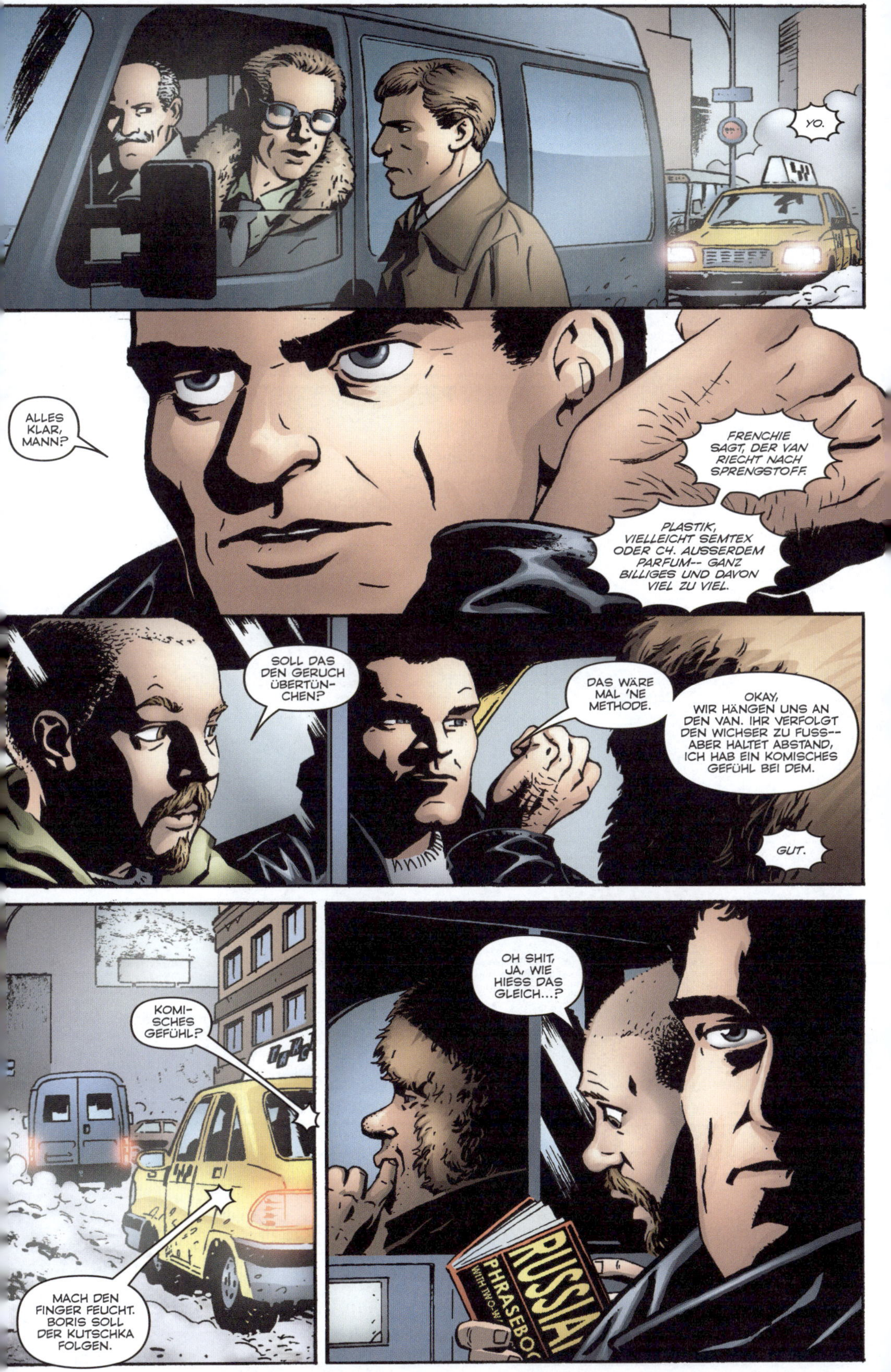

YO.

ALLES KLAR, MANN?

FRENCHIE SAGT, DER VAN RIECHT NACH SPRENGSTOFF.

PLASTIK, VIELLEICHT SEMTEX ODER C4. AUSSERDEM PARFUM-- GANZ BILLIGES UND DAVON VIEL ZU VIEL.

SOLL DAS DEN GERUCH ÜBERTÜNCHEN?

DAS WÄRE MAL 'NE METHODE.

OKAY, WIR HÄNGEN UNS AN DEN VAN. IHR VERFOLGT DEN WICHSER ZU FUSS-- ABER HALTET ABSTAND, ICH HAB EIN KOMISCHES GEFÜHL BEI DEM.

GUT.

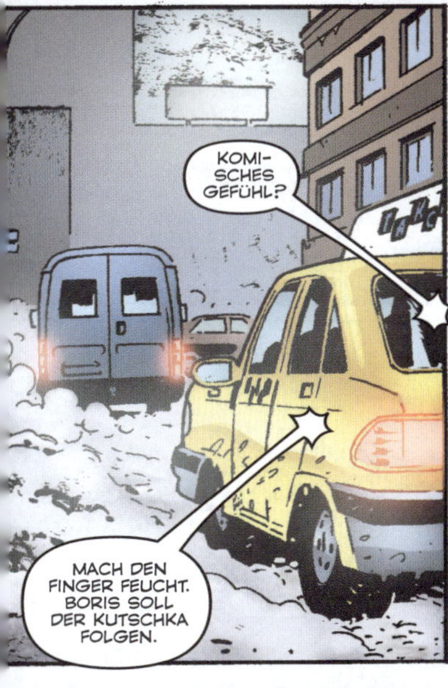

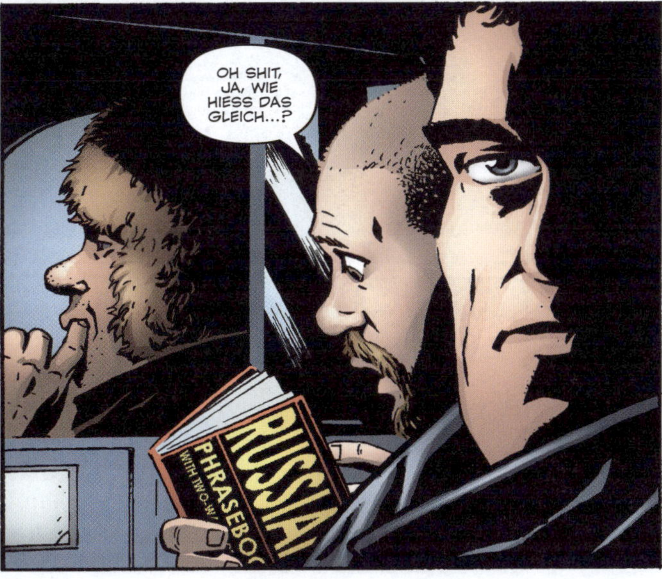

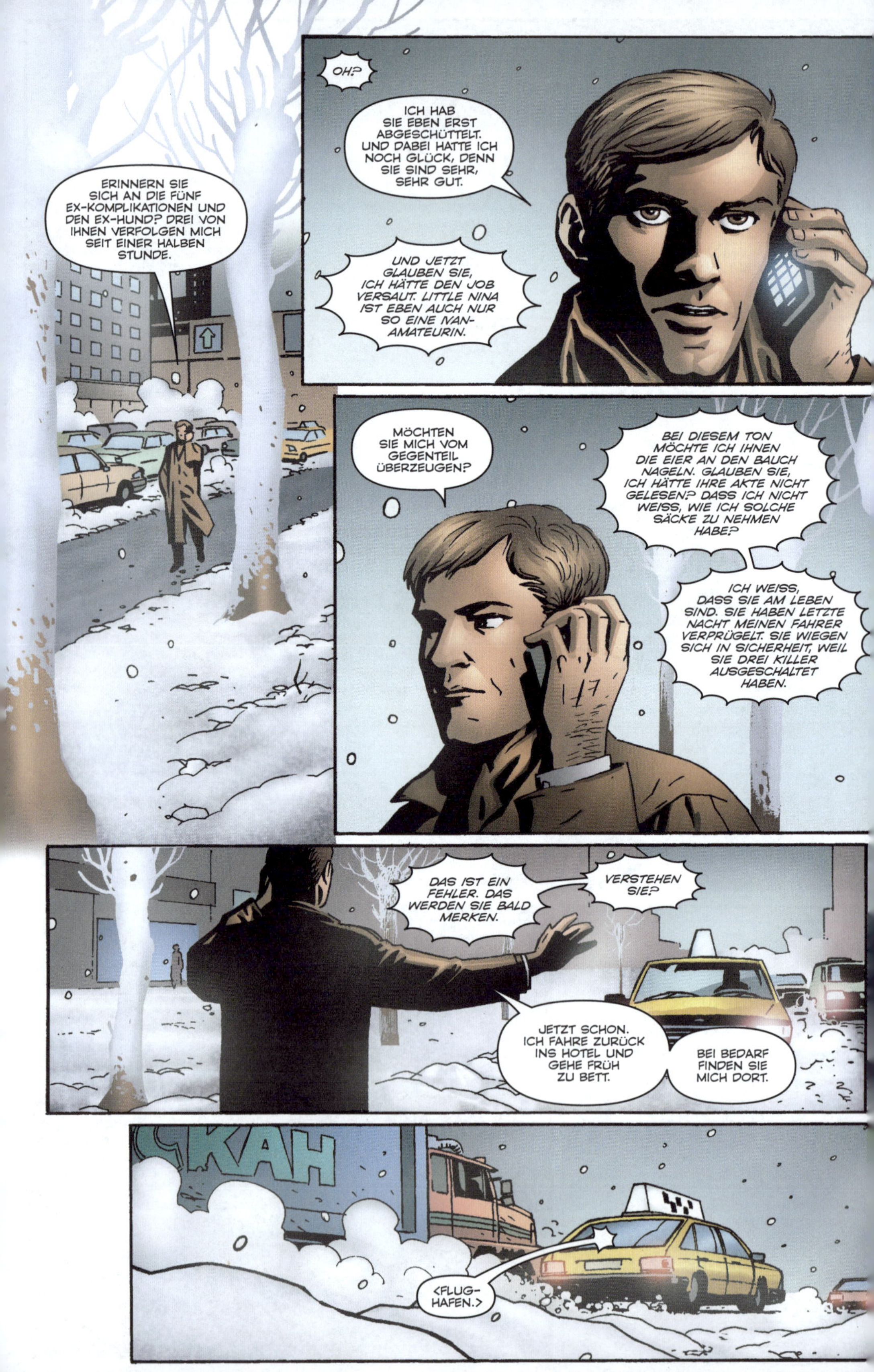
ERINNERN SIE SICH AN DIE FÜNF EX-KOMPLIKATIONEN UND DEN EX-HUND? DREI VON IHNEN VERFOLGEN MICH SEIT EINER HALBEN STUNDE.
OH?
ICH HAB SIE EBEN ERST ABGESCHÜTTELT. UND DABEI HATTE ICH NOCH GLÜCK, DENN SIE SIND SEHR, SEHR GUT.
UND JETZT GLAUBEN SIE, ICH HÄTTE DEN JOB VERSAUT. LITTLE NINA IST EBEN AUCH NUR SO EINE IVAN-AMATEURIN.
MÖCHTEN SIE MICH VOM GEGENTEIL ÜBERZEUGEN?
BEI DIESEM TON MÖCHTE ICH IHNEN DIE EIER AN DEN BAUCH NAGELN. GLAUBEN SIE, ICH HÄTTE IHRE AKTE NICHT GELESEN? DASS ICH NICHT WEISS, WIE ICH SOLCHE SÄCKE ZU NEHMEN HABE?
ICH WEISS, DASS SIE AM LEBEN SIND. SIE HABEN LETZTE NACHT MEINEN FAHRER VERPRÜGELT. SIE WIEGEN SICH IN SICHERHEIT, WEIL SIE DREI KILLER AUSGESCHALTET HABEN.
DAS IST EIN FEHLER. DAS WERDEN SIE BALD MERKEN.
VERSTEHEN SIE?
JETZT SCHON. ICH FAHRE ZURÜCK INS HOTEL UND GEHE FRÜH ZU BETT.
BEI BEDARF FINDEN SIE MICH DORT.
KAH
<FLUG-HAFEN.>

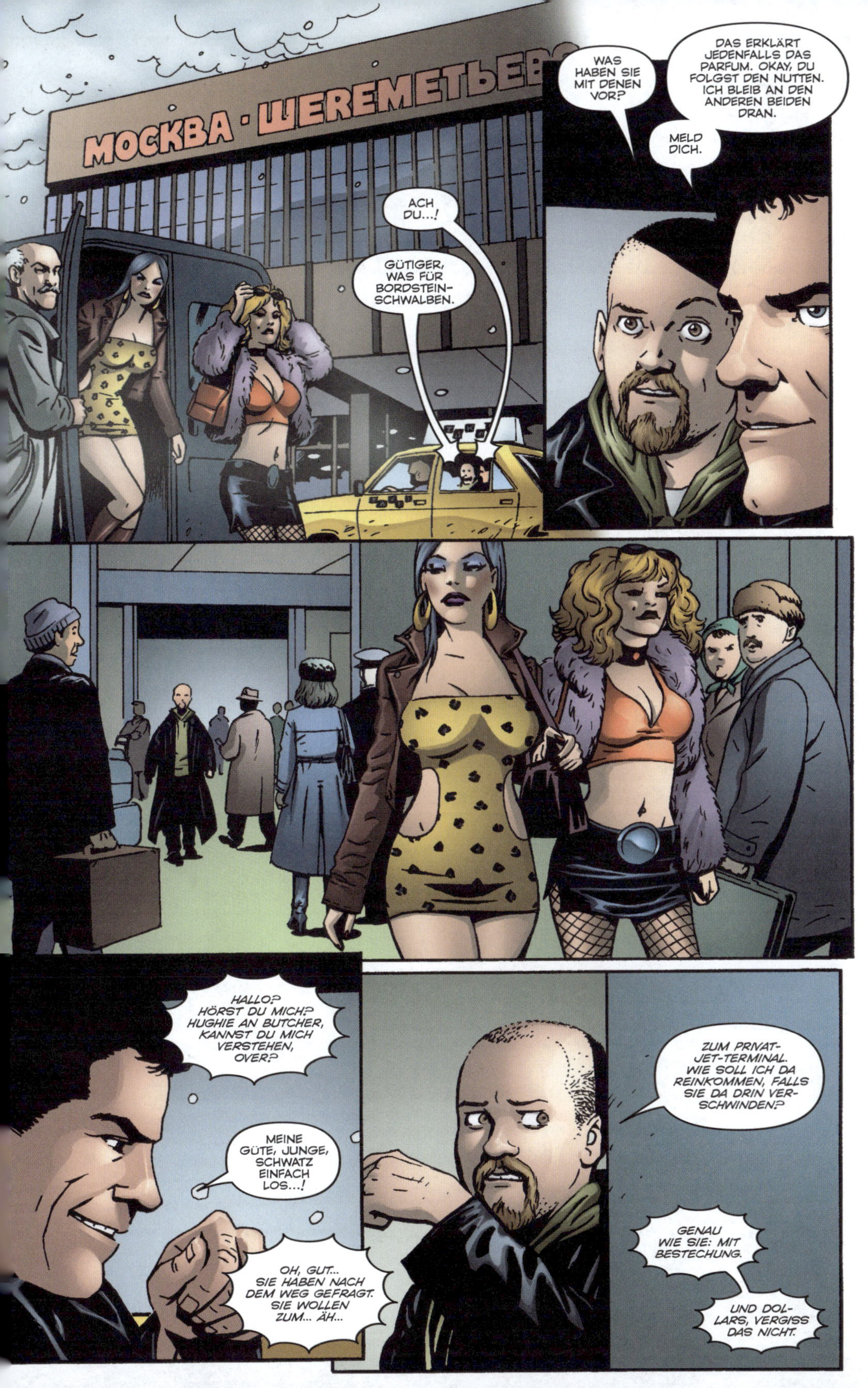
МОСКВА · ШЕРЕМЕТЬЕВ
ACH DU...!
GÜTIGER, WAS FÜR BORDSTEIN-SCHWALBEN.
WAS HABEN SIE MIT DENEN VOR?
DAS ERKLÄRT JEDENFALLS DAS PARFUM. OKAY, DU FOLGST DEN NUTTEN. ICH BLEIB AN DEN ANDEREN BEIDEN DRAN.
MELD DICH.
HALLO? HÖRST DU MICH? HUGHIE AN BUTCHER, KANNST DU MICH VERSTEHEN, OVER?
MEINE GÜTE, JUNGE, SCHWATZ EINFACH LOS...!
OH, GUT... SIE HABEN NACH DEM WEG GEFRAGT. SIE WOLLEN ZUM... ÄH...
ZUM PRIVAT-JET-TERMINAL. WIE SOLL ICH DA REINKOMMEN, FALLS SIE DA DRIN VER-SCHWINDEN?
GENAU WIE SIE: MIT BESTECHUNG.
UND DOL-LARS, VERGISS DAS NICHT.

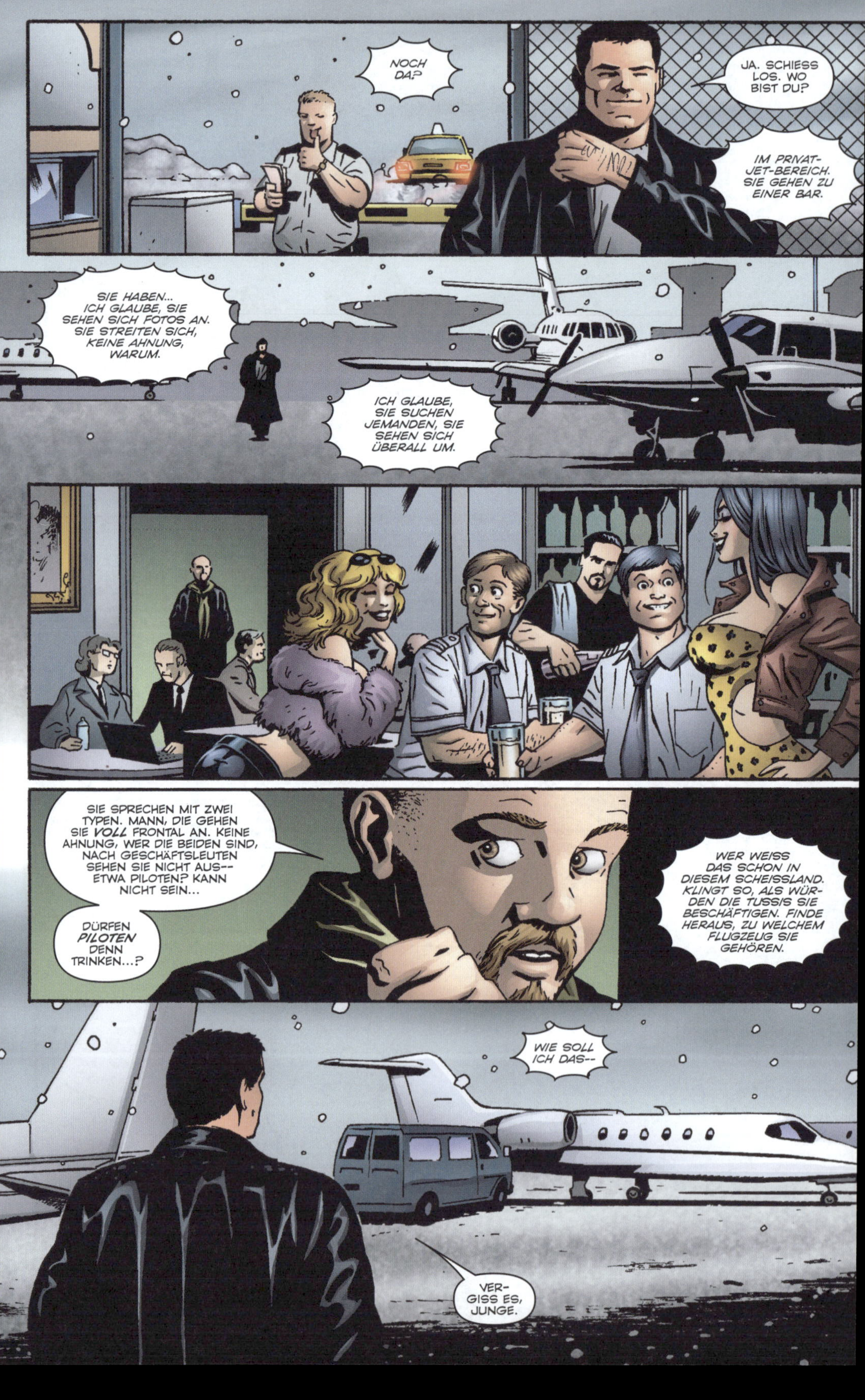
NOCH DA?
JA. SCHIESS LOS. WO BIST DU?
IM PRIVAT-JET-BEREICH. SIE GEHEN ZU EINER BAR.
SIE HABEN... ICH GLAUBE, SIE SEHEN SICH FOTOS AN. SIE STREITEN SICH, KEINE AHNUNG, WARUM.
ICH GLAUBE, SIE SUCHEN JEMANDEN, SIE SEHEN SICH ÜBERALL UM.
SIE SPRECHEN MIT ZWEI TYPEN. MANN, DIE GEHEN SIE VOLL FRONTAL AN. KEINE AHNUNG, WER DIE BEIDEN SIND, NACH GESCHÄFTSLEUTEN SEHEN SIE NICHT AUS-- ETWA PILOTEN? KANN NICHT SEIN...
DÜRFEN PILOTEN DENN TRINKEN...?
WER WEISS DAS SCHON IN DIESEM SCHEISSLAND. KLINGT SO, ALS WÜRDEN DIE TUSSIS SIE BESCHÄFTIGEN. FINDE HERAUS, ZU WELCHEM FLUGZEUG SIE GEHÖREN.
WIE SOLL ICH DAS--
VER-GISS ES, JUNGE.

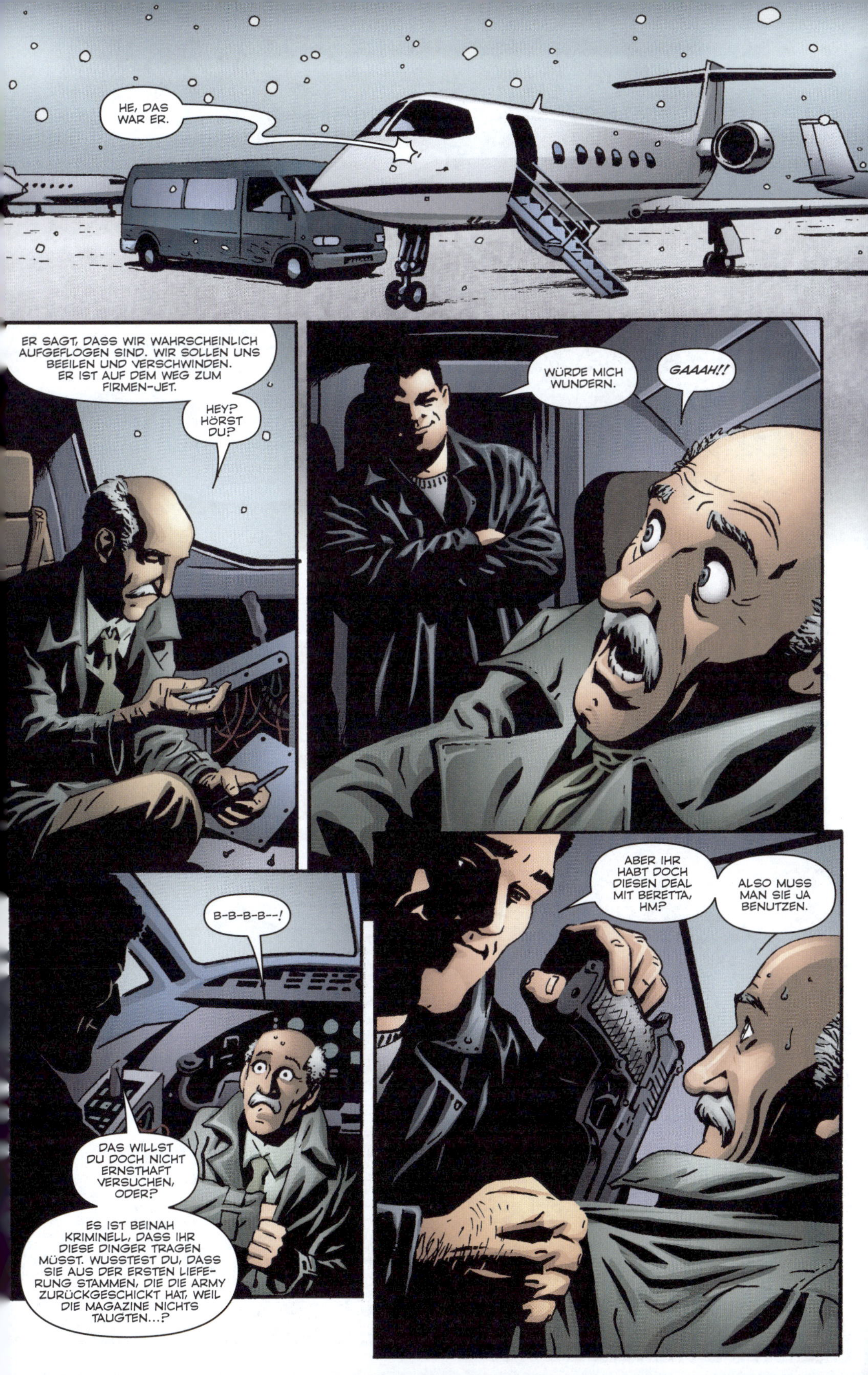
HE, DAS WAR ER.
ER SAGT, DASS WIR WAHRSCHEINLICH AUFGEFLOGEN SIND. WIR SOLLEN UNS BEEILEN UND VERSCHWINDEN. ER IST AUF DEM WEG ZUM FIRMEN-JET.
HEY? HÖRST DU?
WÜRDE MICH WUNDERN.
GAAAH!!
B-B-B-B--!
DAS WILLST DU DOCH NICHT ERNSTHAFT VERSUCHEN, ODER?
ES IST BEINAH KRIMINELL, DASS IHR DIESE DINGER TRAGEN MÜSST. WUSSTEST DU, DASS SIE AUS DER ERSTEN LIEFE-RUNG STAMMEN, DIE DIE ARMY ZURÜCKGESCHICKT HAT, WEIL DIE MAGAZINE NICHTS TAUGTEN...?
ABER IHR HABT DOCH DIESEN DEAL MIT BERETTA, HM?
ALSO MUSS MAN SIE JA BENUTZEN.

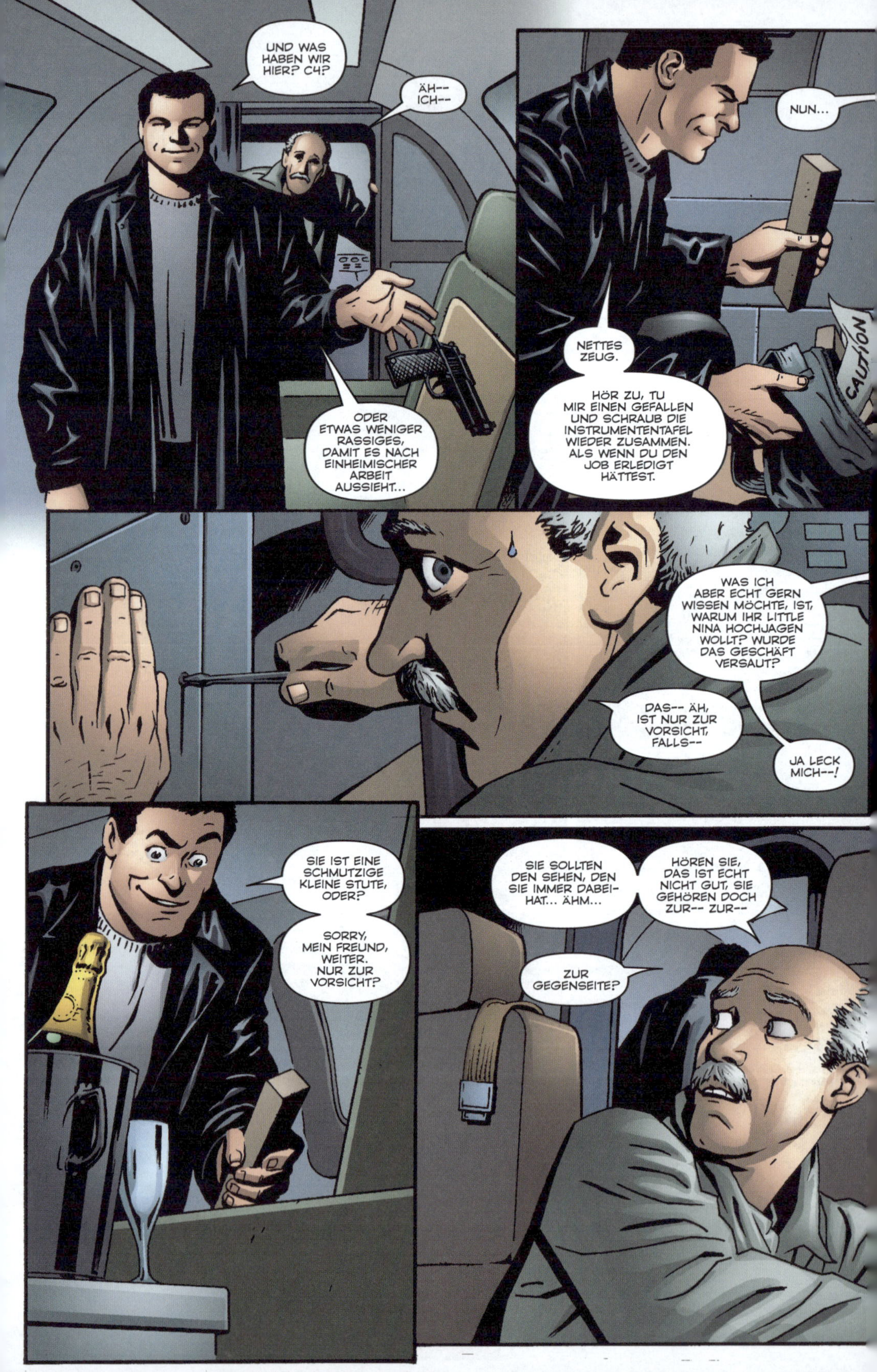
UND WAS HABEN WIR HIER? C4?
ÄH-- ICH--
ODER ETWAS WENIGER RASSIGES, DAMIT ES NACH EINHEIMISCHER ARBEIT AUSSIEHT...
NUN...
NETTES ZEUG.
HÖR ZU, TU MIR EINEN GEFALLEN UND SCHRAUB DIE INSTRUMENTENTAFEL WIEDER ZUSAMMEN. ALS WENN DU DEN JOB ERLEDIGT HÄTTEST.
CAUTION
WAS ICH ABER ECHT GERN WISSEN MÖCHTE, IST, WARUM IHR LITTLE NINA HOCHJAGEN WOLLT? WURDE DAS GESCHÄFT VERSAUT?
DAS-- ÄH, IST NUR ZUR VORSICHT, FALLS--
JA LECK MICH--!
SIE IST EINE SCHMUTZIGE KLEINE STUTE, ODER?
SORRY, MEIN FREUND, WEITER. NUR ZUR VORSICHT?
HÖREN SIE, DAS IST ECHT NICHT GUT, SIE GEHÖREN DOCH ZUR-- ZUR--
SIE SOLLTEN DEN SEHEN, DEN SIE IMMER DABEI-HAT... ÄHM...
ZUR GEGENSEITE?

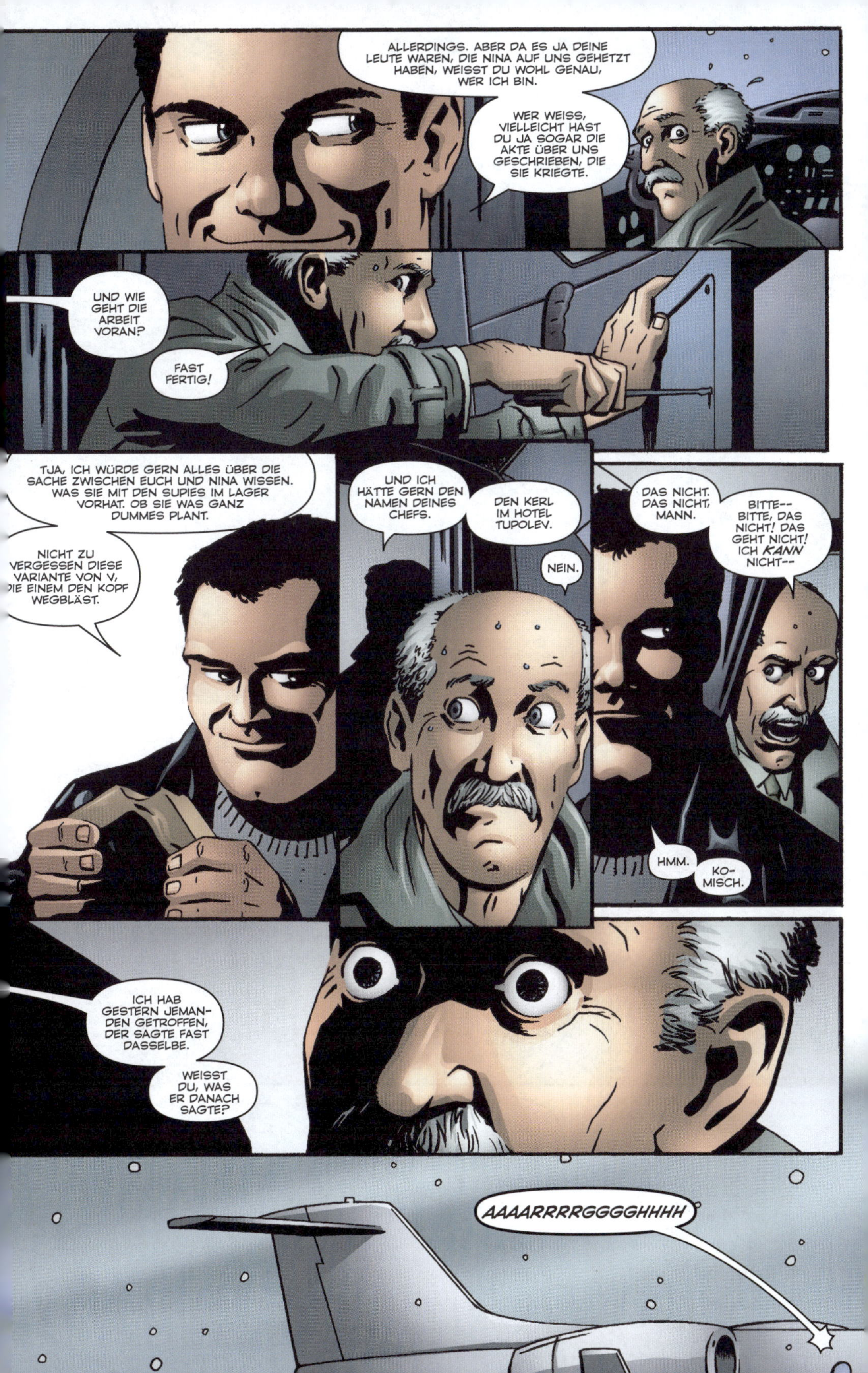
ALLERDINGS. ABER DA ES JA DEINE LEUTE WAREN, DIE NINA AUF UNS GEHETZT HABEN, WEISST DU WOHL GENAU, WER ICH BIN.
WER WEISS, VIELLEICHT HAST DU JA SOGAR DIE AKTE ÜBER UNS GESCHRIEBEN, DIE SIE KRIEGTE.
UND WIE GEHT DIE ARBEIT VORAN?
FAST FERTIG!
TJA, ICH WÜRDE GERN ALLES ÜBER DIE SACHE ZWISCHEN EUCH UND NINA WISSEN. WAS SIE MIT DEN SUPIES IM LAGER VORHAT. OB SIE WAS GANZ DUMMES PLANT.
NICHT ZU VERGESSEN DIESE VARIANTE VON V, DIE EINEM DEN KOPF WEGBLÄST.
UND ICH HÄTTE GERN DEN NAMEN DEINES CHEFS.
DEN KERL IM HOTEL TUPOLEV.
NEIN.
DAS NICHT. DAS NICHT, MANN.
BITTE-- BITTE, DAS NICHT! DAS GEHT NICHT! ICH KANN NICHT--
HMM.
KO-MISCH.
ICH HAB GESTERN JEMANDEN GETROFFEN, DER SAGTE FAST DASSELBE.
WEISST DU, WAS ER DANACH SAGTE?
AAAARRRRGGGGHHHH

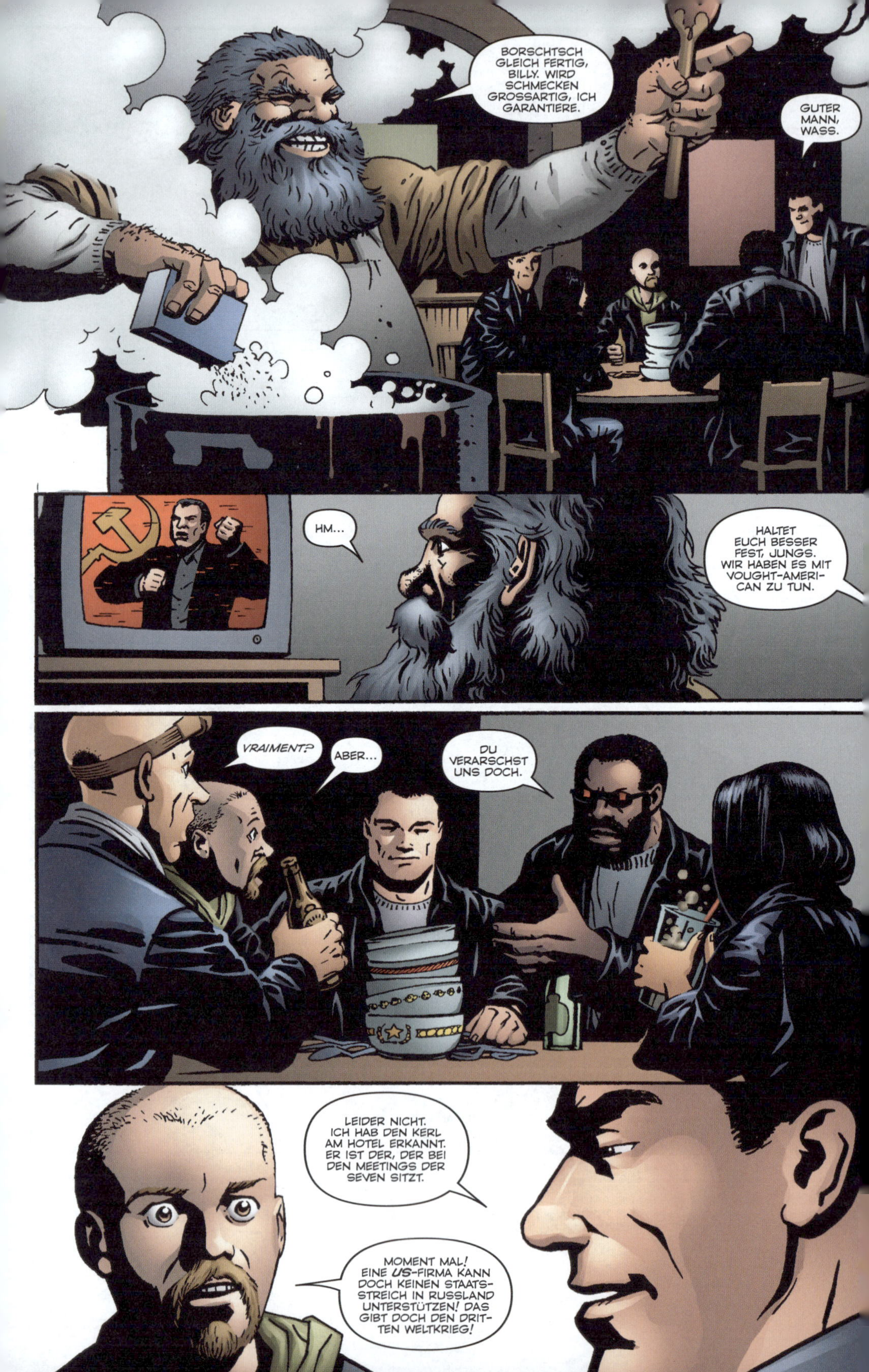
BORSCHTSCH GLEICH FERTIG, BILLY. WIRD SCHMECKEN GROSSARTIG, ICH GARANTIERE.
GUTER MANN, WASS.
HM...
HALTET EUCH BESSER FEST, JUNGS. WIR HABEN ES MIT VOUGHT-AMERICAN ZU TUN.
VRAIMENT?
ABER...
DU VERARSCHST UNS DOCH.
LEIDER NICHT. ICH HAB DEN KERL AM HOTEL ERKANNT. ER IST DER, DER BEI DEN MEETINGS DER SEVEN SITZT.
MOMENT MAL! EINE US-FIRMA KANN DOCH KEINEN STAATSSTREICH IN RUSSLAND UNTERSTÜTZEN! DAS GIBT DOCH DEN DRITTEN WELTKRIEG!

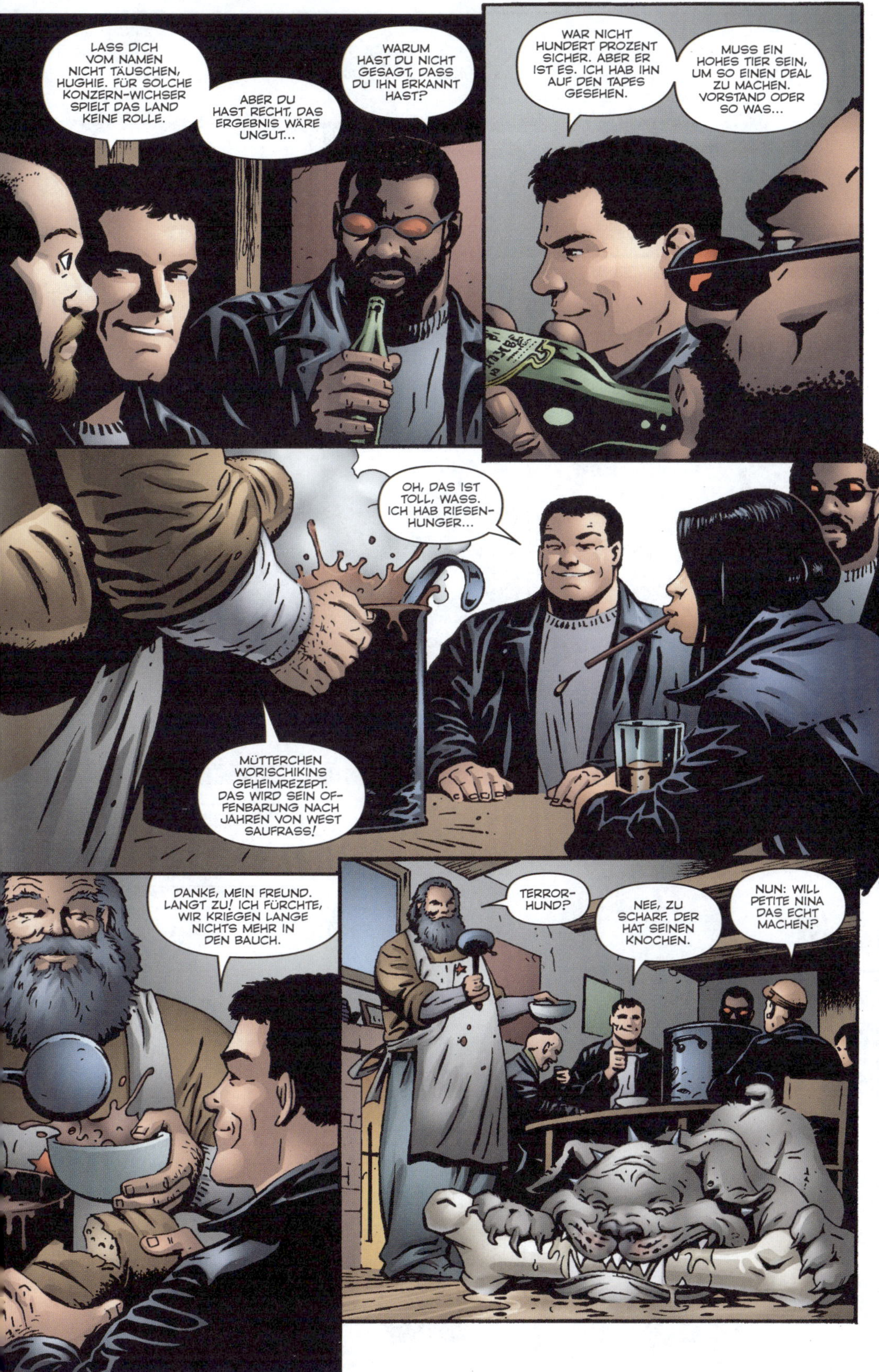
LASS DICH VOM NAMEN NICHT TÄUSCHEN, HUGHIE. FÜR SOLCHE KONZERN-WICHSER SPIELT DAS LAND KEINE ROLLE.
ABER DU HAST RECHT, DAS ERGEBNIS WÄRE UNGUT...
WARUM HAST DU NICHT GESAGT, DASS DU IHN ERKANNT HAST?
WAR NICHT HUNDERT PROZENT SICHER. ABER ER IST ES. ICH HAB IHN AUF DEN TAPES GESEHEN.
MUSS EIN HOHES TIER SEIN, UM SO EINEN DEAL ZU MACHEN. VORSTAND ODER SO WAS...
OH, DAS IST TOLL, WASS. ICH HAB RIESEN-HUNGER...
MÜTTERCHEN WORISCHIKINS GEHEIMREZEPT. DAS WIRD SEIN OF-FENBARUNG NACH JAHREN VON WEST SAUFRASS!
DANKE, MEIN FREUND. LANGT ZU! ICH FÜRCHTE, WIR KRIEGEN LANGE NICHTS MEHR IN DEN BAUCH.
TERROR-HUND?
NEE, ZU SCHARF. DER HAT SEINEN KNOCHEN.
NUN: WILL PETITE NINA DAS ECHT MACHEN?

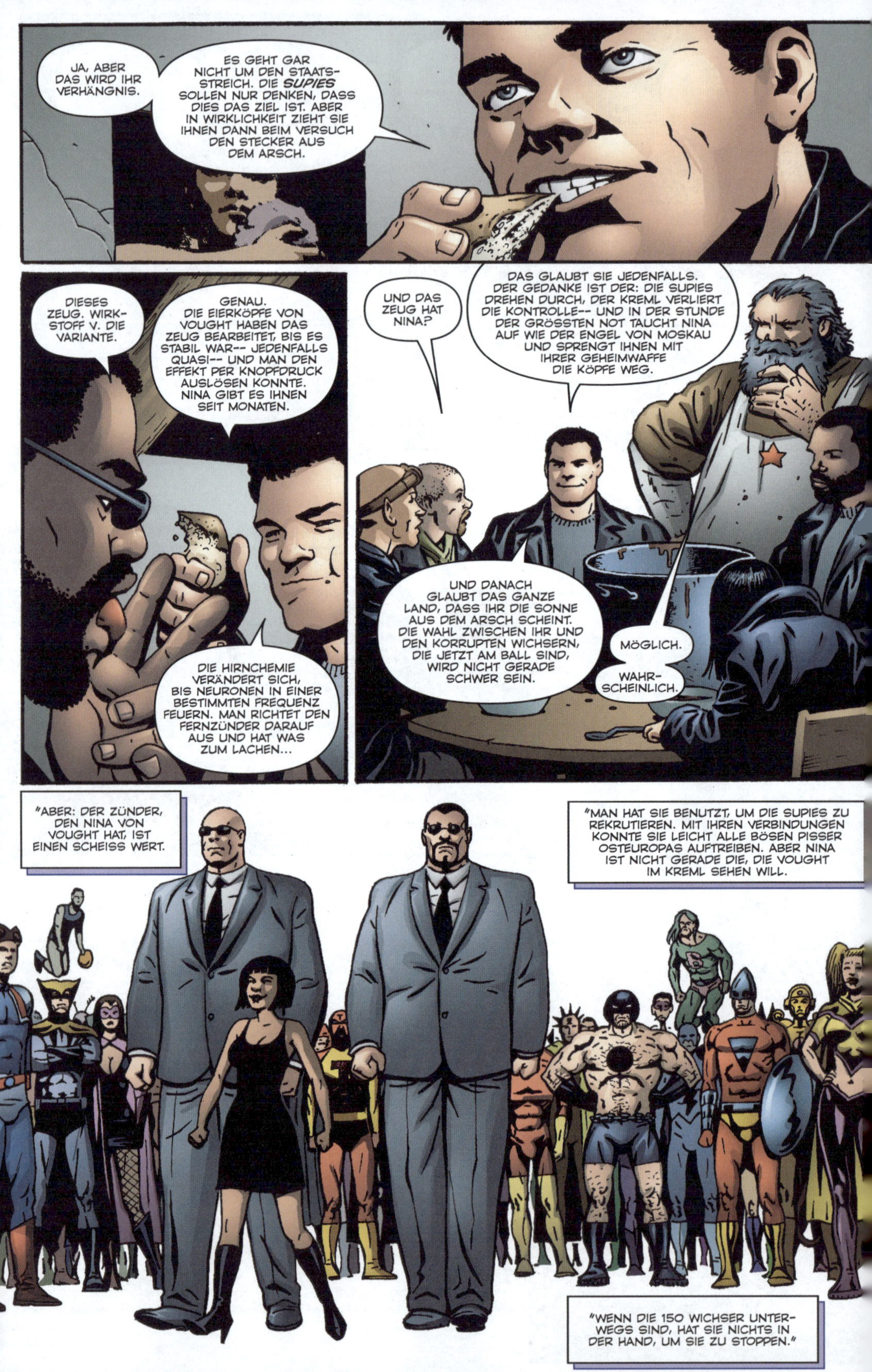
JA, ABER DAS WIRD IHR VERHÄNGNIS.
ES GEHT GAR NICHT UM DEN STAATSSTREICH. DIE *SUPIES* SOLLEN NUR DENKEN, DASS DIES DAS ZIEL IST. ABER IN WIRKLICHKEIT ZIEHT SIE IHNEN DANN BEIM VERSUCH DEN STECKER AUS DEM ARSCH.
DIESES ZEUG. WIRKSTOFF V. DIE VARIANTE.
GENAU. DIE EIERKÖPFE VON VOUGHT HABEN DAS ZEUG BEARBEITET, BIS ES STABIL WAR-- JEDENFALLS QUASI-- UND MAN DEN EFFEKT PER KNOPFDRUCK AUSLÖSEN KONNTE. NINA GIBT ES IHNEN SEIT MONATEN.
DIE HIRNCHEMIE VERÄNDERT SICH, BIS NEURONEN IN EINER BESTIMMTEN FREQUENZ FEUERN. MAN RICHTET DEN FERNZÜNDER DARAUF AUS UND HAT WAS ZUM LACHEN...
UND DAS ZEUG HAT NINA?
DAS GLAUBT SIE JEDENFALLS. DER GEDANKE IST DER: DIE SUPIES DREHEN DURCH, DER KREML VERLIERT DIE KONTROLLE-- UND IN DER STUNDE DER GRÖSSTEN NOT TAUCHT NINA AUF WIE DER ENGEL VON MOSKAU UND SPRENGT IHNEN MIT IHRER GEHEIMWAFFE DIE KÖPFE WEG.
UND DANACH GLAUBT DAS GANZE LAND, DASS IHR DIE SONNE AUS DEM ARSCH SCHEINT. DIE WAHL ZWISCHEN IHR UND DEN KORRUPTEN WICHSERN, DIE JETZT AM BALL SIND, WIRD NICHT GERADE SCHWER SEIN.
MÖGLICH.
WAHRSCHEINLICH.
"ABER: DER ZÜNDER, DEN NINA VON VOUGHT HAT, IST EINEN SCHEISS WERT.
"MAN HAT SIE BENUTZT, UM DIE SUPIES ZU REKRUTIEREN. MIT IHREN VERBINDUNGEN KONNTE SIE LEICHT ALLE BÖSEN PISSER OSTEUROPAS AUFTREIBEN. ABER NINA IST NICHT GERADE DIE, DIE VOUGHT IM KREML SEHEN WILL.
"WENN DIE 150 WICHSER UNTERWEGS SIND, HAT SIE NICHTS IN DER HAND, UM SIE ZU STOPPEN."

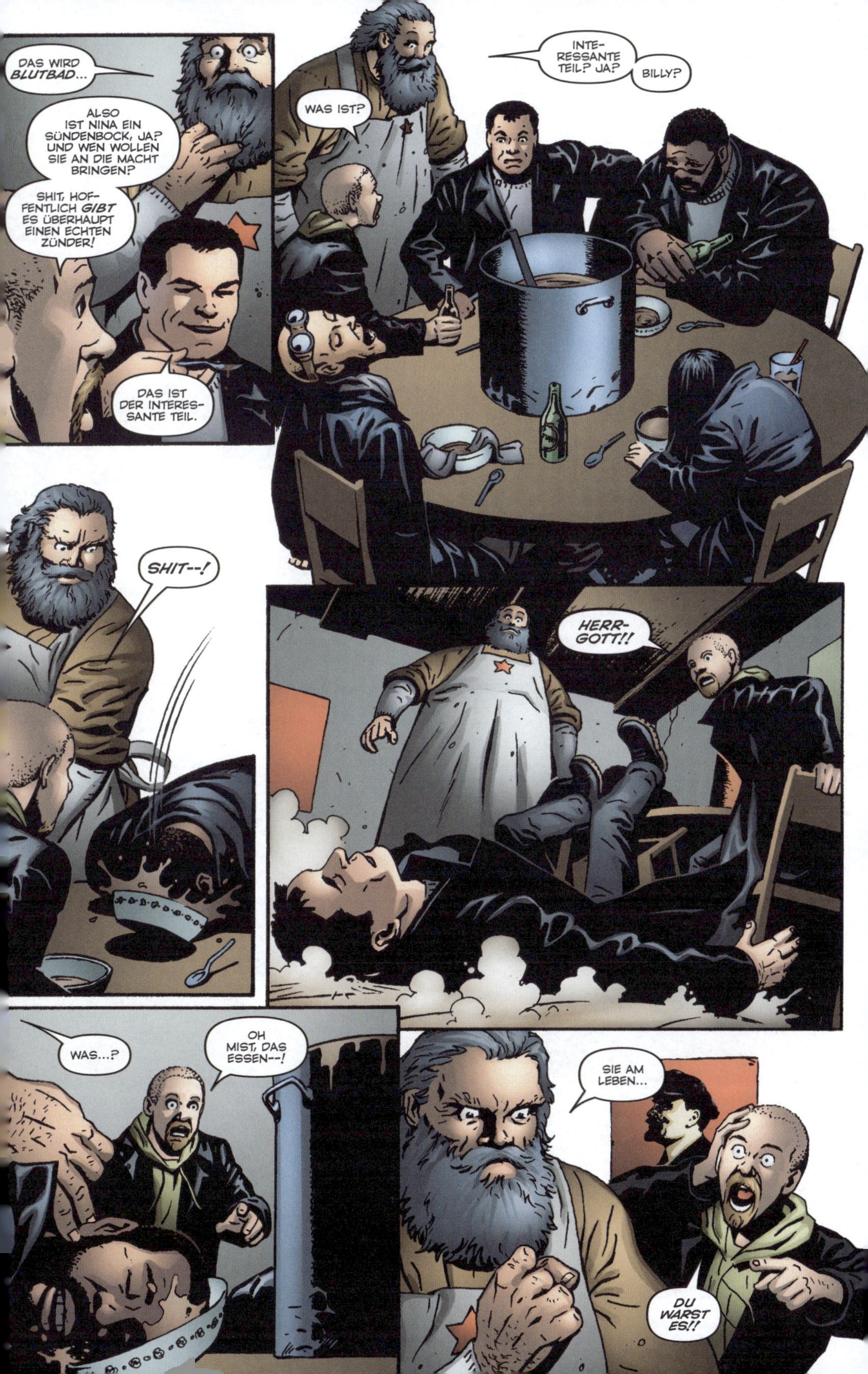
DAS WIRD *BLUTBAD*...
ALSO IST NINA EIN SÜNDENBOCK, JA? UND WEN WOLLEN SIE AN DIE MACHT BRINGEN?
SHIT, HOFFENTLICH *GIBT* ES ÜBERHAUPT EINEN ECHTEN ZÜNDER!
DAS IST DER INTERESSANTE TEIL.
WAS IST?
INTERESSANTE TEIL? JA?
BILLY?
SHIT--!
HERRGOTT!!
WAS...?
OH MIST, DAS ESSEN--!
SIE AM LEBEN...
DU WARST ES!!

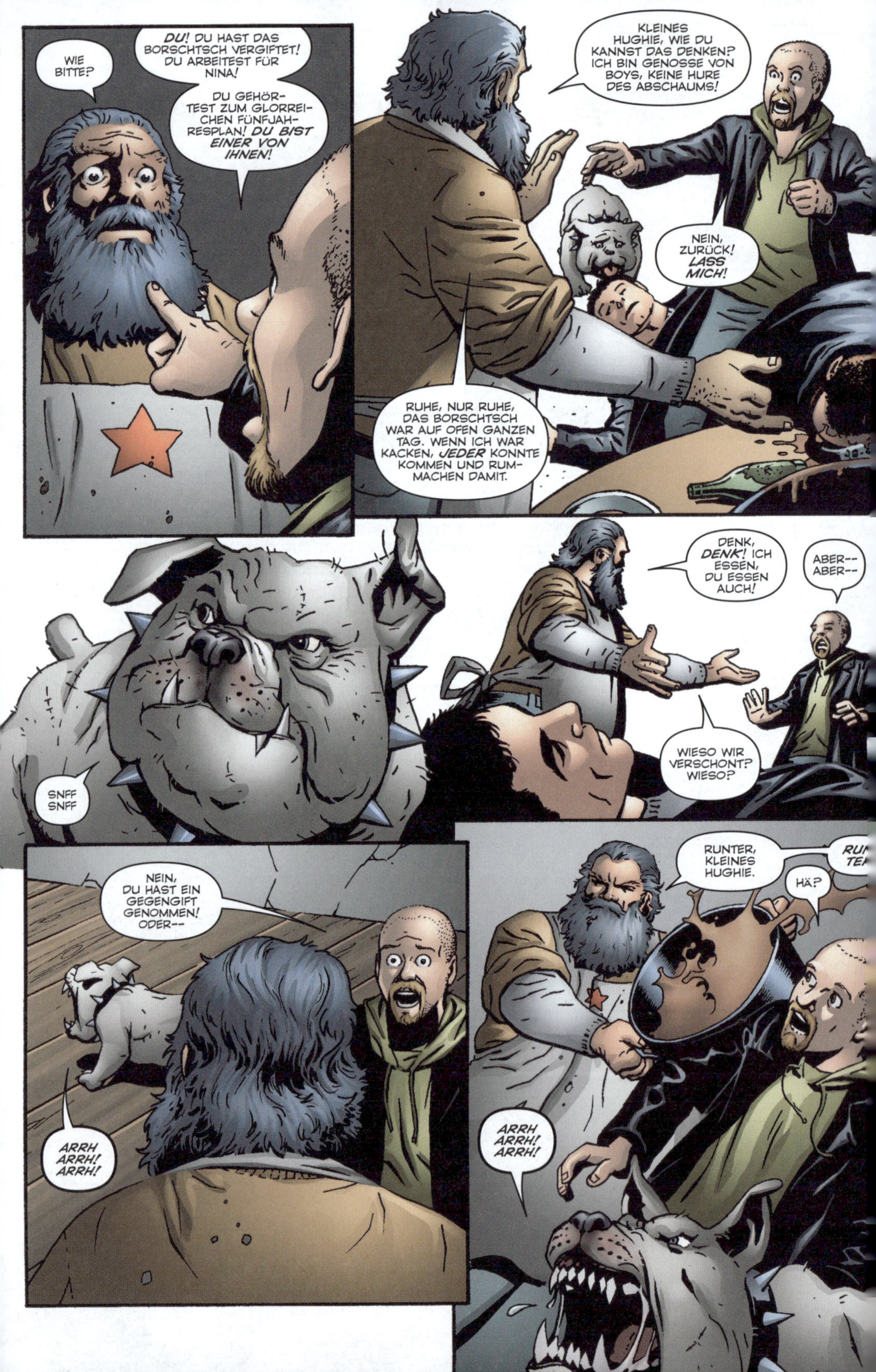
WIE BITTE?
DU! DU HAST DAS BORSCHTSCH VERGIFTET! DU ARBEITEST FÜR NINA!
DU GEHÖRTEST ZUM GLORREICHEN FÜNFJAHRESPLAN! DU BIST EINER VON IHNEN!
KLEINES HUGHIE, WIE DU KANNST DAS DENKEN? ICH BIN GENOSSE VON BOYS, KEINE HURE DES ABSCHAUMS!
NEIN, ZURÜCK! LASS MICH!
RUHE, NUR RUHE, DAS BORSCHTSCH WAR AUF OFEN GANZEN TAG. WENN ICH WAR KACKEN, JEDER KONNTE KOMMEN UND RUMMACHEN DAMIT.
SNFF SNFF
DENK, DENK! ICH ESSEN, DU ESSEN AUCH!
ABER-- ABER--
WIESO WIR VERSCHONT? WIESO?
NEIN, DU HAST EIN GEGENGIFT GENOMMEN! ODER--
ARRH ARRH! ARRH!
RUNTER, KLEINES HUGHIE.
HÄ?
ARRH ARRH! ARRH!

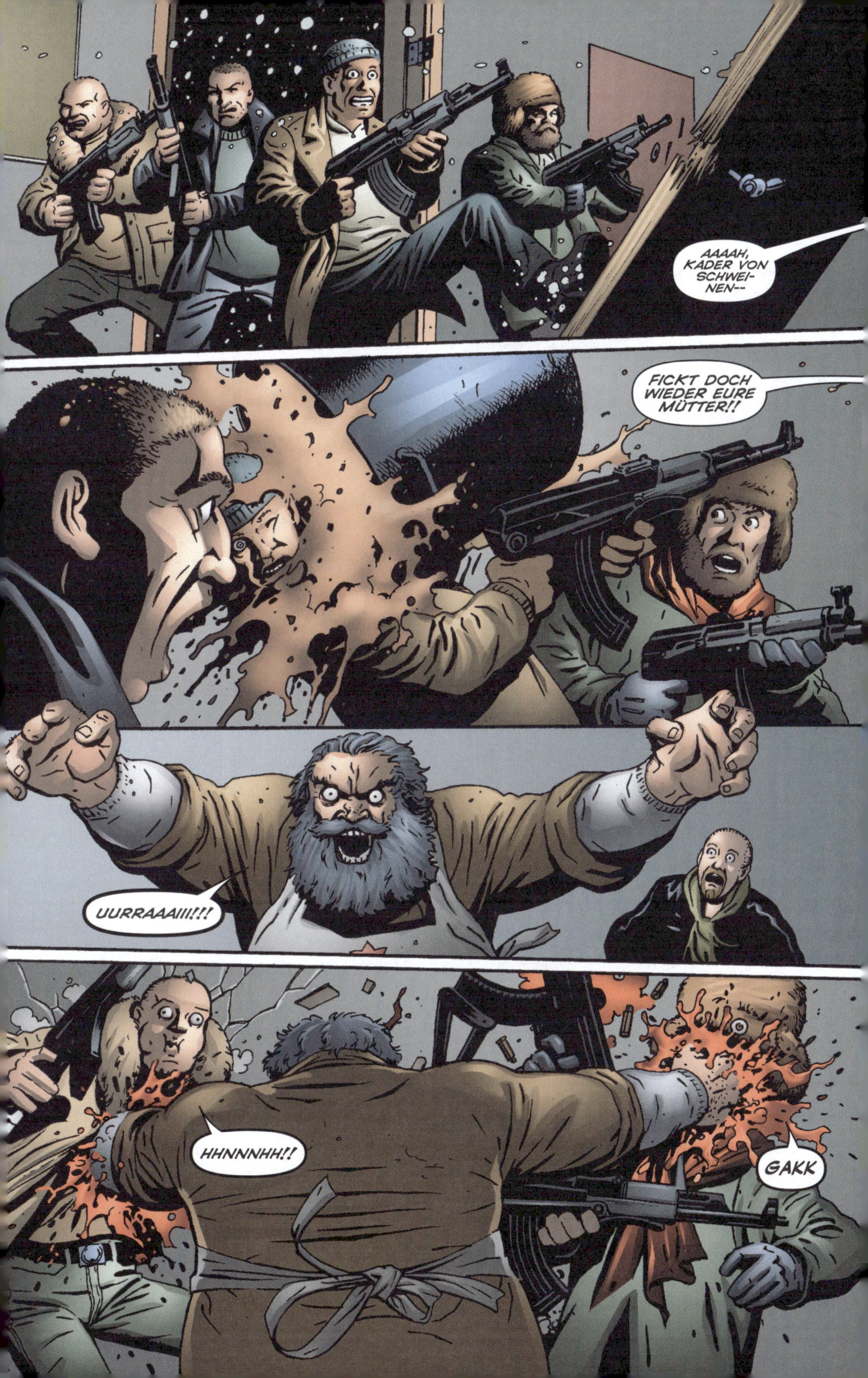

AAAAH, KADER VON SCHWEINEN--

FICKT DOCH WIEDER EURE MÜTTER!!

UURRAAAIII!!!

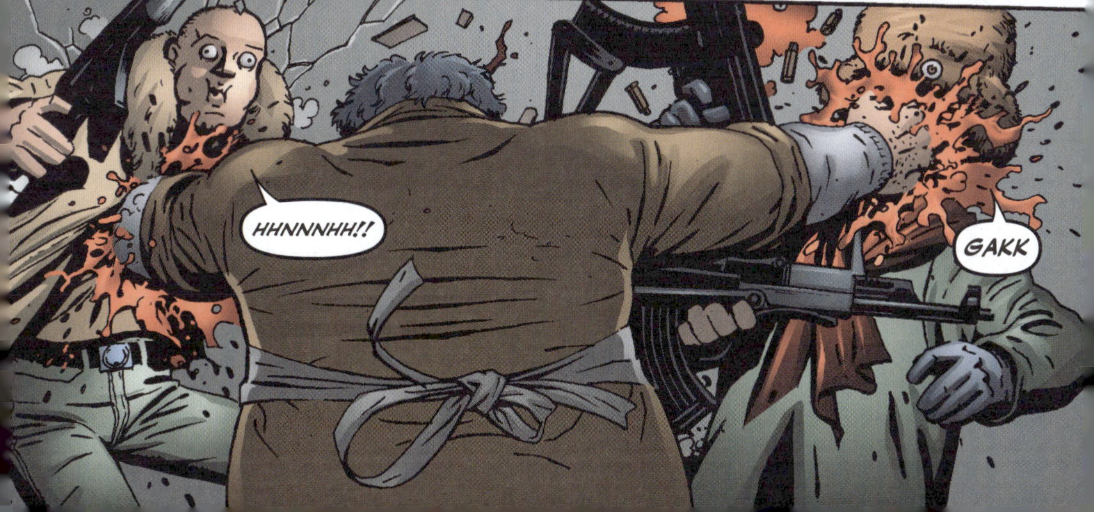

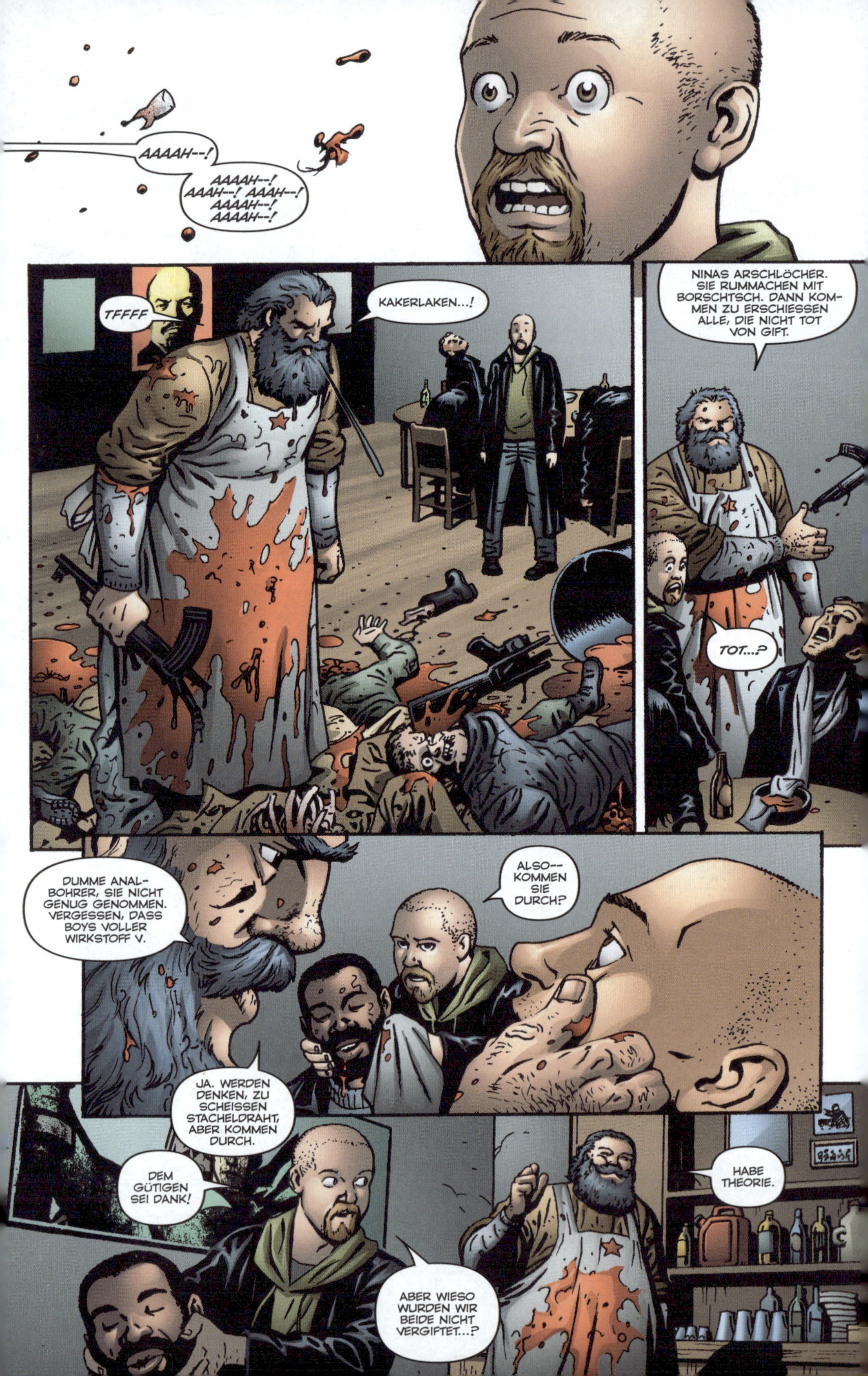
AAAAH--!
AAAAH--! AAAH--! AAAH--! AAAAH--! AAAAH--!
TFFFF
KAKERLAKEN...!
NINAS ARSCHLÖCHER. SIE RUMMACHEN MIT BORSCHTSCH. DANN KOMMEN ZU ERSCHIESSEN ALLE, DIE NICHT TOT VON GIFT.
TOT...?
DUMME ANALBOHRER, SIE NICHT GENUG GENOMMEN. VERGESSEN, DASS BOYS VOLLER WIRKSTOFF V.
ALSO--KOMMEN SIE DURCH?
JA. WERDEN DENKEN, ZU SCHEISSEN STACHELDRAHT, ABER KOMMEN DURCH.
DEM GÜTIGEN SEI DANK!
HABE THEORIE.
ABER WIESO WURDEN WIR BEIDE NICHT VERGIFTET...?

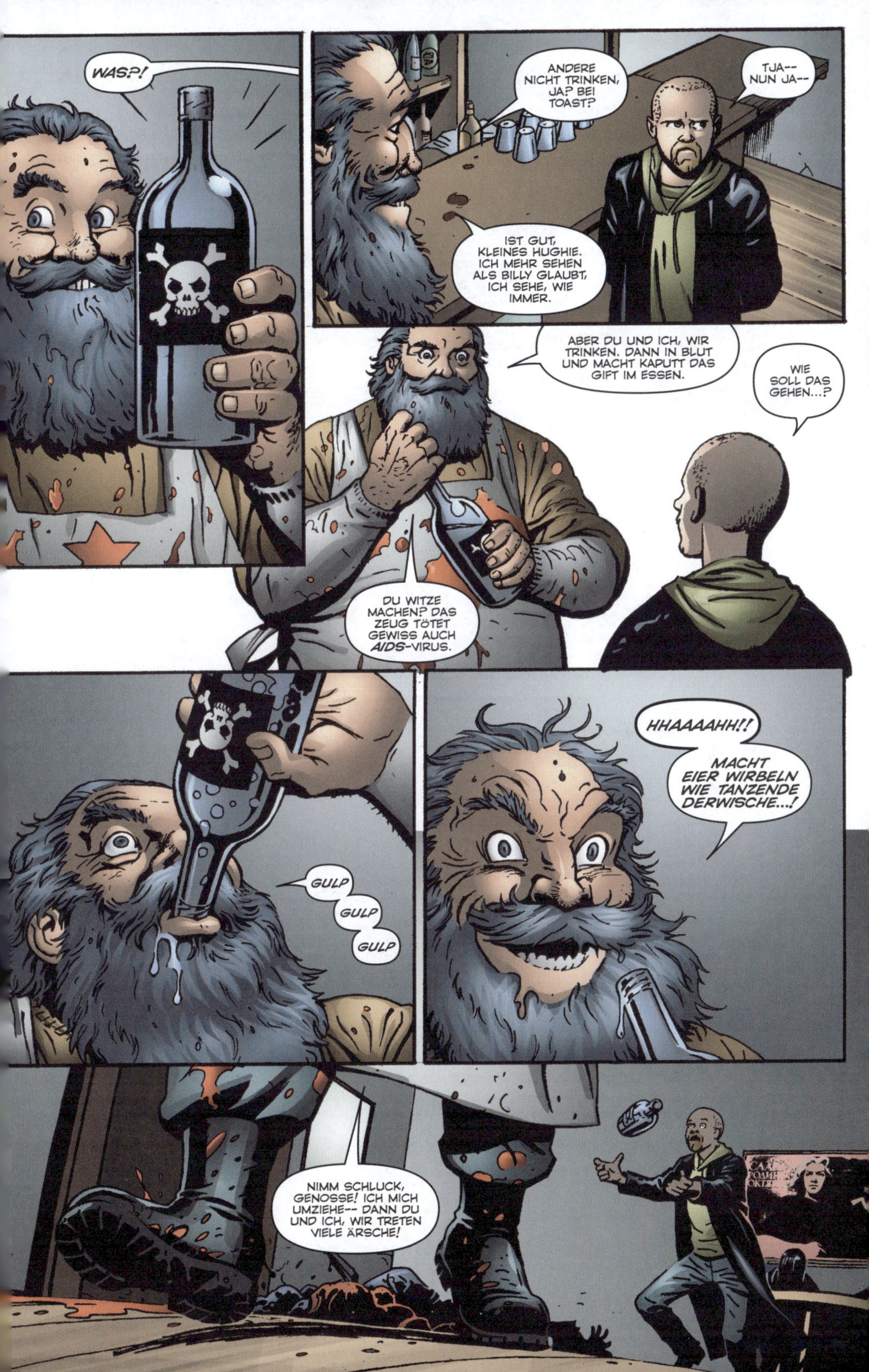
WAS?!
ANDERE NICHT TRINKEN, JA? BEI TOAST?
TJA-- NUN JA--
IST GUT, KLEINES HUGHIE. ICH MEHR SEHEN ALS BILLY GLAUBT, ICH SEHE, WIE IMMER.
ABER DU UND ICH, WIR TRINKEN. DANN IN BLUT UND MACHT KAPUTT DAS GIFT IM ESSEN.
WIE SOLL DAS GEHEN...?
DU WITZE MACHEN? DAS ZEUG TÖTET GEWISS AUCH AIDS-VIRUS.
GULP
GULP
GULP
HHAAAAHH!!
MACHT EIER WIRBELN WIE TANZENDE DERWISCHE...!
NIMM SCHLUCK, GENOSSE! ICH MICH UMZIEHE-- DANN DU UND ICH, WIR TRETEN VIELE ÄRSCHE!

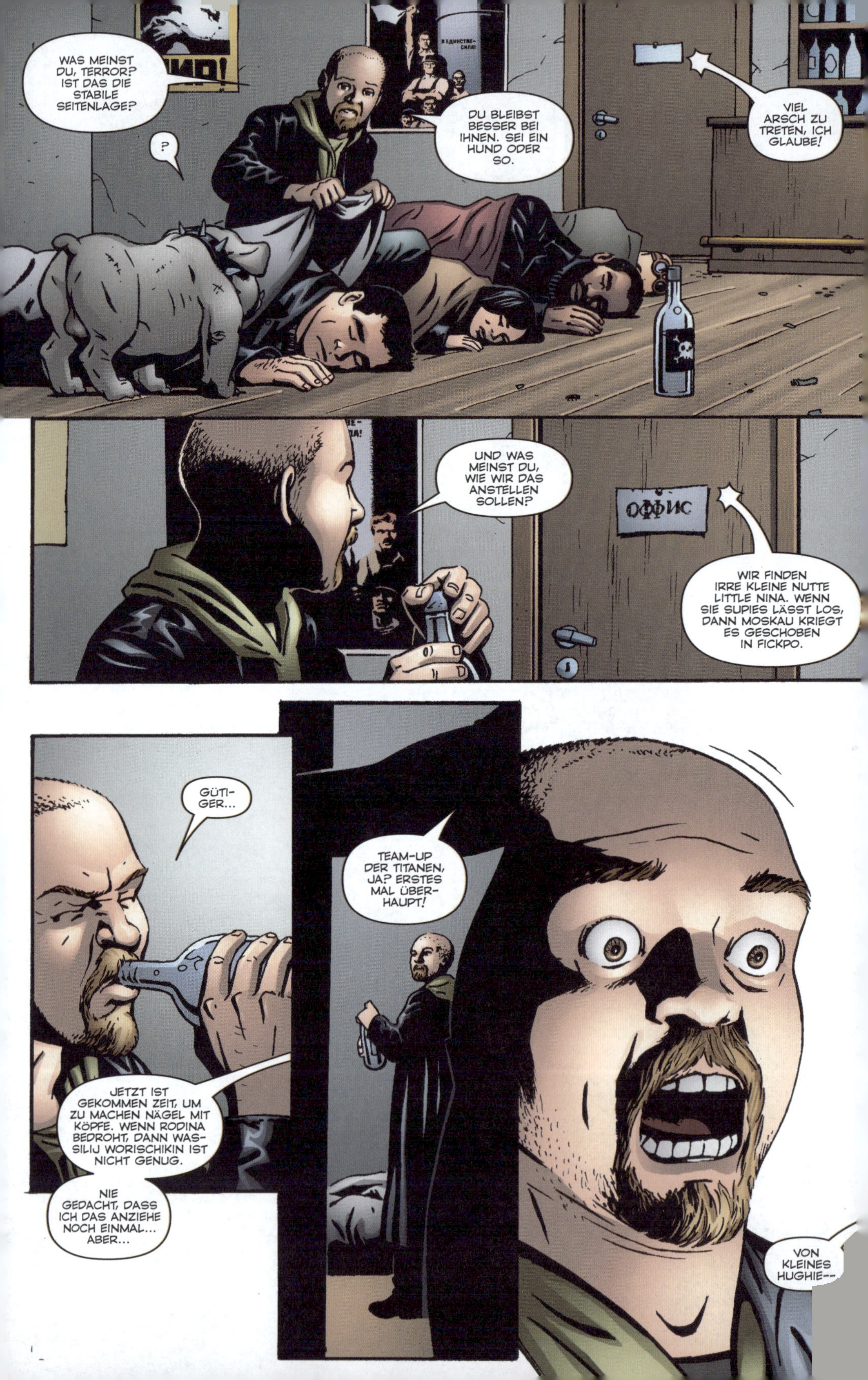

WAS MEINST DU, TERROR? IST DAS DIE STABILE SEITENLAGE?

?

DU BLEIBST BESSER BEI IHNEN. SEI EIN HUND ODER SO.

VIEL ARSCH ZU TRETEN, ICH GLAUBE!

UND WAS MEINST DU, WIE WIR DAS ANSTELLEN SOLLEN?

ОФФИС

WIR FINDEN IRRE KLEINE NUTTE LITTLE NINA. WENN SIE SUPIES LÄSST LOS, DANN MOSKAU KRIEGT ES GESCHOBEN IN FICKPO.

GÜTIGER...

JETZT IST GEKOMMEN ZEIT, UM ZU MACHEN NÄGEL MIT KÖPFE. WENN RODINA BEDROHT, DANN WASSILIJ WORISCHIKIN IST NICHT GENUG.

NIE GEDACHT, DASS ICH DAS ANZIEHE NOCH EINMAL... ABER...

TEAM-UP DER TITANEN, JA? ERSTES MAL ÜBERHAUPT!

VON KLEINES HUGHIE--

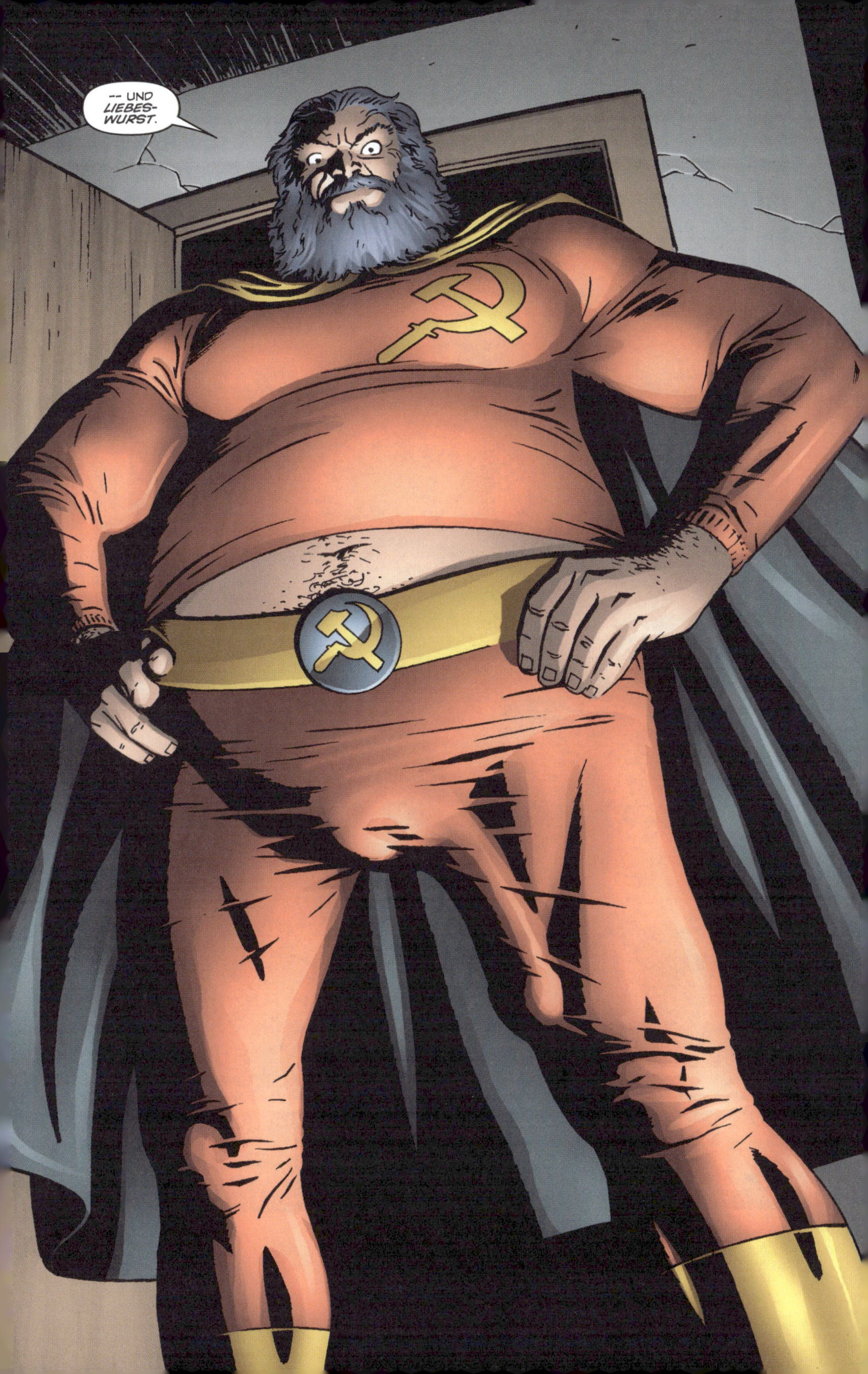
-- UND LIEBES-WURST.

DER GLORREICHE FÜNFJAHRESPLAN, ENDE

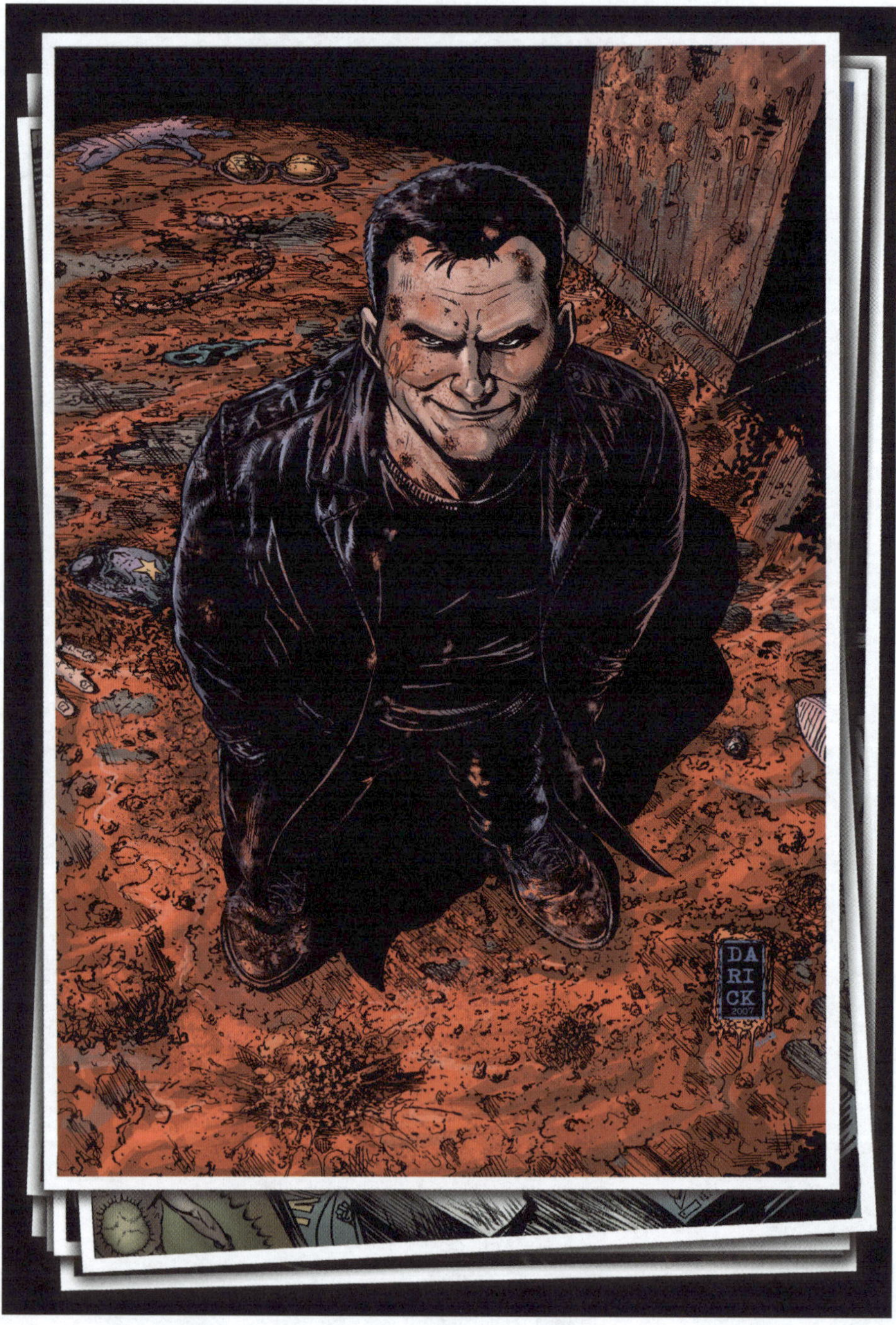

The Boys (2006) 14
Cover von **DARICK ROBERTSON**

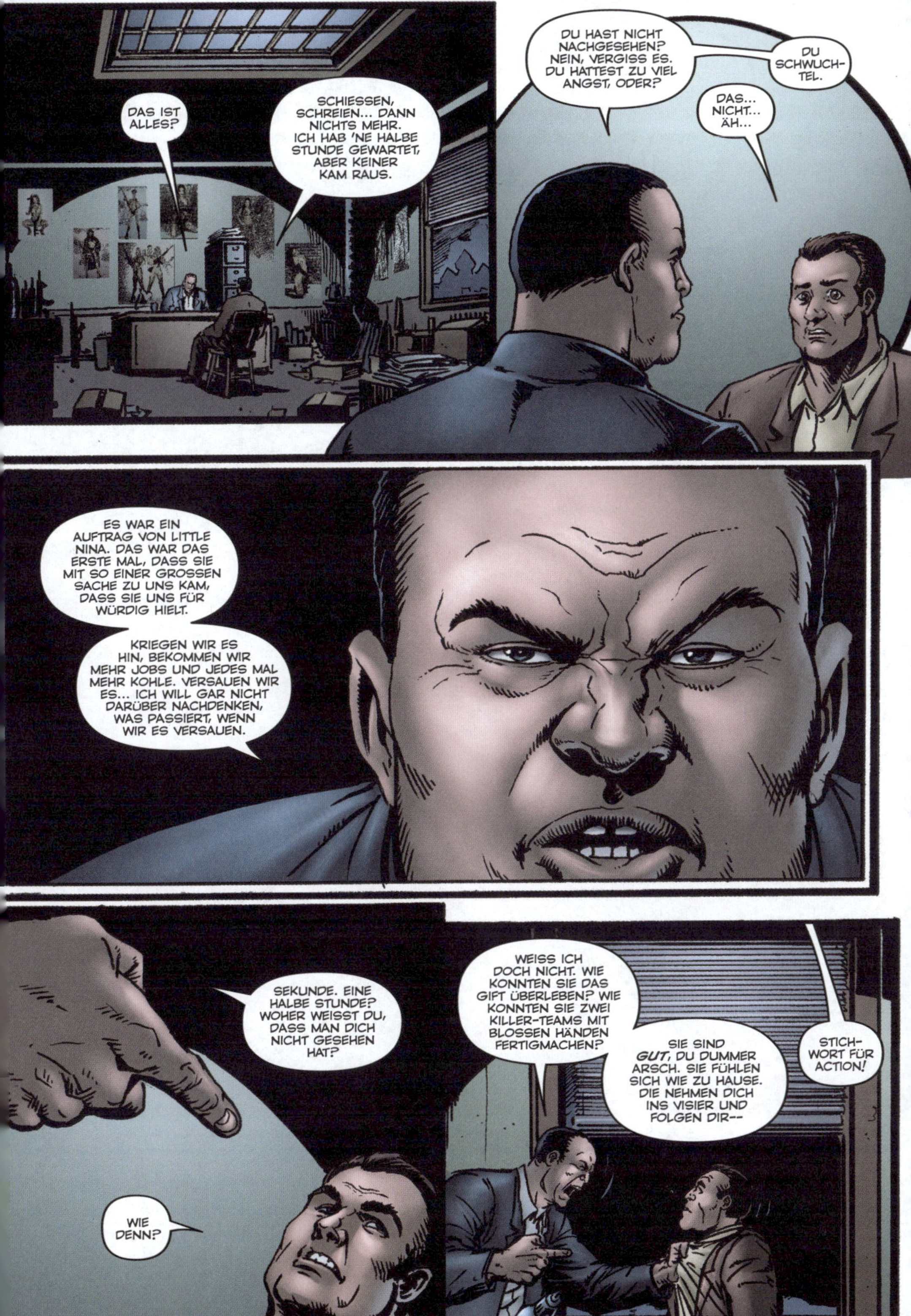
DAS IST ALLES?
SCHIESSEN, SCHREIEN... DANN NICHTS MEHR. ICH HAB 'NE HALBE STUNDE GEWARTET, ABER KEINER KAM RAUS.
DU HAST NICHT NACHGESEHEN? NEIN, VERGISS ES. DU HATTEST ZU VIEL ANGST, ODER?
DU SCHWUCHTEL.
DAS... NICHT... ÄH...
ES WAR EIN AUFTRAG VON LITTLE NINA. DAS WAR DAS ERSTE MAL, DASS SIE MIT SO EINER GROSSEN SACHE ZU UNS KAM, DASS SIE UNS FÜR WÜRDIG HIELT.
KRIEGEN WIR ES HIN, BEKOMMEN WIR MEHR JOBS UND JEDES MAL MEHR KOHLE. VERSAUEN WIR ES... ICH WILL GAR NICHT DARÜBER NACHDENKEN, WAS PASSIERT, WENN WIR ES VERSAUEN.
SEKUNDE. EINE HALBE STUNDE? WOHER WEISST DU, DASS MAN DICH NICHT GESEHEN HAT?
WIE DENN?
WEISS ICH DOCH NICHT. WIE KONNTEN SIE DAS GIFT ÜBERLEBEN? WIE KONNTEN SIE ZWEI KILLER-TEAMS MIT BLOSSEN HÄNDEN FERTIGMACHEN?
SIE SIND *GUT*, DU DUMMER ARSCH. SIE FÜHLEN SICH WIE ZU HAUSE. DIE NEHMEN DICH INS VISIER UND FOLGEN DIR--
STICHWORT FÜR ACTION!

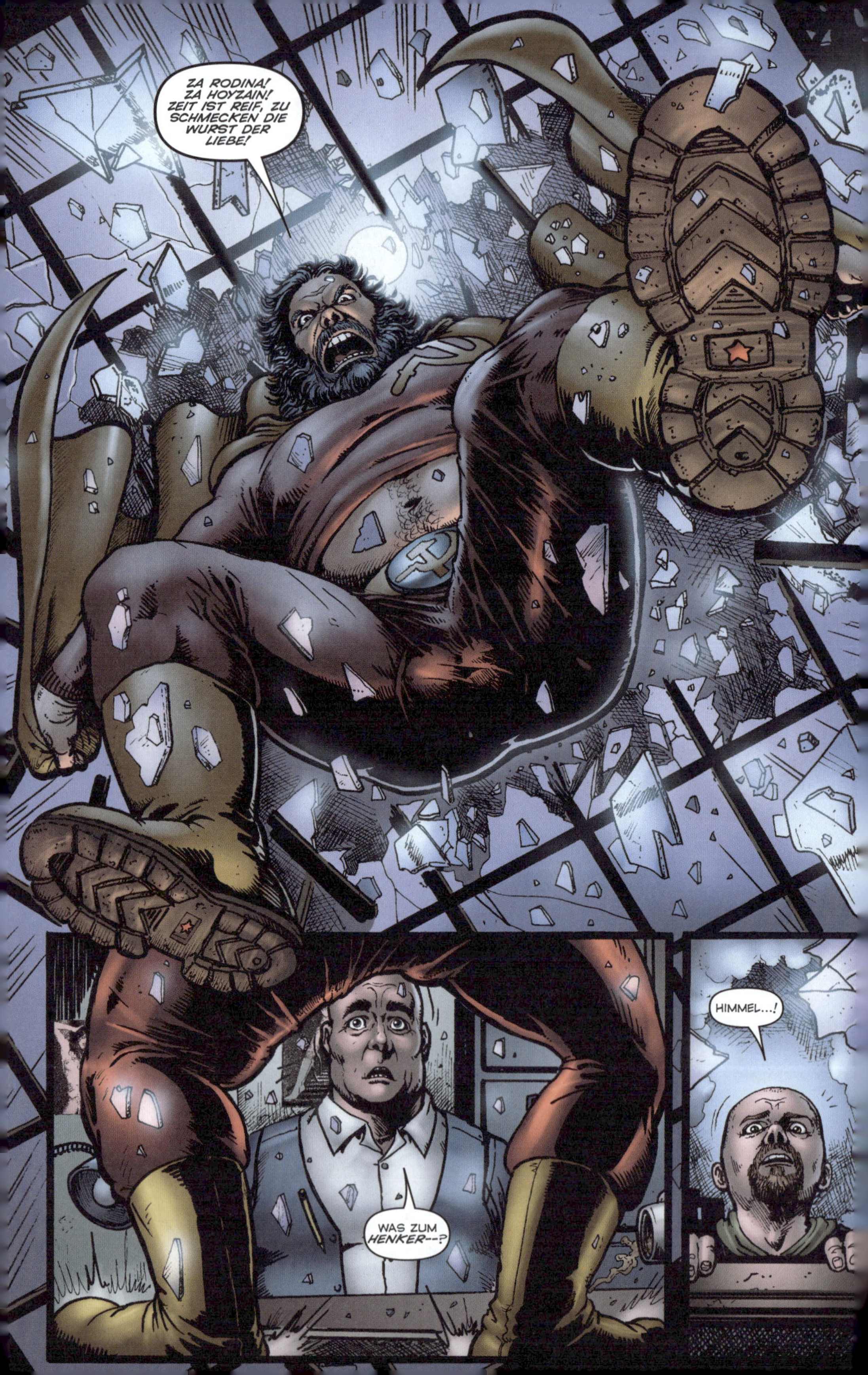
ZA RODINA! ZA HOYZAIN! ZEIT IST REIF, ZU SCHMECKEN DIE WURST DER LIEBE!
WAS ZUM *HENKER*--?
HIMMEL...!

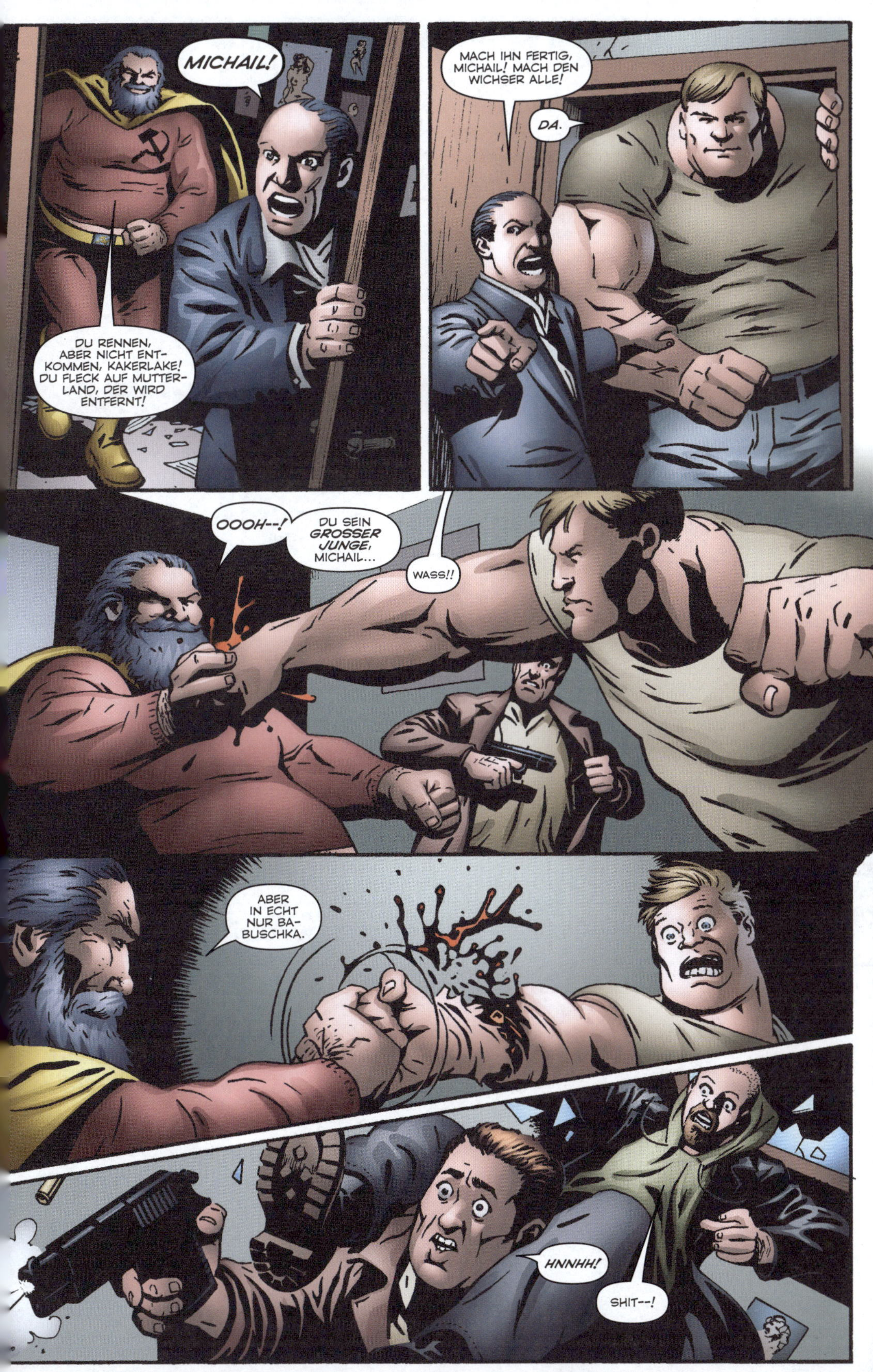
MICHAIL!
DU RENNEN, ABER NICHT ENT-KOMMEN, KAKERLAKE! DU FLECK AUF MUTTER-LAND, DER WIRD ENTFERNT!
MACH IHN FERTIG, MICHAIL! MACH DEN WICHSER ALLE!
DA.
OOOH--!
DU SEIN GROSSER JUNGE, MICHAIL...
WASS!!
ABER IN ECHT NUR BA-BUSCHKA.
HNNHH!
SHIT--!

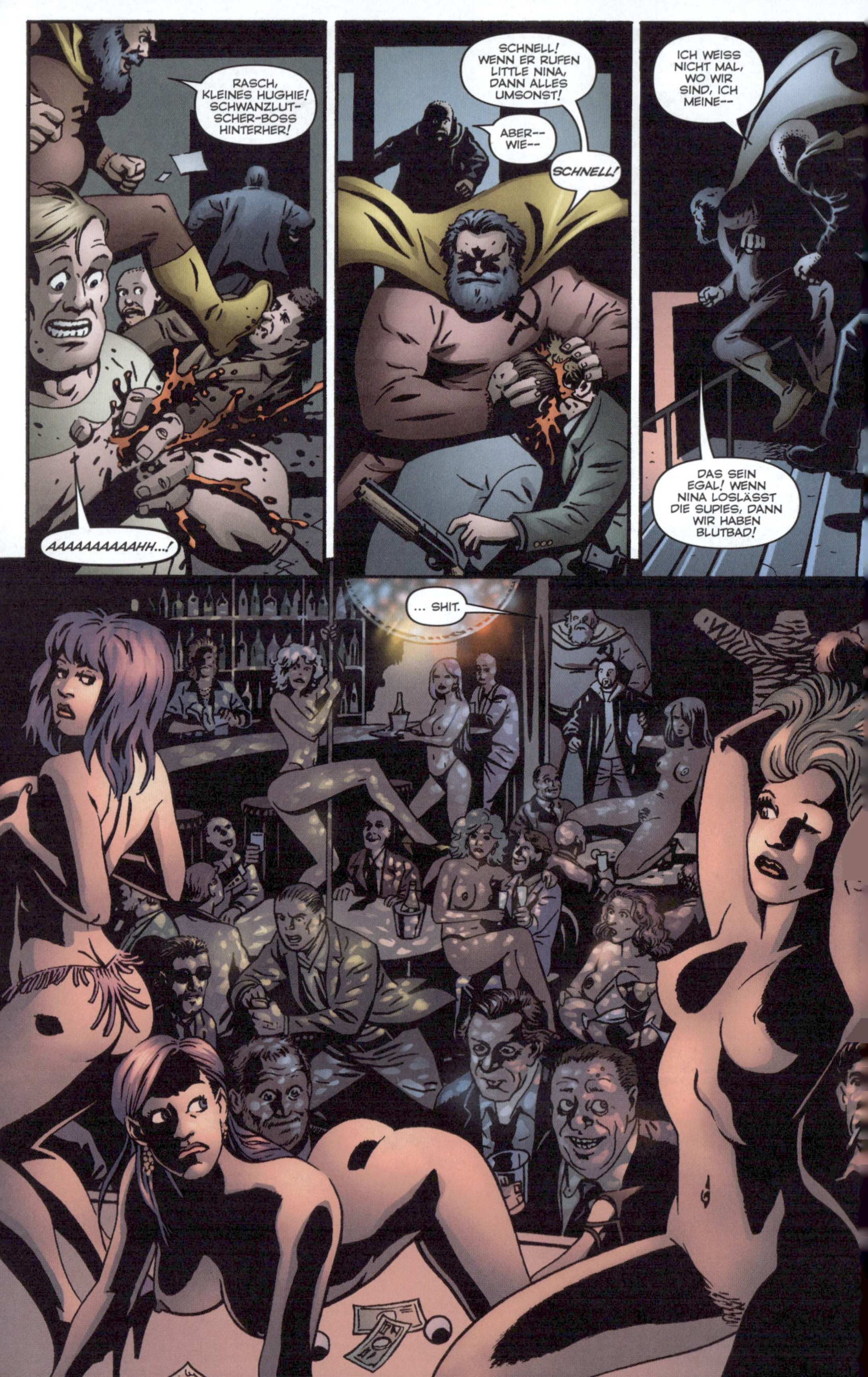
RASCH, KLEINES HUGHIE! SCHWANZLUT-SCHER-BOSS HINTERHER!
AAAAAAAAAAHH...!
SCHNELL! WENN ER RUFEN LITTLE NINA, DANN ALLES UMSONST!
ABER-- WIE--
SCHNELL!
ICH WEISS NICHT MAL, WO WIR SIND, ICH MEINE--
DAS SEIN EGAL! WENN NINA LOSLÄSST DIE SUPIES, DANN WIR HABEN BLUTBAD!
... SHIT.

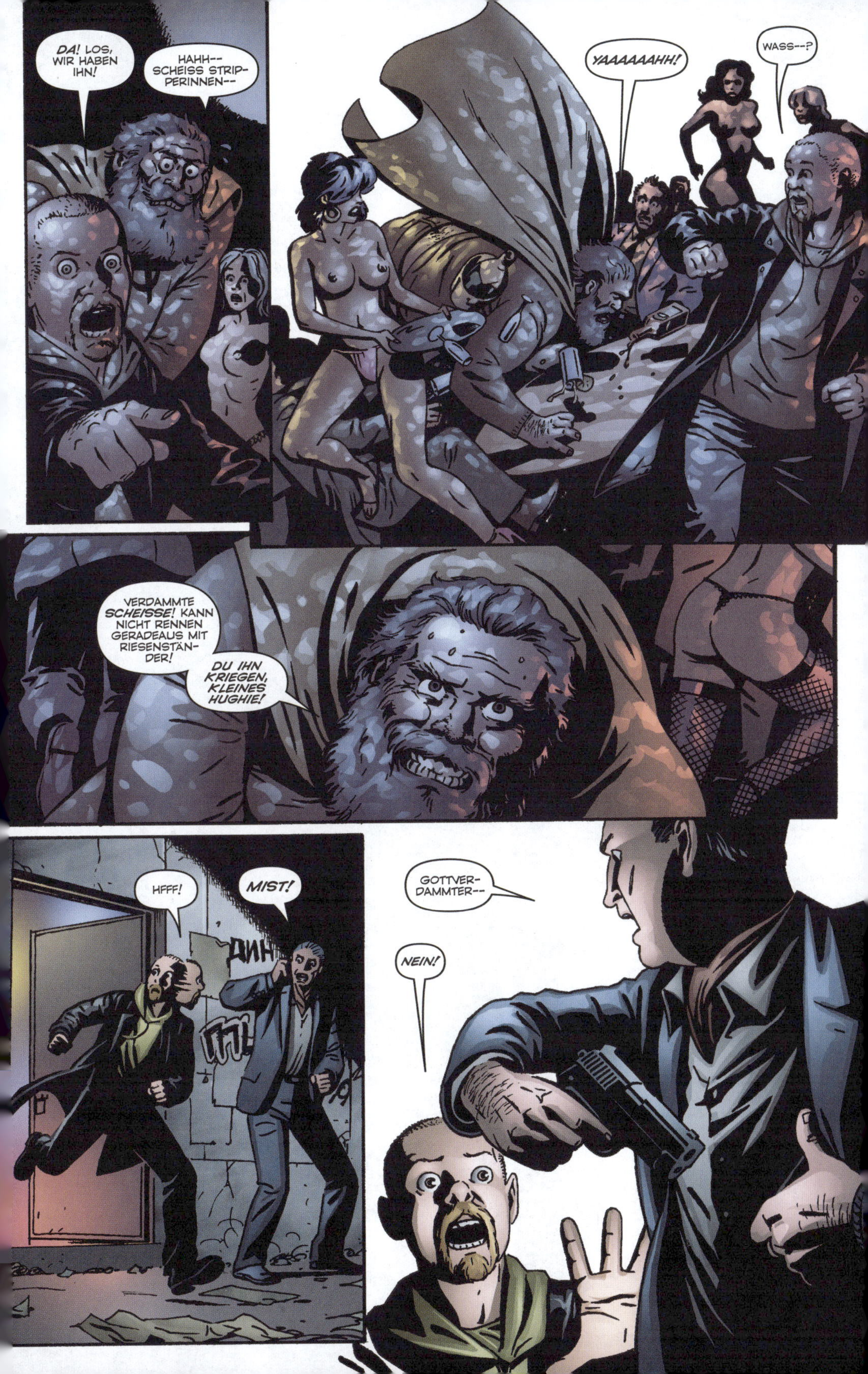
DA! LOS, WIR HABEN IHN!
HAHH-- SCHEISS STRIP-PERINNEN--
YAAAAAAHH!
WASS--?
VERDAMMTE SCHEISSE! KANN NICHT RENNEN GERADEAUS MIT RIESENSTÄN-DER!
DU IHN KRIEGEN, KLEINES HUGHIE!
HFFF!
MIST!
GOTTVER-DAMMTER--
NEIN!

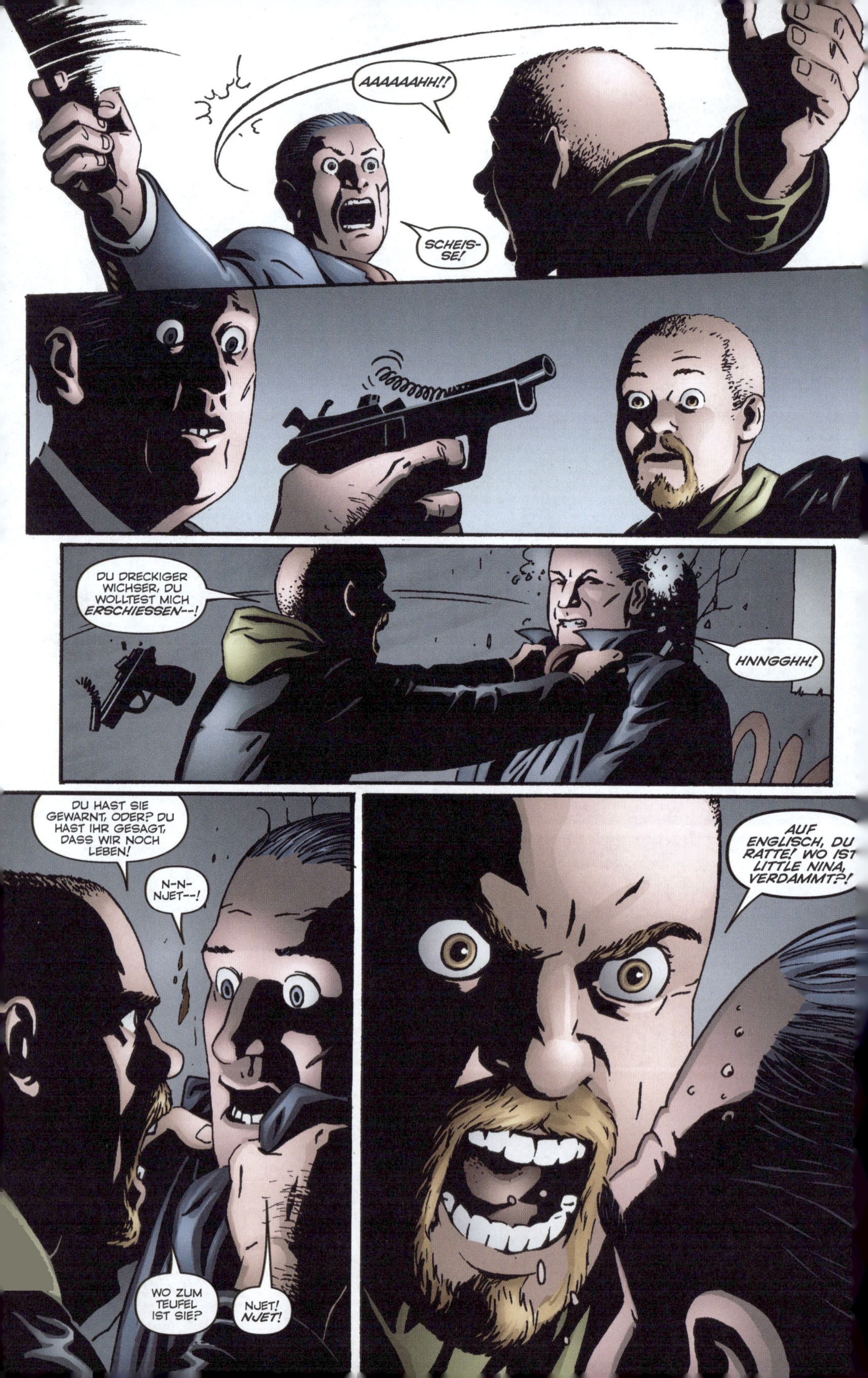

AAAAAAHH!!

SCHEIS-SE!

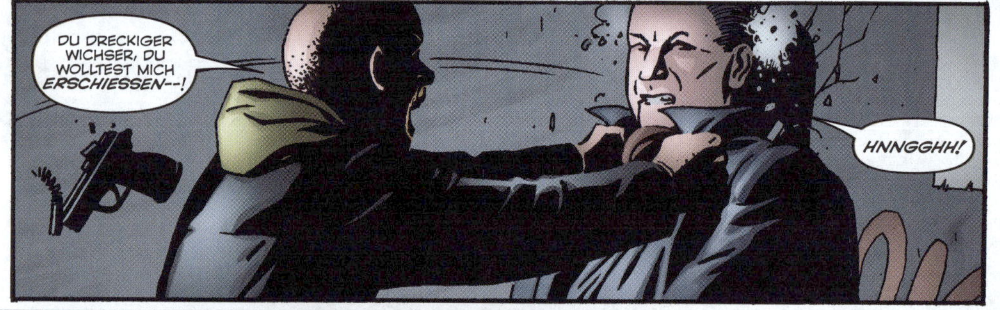

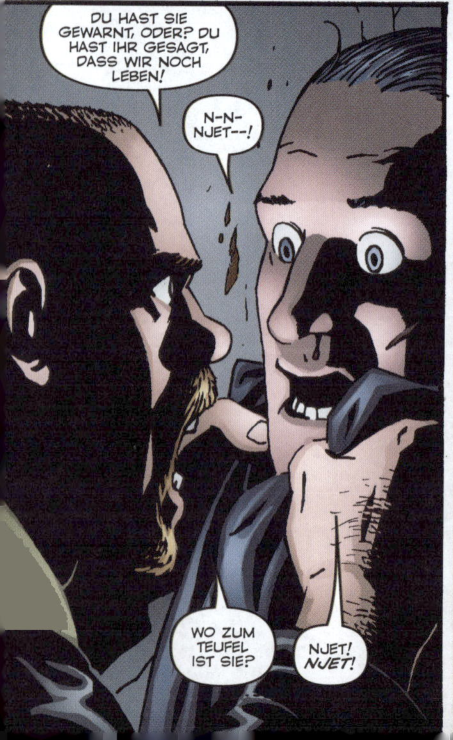

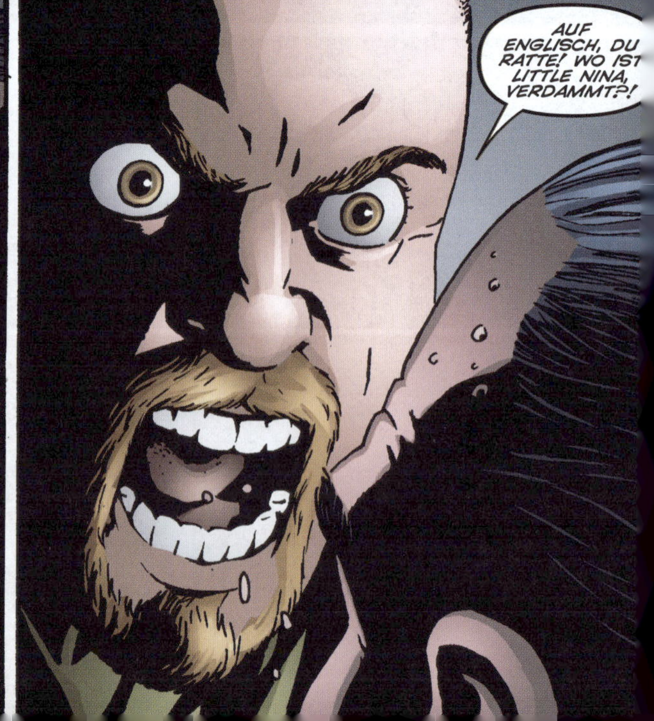

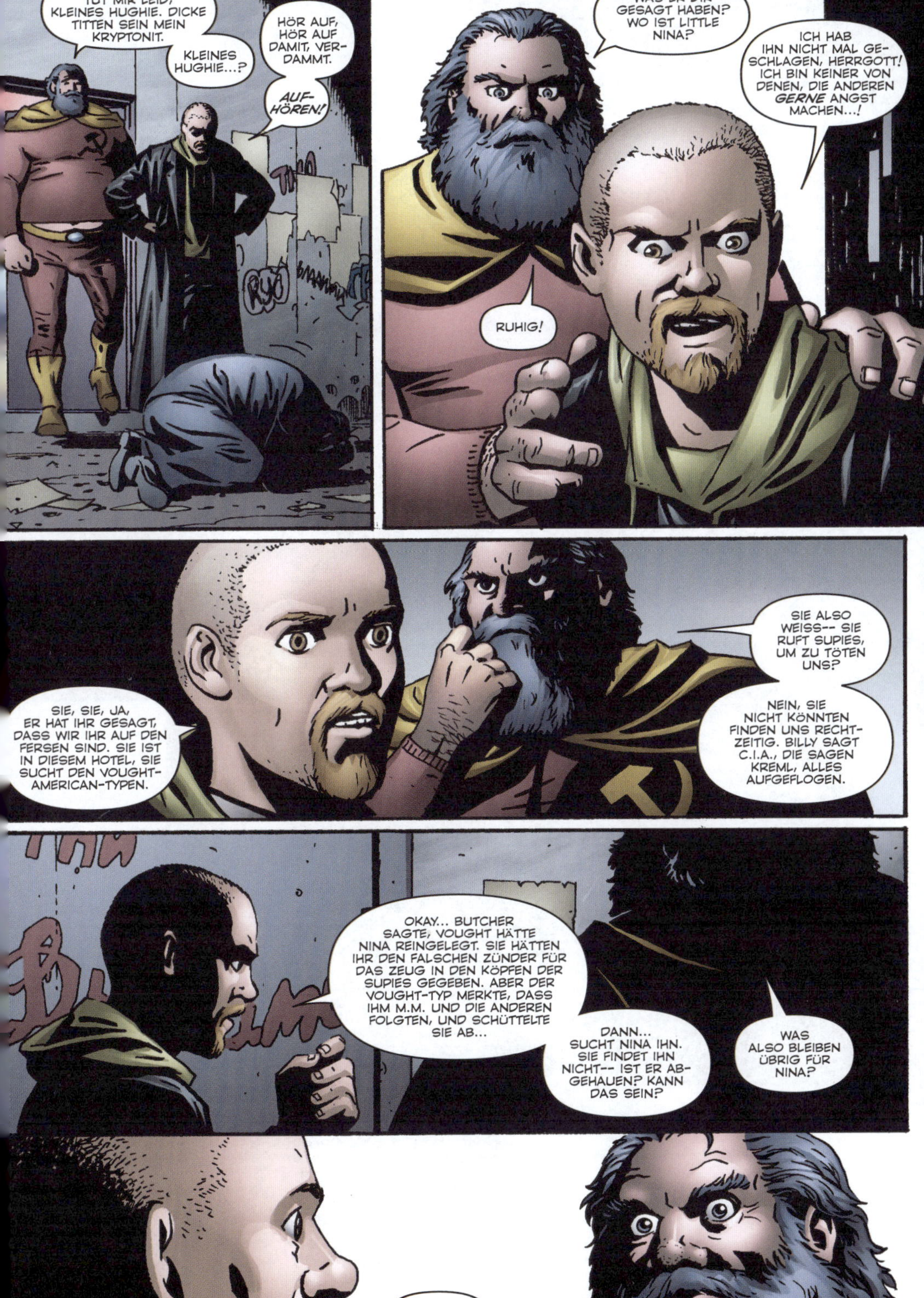

TUT MIR LEID, KLEINES HUGHIE. DICKE TITTEN SEIN MEIN KRYPTONIT.
KLEINES HUGHIE...?
HÖR AUF, HÖR AUF DAMIT, VERDAMMT.
AUFHÖREN!
WAS ER DIR GESAGT HABEN? WO IST LITTLE NINA?
ICH HAB IHN NICHT MAL GESCHLAGEN, HERRGOTT! ICH BIN KEINER VON DENEN, DIE ANDEREN GERNE ANGST MACHEN...!
RUHIG!
SIE, SIE, JA, ER HAT IHR GESAGT, DASS WIR IHR AUF DEN FERSEN SIND. SIE IST IN DIESEM HOTEL, SIE SUCHT DEN VOUGHT-AMERICAN-TYPEN.
SIE ALSO WEISS-- SIE RUFT SUPIES, UM ZU TÖTEN UNS?
NEIN, SIE NICHT KÖNNTEN FINDEN UNS RECHTZEITIG. BILLY SAGT C.I.A., DIE SAGEN KREML, ALLES AUFGEFLOGEN.
OKAY... BUTCHER SAGTE, VOUGHT HÄTTE NINA REINGELEGT. SIE HÄTTEN IHR DEN FALSCHEN ZÜNDER FÜR DAS ZEUG IN DEN KÖPFEN DER SUPIES GEGEBEN. ABER DER VOUGHT-TYP MERKTE, DASS IHM M.M. UND DIE ANDEREN FOLGTEN, UND SCHÜTTELTE SIE AB...
DANN... SUCHT NINA IHN. SIE FINDET IHN NICHT-- IST ER ABGEHAUEN? KANN DAS SEIN?
WAS ALSO BLEIBEN ÜBRIG FÜR NINA?
SIE MUSS FLIEHEN.
WASS, WIR MÜSSEN SOFORT ZUM FLUGHAFEN.

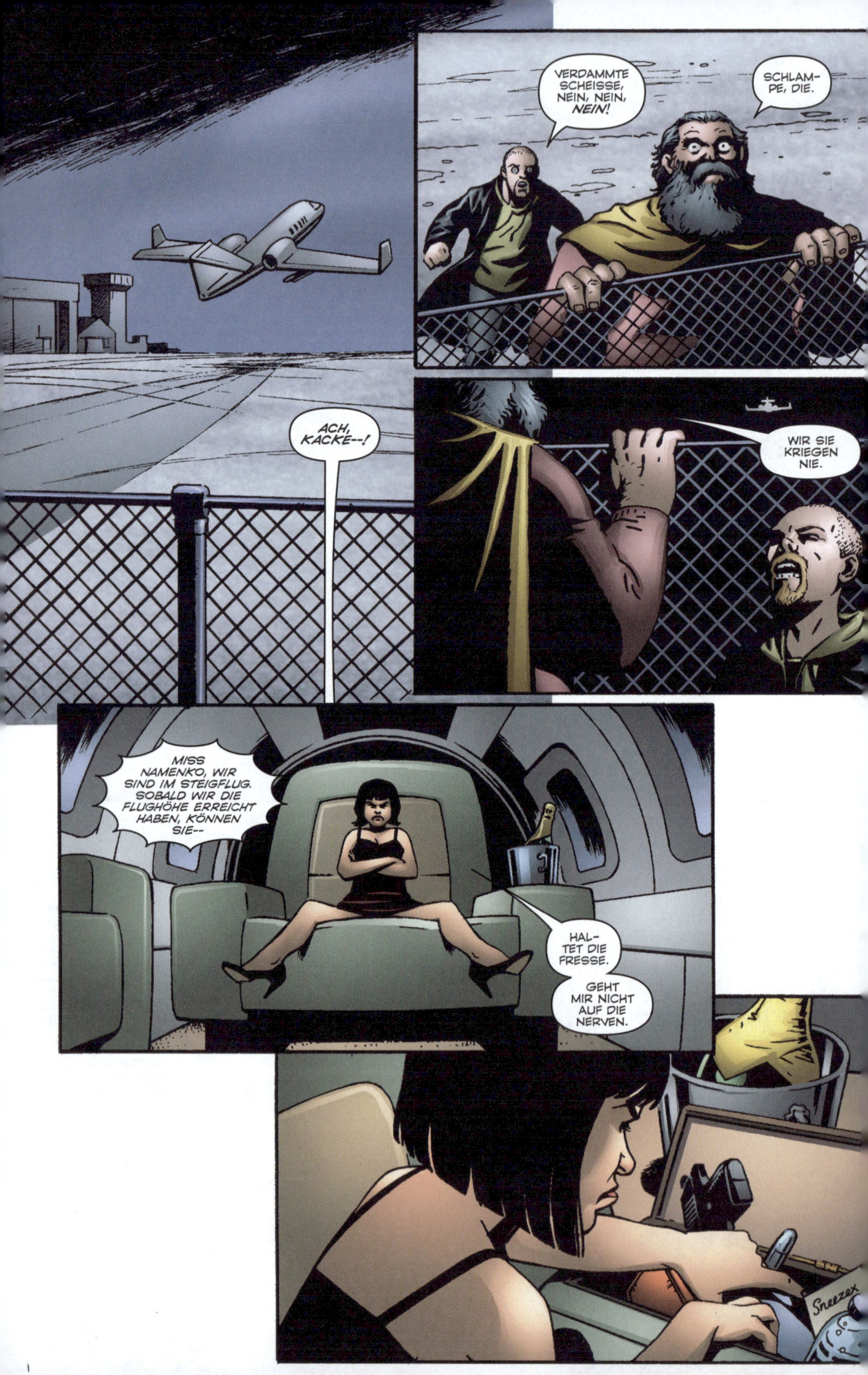
VERDAMMTE SCHEISSE, NEIN, NEIN, *NEIN*!
SCHLAM-PE, DIE.
ACH, KACKE--!
WIR SIE KRIEGEN NIE.
MISS NAMENKO, WIR SIND IM STEIGFLUG. SOBALD WIR DIE FLUGHÖHE ERREICHT HABEN, KÖNNEN SIE--
HAL-TET DIE FRESSE.
GEHT MIR NICHT AUF DIE NERVEN.
Sneezex

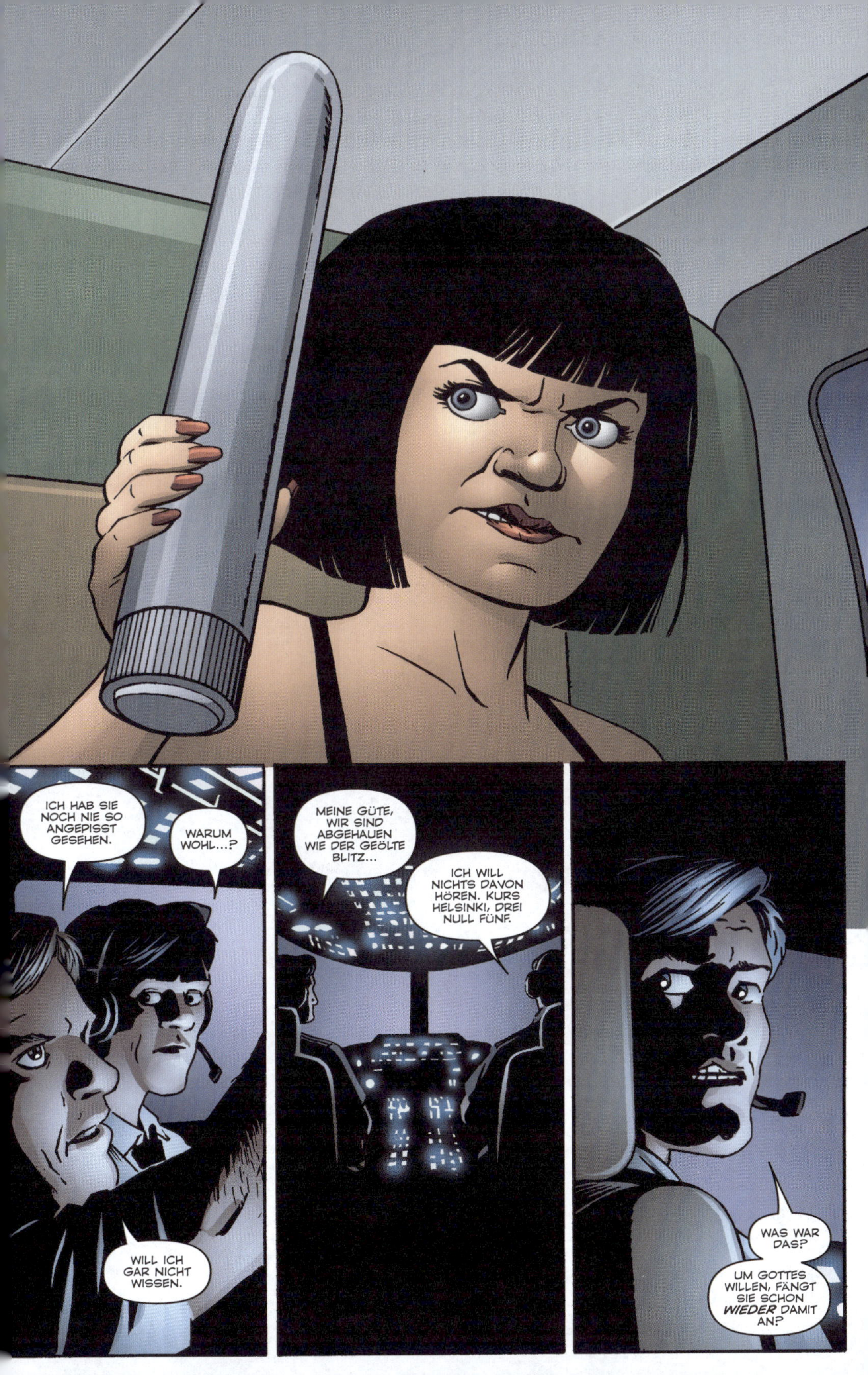
ICH HAB SIE NOCH NIE SO ANGEPISST GESEHEN.
WARUM WOHL...?
WILL ICH GAR NICHT WISSEN.
MEINE GÜTE, WIR SIND ABGEHAUEN WIE DER GEÖLTE BLITZ...
ICH WILL NICHTS DAVON HÖREN. KURS HELSINKI, DREI NULL FÜNF.
WAS WAR DAS?
UM GOTTES WILLEN, FÄNGT SIE SCHON *WIEDER* DAMIT AN?

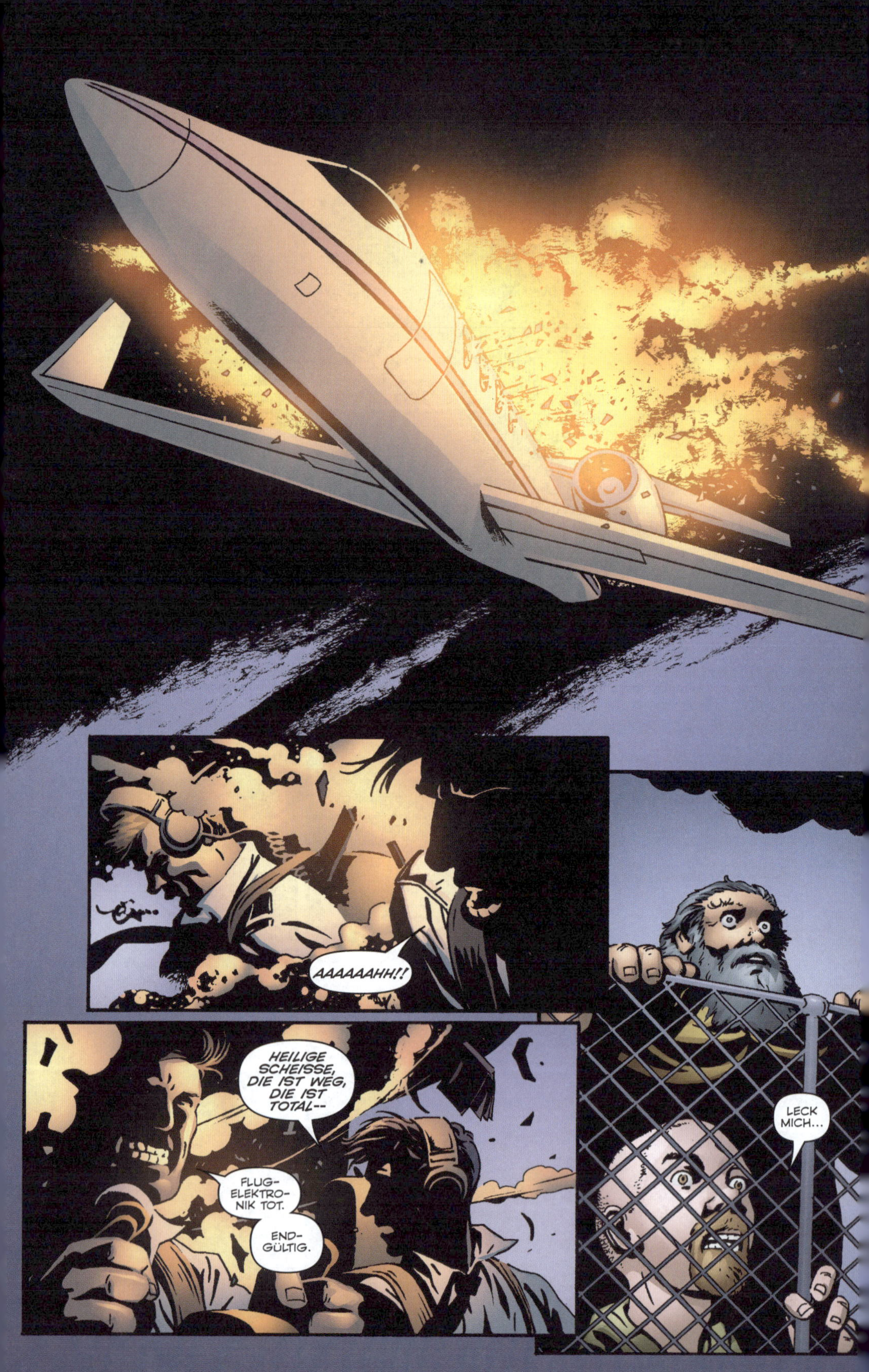
AAAAAAHH!!
HEILIGE SCHEISSE, DIE IST WEG, DIE IST TOTAL--
FLUG-ELEKTRO-NIK TOT.
END-GÜLTIG.
LECK MICH...

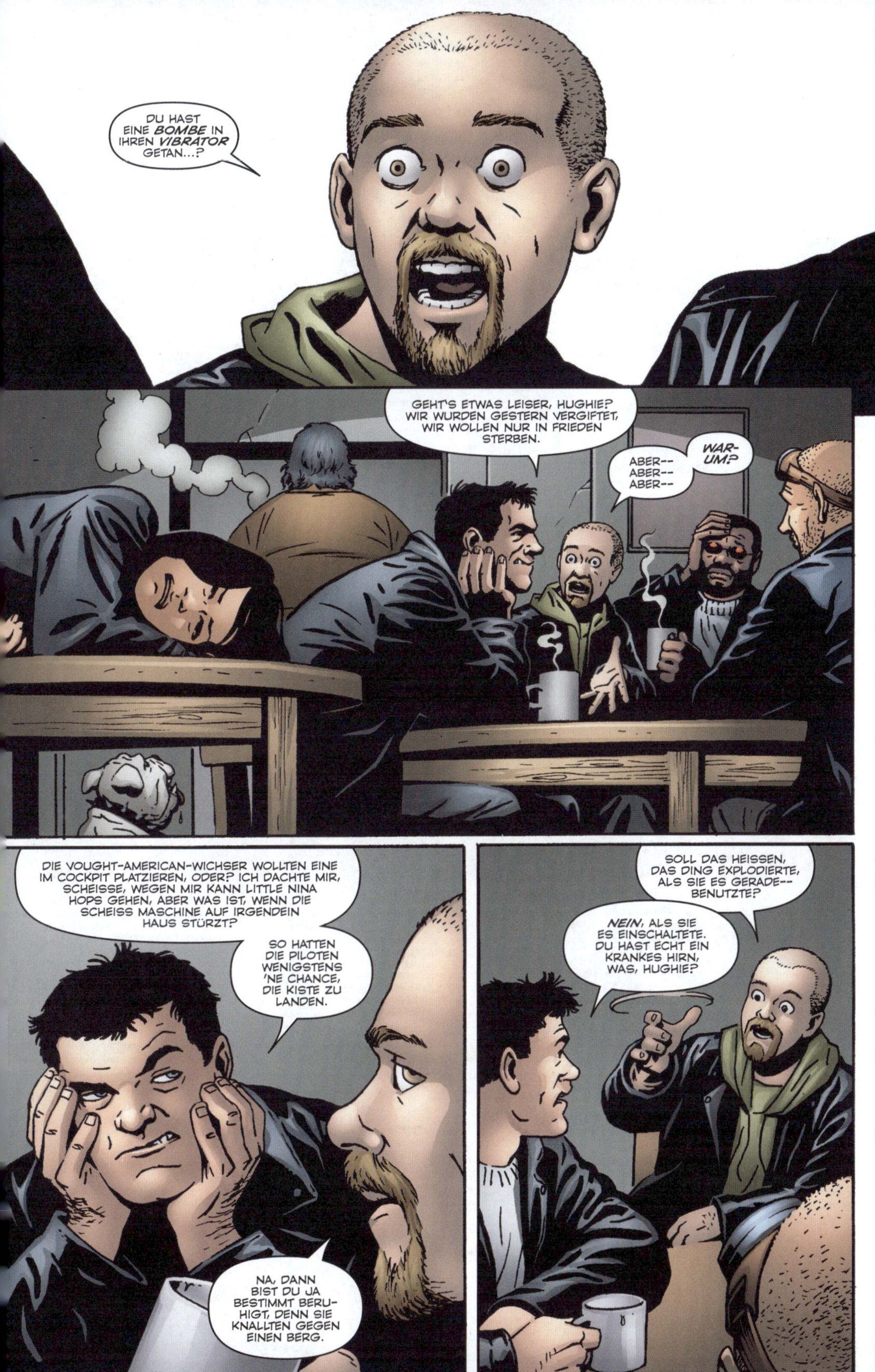

DU HAST EINE BOMBE IN IHREN VIBRATOR GETAN...?
GEHT'S ETWAS LEISER, HUGHIE? WIR WURDEN GESTERN VERGIFTET, WIR WOLLEN NUR IN FRIEDEN STERBEN.
ABER-- ABER-- ABER--
WAR-UM?
DIE VOUGHT-AMERICAN-WICHSER WOLLTEN EINE IM COCKPIT PLATZIEREN, ODER? ICH DACHTE MIR, SCHEISSE, WEGEN MIR KANN LITTLE NINA HOPS GEHEN, ABER WAS IST, WENN DIE SCHEISS MASCHINE AUF IRGENDEIN HAUS STÜRZT?
SO HATTEN DIE PILOTEN WENIGSTENS 'NE CHANCE, DIE KISTE ZU LANDEN.
NA, DANN BIST DU JA BESTIMMT BERU-HIGT, DENN SIE KNALLTEN GEGEN EINEN BERG.
SOLL DAS HEISSEN, DAS DING EXPLODIERTE, ALS SIE ES GERADE--BENUTZTE?
NEIN, ALS SIE ES EINSCHALTETE. DU HAST ECHT EIN KRANKES HIRN, WAS, HUGHIE?

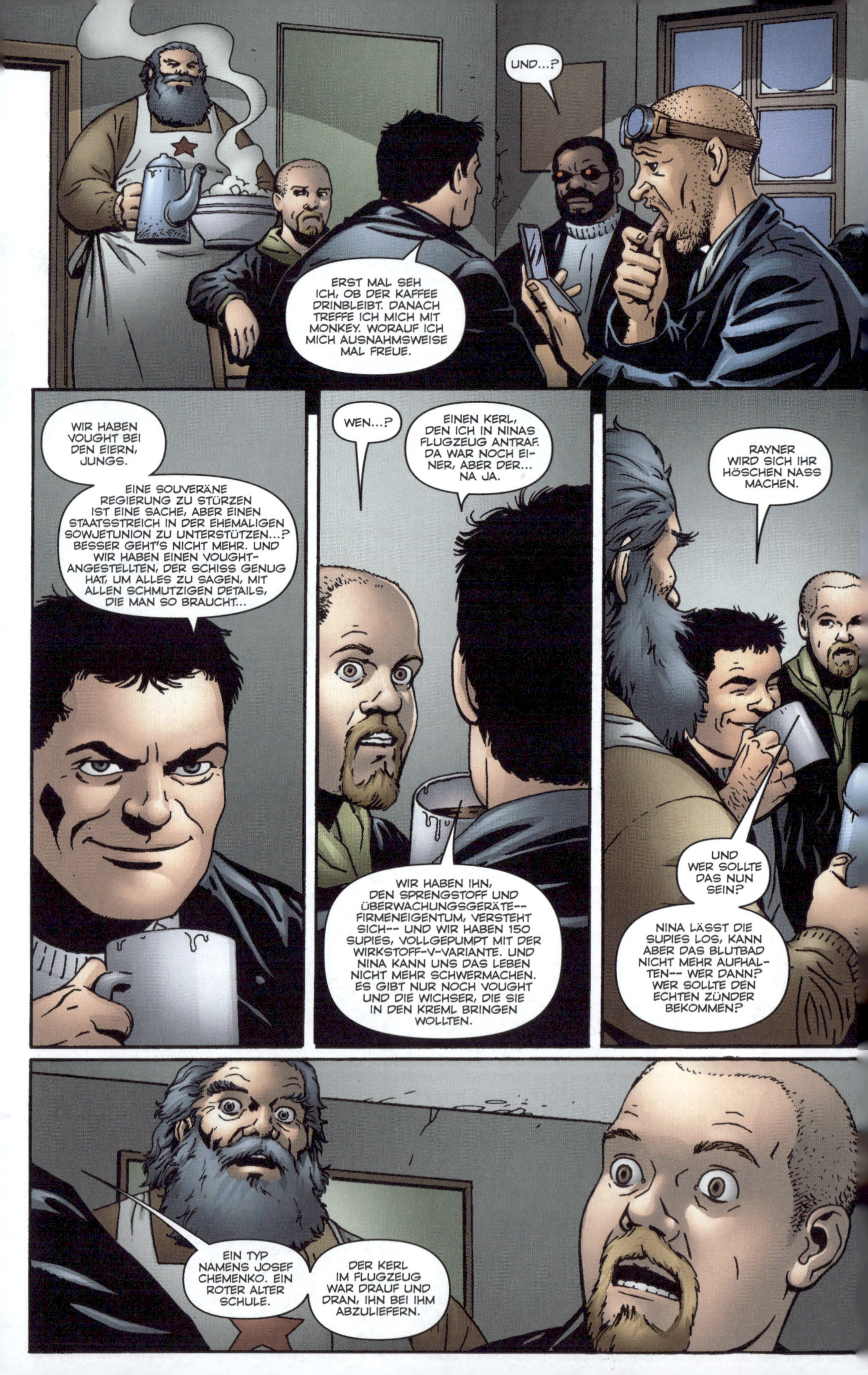

UND...?
ERST MAL SEH ICH, OB DER KAFFEE DRINBLEIBT. DANACH TREFFE ICH MICH MIT MONKEY. WORAUF ICH MICH AUSNAHMSWEISE MAL FREUE.
WIR HABEN VOUGHT BEI DEN EIERN, JUNGS.
EINE SOUVERÄNE REGIERUNG ZU STÜRZEN IST EINE SACHE, ABER EINEN STAATSSTREICH IN DER EHEMALIGEN SOWJETUNION ZU UNTERSTÜTZEN...? BESSER GEHT'S NICHT MEHR. UND WIR HABEN EINEN VOUGHT-ANGESTELLTEN, DER SCHISS GENUG HAT, UM ALLES ZU SAGEN, MIT ALLEN SCHMUTZIGEN DETAILS, DIE MAN SO BRAUCHT...
WEN...?
EINEN KERL, DEN ICH IN NINAS FLUGZEUG ANTRAF. DA WAR NOCH EINER, ABER DER... NA JA.
WIR HABEN IHN, DEN SPRENGSTOFF UND ÜBERWACHUNGSGERÄTE-- FIRMENEIGENTUM, VERSTEHT SICH-- UND WIR HABEN 150 SUPIES, VOLLGEPUMPT MIT DER WIRKSTOFF-V-VARIANTE. UND NINA KANN UNS DAS LEBEN NICHT MEHR SCHWERMACHEN. ES GIBT NUR NOCH VOUGHT UND DIE WICHSER, DIE SIE IN DEN KREML BRINGEN WOLLTEN.
RAYNER WIRD SICH IHR HÖSCHEN NASS MACHEN.
UND WER SOLLTE DAS NUN SEIN?
NINA LÄSST DIE SUPIES LOS, KANN ABER DAS BLUTBAD NICHT MEHR AUFHALTEN-- WER DANN? WER SOLLTE DEN ECHTEN ZÜNDER BEKOMMEN?

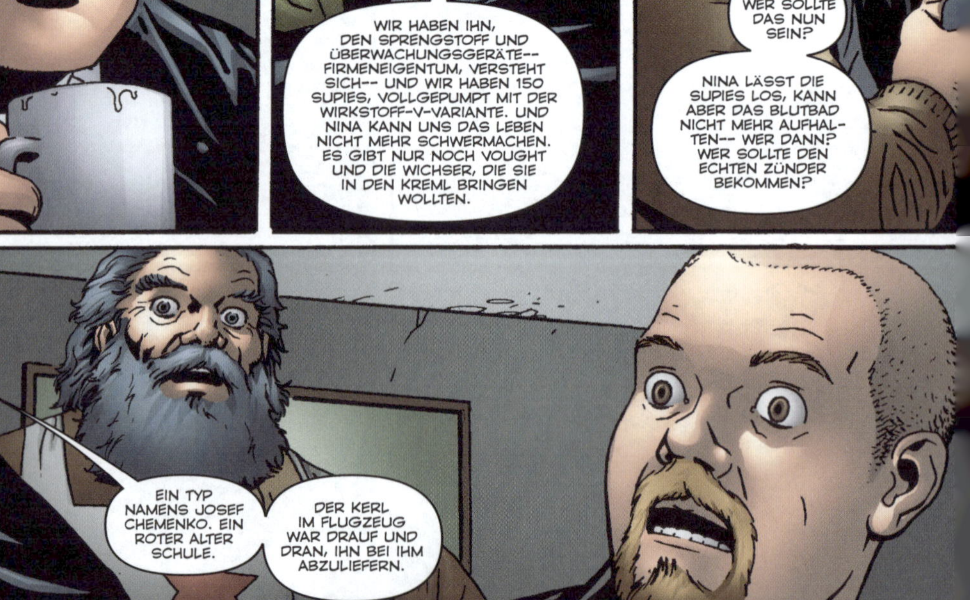

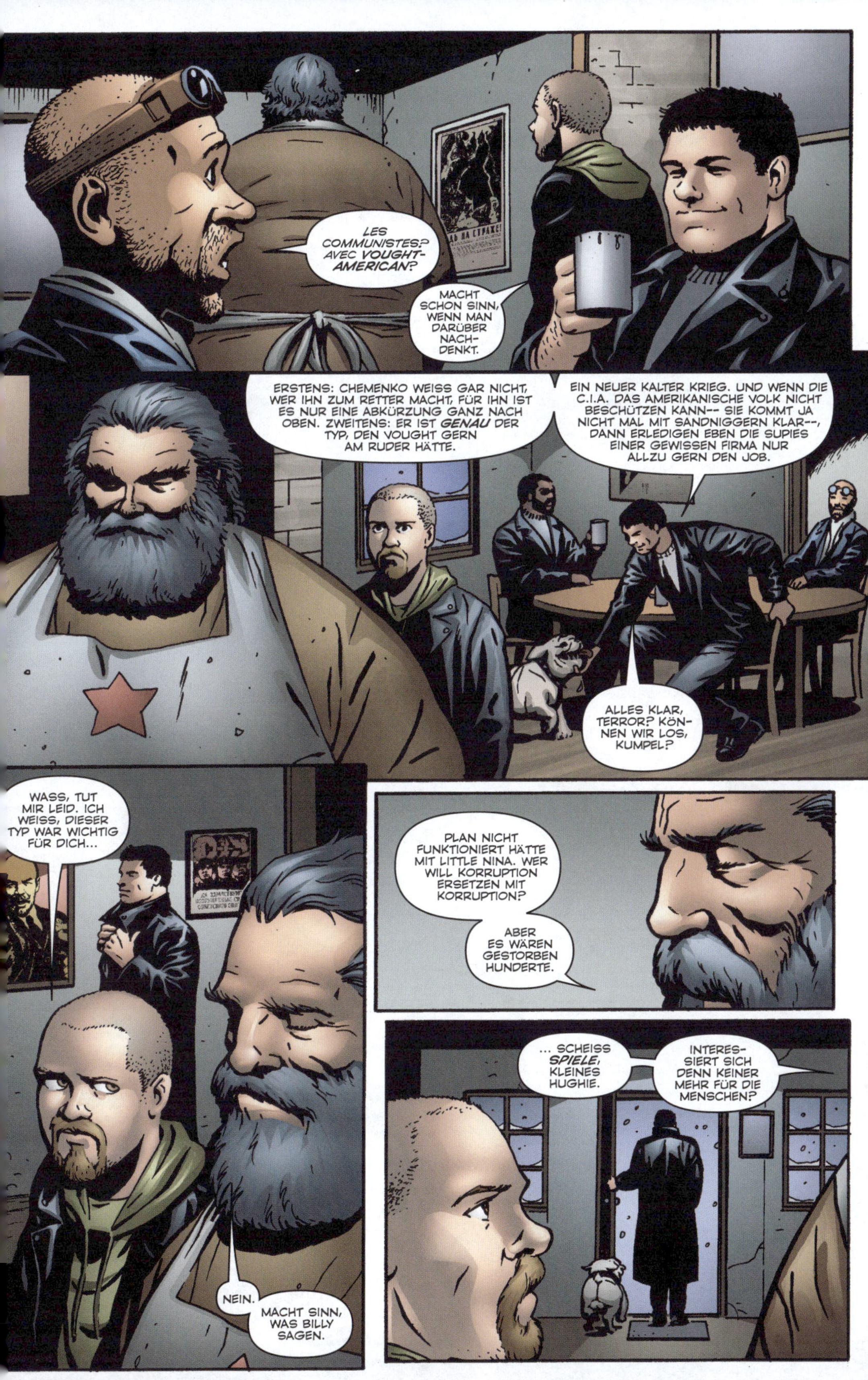
LES COMMUNISTES? AVEC VOUGHT-AMERICAN?
MACHT SCHON SINN, WENN MAN DARÜBER NACHDENKT.
ERSTENS: CHEMENKO WEISS GAR NICHT, WER IHN ZUM RETTER MACHT, FÜR IHN IST ES NUR EINE ABKÜRZUNG GANZ NACH OBEN. ZWEITENS: ER IST GENAU DER TYP, DEN VOUGHT GERN AM RUDER HÄTTE.
EIN NEUER KALTER KRIEG. UND WENN DIE C.I.A. DAS AMERIKANISCHE VOLK NICHT BESCHÜTZEN KANN-- SIE KOMMT JA NICHT MAL MIT SANDNIGGERN KLAR--, DANN ERLEDIGEN EBEN DIE SUPIES EINER GEWISSEN FIRMA NUR ALLZU GERN DEN JOB.
ALLES KLAR, TERROR? KÖNNEN WIR LOS, KUMPEL?
WASS, TUT MIR LEID. ICH WEISS, DIESER TYP WAR WICHTIG FÜR DICH...
NEIN.
MACHT SINN, WAS BILLY SAGEN.
PLAN NICHT FUNKTIONIERT HÄTTE MIT LITTLE NINA. WER WILL KORRUPTION ERSETZEN MIT KORRUPTION?
ABER ES WÄREN GESTORBEN HUNDERTE.
... SCHEISS SPIELE, KLEINES HUGHIE.
INTERESSIERT SICH DENN KEINER MEHR FÜR DIE MENSCHEN?

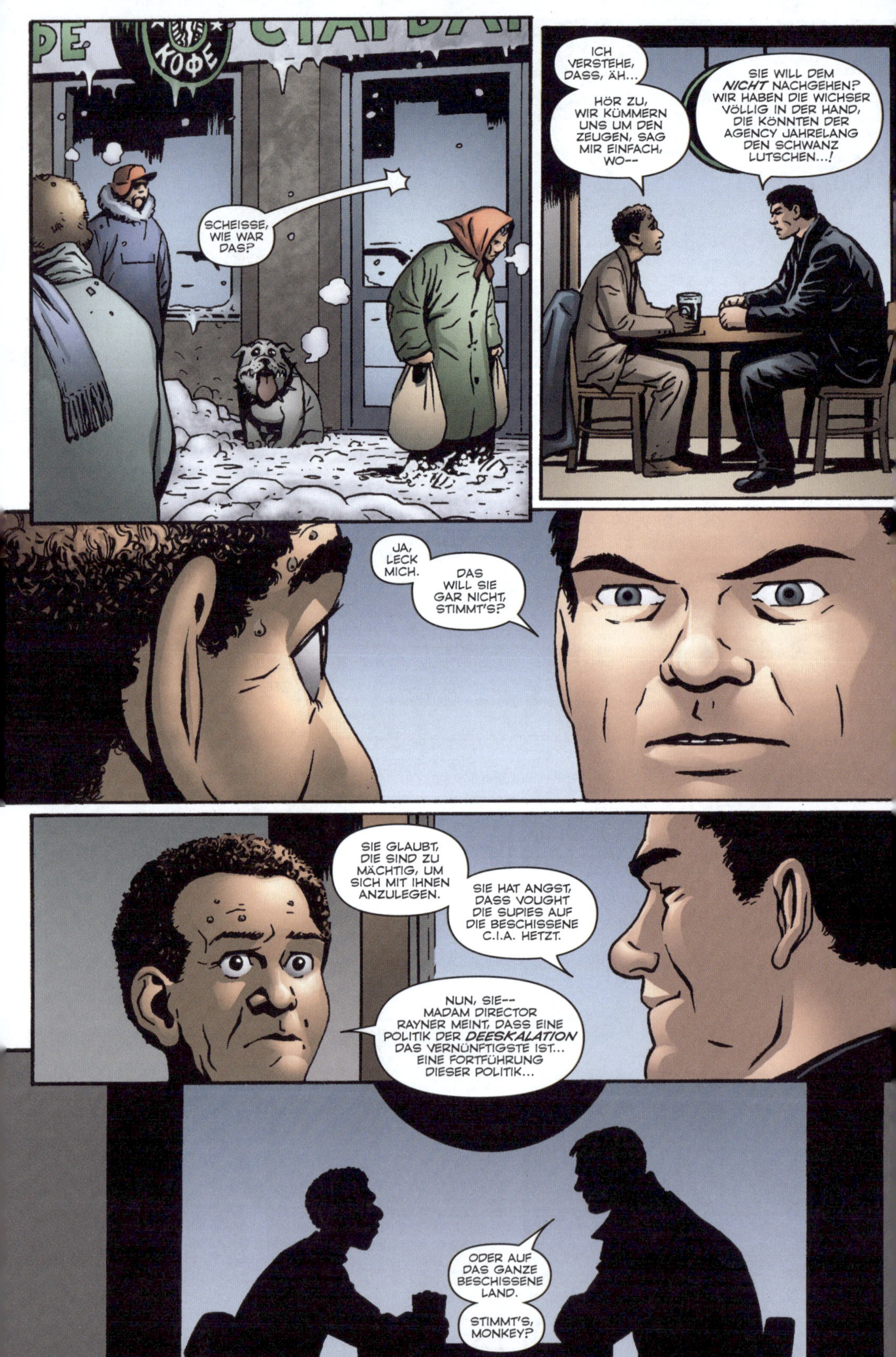

КОФЕ
SCHEISSE, WIE WAR DAS?
ICH VERSTEHE, DASS, ÄH...
HÖR ZU, WIR KÜMMERN UNS UM DEN ZEUGEN, SAG MIR EINFACH, WO--
SIE WILL DEM *NICHT* NACHGEHEN? WIR HABEN DIE WICHSER VÖLLIG IN DER HAND, DIE KÖNNTEN DER AGENCY JAHRELANG DEN SCHWANZ LUTSCHEN...!
JA, LECK MICH.
DAS WILL SIE GAR NICHT, STIMMT'S?
SIE GLAUBT, DIE SIND ZU MÄCHTIG, UM SICH MIT IHNEN ANZULEGEN.
SIE HAT ANGST, DASS VOUGHT DIE SUPIES AUF DIE BESCHISSENE C.I.A. HETZT.
NUN, SIE-- MADAM DIRECTOR RAYNER MEINT, DASS EINE POLITIK DER *DEESKALATION* DAS VERNÜNFTIGSTE IST... EINE FORTFÜHRUNG DIESER POLITIK...
ODER AUF DAS GANZE BESCHISSENE LAND.
STIMMT'S, MONKEY?

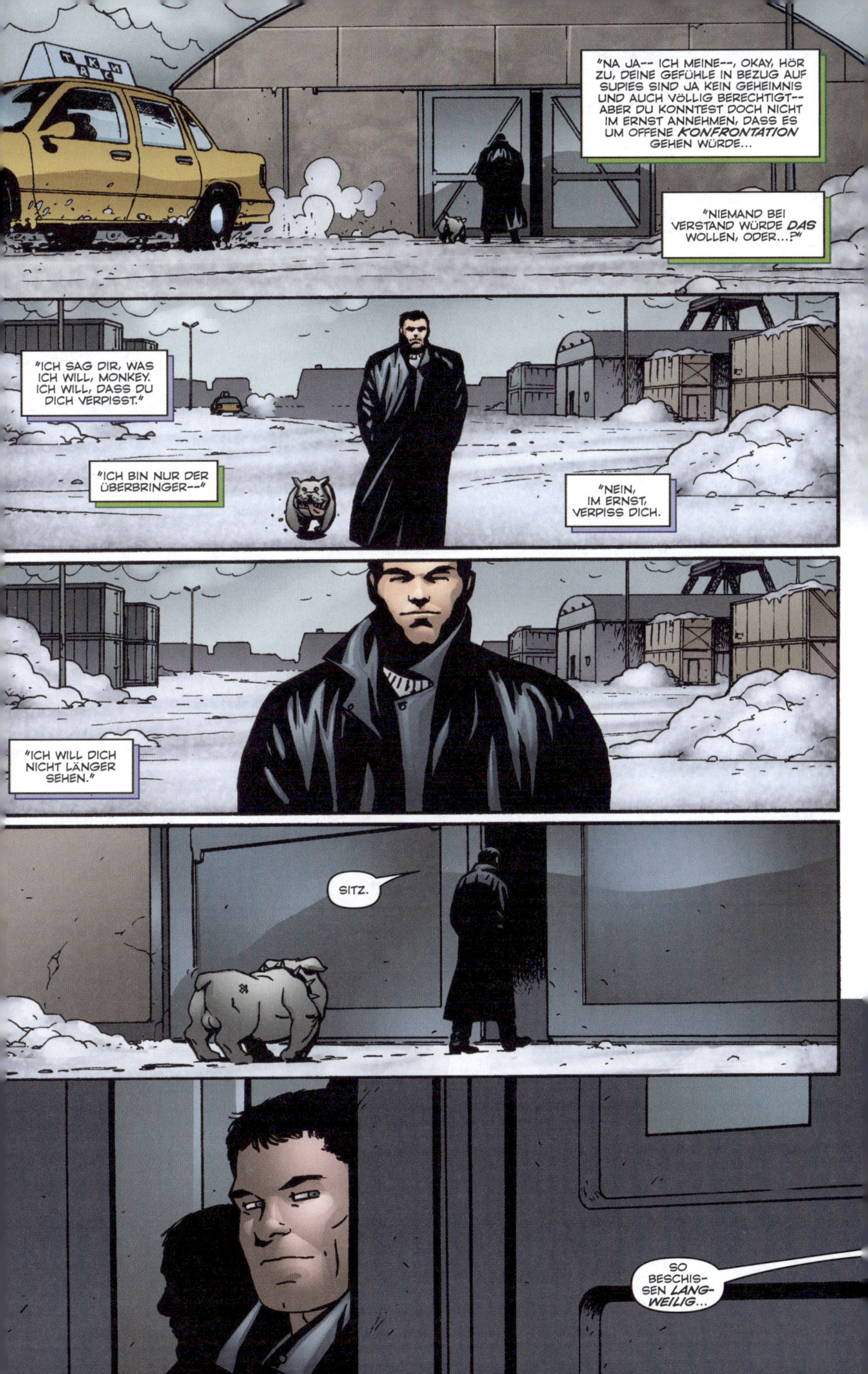
"NA JA-- ICH MEINE--, OKAY, HÖR ZU, DEINE GEFÜHLE IN BEZUG AUF SUPIES SIND JA KEIN GEHEIMNIS UND AUCH VÖLLIG BERECHTIGT-- ABER DU KONNTEST DOCH NICHT IM ERNST ANNEHMEN, DASS ES UM OFFENE KONFRONTATION GEHEN WÜRDE...
"NIEMAND BEI VERSTAND WÜRDE DAS WOLLEN, ODER...?"
"ICH SAG DIR, WAS ICH WILL, MONKEY. ICH WILL, DASS DU DICH VERPISST."
"ICH BIN NUR DER ÜBERBRINGER--"
"NEIN, IM ERNST, VERPISS DICH.
"ICH WILL DICH NICHT LÄNGER SEHEN."
SITZ.
SO BESCHIS-SEN LANG-WEILIG...

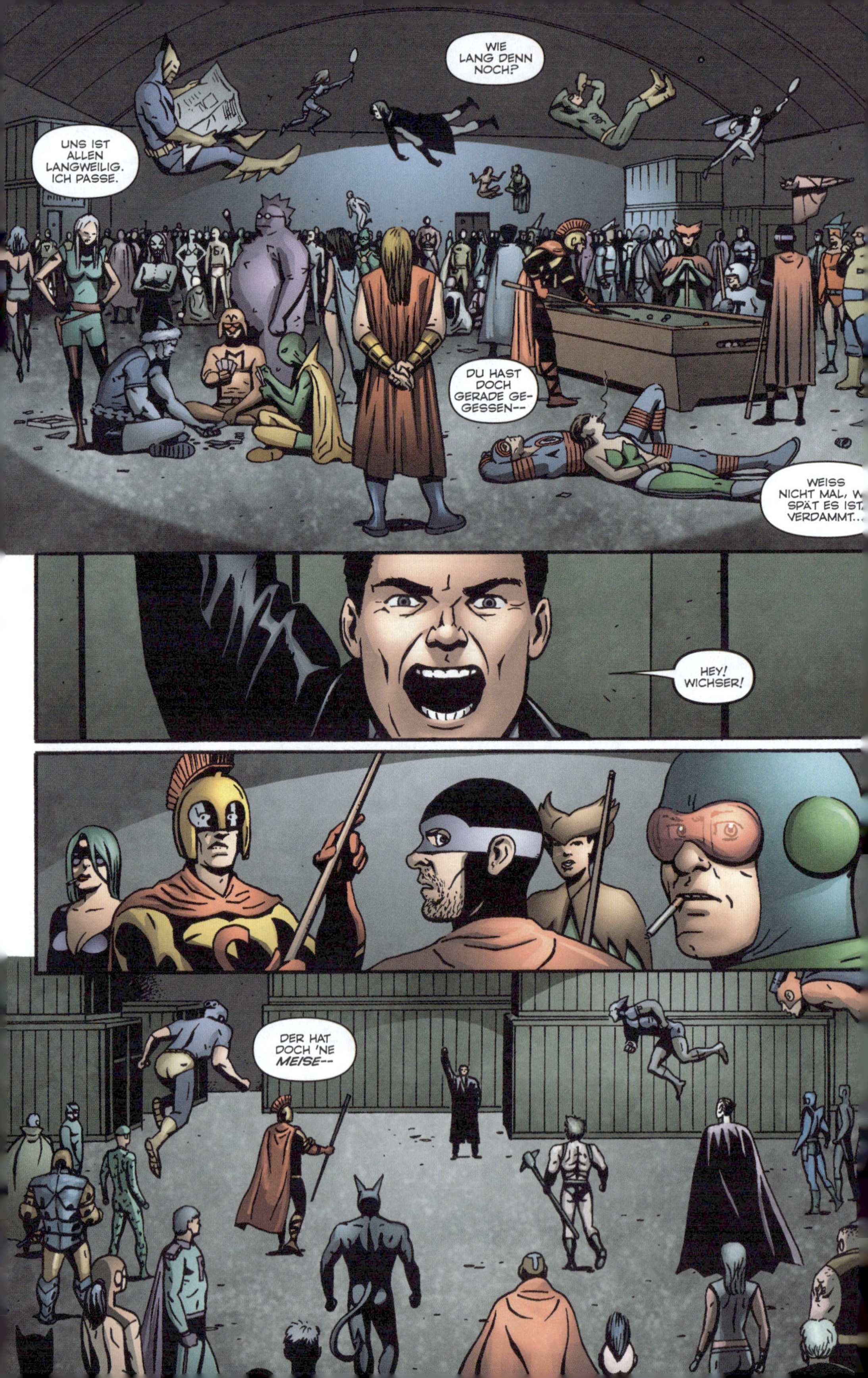
WIE LANG DENN NOCH?
UNS IST ALLEN LANGWEILIG. ICH PASSE.
DU HAST DOCH GERADE GE-GESSEN--
WEISS NICHT MAL, W SPÄT ES IST. VERDAMMT...
HEY! WICHSER!
DER HAT DOCH 'NE MEISE--

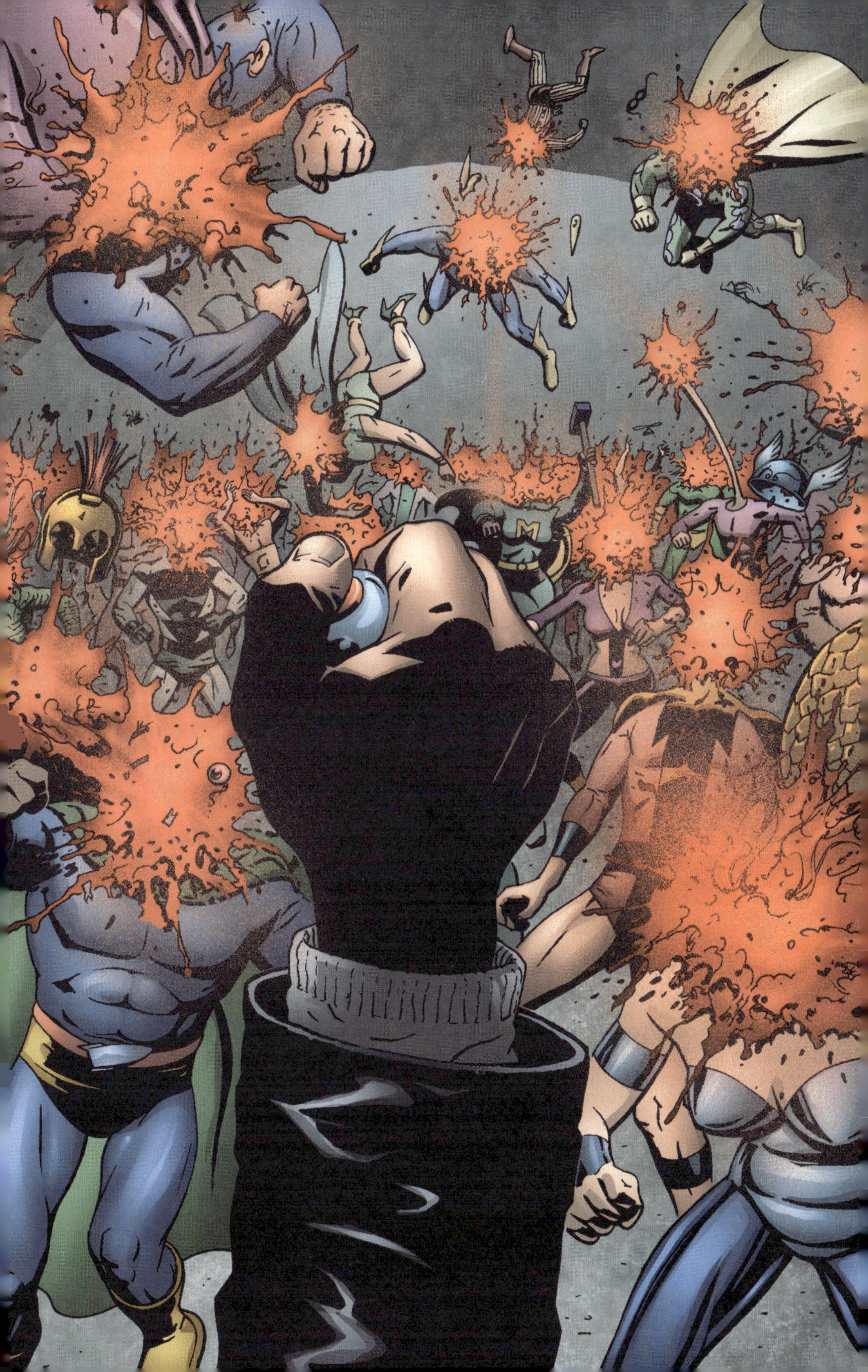

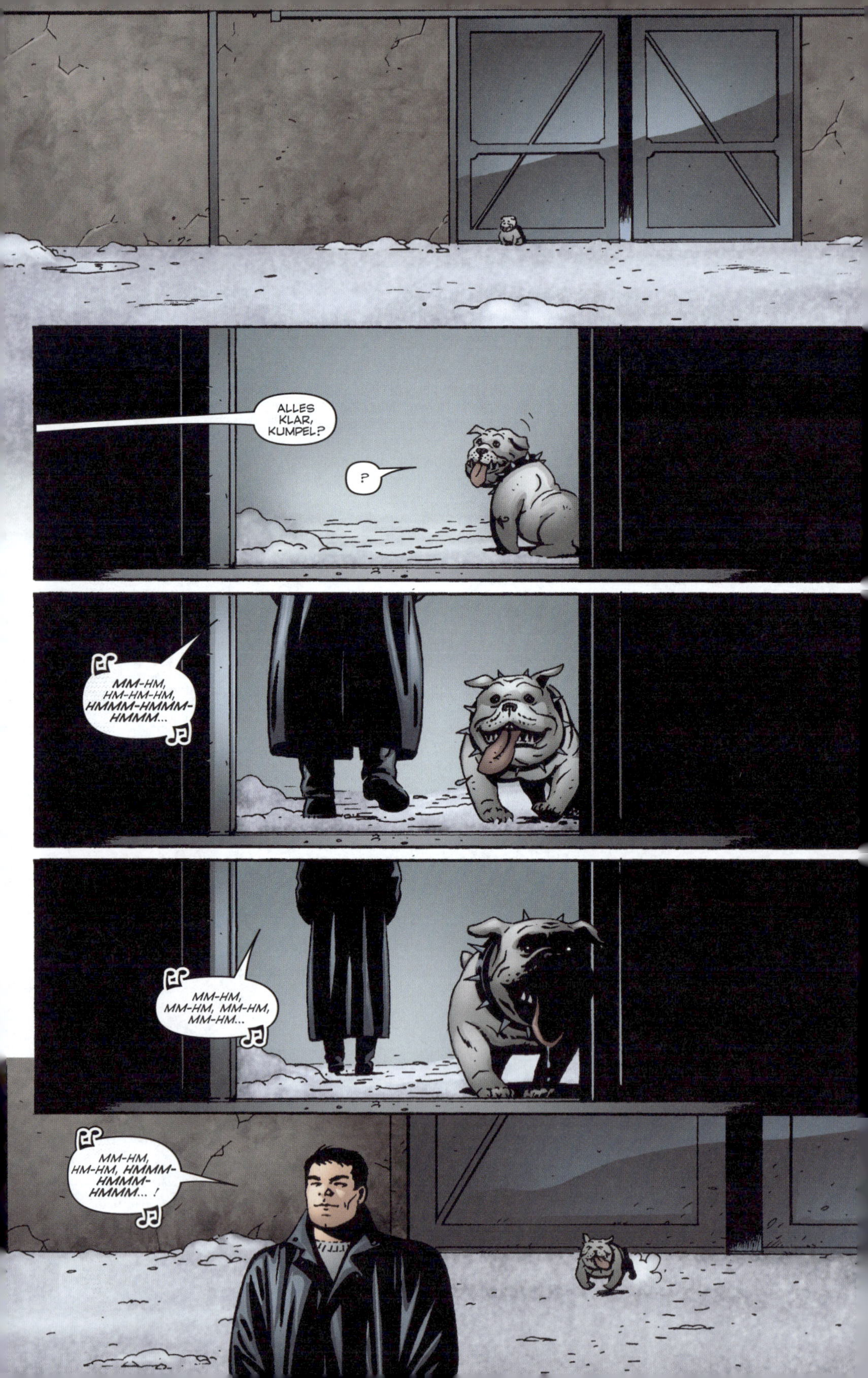
ALLES KLAR, KUMPEL?
?
MM-HM, HM-HM-HM, HMMM-HMMM-HMMM...
MM-HM, MM-HM, MM-HM, MM-HM...
MM-HM, HM-HM, HMMM-HMMM-HMMM... !

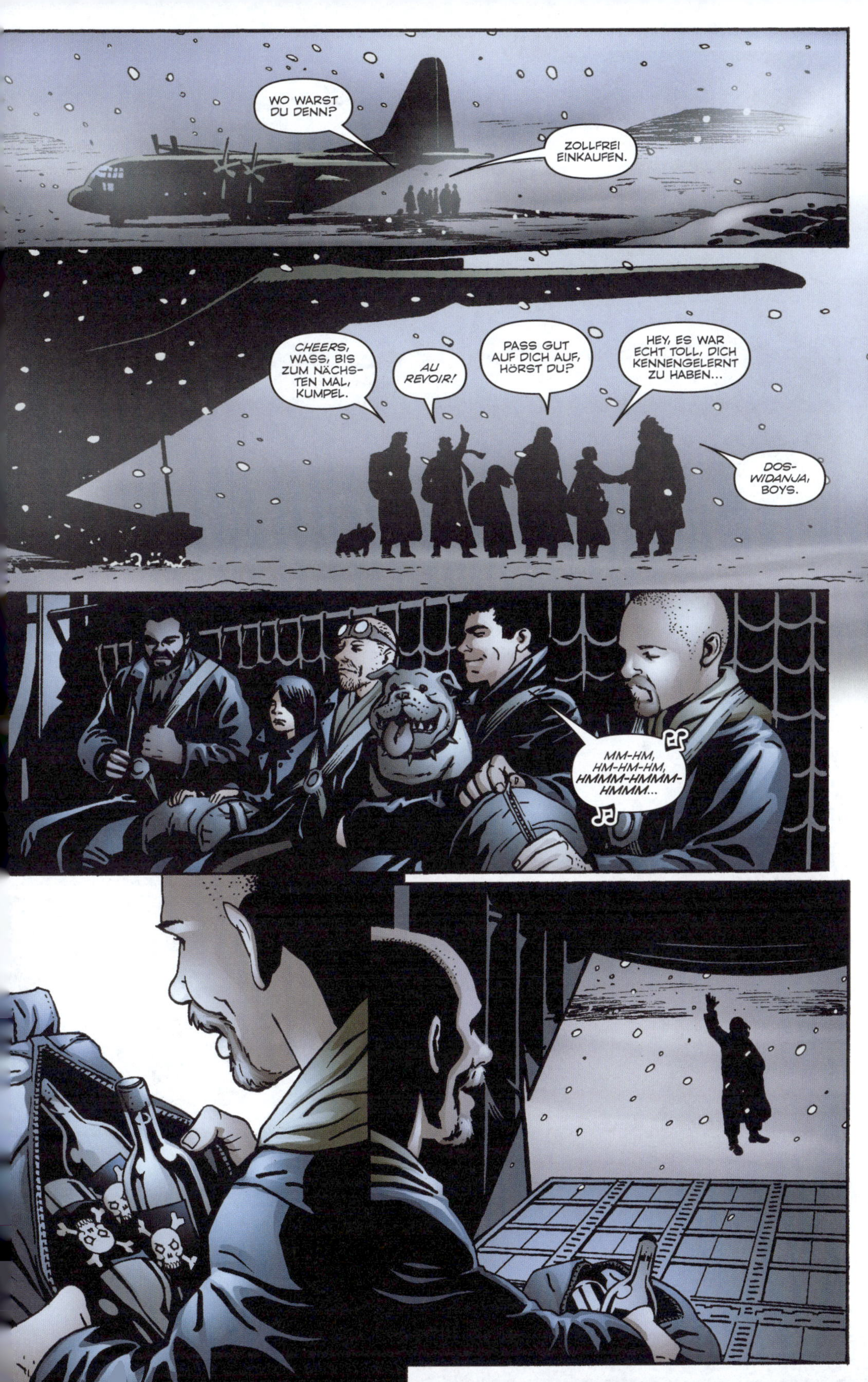
WO WARST DU DENN?
ZOLLFREI EINKAUFEN.
CHEERS, WASS, BIS ZUM NÄCHS-TEN MAL, KUMPEL.
AU REVOIR!
PASS GUT AUF DICH AUF, HÖRST DU?
HEY, ES WAR ECHT TOLL, DICH KENNENGELERNT ZU HABEN...
DOS-WIDANJA, BOYS.
MM-HM, HM-HM-HM, HMMM-HMMM-HMMM...

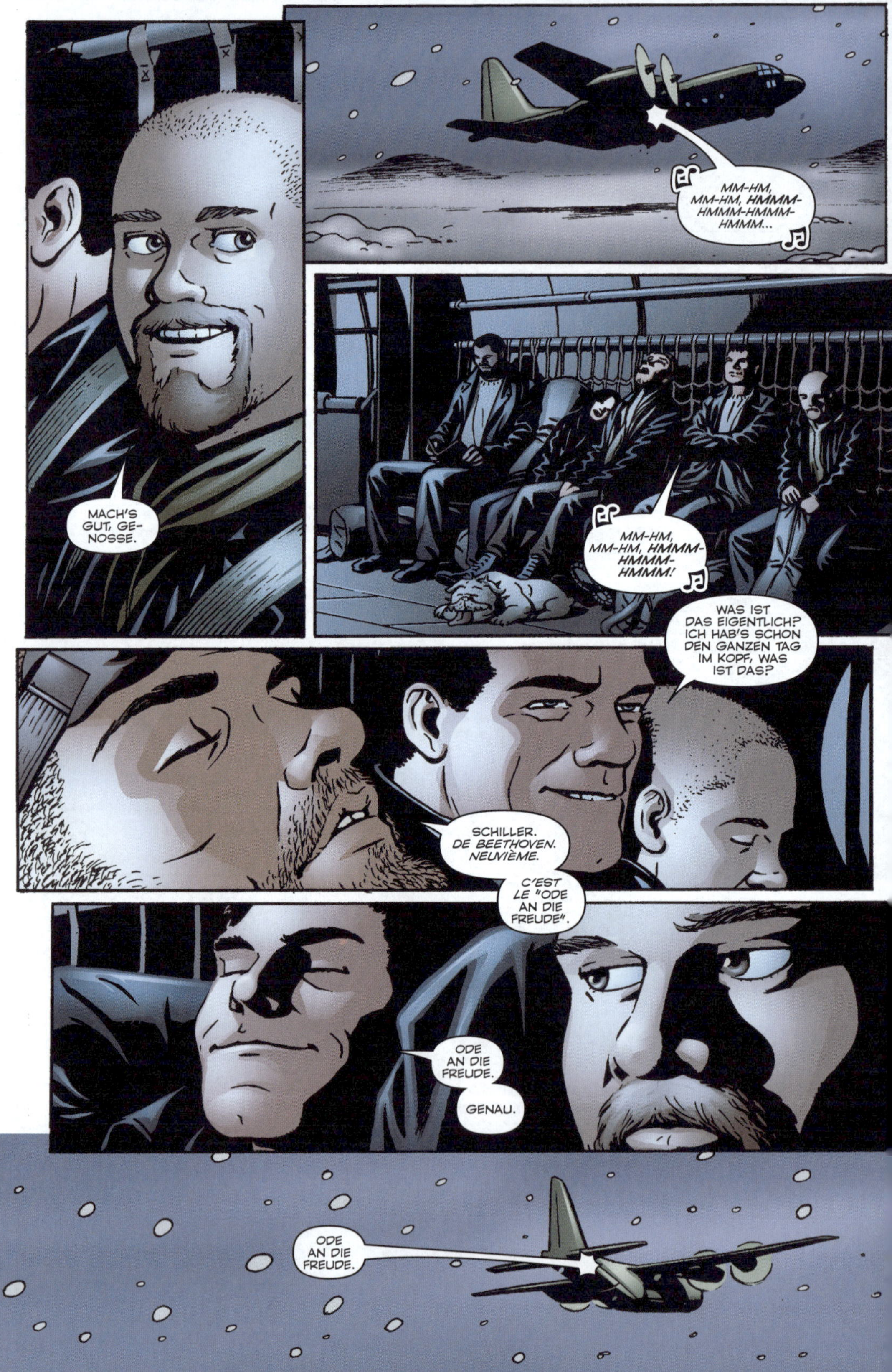
MM-HM, MM-HM, HMMM-HMMM-HMMM-HMMM...
MACH'S GUT, GENOSSE.
MM-HM, MM-HM, HMMM-HMMM-HMMM!
WAS IST DAS EIGENTLICH? ICH HAB'S SCHON DEN GANZEN TAG IM KOPF, WAS IST DAS?
SCHILLER. DE BEETHOVEN. NEUVIÈME.
C'EST LE "ODE AN DIE FREUDE".
ODE AN DIE FREUDE.
GENAU.
ODE AN DIE FREUDE.

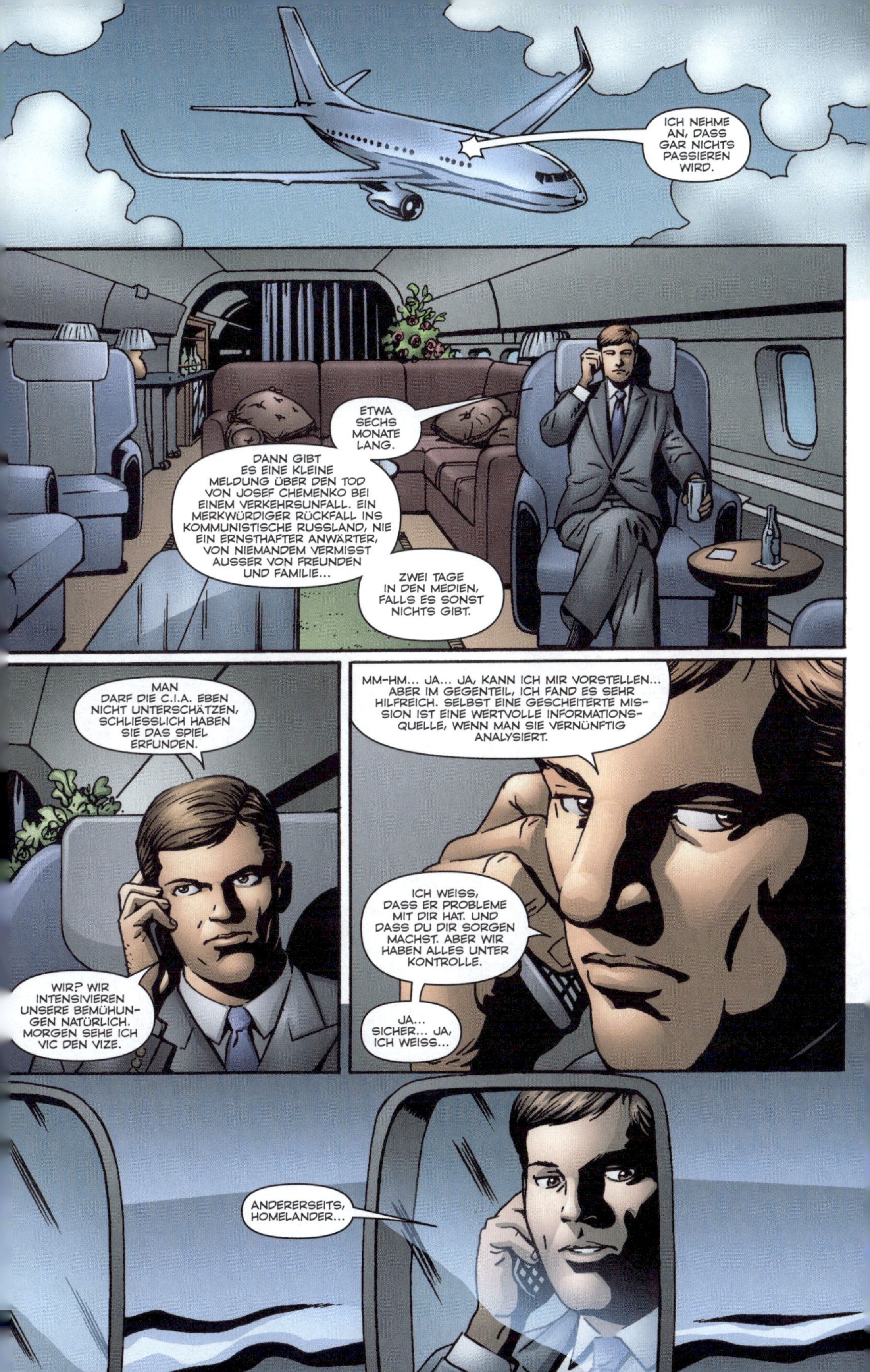
ICH NEHME AN, DASS GAR NICHTS PASSIEREN WIRD.
ETWA SECHS MONATE LANG.
DANN GIBT ES EINE KLEINE MELDUNG ÜBER DEN TOD VON JOSEF CHEMENKO BEI EINEM VERKEHRSUNFALL. EIN MERKWÜRDIGER RÜCKFALL INS KOMMUNISTISCHE RUSSLAND, NIE EIN ERNSTHAFTER ANWÄRTER, VON NIEMANDEM VERMISST AUSSER VON FREUNDEN UND FAMILIE...
ZWEI TAGE IN DEN MEDIEN, FALLS ES SONST NICHTS GIBT.
MAN DARF DIE C.I.A. EBEN NICHT UNTERSCHÄTZEN, SCHLIESSLICH HABEN SIE DAS SPIEL ERFUNDEN.
WIR? WIR INTENSIVIEREN UNSERE BEMÜHUNGEN NATÜRLICH. MORGEN SEHE ICH VIC DEN VIZE.
MM-HM... JA... JA, KANN ICH MIR VORSTELLEN... ABER IM GEGENTEIL, ICH FAND ES SEHR HILFREICH. SELBST EINE GESCHEITERTE MISSION IST EINE WERTVOLLE INFORMATIONSQUELLE, WENN MAN SIE VERNÜNFTIG ANALYSIERT.
ICH WEISS, DASS ER PROBLEME MIT DIR HAT. UND DASS DU DIR SORGEN MACHST. ABER WIR HABEN ALLES UNTER KONTROLLE.
JA... SICHER... JA, ICH WEISS...
ANDERERSEITS, HOMELANDER...

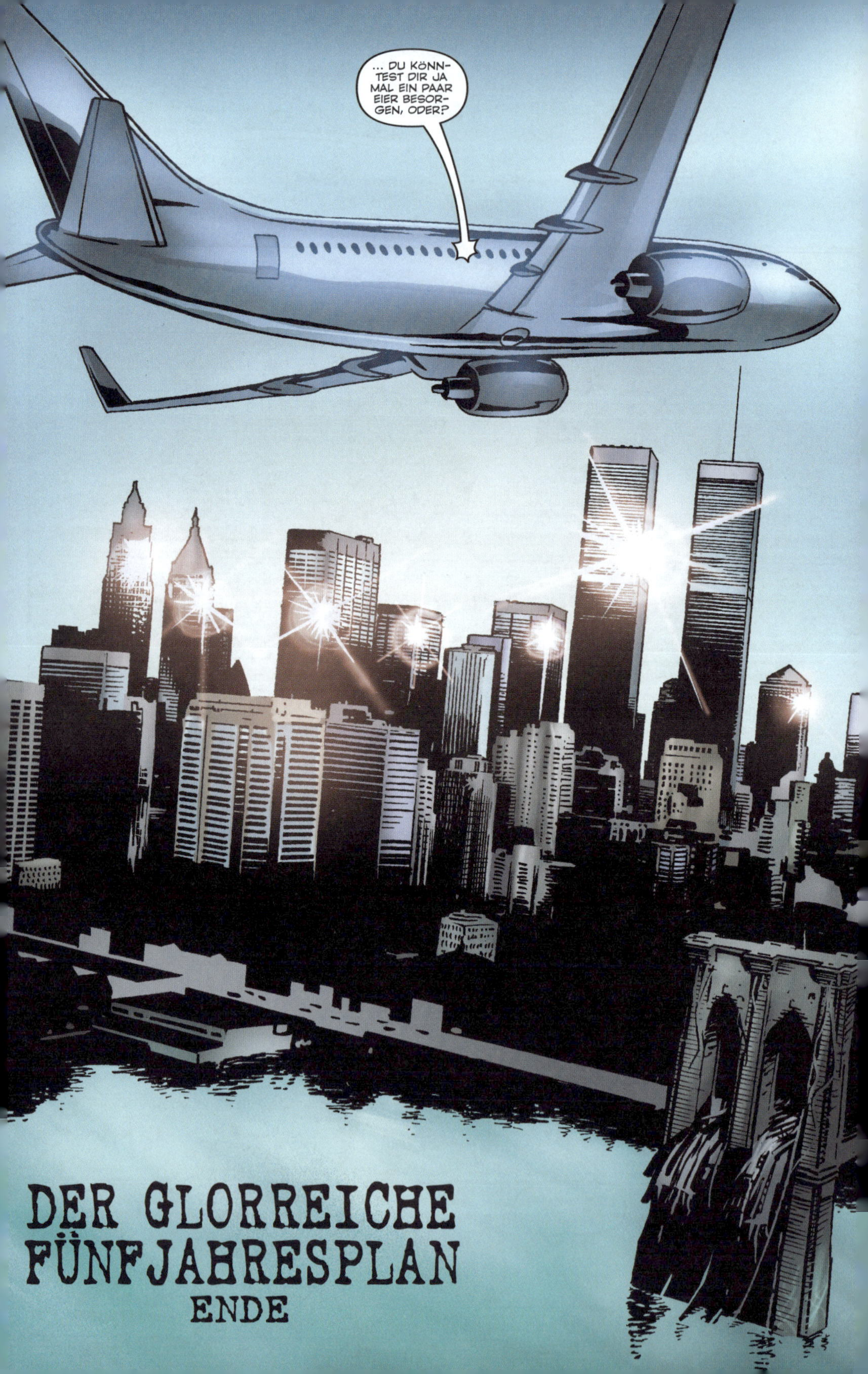
… DU KÖNN-
TEST DIR JA
MAL EIN PAAR
EIER BESOR-
GEN, ODER?
DER GLORREICHE
FÜNFJAHRESPLAN
ENDE

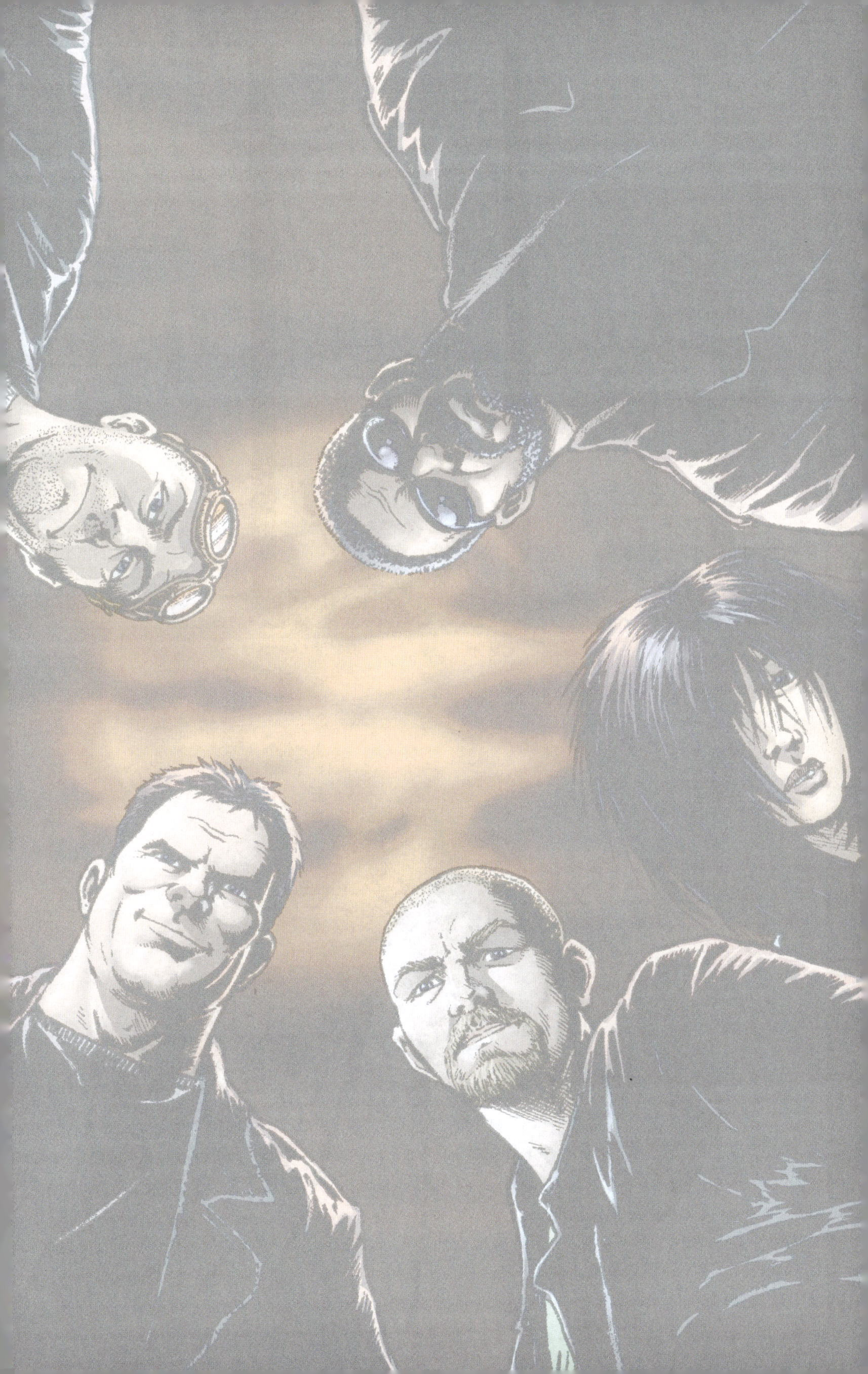

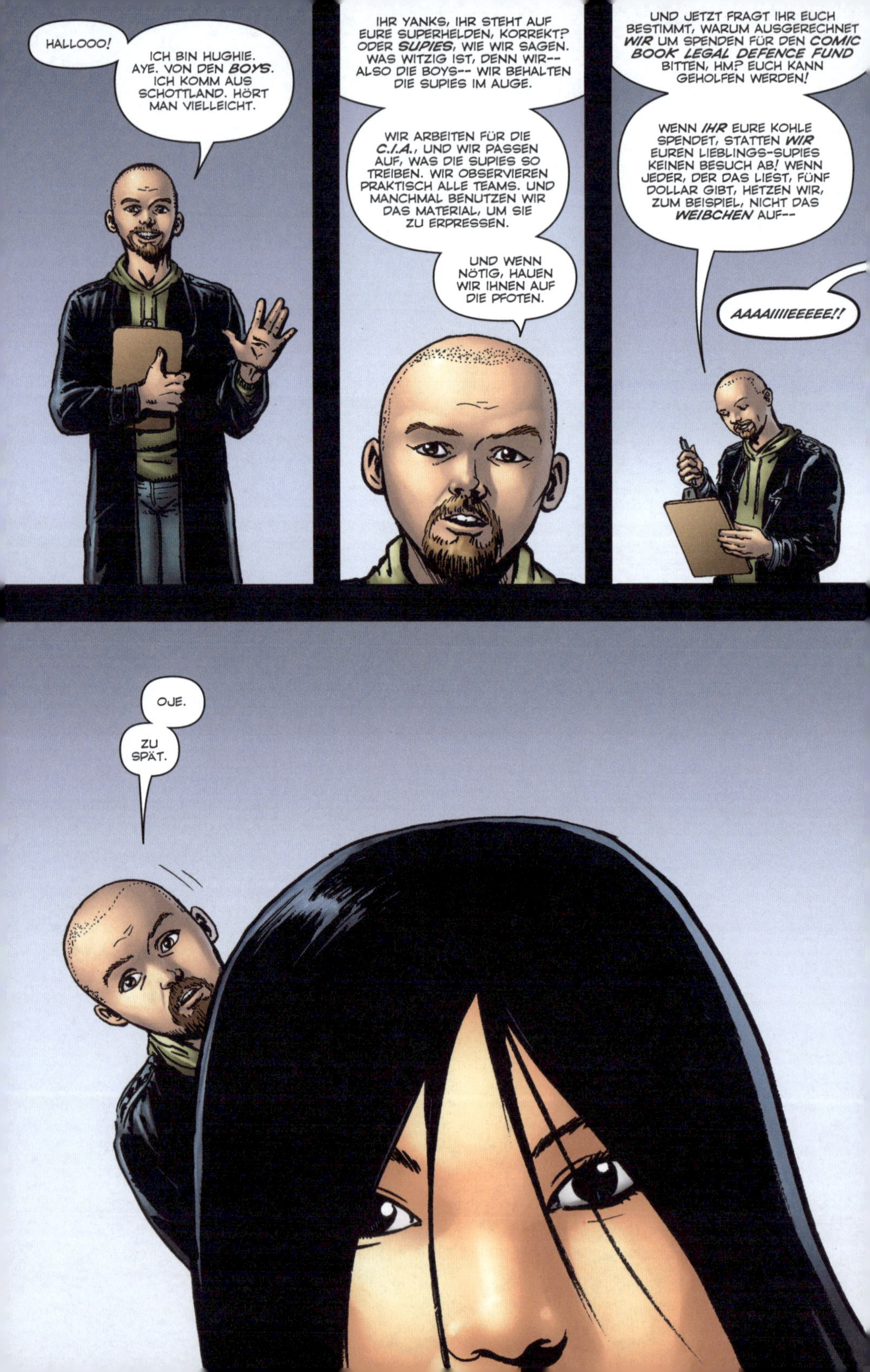

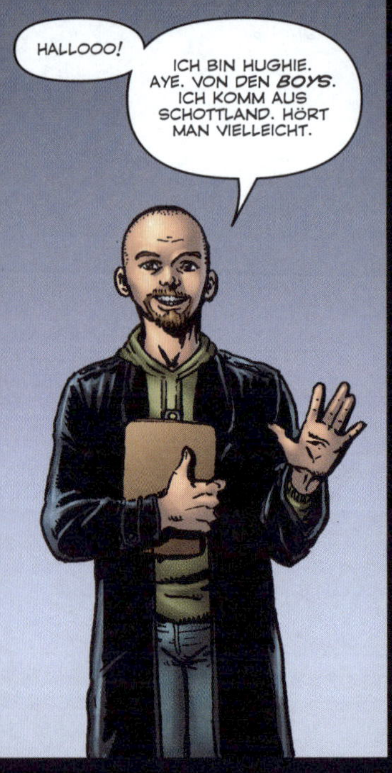

IHR YANKS, IHR STEHT AUF EURE SUPERHELDEN, KORREKT? ODER ***SUPIES***, WIE WIR SAGEN. WAS WITZIG IST, DENN WIR-- ALSO DIE BOYS-- WIR BEHALTEN DIE SUPIES IM AUGE.

WIR ARBEITEN FÜR DIE ***C.I.A.***, UND WIR PASSEN AUF, WAS DIE SUPIES SO TREIBEN. WIR OBSERVIEREN PRAKTISCH ALLE TEAMS. UND MANCHMAL BENUTZEN WIR DAS MATERIAL, UM SIE ZU ERPRESSEN.

UND WENN NÖTIG, HAUEN WIR IHNEN AUF DIE PFOTEN.

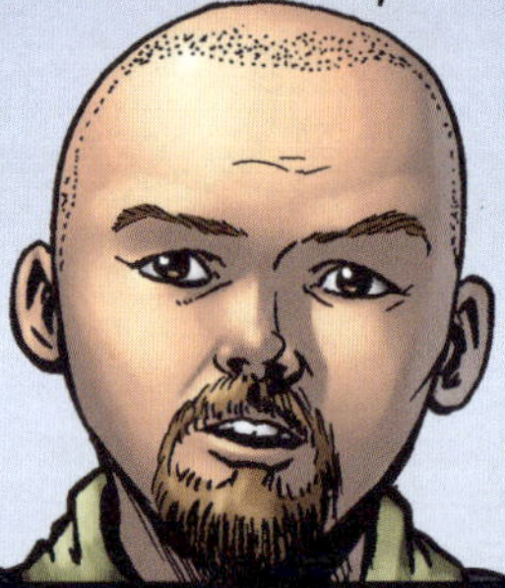

UND JETZT FRAGT IHR EUCH BESTIMMT, WARUM AUSGERECHNET ***WIR*** UM SPENDEN FÜR DEN ***COMIC BOOK LEGAL DEFENCE FUND*** BITTEN, HM? EUCH KANN GEHOLFEN WERDEN!

WENN ***IHR*** EURE KOHLE SPENDET, STATTEN ***WIR*** EUREN LIEBLINGS-SUPIES KEINEN BESUCH AB! WENN JEDER, DER DAS LIEST, FÜNF DOLLAR GIBT, HETZEN WIR, ZUM BEISPIEL, NICHT DAS ***WEIBCHEN*** AUF--

AAAAIIIIEEEEE!!

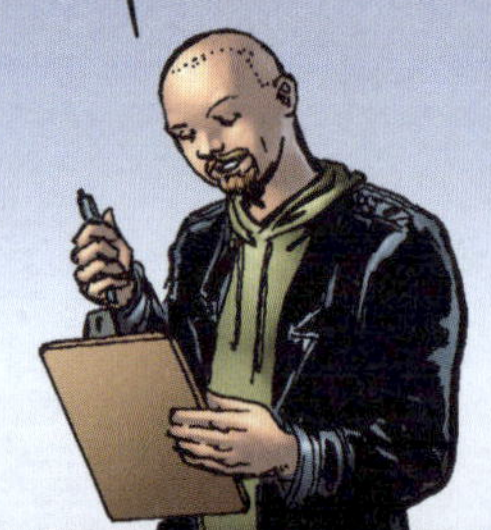

OJE.

ZU SPÄT.

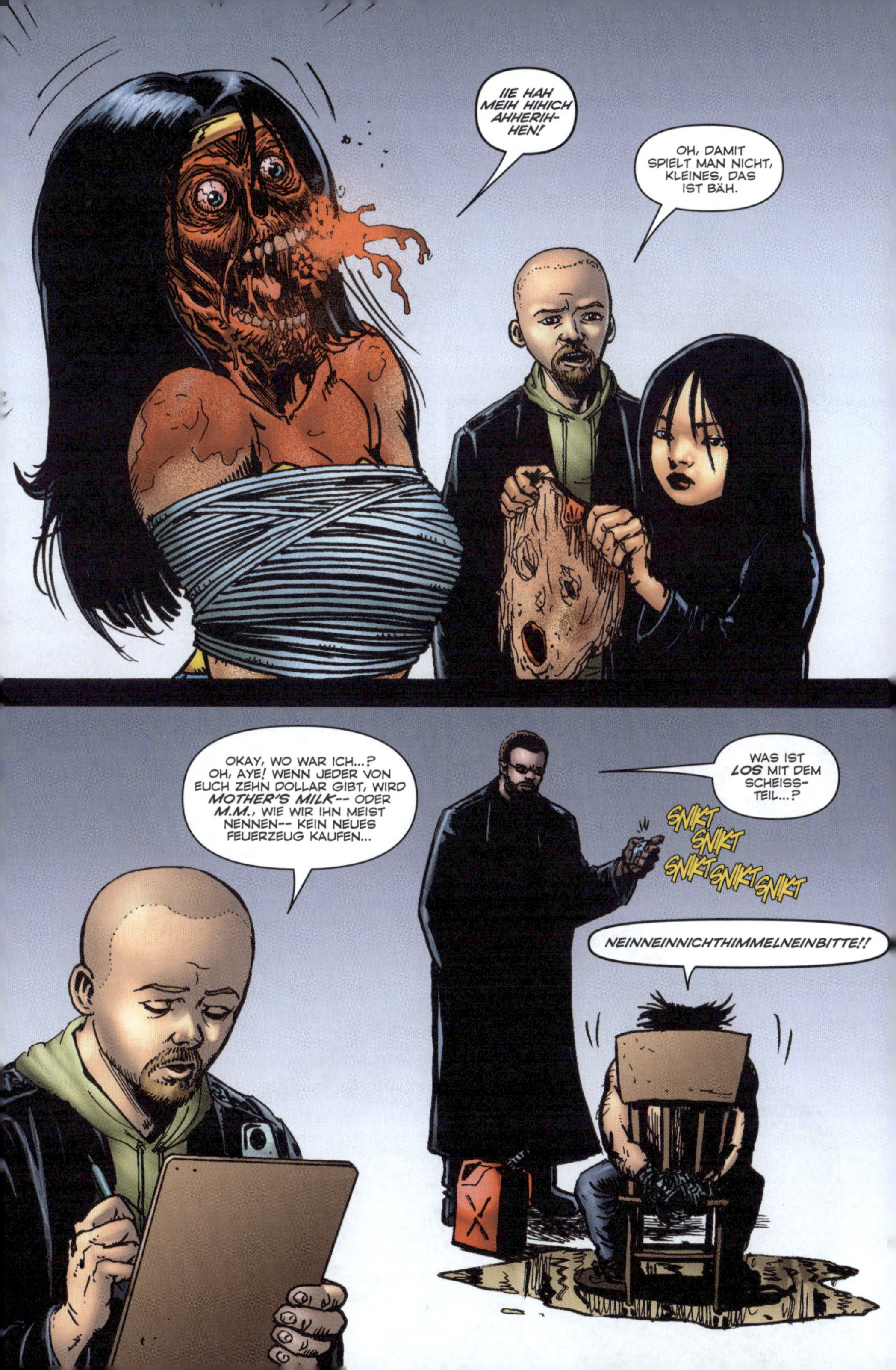

IIE HAH MEIH HIHICH AHHERIH-HEN!

OH, DAMIT SPIELT MAN NICHT, KLEINES, DAS IST BÄH.

OKAY, WO WAR ICH...? OH, AYE! WENN JEDER VON EUCH ZEHN DOLLAR GIBT, WIRD *MOTHER'S MILK*-- ODER *M.M.*, WIE WIR IHN MEIST NENNEN-- KEIN NEUES FEUERZEUG KAUFEN...

WAS IST *LOS* MIT DEM SCHEISS-TEIL...?

SNIKT SNIKT SNIKT SNIKT SNIKT

NEINNEINNICHTHIMMELNEINBITTE!!

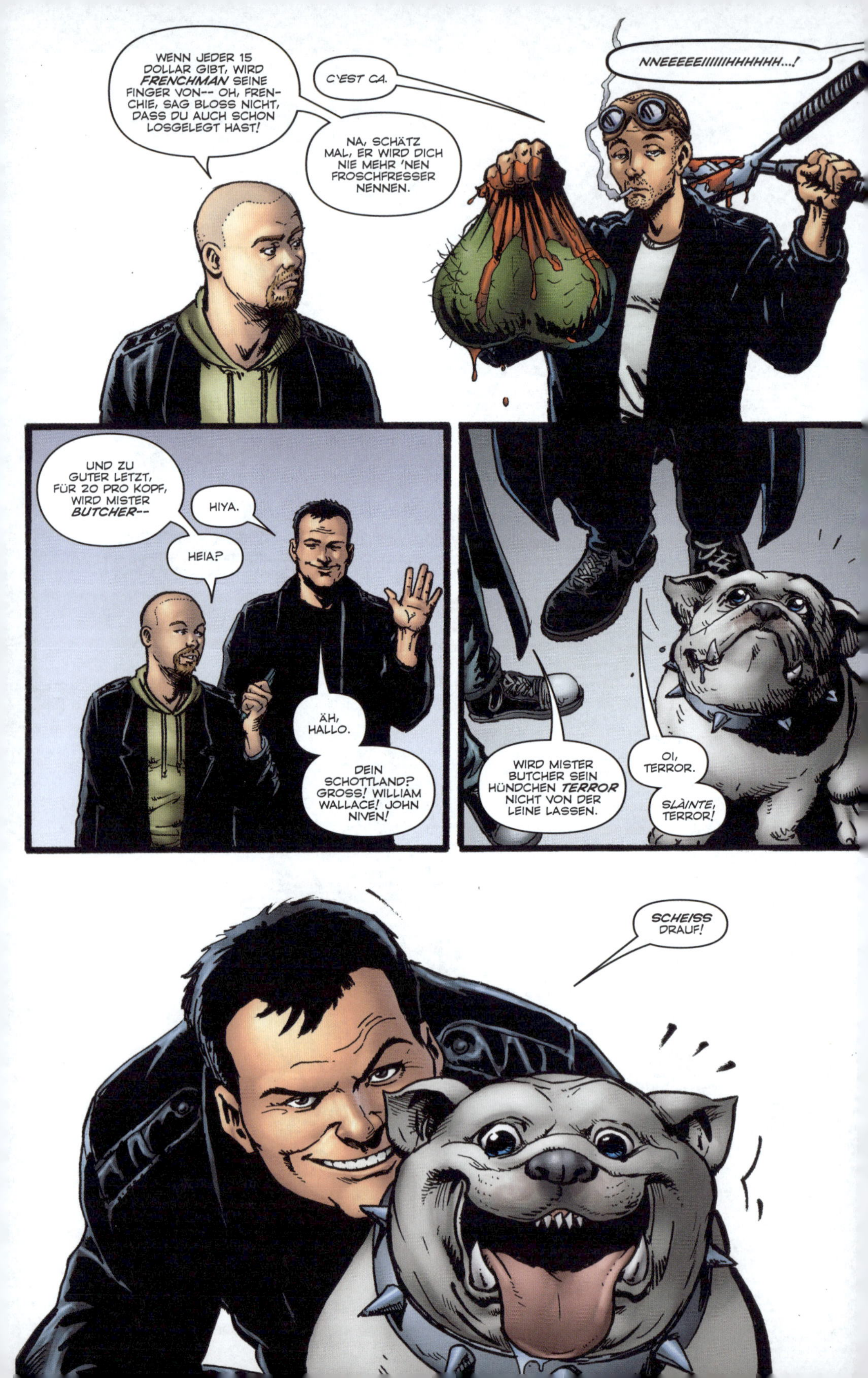

WENN JEDER 15 DOLLAR GIBT, WIRD **FRENCHMAN** SEINE FINGER VON-- OH, FRENCHIE, SAG BLOSS NICHT, DASS DU AUCH SCHON LOSGELEGT HAST!

C'EST CA.

NA, SCHÄTZ MAL, ER WIRD DICH NIE MEHR 'NEN FROSCHFRESSER NENNEN.

NNEEEEEIIIIIIHHHHHH...!

UND ZU GUTER LETZT, FÜR 20 PRO KOPF, WIRD MISTER ***BUTCHER--***

HIYA.

HEIA?

ÄH, HALLO.

DEIN SCHOTTLAND? GROSS! WILLIAM WALLACE! JOHN NIVEN!

WIRD MISTER BUTCHER SEIN HÜNDCHEN ***TERROR*** NICHT VON DER LEINE LASSEN.

OI, TERROR.

SLÀINTE, TERROR!

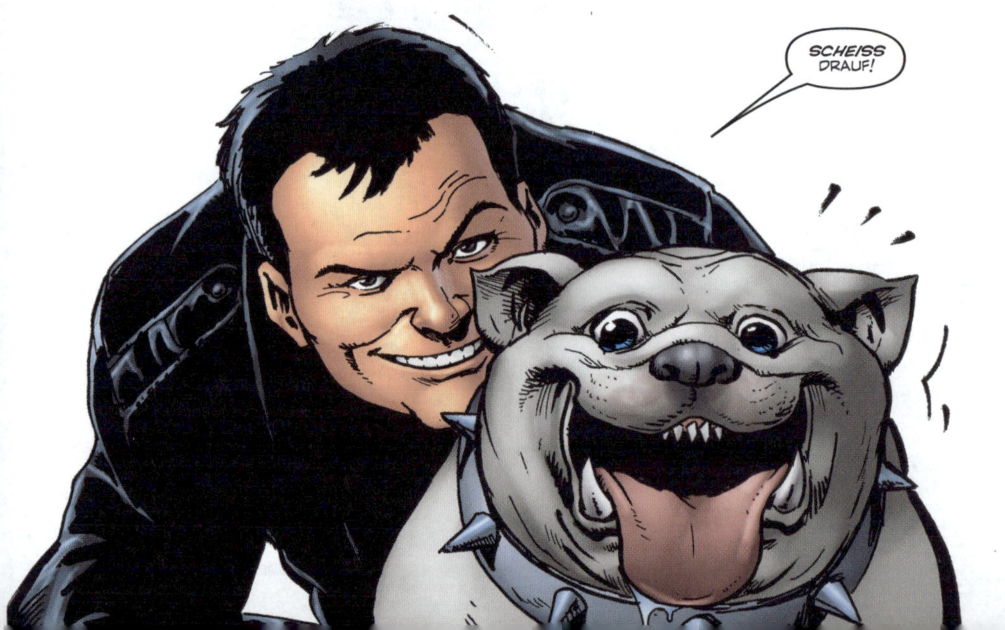

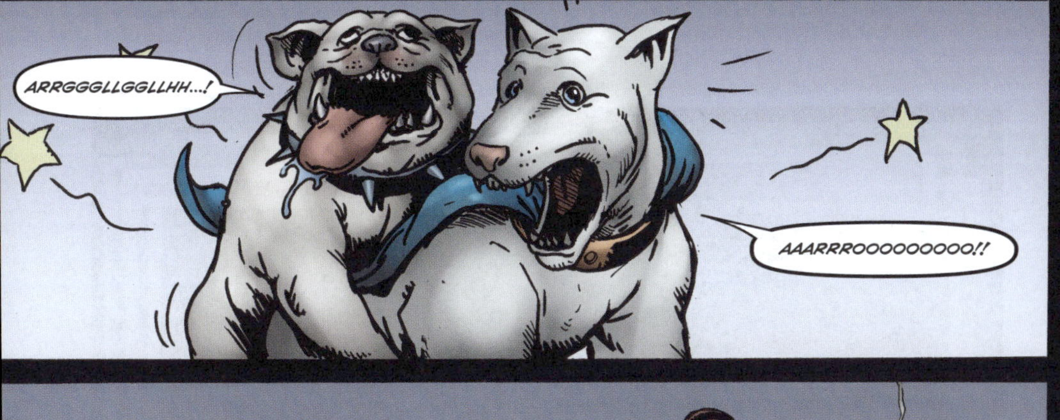

NA, ICH KÖNNT MIR VORSTELLEN, DASS IHR SO ETWAS NIE MEHR SEHEN WOLLT, RICHTIG?

ALSO DENKT AN EURE SUPIES. ZIEHT DIE SPENDIERHOSEN AN. DREHT EURE TASCHEN UM. UNTERSTÜTZT DEN CBLDF, UND SEI ES AUCH NUR, WEIL DER AUTOR DIESER STORY IHN MAL ***BRAUCHEN*** WIRD...

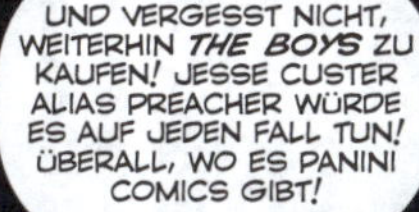

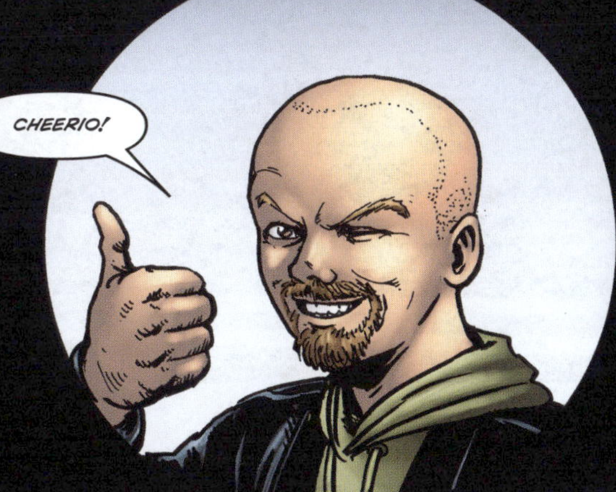

Ende

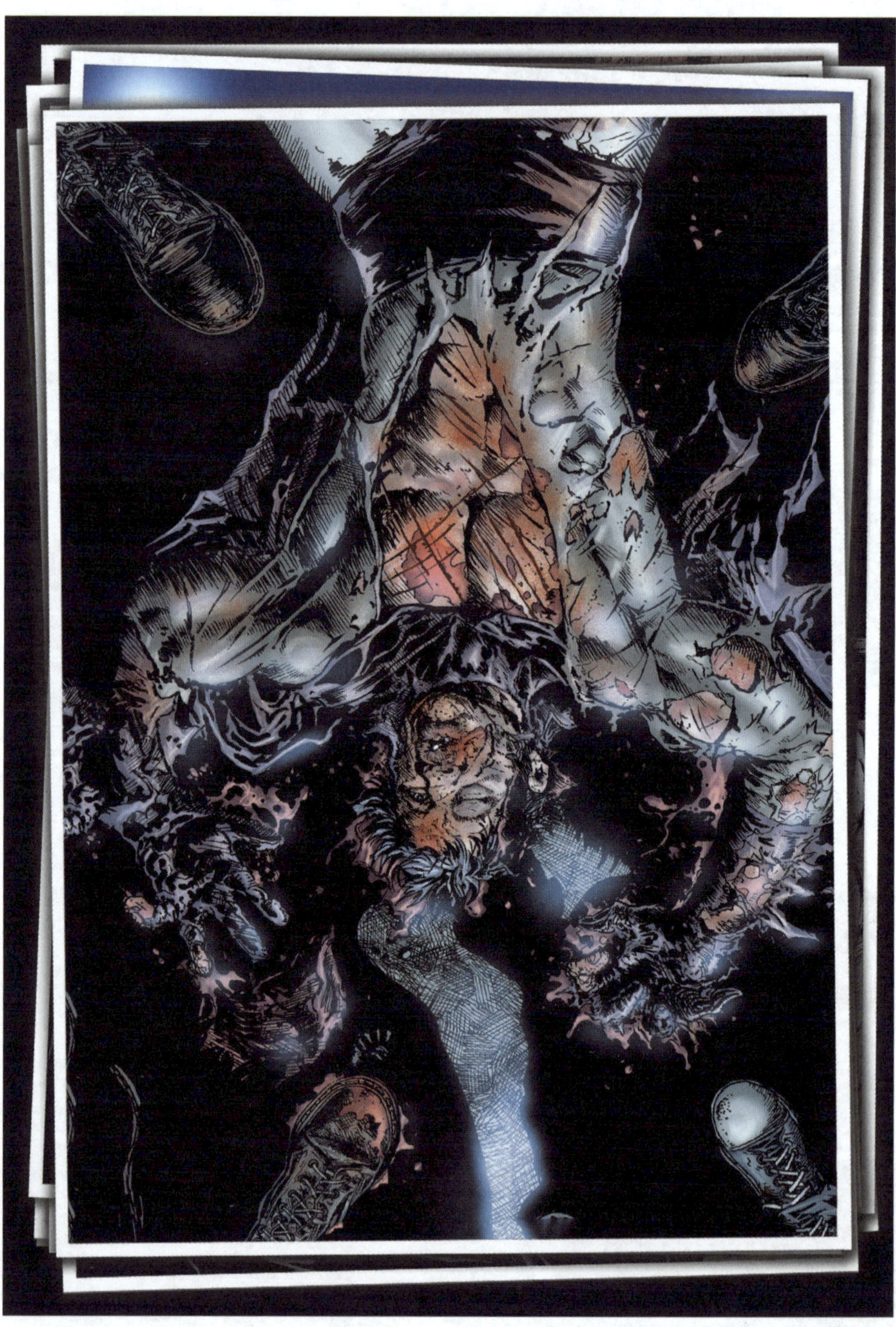

The Boys (2006) 7
Variant-Cover von **DARICK ROBERTSON**

ES GEHT WEITER IN

THE BOYS
BAND 2

ES WIRD BLUTIG

The BOYS™